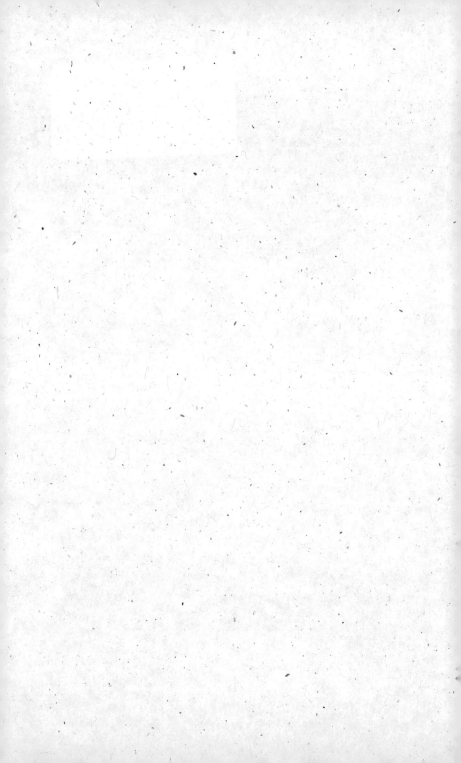

MURTY CLASSICAL
LIBRARY OF INDIA

Sheldon Pollock, General Editor

RAGHAVANKA

THE LIFE OF HARISHCHANDRA

MCLI 13

RAGHAVANKA

ರಾಘವಾಂಕ

THE LIFE OF HARISHCHANDRA

Translated by

VANAMALA VISWANATHA

MURTY CLASSICAL LIBRARY OF INDIA

HARVARD UNIVERSITY PRESS

Cambridge, Massachusetts

London, England

2017

Printed in the United States of America

SERIES DESIGN BY M9DESIGN

Library of Congress Cataloging-in-Publication Data

Names: Rāghavāṅka, author. | Viswanatha, Vanamala, translator. |
Container of (expression): Rāghavāṅka. Hariścandra kāvya. |
Container of (expression): Rāghavāṅka. Hariścandra kāvya. English.
Title: The life of Harishchandra / Raghavanka ;
translated by Vanamala Viswanatha.
Other titles: Murty classical library of India ; 13.
Description: Cambridge, Massachusetts :
Harvard University Press, 2017. |
Series: Murty classical library of India ; 13 | English and Kannada;
Kannada script. | Includes bibliographical references and index.
Identifiers: LCCN 2016013920 | ISBN 978-0-674-54566-3 (cloth)
Subjects: LCSH: Hariścandra (Hindu mythology)
Classification: LCC PL4659.R25 L54 2017 |
DDC 894.8/1411—dc23
LC record available at https://lccn.loc.gov/2016013920

CONTENTS

INTRODUCTION *vii*

NOTE ON THE TEXT AND TRANSLATION *xxix*

Chapter 1 *2*
Chapter 2 *42*
Chapter 3 *72*
Chapter 4 *148*
Chapter 5 *192*
Chapter 6 *264*
Chapter 7 *312*
Chapter 8 *336*
Chapter 9 *398*
Chapter 10 *436*
Chapter 11 *474*
Chapter 12 *512*
Chapter 13 *570*
Chapter 14 *586*

NOTES TO THE TRANSLATION *617*

GLOSSARY *625*

BIBLIOGRAPHY *629*

INDEX *633*

INTRODUCTION

The Life of Harishchandra is a narrative poem composed in 1225 by Raghavanka, a poet associated with the court of King Devaraja in Hampi, a town in northern Karnataka.[1] Although the title the poet himself gave to the work is *Hariścandra Cāritra* (The Life of Harishchandra), it has become celebrated in Kannada culture as *Hariścandra Kāvyam* (*HK*), literally "The Poem of Harishchandra," which speaks to its expressive and imaginative power. The first work to turn the ancient Indian legend of Harishchandra into a full-fledged poetic composition, *HK* tells the engrossing tale of the dispossession and deprivation of King Harishchandra, who suffered for—and survived through—his commitment to one paramount value, truthfulness.

The poem has remained alive in both high literary culture and popular imagination since the thirteenth century. It reached Kannada-speaking homes through the oral tradition of *gamaka vācana,* the art of rendering poetry using music appropriate to the mood of the text. It was further disseminated through various genres in the traditional arts, as well as through commercial theater performances in colonial and postcolonial times.[2] The text's close connections with the themes and conventions of the theater, and its evident theatricality, contributed to its great appeal. The poem's reach was further extended in Karnataka when it was made into a popular Kannada film, *Satya Hariścandra* (1965), with the iconic actor Rajkumar in the lead role. In fact, the first

Indian film ever made, *Rāja Hariścandra* (1913), directed by Dada Saheb Phalke, was based on this legend. Even the centrality of truth in Gandhi's thought and life might be traced back to the Harishchandra play he saw as a child, an experience that remained deeply etched in his mind.[3] Raghavanka's text has spoken to generations of Kannada readers over the centuries, as evidenced by the rich afterlife of rewritings that the work has stimulated in the past eight hundred years.[4] The original text was rooted in a faith-driven universe that implicitly believed in absolute truth and operated with predetermined notions of caste and gender within a hierarchical social order. This English translation, the first into any language, now brings the energetic and ideologically complex text in its entirety to a global readership that has increasingly come to question such certitudes and verities.[5]

Raghavanka's Life and Works

Raghavanka was born into a Shaiva Brahman family in Pampapura, or Hampi, on the banks of the Tungabhadra River.[6] His exact dates have been long debated, but it is most likely that he lived from about 1185 to 1235. The celebrated poet Harihara was his maternal uncle and mentor, and as a devotee of Virupaksha, Hampi's presiding deity, Raghavanka traced his literary lineage to Shankaraprabhu, Madiraja, and Mahadeva, in addition to Harihara, all poets hailing from Hampi. Raghavanka composed and presented *HK* in the court of Hampi's king Devaraja, to great acclaim. However, when he marched in a procession to personally offer the work to his mentor, Harihara, the guru rejected it on the grounds that the poem was a paean not to Lord Shiva but to a mere human, a mortal king.[7] Harihara is said to have assaulted Raghavanka in indignation, knocking out five of his teeth, which were restored only after he wrote *Śaivakṛtipañcaka,* five Virashaiva texts in the hagiographic tradition. Later, Raghavanka visited King Rudra Pratapa's court in Orugal (Warangal, in Andhra Pradesh) and humbled the arrogant poets resident there by presenting his new work, *Vīrēśacarite* (The Story of Viresha). While his works were celebrated in his own time, Raghavanka seems to have earned as many foes as fans during his ascendant career; as legend has it, on his way back from Orugal he was stabbed and killed.[8]

In addition to *HK,* Raghavanka wrote five other works—*The Story of Somanatha, The Story of Viresha, The Ancient Lore of Siddharama, The Greatness of Harihara,* and *The Story of Sharabha*—of which only the first three are extant. Unlike those three texts dealing with Shaiva legends, Puranas, and saints, which belong to the genre of *āgamika* (otherworldly, religious) poetry within Virashaiva hagiography, *HK* is a *laukika* (this-worldly, materialist) work. Scholarly opinion is divided on the particular order in which the texts were composed. Some critics, drawing support from Raghavanka's biographer Chikkananjesha, maintain that *HK* was Raghavanka's very first work. Others argue that, based on the work's mature style and substance, *HK* must have been written at the peak of his literary career.[9]

The Harishchandra Legend in Sanskrit

The story of King Harishchandra has its roots in the ancient Vedas and is widely attested in Sanskrit puranic literature.[10] Irrespective of variations in plot, structure, genre, and world view, all Harishchandra narratives share the common theme of a virtuous king who is compelled to sacrifice all that he holds dear when those values clash with truthfulness. While Vedic sources highlight the story's elements of ritual sacrifice and the later Puranas foreground its historical aspects, literary versions focus on the ethical dilemma of the protagonist. However, prior to *HK* no single text included all these elements in a unified, organic, and detailed narrative.

Raghavanka's text merely alludes to Harishchandra's attempt to beget a son (8:39) and only in passing mentions his alleged misdemeanor of hiding his child from god Varuna (2:18 and 19), themes prominent in earlier versions of the story. What it foregrounds is the long-standing tension between Vasishtha and Vishvamitra that inaugurates Harishchandra's ordeal of truth.[11] Raghavanka rewrote the puranic legend as a Kannada text, making crucial changes in diction, plot, structure, genre, and ideological thrust by inflecting the text with the anxieties and tensions that marked his own sectarian and literary identity. He effected this transformation so naturally and with such finesse that critics have said Harishchandra sounds altogether like a Kannada king.[12]

Theme, Structure, and Style

A crisp summary of the text—the *kathābīja,* or seed of the tale—is offered by the poet himself in 1:17:

> In Lord Indra's court, once when the sage Vasishtha praised lord of the earth Harishchandra as a paragon of truth, the sage Vishvamitra, wanting to undermine Vasishtha, vowed to disprove that claim. Vishvamitra put Harishchandra through various trials, almost killing his wife and child. But Harishchandra stood up to the test, desisting from being untruthful. Greatly pleased, Lord Vishvanatha blessed the king, restoring to him his lost kingdom and family. This work is indeed a virtuous paean that celebrates Harishchandra's unswerving commitment to truth. (1:17)

Raghavanka's text, comprising 728 verses, is arranged into fourteen chapters, each prefaced with a brief synopsis of the main action. The text may be seen as being divided into two parts architectonically structured to reflect the ups and downs of Harishchandra's life: after the conventional opening chapter locates the poet and the work in their context, the following six chapters offer an account of Harishchandra's ascent, and the next six describe his descent, with the concluding chapter recounting his restoration to the throne. While the earlier chapters build up his life as a king, commanding the most powerful empire from the pomp and splendor of Ayodhya; as a devout Shaiva; and as a pleasure-loving man of the world, responsible for his city and its citizens as well as his own wife and child, the next six chapters trace his quick decline into penury, humiliation, and abject suffering. The heroic, if powerless, Harishchandra is portrayed as accepting both states with equanimity, striving to uphold truth even at the cost of losing his throne. This reversal of fortune—from the height of glory to the depth of deprivation—creates compassion in the readers, with *karuṇa rasa,* or the tragic aesthetic mood, flowing through the narrative, earning Raghavanka the nickname "Bhavabhuti of Kannada," after the great Sanskrit playwright of the tragic sentiment.[13]

Raghavanka was also a trendsetter in matters of literary form. His achievement in prosody, for example, prompted later poets to use *dēsi,* or regional meters, especially the six-line *ṣaṭpadi,* rather than metrical conventions derived from the Sanskrit tradition.[14] As a literary form, *ṣaṭpadi* had found scattered mention in earlier texts on poetics, but without a clearly defined structure or purpose. Raghavanka was the first to deploy it as a full-fledged form for an entire text. Of the six kinds of *ṣaṭpadi,* Raghavanka chose the *vārdhaka* (mature, complete) form, imbuing it with a new energy and composing all his works in this meter, including *HK* (the sole exception occurs in Chandramati's lament, in chapter 12, where the poet uses the free-flowing *mandānila ragaḷe* verse form). An example of *vārdhaka ṣaṭpadi* follows:

1 *lōgarige/koḍabāra/dāgi sati/vaṃśagata/*
2 *vāgi ban/dudar̤inda/tande pa/ṭṭava kaṭṭu/*
3 *vāgalar/cisikoṃbu/dāge dai/vaṃ neḷala/*
taṃpanose/dīvudā/gi
4 *sāgisuva/tāy dhurado/ḷarigaḷaṃ/naḍugisuvu/*
5 *dāgi catu/raṅgabala/venisitī/chatraveṃ/*
6 *bāgaḷida/nar̤idar̤idu/bēḍuvara/natimaruḷa/*
rennarē/mūjagado/ḷu

The stanza (7:14) contains two parts of three lines each; while lines 1, 2, 4, and 5 have four groups of five *mātras* each, lines 3 and 6 are longer, with six groups of five *mātras,* followed by a single *mātra,* treated as a long *mātra*. A second aspect unique to most poetic forms in Kannada, including the *ṣaṭpadi,* is second-syllable alliteration in every line: the consonant sound that follows the first vowel and precedes the next vowel in every line is the same (in the example above). The fixed pattern is restricted only to the metrical structure of the stanza and does not extend to the syntactic or the semantic structure. Within the metrical structure, there can be any number of clauses and sentences, ranging from a single sentence, as in the example, to about fourteen sentences (see 8:55). The word pictures that can be drawn within this soundscape, their semantic potential, and the stylistic possibilities are immense, as the text richly demonstrates. The use of *ṣaṭpadi* in a long, narrative poem is like the stringing of beads in a necklace: each internally coherent picture presents a part of the overall design and movement of the narrative. Because of its broad canvas, *ṣaṭpadi* can accommodate elaborate narrativization—a range of descriptions, a variety of styles, an array of moods, and a host of narrative shifts. Raghavanka reworked the *ṣaṭpadi,* imbuing this folk form with many tropes and conventions that marked *mārga,* Sanskritic or high classical poetry, and shaping it as a potent vehicle for literary expression.

HK stages a significant metrical departure from *campū,* a widely prevalent genre in the earlier Kannada tradition that partakes of the spirit of scholarly poetry, or "poetry to be read" (*ōdugabba*), to *ṣaṭpadi,* a unique prosody evolved from popular poetry, "poetry to be sung" (*hāḍugabba*). The Kannada vernacular world of thirteenth-century Hampi unmistakably left its mark on the text: in its onomatopoeic sounds; vocatives, such as *arare, elelelele, majha bhāpu,* and repetitions, such as *sandigondi, bōdhegīdhe,* and so on; reiterative rhythms and *dviruktis,* or doubling words, such as *kappa kappane* and *becca beccane* (1:40); its use of paronomasia, or puns; syntactic structures and parallelisms; and its wealth of rich detail about local plant and animal life, hunting styles, and architectural terms. The particular tone and tenor of the spoken language of Raghavanka's region can be heard in the profusion of proverbs and everyday speech rhythms in the text.[15] Since he used the local idiom to create an accessible yet exalted style, his poetry spoke to people with an astonishing immediacy. His style, a sensitive hybrid of *mārga* and *dēsi,* succeeded in achieving at once a learned and a demotic register, as was his desire.

Another aspect of Raghavanka's mediation in localizing the pan-Indian story occurs through spatialization, a process that gives the poem historical facticity and immediacy.[16] The first chapter establishes Hampi as the cultural center for the writer and the text, with Lord Virupaksha as the owner of the work. Virupaksha is another name for Shiva but is unique to Hampi, as Vishvanatha is to Kashi. The narrative begins by locating Harishchandra in Ayodhya; then, while the scene shifts later to Kashi in the Sanskrit texts, Raghavanka brings Harishchandra to Vasishtha's holy grove in Hemakuta, situated not on the banks of the Ganga but on the Tungabhadra, near Hampi. Vasishtha takes Harishchandra to Hampi to seek Virupaksha's blessings and, later, on a tour of the Hampi region, describing, for the king's benefit, its different mountains, rivers, and temples. The text further claims that Hampi is superior to Gaya for performing the last rites for dead ancestors, elevating Hampi to the stature of Kashi. In chapter 10, before she walks into the fire, Queen Chandramati proclaims (in what is known as an act of truth) that if she has ever thought of any god other than Virupaksha, may the fire consume her. In the denouement, Shiva himself makes an entrance to restore to his devotee all that he has lost, suggesting Shaivism's primacy for Raghavanka and his times. His identity within the (Vira)shaiva religious space is marked by the vivid particularity of his *dēśa,* or region. This spatialization of Hampi marks the text as a Kannada *dēsi* text dealing with a unique regional and religious imaginary. In locating a high-culture tale in territory familiar to his readership, Raghavanka articulates a local, southern aesthetic, supplementing if not challenging the sanctity of Varanasi, Ganga, and Gaya with, arguably, the equally sacred sites from his environs, and effecting a *dēsi*-fication, so to speak, of the story for his audience.

Raghavanka in Kannada Literary Culture

Raghavanka inhabits a literary space markedly different from that of his forebears, such as Pampa (tenth century) or Basavanna (twelfth century), or even his contemporary Harihara. Pampa's adaptation of the Sanskrit *Mahābhārata* represents a classical model, as it stays close to the literary practices of cosmopolitan Sanskrit in theme and form, and in its proximity to the court. In his literary training and temperament, Raghavanka was a classicist like Pampa. He was proud to call himself "Raghavanka Pandita," and believed that writing poetry was a scholarly art; every one of his well-crafted *ṣaṭpadis* bears witness to the notion of the poetic art of the *ubhayakavi*—a "poet schooled in both" Sanskrit and the regional language. Like Pampa, he chose the story of a king in the courtly tradition of Sanskrit, and he used every weapon in his arsenal to exalt the Kannada idiom to match the gravitas of his noble subject.

Basavanna's poetry, written two centuries after Pampa, took form in opposition to the classical mode, resisting the hegemony of the state and institutional religion and shunning the aesthetic of *mārga*, the Sanskrit Way. Raghavanka, being a Shaiva, shares with Basavanna the larger canvas of Virashaivism. However, while Basavanna himself would have no truck with courtly poetry, given his fundamental skepticism about kingship and power, Raghavanka, the royalist, sings the praises of the king all the way. Though a follower of his mentor Harihara, with whom he largely seems to have shared the Virashaiva ethic and an allegiance to Hampi's Virupaksha, and though he composed three of his four extant works on the lives of Virashaiva saints, in deference to his guru's wishes, Raghavanka dared to choose a different literary form, albeit within the *dēsi* metrical style. While Harihara, being a bhakti poet, would never make a mere king or lowly mortal his theme nor subscribe to institutional religion, Raghavanka valorizes classical courtly poetry and Shaiva institutional practices.

HK locates the Harishchandra myth within a normative Hindu religious context, much like the two Sanskrit Puranas that foreground the legend, the *Mārkaṇḍēyapurāṇa* and the *Dēvībhāgavata*. But whereas the former situates him as a devotee of Vishnu and the latter places him within a goddess-centered framework, *HK* localizes Harishchandra as an ardent, Kannada-speaking, Shaiva devotee of Hampi Virupaksha.[17] Every page of the text works to effect this shift. From the opening verses, which are a paean to Lord Virupaksha, to the closing, where Raghavanka declares that "Hara is Truth and Truth Hara," the text is steeped in the Shaiva religious universe. The *pīṭhikā,* or introductory chapter, locates Raghavanka's text firmly within the belief systems and practices of a Shaiva world.

The universal ideal of truth speaking, which transcends boundaries of caste, community, and language, in the Sanskrit texts is transformed into a particular vision of truth located in the caste-based Kannada socio-religious world of the thirteenth century. As we trace the growth of the Harishchandra narratives in history, we find a puzzling inversion at the core: Harishchandra, a known liar at one time, as declared by the truth-speaking Vedas themselves, over the centuries and by sleight of hand, as it were, turns into an iconic symbol of truth. The vedic and puranic texts mention that Harishchandra breaks his word as he gave it to Varuna and resorts to using the poor Brahman boy Shunashshepha for his sacrifice. Raghavanka responds to this puzzle by offering an exposition of Harishchandra's truthfulness.[18] The Harishchandra who in the texts from the vedic tradition deceives Varuna in order to keep his son alive is transformed in *HK* into a man who refuses an offer to save his child; he grows from a man given to temptation to an impeccable, ethical being who is willing to suffer and sacrifice for truth. A nascent potential for truth seeking in Harishchandra develops into a conviction to live by and a credo to fight for in the narrative—a potential recognized by Vasishtha and brought to the fore by Vishvamitra.[19]

The cultural prestige that the Kannada milieu came to attach to truth as a life-giving principle in the centuries following Raghavanka could be attributed to its valorization in the Kannada folk imagination and to the social ethics of Virashaivism (which arose a few decades prior to Raghavanka), both of which found expression in his great poem. To keep one's word, in *HK*, constitutes truth; conversely, to go back on one's word amounts to untruth. This value echoes Basavanna, who spearheaded the Virashaiva movement, when he asks: "If your deed does not follow your word, would Kudala Sangama Deva be pleased?" Similarly, the "Song of the Cow," an extraordinary popular folk narrative, tells the story of the cow Punyakoti, who believes that "Truth is God" and affirms it throughout the folk text.[20] Raghavanka's text mediates a puranic story that enunciated and amplified the edict of truthfulness already circulating in the Kannada tradition, as crystallized in Basavanna's words.[21]

Raghavanka ends his narrative by reaffirming the centrality of truth to human existence when he invokes Shiva's active intervention to restore to Harishchandra all that he had lost. The Sanskrit texts portray Harishchandra as a composite character with many strengths—mighty, valiant, noble, and munificent, with truth as but one of the attributes; Raghavanka's text, on the other hand, challenges the Vedic and puranic texts, and clarifies the hazy portrayal of the king by lending coherence and consistency to his character. "Vedas might lie, but not proverbs" is a well-known Kannada saying: in other words, the truth claims of the folk and the local override the claims of the pan-Indian Vedas to be the repository of truth. In transmuting Harishchandra, who is portrayed as a liar in the Vedas, into an icon of truth, Raghavanka's text renders the proverb literally true. By drawing a vivid picture of Harishchandra as a devout king who single-mindedly pursues truth as an integral part of his being, *HK* has made the epithet of truthfulness, *satya,* an indissoluble part of his name in Kannada culture: Satya Harishchandra.

Caste and Gender

The conflict between two upper-caste groups—as represented by Vasishtha, the Brahman sage, and Vishvamitra, the Kshatriya sage (two kingmakers associated with the Ikshvaku dynasty)—is located within the *kula,* or caste structure, of social power and is certainly important in the text.[22] Yet it pales in comparison with the much more fraught conflict between the Kshatriya king and those whom he calls *holeyas* (from *hole,* "filth"), *anāmikas* (the "unnamable" people), and *caṇḍālas* (outcastes). The issue of untouchability does figure in the *Mārkaṇḍēyapurāṇa*, but symbolically, as traces, as part of the canvas, with just one feature recurring from the puranic version: Harishchandra working in bondage to a *caṇḍāla* in order to pay back his loan. But Raghavanka moves the conflict between castes to center stage in his text by inventing the characters of the two dark and lovely *holati* maidens who are gifted singers and dancers, giving them the space of an entire chapter.

Caste, as depicted in *HK,* is initially characterized as a feature that comes with one's birth, attributed to one's karma from past lives or to a state that results from a curse. The two women Harishchandra encounters, conjured by Vishvamitra out of "severe anger, sworn hatred, and needless rivalry...sacrilegious in a sage" (7:2), are thus low-born *holatis,* designed to entice Harishchandra. These "daughters of the dark night," likened to "water nymphs darkened by venom" and "statues of dark blue crystal," are accomplished artists capable of washing away the king's melancholy with their mellifluous music and sinuous dance. As the great dalit thinker and social reformer B. R. Ambedkar pointed out a full century ago, the social classes were constantly under negotiation before they were turned into the rigid caste system through the practice of endogamy, effected through the ideology of chaste womanhood. The two unnamable women, these *anāmikas* conceived at the intersection of caste and gender, are portrayed as imperfect, unreasonable, and obstinate, in contrast to all the other female characters in the text. The alluring prostitutes inhabiting the "den of deceit" in the Ayodhya brothels are stunning, if profane. The other women with whom the king disports in the summer palace are pleasure seeking and pleasure giving, and hence adorable in the scheme of things. It is Queen Chandramati, of course, who offers the starkest contrast to the *holatis,* as she projects an exemplary image of upper-caste Indian womanhood. Chandramati is the ideal wife and mother, a woman "whose sole vow is to her husband," whom even fire cannot touch, a symbol of great moral strength and forbearance.[23] In short, she is everything that the *holatis* are not. Thus the text constructs the untouchable woman, doubly damning her as depraved and deserving nothing but violence. Since women functioned as the gateway to the caste system by ensuring caste purity, any transgression of the boundaries on their part attracted severe social and religious censure, as the episode of the *holatis* in the text bears out.

When the king refuses to marry the *holatis* because it would amount to breaking the injunction of endogamy that defines caste purity, they interrogate the king's sense of caste superiority. The text stages this radical critique of *varṇa,* or social order, through the *anāmika* women when they ask,

> The ears that enjoyed every note of our music are not
> defiled;
> the eyes that feasted on our shapely form are not
> defiled;
> the mouth that acclaimed our art is not defiled;
> the nose that smelled the fragrance of our bodies
> wafted by the gentle wind is not defiled.
> How is it that only our touch is defiling?
> How is it that, among the five composite senses,
> one is superior and the other four inferior? (7:19)

These entirely rational questions are reminiscent of the questioning that marks the poetry of the Virashaiva movement, but with a difference. While that social reform movement, grounded in a system of ethical rationality, could offer an effective alternative to caste, the *holeya* women—being *holeya* and women—are projected as fickle, willful, and argumentative, and hence stop short of mounting a full-fledged critique of caste; at best, they can only destabilize Harishchandra's certitudes and notions of caste superiority. As the king has no answers to their "irrational" questions, he does what power does best—silences them with violence, a fate that was meted out to the Virashaiva rebellion as well.

And yet, without doubt the text does attempt to redefine caste. The king who firmly refuses to break caste restrictions by marrying the *holatis* has to swallow his caste pride when he is compelled to serve a *caṇḍāla* master. The text describes this "fall" in telling detail: Virabahu, the untouchable master of the burial grounds, places his leg on the shoulder of Harishchandra, now his servant, indicating the utter reversal of status, the completely inverted social order, as the wheel of time moves in history.[24]

Reclining on a bed of hides and pelts piled up on a cot
made of animal bones and strung with tendons,
Kala, god of death, taking form as a *holeya,* held court,
guzzling raw beef balls,
drinking spirits from a human-skull bowl,
and ... *elelele* ... he did ... he rested his legs,
heavy as the Kulagiri mountains, on the shoulders of
the king—
the king born to the Sun dynasty, sitting at his feet![25]
(11:31)

Raghavanka redefines caste yet again by staging a miracle: when the king is about to sever his wife's head, Lord Hara appears at the edge of his uplifted sword to protect Harishchandra. His caste purity sullied, Harishchandra is ashamed that he has to meet the auspicious Shiva in a defiled state; but Shiva the Ultimate himself assures his devotee that caste is neither a matter of birth nor an issue of purity and pollution: "A sage who lies is a *holeya;* a *holeya* who does not lie is a noble sage" (14:10). The text thus traces a shift in perspective, from seeing caste as a feature that attaches to one by birth to understanding caste as an aspect that emerges from one's words and deeds, equating godliness with truthfulness.

In contemporary Kannada scholarship on *HK,* one finds a range of critical responses to Raghavanka's treatment of the political, religious, and cultural issues of his time. Raghavanka has been much admired as a liberal who transcended his sectarian interests to celebrate the universal human value of truth. He is praised as a progressive for raising radical questions about caste and other normative Hindu practices in a milieu hostile to such questioning.[26] Equally, he has been sharply criticized for not being radical enough, and for endorsing inhuman practices of caste and gender violence through valorizing kingship, for his implicit endorsement of caste purity and untouchability, and for not transcending the limits of his social reality.[27] The text has been deconstructed through a "reading from below" to show the dark truths of caste oppression, patriarchal domination, and gender violence, in addition to the feudal and state control that this *dēsi* text rewrites anew, in the name of universal truth and benign kingship.[28] While there is no critical consensus in the reception of the text, as indicated by this wide-ranging array of readings, what comes across unambiguously is Raghavanka's ability to speak to the burning issues of power, caste, and gender, not only of his times but equally of contemporary India.

Acknowledgments

Given the contemporary state of Kannada culture in which the disconnect with the world of classics is near complete, it is difficult for any one person to undertake the daunting task of translating ancient or medieval Kannada works into English. This translation was a collaborative enterprise to which several scholars and translators generously gave their time, energy, and expertise, always keeping in mind the larger cultural significance of such a project. That said, I am entirely responsible for all choices—big and small—made in the process of translation.

I am deeply indebted to Azim Premji University for supporting this project and giving me time to translate; the late N. Basavaradhya, who permitted me to use his edition of the text jointly edited with Pandita S. Basappa; T. V. Venkatachala Shastri, renowned scholar and teacher, for being just a phone call away and clarifying every doubt I raised; Raagu and Niruma, for their touching faith in me and consistent support, which have lit up my work over the decades; K. S. Madhusudana, for his unfailing, rigorous "classes" on making meaning out of Old Kannada texts, his moral and material support through the project, and his help with sourcing published materials on the text; Sheldon Pollock, for his keen editorial eye and open-minded feedback, which made for a better text; David Shulman, for his perceptive reading and fair emendations, which considerably enhanced the quality of this work; Ramdas Rao, who read every word, lending me his well-trained ears and eyes; Sudhi Seshadri, master of compression, for "frenzying" the hunting scenes and for teaching me how to write more concisely; Naresh Keerti, a critical friend, for his enthusiasm for things classical and his passion for Sanskrit translations and Indology; danseuses Chitra Dasharathi and Tulasi Ramachandra for help with interpreting terms in the text related to music and dance; Maitri Vasudev, for making the onerous task of preparing the manuscript joyous with her lively company; and the readers of the translation—T. S. Satyanath, V. B. Tharakeshvar, Du. Saraswathi, Jane Sahi,

Janet and Eric Lord, S. N. Sridhar, Rajeshwari Sundar Rajan, C. K. Meena, Krpa, Basavaraja Kalgudi, Dinesh Hassan, and Arshia Sattar—for their comments on the drafts at various stages. Finally, I cannot appreciate enough the daily support and strength offered by my family: Ammu, Aditya, Sharad, and little Aman; Gowru the guru, Padma Chakravarthy and family, and Viswa, who would have celebrated the translation and taken sole credit for it!

NOTES

1 Hampi was an important Shaiva religious center in the medieval period, alternately spelt as "Hampe."

2 Traditional art forms include *yakṣagāna, harikathe, bayalāṭa, lāvaṇi,* and folk tales. The earliest theatrical performance is attributed to the theater company Shri Kadasiddheshvara Sangita Nataka Mandali, in Konnur, which by 1910 had made the play a regular feature of its repertoire. See Marathe 1994.

3 "It haunted me and I must have acted Harishchandra to myself times without number. 'Why should not all be truthful like Harishchandra?' was a question I asked myself day and night. To follow truth and to go through all the ordeals Harishchandra went through was the one ideal it inspired in me. I literally believed in the story of Harishchandra. The thought of it all often made me weep" (Gandhi 1948: 23). Sorokin (1954: 169) also argues that Gandhi's process of identification with the supreme values of love and truth began at the age of twelve when he chanced on a play about Harishchandra.

4 Halaga, Lakka, Oduva Giriya, and Ramarasa Virupaksha, four later Kannada poets, recreated the Raghavanka text in the more accessible *sāṅgatya* meter in the sixteenth century. There are also eight dramatic versions of the text in modern Kannada, by Shankara Shastry (1889), Krishnachar (1893), S. V. Ranganna (1958), Nanjundappa (1956), Anand Rao (1961), Hakari (1969), Keshava (1998), and P. T. Narasimhachar (1998).

5 The text has been translated into modern Kannada prose several

times—by Shankara Narayana Rao (in 1950), N. Ranganatha Sharma (1972), K. Y. Shivakumar (1979), L. Basavaraju (2001), and K. S. Gopal (2009)—but most versions are abridged.

6 Whether he was a Shaiva Brahman or a Virashaiva, an adherent of a new devotional movement that arose in Karnataka in the twelfth century, has been a matter of discussion.

7 See Chikkananjesha's biography of Raghavanka, originally written in 1650 (Chikkananjesha 1954).

8 Ibid.

9 Shivarudrappa 1967, Amur 2006.

10 See the discussion by the poet and playwright P. T. Narasimhachar (1998), who recreated the Harishchandra play as *Satyāyana Hariścandra.*

11 Vimala 1992, Suryanarayana 1988.

12 Suryanarayana 1988, Krishnarao 2011.

13 Nayaka 2002.

14 Since most works from the fourteenth to the seventeenth century were written in *ṣaṭpadi* meter, Mugali (1997) designates it as the Shatpadi Era. The meter was preferred even over *ragaḷe,* popularized by Harihara: while 130 *ṣaṭpadi kāvyas* were written from the twelfth to the nineteenth century, only 30 *ragaḷe* compositions can be identified. More important, *ṣaṭpadi* was used by such major Kannada poets as Kumaravyasa, Chamarasa, Kanakadasa, and Lakshmisha, which testifies to the influence Raghavanka had on later poets.

15 Shivarudrappa 1967.

16 See Pollock 2006: 356–363.

17 Sathaye 2009.

18 As Kurtakoti has pointed out, "The Harishchandra of the *Aitarēya Brāhmaṇa* who deceives Varuna, the guardian of truth, becoming an eternal symbol of truth in Raghavanka's text is nothing short of a miracle" (Kurtakoti 1995: 138).

19 Shivarudrappa 1967.

20 At one point in the tale, Punykoti is waylaid by a stalking tiger. She pleads with her predator to allow her to see her calf in the cowshed one last time in order to bid her farewell, promising that she will return to be eaten by the tiger. The disbelieving tiger nevertheless lets her go. After a while Punyakoti returns, as she promised, for she believes that "if you go back on your word, God will not be

pleased," the very words that Basavanna uses. The tiger is full of remorse at the truthfulness of the cow and, in shame, jumps off a cliff and dies.

21 The Sanskrit puranic renditions of the Harishchandra legend also were not composed in a cultural vacuum, but they only fixed a legend that was within an otherwise fluid folk narrative tradition (compare Sathaye 2009).

22 Vasishtha and Vishvamitra have a history of conflict. Vasishtha, offspring of Brahma, is one of the seven seers in Hindu cosmogony. He is a Brahmarshi, a sage who has attained *brahmajñāna,* the highest level of divine knowledge. In contrast, Vishvamitra is a Rajarshi, a Kshatriya king who has attained sagehood through intense austerities. When Vishvamitra desires to possess Vasishtha's celestial cow, Nandini, Vasishtha declines his request. So Vishvamitra wages a war against him, only to lose, which leads him to avenge Vasishtha by attaining the status of a Brahmarshi through ascetic practice.

23 As Harishchandra's legitimate wife, Chandramati even shares the "chandra" part of his name in *HK,* unlike in the Sanskrit texts, in which the wife is named either Shaibya or Taramati.

24 Kurtakoti 1995.

25 To emphasize his point, the poet plays on the meanings of the word *kāla. Kāla* in Sanskrit refers to time; Kala is also the name of the god of death. The Kannada word *kāla* is the objective case of *kālu,* which means leg. When Virabahu places his heavy legs on Harishchandra's shoulders, the king feels as though he is carrying one of the Kulagiri mountains, possibly a pun on the word *kula* as well, which refers to both a mountain and one's caste.

26 Shivarudrappa 1967, Kurtakoti 1995, Amur 2006, and Tarikere 2006.

27 Nayaka 2006, Shivarudrappa 1967, and Amur 2006.

28 Nayaka 2002, 2006; Puttaiah 2006; and Shivaprakash 2006.

NOTE ON THE TEXT AND TRANSLATION

There are six important editions of *Hariścandra Kāvyam*, edited by Ramanujayyangar (1909), Venkannaiah and Krishna Shastri (1931), Basavaradhya and Pandita Basappa (1955), Nagesha Shastri and Venkateshaiah (1957), Viveka Rai (2004), and Vidyashankar (2004). This translation is based on the 1955 edition by Basvaradhya and Pandita Basappa, which offers the complete text, in 728 verses spread over fourteen chapters. This edition consolidates nine previous ones, with a useful glossary and an appendix listing important variants.

In this text, the unit of translation is not the word, or the clause, line, or sentence, but the whole stanza, the *ṣaṭpadi,* a self-contained, densely packed, patterned verse that typically presents a complete image, thought, or picture connected by a syntactic thread that creates a conceptual whole. Translating the text entailed unraveling this thread in every stanza to put it into the syntax of English literary prose, which had to stretch itself, straining at the leash and pushing the limits of possibility. Often the load of vivid detail or quick repartee was so heavy that the stacked-up phrases and clauses had to be first separated linearly and then bound together with an overarching idea or image, to clarify a certain effect or enhance the meaning. The fundamentally different sound-and-sense dynamic between the original text and the translation is best captured in an image offered by Walter Benjamin, who wrote that while content and language "form a certain unity like a fruit and its skin" in an original text, language "envelops its content like a royal robe with ample folds" in the translation.[1]

Thus the first thing that will strike the reader's eye in this edition is the lack of visual equivalence between the shape of the text on the left and the translation on the right. In keeping with Murty Classical Library style, the greater part of the translation is rendered in prose. However, a few stanzas are presented in verse, with a different lineation and a certain compression, to highlight their literary effect: the play of sound through assonance and alliteration; the sheer variety of syntactic patterns; the reiterative, incantatory, and trance-like quality of bhakti; the lyrical descriptions of the ocean, forest, and so on; the hyperrealist depiction of the brothel and the riveting scenes of hunting and falconry (all part of the *aṣṭādaśa varṇanas,* or eighteen descriptions, conventional in Sanskrit long-format poetry); and highly charged, moving moments that make for tremendous emotional appeal. Dialogue-intensive verses are presented with a gap between lines of dialogue to indicate the change of speaker.

Raghavanka's text often endorses misogyny and caste ideology, especially in Harishchandra's encounters with Virabahuka and the young *holatis*. It is rather alienating for the modern, educated reader, used to different literary canons and traditions, to sympathize with the triumphant pursuit of an absolute and singular truth at the cost of all other values, including equality, respect for women, and the dignity of labor. Hence while translating the text, one had to fight the resistance within and establish a critical distance from the material, even while struggling to make the text one's own through a process of transmigration (*parakāyapravēśa*), hoping that these opposing pulls and pushes will render the translation into what has been aptly called an act of both "homage and critique."[2]

Another challenge in mediating this medieval text is that translation and scholarship are symbiotic when one is working with such classics, and this is a greater challenge in the impoverished culture of classical studies in India, which makes accessing older texts an arduous task.[3] And then there is the "misery and splendour" of sculpting an idiom in English, fusing intellection and intuition, that can represent "the astringent beauty of classical languages" within a sustained and consistent narrative poem.[4]

And yet, how fulfilling! During his hunting expedition, Harishchandra accidentally strays into his guru Vasishtha's sacred grove in Hampi, where he receives Vasishtha's blessings and then, most unexpectedly, comes into the presence of his favorite deity Lord Virupaksha. The king is so overcome with joy and gratitude that he exclaims, like a commoner, "'Obliged to do unpaid work, one chanced upon the Capital City!' This saying has come true for me." The Kannada saying sums up my own sense of gratitude as well, for this windfall, this transformative journey of translating Raghavanka's classic.

NOTES

1 Benjamin 1923: 19.
2 Geertsema 2008: xii, 435.
3 See Balmer (2013), who argues that scholarship and translation are symbiotic in translating classics.
4 Ortega y Gasset 1937; Mendelsohn 2008.

The Life of Harishchandra

ಪ್ರಥಮ ಸ್ಥಲಂ

ಸೂಚನೆ

ದೇಶಾಧಿಪತಿ ಹರಿಶ್ಚಂದ್ರರಾಯನ ಸತ್ಯ
ವಾಸವನ ಸಭೆಯೊಳಗೆ ನೆಗಳ್ದ ಪ್ರಸಂಗದಿಂ
ಕೌಶಿಕ ವಸಿಷ್ಠಮುನಿಗಳಿಗೆ ಘನತರದ ಸಂವಾದಮಂ ಮಾಡಿತಂದು

೧ ಶ್ರೀಪತಿಗೆ ಸೊಬಗನುಡುಪತಿಗೆ ಶಾಂತಿಯನು ವಾ
ಣೀಪತಿಗೆ ಚಾತುರ್ಯಮಂ ದಿವಸ್ಪತಿಗೆ ಪ್ರ
ತಾಪಮಂ ಸುರಪತಿಗೆ ಭೋಗಮಂ ರತಿಪತಿಗೆ
ಮೂಲೋಕವಾವರಿಸುವ
ರೂಪಂ ಸರಿತ್ಪತಿಗೆ ಗಂಭೀರತೆಯನು ಸ್ವಾ
ಹಾಪತಿಗೆ ತೇಜಮಂ ಕೊಟ್ಟ ಗುರುಮೂರ್ತಿ ಪಂ
ಪಾಪತಿ ವಿರೂಪಾಕ್ಷನೆಮಗಿಷ್ಟಸಿದ್ಧಿಯಂ ಮಾಳ್ಕೆ ಸಂತೋಷದಿಂದ

Chapter 1

Synopsis

The renowned truthfulness of King Harishchandra, who ruled over the earth, sets off a serious argument one day between sage Vishvamitra and sage Vasishtha in the court of Indra.[1]

Divine Pampapati, lord of Hampi, who has lent 1
elegance to Vishnu, lord of Shri,[*]
wisdom to Brahma, lord of Vani,[†]
bliss to Indra, lord of gods,
brilliance to the Sun, lord of the sky,
serenity to the Moon, lord of stars,
enthralling beauty to Madana, lord of Rati,[‡]
dignity of depth to the Ocean, lord of rivers,
and radiance to Fire, lord of Svaha[§]—
may it please venerable Virupaksha to grant us our wishes.

---

* Goddess of wealth.
† Goddess of speech and learning.
‡ Goddess of sexual desire.
§ Personification of the sacrifice.

೧ ಜಡೆಯಿಡುಕುೞ್ಡೆಯೆಡೆಯೊಳಡಿಯಿಡುವ ಕಡಲತಡಿ
ವಿಡಿದುಡುಗಡಣದೊಡೆಯನೊಡಲೊಡಕು ನಡನಡುಗಿ
ಬಡಕರಿಸಿ ಮಿಡುಮಿಡುಕಲಡಿಗಡಿಗೆ ಜಡಿಜಡಿದು ಪಡಪಡಿಪ
    ನಡುನಯನದ
ಮಡುವಿಡುವ ಜಲಧಿಯಂ ಕಡೆವ ಕಡೆಯೊಳ್ಮೂಡಿ
ಘುಡುಘುಡಿಸಿ ಪಡೆಯ ಪಡಲಿಡೆ ಕೆಡಪುವುದ ತುಡುಕಿ
ಪಿಡಿದೊಡನೆ ಪೊಸೆದು ಕೊರಳೆಡೆ ತೊಡೆದ ಹಂಪೆಯ ಮೃಡಂ
    ಬಿಡದೆ ಸಲಹುಗೆಮ್ಮ

೨ ಸೋಮ ಸೋಮವಿಭೂಷ ಸುರರಾಜ ರಾಜರಿಪು
ಭೀಮ ಭೀಮಪೃಥುಲ ಭುಜಶಮನ ಶಮನ ಜಿತ
ಕಾಮ ಕಾಮವಿದೂರ ಗುಣಗಾತ್ರ ಗಾತ್ರ ಪಿಂಗಳಜಟಾರಾಮ ರಾಮ
ನಾಮನಾಮಯ ಗರಳಧರ ಧರ ಸ್ಥಿರಪುಣ್ಯ
ಧಾಮ ಧಾಮಪ್ರಬಲ ಬಲವಂತ ಶ್ರುತಿಸಕಲ
ಸಾಮ ಸಾಮಸ್ತುತ್ಯ ಪಂಪಾಧಿಪತಿ ವಿರೂಪಾಕ್ಷ ಕರುಣಿಸುವುದೆಮಗೆ

Mighty Mrida* of Hampi. 2
Protecting the young moon pursued by *kālakūṭa,* the
deadly venom,
hiding the trembling moon in his thick, matted locks;
not content, charging into the ocean,
and spewing fire to annihilate the raving venom,
Mrida chased it, caught it, and swallowed it,
making it an ornament around his neck—
may this three-eyed Mrida always protect us.

Virupaksha, supreme lord of Hampi. 3
Moon-crested Shiva, king of gods, terror of kings' foes,
awe-inspiring and strong-shouldered,
lust-free conqueror of the love god,
shining in thick copper-colored locks and venom-stained
neck,
guardian of the world, abode of things good and gracious,
treasure-house of radiance, repository of Vedas,
might incarnate, and one celebrated in the Samaveda—
may this Virupaksha shower his kindness on us.

* Lord Shiva.

೪ ನಿರುಪಮ ನಿರಾಲಂಬ ನಿತ್ಯ ನಿರ್ಭಯ ನಿರಾ
ವರಣ ನಿರ್ಮಾಯ ನಿರ್ಮಳ ನಿರ್ವಿಕಲ್ಪ ನಿಜ
ನಿರಸೂಯ ನಿಶ್ಚಿಂತ ನಿರ್ಲೇಪ ನಿರ್ಗುಣ ನಿರಾಧಾರ ನಿತ್ಯತೃಪ್ತ
ನಿರವದ್ಯ ನಿರ್ಭಿನ್ನ ನಿರ್ದ್ವಂದ್ವ ನಿರ್ದೋಷ
ನಿರಪೇಕ್ಷ ನಿಷ್ಕಾಮಿ ನಿಷ್ಕಳ ನಿರಾಕಾರ
ನಿರಜ ನಿರಹಂಕಾರ ನಿರ್ಮಳ ನಿರಾಳ ಪಂಪಾವಿರೂಪಾಕ್ಷ ಶರಣು

೫ ನುತಕಾಯ ಜಿತಮಾಯ ಪುರಮಥನ ವರಕಥನ
ಧೃತಸೋಮ ಗತಕಾಮ ಚಿರಲಿಂಗ ವರಸಂಗ
ಶ್ರುತಿದೂರ ಮತಿಸಾರ ಗಿರಿಜೇಶ ಸ್ಮರನಾಶ ದುರಿತಹರ ಕರುಣಾಕರ
ಪ್ರತಿರಹಿತ ನುತವಿಹಿತ ಶರದಮಯ ಭರಿತಜಯ
ವಿತತಗಣ ಚತುರಗುಣ ಸುರರಾಜ ವರತೇಜ
ಸಿತಗಳನೆಯತಿಬಳನೆ ಶರಣಾಗು ಗುರುಮೂರ್ತಿ ಪಂಪಾಪುರಾಧೀಶ್ವರ

Salutations to Virupaksha, lord of Hampi beyond compare, 4
formless and fearless, blameless and limitless,
beyond passion, illusion, and instability,
beyond depth, duality, and difference,
self-contained and self-propelled,
true, eternal, and ever content,
devoid of desire and distress, envy and ego,
untainted, undefiled, unsullied, unbound,
untouched by good and evil, and revered by all.

Lord of Hampi, veritable Shiva. 5
Beauteous form with the moon on his crown,
slayer of sin and lust, illusion and evil,
destroyer of Madana and the Three Cities,[2]
consort of mountain-born Girija,
lord of lords, companion to saints,
Sangameshvara,* containing blue venom in the neck, transcending Vedas,
repository of legends, and commander of demigods and sages.
To this eternal linga, this pure and compassionate guru,
charming, brilliant, inimitable, and victorious Pampapati,
surrender!

* "Lord of the meeting rivers," Shiva.

೬ ತರುಣಶಶಿಮಲ್ಲಿಕಾಮಾಲೆ ಕೆಂಜೆಡೆದುಱುಬು
ಪುರಿಗಣ್ಣುಕತ್ತುರಿಯ ಬೊಟ್ಟು ಕಪಿಲಾಕ್ಷಿಸರ
ಸಿರುಹನಯನಂ ನಾಗಕುಂಡಲಂ ಪೊನ್ನೋಲೆಯೆಸೆವ ಕಱೆ ರನ್ನದಾಳಿ
ಸುರುಚಿರಸ್ಫಟಿಕಹಾರಂ ಹಾರಮಪ್ಪ ಕುಚ
ವರಪಯೋಧರಮಜಿನವಸನಂ ದುಕೂಲವಾ
ಕರಶೂಲಮಬುಜದೊಡರುಂ ನೇಪುರಂ ಮೆಱೆವ ದೇವನೆಮ್ಮಂ
    ಸಲಹಲಿ

೭ ವಾಣಿಯಱಿವಿನ ಬೆಳಗು ಮುಕುತಿವನಿತೆಯ ಮುಡಿಯ
ಮಾಣಿಕಂ ಸರ್ವಮಂತ್ರಾದಿ ದೇವಲೋಕದ
ಪ್ರಾಣ ಮಂಗಳದ ಮನೆ ದೇವಲೋಕದ ಜನ್ಮಭೂಮಿ ತಾವರೆಗಣ್ಣನ
ರಾಣಿಯೆಸೆವೋಲೆವಾಗ್ಯಂ ಸರ್ವಸಿದ್ಧಿಗಳ
ತಾಣಂ ವಿರೂಪಾಕ್ಷನುನ್ನತೈಶ್ವರ್ಯದ
ಕ್ಷೋಣಿ ಪಂಪಾಂಬಿಕೆ ಮದೀಯ ಮತಿಗೀಗೆ
    ಪ್ರಸನ್ನತೆಯನುತ್ಸವದೊಳು

Ardhanarishvara,* 6
lord manifest as half man, half woman,
crescent moon on one side, jasmine string on the other,
coppery matted locks this side, coiffure that side,
burning third eye here, musk forehead dot there,
tawny eye of the male, lotus eye of the female,
snake adorning his ear, golden stud hers,
his neck marked by blue venom, hers with glowing *tāḷi*,†
his chest ornate in crystal necklace, her breast lovely in its
fullness,
tiger skin here, fine silk there,
trident in his hand, lotus in hers—
may lord Ardhanarishvara protect us.

Pampambike, goddess of Hampi. 7
Light of learning in Goddess Sarasvati,
crest jewel of the goddess of deliverance,
five-syllabled life breath‡ of all mantras,
abode of the auspicious, origin of the divine,
adornments of good fortune in Shri, queen of the
lotus-eyed,
home of all accomplishments,
and ground of Virupaksha's immense riches—
may it please Pampambike to grant me a joyous
disposition.

* The androgynous form of Shiva.
† A pendant indicating wifehood.
‡ A reference to the phrase *namaḥ śivāya*.

೮ ಶ್ರೀಯುಮಾವರನಿಂದುಧರನಭಯಕರನುಗ್ರ
ಮಾಯಾಭಕ್ತಭವಹಾರಿ ಗಂಗಾಧಾರಿ
ವಾಯುಭುಗ್ಭೂಷನುತ್ತಮವೇಷನಘತಿಮಿರಪೂಷನತಿವಿಗತದೋಷ
ಸ್ವಾಯತಾಖಿಲ ಲೋಕನಾಯಕವ್ರಜಪುಣ್ಯ
ದಾಯಕಂ ಹರಿವಿರಿಂಚ್ಯಾದಿಪ್ರಮುಖದೇವ
ರಾಯ ಪಂಪಾವಿರೂಪಾಕ್ಷನೆಮಗೀಗೆ ಭಕ್ತಿ ಜ್ಞಾನಸಂಪದವನು

೯ ಶ್ರೀವಿರೂಪಾಕ್ಷನೊಲು ನಿತ್ಯನಭಿನವಮಹಾ
ದೇವಂ ಜಿತೇಂದ್ರಿಯಂ ನಿಷ್ಕಾಮಿ ದೇಹಗುಣ
ವಾವರಿಸದಮಲ ನಿರ್ಲೇಪನಾರೂಢ ಲೌಕಿಕವಂಟದಪ್ರತಿಮನು
ಭೂವಂದಿತಂ ನಿತ್ಯತೃಪ್ತಂ ಸಮಸ್ತಮುಖ
ಜೀವಾನುಕಂಪಿಯೆಂದೆನಿಸಿ ರಾಜಿಪ ಸುಕೃತ
ಭಾವಿ ಹಂಪೆಯ ಶಂಕರಪ್ರಭು ಮದೀಯ ಮತಿಗೀಗೆ ಪ್ರಸನ್ನತೆಯನು

Shri Virupaksha of Hampi. 8
Crescent moon and the Ganga* in his crown,
snake around his neck, in the best of guises,
fear-destroying, aggression-subduing, courage-lending
sun to the darkness of sin,
self-propelling, unblemished lord,
blessing the mighty masters of the universe,
and supreme lord of gods Hari and Virinchi†—
may Uma's consort grant us a wealth of devotion and
knowledge.

Shankara Prabhu, king of Hampi, veritable Mahadeva, and 9
eternal like Shri Virupaksha; conqueror of the senses, spirit
undefiled by stirrings of the flesh, and surpassing worldly
matters; universally revered, ever content, and compassion-
ate to every sentient being—
may this venerable king, aspiring for the good of all, grant
me serenity.

* River Ganga in Sanskrit.
† The god Brahma.

೧೦ ಸಕಲಾಗಮಾಚಾರ್ಯನನಸೂಯನಪ್ರತಿಮ
ನಕಳಂಕನುತ್ತಮನನಂತವೇದಾರ್ಥ ಸಾ
ಧಕನವಿದ್ಯಾತೀತನಾನಂದಮಯನು ಶಾಪಾನುಗ್ರಹಾಧಿಕಾರಿ
ಪ್ರಕಟಿತ ಯಶೋಮಯಂ ಗುಪ್ತಲಿಂಗಪ್ರೇಮಿ
ಸುಕವಿ ಹಂಪೆಯ ಮಾದಿರಾಜನ ಜ್ಞಾನದೀ
ಪ್ತಿಕೆ ಕವಿವ ಮಾಯಾತಮಂಧವಳಿವಂತೆನ್ನ ಹೃದಯದೊಳು
ಬೆಳಬೆಳಗುಗೆ

೧೧ ಭವಭಕ್ತರಲ್ಲದೊಡೆ ಕೈ ಮುಗಿಯದುದು ತನ್ನ
ಯುವತಿಗಲ್ಲದೆ ಮನವನೆಳಸದುದು ಕಾಯದಿ
ಷ್ಟವ ಹಿಡಿಯದಿಹುದು ನಿಂದೆಯನಾಡದಿಹುದು ಪರದೈವವಂ
ಬಗೆಯದಿಹುದು
ಶಿವಲಿಂಗಪೂಜೆಯನಜಸ್ರ ಹಿಂಗದುದು ಕಾ
ಮವಿಕಾರವಾದಿ ಷಡುವರ್ಗವಜಿಯದುದು ನೇ
ಮವಿದೆಂದು ನಡೆವ ಹಂಪೆಯ ಮಹಾದೇವ ಗುರುರಾಯ
ರಕ್ಷಿಸುಗೆಮ್ಮನು

೧೨ ಆ ಮಹಾದೇವರುದರದೊಳು ಗುರುಭಕ್ತಿನಿ
ಷ್ಕಾಮವಜಿವಾಚಾರ ನೀತಿ ದಯೆ ಜಂಗಮ
ಪ್ರೇಮ ಶಮೆ ದಮೆ ಶಾಂತಿ ದಾಂತಿ ಚಾತುರ್ಯ ಸತ್ಯವುದಾರವೇಕನಿಷ್ಠೆ
ಸಾಮರ್ಥ್ಯವೆಲ್ಲಾಕಲಾಪ್ರೌಢಿ ಸದ್ಗುಣ
ಸ್ತೋಮವೆಲ್ಲಂ ನೆರೆದು ರೂಪಾದುದೆನಿಸುವ ಮ
ಹಾಮಹಿಮ ಹಂಪೆಯ ಹರೀಶ್ವರನ ಮೂರ್ತಿ ನೆಲಸಿರ್ಕೆನ್ನಚಿತ್ತದೊಳಗೆ

Madiraja, the gifted poet of Hampi, is a master of all 10
scriptures and everlasting Vedas. He is beyond illusion,
unblemished, incapable of envy, full of bliss, renowned for
his accomplishments, his power to bless and curse, and for
being a joyous and quiet votary of the linga—
may the lamp of knowledge lit by this great poet light up my
heart forever, dispelling the darkness of illusion.

Mahadeva of Hampi vowed not to speak ill of others, not to 11
raise his gaze at women other than his own, not to indulge
the body, not to succumb to the six vices,[*] including lust, not
to prostrate before devotees of gods other than Shiva, not
to worship gods other than his own, and not to be negligent
in worshiping the Shivalinga—
may this venerable guru protect us.

Poet Harishvara[†] of Hampi, embodiment of all virtues 12
originating from the core of Lord Mahadeva himself—
devotion to guru, dispassion, ethical conduct, compassion,
knowledge, truthfulness, regard for wandering saints,
self-control, serenity, poise, resilience, understanding, valor,
intelligence, generosity, single-mindedness, and an accom-
plished mastery of all arts—
may the figure of this outstanding poet abide in my mind.

* Lust, anger, avarice, attachment, arrogance, and envy.

† Harihara, uncle and mentor of Raghavanka.

೧೩ ವೇದ ನಾಲ್ಕಱೊಳು ಹದಿನಾಱು ಶಾಸ್ತ್ರಂಗಳೊಳು
ವಾದಿಸುವ ಹದಿನೆಂಟು ಪೌರಾಣದೊಳು ಕೇಳ್ದು
ಶೋಧಿಸಿದೆ ತಿಳಿದೆ ತೂಗಿದೆನೊರೆದೆನಾನಯ್ಯ ಶ್ರೀಗುರುವಿರೂಪಾಕ್ಷನ
ಪಾದವೇ ದಿವ್ಯವಿದಱೊಳಗೊಂದು ಕುಂದಿಲ್ಲ
ಭೇದಿಸುವೊಡೀ ಕೃತಿಗೆ ಪ್ರತಿಯಿಲ್ಲ ಹಂಪೆಯ ಮ
ಹಾದೇವನಾತ್ಮಜನ ರಾಘವಾಂಕನ ಕಾವ್ಯ ತರ್ಕಿಗಿಕ್ಕಿದ ಮುಂಡಿಗೆ

೧೪ ಮನವಚನಕಾಯದೊಳಗೊಮ್ಮೆಯುಂ ಭಾಳಲೋ
ಚನನಲ್ಲದೆ ಪೊಗಳದುದ್ಭಟಯ್ಯನ ಮಯೂ
ರನ ಕಾಳಿದಾಸನ ಹಲಾಯುಧನ ಕೇಶಿರಾಜನ ಮಲುಹಣನ ಬಾಣನ
ವಿನುತ ಭೋಜನ ಭಲ್ಲಟನ ಭಾರವಿಯ ಪದವ
ನೆನೆದು ಬಲಗೊಂಡು ತೊಡಗಿದೆನೀ ಮಹಾಕೃತಿಯ
ನೆನಗೆ ನೆರವಾಗಿ ನಡೆಸುಗೆ ರಸಂಗೊಡುಗೆ ತಿದ್ದುಗೆ ಸುನಿರ್ವಿಘ್ನದಿಂದ

I have diligently listened to, studied, analyzed, and compared the four Vedas, sixteen shastras,* and eighteen Puranas. After carefully weighing their import, I have narrated this story. Here, at Shri Virupaksha's feet, I swear that this work is flawless. If you examine it closely, you will see that there can be no equal to this composition of Raghavanka, son of Hampi's Mahadeva. This is my challenge to carping critics. 13

I begin my poetic composition by invoking, drawing sustenance from, and offering homage to great poets and Shiva devotees—Udbhatayya,[3] Mayura, Kalidasa, Halayudha, Keshiraja, Malhana, Bana, Bhoja, Bhallata, and Bharavi†—who do not praise, in body, mind, and speech, anyone but Shiva— 14
may these ardent devotees correct me, infuse my poetry with *rasa*,‡ and help me accomplish my task without impediment.

---

* Works of philosophy and codified knowledge.

† Eminent poets and grammarians in Kannada and Sanskrit.

‡ Emotional impact of a literary work.

೧೫ ಕೃತಿಗೆ ನಾಮಂ ಹರಿಶ್ಚಂದ್ರಚಾರಿತ್ರವೀ
ಕೃತಿಗೊಡೆಯನಮಳಪಂಪಾವಿರೂಪಾಕ್ಷನೀ
ಕೃತಿಗೆ ಪಾಲಕರು ಲೋಕದ ಭಕ್ತಜನರಿದಂ ಪೇಳ್ದಾತನಾರೆಂದೊಡೆ
ಚತುರಕವಿರಾಯ ಹಂಪೆಯ ಹರೀಶ್ವರನ ವರ
ಸುತನುಭಯಕವಿ ಕಮಲರವಿ ರಾಘವಾಂಕಪಂ
ಡಿತನೆಂದೊಡೀ ಕಥಾರಸದ ಲಹರಿಯನು ಬಣ್ಣಿಸದರಾರೀ ಜಗದೊಳು

೧೬ ಪರರೊಡವೆಯಂ ಕೊಂಡು ಕೃತಿಯ ಪೇಳದ ಭಾಷೆ
ಪರರ ಕಾವ್ಯಾರ್ಥಂಗಳಂ ಛಿದ್ರಿಸದ ಭಾಷೆ
ಪರರ ದೈವವ ನುತಿಸದಿಪ್ಪ ಭಾಷೆ ಪರರ ಕ್ಲೇಶವೀಕ್ಷಿಸದ ಭಾಷೆ
ಪರರ ನಿಂದಿಸಿ ತನ್ನ ಹೊಗಳಿಕೊಳ್ಳದ ಭಾಷೆ
ಪರರ ವಧುವಂ ಕಂಡು ಮನವೆಳಸದಿಹ ಭಾಷೆ
ಪರರ ವಸ್ತುವ ತೃಣಕೆ ಸರಿಯೆಂಬ ಭಾಷೆಯಿದು ರಾಘವಾಂಕಗೆ
ಸಂದುದು

This work, titled *The Life of Harishchandra,*[*] belongs to the 15
unsullied Lord Virupaksha of Hampi; its patrons are his
devotees; it is composed by Raghavanka the pandit, protégé
of the unmatched king of poetry, Hampi's Lord Harishvara,
and an inspiration to poets in two languages,[†] like the sun to
the lotus. When this is so, who wouldn't sing the praises of
this beautiful and flowing narrative?

Mark my words: I shall not employ others' tropes and 16
expressions, demean and undermine others' poetry, or adore
others' deities. I shall not wish suffering on others, condemn
others and praise myself, covet others' brides or hunger after
others' riches. I, Raghavanka, give you my word.

---

* Kannada and Sanskrit.

† *Hariśсandra Cāritra*

೧೭ ವಸುಧಾಧಿಪತಿ ಹರಿಶ್ಚಂದ್ರ ಘನಸತ್ಯನೆಂ
ದೊಸೆದು ವಾಸಿಷ್ಠನಿಂದ್ರಂಗೆನಲು ಕೌಶಿಕಂ
ಹುಸಿಮಾಳ್ಪೆನೆಂದು ಭಾಷೆಯನಿತ್ತು ಧರೆಗೆ ಬಂದವನಿಪನ ಸತಿಪುತ್ರರ
ಅಸುವಂತ್ಯವೆನೆ ನಿಗ್ರಹಂಮಾಡಿಯೊಪ್ಪದಿರೆ
ಶಶಿಮೌಳಿ ಶ್ರೀವಿಶ್ವನಾಥ ಭೂಪಂಗೆ ಕರು
ಣಿಸಿ ಸಕಲಸಾಮ್ರಾಜ್ಯವಿತ್ತಾತನಂ ಮೆಱೆದ ಕೃತಿ ಪುಣ್ಯದಾಕೃತಿಯಿದು

೧೮ ಇದು ಕಥಾಬೀಜವೀ ಬೀಜಮಂ ಬಿತ್ತಿ ಬೆಳೆ
ಸಿದಪೆನೀ ಕಾವ್ಯವೃಕ್ಷವನಿದಕೆ ನಿಮ್ಮ ಪುಳ
ಕದ ಗೊಬ್ಬರವನು ತಳಿದಾನಂದಜಲವೆಱೆದು ಸಲಹಿ
ಮಡಲಿಱಿದರ್ಥದ
ಹೊದಱ ನೆಳಲಂ ಸಾರ್ದು ತುದಿಮೊದಲ್ತನಕ ಹೇ
ಱಿದ ನವ್ಯಫಳರಸಂಗಳನು ಸವಿಸುವುದು ಲೋ
ಕದ ಶಿವಪದಾರ್ಚಕರು ಮಾನಿಗಳು ರಸಿಕರುತ್ತಮರು
ಸುಕಲಾಪ್ರೌಢರು

೧೯ ಚಿತ್ತದೊಳು ವಿಮಲರಸಭಾವಭರಿತಾರ್ಥಸಂ
ಪತ್ತು ಸಜ್ಜನರ ಪುಳಕಾಂಕುರಂಗಳನು ಹೊ
ತ್ತೆತ್ತಿಯಾನಂದಾಶ್ರುಬಿಂದುವ್ರಜಂಗಳಿಂ ಸಲಹಿ ಮಡಲಿಱಿದು ಬೆಳೆದು
ಮತ್ತೊಂದಱಭಿಲಾಷೆಯಂ ಮಱೆದು ಕಳೆದು ತ
ಮ್ಮತ್ತಲೆಱಗಿಸುವ ಶಿವಭಕ್ತಿವಲ್ಲರಿಯ ಹೊಸ
ಬಿತ್ತಿದೆಂದೆನಿಸುವ ಹರಿಶ್ಚಂದ್ರನೃಪಕಥಾವೃತ್ತಾಂತವೆಂತೆಂದೊಡೆ

In Lord Indra's court, once when the sage Vasishtha praised 17
lord of the earth Harishchandra as a paragon of truth, the sage Vishvamitra, wanting to undermine Vasishtha, vowed to disprove that claim. Vishvamitra put Harishchandra through various trials, almost killing his wife and child. But Harishchandra stood up to the test, desisting from being untruthful. Greatly pleased, Lord Vishvanatha blessed the king, restoring to him his lost kingdom and family. This is indeed a virtuous paean that celebrates Harishchandra's unswerving commitment to truth.

This is the germ of the story; sowing this seed, I have raised 18
the tree of my poetry. You devotees of Shiva, eminent scholars, renowned aesthetes, and great connoisseurs of art, nourish this tree with your keen reading; water it with your tears of artistic delight; bask in the shade of its lush branches replete with shades of meaning; and reap the sweet taste of fresh fruit that it bears on every flourishing bough.

The potent seed of King Harishchandra's tale has grown as 19
a wondrous vine of devotion to Shiva, bearing the ecstatic delight of the pious as its foliage, and irrigated by their joyous tears. This luxurious vine enriches them with its abundance of meaning, fills their minds with pure sentiments and *rasa*, makes them forget their petty wants, and helps in turning their thoughts inward.

೨೦ ರಸದೊಳರ್ಥದೊಳು ಭಾವದೊಳಲಂಕಾರದೊಳು
ಪೊಸರೀತಿಯೊಳು ಬಂಧದೊಳು ಲಕ್ಷಣದೊಳು ಪದ
ವಿಸರದೊಳು ಕಾವ್ಯದೊಳು ತಪ್ಪುಳ್ಳಡಿದಱೊಳಗೆ ಪರರು
    ಕೈಯಿಕ್ಕದಂತೆ
ಸಸಿನೆ ಮಾಡುವುದು ತಿದ್ದುವುದು ಕೊಂಡಾಡಿ ಲಾ
ಲಿಸಿ ಕೇಳ್ವುದೆಲ್ಲಾ ಶಿವಾರ್ಚಕರು ನಾಂ ನಿಮ್ಮ
ಶಿಶುವೆನಗೆ ಕುಂದಿಲ್ಲವೇತಱಿಂದೆನಲೆನ್ನ ಭರಭಾರ ನಿಮ್ಮದಾಗಿ

೨೧ ನುಡಿ ಲಕ್ಷಣಾರ್ಥ ರಸಭಾವಜ್ಞರೆನಿಸುವು
ಗ್ಗಡದ ಕವಿಗಳ ಕಾವ್ಯದಿದಿರಲೇಕೋ ತನ್ನ
ಜಡಮತಿಯೊಳೀಶನಂ ಬಣ್ಣಿಸುವನೆಂದೆನ್ನ ನಗಲಾಗದೇಕೆಂದೊಡೆ
ಬಡವರ ಮನೆಯ ಸೊಡರು ಕಂದುವುದೆ ಗುಡ್ಡಿಹಸು
ಬಿಡೆ ಕಱೆದ ಹಾಲು ಕಹಿಯಪ್ಪುದೇ ಎನ್ನ ಕೃತಿ
ಪೊಡವಿಯೊಳು ಸಲುವುದಿದಕೇಕೆ ಸಂಶಯವೆಲವೊ ನಂಬು ನೀಡಿದೆ
    ಕೈಯನು

೨೨ ನೆರೆದು ನೆರದೀ ಕೃತಿಯೊಳುಳ್ಳ ಲೇಸುಗಳನಾ
ದರಿಸಬೇಡುಳ್ಳ ತಪ್ಪಂ ಹಿಡಿವುದೆಂದು ನಿ
ಷ್ಠುರದುರ್ಜನರ್ಗೆ ವಂದಿಸುವೆನೆನ್ನ ಜನಂ ನಗಲಾಗದೇಕೆಂದೊಡೆ
ವರಮುಕುರಮಂ ತೊಡೆವರಾರಂಗಳವನು ಬೋ
ಹರಿಪರಾರ್ಮಳಿನಾಂಬರವನೊಗೆವರಾರಿದಂ
ಪರಿಕಿಪೊಡೆ ಸುಜನರಂತಿರ್ದಡೀ ಕೃತಿಗವರು
    ಕುಂದುಗಾಣಿಸಲಱಿಯರು

Should my poem be wanting in *rasa,* in content, expression, 20
grammar, diction, figures of speech, literary craft, sentiment, or the new style and the structure devised here, I would urge all of you, devotees of Shiva, to set them right, so that others do not find fault with the work. If you were to correct me, would it lower my esteem? I am but your child; the onus of nurturing this child is on you.

Do not deride me: "When acclaimed poets excelling in the 21
art of composition, in image making, in the consummation of meaning, and in poetic effect have already produced such great poetry, why is this dullard singing the praises of Lord Ishvara now?" For, does a lamp stop burning because it is in a poor household? Does milk turn bitter because it is from a dwarfish cow? Hence, do not doubt me; trust this hand. Rest assured: my work shall reign supreme on earth.

Yet I salute the severe critics who go over every little flaw in 22
this work, ignoring its plentiful array of strengths. Do not laugh at me when I say this, for they are indeed like those who scrub mirrors spotless, keep courtyards immaculate, and wash soiled clothes till they are pristine. When you pause to think, it is clear that sympathetic critics are incapable of exposing the faults in this work.

೧೩ ನಡೆವರೆಡಹದೆ ಬಱುಬರೆಡಹುವರೆ ಕಾವ್ಯಮಂ
ನಡೆಸುವಾತಂ ರಸಾವೇಶ ಮಱಹಾಲಸ್ಯ
ವೆಡೆಗೊಳಲು ತಪ್ಪುಗಲ್ಲದೆ ಕಾವ್ಯಕರ್ತೃ
　　ತಪ್ಪುವನೆವೊಂದೆರಡೆಡೆಯೊಳು
ಎಡೆವಾಯ್ದು ಬಂದ ತಪ್ಪಂ ಹಿಡಿದು ಸಾಧಿಸದೆ
ಕಡೆತನಕ ಬಂದ ಲೇಸಿಂಗೆ ತಲೆದೂಗೆ ತಲೆ
ಯೊಡೆವುದೇ ಬೇನೆಯಱಿಯದ
　　ನೀರಸರನೇಕೆಪುಟ್ಟಸಿದನಬುಜಭವನು

೧೪ ವ್ಯಾಕರಣ ಪರಿಣತನಲಂಕಾರ ಪರಿಚಿತನ
ನೇಕರಸನಿಪುಣನಭಿಧಾನಪ್ರವೀಣನೆ
ಲ್ಲಾಕಲಾಕುಶಲನೆನಿಪಾತಂ ಕವೀಶನವನಿದಿರೊಳೇನುವನಱಿಯದ
ಕಾಕುದುರ್ಬೋಧಕಂ ಕವಿಯೆನಿಸೆ ಕುಂದೇ ಮ
ಹಾಕವಿಗೆ ಜಲಶಯನ ವಿಷ್ಣುಹರಿಯೆನಿಸಿದೊಡೆ
ಭೇಕನುಂ ನೀರೊಳಗೆ ಹರಿಯೆನಿಸಿಕೊಂಡೊಡದ ಕೊಂದನೇ
　　ಚಕ್ರಧರನು

೧೫ ಕವಿಯಧಿಕನಿರ್ದೊಡೇಂ ಕೇಳ್ವರಿಲ್ಲದೊಡೆ ಗಾ
ನವಿನೋದಿಯಿರ್ದೊಡೇಂ ಜಾಣರಿಲ್ಲದೊಡೆ ಜಾ
ತಿವಿದಗ್ಧೆಯಿರ್ದೊಡೇಂ ಸುವಿಟರಿಲ್ಲದೊಡೆ
　　ಪೊಸಪೂಮಾಲೆಯಿರ್ದೊಡೇನು
ತವೆ ಮುಡಿವರಿಲ್ಲದೊಡೆ ನಾನಾ ಕಳಾನ್ವಿತರ
ನಿವಹವಿದ್ದೇನಾ ಕಲಾಪ್ರೌಢರಿಲ್ಲದೊಡೆ
ಇವನೆಯ್ದೆ ಬಲ್ಲವನ ಪೂರ್ವ ಮೇಣುಳ್ಳಡವ ದೇವನಲ್ಲದೆ ಮನುಜನೆ

It is only those who walk that stumble, not those who only sit around. Likewise, a poet may falter, carried away by sentiment, forgetfulness, or lethargy. Do not dwell too much on the occasional flaw but appreciate the finer moments and enduring strengths of the poem. After all, will your head explode if you nod in enjoyment? Why did the creator create tasteless dullards, oblivious of the poet's pangs of anguish? 23

A great poet is a skilled user of grammar and rhetoric, an accomplished wordsmith, an expert in the use of tropes, a past master in expressing sentiments, and an aesthete capable of appreciating all the fine arts. If a lowly versifier innocent of poetic graces is hailed as great, does it diminish the merit of the truly great poet? Would Lord Hari, destroyer of illusion, reclining in the ocean, fly into a rage and wield his discus because a frog, also living in water, shares his name—Hari? 24

What use is it being a great poet if no one listens to his poetry, a gifted musician if no one enjoys his music, a beautiful courtesan if no connoisseur appreciates her beauty, a garland of flowers if no one wears it, or an artist if there are no spectators to relish the art? It is rare to find people who can appreciate these arts; if they can, then they are not mere mortals but gods incarnate! 25

೨೬ ಇಳೆಯೊಳೊಂದೂರೊಳೆಂತಕ್ಕೆ ಪುಣ್ಯಾಧೀನ
ದೊಳು ಸಮಂತೊಬ್ಬಿಬ್ಬರಂ ಮೆಚ್ಚಿಸುವವನಲ್ಲ
ತಿಳಿದು ಕೇಳದೊಡಱಿಯೆ ಕೇಳ್ದೆನ್ನ ಕಾವ್ಯಾರ್ಥಮಂ ಕಿವಿಯ
    ಸೆಱಗುಗಳಲಿ
ತಳೆದ ಕವಿಗಳ ಗಮಕಿಗಳ ವಾದಿಗಳ ವಾಗ್ಮಿ
ಗಳ ರಸಾವೇಶಿಗಳ ತಲೆದೂಗಿಸುವೆನೆಂದ
ಡುಳಿದ ದುರ್ಜನರು ಮೆಚ್ಚದೊಡೆಂತೆನಲ್ಕದಕೆ ಕೇಳು ಮೇಲುತ್ತರವನು

೨೭ ರೋಗಿ ಹಳಿದೊಡೆ ಹಾಲು ಹುಳಿಯಪ್ಪುದೇ ಹಗಲ
ಗೂಗೆ ಕಾಣದೊಡೆ ರವಿ ಕಂದುವನೆ ಕಂಗುರುಡ
ನೇಗೈದುವುಂ ಕಾಣದೊಡೆ ಮುಕುರ ಕೆಡುವುದೇ ದುರ್ಜನರು
    ಮೆಚ್ಚದಿರಲು
ನಾಗಭೂಷಣನ ಕಾವ್ಯಂ ಕೆಡುವುದೇ ಮರುಳೆ
ಹೋಗಲಾ ಮಾತದೇಕಂತಿರಲಿ ಕಡೆತನಕ
ಮೇಗುತ್ತರೋತ್ತರವನೀವ ಭಾಷೆಗಳನವಧರಿಸುವುದು ಸಾಹಿತ್ಯರು

೨೮ ಬಗೆವೆರಸಿ ಸಂದಷ್ಟವಾದಡಱಿಯೆಂ ಪರೋ
ಕ್ತಿಗಳರ್ಥಮಂ ಕಳುವುದಧಮತನವಱಿದಳುಪಿ
ತೆಗೆದೆನಾದೊಡೆ ಬಳಿಕವರ್ ಮಿಂದ ನೀರ್ಗೆ ಮುಡಿಯಿಂ ತೆಗೆದ
    ಪೂಮಾಲೆಗೆ
ಉಗುಳ್ದ ತಂಬುಲಕುಟ್ಟು ಕಳೆದ ಮೈಲಿಗೆಗೆ ಸವಿ
ದೊಗಡಿಸಿದ ಕೂಳ್ಗೆ ಕೈಯಾಂತವಂ ಬೇಱೆ ಸಂ
ದೆಗವಿಲ್ಲೆನಿಪ್ಪಾ ಪ್ರತಿಜ್ಞೆ ಹಂಪೆಯ ರಾಘವಾಂಕ ನಿನಗಲ್ಲದಹುದೇ

I am not one of those poets who, by chance, may have won the admiration of a handful of people for their poetry, in some obscure town. I cannot speak about those who feign ignorance of my work and refuse to listen to it. But I am bound to win the hearts of those who lend their ears to my poetry and sway in joy—true poets, bards, minstrels, debaters, orators, and scholars. If you protest that there are bound to be uncultured people who cannot enjoy my poetry, here is my reply. 26

Would milk turn sour if the sick spurned it, the sun's radiance fade if the owl could not see it, and a mirror lose its value if a blind man grumbled he could not see his reflection? Would the worth of this poetry celebrating Shiva, adorned with the snake around his neck, be diminished if the ill-bred did not appreciate it? Why even talk about it? Oh dimwits, don't you know reading great literature makes our life worthwhile, not just here and now but in the hereafter as well? So, listen to my pledge, you connoisseurs of literature! 27

If you find traces of others' writings in my work, I can only say that we think alike, for stealing others' words is the depth of depravity. Knowing full well that the work belongs to another poet, if I stealthily use it in my poetry, I, Hampi's Raghavanka, shall declare: I am one that begs for their dirty bathwater, their wilted garland, their chewed-up betel quid, their soiled clothes, and their leftover food! 28

೨೯ ಮುಂತೆ ಸರಿಯಿಲ್ಲೆಂದು ಪೊಗಳ್ದವರು ಪೊಱಮಟ್ಟ
ಪಿಂತವನ ಕವಿತೆಯೇನೆಂದು ನಿಂದಿಸಿ ತಮ್ಮ
ತೊಂತಗವಿತೆಯ ತೂಂಬನುರ್ಚಿ ನೆರೆದೂರುಗರ ನಡುವೆ
    ನಿಜನಿಳಯದೊಳಗೆ
ಮಂತಣಂಗೊಂಡು ಕಾಳ್ಗೆಡೆದೊಳ್ವ ಕವಿಯೆದೆಯ
ಕೊಂತ ಮೂಗಿನ ಕತ್ತಿಯಧಟಕವಿನಿಕರಚೌ
ದಂತ ಹಂಪೆಯ ರಾಘವಾಂಕಪಂಡಿತನುಭಯಕವಿ
    ಶರಭಭೇರುಂಡನು

೩೦ ಗಿರಿಜಾವಿವಾಹಮುಪಮನ್ಯುಚರಿತಂ ಗಜಾ
ಸುರಮಥನ ದಕ್ಷಾಧ್ವರಂ ಕಾಲದಲನ ವಿಷ
ಹರಣ ಪಂಪಾಕ್ಷೇತ್ರ ಭಿಕ್ಷಾಟನಂ ಕಾಮದಹನ ಕಾಶೀವರ್ಣನಂ
ಪುರವಿಜಯಮಂಧಾಸುರಧ್ವಂಸನಂ ಜಲಂ
ಧರದಹನ ಕಾಳಿಕಾಕಾಂಡದೊಳಗಾದ ಶಂ
ಕರಲೀಲೆಗಳನು ಹಲವಿತಿಹಾಸಕಥನಮಂ ಪೇಳ್ವೆನೀ ಕಾವ್ಯದೊಳಗೆ

In your presence, they say your poetry is unmatched, but 29
behind your back, they malign it. In the safety of their homes, they bay at your work, while opening the flood gates of their inane verse to a gathering of their base followers. This Raghavanka is a spear piercing the chests of these villains, a knife chopping the nose of their false pride, and Indra's four-tusked elephant, Airavata, trampling upon these bragging, miserable rhymesters! This Raghavanka pandit is indeed an awe-inspiring *bhēruṇḍa*[*] to these *śarabhas*[†]—these poets writing in two languages!

In this work, I shall allude to several life stories, historical 30
accounts, and legends in order to delineate the divine play of Lord Shankara—The Marriage of Girija, The Story of Upamanyu, The Slaying of Gajasura, Daksha's Fire Sacrifice, The Annihilation of Kalakuta Venom, A Tale of Beggary in Pampakshetra, The Slaying of Madana, The Description of Kashi, The Burning of Three Cities, The Destruction of Andhasura, The Burning of Jalandhara, and The Kalika Chapter.[‡]

* A terrifying imaginary two-headed bird.
† Mythical beast eight times as strong as the lion.
‡ While Raghavanka offers no detailed exposition of these works, the text alludes to these episodes at various points in the narrative.

೩೧ ಕೆಳೆತನದ ಬಂಧು ವಿಷಯದ ನಂಟುವೆಱಗುಗಳ
ಬಲದೊಳಾಂ ಕವಿಯೆಂದು ಕವಿರಾಯನೆಂದು ವೆ
ಗ್ಗಳಿಸಿ ಕಾಳ್ಗೆಡೆದಡದ ಸೈರಿಸುವೆನಲ್ಲದಾ ನಂಟನೀಡಾಡಿ ಮಲೆತು
ಬಳಿಕ ಕವಿಯೆಂದು ವೈಯಾಕರಣಿಯೆಂದು ವೆ
ಗ್ಗಳಿಸಿ ದನಿಗೈವ ದುಷ್ಕವಿಯ ಗರ್ವದ ಮೂಗ
ನಿಳುಹದಿರನುಭಯಕವಿಶರಭಭೇರುಂಡ ಹಂಪೆಯ ರಾಘವಂ
ಸಭೆಯೊಳು

೩೨ ಎನಿತು ಸಿರಿ ಸಾರ್ವಡಂ ಮಾಣ್ಬಡಂ ನಿತ್ಯತ್ವ
ವನುವಪ್ಪಡಂ ಸಾವಡಂ ಮೆಚ್ಚಿ ಹಂಪೆಯರ
ಸನ ಪೊಗಳ್ವ ನಾಲಗೆಯೊಳನ್ಯದೈವವ ಭವಿಗಳಂ ಕೀರ್ತಿಸಿದೆನಾದೊಡೆ
ಮನಸಿಜಾರಿಯ ಭಕ್ತನಲ್ಲ ತಾನೆನಿಪ ಬಿರು
ದಿನ ಕವಿಯೆನಿಪ್ಪ ಹಂಪೆಯ ರಾಘವಾಂಕನೊ
ಯ್ಯನೆ ಪೇಳ್ದನೆಂಬಾಗಳೀ ಕೃತಿಯನಾವ ಸಜ್ಜನರು ಕೊಂಡಾಡದಿಹರು

೩೩ ಧರೆಯಱಿಯಲೀ ಕೃತಿಗೆ ಮೊದಲಾವುದೆನೆ ತರಳ
ತರ ತರಂಗಾವರ್ತ ಗರ್ತ ನೀಹಾರ ಶೀ
ಕರದ ನಿಕರಂ ಜರಠ ಕಮಠಪಾಠೀನಚಯ ಡಿಂಡೀರ ಪಿಂಡಷಂಡ
ಕರಿ ಮಕರ ನಕ್ರ ಶೈವಾಳ ವಿದ್ರುಮ ರತ್ನ
ವರಶಿಂಶುಮಾರ ಬುದ್ಬುದ ತಿಮಿ ತಿಮಿಂಗಿಳೋ
ತ್ಕರ ಜಳೂಕವ್ಯಾಳಕೋಳಾಹಳಧ್ವಾನವೆರಸಿ ಜಲನಿಧಿ ಮೆಱೆದುದು

Taking liberties as a dear friend or a relative, if someone were to declare himself to be a poet and even a king among poets, I would not mind it. But if he were to compete with me, arrogantly claiming to be the better poet or the better stylist, this Raghava of Hampi will not spare that impostor of a poet; I shall slash his arrogant nose before the entire assembly! I am the mighty *bhēruṇḍa* to the measly *śarabha*—this poet writing in two languages! 31

Why wouldn't discerning readers celebrate this work when they know it is composed by poet Raghavanka of Hampi, who swears to live by the motto: "Whether I grow wealthy or turn poor, whether I die today or live forever, under no circumstances will I sing the praises of gods other than the lord of Hampi, or of those who do not believe in Shiva. If I did, I would be no devotee of Shiva, slayer of Madana." 32

The story is set in a kingdom nestling close to a mighty and multitudinous ocean, with its ceaselessly moving waves, layers and layers of rushing waters, deep whirlpools, misty and chilling sprays, gushing white foam, and a plethora of emerald, coral, and ruby stones; home to shoals of ancient tortoises, fishes, schools of sharks and whales, and herds of crocodiles, alligators, river horses, and snakes of all sizes. 33

೩೪ ಆ ರುಚಿರವನಧಿಪರಿಯಂತ ವಸುಧಾಮಧ್ಯ
ಮೇರುವಿನ ದಕ್ಷಿಣಾಶೆಯೊಳು ಕಬ್ಬಿನ ಬಿಲ್ಲ
ವೀರನರಲಂಬಿನಾಡುಂಬೊಲಂ ಸಕಲಸುಖಸಂಪದದ ಜನ್ಮಭೂಮಿ
ಭಾರತಿಯ ನೆಲೆವೀಡು ಮಂಗಳಂಗಳ ನಿಜಾ
ಗಾರ ಲಕ್ಷ್ಮಿಯ ರಾಜಧಾನಿಯೆನಲೊಪ್ಪುವುದು
ಚಾರುತರ ಲಾಳದೇಶಂ ಪರಮಭಕ್ತಿಕೋಶಂ ಶ್ರುತಿಚಯಾದೇಶವು

೩೫ ಆ ಲಾಳದೇಶಮಧ್ಯಸ್ಥಳದೊಳಧಟ ಭೂ
ಪಾಲವೆಸರಂ ತಳೆದ ಪಂಕೇಜಸಖಕುಲದ
ಪೀಳಿಗೆಯ ರಾಯರ್ಗೆ ವೀರಸಿರಿ ಸಲೆ ನಲಿದು ಕೈಗೆಯ್ದು ಜಯತವಗದ
ಮೇಲಿಟ್ಟ ರತ್ನಸಿಂಹಾಸನದ ಚೆಲುವಿನಿಂ
ತ್ರೈಲೋಕ್ಯದೊಳು ಪ್ರತಿವಿಹೀನವೆನಿಸಿರ್ಪ ಕೀ
ರ್ತ್ಯಾಳಾಪದಿಂದಯೋಧ್ಯಾಪುರದ ದುರ್ಗಮಿಂತೆಸೆದುದೇವಣ್ಣಿಸುವೆನು

೩೬ ಕಾಲಭೈರವನ ಕದನದ ಕಳನೊ ಭೂಸತಿಯ
ಭಾಳಾಕ್ಷವೊ ಪ್ರಳಯಕಾಲದಗ್ಗದ ಸಿಡಿಲ
ಹೋಳೊ ರವಿಕುಲದ ವೈರಿಗಳ ಶುಭಕೀರ್ತಿಶಶಿಯಂ ಪಿಡಿವ
 ರಾಹುವಿಪ್ಪ
ಹೇಳಿಗೆಯೊ ರಿಪುವಿಪಿನದವ ಹರಿಶ್ಚಂದ್ರ ಭೂ
ಪಾಲನ ಪ್ರಬಳಪ್ರತಾಪಶರಧಿಯ ಸುಳಿಯೊ
ಹೇಳೆನಲಯೋಧ್ಯಾಪುರಂ ಮೆಱೆವುತಿರ್ದುದು ಭಯಂಕರಾಕಾರದಿಂದ

This mighty ocean surrounded the glorious kingdom of Laladesha, situated south of Mount Meru. The region was better known as Madana's playground, the birthplace of all happiness and contentment, the capital residence of goddess Lakshmi, the abode of Bharati, goddess of learning, a treasury of piety, an anchor for the Vedas, and a true home to every auspicious force. 34

Ayodhya, the capital of Laladesha, was inherited by the valiant and fearless kings of the dynasty of the Sun, friend of the lotus. Vira Lakshmi, goddess of valor, pleased by their gallantry, had granted them the beautiful, gem-studded throne of Ayodhya. How do I describe the formidable fortress of Ayodhya, unmatched in all the three worlds! 35

Is it the battleground of Kalabhairava, or the eye on Earth-woman's forehead, or a streak of lightning heralding apocalyptic deluge, or a huge basket that has imprisoned Rahu, who tried to devour the moon-white fame of the Sun dynasty, or is it a whirlpool in the expansive ocean of King Harishchandra's unexcelled power and valor? How indeed do I describe the awe-inspiring fortress of Ayodhya? 36

೩೭ ಅಟ್ಟಣೆಯೊ ಸುರರ ನಗರಕ್ಕೆ ಧಾಳಿಡಲು ತಂ
ದಿಟ್ಟ ನಿಚ್ಚಣಿಗೆಗಳೊ ಕೊತ್ತಳವೊ ಗಗನದೊಳು
ಬಟ್ಟೆಯಂ ನಡೆದು ಬೆಂಡಾದ ಖಚರರು ಸಾರಲೆಂದಿಟ್ಟ ಭದ್ರಂಗಳೊ
ನಟ್ಟ ಡೆಂಕಣಿಗಳೋ ಹಗೆಗಳನು ದುರ್ಗವಱ್
ಯಟ್ಟಲೆತ್ತಿದ ಹಲವು ಕೈಯೊ ಪರಿಖೆಯ ಪರ್ವಿ
ನೊಟ್ಟಜೆಯೊ ಪುರದ ಪರಿವೇಷವೋ ಎನಿಸಿತೆಂಬಾಗಳಿನ್ನೇವೊಗಳ್ವೆನು

೩೮ ಸಲೆ ನಿಲೆ ದಿನೇಶವಂಶದ ಲಕ್ಷ್ಮಿ ನೆಲಸಿರ್ಪ
ಜಲಜದೆಸಳ್ಗಳೊ ವೈರಿಗಳ ಭಯಂಕರಬೀಜ
ಕುಲದಗೆಯ ಸಾಲೊ ನೆಱ್ ಮೇಲೆತ್ತಿಬರ್ಪ ರಿಪುರಾಯರಂ ಮೋದಿ
ಮುಱಿದು
ಮೆಲಲೆಂದು ದುರ್ಗ ಬಾಯ್ದಱ್ದೆಸೆವ ದಂತವೋ
ತಿಳಿಯಲರಿದೆನಲಯೋಧ್ಯಾಪುರದ ಕೋಂಟೆಯೊಳು
ತಳಿತ ರನ್ನದ ತೆನೆಯ ತೆಕ್ಕೆ ಮಿಕ್ಕೊಪ್ಪಿದವು ಮೇಘಮಂಡಲವ ಬಗಿದು

Those watchtowers, are they launchpads to mount an attack 37
on the heavens, or stepladders leading to the realm of gods, or multistoried hospices for travel-weary *khēcaras,** or columns of stakes and flag masts, or multitudes of hands raised to ward off ill omens and enemies, or ramparts built around water-filled moats, or the sharp domes of the city? How do I describe the onlookers' awe at these battlements?

The bright and sharp-edged borders of the fortress made 38
one wonder: are they lotus petals on which the Sun dynasty's fortune has come to rest for a while? The Sun dynasty's sprouts meant to frighten its enemies? The sharp teeth of Goddess Durga,† eager to bite, break, and destroy the body of the enemy? The fortress of Ayodhya gleamed like a giant emerald ear of sap-filled grain that tore at the firmament.

---

* Demigods dwelling in the sky.

† The word *durga* in Kannada means "fortress". *Durgā* also refers to the goddess Durga, the terrifying form of Parvati.

೩೯ ಭರದೊಳಮರಾವತಿಯ ಸೊಬಗನಳಕಾಪುರಿಯ
ಸಿರಿಯ ಮಧುರಾಪುರದ ಮಂಗಳವ ಶೋಣಿತಾ
ಪುರದ ದರ್ಪವನು ಲಂಕಾಪುರದ ಜಸವ ಯಮಪುರದ ರೌದ್ರತ್ವವ
ಉರಗೇಂದ್ರಪುರದ ರಚನೆಗಳನಿಂದ್ರಪ್ರಸ್ಥ
ಪುರದ ಬಲವಂ ಹಿಳಿದು ಬಳಿದು ಕರುವಂ ಕಟ್ಟಿ
ಸರಸಿಜದ ಕಂದನೀ ಪುರವ ನೆಱೆಯದೆ ಮಾಣನೆನಿಸಿತಂತಾ ದುರ್ಗವು

೪೦ ಸುರಪತಿಯ ಭೋಗ ವಹ್ನಿಯ ತೇಜವಂಧಕಾ
ಸುರನದಟು ನೈರುತಿಯ ಕಾಯ್ಪು ರತ್ನಾಕರೇ
ಶ್ವರನ ಗಂಭೀರವನಿಲನ ಬಲಂ ವಿತ್ತಪನ ಸಿರಿ ರುದ್ರನುಗ್ರತ್ವವು
ತರಣಿಯ ಪ್ರಭೆ ಧರೆಯ ಧೈರ್ಯ ಚಂದ್ರನ ಶಾಂತಿ
ವೆರಸಿ ರೂಪಾದುದೆನಿಸುವ ಹರಿಶ್ಚಂದ್ರ ಭೂ
ವರನಾ ಪುರಕ್ಕೊಡೆಯನರಿಶರಧಿವಡಬನಾರಾತಿಗಜಪಂಚಾಸ್ಯನು

೪೧ ತನುರುಚಿಯ ಮುಂದೆ ದಿನಪನ ಕಾಂತಿ ಕಪ್ಪಕ
ಪ್ಪನೆ ಕೋಪದಿದಿರೊಳೂರ್ವಾನಳಂ ತಣ್ಣತ
ಣ್ಣನೆ ಕೊಡುವ ಕೈಯಿದಿರೊಳಮರತರು ಮೆಲ್ಲಮೆಲ್ಲನೆ
ಮೋಹನವನಪ್ಪಿದ
ಘನರೂಪಿನಿದಿರೊಳಂಗಜರೂಪು ನೊಪ್ಪನೊ
ಪ್ಪನೆ ಗಭೀರತೆಯಿದಿರೊಳಂಬುನಿಧಿ ತೆಳ್ಳತೆ
ಳ್ಳನೆ ಶಾಂತಿಯಿದಿರ ಶಶಿ ಬೆಚ್ಚಬೆಚ್ಚನೆಯೆನೆ ಹರಿಶ್ಚಂದ್ರನೆಸೆದಿರ್ದನು

The city of Ayodhya was magnificent, as if Brahma, the lotus- 39
born, could not resist casting a special mold to bring together the elegance of Indra's capital, Amaravati, the prosperity of Kubera's Alakapuri, the virtues of Krishna's Madhurapura, the pomp of Shonitapura,* the prestige of Ravana's Lankapura, the terrible beauty of the city of death, Yamapura, the serpentine folds of the city of snakes, Uragendrapura, and the stature of the Pandavas' Indraprastha!

The opulence of Indra, radiance of Agni, audacity of demon 40
Andhakasura, ire of sky-guardian Nairuti, profundity of the ocean, power of wind-god Vayu, wealth of Kubera, fiery intensity of Rudra, brilliance of the sun, endurance of the earth, and tranquility of the moon had all come together to take form as Harishchandra, king of Ayodhya, submarine fire[4] to the ocean of his enemies and lion to the herd of elephants, his enemies.

Such was King Harishchandra's charisma that the radiant 41
sun turned a dull black before his resplendent form; ocean fire became ice cold before his scalding ire; Kalpataru, the wish-granting tree, looked miserly before his munificent hand; the love god's form lost its luster before his magnificent figure; the blue ocean appeared shallow before the depth of his majesty; and the moon felt tepid before his cool equanimity.

* Demon Banasura's capital near the river Narmada.

೪೨ ಧರೆಯೊಳು ಹರಿಶ್ಚಂದ್ರಭೂಭುಜಂ ತನ್ನ ಸಾ
ರ್ದರ ಬೇಡಿದರ ಬಯಸಿದರ ಸೋಂಕಿದರ ಬೆರಸಿ
ದರನು ತನ್ನಂತೆ ಮಾಳ್ಪುನ್ನತಿಕೆಯಂ ಕಂಡು ನಾಚಿ ಸಿಗ್ಗಾಗಿ ಸೆಡೆದು
ಮರನಾಯ್ತು ಚಂದನಂ ಸ್ವರ್ಗಸ್ಥವಾಯ್ತು ಸುರ
ತರು ಮೂಗುವಟ್ಟುದಮರರ ಧೇನು ಕಲ್ಲಾಯ್ತು
ಪರುಷ ಕಟ್ಟನೆ ಕರಗಿತೆನೆ ಸಿದ್ಧರಸವಂದುಮೊದಲಾಗಿ
ಮೂಜಗದೊಳು

೪೩ ಪರಿಭವಿಸಿ ನಂದಿಸಿ ತಗುಳ್ದೊರಸಿ ಪೀರ್ದು ಧಿ
ಕ್ಕರಿಸಿ ಡೊಕ್ಕರಿಸಿ ಝುಂಕಿಸಿ ಸುರಪನಗ್ನಿ ಯಮ
ನಿರುತಿ ವರುಣ ಮರುತ ಧನದನೀಶಾನ್ಯರೆಂಬವರ ಪವಿಶಕ್ತಿದಂಡ
ವರಕೊಂತ ಪಾಶಧ್ವಜಂ ಖಡ್ಗ ಶೂಲತತಿ
ವೆರಸಿ ಕರಿ ತಗರು ಕೋಣಂ ನರಂ ಮಕರ ಬೆ
ಳ್ಳೆರಲೆ ಹಯ ವೃಷಭಂಗಳಂ ಸೆಳೆದು ತಹನು ತತ್ತಡೆ ಹರಿಶ್ಚಂದ್ರ ನೃಪನು

The three worlds marveled at his munificence that made his supplicants as rich as himself. Other legends of munificence were put to shame: the divine sandal tree turned wooden, the divine wish-granting tree died and returned to heaven, the celestial wish-granting cow was stunned into silence, the philosopher's stone turned into a mere piece of rock, and alchemic potions lost their potency! 42

The valiant Harishchandra could rout the eight guardians of the universe and bring home their mounts and weapons: he could insult Indra, seizing his thunderbolt and elephant Airavata; put out Agni, snatching his powerful weapon and his ram; chase away Yama, the god of death, confiscating his mighty staff and his bison; extinguish Niruti, grabbing his lance and his horse; vanquish Varuna, snapping up his noose and crocodile; choke Maruta, taking away his ensign and white deer; challenge Kubera, spiriting away his sword and his horse; and humble Ishana, overpowering his spear and his bull. 43

೪೪ ವರರೂಪಿನೊಳು ರತಿಗೆ ಹೊಣಕೆ ಸೌಭಾಗ್ಯದೊಳು
ಸಿರಿಗೆ ಹೊಯಿಕ್ಕೆ ಜಾಣಿನೊಳು ವಾಣಿಗಿಮ್ಮಿಗಿಲು
ಚರಿತದೊಳು ಗಂಗೆಗಲಗಣಸು ಪತಿಭಕ್ತಿಯೊಳರುಂಧತಿಗೆ ಸರಿ ಜಸ
ದೊಳು
ಪರಮರೋಹಿಣಿಗೆ ಹೆಗಲೆಣೆ ಪುಣ್ಯದೊಳು ಸ್ವಧಾ
ತರುಣಿಗೋರಗೆ ವಂದ್ಯತೆಯೊಳು ಗಾಯಿತ್ರಿಗೊರೆ
ದೊರೆಯೆನಿಸಿ ಮೆಱೆವಳು ಹರಿಶ್ಚಂದ್ರನೃಪನರಸಿ ಚಂದ್ರಮತಿ
ಭೂತಳದೊಳು

೪೫ ತೊಡರ್ವ ರಾಯರನೊರಸಿದಪೆನೆಂದು ನುಡಿನುಡಿದು
ನುಡಿಗಲಿತು ರಣದೊಳಾಂತವರ ಸರ್ವಸ್ವಮಂ
ಪಿಡಿಪಿಡಿದು ಪಿಡಿದು ನಿಂದಿರಕಲಿತು ಹಗೆಯ ಬಯ್ತಲೆಯ
ಬಟ್ಟೆಯೊಳೊಮ್ಮೆಯು
ನಡೆನಡೆದು ನಡೆಗಲಿತು ರಿಪುಗಳಲಿ ಕಪ್ಪಮಂ
ಬಿಡಬಿಡದೆ ಕೊಂಡು ಕೊಂಡುಣಕಲಿತು ಕೀರ್ತಿಯೊಡ
ನೊಡನೆ ಪರಿಪರಿದು ಪರಿದಾಡ ಕಲಿತಂ ಲೋಹಿತಾಶ್ವನೆಂಬ
ಕುಮಾರನು

೪೬ ಪತಿಹಿತಂ ಪೌರಜನದುತ್ಸವಂ ದೇಶದು
ನ್ನತಿ ದುಷ್ಟರೆದೆಗಿಚ್ಚು ಶಿಷ್ಟರಾನಂದವತಿ
ಚತುರ ಚೌಷಷ್ಠಿ ಕಳೆ ಸಾಮಭೇದಾದಿ ಮಂತ್ರಾಳಾಪವೀಶಭಕ್ತಿ
ನುತವೀರವಿತರಣಗುಣಂ ಪುಣ್ಯನೀತಿ ಸಂ
ತತಿಗಳೆಲ್ಲಂ ನೆರೆದು ರೂಪಾದುದೆಂಬಂತೆ
ಮತಿವಂತ ಸತ್ಯಕೀರ್ತಿಯೆನಿಪ್ಪನೇಕಪ್ರಧಾನನಾ ಭೂಮಿಪತಿಗೆ

Chandramati, the exemplary consort of King Harishchandra, was a match for Rati, goddess of beauty, in her stunning looks; for Lakshmi, goddess of wealth, in the riches she commanded; and was twice as learned as Vani, goddess of learning. She surpassed the Ganga in her impeccable character and Arundhati in her unwavering devotion to her husband. She was as reputed as Rohini, favorite wife of the Moon, and as revered as Gayatri, goddess of ultimate knowledge. 44

Lohitashva, their son, learned to talk by first talking of how he would annihilate enemy kings; he learned to hold and stand by holding on to the possessions of his vanquished adversaries; he learned to walk by walking on the bowed heads of his foes; he learned to eat by eating the most delicious edibles from the offerings made by his defeated enemies; and he learned to move in step with his fame, which had traveled far and wide. 45

Satyakirti, Harishchandra's minister, was an embodiment of numerous commendable traits all rolled into one: he displayed concern for the welfare of his king, the well-being of his citizens, and the progress of his country; the capability to strike terror in the hearts of his foes and bring joy to the hearts of his friends; a command of the sixty-four arts and the four Vedas; a mastery of statecraft; and kindness, generosity, valor, loyalty, and an ardent devotion to Shiva. 46

೪೭ ಪೊಡವಿಯಂ ಬಗಿವ ಫಣಿಪನನುಗಿವ ಜಲಧಿಯಂ
ಕುಡಿವ ವಡಬನ ಹಿಡಿವ ಗಿರಿಗಳಂ ಪೋಳ್ವ ಹಗ
ಲೊಡೆಯನಂ ತೂಳ್ವ ಮೃತ್ಯುವನು ತುತ್ತುವ ದಿಶಾಧಿಪರ ಮುತ್ತುವ ಸಿಡಿಲನು
ಹುಡಿಗೈವ ದೆಸೆಯ ಮೂಲೆಯ ಕೊಯ್ವ ದಿಗ್ಗಜದ
ಕುಡುದಾಡೆಯಂ ಮುಱಿವ ನಕ್ಷತ್ರಮಂ ತಱಿವ
ಕಡುಗಲಿಗಳೆಂಬತ್ತು ಪದ್ಮನಾಯಕರುಳಿದ ಪಡೆಯನಿನ್ನಾರೆಣಿಪರು

೪೮ ತ್ಯಾಗಕ್ಕೆ ಬುಧರು ತಣಿವವಧಿ ರಾಜ್ಯಕ್ಕೇಳು
ಸಾಗರದ ತಟವವಧಿ ಭಕ್ತಿಗೀಶ್ವರನ ತಲೆ
ದೂಗಿಸುವುದವಧಿ ಕೀರ್ತ್ಯಂಗನೆಯ ಸುಳಿವಿಂಗೆ ಮೂಲೋಕವವಧಿ ವಿಪುಳ
ಭೋಗಕ್ಕೆ ಸರ್ವಸುಖವವಧಿ ವೀರಕ್ಕೆ ಭೂ
ಭಾಗದೊಳು ನಿಷ್ಕಂಟಕತ್ವವೇ ಅವಧಿ ತಾ
ನಾಗಿ ಪಿರಿಯರಸುತನಮಂ ಮಾಡುತಿರ್ದನು ಹರಿಶ್ಚಂದ್ರಭೂನಾಥನು

೪೯ ಮಸುಳಿಸದ ತೇಜ ಮಾಸದ ಕೀರ್ತಿ ಕಲಿಹುಗದ
ಹೆಸರಿಂಗದೋಜೆ ಕೊರಗದ ದರ್ಪವುಗದ ಬಗೆ
ಹುಸಿಹುಗದ ನುಡಿ ಮಾಯೆ ಮುಸುಕದಱಿವಾಲಸ್ಯವಡಿಯಿಡದ ಪರಮ ಭಕ್ತಿ
ನಸುಲೋಭ ನಡದ ಸಿರಿ ಭೀತಿ ಬೆರಸದ ವೀರ
ದೆಸಕವಿದಿರೊಗೆಯದುನ್ನತಿ ಸಹಜವೆನಿಸಿ ರಾ
ಜಿಸುತಂ ಹರಿಶ್ಚಂದ್ರ ಭೂಭುಜಂ ಸುಖದೊಳಿರಲಿತ್ತಲಮರಾವತಿಯೊಳು

Harishchandra's strong team of eighty fearless chieftains could delve into the earth and smoke out even snake-kings, swallow the ocean in one gulp, hold ocean fire bare-handed, cut mountains down to size, and fling down the sun. These undaunted warriors, who commanded countless soldiers, could make a meal of death, render the sky's guardians immobile, erase the eight directions of the universe, thrash the stars, pulverize lightning, and grind the tusks of mighty elephants to pieces. 47

The sovereign king governed his land so ably and wisely that his munificence had as its limit only the complete satisfaction of discerning scholars; his vast kingdom had as its limit only the seven seas; his devotion had as its limit only Shiva's approval; his fame had as its limit only the entirety of the three worlds; his pleasures had as their limit only the ultimate delight of this earth; and his intrepid ways had as their limit only the erasure of his adversaries. 48

Undimmed radiance, untarnished fame, undiminished courage, unmatched reputation, unassailable confidence, unwavering attention, unalloyed discernment, and wisdom free from illusion blended naturally in King Harishchandra. His life was marked by speech without falsehood, devotion without indolence, wealth without avarice, and advancement without regress. While Harishchandra ruled over his kingdom happily, a different scene was unfolding in Lord Indra's Amaravati. 49

ದ್ವಿತೀಯ ಸ್ಥಲಂ

ಸೂಚನೆ

ಭೂವರ ಹರಿಶ್ಚಂದ್ರನೃಪನ ಘನ ಸತ್ಯವಾ
ದೇವಸಭೆ ನಡುಗೆ ವಾಸಿಷ್ಠಮುನಿ ಕೌಶಿಕಂ
ಗಾವಗಂ ಕದನಮಂ ಬೆಳಸಿ ಪ್ರತಿಜ್ಞೆಯಂ ನುಡಿಸಿತೇವಣ್ಣಿಸುವೆನು

೧ ಪರುಷವಂಗಣದ ಕಲು ಸುರಭಿ ಕಱಹಂ ಕಲ್ಪ
ತರು ವನಂ ಸ್ವರ್ಗ ನಿಜದೇಶವಮರಾವತಿಯೆ
ಪುರದುರ್ಗವಮರರಾಳ್ ಮೇರು ಕೇಳೀಶೈಲವಮೃತವೇ ಮನೆಯ
ಬೀಯ
ವರರಂಭೆ ಸೂಳೆ ಶಚಿ ರಾಣಿಯೈರಾವತಂ
ಕರಿ ವಜ್ರವಾಯುಧಂ ನವನಿಧಿಯೆ ಭಂಡಾರ
ಹೊರೆವಾಳ್ವನಭವನೆಂದೆನಿಪ ದೇವೇಂದ್ರನೊಂದಿರುಳೋಲಗವನಿತ್ತನು

Chapter 2

Synopsis

King Harishchandra's commitment to truth leads to a war of words between the sages Vasishtha and Vishvamitra, ending in a wager between them, as the entire assembly of gods watches the scene in alarm.

In the kingdom of Indra, king of gods, precious *paruṣa** 1
stone served as courtyard, plentiful Surabhi as milch cow, generous Kalpataru as bounteous trees, gods as his citizens, heaven as his kingdom, Amaravati as the capital, Mount Meru as sporting ground, elixir as staple food, Rambha as courtesan, Shachi as queen, Airavata as grand elephant, *vajra* the diamond as weapon, and the nine riches[1] as treasury. Lord Shiva was its protector. One night, Indra held court in this land of plenitude and splendor.

* Philosopher's stone.

೧ ತರದ ತಂಡದ ಗಡಣದೋರಣದ ವಂಗಡದ
ಪರಿವಿಡಿಯ ಸಾಲ ಸೇರುವೆಯ ಪರಿಪಂಕ್ತಿಗಳ
ಸುರರ ವಿದ್ಯಾಧರರ ಕಿನ್ನರರ ಖೇಚರರ ಗುಹ್ಯಕರ ಗಂಧರ್ವರ
ತುರಗವದನರ ಮಯೂರರ ಮಹೋರಗರ ಸಿ
ದ್ಧರ ಧರಾಚರರ ಗರುಡರ ಕಿಂಪುರುಷರ ಮು
ಖ್ಯರ ನಟ್ಟನಡುವೆ ಮಣಿಭದ್ರಾಸನದೊಳಿರ್ದನಿಂದ್ರನನಿಮಿಷಚಂದ್ರನು

೨ ಹಿಂದೆಮುಂದೆಡಬಲನನೆಡೆಗೊಂಡ ಪಟುಭಟರ
ಗೊಂದಣದ ಮಕುಟದಿಡುಕುಱ ತಳಿತ ಕೈದುಗಳ
ಸಂದಣಿಯ ತುಱುಗಿ ತುಂಬಿದ ದೀವಿಗೆಯ ಸುಧಾಭಿತ್ತಿಯ
 ವಿಳಾಸಿನಿಯರ
ಹೊಂದೊಡಿಗೆಗದಿರ ನಗೆಗಂಗಳೊಳಗಂ ಪುಟ್ಟಿ
ಮಂದೈಸಿ ಬೆಳೆದ ಬೆಳತಿಗೆವೆಳಗಿನೊಳಗಿರ್ದ
ನಂದು ಗಿರಿದಳನ ದೋರ್ದಂಡಂ ಶಚೀಸತಿಯ ಗಂಡ ರಂಭೆಯ
 ಮಿಂಡನು

೪ ಸನಕ ಕಶ್ಯಪ ಜಹ್ನು ಜಮದಗ್ನಿ ಭೃಗು ಸನಂ
ದನ ಕುತ್ಸ ವತ್ಸ ಶುಕನತ್ರಿ ವಾಲ್ಮೀಕಿ ಜೈ
ಮಿನಿ ಭರದ್ವಾಜ ರೋಮಜ ಭಗೀರಥ ಕುಶಾವರ್ತ ನಾರದ ಮರೀಚಿ
ಮನು ಮತಂಗ ವ್ಯಾಸ ಗರ್ಗ ಗೌತಮ ಸನಾ
ತನನಗಸ್ತ್ಯ ದಧೀಚಿ ಪೌಲಸ್ತ್ಯ ಮಾಂಡವ್ಯ
ಮುನಿಮುಖ್ಯರಿರ್ದರಮರಾವತಿಯ ಬಲ್ಲಹನ
 ಬಳಸಿನೊಡ್ಡೋಲಗದೊಳು

Eminent courtiers were seated in neat, organized rows 2
earmarked for special clans, tribes, and sects. Chieftains of Suras, Vidyadharas, Kinnaras, Khecharas, Guhyakas, Gandharvas, Turagavadanas, Mayuras, Mahoragas, Siddhas, Dharacharas, Garudas, and Kimpurushas* occupied their assigned positions, levels, and ranks. In their midst sat the radiant Indra, the moon among immortals, on his pearl-studded throne.

To his left and to his right, in front and behind, groups of 3
soldiers stood guard in their shining armor and crowns. A thousand lamps lit up the spotless white walls. Indra, Shachi's husband and Rambha's† paramour, who had once severed the wings of the mountain,[2] was glowing in the golden rays reflected from the shimmering jewels and smiling eyes of celestial beauties.

Renowned sages such as Sanaka, Kashyapa, Jahnu, Jama- 4
dagni, Bhṛgu, Sanandana, Kutsa, Vatsa, Shuka, Atri, Valmiki, Jaimini, Bharadwaja, Romaja, Bhagiratha, Kushavarta, Narada, Marichi, Manu, Matanga, Vyasa, Gargya, Gautama, the revered elder Agastya, Dadhichi, Paulastya, and Mandavya graced the majestic court of Amaravati's powerful king.

* Various classes of demigods.
† Celestial courtesan of Indra's court.

೫ ಒಡಲನಾವರಿಸಿದಂಗೋಪಾಂಗಸಂಕುಳದ
ನಡುವೆ ನಯನದ್ವಯಂಗಳು ಸಲೆ ನವಗ್ರಹದ
ನಡುವೆ ಚಂದ್ರಾದಿತ್ಯರುರ್ವಿಯಂ ಪರ್ವಿ ಪಸರಿಸಿದ ನಾನಾ ನದಿಗಳ
ನಡುವೆ ಸುರುಚಿರ ಗಂಗೆ ತುಂಗಭದ್ರೆಗಳೊಪ್ಪ
ವಡೆದು ಮಹಿಮೆಯೊಳೆಸೆವ ತೆಱದಿ ಸುರಪನ ಸಭೆಯ
ನೆಡೆಗೊಂಡು ಮುನಿಕುಲದ ನಡುವಿರ್ದರಧಿಕವಿಶ್ವಾಮಿತ್ರ ವಾಸಿಷ್ಠರು

೬ ಅಲಸದೆ ಸಮಸ್ತ ಭೂಮಂಡಲವನಾಳ್ವ ರವಿ
ಕುಲಜರಪ್ಪಿಕ್ಷ್ವಾಕುವಂಶದರಸುಗಳೊಳತಿ
ಬಲರೆನಿಸಿ ಮನವಚನಕಾಯದೊಳಗೊಮ್ಮೆಯುಂ ಹುಸಿ ಹೊದ್ದದಂತೆ
ನಡೆವ
ಕಲಿಗಳಾರಯ್ಯ ಹೇಳವರ ಪಾರಂಪರೆಗೆ
ಸಲೆ ಸಂದ ರಾಜಗುರು ನೀನಱಿಯದವರಿಲ್ಲ
ವೆಲೆ ಮುನಿಪ ಹೇಳೆಂದು ಹಲವುಕಣ್ಣಾದವಂ ನುಡಿದನು
ವಸಿಷ್ಠಮುನಿಗೆ

೭ ಬೆಸೆಗೊಂಡೊಡಿಕ್ಷ್ವಾಕುವಂಶದೊಳಗಣ ಚತು
ರ್ದಶಭುವನಪತಿಗಳೊಳಗಿಂದುತನಕಾನಱಿಯೆ
ಹುಸಿಹೊದ್ದದವರಿಲ್ಲ ಹಿಂದಣರಸುಗಳನುದ್ಧರಿಸಲೆಂದವತರಿಸಿದ
ವಸುಧಾಧಿಪತಿ ಹರಿಶ್ಚಂದ್ರನಾತನ ಸತ್ಯ
ದೆಸಕಮಂ ಪೊಗಳಲೆನ್ನಳವೆ ಫಣಿಪತಿಗರಿದು
ಶಶಿಮೌಳಿಯಾಣೆಯೆನಲಾ ವಸಿಷ್ಠಂಗೆ ಕೋಪಿಸಿದ ವಿಶ್ವಾಮಿತ್ರನು

In the midst of this august assembly sat two enlightened 5
souls—the great Vasishtha and the mighty Vishvamitra, prominent as a pair of eyes in the body, radiant as the sun and the moon amid the nine planets, and magnificent and eternal as the eternal Ganga and Tungabhadra among the many rivers flowing across the earth.

Then the many-eyed Indra[3] asked Vasishtha, "Several kings 6
of the Ikshvaku dynasty, descendants of the Sun, have tirelessly ruled the fourteen worlds. Who among these kings has followed the path of truth in body, mind, and soul, or never uttered an untruth? Being the guru of the royal dynasty for generations, you must know the entire lineage of its scions. Should there be one such worthy king who has never swerved from the path of truth, name him."

Vasishtha replied, "Until this day, I have not come across 7
even one such king who has kept his word. But now there is Harishchandra, lord of the earth, ruling his kingdom with single-minded devotion to truth, and born as though to bring deliverance to his ancestors. Who can describe his truthful ways? Certainly not I, nor even Adishesha, the primeval serpent, with his thousand tongues, I swear by the moon-crowned Shiva." At this, anger welled up in Vishvamitra.

೮ ತೀವಿದೊಡ್ಡೋಲಗದ ನಡುವೆ ತನ್ನಂ ಮೊದಲೊ
ಳೋವಿ ನುಡಿಸದ ಕೋಪವೊಂದಾ ವಸಿಷ್ಠಮುನಿ
ಯಾವುದಂ ಪೇಳ್ದಡದನಲ್ಲೆಂಬ ಭಾಷೆಯೆರಡಖಿಳಜೀವಾವಳಿಯಲಿ
ಭಾವಿಪಡೆ ಕುಂದನಲ್ಲದೆ ಲೇಸ ಕಾಣದಿಹ
ಭಾವ ಮುಪ್ಪುರಿಗೊಂಡು ಕುಡಿವರಿದು ಕಡುಗೋಪ
ವಾವರಿಸಿ ಕೌಶಿಕಂ ನಿಂದು ನಿಲ್ ನುಡಿಯಬೇಡೆಂದು ಜಱೆದಿಂತೆಂದನು

೯ ಬೇಸಱದೆ ಕೇಳ್ವ ದೇವೇಂದ್ರನುಂಟೆಂದಿಂತು
ಹೇಸದಕಟಕಟ ಸೊರಹುವರೆ ವಾಸಿಷ್ಠಯೆನ
ಲಾ ಸೊರಹುವನೆಯಾತನಧಿಕನಲ್ಲವೆ ಹೇಳು ಮುನಿದ
ಮೋಱೆಯೊಳೆಂದೆನೆ
ರಾಸಿ ಹೊನ್ನುಂಟುಧಿಕನಹನೆನಲು ಹೊನ್ನ ಮಾ
ತೀ ಸಭೆಯೊಳೇಕೆ ಸತ್ಯನೆ ಹೇಳೆನಲು ಸತ್ಯ
ಲೇಶವಂತವನಾಳ್ವ ದೇಶದೊಳು ಕೇಳ್ದಱಿಯೆನೆಂದ ವಿಶ್ವಾಮಿತ್ರನು

To begin with, Vishvamitra felt slighted that Indra had not 8
spoken to him first and paid the respect due to him in the royal court. Second, he had a propensity to argue against anything Vasishtha had to say. Third, all Vishvamitra could see in this universe was evil, given that he had no eye for the good side of life. These three impulses came together, taking root and sprouting forth into an overpowering fury, and Vishvamitra said: "Enough, not a word more!

"True, Devendra* listens to you without annoyance; but is 9
that license enough to boast shamelessly about the king, Vasishtha?"

Vasishtha: "Why not? Tell me, is he great or is he not, you angry pot."

"With mounds of gold, why would he not be great?"

"Why mention his wealth in this court? Is Harishchandra not truthful? Answer."

"Of a single grain of truth associated with his kingdom, I have neither heard nor known."

* Indra, ruler of heaven.

೧೦ ಶಿವನಱಿಯಲಾತನೆಂತುಂ ಸತ್ಯನವನಾಳ್ವ
ಭುವನದೊಳಗನೃತವನ್ಯಾಯವಾಲೀಢತ್ವ
ವವಿಚಾರ ದುರ್ನೀತಿ ದುಸ್ಸಂಗ ದುಸ್ಥಿತಿ ದುರಾಚಾರವಿಲ್ಲೆಂದೆನೆ
ತವೆ ಬೇರ ಬಲ್ಲವಂಗೆಲೆದೋಱಲೇಕೆ ನಿ
ನ್ನವನೀಶನಾಳ್ವ ನಾಡೆಯ್ದೆ ಮುನಿನಾಥ ನೋ
ಡುವಡೆನ್ನ ಕಾಲಾಟದೊಳಗಣದು ಪೇಳ್ವೆನದಱನುವ ಕೇಳಿನ್ನೆಂದನು

೧೧ ನುತವಿಚಾರೋನ್ನತಂ ಕಾನನಂಗಳೊಳು ಪಶು
ಪತಿ ರತಿತ್ವಂ ಗೋಕುಲದೊಳು ಸ್ವರಾಗಸಂ
ತತಿ ಶುನಕಗೋಷ್ಠಿಯೊಳು ಚತುರದ್ವಿಜೋಪಚಾರಂ ದಂತಧಾವನದೊಳು
ವಿತತಧರ್ಮಶ್ರವಣವಂತ್ಯಕಾಲದೊಳಗಾ
ಶ್ರಿತಪರ್ವವಿಭವ ವೇಣುಗಳೊಳು ಸ್ವಸ್ಥತಾ
ಗತಿ ಮುಕ್ತರಾದವರೊಳಲ್ಲದಾ ನಾಡೊಳಿಲ್ಲೆಂದ ವಿಶ್ವಾಮಿತ್ರನು

೧೨ ಕೋಣನೆರಡುಂ ಹೋರೆ ಗಿಡುವಿಂಗೆ ಮಿತ್ತೆಂಬ
ಕ್ಷೋಣಿಯಾಡುವ ಗಾದೆಯಂತೆ ವಿಶ್ವಾಮಿತ್ರ
ನೂಣೆಯವ ಹಿಡಿವ ವಾಸಿಷ್ಠಮುನಿ ಸತ್ಯವಂ ಕೊಂಡಾಡುವೆರಡಱಿಂದ
ಕ್ಷೋಣೀಶನೆನಿಸುವ ಹರಿಶ್ಚಂದ್ರ ಭೂಪಂಗೆ
ಪ್ರಾಣಪರಿಯಂತಲ್ಲದಪಮೃತ್ಯು ಸಾರ್ಗೆಂದು
ಕ್ಷೀಣಮಂ ತೋಱಿ ನುಡಿವಂದದಿಂ ಕೋಪದೊಳು ಜಂಭಮರ್ದನ ನುಡಿದನು

Vasishtha: "Lord Shiva alone knows of Harishchandra's truthfulness. In his kingdom, there is no sign of untruth, injustice, callousness, immorality, despair, distress, evil company, or sinful deeds." 10

Vishvamitra: "For someone who knows the root, do you need to show the leaf? Having walked all over *your* king's land, I know all there is to know; let me tell you a thing or two.

"In his country, lofty things are hard to find: higher things are limited to trees standing tall in the forest; devotion for the lord of cows exists only in Gokula,* where people live by rearing cows; good music thrives only in the orchestra of dogs; hospitality offered to the twice-born† is limited to caring for the twice-born teeth; recitation of scriptures happens only on the deathbed; and good health is to be found only in people liberated from this world." 11

Like the saying "Two bulls locking horns spells death to plants," the more Vishvamitra persisted in finding fault with Harishchandra, the more Vasishtha resisted by singing the praises of the truthful king. On seeing that this did not bode well for the lord and master of the people, and could only bring him untimely death and danger, Indra, slayer of the demon Jambha, spoke up: 12

* Krishna's native place, home of cowherds.

† Brahmans.

೧೩ ಏನನಾಂ ಬೆಸಗೊಂಡಡೇನನಾಡುವಿರಿಳೆಯ
ಭೂನಾಥರೊಳು ಸತ್ಯರಾರೆಂದು ಬೆಸಗೊಂಡ
ಡೀ ನಾಡ ಮಾತು ಮಾಱುತ್ತರವೆ ಮುನಿಗಳಿರ ಎಂದು ಸುರಪತಿ
ನುಡಿಯಲು
ಏನೆಂದಡಂ ಹರಿಶ್ಚಂದ್ರನೇ ಸತ್ಯಸಂ
ಧಾನನೆಂದಾ ವಸಿಷ್ಠಂ ನುಡಿಯಲಲ್ಲನಿ
ಲ್ಲಾನಱಿಯಲಾ ನೃಪನಸತ್ಯನಂತವನ ಮಾತೀ ಸಭೆಯೊಳೇಕೆಂದನು

೧೪ ಇಳೆ ತಳಕ್ಕಿಳಿದು ಶಶಿ ಬಿಸಿಯಾಗಿ ಮೇರುಗಿರಿ
ಚಳಿಸಿ ರವಿ ಕಂದಿ ಜಲನಿಧಿ ಬತ್ತಿ ಶಿಖಿ ಹಿಮಂ
ದಳೆದ ದಿನದೊಳು ಸತ್ಯನಿಧಿ ಹರಿಶ್ಚಂದ್ರರಾಯನ ವಾಕ್ಯದೊಳು
ಹುಸಿಗಳು
ಮೊಳೆಯವಿದು ನಿರುತವಾನಱಿಯಲಾತನ ಸತ್ಯ
ದಳವನಱಿವೊಡೆ ನೊಸಲ ಕಣ್ಣುಳ್ಳನಾಗಬೇ
ಕುಳಿದವರಿಗಳವಡದು ನೀನೇ ಪರೀಕ್ಷಿಸುವೆ ಕೇಳೆಂದೆನಾ ಮುನಿಪನು

೧೫ ಇಂತಿವಕೆವರ್ಪಂದುತನಕವಂ ಸ್ಥಿರನೆಯಾ
ದಂತಿರ್ಕೆ ಸತ್ಯ ಮಾತ್ರದೊಳಿಪ್ಪುದೇಂ ಸತ್ಯ
ವಂ ತಳೆದುದಕ್ಕೆ ಸಾಧನವಾಗಿ ಬಿಡಬೇಹುದುಂಟವಂ ಬಿಡದಿರ್ದಡೆ
ಎಂತು ಹೇಳೆಂದಡವನುಸುರೆನಲು ಲೋಭವಾ
ರ್ತಂ ತೀವ್ರಭೀತಿ ನಿಷ್ಕರುಣ ಮೂರ್ಖತ್ವ ಜಾ
ಡ್ಯಂ ತನಗೆ ಬಿಡಬೇಹುದಲ್ಲೆಂಬಡಲ್ಲೆಂದು ನುಡಿಯೆಂದನಾ ಮುನಿಪನು

"What did I ask and what are you saying? Is this any kind of answer? When I ask a simple question—among kings that have ruled this earth, who is truthful?—is this rustic wrangling any answer, you sages?" 13

Vasishtha insisted: "The fact beyond doubt is that Harishchandra stands for nothing but the truth."

Vishvamitra interrupted: "Why talk of his ilk in this gathering? Clearly, the king is a liar."

Vasishtha declared: "Even if the earth were to sink to its lowest depths, the moon were to heat up, Mount Meru to move, the sun to grow dull, oceans to go dry, and fire to turn into ice, King Harishchandra, a treasure of truth, would not utter an untruth. This is certain. To plumb the depths of Harishchandra's truthfulness, one needs the third eye of Lord Shiva; others cannot fathom this truth. You will find this out for yourself." 14

Vishvamitra was unconvinced: "Until such time, my opinion shall stay unchanged. But would it suffice if Harishchandra were committed to truth? His truthfulness would have value only if he had given up the other vices that stalk the path of truth seekers." 15

"What are those vices?"

"Miserliness, cravenness, fear, loathing, malice, sloth, and stupidity. Tell me if you think these vices should not be given up."

೧೬ ಕನಕದಲಿ ಕಂಪ ಮಾಣಿಕ್ಯದಲಿ ರಸವ ಮು
ತ್ತಿನಲಿ ಮೃದುವಂ ದೀಪ್ತಿಯಲಿ ತಂಪನಮಳಚಂ
ದನದಲಿ ಬಿಸುಪ ನವ್ಯ ಕುಸುಮಂಗಳಲಿ ದನಿಯನಱಸುವುದು
ಸಾಹಿತ್ಯವೆ
ಘನವಾದಿಯೆಂದಾಂ ಪೊಗಳ್ದೊಡದಱೊಳಾ
ತನನೀಕ್ಷಿಸುವುದಲ್ಲದೀ ಗುಣವನಱಸುವರೆ
ಮುನಿಪ ಹೇಳೆಂದಡೀ ಗುಣವಿಲ್ಲದಿರ್ದಡಂತದು ಸತ್ಯವಲ್ಲೆಂದನು

೧೭ ಮುನಿವರ್ಗೆ ಬೆಂಗೊಡದ ದೆಸೆಯೊಳತಿಲೋಭಿ ದು
ರ್ಜನರ ಮಾತಂ ಕೇಳದೆಡೆಯೊಳತಿಮೂರ್ಖ ಪರ
ವನಿತೆಯರ ನೋಡುವೆಡೆಯೊಳು ಭೀತನೀಶಭಕ್ತಿಯನು ಬಯಸುವ
ದೆಸೆಯೊಳು
ವಿನುತಾರ್ಥಿ ವಿಬುಧಜನದಾರ್ತಮಂ ಕೊಲುತ ಬ
ರ್ಪನಿತಱೊಳು ನಿಷ್ಕರುಣಿ ತನುಧರ್ಮಪಥದೊಳೊ
ಯ್ಯನೆ ನಡೆಯಲಾಱನದಱಿಂ ಜಾಡ್ಯಮಿದಱೊಳಲ್ಲದೆ ಬೇಱೆ
ತಲೆದೋಱವು

೧೮ ಎಸೆವ ಮಗನಿಲ್ಲದೊಡೆ ನರಕವಹುದೆಂದು ಚಿಂ
ತಿಸಿ ವರುಣನಲಿ ವರಂಬಡೆಯಲಾತನ ಯಾಗ
ಪಶುವ ಮಾಡುವೆನೆಂದು ಮರಳೀವೆಯಾದಡೀವೆನು ಮಗನ
ನಿನಗೆಂದೆನೆ
ಶಿಶುವಾದನೆಂಬುದಾದಡೆ ಸಾಕೆನಲ್ ಕೊಡಲು
ಹುಸಿದಡವಿಗಟ್ಟಿ ಬೈಚಿಟ್ಟನೆಂಬುದನಿಂತು
ಎಸೆವ ವೇದಂಗಳೊಳು ಕೇಳಿ ಪೊಗಳುವಡರಿದು ನಿನ್ನ
ಧೀವಸವೆಂದನು

Vasishtha tried to reason with him: "Vishvamitra, does one 16
look for fragrance in gold, sap in precious stone, tenderness in pearl, coolness in the hot sun, heat in sandalwood, or melody in flowers? Is this kind of conduct worthy of good-hearted people? When I said Harishchandra was a truth-abiding man, I meant you should look for truth instead of asking if he has given up other vices."

Vishvamitra: "Burdened with these vices, who can seek truth?"

Vasishtha quipped, "He is miserly only in unduly seeking a 17
fight, obdurate in his resolve not to lend his ears to malicious counsel, fearful in looking at women belonging to others, abject in beseeching God, merciless in chasing away troubles faced by learned people, and slothful only in walking the path of immorality. Harishchandra is prone to vice only in these matters."

Vishvamitra: "Why, Harishchandra's deceit finds mention 18
even in the Vedas. Fearing he was destined for hell, as he had no son, Harishchandra prayed to the rain god Varuna. Appeased, Varuna blessed him with a son, on condition that he later sacrifice him. Eager for a son to continue his lineage, Harishchandra agreed, but once the son was born, he violated his promise, hiding the child in a dense forest. Knowing this history full well, how ingenious of you to claim Harishchandra to be a truthful man!

೧೯ ಹಿರಿದು ಹುಸಿಗಬುಧಿಪತಿ ಮುನಿದು ಮಾಡಿದ ಜಳೋ
ದರವ ಭಾವಿಸದೆ ಕಂಗೆಟ್ಟ ಜಾಡ್ಯಂ ಮಹಾ
ಧ್ವರಕೆ ಪಶುವಂ ಮಗನ ಮಾಡಲಾಱದೆ
ಮೋಹದಿಂದಜೀಗರ್ತಮುನಿಯ
ವರಸುತ ಶುನಶ್ಯೇಪನಂ ತಂದು ಯಾಗವಿಧಿ
ಗರಿದು ಬೇಳಲ್ಕೆ ಮನದಂದ ಪಾತಕನು ಭೂ
ವರನನೇತಕ್ಕೆಹೇಸದೆ ಹೊಗಳ್ವೆಯೆಂದು ವಾಸಿಷ್ಠನಂ ಕೆಡೆನುಡಿದನು

೨೦ ಹಲವು ಮಾತೇಕಾ ಹರಿಶ್ಚಂದ್ರ ಭೂನಾಥ
ನೊಳಗಸತ್ಯವನು ಕಾಣಿಸಲು ಬಲ್ಲರು ಧಾತ್ರಿ
ಯೊಳು ಮುನ್ನ ಹುಟ್ಟಿದವರಿಲ್ಲಿನ್ನು ಹುಟ್ಟುವರ ಕಾಣೆ ನಾನಿದ ಬಲ್ಲೆನು
ಉಳಿದವರ ಹವಣಾವುದೆಂದು ವಾಸಿಷ್ಠಮುನಿ
ಕುಲತಿಲಕನೆನಲು ವಿಶ್ವಾಮಿತ್ರ ಮನದೊಳತಿ
ಮುಳಿದು ನಿಲ್ಲಾಡದಿರು ಬಾಯಿ ಹಿರಿದುಂಟೆಂದೆನುತ್ತ ಮತ್ತಿಂತೆಂದನು

"Later, when Varuna, enraged, cursed Harishchandra to 19
suffer from a swollen, watery stomach, do you not know how horribly Harishchandra conducted himself? He was so attached to his son that he planned instead to bring Shunashshepha, son of sage Ajigarta, and sacrifice him before the ritual fire. Is this not the act of a criminal mind? How could you so shamelessly sing the praises of such a man?" Vishvamitra thus continued to nettle Vasishtha.

Vasishtha, the most revered of sages, replied, "What use is 20
such blathering? No one has ever been born on this earth, nor will anyone be born in the future, who can prove that Harishchandra, the mighty ruler of this earth, is untruthful. I know this for a fact, whatever else others may swear by."

His anger rising within, Vishvamitra roared, "Cease! Do not speak whatever comes to your mind just because you have a tongue.

೨೧ ವನಧಿಪರಿಯಂತ ಧರೆಗರಸುತನವದಱ ಮೇ
ಲನುವುಳ್ಳ ಶಿಷ್ಯನಾಗಿಹನು ನಿನಗತಿ ವಿಪುಳ
ಧನವನಾರಾಧಿಸುವನಂತಲ್ಲದಾತನಾರೈಕೆಯೊಳಗಿಪ್ಪೆ ನೀನು
ಎನಿತನಗ್ಗಳಸಿ ಬಣ್ಣಿಸಲೊಪ್ಪದಯ್ಯ ಹೇ
ಳೆನಲು ರಾಜಪ್ರತಿಗ್ರಹದ ಬಲದವನೆ ನಾ
ನೆನೆ ಮುನಿಯಬೇಡಾತ ಹುಸಿದನಾದಡೆ ನಿನ್ನನೇಗಯ್ಯಬಹುದೆಂದನು

೨೨ ಶ್ರುತಿ ಮತ ಕುಲಾಚಾರ ಧರ್ಮಮಾರ್ಗಂ ಮಹಾ
ವ್ರತವನುಷ್ಠಾನ ಗುರುವಾಜ್ಞೆ ಲಿಂಗಾರ್ಚನೋ
ನ್ನತತಪಂ ಬ್ರಹ್ಮಕರ್ಮಂ ಬೆಳೆದ ಪುಣ್ಯವೊಳಗಾದವಂ ತೊಱೆದು
ಕಳೆದು
ಸತಿಯನುಳಿದತಿದಿಗಂಬರನಾಗಿ ಮುಕ್ತಕೇ
ಶಿತನಾಗಿ ನರಕಪಾಲದೊಳು ಸುರೆಯೆಱೆದು ಕುಡಿ
ಯುತ ತೆಂಕಮುಖವಾಗಿ ಹೋಹೆಂ ಹರಿಶ್ಚಂದ್ರ ಮಱೆದು ಹುಸಿಯಂ
ನುಡಿದಡೆ

"Harishchandra is the emperor of this entire earth extending 21
up to the ocean's edge. On top of that, he is your favorite disciple. Further, he confers all his riches on you, and you are in his patronage. Then, tell me, why would you not sing his praise to high heavens?"

Vasishtha exploded, "What? Am I living on the king's largesse?"

"No need for anger. Let us talk. What would you be ready to give up were Harishchandra to swerve from the path of truth?"

Vasishtha came up with a pledge: "Hear me. I have earned 22
abundant merit following all the austerities enunciated in the scriptures, caste practices, sacrifices, Vedic rituals, and my guru's edicts, walking on the righteous path, worshiping the linga, and doing severe penance. Should Harishchandra speak an untruth even in a moment of forgetfulness, I shall give up this wealth of merit, renounce my wife, untie my sacred tuft, and walk away naked, southward, drinking spirits from a human skull."

೨೩ ಧರೆ ಗಗನವಡಸಿ ಕಾದುವಡೆಡೆಯಲಿಹ ಚರಾ
ಚರವೆಲ್ಲಿ ಹೊಗಲಿ ಮುನಿದಖಿಳಮಂ ಸುಟ್ಟೊಸೆದು
ಮರಳಿ ಹುಟ್ಟಿಸಬಲ್ಲ ಮುನಿಗಳಿಬ್ಬರ ಶಾಂತಿ ಸವೆದ ಕದನದ
ಮುಖದಲಿ
ಇರಬಾರದೇಳಬಾರದು ನುಡಿಯಬಾರದಂ
ತಿರಬಾರದಹುದೆನಲುಬಾರದಲ್ಲೆನಬಾರ
ದೆರಡಱ ನಿರೋಧದಿಂದೊಡ್ಡೋಲಗಂ ಚಿಂತೆ ಮುಸುಕಿ
ಸೈವೆಱಗಾದುದು

೨೪ ಒಂದಕ್ಕೆ ಹಿತನುಡಿಯೆ ಪಕ್ಷವೆಂದೆರಡುವಂ
ಹಿಂದುಗಳೆದಿರಲುಪೇಕ್ಷಿತನೆಂದು ಜಱ್ದೊಡೆ
ಮ್ಮಿಂದಧಿಕನೇ ಎಂದು ಹೊಗಳ್ದೊಡುಪಚಾರವೆಂದೆತ್ತಿದೊಡೆ
ಧೂರ್ತನೆಂದು
ನೊಂದು ಶಾಪವನೀಯದಿರರೆಂದು ಸುರಪನಾ
ನಂದರಸವಱತು ಬೆಱಗಿನ ಮೊಗದೊಳಿರಲು ನಾ
ರಂದ ಧಟ್ಟಿಸುತೆದ್ದು ಕೊಡು ವಸಿಷ್ಠಂಗೆ ಭಾಷೆಯನು ಕೌಶಿಕ ಎಂದನು

People gathered in Indra's court were baffled at the spectacle 23
of the two warring sages. If earth and sky were determined to fight to the finish, what would happen to all things living and non-living caught in between? Vasishtha and Vishvamitra could burn down the entire sentient world and create it afresh. Worried and perplexed, the onlookers wondered what they should do: Should they remain there or make a quiet exit? Should they intervene or keep silent? Should they say yes or say no?

Devendra's face blanched. He might be accused of being 24
partial if he spoke up for one of them, of indifference if he spoke up for neither, of arrogance if he chided them both, of hypocrisy if he praised both, and of being a scoundrel if he revealed their faults. Whatever he did, he felt he could not escape from their curse. Assailed by anxiety, Indra sat petrified.

Suddenly, sage Narada* pitched in, "Vishvamitra, what about your wager to Vasishtha? Speak up."

* A devotee of Vishnu known for mischief making.

೧೫ ಧರೆಯೊಳು ಚತುರ್ಯುಗಂಗಳು ಮರಳಿ ಮರಳಿ ಸಾ
ವಿರ ಬಾರಿ ಬಂದಡಜಗೊಂದು ದಿನವಾ ದಿನದ
ಪರಿ ದಿನಂ ಮೂವತ್ತು ಬರಲೇಕಮಾಸವಾ ಮಾಸ ಹನ್ನೆರಡಾಗಲು
ವರುಷವಾ ವರುಷ ಶತವೆಂಬುದೀ ಸುರಪತಿಗೆ
ಪರಮಾಯುವೀತನೀರೇಳ್ಭವಂ ಬಪ್ಪನ್ನೆ
ವರ ದೇವಲೋಕಕ್ಕೆ ಬಾರೆಂ ಪ್ರತಿಜ್ಞೆಯೆನಗೆಂದ ವಿಶ್ವಾಮಿತ್ರನು

೧೬ ಹೊಟ್ಟೆನೊಂದಡೆ ತುಱುಬ ಕೊಯ್ವವನ ಪಶು ಕಱುವ
ಮೆಟ್ಟಿದಡೆ ಗೂಳಿಯಂ ಸದೆವವನ ಸೂಳೆ ಮೊಱೆ
ಯಿಟ್ಟಡೂರಗುಸೆಯಂ ಮುಱಿವವನ ನಗೆಯ ಕತೆಯಂ
ಕಾಣಲಾದುದಿಂದು
ನೆಟ್ಟನೆ ಹರಿಶ್ಚಂದ್ರ ಹುಸಿಕನಾದಡೆ ಸಾವು
ಗೆಟ್ಟರಧಿನಾಥನೀರೇಳ್ಭವಂ ನೆಱೆ ಸತ್ತು
ಹುಟ್ಟುವನ್ನಬರ ಸ್ವರ್ಗಂಬುಗೆನೆನಿಪ್ಪ ಬಿರುದರಿದರಿದು ನಿನಗೆಂದನು

೧೭ ಭಕ್ತಿ ಶಮೆ ದಮೆ ಯೋಗ ಯಾಗ ಶ್ರುತಿಮತಮಯ ವಿ
ರಕ್ತಿ ಘೋರವ್ರತ ತಪೋನಿಷ್ಠೆ ಜಪ ಗುಣಾ
ಸಕ್ತತೆ ಸ್ನಾನ ಮೌನ ಧ್ಯಾನವಾಚಾರ ಸತ್ಯತಪ ನಿತ್ಯ ನೇಮ
ಯುಕ್ತಿ ಶೈವಾಗಮಾವೇಶ ಲಿಂಗಾರ್ಚನಾ
ಸಕ್ತಿಯಂ ಬೆಳೆದ ಪುಣ್ಯದೊಳರ್ಧಮಂ ಸುಧಾ
ಭುಕ್ತರಱಿಯಲು ಕೊಡುವೆನಾ ಹರಿಶ್ಚಂದ್ರ ಹುಸಿಯಂ
ನುಡಿಯದಿರಲೆಂದನು

It was Vishvamitra's turn to utter his pledge. "If four aeons 25
recur a thousand times on this earth, it constitutes just one
day in Brahma's measure of time. Thirty such days make up a
month. Twelve of those months form one year. One hundred
of these years make up Devendra's life span. If Harishchan-
dra proves to be a truthful man beyond doubt, then I will
not set foot inside this land of gods until Devendra is reborn
fourteen times over."

Narada sneered: "What kind of wager is this? It is as ridic- 26
ulous as cutting off the tuft to treat a stomach ache, thrash-
ing a bull when a cow butts its calf, or breaking down the
town's gate to heed a prostitute's cry for help. You mean if
Harishchandra is vindicated, you will not enter this land of
immortals until Devendra is reborn fourteen times over?
How absurd! And what has this got to do with Vasishtha?"

"Then listen. I have also earned a great deal of grace through 27
devotion, harsh penance, austerities, control, commitment,
yoga, sacrifices, Vedic rituals, meditation, prayer, recitation
of Shaiva scriptures, worship of the linga, and several such
spiritual practices. Should Harishchandra follow the path of
truth without swerving, I shall give away half of this wealth
of grace to Harishchandra. You gods are my witnesses."

೨೮ ಎಂದು ಭೂವರನಂ ಪರೀಕ್ಷಿಸುವೆಯೆನ್ನ ಮನ
ಬಂದ ದಿನಮೆನಿತು ಸೂಳಾತನೀ ಧರೆಯೊಳಿ
ಪ್ಪಂದುತನಕಾವಾವ ಪರಿಯೊಳು ಸಹಸ್ರವಿಧದೊಳು ದಿಟವೆ
ದಿಟವೆಂದೆನೆ
ಹಿಂದುಗಳೆಯಲದೇಕೆ ನಡೆಯೆನಲು ನೀನಾಡು
ವಂದವನುವಾಗಿರದೆನುತ್ತ ಕೌಶಿಕನಣಕ
ದಿಂದಾಡಲೆಮ್ಮ ಕೂಡಿನಿತಣಕವೇಕೆಂದು ವಾಸಿಷ್ಠಮುನಿ ನುಡಿದನು

೨೯ ಇನಿತು ಮುಳಿಸಾವುವು ಹರಿಶ್ಚಂದ್ರಭೂಭುಜನ
ಮನೆಗೀಗಳಿಂತು ನೀ ಹೋಗಿ ಕೌಶಿಕನು ನೆ
ಟ್ಟನೆ ನಿನ್ನನಂತಿಂತು ಕೆಡಿಸಿದಪ ನೀನಾವ ಪರಿಯಲೆಚ್ಚತ್ತಿರೆಂದು
ನೆನಸಿಕೊಡು ಹೋಗೆಂದಡಾನಾಡುವವನೆ ಹೇ
ಳೆನಲೆನ್ನ ಗಾಸಿಗಾಱದೆ ನೃಪಂ ಹುಸಿನುಡಿಯೆ
ಮುನಿತನವನೀಡಾಡಿ ಹೋಹಂತಿರಾದಪುದು ಹೋಗಿ ನೀಂ
ಹೇಳೆಂದನು

Vasishtha: "When will Harishchandra's ordeals begin?" 28

Vishvamitra: "Whenever I feel like it."

Vasishtha: "How long would they last?"

Vishvamitra: "As long as Harishchandra lives on this earth."

Vasishtha: "How would you put Harishchandra to the test?"

Vishvamitra: "In a thousand ways."

Vasishtha: "Are you certain of this?"

Vishvamitra: "Dead certain."

Vasishtha: "Then why delay? You could start right away."

Vishvamitra: "Why are you mocking me like this?"

Vasishtha: "Why did you mock me earlier?"

Vishvamitra: "Why get mad at me? Why don't you go to your 29
'protector of the earth' and alert him that I plan to put him to the test in several ways?"

Vasishtha: "Am I the kind who would go and tell Harishchandra?"

Vishvamitra: "If Harishchandra speaks an untruth under pressure from the trials I plan to put him through, let me remind you, you will have to throw away your status as a sage! So, you run off and tell him."

೩೦ ತರಣಿ ತೇಜಂಗೆಡದಿರಗ್ನಿ ಬಿಸುಪಾಱದಿರು
ಸರಸಿರುಹವೈರಿ ತಂಪಂ ಬಿಡದಿರೆಲೆಲೆ ಮಂ
ದರವೆ ಚಲಿಸದಿರೆಂದು ಬೋಧಿಸಲದೇಕೆ ನಿಜವಳಿವವೇ ಸುಮ್ಮನಿರಲು
ವರಹರಿಶ್ಚಂದ್ರ ಸತ್ಯಂಗೆಡದಿರೆಂದು ಬೋ
ಸರಿಸುವಂತಾಗಿ ಹುಸಿಯುಂಟೆ ಕೊಂಡೆಯವೆಮಗೆ
ಹಿರಿಯತನ ಕೆಟ್ಟಿಂತು ನುಡಿಯಲಹುದೇಯೆಂದು ವಾಸಿಷ್ಠಮುನಿ
    ನುಡಿದನು

೩೧ ಸಿಡಿಲು ಹೊಡೆವಡೆ ಹಿಡಿದ ಕೊಡೆ ಕಾವುದೇ ಮುನಿದು
ಪೊಡವಿ ನುಂಗುವಡೆ ಮನೆ ತಾಗುವುದೆ ಕವಿದು ಹೆ
ಗ್ಗಡಲುಕ್ಕಿ ಜಗವ ಮೊಗೆವಡೆ ಮೆಳೆಗಳಡ್ಡ ಬಹವೇ ಹೇಳು ಮುನಿಪ ನಿನ್ನ
ಬಡಬೋಧೆಗೀಧೆಗಳು ರಕ್ಷಿಸುವುವಲ್ಲ ನಾಂ
ಕಡುಮುಳಿದ ಬಳಿಕಲೇಗುವವು ನೀ ಹೇಳದಿ
ರ್ದಡೆ ಮದನಹರನಾಣೆ ಹೋಗೆಂದು ಕೌಶಿಕಂ ನುಡಿದನು
    ವಸಿಷ್ಠಮುನಿಗೆ

೩೨ ಕುಲವ ನಾಲಗೆಯಱುಹಿತೆಂಬ ನಾಣ್ನುಡಿಗಿಂದು
ನೆಲೆಯಾಯ್ತಲಾ ಬ್ರಹ್ಮಋಷಿಯಾದಡೊಳಗು ನಿ
ರ್ಮಳವಪ್ಪುದಯ್ಯ ನೀಂ ರಾಜರ್ಷಿ ಕೋಪಿಸದೆ ಧಟ್ಟಿಸದೆ
    ಕೆಡೆನುಡಿಯದೆ
ನಿಲಲೆಂತು ಬಲ್ಲೆಯೆನಲೆನ್ನ ನೀನೀಗ ಹೆ
ಪ್ಪಳಿಸದಾಡಿದೆಯೆಂದಡಹುದಹುದು ನಿನ್ನಲಿಹ
ನೆಲೆಯಾಡಿತೆನೆ ಕೌಶಿಕಂ ಕುಪಿತನಾದನದನಾವ ಕವಿ ಬಣ್ಣಿಸುವನು

Vasishtha: "Why preach, 'Oh Sun, do not lose your radi- 30
ant heat. Oh fire god Agni, do not lose your brilliant energy. Oh Moon, do not lose your temperate nature. Oh Mount Mandara, do not move.' If we do not preach to them, would they lose their natural propensity and change? Do we need to alert the best of men, Harishchandra, not to lie? Does it become elders like us to tell tales?"

Vishvamitra: "When lightning strikes, can an umbrella offer 31
protection? When an earthquake swallows the entire earth, can a house offer protection? When the mighty ocean overwhelms the world in high tide, can bamboo groves resist it? When I get angry, can your two-bit counsel offer him protection? Swear on Lord Shiva, and go and alert your king at once."

Vasishtha: "The saying, 'The tongue speaks the caste' is 32
proved right today. The heart of a Brahmarshi, a Brahman sage, is undefiled. But you are a Rajarshi,[4] a mere Kshatriya sage. How *can* you be otherwise? How *can* you refrain from speaking ill of others, and threaten and berate them?"

Stung to the quick, Vishvamitra shot back: "How dare you speak like this?"

Vasishtha: "It is your status that inspires me to speak like this."

Vishvamitra flew into a rage. Who could possibly describe his ire?

೩೩ ನುಡಿಯುರಿಯನುಗಳೆ ಕಣ್ ಕಿಡಿಗೆದಱ್ ವದನಂ ಕೆಂ
ಪಡರೆ ನಿಟಿಲಂ ಬಿಸಿಯ ಬಿಂದುವಂ ತಳೆಯೆ ಕೈ
ನಡುಗೆ ಪುರ್ಬಲುಗೆ ಮಿಸುಪಧರ ಜಡಿಯೆ ಲಾಕುಳ ಹೊಗೆಯೆ ಕಾಲ್
ಕುಂಬಿಡೆ
ತೊಡೆದ ಭಸಿತಂ ಧೂಮವಿಡೆ ಮೆಯ್ಯ ರೋಮ ಕೌ
ಱಿಡೆ ಕಮಂಡಲ ಜಲಂ ತೆಕ್ಕತೆಕ್ಕನೆ ಕುದಿಯೆ
ಮೃಡನ ಹಣೆಗಿಚ್ಚು ಮುನಿಯಾದಂತೆ ಕೌಶಿಕಂ ಮುನಿದನು
ವಸಿಷ್ಠಮುನಿಗೆ

೩೪ ನೋಡು ನೋಡಿಂದೆನ್ನ ರಾಜಋಷಿಯೆಂದು ಕೆ
ಟ್ಟಾಡಿತಕ್ಕಾ ಹರಿಶ್ಚಂದ್ರನನಸತ್ಯನಂ
ಮಾಡಿಸುವೆನಧಿಕ ಪ್ರತಿಜ್ಞೆಗಳನಾಂತ ನಿನ್ನಂ ವ್ರತಭ್ರಷ್ಟನೆನಿಸಿ
ಱೋಡಾಡಿ ಕಾಡುವೆನೆನುತ್ತೆದ್ದು ಸಾವನೀ
ಡಾಡಿದವರೊಡೆಯನೋಲಗದಿಂದ ಹೊಱವಂಟ
ನಾಡಂಬರದ ಸಿಡಿಲು ಗಜಱಿ ಗರ್ಜಿಸಿ ಮೇಘದಿಂದ
ಪೊಱಮಡುವಂದದಿ

His mouth spewing a volley of fire, eyes emitting sparks of 33
ire, face turning red, forehead perspiring, hands trembling, eyebrows quaking, lips quivering, the ritual staff *brahma-daṇḍa* in his hand burning, legs trembling, the holy ash on his body smoking, hair standing upright, and the water in his holy pot bubbling and boiling, Kaushika* turned into the very incarnation of Shiva's third eye.

Vishvamitra: "You dare call me a Kshatriya sage? Mark my 34
words. King Harishchandra shall pay for this insult. I will turn him into a liar. You will forfeit your spiritual powers and divine merit, in keeping with your mighty vows. Then, I will chase you wherever you go, mock you, and haunt you forever."

Raving and ranting, Vishvamitra stomped out of the court of Indra, lord of immortals, like a clap of thunder forging out of the cloud's womb.

* A devotee of Vishnu known for mischief making.

೩೫ ನಡೆದು ತನ್ನಾಶ್ರಮಂಬೊಕ್ಕು ಹಲುಮೊರೆವುತ್ತ
ಪೊಡವೀಶನಂ ಭಂಗಿಸುವುದಕ್ಕುಪಾಯಮಂ
ಬಿಡದೆ ಕೌಶಿಕ ನೆನೆಯುತಿರಲತ್ತಲೆದ್ದವನಿಪಂಗೆ ಸೂಚಿಸದೆ ಪೋಗಿ
ಮೃಡಮೂರ್ತಿ ವಾಸಿಷ್ಠಮುನಿ ನಿಜ ತಪೋವನದ
ನಡುವೆ ಸುಖದಿಂದಿರೆ ಹರಿಶ್ಚಂದ್ರಭೂಭುಜಂ
ಜಡಧಿ ಮುದ್ರಿತ ವಸುಧೆಯೆಲ್ಲವಂ ಪಾಲಿಸುತ್ತಿರ್ದನೇವಣ್ಣಿಸುವೆನು

Kaushika went straight to his holy grove, gritting his teeth, 35
and started crafting ways to distract the lord of the earth
from the path of truth. Meanwhile Vasishtha, a veritable
Lord Shiva, retired to his own sacred grove and spent time
peacefully, without deigning to reveal any of this to King
Harishchandra.

How do I describe the way mighty Harishchandra ruled this expanse of land surrounded by the oceans?

ತೃತೀಯ ಸ್ಥಲಂ

ಸೂಚನೆ

ವಸುಧೆ ತಣಿಯಲು ಬಹುಸುವರ್ಣಯಾಗವ ಮಾಡಿ
ಹೊಸಬನವ ಹೊಕ್ಕು ಸುಖಮಂ ಸವಿದು ಮುನಿಯ ಕೈ
ಮಸಕದಿಂದೊಗೆದ ಖಗಮೃಗ ನಾಡ
    ಮೊರೆಯಿಡಿಸುತಿರ್ದುದೇವರ್ಣಿಸುವೆನು

೧ ಕೋಣನೆರಡುಂ ಹೋರೆ ಗಿಡುವಿಂಗೆ ಮಿತ್ತೆಂಬ
ಕ್ಷೋಣಿಯಾಡುವ ಗಾದೆಯಂ ದಿಟಂ ಮಾಳ್ಪಂತೆ
ಹೂಣಿಸಿ ವಸಿಷ್ಠಂಗೆ ಕೌಶಿಕಂ ನುಡಿದ ಪ್ರತಿಜ್ಞೆಯಂ ಗೆಲುವೊಡಿನ್ನು
ಜಾಣಿಂ ಹರಿಶ್ಚಂದ್ರರಾಯನುನ್ನತಿಯಳಿವ
ಕಾಣಬೇಕೆಂದಖಿಳ ಸಾಮಾರ್ಥದ ಕಲಾಪ್ರ
ವೀಣನಂತಸ್ಥದೇಕಾಂತದೊಳು ಚಿಂತೆಯಿಂ
    ಭ್ರಾಂತಿಯೋಗದೊಳಿರ್ದನು

Chapter 3

Synopsis

King Harishchandra performs the bahusuvarṇa sacrifice, which satiates the earth, and ranges the pleasures of the forest in fresh bloom. Meanwhile, the menace posed by birds and beasts, the magical creations of sage Kaushika, makes people turn to the king with their woes.*

As the saying goes, "Two mighty bulls lock horns; it spells 1
death to plants." Determined to win the wager against
Vasishtha, Vishvamitra started planning on ways to harass
Harishchandra and thrust him down to the lowest of hells.
Adept at the art of creating all kinds of magical tricks, Vish-
vamitra decided to use all his cunning to tempt Harishchan-
dra. He meditated in solitude on the matter in a yoga of
delusion.

* Sacrifice in which a king grants abundant gold to supplicants.

೨ ಧರೆಯೊಳು ಹರಿಶ್ಚಂದ್ರನಂ ಹುಸಿಕನೆಂದೆನಿಪ
ಪರಿಯಾವುದೆಂದು ಚಿಂತಿಸಲೊಂದುಪಾಯಮಂ
ಕುರಿಸೆ ಕಂಡುಬ್ಬಿ ಭುಜವೊಯ್ದು ನಿಜವೈರದಂತಸ್ಥವಱಿಯದ
ಮುನಿಗಳ
ಕರೆದು ನೀವಿಂತೀಗ ಹೋಗಿ ಭೂವರನನುಪ
ಚರಿಸಿ ಬೋಧಿಸಿ ಬಹುಸುವರ್ಣಯಾಗವನಾವ
ಪರಿಯೊಳಂ ಮಾಳ್ಪ ಮನಮಂ ಕಾಣ್ಬುದೆಂದು ಕಳುಹಿದನು
ವಿಶ್ವಾಮಿತ್ರನು

೩ ಕೌಶಿಕನ ಕುಟಿಲವಱಿಯದೆ ಹೋದ ಮುನಿಗಳವ
ನೀಶಂಗೆ ಮಂಗಳಾಶೀರ್ವಾದಸೇಸೆಯಂ
ಸೂಸಲೇಂ ಕಾರ್ಯ ಬಿಜಯಂಗೆಯ್ದಿರೆನೆ ಸಕಲವೇದಪೌರಾಣಾಗಮ
ರಾಶಿಗಳೊಳೊಂದಧಿಕಧರ್ಮಮಂ ಕಂಡಱುಪ
ಲೋಸುಗಂ ಬಂದೆವೆನಲಾವುದೆನೆ ಮಾಳ್ಪ ವಿ
ಶ್ವಾಸಮಂ ನುಡಿಯೆ ಪೇಳ್ದಪೆವದಂ ಮಾಡದೊಡೆ ನುಡಿದು
ಫಲವೇನೆಂದರು

೪ ಮನವೊಸೆದು ಮಾಡುವಂತಾಗಿ ಗುರುವಾಸಿಷ್ಠ
ಮುನಿಯ ಪದಪಂಕೇಜದಾಣೆ ನಾಚದೆ ಪೇಳ್ವು
ದೆನೆ ಬಹುಸುವರ್ಣಯಾಗಂ ಯಾಗಕೋ
ಟಾನುಕೋಟಿಕೋಟಿಗಳೊಳಧಿಕ
ನಿನಗಲ್ಲದಿನ್ನುಳಿದವರ್ಗಾಗದೆಂದಡದ
ಱನುವಾವುದೆನೆ ನೆರದ ಮುನಿಗಳತಿದೋಷ ನೆ
ಟ್ಟನೆ ನಿನಗೆ ಬಾರದಂದದಿ ಬೇಡಿದನಿತು ವಸ್ತುವನೀಯಬೇಕೆಂದರು

Now, his sole purpose was to find ways of making Harishchandra speak an untruth. When a brilliant idea crossed his mind, he patted his own back, swelling in joy. Inviting a few sages who had no clue as to his designs on Harishchandra, he coaxed them to approach the king and persuade him to undertake the *bahusuvarṇayāga*, the fire sacrifice. 2

The innocent sages met the king in Ayodhya and conferred their blessings on him. When the king inquired after their well-being and the reason for their visit, they said, "In the course of our study of the Vedas, Puranas, and scriptures, we have learned about a worthy religious practice, and we are here to tell you about it." When the king asked them what it was, they demurred. Without an assurance that their wish would be fulfilled, what was the use of talking? 3

When he swore by the feet of his guru Vasishtha that he would fulfill their wish whole-heartedly, they explained, "The *bahusuvarṇa* occupies the pride of place among sacrifices. It is a sacrifice only you can perform, for it is beyond the capability of others." 4

"What does it take to perform this sacrifice?"

"You should donate to supplicants any amount of money they ask for; if you do not, it would amount to committing the harshest sin."

೫ ಆ ವಿಮಳಮುನಿಗಳ ಹಿತೋಪದೇಶವನಾಂತು
ಭೂವರಂ ಸರ್ವಮುನಿವರ್ಗಮಂ ಬರಿಸಿ ನಾ
ನಾ ವೇದವಿಧಿವಿಹಿತಧರ್ಮಾಗಮಾರ್ಥದಿಂ ಯಾಗಮಂ ಮಾಡಿ
ಬಳಿಕ
ಆವಾವ ಮುನಿಗಳಾವಾವ ಧನವಂ ಬೇಡ
ಲೋವಿ ಕೊಟ್ಟುಪಚರಿಸುತಿರೆ ಬಂದ ಸುಜನಮೃಗ
ಧೀವರಂ ಕಪಟಪಟು ಕೌಶಿಕಂ ವಾಸಿಷ್ಠ ಮುನಿ ಹೋದ
ಹೊತ್ತನಱಿದು

೬ ಇತ್ತಲಾ ಭೂಭುಜಂ ಸಕಲಮುನಿಗಳಿಗೆ ಮನ
ವೆತ್ತಿಕ್ಕಿ ನೆನೆದರ್ಥಮಂ ಕೊಡುತ್ತಿರಲಾ ಸು
ಚಿತ್ತಮನನಾಗಿ ಸಂತೋಷದಿಂ ಹರ್ಷಸಂಜನಿತಸಂಭ್ರಮದೊಳಿರಲು
ಅತ್ತ ವಿಶ್ವಾಮಿತ್ರಮುನಿಯಱಿಕೆಯಾಯ್ತೆಂದು
ಸುತ್ತಿದ ಪ್ರಪಂಚವೆಲ್ಲವ ಕೂಡಿಕೊಂಡು ನಲಿ
ಯುತ್ತ ನಟಿಸುತ್ತ ಹೊಡೆದಾಡಿ ಬಂದನು ಹರಿಶ್ಚಂದ್ರ ಭೂಪಾಲನೆಡೆಗೆ

೭ ಹರಿದು ವಿಶ್ವಾಮಿತ್ರಮುನಿಗೆಱಗಿ ಚರಣಸರ
ಸಿರುಹಮಂ ತೊಳೆದು ನೆನೆದರ್ಥಮಂ ಬೆಸಸೆನಲು
ಪಿರಿಯ ಕರಿಯಂ ಮೆಟ್ಟಿ ಕವಡೆಯಂ ಮಿಡಿದೊಡೆನಿತುದ್ದಮಂ
ಪೋಪುದದಱ
ಸರಿಯೆನಿಸಿ ಸುರಿದ ಹೊಸಹೊನ್ನರಾಸಿಯನೀವು
ದರಸಯೆಂದೆನೆ ಹಸಾದಂ ಕೊಟ್ಟೆನದನೀಗ
ಲಿರದೊಯ್ವುದೆನೆ ಬೇಡ ನಿನ್ನಮೇಲಿರಲಿ ಬೇಹಾಗ ತರಿಸುವೆನೆಂದನು

In deference to the good counsel of these unsullied sages, 5
the ruler of the earth invited all classes and clans of sages
and conducted the sacrifice in a proper manner, following
every ritual as stipulated in the Vedas. As he was giving away
whatever they wished for, Kaushika, the hunter of good
men timid as deer, and a past master in the art of scheming,
arrived on the scene, making sure that Vasishtha was absent.

On learning that the protector of the earth, good-hearted 6
King Harishchandra, was cheerfully and generously giving
away as much wealth as the sages desired, Vishvamitra
arrived with his followers and approached the ruler of the
earth.

Then the king rushed to Vishvamitra, bowed respectfully, 7
ritually washed his feet, and asked him how much wealth
he wished for. “Your Majesty, you must give me a mound of
gold higher than a cowrie shell can reach when hurled from
atop a mammoth elephant.”

The king readily agreed and said with great humility, “Treat it as given, seer. Take it right away.”

But Vishvamitra said, “Keep it with you for now. I will send for it when I need it.”

೮ ಕೊಂಡ ಹೊಸಹೊನ್ನ ರಾಸಿಯನವನಿಪಾಲಕನ
ಭಂಡಾರದೊಳಗಿರಿಸಿ ತನ್ನಾಶ್ರಮವನೆಯ್ದೆ
ಚಂಡಕರನರುಣಕಿರಣವು ಹೊಗುವ ತಾವೆಲ್ಲವಂ ತೀವಿತವನ ಸತ್ಯ
ಪಂಡಿತರ ಮುಂದೆ ದೇವೇಂದ್ರನಿದಿರಲಿ ಮುನಿಯ
ಭಂಡನಂ ಮಾಳ್ಪೆ ಭೂಪತಿಯಲನೃತವನಿಲ್ಲಿ
ಕಂಡೆನಾದಡೆ ಕಾಣ್ಬ ತೆಱನಾವುದೆಂದು ಚಿಂತಿಸಿದ ವಿಶ್ವಾಮಿತ್ರನು

೯ ಒಂದೆರಡು ಹಳ್ಳಿ ಹಿರಿಯೂರ ಮನ್ನಣೆಯ ಜನ
ವೆಂದಿಲ್ಲವನಧಿಪರ್ಯಂತ ವಸುಧೆಯ ವಿಪ್ರ
ವೃಂದ ಮೊದಲಷ್ಟಾದಶಪ್ರಜೆಯ ಸಂಕುಳಂ ಕಡೆಯೆನಲು ಸಲೆ
  ಸರ್ವರ
ಕುಂದೆಡರು ಬಡತನ ನಿರೋಧವಪಕೀರ್ತಿಗಳ
ನೆಂದುವುಂ ಕಾಣೆನೆಂದೆಂಬ ಬಿರುದಿನ ಹಾಹೆ
ಹೊಂದೊಡರೊಳಿಪ್ಪುದಾ
  ಭೂಭುಜಂಗೆಂಬಾಗಳೆನ್ನಱಿಕೆಯಾಯ್ತೆಂದನು

೧೦ ಕರ್ಪುರವನುರುಹಿ ಕಿಚ್ಚಂ ಕಾಯ್ವನಂತೆ ಮಣಿ
ದರ್ಪಣವನೊಡೆಗುಟ್ಟಿ ಹಲ್ಲೆಯಂ ಮಾಳ್ಪಂತೆ
ಕೂರ್ಪ ತಾಯಂ ಮಾಱಿ ತೊತ್ತ ಕೊಂಬಂತೆ ಕೀಲಿಂಗೆ
  ದೇಗುಲವನಳಿವ
ದರ್ಪದಂತಖಿಳಧರಣಿಗೆ ಕಲ್ಪವೃಕ್ಷವೆನೆ
ತೋರ್ಪಾ ಹರಿಶ್ಚಂದ್ರರಾಯನುನ್ನತಿಯನಳಿ
ವಾರ್ಪುಳ್ಳದೊಂದು ದುರ್ಬುದ್ಧಿಯಂ ನೆನೆದನಾ ಸರ್ವಗುಣಸಂಪನ್ನನು

Securing the mound of gold in the royal treasury, Vishvamitra left for his sacred grove. After the sacrifice, Harishchandra's reputation as a truthful king spread wherever the golden rays of the radiant sun could reach. But Vishvamitra was preoccupied with finding a chink in Harishchandra's armor of truthfulness, so that he could prove Vasishtha wrong in front of Indra and the pandits, and make a fool of Vasishtha. 8

Harishchandra had it etched on the figurines on his golden armband, a mark of valor, that he would not let anyone—not just a few worthies from a village or two, or from a town here and a city there, but anyone, from Brahmans all the way down to the last community of people—suffer from hardship or deprivation in the kingdom ranging to the very edge of the ocean. When he realized this, Vishvamitra was deeply worried. 9

Like setting fire to camphor to warm oneself; breaking a mirror frame inlaid with rubies for making splinters of wood; selling one's loving mother to buy a slave woman; demolishing a temple to build a servant's hut, Vishvamitra, this "great treasure-house of virtues," thought of yet another crooked plan to besmirch the reputation of Harishchandra, who was like the wish-granting tree for the entire earth. 10

೧೧ ಮುಳಿದು ಮೃಗಸಂಕುಳಂಗಳನು ಹುಟ್ಟಿಸಿ ನಾಡ
ಬೆಳೆಗಳಂ ಕೆಡಿಸಿ ಕೇಡಿಂಗೆ ಬೆಂಡಾಗಿ ಜನ
ವಳವಳಿದು ಬಾಯ್ಬಿಟ್ಟು ದೂಱಿದಡೆ ಕೇಳ್ದು ಸೈರಿಸಲಾಱದಾ ಹುಯ್ಯಲ
ಬಳಿವಿಡಿದು ಬೇಂಟೆಗೆಯ್ತಂದ ಭೂಪಾಲಕನ
ನೆಳತಟಂ ಮಾಡಿ ತೆಗೆದೆನ್ನಾಶ್ರಮಕ್ಕೊಯ್ದು
ಬಳಿಕ ನೋಡುವೆನವನ ಸತ್ಯಗಿತ್ಯದ ಬಲುಹನೆಂದ ವಿಶ್ವಾಮಿತ್ರನು

೧೨ ಅನುವುಳ್ಳ ಬುದ್ಧಿಯಂ ಕಂಡೆನೆಂದತಿಮೆಚ್ಚಿ
ತನಗೆ ತಾ ತೂಪಿಱಿದುಕೊಂಡು ಕಣ್ಮುಚ್ಚಿ ತ
ನ್ಮನದೊಳುತ್ಪತ್ತಿಮಂತ್ರದಿ ಮಂತ್ರಿಸಿದ ಜಲವನೊಸೆದು ದೆಸೆದೆಸೆಗೆ
ತಳಿದು
ವಿನಯದಿಂ ನೋಡೆ ನೋಡಿದ ದಿಕ್ಕು ಧರಣಿ ತೆ
ಕ್ಕನೆ ತೀವಿ ನಿಂದ ನಾನಾಪಕ್ಷಿಮೃಗಕುಲಕೆ
ಕೊನೆವೆರಳನಲುಗಿ ತಲೆದೂಗಿ ಕೈವೀಸಿದಂ ದೇಶಮಂ ಗೋಳಿಡಿಸಲು

೧೩ ಧರಣೀಶನಂ ಹುಸಿಕನೆನಿಸಿ ವಾಸಿಷ್ಠಮುನಿ
ವರನಂ ವ್ರತಭ್ರಷ್ಟನಂ ಮಾಡಿದಪೆನೆಂಬ
ಭರಕೆ ಬಲವಾದುದನುವಿಂಗೆ ತನುವಾಯ್ತುಪಾಯಕ್ಕೆ ದಾಯಂ
ಮೊಳೆತುದು
ನಿರುತವೆಂದುಬ್ಬುತ್ತ ಕೊಬ್ಬುತ್ತ ಕೌಶಿಕಂ
ಹರಿದು ತನ್ನಯ ತಪೋವನದೊಳಿರುತಿರ್ಪ ಹೊ
ತ್ತರೆಯಾಯ್ತು ಮಾಗಿಯ ಮನೋಮುದ ವಸಂತಋತು ಬಹ ಸಮಯ
ವಾದುದಂದು

The scheming Vishvamitra thought, “I will use my magi- 11
cal powers to create wild animals that will destroy all the crops. Unable to bear this menace, the hapless people will rush to the king with their woes. In response, Harishchandra is bound to come to the forest to hunt down these beasts. There, I will somehow lure him to my sacred grove and test the strength of his supposed truthfulness.”

Elated with his own stratagems, Vishvamitra, with eyes 12
turned inward, chanted the productivity mantra, and then, blowing out air, he sanctified some water and sprinkled it in all directions, staring at the drops intently. In no time, all kinds of birds and beasts took form, populating the land. With one gesture of his hand, Vishvamitra resolutely directed them toward Ayodhya, to wreak havoc on it.

The desire to prove that Harishchandra was capable of lying, 13
and thereby to cause Vasishtha to give up his vows, became an obsession for Vishvamitra. His thought found the form; the plot sprouted. Swelling in pride over his own formidable powers, and deadly certain of his plans, Vishvamitra retired to his sacred grove, hugely pleased with himself. By then, it was dawn. It was that time of winter when the very thought of spring, the season of Vasanta, would bring joy to people.

೧೪ ಎಳಮಾವುಗಳ ಬೀಡೆ ಹೂಳೆ ಕೋಗಿಲೆಯ ಕೊರ
ಲೊಳಗು ತೆಱಪಾಗೆ ಮಾಧವಿಗಳೆಲೆದಾಣ ಹೊ
ಪ್ಪಳಿಸೆ ತೆಂಕಣ ದಿಶಾಭಾಗದೊಳು ಗಾಳಿ ಹೊಡಕರಿಸೆ
ಮನ್ಮಥಭೂಪನು
ತಿಳಿದು ಬಿಲುಬತ್ತಳಿಕೆಗಳನಱಸೆ ತೊಂಡ ಗಿಳಿ
ಗಳು ಚಂಚುವಂ ಮಸೆಯೆ ಮೂಡಿತ್ತು ಋತುಸಂಧಿ
ಯಳವು ಮೆಱೆಯಿತ್ತಿದೀ ಕಾಲವೆನಲುಳಿದ ಬಡಜಾಣರಿಗೆ
ತಿಳಿಯಲರಿದು

೧೫ ಪೊಸಮಾಗಿ ಮದವಾಱೆ ಮಾವಂಕುರಂದೋಱೆ
ಯಸುಕೆ ತಳಿರಂ ಹೇಱೆ ಲತೆ ನನೆಗಳಂ ಬೀಱೆ
ಕುಸುಮರಜವಂ ತೂಱೆ ತುಂಬಿ ಸುತ್ತಂ ಪಾಱೆ ತಂಗಾಳಿ ತಂಪ
ಬೀಱೆ
ಶಶಿಗೆ ಕಳೆಯೇಱೆ ಕೋಕಿಲರವಂ ಮೀಱೆ ಕಾ
ಮಶರಂಗಳೂಱೆ ವಿರಹಿಗಳು ಬಾಯಾಱೆ ಮಾ
ಮಸಕದಿಂ ಬಂದುದು ವಸಂತಂ ವಿಯೋಗಿಹೃತ್ಕುಂತಂ
ಸುಖಾಶ್ರಾಂತವು

೧೬ ಬಳಸಿದ ವಸಂತಮಂ ಕಂಡು ವನಪಾಲನಾ
ಗಳೆ ಹರುಷದಿಂ ಹರಿದು ಹೋಗಿ ಹವಣಱಿದು ಭೂ
ತಳಪತಿ ಹರಿಶ್ಚಂದ್ರರಾಯನಂ ಕಂಡು ನಳನಳಿಪಶೋಕೆಯ ತರುವಿನ
ತಳಿರ ತೊಂಗಲುಗಳನು ನವ್ಯಕುಸುಮಸ್ತ ಬಕ
ಕುಳವ ಫಳಮಂಜರಿಯ ಮಾಲೆಯಂ ನೀಡಿ ಕುಸಿ
ದಿಳುಹಿದಂ ನಿಜಲಲಾಟಾಬ್ಜಮಂ ತೊಳತೊಳಗಿ
ರಾಜಿಪಡಿದಾವರೆಯೊಳು

Tender mango leaves blooming in green profusion, 14
mādhavi creepers breaking out into leaf at the nodes,
invisible cuckoos clearing their throats,
precocious parakeets sharpening their beaks,
mild eastern breeze making its presence felt,
Manmatha the love god looking for his bow and quiver—
the first signs of the changing season became manifest.
How could lesser mortals know of this?

Winter losing its grip, 15
mango trees flowering, *aśōka* trees putting out shoots,
creepers budding and flowers scattering pollen,
bees buzzing and a cool breeze blowing gently,
moon shining brighter and cuckoo cooing louder,
the arrows of love god Kama piercing lovers' hearts,
and thirst of the lovelorn growing stronger,
pounding at the hearts of bereft lovers and ruining their
joy—
Vasanta, the spring season, arrived.

Watching spring's glory, the forest chief was happy. He 16
rushed to the palace and sought to meet the lord of the earth,
Harishchandra. He offered the king tender *aśōka* bunches,
freshly blossomed *bakuḷa* flowers, and garlands of fruits as a
mark of high respect, and, with his forehead on the ground,
prostrated at the king's lovely lotus feet.

೧೭ ಎಳಲತೆಯ ಲಾವಣ್ಯ ಲಹರಿ ಮಾವುಗಳ ಮಂ
ಗಳದ ಮಡು ಕೋಗಿಲೆಯ ಕೊರಳ ಪುಣ್ಯಂ ತುಂಬಿ
ಗಳ ನಾಸಿಕದ ನಲಿವು ನವಿಲ ನವನಾಟ್ಯರಂಗಂ ಜನದ ಸುಖದ ಸುಗ್ಗಿ
ಗಿಳಿವಿಂಡುಗಳ ಸವಿಯ ಸಾಮ್ರಾಜ್ಯ ಹಿಮಕರನ
ತಿಳಿದ ಬೆಳಗಿನ ಬೆಂಬಲಂ ರತೀಶ್ವರನ ಭುಜ
ಬಲ ವೀರಸಿರಿಯೆನಿಸಿ ಬಂದುದು ವಸಂತವವನೀಶ ಚಿತ್ತೈಸೆಂದನು

೧೮ ಇನನ ಬರವಂ ಬಯಸುವಬುಜಬನದಂತೆ ನಂ
ದನವನಂ ನಿಮ್ಮ ಬರವಂ ಬಯಸುತದೆ ಸಕಲ
ಜನವನೊಡೆಗೊಂಡು ಬಂದೊಂದು ಮಾಸಂಬರಂ
ಸಕಲಸುಖಸಾಮ್ರಾಜ್ಯವ
ಅನುಭವಿಸಬೇಕೆಂದಿನಂದದಿಂದರಸ ಕೇ
ಳೆನೆ ಪಟ್ಟದರಸಿ ಸುತ ಮಂತ್ರಿ ನಿಜ ಜನವೆರಸಿ
ಮನವೊಲಿದು ನಡೆದನಾಹಾ ಭಾಪು ಭೂಪರೂಪಿನ
ಕುಸುಮಕೋದಂಡನು

"Lord of the earth, look, spring has arrived! Vasanta has 17
come, infusing tender vines with loveliness, the cuckoo's throat with melody, joyous bees with fragrance; enhancing the mango's exquisite taste and making peacocks dance with new fervor. Vasanta has arrived, a token of the sweet harvest of happiness for people and the kingdom of ultimate sweetness for parrots; he has come accompanied by the cool moon's soft white light; he has come to celebrate the love god's valor."

The forest headman said, "Just as the lotus forest longs 18
for the sun, our forest Nandana has been longing for you. Great King, visit us with your entourage as is the custom and enjoy the forest in spring." Then the king happily set out to the forest in great pomp with his royal consort, son, minister, and other courtiers. It was a glorious sight, to behold the king resembling Manmatha, lord of the flower bow.

೧೯ ಹೊಡೆದವೈದಾರೇಳುಕೋಟಿ ನಿಸ್ಸಾಳಂಗ
ಳಡಸಿ ತುಡುಕಿದವು ತಂಬಟದ ಸೂಳಿನ ಲಗ್ಗೆ
ಯೆಡೆವಿಡದೆ ಚೀಱಿದವು ಕೋಟಿ ಹೆಗ್ಗಾಳೆಗಳು ಚಿನ್ನತಿತ್ತಿರಿ ಬೊಂಬುಳಿ
ಬಡಿಸಿಕೊಂಡವು ಧಣಂ ಧಣವೆನಿಪ ಮದ್ದಳೆಯ
ಸಡಗರದ ಸಂಭ್ರಮದೊಳುಲಿವ ಜಯಘಂಟೆ ಬಂ
ದೊಡಗಲಿಸಿಯೊಱಲುತಿರ್ದವು ವೈರಿಕುಂಜರಮೃಗಾಧಿಪನ
ಕಟ್ಟಿದಿರೊಳು

೨೦ ಕಡಿತಲೆಯ ಕರಿಯ ಹರಿಗೆಯ ತುಳುವವಡೆ ಕೂಡೆ
ಪಡಿತಳಿಸಿತೇಳುನಿರ್ಬುದ ಕಠಾರಿಯ ಖಡ್ಗ
ವಿಡಿದ ಕಾಲಾಳು ಮೂವತ್ತೆರಡು ಖರ್ವ ಡೆಂಕಣಿಯವರು
ನೂಱುಕೋಟಿ
ಎಡೆವಿಡದೆ ಬಿಲ್ಲ ಮೋಹರಿಸಿತ್ತೈ ಪದ್ಮ ಹುಲು
ವಡೆಯ ಲೆಕ್ಕಿಸಲು ಬಾರದು ಹರಿಶ್ಚಂದ್ರ ನಿಂ
ದೊಡೆ ನಿಲುವ ಮಂಡಿಸಿದಡೊಡನೆ ಮಂಡಿಸುವ ರಾವುತರೆಯ್ದೆ
ಹೊಱವಂಟರು

The royal entourage marched with a rousing fanfare, accom- 19
panied by thousands of trumpets resounding, huge drums rending the air with their majestic beats, gold-plated small drums and enormous horns adding their shrill might, the sharp, unrelenting *dhaṇam-dhaṇa* sound of the brass *maddaḷe,** and the exuberant ring of triumphant bells. Together with his entourage, King Harishchandra, himself a lion to his elephant-like enemies, was a force to reckon with.

The infinite, sword-wielding Tuluva† battalion, with an 20
impressive array of lances and shields, was joined by countless infantrymen holding spears and shields, and thousands of flag-bearing soldiers and foot soldiers. They came in multiples of hundreds, raining arrows so densely and relentlessly that it was impossible to count them. Then came a myriad of horsemen accompanying Lord Harishchandra, stopping and starting at his command.

* A rounded percussion instrument made of brass.
† Soldiers from Tulunadu, in today's South Karnataka.

೨೧ ಹರಿಣನಂ ಹಳಿವ ಮಾರುತನನೇಳಿಸುವ ಹರಿ
ಸರಳನಣಕಿಸುವ ಮನದಿಂ ಮುಂದೆ ಲಂಘಿಸುವ
ಭರವೆಂತುಟೆನಲು ರವಿಮಂಡಲವನುಳಿದು ಚಂದ್ರನ ತೀವಿದಿರವು
ಬಳಿಕ
ಶರಧಿಯೇಳಂ ಕಳಿದು ಮಂದರವನಡರಿ ಭೂ
ವರನ ಮುಂದಾಡುತಿಹ ಪೇರಣದಲೆಂಬ ಸಂ
ವರಣೆಗುಂಟಾದ ವಾಜಿಗಳೆಯ್ದೆ ಚಾರಿವರಿದಾಡಿದವು ಶತಕೋಟಿಯು

೨೨ ಗಿರಿಯನೀಡಿಱಿವ ದಿಕ್ಕರಿಗಳಂ ಜಱಿವ ದೇ
ವರಪತಿಯ ಗಜದ ಕೋಡಂ ಮುಱಿವ ಸಂಭ್ರಮದ
ಕರಿಘಟೆಗಳೆಂಟುಕೋಟಿಯ ಮೇಲೆ ಮೂವತ್ತೆರಡುಲಕ್ಷವೇಱಿ ಬರಲು
ಧರೆಯದ್ದುದಾನೆಯಡಿಗಳಿಗೆ ವಾಸುಗಿ ತನ್ನ
ಶಿರಕೆ ಸಿವುಡಂ ಕೊಟ್ಟನಂತಾ ಮಹಾಹಸ್ತಿ
ಬರುತಿರ್ದುದರಸ ವನಕಾಗಿ ನಡೆಯಲು ರಥದ
ಸಡಗರವನೇವೊಗಳ್ವೆನು

೨೩ ಇನಕುಲನ ತೇರನಿಕ್ಕಲಿಸಿ ಬೆಂಬಳಿವಿಡಿದು
ಬನಕೆ ಬರುತಿಹ ರಥದ ಮೇಲೆ ಕ್ಷೀರಾಬ್ಧಿಯೊಳ
ಗನಿಲನೀಡಿಱಿಯಲಾ ನೊರೆಮಸಗಿ ತೆರೆಗಟ್ಟಿ ತೆರೆತೆರೆಯ
ಹಿಂಡುಗೊಂಡು
ಮನವೇಗದಲ್ಲಿಗತಿಯಿಡುವಂತೆ ಬಲವೆಂಬ
ವನಧಿಯ ನಡುವೆ ತೆರಳಿ ನಡುಗೊಂಡನವನೀಶ
ನನಿಮಿಷರು ನೋಡಿ ಶಿರಮಂ ತೂಗಲುದ್ಯಾನವನಕೆಯ್ದಿ ಬರುತಿರ್ದನು

The horses, flying faster than the speed of the mind, were mocking the fleet-footed deer, deriding the wind, and jeering at the zipping arrow. A hundred crore of them, they were galloping like the chariot horses of the Sun, who had left his sphere behind and moved on, gulping down the moon, crossing the seven seas, and scaling Mount Mandara. The fleet of spirited horses surged forward majestically before the king, all set to perform. 21

Eight crore elephants, joined by yet another battalion of three million elephants, marched together, ramming into mountains, defying the eight elephants guarding the eight directions, and gleefully breaking the tusks of Indra's elephant. When this great army moved together in such majesty, trampling the entire earth underfoot, it was as if the great serpent Vasuki had used them as a ring to support the weight of the earth on his hood. How do I describe the marvel of those chariots? 22

On both sides of the royal chariot marched the powerful army of the king, born in the sun clan. Just as strong currents of air churned the surface of the ocean into milky foam and froth, creating far-reaching waves, and rushing over the ocean at the speed of the mind, so the lord of the earth strode toward the thick forest. With gods nodding approvingly, the king entered the grove. 23

೨೪ ಅರಸಿ ಮೃಗಧರಮತಿಯ ದಂಡಿಗೆಯನಿಕ್ಕಲಿಸಿ
ಬರುತಿರ್ದವೆಂಟುಸಾವಿರವಂದಣಂ ಕೂಡೆ
ಚರಣಗತಿಯಲಿ ಬಪ್ಪರಾ ಸರೋಜಾನನೆಯರೊಂಬತ್ತು ಕೋಟಿ
ಬರಲು
ಅರಲಬಾಣಂ ಹೊಲಬುಗೆಡುವ ಕಾನನವೊ ಹಿಮ
ಕರನ ಮನೆಗೊಲಿದು ದಾಳಿಯನಿಡುವ ದಳದುಳವೊ
ವರತಪೋಧನರ ನಿಷ್ಕಾಮನಿಧಿಯಂ ಕಳುವ ಚೋರರೆನಲೆಯ್ತಂದರು

೨೫ ಕಂಗಳ ಬಱಿಂ ಹರಿದುಹೋಯ್ತು ನಾರಿಯರ ಲಸಿ
ತಾಂಗಮಂ ಕಂಡು ಗಂಡದ ಸುಗಂಧಕ್ಕೆ ಘ್ರಾ
ಣಂಗಳಱಿತಂ ತೀರ್ದುದವರೊಡನೆ ನುಡಿವ ಜೀವರ ಜಿಹ್ವೆ
ಸುಖಿಯಾದುದು
ಹೆಂಗಳೊಲಿದಾಡಿ ಪಾಡುವ ರವವ ಕೇಳಿ ಕ
ರ್ಣಂಗಳಾರ್ತಂ ಹೋಯಿತಂತಾ ವಿಳಾಸದಿಂ
ಮಂಗಳಮಹೋತ್ಸಾಹದಿಂ ಚಂದ್ರಮತಿ ಬಂದು ನಂದನವನವ
ಪೊಗುವಾಗಳು

೨೬ ಬಳವೆತ್ತ ಮದನನರಮನೆ ವಸಂತನ ಬೀಡು
ಯೆಳಲತೆಗಳಿಕ್ಕೆ ನಾನಾಭೂಜದಾಗರಂ
ತಳಿರ ತಾಣಂ ಕುಸುಮಕುಲದ ನೆಲೆ ಫಳನಿಳಯ ಕೋಕಿಳಂಗಳ
ಚಾವಡಿ
ಅಳಿಗಳಾಡುಂಬೊಲಂ ಗಿಳಿಗಳೋದುವ ಮಠಂ
ಮಲಯಾನಿಲನ ಜನ್ಮಭೂಮಿ ಪುಳಿನಾಕೀರ್ಣ
ಕೊಳನ ಹರವರಿ ನವಿಲ ನಂದನವೆನಿಪ್ಪ ಕೇಳೀವನಕ್ಕೆಯ್ತಂದನು

Chandramati, seated in the most ornate of the eight thousand beautiful palanquins, was accompanied by ninety million lovely, lotus-face companions and slave women, traveling on foot. The unending retinue of seductive beauties was a beguiling forest that could lead astray even the love-god Manmatha with his flower arrows; an army of bandits all set to attack the cool abode of the moon; a band of robbers out to dispossess the sages of the wealth of dispassion earned through arduous penance. 24

As Chandramati entered the woods along with her retinue of ravishing women, the onlookers slaked their thirst, drinking in the women's irresistible beauty. Inhaling the warm scents of these fetching women, their heady longings were fulfilled. Conversing with these stunning women, their tongues felt satisfied. Listening to the alluring music of these gifted women, their ears rejoiced. 25

The grove was the veritable palace of Manmatha, the abode of Vasanta, a nest of tender vines, an orchard of trees, a home to tender shoots, a bed for flowers, a house for fruits, a courtyard for cuckoos, a playing field for bees, a school for parakeets, a heavenly arbor for peacocks, and the native place of the south wind, Malaya, with clear lakes lined by sandy beaches. King Harishchandra entered this green grove of plenty with his wife and son and royal entourage. 26

೨೭ ವಿರಹಿಗಳ ಚಿತ್ತಮಂ ಸೀಳ್ವ ಕಾಮನ ಕಯ್ಯ
ಗರಗಸದ ಕಕ್ಕುಗಳೊ ಕಂತು ಹೊಡೆದಡೆ ಮುನೀ
ಶ್ವರ ಕಠಿನಮನವಾಂತು ಧಾರೆಗಳು ಮುಱಿದಲಗುಗಳ ಮುಕ್ಕುಗಳ
ಬಳಗವೊ
ಪರಿಮಳದ ಮುಳುವೇಲಿಯೋ ಎನಿಸಿ ಕಂಟಕೋ
ತ್ಕರಭರಿತಕೇತಕಿಗಳೊಪ್ಪಿದವು ಹೊಱಗೆ ಶಂ
ಕರವಿರೋಧಿಯನು ನಡುವಿರಿಸಲಮ್ಮದೆ ವನಂ
ಪೊಱಮಡಿಸಿತೆಂಬಂದದಿ

೨೮ ಹಂಗ ಮುಗುಚುವೆನೆಂದು ಭೂಮಿ ಕೈನೀಡಿ ಮೇ
ಘಂಗಳಿಗೆ ಕೊಡುವಮೃತಕಲಶಸಂಕುಳವೊ ಗಗ
ನಾಂಗಣದೊಳುಱ್ ಸುಳಿವ ವಿದ್ಯಾಧರಾಳಿಗೆ
ವಸಂತನಿಟ್ಟಱವಟಿಗೆಯೊ
ಇಂಗಡಲ ಬಿಡದೆ ಕಡೆವಂದು ಪುಟ್ಟಿದ ಪದಾ
ರ್ಥಂಗಳಂ ತಮತಮಗೆ ಕೊಂಡೊಯ್ಯುತಿರೆ ಭೂಲ
ತಾಂಗಿ ತೆಗೆದೆತ್ತಿಟ್ಟ ರಸರತ್ನವೋ ಎನಿಸಿ ಫಲಿತ ಚೆಂದೆಂಗೆಸೆದುವು

On the periphery of the grove, thorn-edged *kēdage* palms 27
were in full bloom. Were the *kēdage* fronds the edges of a saw held by Manmatha, who pierced the heart of the love-lorn? Or the blunt edges of Madana's arrows that broke on colliding with the firm minds of the sages? Or the fragrant thorns fencing the grove? It was as if the grove could not keep *kēdage,* Lord Shankara's foe,[1] in its midst, and had banished it to the periphery.

The heavily laden coconut trees held aloft offering pots of 28
nectar from Mother Earth, with arms outstretched to the clouds, as if to repay her debts. Vasanta seemed to provide a haven to weary vidyadharas* traveling in the sky. The clusters of coconuts shone like the choicest rubies chosen by the goddess of earth for herself, when others were spiriting away the precious things cast up during the churning of the cosmic milk ocean.

* Inferior deities who dwell in the sky.

೨೯ ಬಲವದಂಗಜನೆಂಬನೇತಱವನೆಂದು ವೆ
ಗ್ಗಳಿಸುವ ಜಿತೇಂದ್ರಿಯರು ನಿಷ್ಕಾಮಿಗಳು ಪ್ರತಿಗ
ಳೊಳಗಾದವರ ಕುಸುಮಬಾಣನಂಡಲೆಯೊಳಳವಳಿವಂತೆ
ಮಾಳ್ಪೆನೆಂದು
ಬಳಸಿ ಗುಂಡಿಗೆಗಳಡಸಿದ ಮಾಲೆ ರುದ್ರಾಕ್ಷೆ
ಗಳ ಬಳಗ ಚಕ್ರಚೀತ್ಕೃತಿ ಮದನಮಂತ್ರವೆನೆ
ಮುಳಿದು ವನದೇವಿಯರು ಜಪವನೆಣಿಸದೆ ಮಾಣರೆನಿಸಿ ಊಟಳ
ಮೆಱೆದುವು

೩೦ ಜನದ ಪಂಚೇಂದ್ರಿಯಂ ಸಾಗಿಸುವ ಮಾವತುಳ
ವನಿತೆಯರು ಸಲಹಿದೆಳಲತೆ ಸಕಲವಂದ್ಯರೆಂ
ದೆನಿಪಕಾರಣ ಮದನವಾಣಿಗಳು ಪರಸಿ ಮುತ್ತಿನ ಸೇಸೆಯಿಟ್ಟರೆನಿಸಿ
ನನೆಯ ಮಲ್ಲಿಗೆ ಮನೋರಾಗಮಯರೊಲಿದು ನೆ
ಟ್ಟನೆ ಪೊರೆದ ದಾಡಿಮಂ ವಸುಮತಿಯೆನಿಪ್ಪ ಕಾ
ಮಿನಿ ಬಲಂಗೊಟ್ಟ ಸಂಪಗೆಗಳೊಪ್ಪಂಬೆತ್ತು ಮೆಱೆದವಂತಾ
ವನದೊಳು

೩೧ ಹೃದಯದ ಕಳಂಕಿಲ್ಲದೋರಂತೆ ನಾರನು
ಟ್ಟುದಕಮಂ ಕುಡಿಕುಡಿದು ಮಳೆಗಾಳಿ ಬಿಸಿಲಿಗ
ಳ್ಕದೆ ವನದೊಳಂದೆಡೆಯೊಳಿರ್ದು ಕೊಂಬಾಸೆಯಿಲ್ಲದೆ ನೆಲಕೆ
ಹೊಱೆಯಾಗದೆ
ಬದುಕಿ ತಲೆವಾಗಿ ಬೆಳೆದೊಂದೆಡೆಯೊಳಿರ್ದನಾ
ನುದಿತರಸಫಲವನಂತವ ಕಯ್ಯಮೇಲೆ ತಾ
ಳಿದೆನೆನ್ನ ನೋಡಿ ಮುನಿಕುಲವೆಂದು ಬುದ್ಧಿವೇಳ್ವಂತೆ ಕದಳಿಗಳೆಸೆದುವು

The forest goddesses were offended by the sages, ascetics, and 29
mendicants because they spurned the love god's advances, for the sages gloated: "Manmatha is said to be powerful. But what is his power before our penance?" Infuriated, the fairies wanted to weaken the sages' resolve with flower arrows. But their rounded pots shone like holy *rudrākṣa* beads, and the screeching sound of those beautiful pulleys sounded like the mantra of Madana's slayer, leaving the goddesses vanquished, with no choice but to take to counting beads.

The grove was resplendent with mango trees ministered to 30
with abundant care; binding vines tended by loving women; jasmine buds looking like sanctified rice grains sprinkled with *madanavāṇi,* the blessings of revered seekers;[2] red pomegranate nourished by passionate lovers; and fragrant *sampige* flowers reared by the nurturing goddess of earth.

Lush banana plants seemed to preach to the ascetics about 31
how to live: "You sages, behold us. We are not hard-hearted; we clothe ourselves with fiber from our body; we live on water, unmoving in sun, rain, or wind. We do not desire wealth nor do we covet things that are not ours. Taking care not to be a burden on earth, we have put our roots here; we have lived and grown, giving succulent fruit to people."

೩೨ ಮರುಗ ಮೊನೆ ನೆನೆದೋಱೆ ಸುರಗಿ ಜಾಜಿಯ ನನೆಗ
ಳರಳಿ ಪರಿಮಳದಲೆಸೆಯಲ್ಕೆ ಮುಡಿವಾಳ ತಾ
ಭರವಸದಿ ಸುತ್ತ ಚೆಲುವಿಂದಲುಂ ಪರಿವಿಡಿಯೆ
      ಕರಿಯಮಲ್ಲಿಗೆಯರಳಿನ
ನಿರುತ ನಿಜವಾಹಿನಿಗೆ ತವರುಮನೆಯೆಂಬಂದ
ದರಿದೆನಿಸುವಮರಾಸುರಾಳಿಗಳ ಮೋಹರದ
ಕರಿಮಕರನಕ್ರಾಳಿ ಪುಷ್ಪಭರಿತದೊಳೆಯ್ದೆ ಜಲವು ತಿಂತಿಣಿಗೆಯ್ದುದು

೩೩ ಮಡಲಿಱಿದು ಹಬ್ಬಿ ಹರಕಲಿಸಿ ಬೆಳೆದೆಳಲತೆಗ
ಳಿಡುಕುಱಿಂ ತಳಿದು ಕೆದಱಿದ ಹೊದಱುಗೊನೆಗೊಂಬು
ವಿಡಿದ ಭೂಜಂಗಳಿಂ ತುಱುಗಿದೆಲೆವನೆಯೊಳೊಲೆದಾಡುವ
      ತಮಾಲಂಗಳಿಂ
ಜಡಿವ ಹೊಡೆಯೊತ್ತಿನೊಳು ತೂಗಿ ಬಾಗುವ ಸೋಗೆ
ಯೆಡೆಗೆಡೆಗಿಡಿದ ತೆಂಗು ಕೌಂಗಿನೊತ್ತೊತ್ತೆಯಿಂ
ಹೊಡಕರಿಸಿ ಬೆಳೆದ ಕತ್ತಲೆವೆಳಗ ಕನಸಿನೊಳು
      ಕಾಣೆನೆನಲೇವೊಗಳ್ವೆನು

Waves of sweet fragrance wafting from 32
just-sprouting *maruga, suragi,* and *jāji* flowers,
and just-opening *muḍivāḷa,* self-assured in her beauty;
the lake, a mother's lap for dark violet lilies
flowering forth in torrents;
the flower-filled lake nourishing
elephants, crocodiles, tortoises, and bees—
a matchless battlefield of gods and demons!

Lush green, the grove was exquisite: 33
tender vines climbing and spreading in profusion,
imperial trees with strong, sprawling boughs in rare
constellation,
cool *tamāla* trees, swinging their leafy arms in the green
woods,
and crowning clusters of coconut and areca, heavy with
fruit,
hidden under the thick weave of swaying palm fronds—
a phantasmagoria of light and shade!
How do I describe something unseen even in dreams!

೩೪ ಮಿಸುಪಂಕುರಂ ಕೊನರು ಕೆಂದಳಿರು ಪಲ್ಲವಂ
ಹಸುರೆಲೆ ತಳಿರ್ಮುಗುಳು ನನೆಮೊಗ್ಗೆ ಕುಸುಮವಿಡಿ
ದೆಸೆವ ಮಿಡಿಗಾಯಿ ಹದಬಲಿದ ಕಾಯ್ ದೋರೆವಣ್ಣಂಬಿವಂ
 ಪಿಡಿದೊಱಗುವ
ಹೊಸಮಾವು ಜಂಬು ನಿಂಬಂ ಕದಳಿ ಕುರವಕಂ
ಮಿಸುಪಫಲದಾಸಾಳಿ ಬನ್ನಾಳಿ ಕೇರಹೂ
ಮುಸುಕಿರ್ದ ಹೇರೀಳೆ ಕಿತ್ತೀಳೆಯಿಂದೆ ಕೇಳೀವನಂ ಕಂಗೆಸೆದುದು

೩೫ ಹೊಸಬನದೊಳಿಪ್ಪಬಲೆಯರ ತೊಡಿಗೆವೆಳಗು ಹೊಂ
ಬಿಸಿಲಂತಿರಲ್ಕಂಡು ಕಮಲವರಳುವುವವರ
ನಸುನಗೆಯ ಬೆಳಗು ಬೆಳುದಿಂಗಳಂತಿರೆ ಕಂಡು
 ಕುಮುದವರಳುವುವಲ್ಲದೆ
ಶಶಿರವಿಗಳಾಟವಾ ಬನದೊಳಗೆ ಹೊಗದು ನಿ
ಟ್ಟಿಸಲು ರವಿ ಕಾಣದುದ ಕವಿ ಕಂಡನೆಂಬ ನುಡಿ
ಹುಸಿಯಲ್ಲ ಸುಕವಿ ಹಂಪೆಯ ರಾಘವಾಂಕನದಱಳವ ಬಣ್ಣಿಸಿದನಾಗಿ

The grove was overlaid 34
with a marvelous clump of plants and trees:
mango, *jāmūn,* lemon, banana, *dāsāḷi,*
kuravakam, bannāḷi, cashew,
and a profusion of orange and sweet lemon trees,
all joyously coming into being—
a hint of seed breaking out,
tender but fully formed sprout,
then reddish shoot,
copper-colored leaflet,
lambent green leaf,
dark green leafy branch,
just-formed bud,
raw fruit,
ripening fruit,
and fruit fully ripe.

Kamala, the lotus, bloomed in the warm sunlight of the women's jewelry; 35
Kumuda, the night lily, bloomed in the soft moonlight of their smiles:
the play of the sun and the moon could not penetrate the inner grove.
When Hampi's poet Raghavanka describes the beauty of the inner grove,
it proves the saying right: "Kavi, the poet, sees what Ravi, the sun, cannot."

೩೬ ಗಿಳಿಗಳೋದುಗ್ಘಡಣೆ ಕೋಕಿಲ ರವಂ ಕಹಳೆ
ಫಳವಿಡಿದ ಪಲಸು ಮದ್ದಳೆಯು ಮೊರೆವಳಿಕುಳಂ
ಬಳಸಿ ತಾರಯಿಪ ಚಿಹಣಿಯರು ನೆಲಕೊಲೆವಶೋಕೆಯ ತಳಿರು
ಹೊಸಜವನಿಕೆ
ಬೆಳುಮುಸುಕು ಕುಸುಮಲತೆಗಳು ಸತಿಯರೆಲೆಯುಲುಹು
ತಳದ ಕಂಸಾಳೆ ಮರನೊಲಹು ತಲೆದೂಂಕು ನೆಱೆ
ಕಳಿತ ಹಣ್ಣೆಲೆ ಮೆಚ್ಚೆನಲು ನವಿಲು ನರ್ತನಂಗೆಯ್ದುವಂತಾ ವನದೊಳು

೩೭ ಗಿಳಿಗಳರಗಿಳಿ ನವಿಲು ಸೋಗೆನವಿಲಾ ಕೊಳಂ
ತಿಳಿಗೊಳಂ ತುಂಬಿ ಮಱಿದುಂಬಿ ಮಾವಿಮ್ಮಾವು
ಪುಳಿನ ಶೀತಳಪುಳಿನ ತೆಂಗು ಚೆಂದೆಂಗು ಕೇದಗೆಯೆಲ್ಲ ಹೊಂಗೇದಗೆ
ಸುಳಿವೆಲರು ತಂಬೆಲರು ಕೋಕಿಲಂ ಮತ್ತಕೋ
ಕಿಲ ಪಲಸು ಬಕ್ಕೆವಲಸೀಳೆ ಕಿತ್ತೀಳೆಯು
ತ್ಪಲವೆಲ್ಲ ನೀಲೋತ್ಪಲಂ ಹಂಸೆ ರಾಜಹಂಸೆಗಳೆಸೆದವಾ ವನದೊಳು

Chirping parakeets announced the performance; 36
the cuckoos' song trumpeted it;
jackfruits, turned into flat *maddaḷe* drums, played the
welcome beat;
buzzing bees recited the titles;
fluttering leaves provided the background score of
*kamsāḷe** music;
aśōka trees' supine branches formed the screen;
binding jasmine vines transformed into women
spectators;
trees swayed in appreciation;
and gold-colored leaves offered themselves
as prizes for the tantalizing dance of the peacocks.

Every sentient being in that grove was unsurpassed— 37
aragiḷi, the prettiest of parakeets,
sōgenavilu, the most colorful of peacocks,
immāvu, the tastiest of mangoes,
bakkevalasu, the most succulent of jackfruits,
cendengu, the most delicious of coconuts,
kittīḷe, the sweetest of lemons,
hongēdage, the most golden of screw pines,
nīlōtpala, the bluest of night lilies,
rājahaṃsa, the most regal of *haṃsa* birds,
the clearest of lakes, coolest of sandbanks,
youngest of bees, and gentlest of breezes!

* A musical instrument made of brass.

೩೮ ವನಲಕ್ಷ್ಮಿ ತನ್ನವನದೇವಿಯರು ಸಹಿತ ಭೂ
ಪನ ಕಾಣುತಿದಿರೆದ್ದು ನಡೆದೆಱಗಿ ತಕ್ಕೈಸಿ
ವಿನಯದಿಂ ಕ್ಷೇಮಕುಶಲವನಾಡಿ ಕಾಲ್ಗೆ ಱೆದು ಮಂಗಳಾಸನವನಿತ್ತು
ವಿನುತ ಪಣ್ಫಲ ನಿಕರಮಂ ಕೊಟ್ಟು ಹರುಷಸಂ
ಜನಿತಸಂಭ್ರಮದೊಳುಪಚರಿಸಿದಳೆನಿಸಿ ನಂ
ದನವನಂ ಕಣ್ಗೆಸೆದುದಬುಜಸಖಕುಲಜ
ನೊಳಪೊಗುವಾಗಳೇವೊಗಳ್ವೆನು

೩೯ ಎಸೆವ ಲತೆಗಳು ಸತಿಯರಾ ಕುಸುಮವಿಸರ ಹೊಸ
ಮುಸುಕು ಫಳತತಿ ಕಳಸವೆಳದಳಿರ್ ಕನ್ನಡಿಗ
ಳಸಿಯಮರನತುಳ ಝಲ್ಲರಿಗಳುಲಿವರಗಿಳಿಗಳಬ್ಬರಂ ಡಿಂಡಿಮ ರವ
ಮಿಸುಪ ನನೆ ನೆನೆಯಕ್ಕಿ ಕೋಕಿಲ ರವಂ ಕಹಳೆ
ಮಸಗಿದಳಿಗಳ ಗೀತವೆನಲಿದಿರ್ಗೊಂಡರಂ
ದೊಸೆದು ವನದೇವತೆಯರುಚಿತೋಪಚಾರದಿಂ
ನೃಪರೂಪಮನಸಿಜನನು

೪೦ ಎಳೆಯ ಪಳುಕಿನ ಶಿಲೆಯೊಳಡಸಿ ಕಟ್ಟಿದ ಕಟ್ಟೆ
ಗಳಲಿ ದಂಡಾವಳಿಯ ಸೂಸಕದ ಪತ್ರತತಿ
ಗಳೊಳೋರಣಂಗೊಳಿಸಿ ಕೇವಣಿಸಿದಮಳ ನವರತ್ನಂಗಳೊಯ್ಯಾರದ
ತಳದೊಳೋವದೆ ಸುರಿದ ಕಿಱುಮುತ್ತುಗಳ ಮಳಲು
ಗಳ ತುಂಬಿ ತುಳುಕಾಡುವತುಲ ನಿರ್ಮಲ ಜಲಂ
ಗಳ ಮೇಲೆ ಬೆಳೆದ ನಾನಾ ಕಮಲ ಕೈರವದಲೆಸೆದವಲ್ಲಿಯ ಕೊಳಗಳು

On seeing the magnificent and bounteous lord of the earth, 38
the forest goddess Vanalakshmi, along with her companions,
rushed to embrace him in a regal welcome and prostrated
themselves before him. She then inquired after his well-
being, washed his feet, offered him a luxurious seat, placed
the choicest of fruit before him, and made him feel welcome
in her well-tended garden. How do I sing the beauty of the
scene when the king entered the grove!

A befitting welcome to the glorious king, 39
a veritable love god, when he entered the grove:
the tender embrace of womanly vines,
a new veil of flowers, a platter of assorted fruits,
and a mirror of tender leaf; the rhythmic swaying of *aśōka*
trees;
the drumbeats of prattling parakeets; buds of sanctified
rice;
the trumpet of the cuckoos; and the sweet melodies of
buzzing bees!

The lakes sparkled with marble parapet walls, 40
pillars decked with tassels and leaf streamers,
neatly inlaid rows of rubies and precious stones,
abundant pearls strewn on the floor,
translucent sand on the banks,
and a profusion of lotuses and lilies
dancing on the surface of the clear water,
lending it a special charm.

೪೧ ಬಸವಳಿದ ನೆಯ್ದಿಲಂ ಕಂಡು ನಗುವಂತರಳ್ದ
ಹೊಸಕಮಳಕುಟ್ಮಲದ ಕರ್ನಿಕೆಯ ಕೆಲದ ಕಿಱಿ
ಯೆಸಳಿಡುಕುಱಿಂ ಬಗಿದು ಕೇಸರದ ಕುತ್ತುಱೊಳು ನುಸುಳಿ ನುಸುಳಿ
ಪರಾಗವ
ಮಿಸುಪ ರಜದೊಳು ಹೊರಳಿ ಬಳೆದ ಬಂಡೆಂಬ ಕೊ
ಳ್ಗೆಸಱೊಳಗೆ ಸಿಲ್ಕಿ ಜಿನುಗುವ ಮಱಿಗೆ ಸೌರಭ್ಯ
ರಸದ ಕುಟುಕಿತ್ತು ಸಾಗಿಸುವ ಬಾಣತಿದುಂಬಿ ಮೆಱೆದವಂತಾ
ಕೊಳದೊಳು

೪೨ ಎಸೆವ ವಿಷವುಂಟಾಗಿಯುಂ ವಿಷಂ ತಾನಲ್ಲ
ಹೊಸಕಮಲವುಂಟಾಗಿಯುಂ ಕಮಲವಿಲ್ಲನಿ
ಟ್ಟಿಸೆ ಕುಮುದವುಂಟಾಗಿಯುಂ ಕುಮುದವಿಲ್ಲಲ್ಲಿ
ಪ್ರತಿಕೂಲವುಂಟಾಗಿಯುಂ
ಹೆಸರಿಡಲು ಪ್ರತಿಕೂಲವಿಲ್ಲಲ್ಲಿ ಕಡೆಗೆ ಶೋ
ಧಿಸೆ ವಿಜಾತಿಗಳುಂಟೆನಲು ವಿಜಾತಿಗಳಿಲ್ಲ
ವಸುಧೆಗೆ ವಿಚಿತ್ರವೆಂದೊಂದೆರಡು ಘಳಿಗೆ ನೋಡಿದ ಕೊಳನನಾ
ಭೂಪನು

The lake was brimming with life. The lotus in bloom laughed 41
at the night lily that had wilted in daylight. Drawn to the honey of the freshly opened lotus, a few baby bees tried to squeeze through the petals to the tiny, soft, saffron strands. But, sliding down the smooth pollen, they were caught in the wet and slippery inner petals and buzzed desperately; then their young mother got busy feeding the little ones *saurabhya* honey.

The king gazed, bemused, at the lovely lake, 42
that at once was and was not a pool of contradictions:[3]
swelling with *viṣa*/water, yet anything but *viṣa*/poison;
teeming with fresh *kamala*/lotus, yet free of *kamala*/deer;
thick with *kumuda*/night lilies, yet devoid of *kumuda*/evil
 pleasures;
swarming with *vijāti*/multifarious birds, yet without
 vijāti/enemies;
resplendent with *pratikūla*/the opposite bank,
yet with no sign of *pratikūla*/opposition.
The lake—a terrestrial wonder indeed!

೪೩ ಬಿಸಕಂದದಂತೆ ತೋರ್ಪತಿವೃತ್ತದಿಂ ಪೂರ್ಣ
ರಸಭಾವದಿಂದಲಂಕಾರದಿಂ ಸೋಪಾನ
ವಿಸರದೊಳು ಕೇವಣಂಗೊಳಿಸಿದ ಪದಾರ್ಥದಿಂ ಕೇಳ್ದು ನೋಡಿದರ
 ಮನಕೆ
ಎಸೆವ ಪ್ರಸನ್ನಗಂಭೀರದಿಂ ನಲಿನಲಿದು
ದೆಸೆದೆಸೆಗಳಿಂ ಬಂದು ಪದವಿಡುವ ಕವಿಗಳಿಂ
ವಸುಧೆಗೆ ಮಹಾಕವಿಯ ತೆಱದೊಳಂತಲ್ಲಿಯ ಸರೋವರಂ
 ಕಣ್ಗೆಸೆದುದು

೪೪ ತೊಳತೊಳಗಿ ಹೊಳೆವ ತಿಳಿಗೊಳನ ತಡಿವಿಡಿದಡಸಿ
ಫಳಭರದಿ ಜಡಿದೊಱಗುತಿರ್ಪ ನಾನಾ ಮರಂ
ಗಳ ತಳದ ತಣ್ಣೆಳಲೊಳೊದವಿ ನಳನಳಿಸಿ
 ಬೆಳೆದೆಳಲತೆಗಳಿಡುಕುಱುಗಳ
ಬಳಿಯ ತಂಪಿನ ತಡಿಯ ತಾಣದೊಳು ಭೂಪಕುಲ
ತಿಲಕನ ವಿನೋದ ವಿಭ್ರಮ ವಿಲಾಸಕ್ಕೆ ಮಂ
ಗಳಮಯವೆನಲ್ ಸವೆದ ಶೈತ್ಯಶಾಲೆಗಳನದನಾವ ಕವಿ ಬಣ್ಣಿಸುವನು

The lake, splendid, was like a great poet: 43
impressive in its perfectly rounded shape,
like the poet's pleasing *kanda* and *vṛtta* meters;
brimming with water,
like his words;
ornate and replete with emotion,
like his lyric embellished with tropes;
its steps inlaid with a brilliant design,
like his sparkling poetry pregnant with meaning;
its sounds delighting the ear, its sights the eye,
like his poetry's mellifluous cadences and form.
Birds flocking to the lake from all directions
bathed their feet in the cool waters,
just as poets from all over gathering round
the great poet sought appreciation for their words.

What poet could possibly describe the sheer scale and 44
magnificence of the cool summer palace, built for the pleasure, comfort, and sport of the best of kings, as it stood beside the magnificent lake, in the shade lent by tender and beautiful vines, ringed by an impressive line of splendid trees of great variety, that had bent down under the weight of their abundant fruit?

೪೫ ಪಳುಕಿನ ನೆಲಂ ಮರುಗದೆಡೆವೆರಕೆಯೆಳಬಾಳ
ದೊಳುಭಿತ್ತಿ ಕರಿಯ ಕಬ್ಬಿನ ಜಂತೆ ಕೇತಕೀ
ದಳದ ಹೊಸಹೊದಿಕೆ ಚಂದನದ ಸಾರಣೆ ಪುಷ್ಪಸರದ ಕನ್ನಡಿ
    ಕಮಳದ
ಎಲೆಯಾಲವಟ್ಟಯೆಳದಳಿರ ಹಸೆ ಪನ್ನೀರ
ಚಳೆಯ ನೀರ್ವಾಸು ಹೊಂಬಾಳೆಗಳ ಚಮರಮು
ತ್ಪಲದ ಮೇಲ್ಕಟ್ಟು ಮುಡಿವಳದ ಸೀಗುರಿ ಮೆಱೆದವಾ
    ಶೈತ್ಯಶಾಲೆಯೊಳಗೆ

೪೬ ಇದು ಮಾಗಿಯನು ಹೆತ್ತ ತಾಯ್ಮನೆಯೊ ಮೇಣು ತಾ
ನಿದು ಶೀತಕರನಾಡಿ ಬಳೆದ ನಿಳಯವೊ ಮತ್ತ
ಮಿದು ವಸಂತನ ಶಸ್ತ್ರಶಾಲೆಯೋ ಇದು ಮಲಯಮಂದಮಾರುತನ
    ಮಟವೊ
ಇದು ಮದನನರಲಂಬು ಮಡಲಿಱಿದು ಹೊಡೆಗೆಡೆದ
ಸದನವೋ ಸಕಲಶೈತ್ಯಂಗಳಂಗಡಿಯೊ ಪೇ
ಳಿದು ಚಿತ್ರಮೆನಲೆಸೆದುದೊಂದು ತಂಪಿನ
    ಶಾಲೆಯಧಿಕಶ್ರಮಾಕರ್ಷಣಂ

೪೭ ಆ ಶೈತ್ಯಶಾಲೆಯರಮನೆಯ ಬಾಗಿಲ ಮುಂದೆ
ಭೂಸುದತಿವಲ್ಲಭ ಹರಿಶ್ಚಂದ್ರ ನಿಜರಾಣಿ
ವಾಸ ಸುತಸಹಿತಿಳಿದು ಮಂತ್ರಿ ಕೈಗೊಡೆ ರಾಯರೊಲಿದು
    ನೆಲನುಗ್ಘಡಿಸಲು
ಭಾಸುರಾಯತ ತಳಿರ ಕಾವಣದೊಳೊಲಿದು ಸಿಂ
ಹಾಸನದೊಳೊಡ್ಡೋಲಗಂಗೊಟ್ಟು ಕಿಱಿದು ಪೊ
ತ್ತಾ ಸಭಾಸ್ಥಳದೊಳಿರ್ದೆದ್ದು ಪೊಱಮಟ್ಟು ವನದೊಳು
    ವಿಹಾರಿಸಿದನಂದು

The beauty of the summer palace was enhanced by marble floors edged with *maruga* beds, inner walls of fragrant *lavañca* grass, and rafters of black sugarcane; fresh cover of screw-pine flowers, treated flooring of sandalwood paste, mirrors framed with flower garlands, and handheld fans of golden banana and lotus leaves; a huge rotating fan of *muḍivāḷa, raṅgōli*[4] designs of tender shoots, layers of chilled, scented waters sprinkled on the ground, and hanging tassels of *kannaidile* lilies. 45

The summer palace drawing the weary into its cool bowers made one wonder: Was it the native home of winter; or the house in which the Moon, coolness personified, grew up playing; or the armory of Vasanta; or the training center of the cool breeze Malaya; or a mansion made of thick, dispersed, flower arrows of Madana; or a house of commerce that sold every conceivable cold object on earth? 46

Harishchandra alighted in front of the summer palace, along with his consort and son, accompanied by his minister, to a ritual welcome. The hosts recited all his titles and inquired after his comfort, making sure that every propriety was followed during the royal welcome. Seated on his throne, the king held court for a while in the beautiful arbor of green foliage, and then retired to enjoy the beauty of the grove. 47

೪೮ ವಾಸಂತಋತುಕಾಲ ಸಮಯ ಕುಸುಮವನಾ ವಿ
ಳಾಸಿನೀಜನ ತೊಡಿಗೆಯಂ ಮಾಡಿ ತಂದೊಲ್ದು
ಭೂಸುದತಿವಲ್ಲಭಂಗೀಯಲು ಶಿವಾರ್ಪಿತಂ ಮಾಡಿ
ಹೂದೊಡಿಗೆದೊಟ್ಟು
ಆ ಸಮಯದೊಳು ಕುಸುಮಬಾಣನಂದದಿ ವನ ವಿ
ಲಾಸದಿಂ ಸಾಫಲ್ಯವೆನಿಪ ಮಧ್ಯಾಹ್ನದ ದಿ
ನೇಶನುಷ್ಣಾಂಶುವಿಂದಂ ಬಳಲಿ ಜಲಕೇಳಿಗೆಳಸಿದಂ ನರನಾಥನು

೪೯ ಹೊಳೆವ ನವರತ್ನಸೋಪಾನಗಟ್ಟಿಂ ಮುನ್ನ
ಲಳವಟ್ಟ ಪನ್ನೀರ ಚಂದನದ ಕೊಗ್ಗೆಸಱಿ
ನೊಳಗೆ ರಂಜಿಪ ಕಮಳ ಕುಮುದ ಕಲ್ಹಾರ ಕನ್ನೆಯ್ದಿಲುಂ ಚೆನ್ನೆಯ್ದಿಲು
ತಿಳಿಗೊಳನ ತಂಬೆಲರ ತಳಿರ ಕಾವಣ ಬಾಳ
ದೊಳುಭಿತ್ತಿಯೊಳಗೆ ಮಂತಣಿಗೊಪ್ಪರಿಗೆ ಖೇಡ
ಕುಳಿಯ ನಿರ್ಮಲ ಜಲಂ ತುಂಬಿದಲ್ಲಿಗೆ
ಬಂದನಬುಜಸಖಕುಲತಿಲಕನು

೫೦ ತೊಟ್ಟಪೂದೊಡಿಗೆಯನಧಃಕರಿಸಿ ಬೆಮರಿ ಪೊಱ
ಮಟ್ಟ ಪನಿ ಪೊಸಮುತ್ತುದೊಡಿಗೆ ತೊಟ್ಟಂತಿರಳ
ವಟ್ಟ ಭಾವದ ವಿಲಾಸಿನಿಯರಂ ನಿಖಿಳ ರಾಣಿಯರನಂದವನೀಶನು
ಅಟ್ಟಿ ಹಿಡಿದಂಡೆಯಿಂ ಹೊಯ್ದು ತಿಱಿಚೆಯನೊತ್ತೆ
ಹೆಟ್ಟುಗೆಯರೆಲ್ಲ ಮೂದಲಿಸಿ ಮುಮ್ಮಳಿಗೊಂಡು
ನೆಟ್ಟೋಟದಿಂದೋಡುವವನಿಪನ ತಮ್ಮಾಣೆಯಿಟ್ಟು ನಿಲಿಸಿದರಾಗಳು

When the women attending the king lovingly fetched the finery they had made from the flowers of the spring season, he first offered the finery to Lord Shiva and then donned it himself. Radiant like Madana sporting flower arrows, the king was immersed in the pleasures of the grove the whole afternoon. Then, tired of the afternoon sun, a sated king moved on to water sports. 48

A host of lotuses and lilies of different kinds—*kamala, kumuda, kalhāra, kannaidilu,* and *cennaidilu*—springing forth from mud mixed with scented water and sandal paste were smiling on the lake's surface. Dazzling precious stones decorated the path to the lake, every step of the way. The king of the lotus-friendly Sun dynasty approached this pellucid lake fragrant with *lāvanca.* 49

The king removed his flower costume and sported with a bevy of bashful courtesans and queens, dressed in robes of sweat pearls. He pursued them gaily with the hollow bamboo spray in his hands, seizing and pulling them to him, pouring fragrant water and drenching them with his spray, and swishing them with the flower garlands in his hands, as the excited women teased him, catching his eye. 50

೫೧ ನಳಿತೋಳ ಮೊದಲು ಹೊಗರಂ ಕಱೆಯೆ ಕಡೆಗಣ್ಣ
ಹೊಳಪು ಮಿಂಚಂ ಕೆದೆಱೆ ಮೊಲೆ ಮೆಯ್ಯನೊತ್ತರಿಸೆ
ಸೆಳೆನಡು ಬಳುಕೆ ಬಾಸೆ ದೆಸೆದೆಸೆಗೆ ಕೊಂಕೆ ಕಯ್ಯಂಡೆಗಳ ತೀವಿ ನೆಗಪಿ
ಮಲಯಜಂ ಸಾದು ಕತ್ತುರಿ ಕುಂಕುಮದ ಮಿಶ್ರ
ಜಲಮಂ ಹರಿಶ್ಚಂದ್ರಭೂಭುಜನ ಮೇಲೊಬ್ಬ
ಳಳವಿಯೊಳು ನಿಂದು ಪೊಯ್ಯಲ್ಕವಳು ಬಂದ
ಸದ್ಭಾವವನದೇವೊಗಳ್ವೆನು

೫೨ ಅವನೀಶ ನೀನಖಿಳರಾಣಿಯರೊಳೋಕುಳಿಯ
ನೆವದಿಂದ ಪೊರ್ದಿ ಸೋಂಕಿನ ಸುಖಂಬಡೆಯಲಂ
ತವರ ಜೀರ್ಕೊಳವಿಗಳ ದೆಸೆ ನಿಮ್ಮ ದೆಸೆಯಿಂದಲೆಸುವ
ಸಮರಸವೆಯ್ದುವು
ಎವಗೆಂಬ ಮಾತಿಗೊಲ್ದೋವಿ ಮೆಚ್ಚಂ ಸಲಿಸಿ
ಯುವತಿಯರ ಕೈವೀಸಿ ಕಮಳಾಕರಕ್ಕೆಯ್ದಿ
ಸವೆಯದಾನಂದದಿ ಹರಿಶ್ಚಂದ್ರನರನಾಥನಾಡಿದ ಜಲಕ್ರೀಡೆಯ

೫೩ ಸಂತ ಸುಖಮಂ ಸವಿದು ಸವಿದಶೋಕದ ತರುವಿ
ನಂತಸ್ಥಮಂ ಕೊಂಡು ಕಂಡು ಶೈತ್ಯಾಲಯದೊ
ಳಂತವರ ಕೂಡೆ ವಾಸಂತಮಾಸವ ಕಳಿದನುಳಿದ ಸುಖಸಂಭ್ರಮದಲಿ
ಕಂತುಮದಹರನ ಪೂಜಾಸುಖಕ್ಕೆಳಸಿ ತ
ನ್ನಂತಃಕರಣವೆಲ್ಲವನುವೊಂದುಗೂಡಿಕೊಂ
ಡಂತಲ್ಲಿಯುವತಿಯರ ಕೂಡೆ ಮನವೆಳಸಿ ಜಲಕ್ರೀಡೆಗುದ್ಯೋಗಿಸಿದನು

Then, one of those women—her delicate arms exuding a fresh charm, her eyes sparkling, her full breasts jutting forth, her slender waist moving fluidly, the thin line of hair below her navel dancing with her every move—approached Harishchandra to soothe his tired body by bathing it with the cool, fragrant water made of sandal paste, musk perfume, and scented vermillion powder. How do I describe the grace and ardor of the woman as she approached the king? 51

A gorgeous woman praised him subtly, "Your Majesty! While you are deriving so much pleasure touching and feeling your queens in the guise of sport, as for me, what squirts from their spray is no match to yours...." Delighted by her suggestive banter, he rewarded her suitably. Then, waving to the young women, Harishchandra moved to the lotus-filled lake and indulged in love play with the women to his heart's content. 52

Relishing every pleasure within reach, and resting languidly amid the shade of *aśōka trees*, the king spent the month of spring happily in that summer abode. After enjoying himself thoroughly and playing a host of water sports amid the young and lovely women, the king would set out with great alacrity and ardor to seek the bliss of worshiping Shiva, Madana's slayer. 53

೫೪ ನಳನಳಿಸುವಂಗಸಂಕುಳ ಸೌಕುಮಾರ್ಯದಿಂ
ಕೊಳನೊಳಗೆ ಹೊಕ್ಕು ಸತಿಯರ ಕೂಡೆ ಹರ್ಷದಿಂ
ಜಳಜಂತ್ರದಿಂದಾಡಿ ಮುಳುಗಾಡಿ ತುಳುಕಾಡಿ ತಿಳಿದಾಡಿ ತೀರದಾಡಿ
ಬಳಿಕ ಪೊಱಮಟ್ಟು ದಿವ್ಯಾಂಬರಂಗಳನುಟ್ಟು
ಎಳಲತೆಯ ತಡಿಯ ತಂಪಿನೊಳು ಕುಳ್ಳಿರ್ದು ಭೂ
ತಳಪತಿ ಶಿವಾರ್ಚನೆಯ ಪುಷ್ಪಾಪಚಯಕೆ ಮಾನಿನಿಯರ್ಗೆ ಬೆಸನಿತ್ತನು

೫೫ ಇಡದ ಹಸುರಿಡದ ಕೌರಿಡದ ಬೆಳುಪಿಡದ ಕೆಂ
ಪಿಡದ ಬಿಸುಪಿಡದ ಚಿಪ್ಪರಳದೆಸಳೊಡೆಯದೊಳ
ಗುಡುಗಿರದ ಕುಡಿ ಮುರುಟಿ ಕೆಲಹಿಗ್ಗದೋರಂತೆ ಬಿಸಿಲು
        ನೆಳಲಾವರಿಸದ
ಅಡಿಗಳಿಂದಳಿ ತುಳಿಯದನಿಲನಲುಗದ ಮಂಜು
ಹೊಡೆಯದೇಕಾಕಿಯಾಗಿರದನ್ಯಕುಸುಮದೊಳು
ತೊಡರದರೆಬಿರಿದರಲನಾಯ್ದಾಯ್ದು ತಿಱಿದರಂದವನಿಪನ
        ಶಿವಪೂಜೆಗೆ

೫೬ ಬಳಸುವಳಿಕುಳದ ಕಣ್ಗಂ ನಾಸಿಕಕ್ಕೆ ಸಂ
ಚಳಿಪ ಸಂದೇಹಮಂ ಮಾಡುವ ಕದಂಬ ಪರಿ
ಮಳವಿಡಿದ ಕೈಗಳಿಂ ಪುಷ್ಪಸಂದೋಹಮಂ ಕಟ್ಟಿದರು ಕಾಮಿನಿಯರು
ಎಳಸಿ ನಕ್ಷತ್ರಮಂ ಸಾಗಿಸುವ ಚಂದ್ರಮನ
ಕಳೆಗಳಂತೊಪ್ಪಿ ನಾನಾ ಬಂಧವಿಡಿದಿಂಡೆ
ಗಳ ರಚನೆಯಿಂದಿತ್ತರಬಲೆಯರು ಭೂಪ ಮಕರಧ್ವಜನ ಶಿವಪೂಜೆಗೆ

The king, reveling in his youthful and lustrous physique, 54
plunged into the lake and frolicked with those voluptuous women, diving and floating, jumping and splashing, chasing and spraying them with water. Once he had his fill, he changed into attire fit for divine worship and sat under the cool shade of the vines, while the women went to gather flowers for the worship of Lord Shiva.

For the king's worship, 55
the young women gathered the choicest flowers:
flowers not quite green, not quite white, not quite red;
not quite open, their petals not quite visible;
flowers with their inner body intact;
their outer petals not too unfolded, their inner petals not
too shut;
flowers untouched by sunlight and untrodden by bees,
unshaken by wind and unbitten by frost;
and flowers not single or entangled with other flowers.

The women strung flowers in a hundred patterns; 56
threaded flowers with their scented fingers so deftly
that hovering bees were confused which way to go.
The strings of flowers were handpicked,
little stars nurtured by the moon.
The comely women brought the most fragrant of flowers,
strung together in myriad ways, to the king,
a veritable Manmatha among kings,
for his worship of Lord Shiva.

೫೭ ಹೊಳೆವ ಮುತ್ತಿನ ರಂಗವಾಲಿಗಳನಿಕ್ಕಿ ತಂ
ದೆಳದಳಿರ ಹಸೆಯ ಹಾಸಿನ ಮೇಲೆ ಕುಳ್ಳಿರಿಸಿ
ತೊಳೆದ ಹೊಂಗೊಡದೊಳಗ್ಗಣಿಗಳಂ ತುಂಬಿ ತಂದಿಳುಹಿದರು
ಕಾಮಿನಿಯರು
ಮೊಳಗಿದವು ಪಂಚಮಾಸಬುದ ವಾದ್ಯಗಳು ಮಂ
ಗಳರವಂಬೆತ್ತಾಡಿ ಮಾಡಿ ದೀಪಾರತಿಗ
ಳೊಳಗೆ ಲಿಂಗಾರ್ಚನೆಯನೊಲವಿನಿಂದೋಜೆಯಿಂ ಮಾಡಿದಂ
ರಾಜೇಂದ್ರನು

೫೮ ಸಂತೋಷಮಂ ಸಲಹುವಂತೆ ಭಾಗ್ಯವನೋವು
ವಂತೆ ಸುಖಮಂ ಸಾಗಿಪಂತೆ ಮುಕ್ತಿಯನು ಹೊರೆ
ವಂತೆ ಮಂಗಳವ ಮನ್ನಿಸುವಂತೆ ಪುಣ್ಯಮಂ ಪುಟವಿಕ್ಕುವಂತೆ ತಳಿರ
ತಿಂತಿಣಿಯ ಶೈತ್ಯಶಾಲೆಯೊಳೀಶನಂ ಶಿವನ
ನಂತಕಾರಿಯನಭವನಂ ಚಿತ್ತದಾಸಱಳಿ
ವಂತೆ ಹಸ್ತದ ಹಸಂ ಹರಿವಂತೆ ಪೂಜಿಸಿದನೋಜೆಯಿಂ ರಾಜೇಂದ್ರನು

They drew *raṅgōli* designs on the floor shining like pearls 57
and sat the king down on a soft mat made of tender leaves.
They filled golden pitchers, meticulously washed, with
pure water, and placed them before him. As the five great
instruments produced auspicious music in unison, the Indra
among kings worshiped Shiva, waving ghee-lit lamps, with
total devotion.

Seated amid cool greens and blues and violets, 58
praying for health and wealth, pleasure and happiness,
liberation, good fortune, grace, and merit,
the Indra among kings worshiped
Shiva, who stands for the good,
Isha, who stands for power,
Antakari, who ends the world,
and Abhavan, who knows no rebirth,*
with ardor enough to sate
all the thirst of his mind and all the hunger of his hands.

* All three names—Isha, Antakari, and Abhavan—refer to Shiva.

೪೯ ಗಡಣವಿಡಿದೊಗ್ಗು ವಿಡಿದೋರಣಂಬಿಡಿದು ತರ
ವಿಡಿದು ಸರಿಸಂಬಿಡಿದು ಸಾಲ್ವಿಡಿದು ಪರಿಪಂತಿ
ವಿಡಿದು ಕವಿಗಳ ಗಮಕಿಗಳ ವಾದಿಗಳ ವಾಗ್ಮಿಗಳ ಗಾಯಕಾಧೀಶರ
ಮಡದಿಯರ ಮನ್ನಣೆಯ ಮಾನಿಸರು ಮುಖ್ಯರೆನ
ಲೆಡೆಗೊಂಡ ಸಕಲ ಪರಿಜನವೆರಸಿ ಸವಿದು ಸಂ
ಗಡ ಹಸಲುಗೂಳುಂಡನಿನಕುಲಲಲಾಮರಿಪು
ವದನಸರಸಿಜಸೋಮನು

೫೦ ಎಳಲತೆಯೊಳೊಮ್ಮೆ ಕೃತಕಾಚಲದೊಳೊಮ್ಮೆ ಪೂ
ಗೊಳನೆಡೆಯೊಳೊಮ್ಮೆ ಪುಳಿನಸ್ಥಳದೊಳೊಮ್ಮೆ ಕೆಂ
ದಳಿರ ಹಸೆಗಳೊಳೊಮ್ಮೆ ಶೈತ್ಯಶಾಲೆಯೊಳೊಮ್ಮೆ
ಪುಷ್ಪಾಪಚಯದೊಳೊಮ್ಮೆ
ಜಲಕೇಳಿಗಳೊಳೊಮ್ಮೆ ಖಗವಿನೋದದೊಳೊಮ್ಮೆ
ಫಲರುಚಿಯೊಳೊಮ್ಮೆ ವಿದ್ಯಾಗೋಷ್ಠಿಗಳೊಳೊಮ್ಮೆ
ಕಳಿಯುತಂ ಪೊತ್ತನವನೀಶ್ವರಂ ವನದೊಳು ವಸಂತಸುಖಮಂ
ಸವಿದನು

೫೧ ಈವನಂ ಸತಿಯರಿಂ ನೋವನಂ ಕಾವನಿಂ
ಬೇವನಂ ವಿರಹದಿಂ ಸಾವನಂ ಸಂತವಿಸಿ
ಕಾವನಂ ನಿಗ್ರಹಂ ನೋವನಂ ಸುಖಮನೊಸೆದೀವನಂ
ನಗುವುದೊಲಿದು
ಈ ವನಂ ಶುಕಪಿಕದ ಜೀವನಂ ಪಥಿಕಜನ
ಪಾವನಂ ಸೌಖ್ಯಸಂಜೀವನವೆನುತ್ತಲಂ
ದಾ ವನವನಾ ನೃಪಂ ಕೊಂಡಾಡುತೆಯ್ತರುತ್ತಿರಲಿದಿರಲೇಂವೊಗಳ್ವೆನು

The greatest king of the dynasty that traces its lineage to the sun, and foe of the moon who destroys the lotus, shared a royal banquet with several groups and enjoyed feasting in the privileged company of poets, singers, debaters, scholars, music maestros, women, worthy citizens, and respected elders, who sat in rows and places neatly arranged for each group. 59

Now under the vine's green shade; now on the newly built mound; 60
now inside the flower-filled lake and now on its sand banks;
now on the lawn of tender leaves and now inside the cool abode;
now gathering the best of flowers and now splashing in the water;
now absorbed in bird hunting and now in fruit picking;
and engaged in scholarly discussions,
the lord of the earth ranged in the forest during spring.

Under the calming presence of the prosperous woods that offered pleasing succor to those separated from their women, or pining under the spell of Kama, or dying lovelorn, the king happily sang eulogies of the woods, "Oh, these woods are the very life of parakeets and peacocks; they make travelers' lives worthy; they offer life-giving ambrosia." 61

But how do I describe the fate that was to befall him soon?

೬೨ ಯುವತಿಯರು ತಳಿವ ಪನ್ನೀರಮಂಜಿಂಗೆ ಬೀ
ಸುವ ಕಮಲದಳದಾಲವಟ್ಟದೆಲರಿಂಗೆ ಮುಡಿ
ಸುವ ನವ್ಯ ಕುಸುಮ ದಾಮಕ್ಕೆ ಪೂಸುವ ಚಂದನದ ಶೈತ್ಯಸೌರಭಕ್ಕೆ
ಸವೆಯದಾಡುವ ಗತಿಗೆ ನುಡಿದ ಚದುರಿಂಗೆ ಹಾ
ಡುವ ಸರಕೆ ಮಾಡುವುಪಚಾರಕ್ಕೆ ಮನವನಿ
ತ್ತವನಿಪಂ ಸುಖದೊಳಿರಲತ್ತ ನಾಡೊಳಗೆ ಕೌಶಿಕನ ಕಾಟಂ
ಮೊಳೆತುದು

೬೩ ಮೊಳೆವ ಬೀಜವನು ಕ್ರಿಮಿಕೀಟಕಂಗಳು ಸಸಿಯ
ನೆಳಹುಲ್ಲೆಗಳು ಹೊಡೆಯನೆರಳೆಗಳು ಸವಿದಂಟು
ಗಳನು ಮರೆಗಳು ತೆನೆಗಳಂ ಗಿಳಿ ನವಿಲು ಕೊಂಚೆ ಮೊದಲಾದ
ಖಗತತಿಗಳು
ಉಳಿದ ಬೆಳೆಯಂ ನಕುಲ ಹೆಗ್ಗಣಂಗಳು ಕಾವ
ಬಳವಂತರೆಲ್ಲರಂ ಸರ್ಪಸಂತತಿ ತಿಂದು
ತಳಪಟಂ ಮಾಡಿ ನಾಡೆಲ್ಲಮಂ ಗೋಳಿಡಿಸುತಿರ್ದುವೇವಣ್ಣಿಸುವೆನು

For, while in the woods, he was engrossed in the pleasures 62
offered by the lovely young women—
the cool sensation of scented waters,
the soft breeze of the lotus-petal fan,
the garland of fresh flowers,
the cool touch of sandal paste,
the unceasing lure of dance,
and the brilliant wit of their conversation,
their mellifluous singing and their loving ministrations—
the seeds of cunning planted by Vishvamitra
started to sprout in Ayodhya province.

Sprouts were devoured by worms and insects; 63
saplings by young deer;
sap-filled, ripening grain by bucks;
sweet stems of greens by antelope;
ripened grains by swarms of parakeets, cranes, and peacocks;
the rest of the crop by mongoose and bandicoots;
and men who kept watch were eaten alive by huge snakes.
How do I describe this menace
that reduced wet fields of lush green crops to arid plains,
wreaking havoc in the lives of common people?

೬೪ ಬೆಳೆಯ ದೆಸೆಯಿಂತಾಯಿತುಳಿದ ತೋಟದ ಗೆಡ್ಡೆ
ಗೆಳಸು ಹಂದಿಗೆ ಹವಣು ಹಣ್ಣುಕಾಯ್ ಕಬ್ಬುಗಳ
ನಳಿಲು ನಿಲಲೀಯವುದಕದೊಳಾವೆ ಮೀನ್ ಮೊಸಳೆಗಳ ಭಯಂ
ಘನವಾದುದು
ಎಳಗಱುಗಳಂ ತೋಳನಾಕಳಂ ಹುಲಿ ಮೀಱಿ
ಸುಳಿವವರನಮ್ಮಾವು ಕರಡಿ ಕಾಳ್ಕೋಣಂಗ
ಳುಳಿಯಲೀಯದಿರೆ ನಾಡೆಯ್ದೆ ಬಾಯ್ವಿಟ್ಟು ದೂಱಲು
ಹರಿದರವನಿಪತಿಗೆ

೬೫ ಹಿಡಿದ ಹುಲು ಬಾಯಮೊಱೆ ಗುಳಿದ ಕಣ್ ಬಱತಧರ
ನಡೆಗೆಟ್ಟ ಕಾಲ್ ಬೆನ್ನ ಹತ್ತಿದ ಬಸಿರ್ವೆರಸಿ
ತಡೆಯದವಿಧಾ ಎಂದು ಬಿಡದೆ ಮೊಱೆಯೋ ಎಂದು ಕಡಗಿ
ಶಿವಧೋ ಎನುತ್ತ
ಅಡಸಿ ಬನವಂ ಸುತ್ತಿಮುತ್ತಿ ಗೋಳಿಡೆ ಕೇಳ್ದು
ನಡೆನೋಡಿದಾರಿದೆಲ್ಲಿಯದೂಳಿಗಂ ನಿಲಿಸು
ನುಡಿಸುವಂ ಕರೆಯೆಂದು ಭೂಪನೆನೆ ಜನವ ಪೊಗಿಸಿದರು ಕಂಬಿಯ
ಕಲಿಗಳು

The plight of farms and groves was no different: 64
pigs guzzled on growing roots and fibers.
Would squirrels spare vegetables, fruits, or sugarcane?
Tortoises, big fish, and crocodiles turned
into a menace in the waters.
Wolves tore into calves with savage relish,
while tigers made mincemeat of cattle;
bears and wild buffaloes
mauled people on their way to work.
Reeling under this onslaught,
the entire populace took their woes to the palace.

Clutching straw in total surrender,* their mouths agape, eyes 65
sunk, lips parched, limbs twisted, and bellies sticking to their backs, the multitudes marched, seeking succor, pleading for help, and praying to Lord Shiva for his kindness. They wandered around the forest seeking the king. When the king heard their wails, he asked who they were and why they were wailing, and summoned them forthwith.

* A gesture indicating total abjection.

೬೬ ಭೂಸುರರು ಮಂತ್ರಾಕ್ಷತೆಯನಿತ್ತು ಶಿವಭಕ್ತ
ರಾಸುರದಿ ಭಸಿತಮಂ ಕೊಟ್ಟುಳಿದ ಜನವೆಲ್ಲ
ಲೇಸೆನಿಪ ವಸ್ತುವಂ ಕಾಣಿಕೆಯನಿತ್ತಾಗ ಭೂಪ ಚಿತ್ತೈಸುಯೆಂದು
ದೇಶದೊಳಗಾದ ಖಗಮೃಗದ ಬಾಧೆಯನು ಧರ
ಣೀಶನೆನಿಸುವ ಹರಿಶ್ಚಂದ್ರರಾಯಂಗೆ ತ
ಮ್ಮಾಸಱಳಿವಂತೆ ಬಿನ್ನೈಸುತ್ತ ಕೈಮುಗಿಯುತಿರ್ದರೇವಣ್ಣಿಸುವೆನು

೬೭ ಬಂದ ಪರಿಜನವೆಯ್ದೆ ಮೆಯ್ಯಿಕ್ಕಿ ಕೈಮುಗಿದು
ವೊಂದು ಬಿನ್ನಹವ ಚಿತ್ತೈಸು ಬಲ್ಲಹಯೆಂದು
ಹಿಂದಿನಿತು ಕಾಲ ನೀಂ ಸಪ್ತದ್ವೀಪವನಾಳುವಂದು ತೊಡಗೊಂದು
    ಭಯಮಂ
ಎಂದುವುಂ ಕಾಣೆವಾವೆಂದು ತಮತಮಗೆ ತಾ
ಮಂದಿ ಪೇಳುತ್ತಿರೆ ಹರಿಶ್ಚಂದ್ರ ಭೂನಾಥ
ನಂದು ಘೂರ್ಮಿಸುತ ಕೋಪಾಗ್ನಿರೂಪಾಗಿ ಹೇಳೆಂದು ತಾಂ
    ಬೆಸಗೊಂಡನು

೬೮ ತರದ ಬಾಧೆಗಳಿಲ್ಲ ಬಿಟ್ಟಿಯೊಳಿಗವಿಲ್ಲ
ಪರನೃಪರ ಭಯವಿಲ್ಲ ಸಾಲದಂಡಲೆಯಿಲ್ಲ
ನೆರೆಯೂರ ಕದನವಿಲ್ಲೇನೆಂಬೆವದ್ಭುತವ ಖಗಮೃಗದ ಕಾಟದಿಂದ
ಧರೆಯೊಳಗೆ ಬೆಳಸಿಲ್ಲ ಬಿತ್ತಿಲ್ಲ ನೀರಿಲ್ಲ
ತರಹರಿಸಿ ಹದುಳವಿರಲಿಲ್ಲೆಮ್ಮ ದುಃಖಮಂ
ಪರಿಹರಿಸಬೇಕು ಚಿತ್ತೈಸು ಬಲ್ಲಹಯೆಂದು ಭೂಜನಂ
    ಮೊಱೆಯಿಟ್ಟುದು

The Brahmans blessed the king with sanctified rice, while 66
the devotees of Shiva offered him holy ash and others
presented him with the best things they could afford. Then
they beseeched with one voice, "Hear us, Your Majesty! We
are being ravaged by a deadly menace posed by animals and
birds. Please rid us of this menace and protect us." How do
I describe the way those hapless people stood before him,
pleading with folded hands?

The surging crowds approached the king, prostrated 67
themselves before their mighty ruler and beseeched him
with hands folded: "Great King, please heed our plea! All
during your reign over the seven islands, we have never seen
anything like this." Even as people were anxiously conferring
among themselves about the menace, Harishchandra, the
lord of the earth, fumed in righteous anger as he asked them
to elaborate further their plight.

"We are not oppressed by problems of unfair taxes or unpaid 68
labor; we are not troubled by fear of enemy kings or snares
of debt; nor are we bothered by wars waged by neighboring
countries. But how can we describe this strange menace from
animals and birds? Our fields have no sprouts, no plants, no
grain, no water. We are at our wits' end not knowing what to
do. We beg you to find a way out of our woes, mighty king,"
pleaded the people of Ayodhya.

೧೯ ಅಂತವರ ಬಾಯ ಮೊಱೆಯಂ ನಿಲಿಸಿ ಕಯ್ಯ ಹು
ಲ್ಲಂ ತೆಗೆದು ಬಿಸುಟು ಧನಧಾನ್ಯಂಗಳಂ ಕೊಟ್ಟು
ಸಂತವಿಟ್ಟಂಜದಿರಿ ನಾಳೆ ಪೊಱಮಟ್ಟು ನಾಡೊಳಗುಳ್ಳ ಖಗಮೃಗವನು
ಅಂತಕನ ನಗರಕ್ಕೆ ಹೊಗಬಡಿವೆನೆಂದು ಭೂ
ಕಾಂತನೊಲವಿಂ ಕಳುಹಿ ಸಕಲ ಪರಿಜನ ಸಹಿತ
ಸಂತಸದ ಸುಖದ ಸುಗ್ಗಿಯ ಸೊಗಸನನುಭವಿಸುತಿರೆ ದಿವಂ
ಕಡೆಗಂಡುದು

೨೦ ಹೆಂದದಹಿವೃಂದಮಂ ಕೊಂದ ಕುಂದಂ ಕಳೆವೆ
ನೆಂದಬುಧಿಗಿಳಿವ ಸಿಡಿಲೋ ಮಮದ್ವೇಷಿ ಗಿರಿ
ನಂದನಂಗೆಡೆಗೊಟ್ಟಡಂಗಿಸಿದುದೆಂದು ಮುಳಿಸಿಂದ ಸುರಪತಿಯಿಟ್ಟಡೆ
ನಿಂದುರಿಯುತಬುಧಿಗೆಯ್ದುವ ವಜ್ರವೋ ನೀರ್ಗೆ
ಬಂದ ನೀರ್ಮೇಘಂಗಳೊಳು ಸಿಕ್ಕಿ ಹೋಗಿ ಮೇ
ಗಿಂದಲಿಳಿವೌರ್ವಾಗ್ನಿಯೋ ಎನಿಸಿ ಪಡುವಕಡಲಂ
ಸಾರ್ದನಬುಜಸಖನು

Urging them to cease their piteous pleading, and gather- 69
ing and tossing away the straw from their hands, the king
consoled them, giving plenty of money and food. The much-
loved king reassured them, "You have no cause for worry
now. We shall dispatch the pestilential animals and birds to
the city of Death, by tomorrow." As the crowds rejoiced in
their newfound peace and prosperity, the day drew to a close.

The sun, friend of the ocean, 70
moved toward the western sea,
setting like a flash of lightning,
cleansing himself in the sea,
to expiate the sin of killing several clans of serpents.
Unleashing himself like the diamond weapon *vajrāyudha*
that an enraged Indra had hurled at the ocean
for offering protection to his enemy Mainaka,
the sun blazed forth,
a dazzling ocean fire spewed back into the ocean by the
clouds.

೭೧ ಮೊಳೆವ ಸಂಧ್ಯಾಂಗನೆಗಬುಧಿ ನಿವಾಳಿಸಲೆಂದು
ತಳೆದ ಮಾಣಿಕದ ಹೆಜ್ಜೊಡರೊ ದಿನರಾತ್ರಿಗಳ
ನಳೆದು ಹೊಲಮೇರೆಯಲಿ ನಡಲೆಂದು ವರುಣ ನಿಲಿಸಿದ
ಹವಳದೊಂದು ಸಱಿಯೊ
ಬೆಳಗೆಂಬ ಲತೆಯೊಲೆದು ಕುಡಿ ಜಡಿದು ಕೆಂಪಡರ್ದ
ಕಳಿವಣ್ಣೊಪಡುವಣ ದಿಶಾಂಗನೆಯ ಮುಂದಲೆಯ
ತೊಳಪ ಚೂಡಾರತ್ನವೋ ಎನಿಸಿ ಕಡೆವಗಲ ರವಿ ಕಣ್ಗೆಸೊಗಸಿರ್ದನು

೭೨ ನಡೆಯುಡುಗಿ ಮುಪ್ಪಾಗಿ ಕಾಂತಿ ಮಸುಳಿಸಿ ತೇಜ
ವುಡುಗಿ ಹುಟ್ಟಿದ ಠಾವನಗಲ್ದು ಬೇಱೊಂದೆಸೆಯ
ಕಡೆಯೊಳಳಿವಂತಾದುದೀಗ ಹಿಂದೆನ್ನ ಹೆಸರೆಂದಡೋಡುವ ಕತ್ತಲೆ
ಹೊಡಕರಿಸುತಿರ್ದುದೆನ್ನಾಳಿಕೆಗೆ ಶಶಿಯ ಮುಂ
ಗುಡಿ ಧಾಳಿ ಬರುತಿದೆಯಿದಂ ಕಂಡು ಜೀವಿಪೆ
ನ್ನೊಡಲಾಸೆಯೇಕೆಂದು ಲಜ್ಜೆಯಿಂದಿಳಿವಂತೆ ಬಿದ್ದನಿನನಬುಧಿಯೊಳಗೆ

The setting sun donned various guises 71
as he moved to the western horizon:
the *ārati* lamp* held by the ocean king
to rid Sandhya, the Twilight-maiden, of the evil eye;
a coral rock planted by rain god Varuna
to demarcate carefully the borders of day from night;
a ripe red fruit lovingly put out by the creeper of light;
and the precious *cūḍāratna,* a golden brooch laden with
rubies
worn by the maiden of the western horizon
to keep her unruly locks in place.

The sun was bewailing his fate: 72
"With my gait weakened,
body crumbling with age,
and my radiance dimmed,
I am forced to end my life away from my home.
Darkness, once fleeing at the very mention of my name,
now struts about right before my eyes.
Ah! Here comes the assault from the moon's vanguard!
Why should I continue to live after such humiliation?"
Thus put to shame, the sun sank slowly into the ocean.

* A lamp used for ritual waving during worship or royal occasions.

೭೩ ರವಿಯಿಳಿದ ಮಱುಕದಿಂ ರಾಗಿಸುವ ಗಗನ ಕಂ
ದುವ ಬೆಳಗು ಕಂಗೆಡುವ ಜನ ಕೊರಗುವಬುಜ ಹಿಂ
ಗುವ ಚಕ್ರ ನಡೆಗೆಡುವ ಗಾಳಿ ನೆಲೆಗೆಡುವಳಿಗಳುಱೆ ಗೂಡುಗೊಂಬ
ಪಕ್ಷಿ
ಕವಿವ ಸಂತೋಷದಿಂ ಹೆಚ್ಚುವಂಬುಧಿ ನಗುವ
ಕುವಲಯಂ ನಲಿವ ಜಾರೆಯರೊಸರ್ವ ಪಳುಕು ಮೂ
ಡುವ ತಾರೆ ಬಿಲುವೊಯ್ವ ಮದನನುಬ್ಬುವ ಚಕೋರಾಳಿ
ಸಂಜೆಯೊಳೆಸೆದುವು

೭೪ ನೀರ ಬಿದ್ದಿನನಳಿದನೆಂದು ಬೆಳಗೆಂದೆಂಬ
ನಾರಿ ಚಿಂತಿಸಿ ಕಂದಿದಳೊ ಗಾಳಿಯೆಂಬ ಸುಕು
ಮಾರನಂ ಪಡೆದು ಸಂಧ್ಯಾವನಿತೆ ಹೊಲೆಮಿಂದು ಹೊದೆದ
ಕರ್ಗಂಬಳಿಯಿದೊ
ಸೂರ್ಯಾಂಶುವೆಂಬ ಕಿಚ್ಚಂ ಕಾದು ಕೆಂಗಲಿಸಿ
ಚಾರು ಬೆಳಗಾಱಿ ಕಪ್ಪಾಯ್ತೊ ಹೇಳೆಂಬ ವಿ
ಸ್ತಾರದಿಂ ಕಾಳಗತ್ತಲೆಯೆಂಬ ಲತೆ ಹಬ್ಬಿ ಹೊಡಕರಿಸಿ ಮಡಲಿಱಿದುದು

With the sun setting, 73
the sky turned ochre; light faded;
people hurried home; lotus fretted;
cakravāka[5] birds became vexed; wind turned wayward;
bees lost their bearings and birds scrambled home.
Meanwhile,
the sea was waxing with growing excitement,
the lily was smiling, love god Madana was shooting his
arrows,
courtesans grew more alluring, white moonstone began to
melt,
stars rose, and *cakōra*[6] birds preened,
all lending a unique beauty to the evening.

While Daylight-maiden grew thin mourning for the sun 74
just drowned,
Twilight-maiden wrapped herself with a dark blanket
following her ritual bath after giving birth to the wind, her
delicate baby.
While the magnificent evening light, in warming itself,
turned black in the hot sun,
the creeper of darkness spread its vines all over, in
profusion.

೭೫ ಮಿಕ್ಕುವ ಮಾಸುವ ಬೆಳಗು ಕೆಂಪಡರ್ವ ಮುಗಿಲು ತಲೆ
ಯಿಕ್ಕುವಬುಜಂ ನಗುವ ಕುಮುದ ನೆಲೆಗೆಡುವಬುಧಿ
ಹಕ್ಕೆಯಿಂದಗಲ್ವ ಚಕ್ರಂ ಹೂವನಱಸುವಳಿಯೊಂದೊಂದು ನೆಗೆವ
ತಾರೆ
ಇಕ್ಕೆಗೆಯ್ದುವ ಮೃಗಂ ಮೊಳೆವ ಮಾರುತ ಕೋಟ
ರಕ್ಕೆ ಹಾಱುವ ಹಕ್ಕಿ ಬಿಲುವೊಯ್ವ ಮದನ ಕೂ
ಟಕ್ಕೆ ಬಯಸುವ ಚಕೋರಂ ನಲಿವ ಜಾರೆಯರು ಸಂಜೆಯೊಳು
ರಂಜಿಸಿದರು

೭೬ ಕಡಲೊಡೆಯನುಂ ಸುರಪನುಂ ಕಾದಲಿಬ್ಬರುಂ
ಪಿಡಿದ ಕೆಂಬರಿಗೆಗಳೊ ದಿನರಾತ್ರಿಯೊಂದನೊಂ
ದಡರ್ದೊತ್ತಿಕೊಳಲು ನಡೆಯಲು ಹೊಱಗೆ ಹೊಯ್ದ ಮಾಣಿಕದ
ಗೂಡಾರಂಗಳೊ
ಕಡೆವಗಲ ರವಿಬಿಂಬವಿದಿರಲೊಪ್ಪುವ ಮೂಡ
ಗಡೆಯ ವನಧಿಯೊಳು ಬಿಂಬಿಸಿದುದೋ ಎನೆ ಕೆಂಪು
ವಿಡಿದಡುಗುವಿನನುದಯಿಪಿಂದು ಸಲೆಮೂಡಲೊಪ್ಪಿದುವುಭಯ
ದಿಙ್ಮುಖಗಳು

Light waxed and waned; the sky turned ochre; 75
the sea swelled; stars shone; winds stirred;
lotuses drooped their heads; lilies smiled;
the *cakravāka* parted from his beloved;
bees buzzed in search of blossoms;
beasts crawled into their dwellings;
birds gravitated to their nests;
cakōra birds waited to unite with their mates;
and courtesans rejoiced.
The evening acquired a fresh allure!

Were the king of the ocean and the king of gods locked in combat, 76
flaunting their ochre-colored shields—
the setting sun and the rising moon?
Were the armies of day and night,
camped on the sun and the moon,
fighting over the kingdom of earth?
Did the setting sun reappear as the rising moon
in the many-hued, eastern ocean?
Indeed, they had both decided
to reveal their faces together that day!

೭೭ ಚಾರುಚಂದ್ರಿಕೆಯ ಬೀಜಂಗಳೋ ಚಂದ್ರಂ ಚ
ಕೋರಾವಳಿಗೆ ತಳಿದ ಕುಟುಕಗಳೊ ಗಗನರಮ
ಣೀರುಚಿರ ಮಾಲಕವೊ ರವಿಹಯಾನನ ಫೇನಪುಂಜವೋ
ದಿವಿಜನದಿಯ
ಕೈರವಂಗಳ ಕುಟ್ಮಳಾವಳಿಗಳೋ ಮಿಸುಪ
ತೋರಮಲ್ಲಿಗೆಯರಳಿನಿಂ ವಿಷ್ಣುಪದವನೊಲಿ
ದಾರಾಧಿಸಿದಳೋ ನಿಶಾನಾರಿಯೆನೆ ತರಳ ತಾರಾಳಿ ಕಣ್ಗೆಸೆದುದು

೭೮ ನಿಶೆಯೆಂಬ ಗಜಮಂ ವಿದಾರಿಸಲು ಹರಿ ಪೂರ್ವ
ದಿಶೆಯದ್ರಿಶಿಖರದಿಂ ನೆಗೆಯಲು ಸುಧಾಕಿರಣ
ವಿಸರವೆಂದೆಂಬ ಕೇಸರಗೆದಱಿ ಗರ್ಜಿಸುತಸೀಳಲ್ಕೆ ಗಗನತಳಕೆ
ಪಸರಿಸಿದ ಮೌಕ್ತಿಕವೊ ಎಂಬಂತೆ ನಕ್ಷತ್ರ
ಮಸಮಸಗಿ ತೊಳಗುತಿರೆ ಮೂಡಿದಂ ಶಶಿ ನಾಲ್ಕು
ದೆಸೆಯ ದಿಗುಭಿತ್ತಿಯಂ ಧವಳಿಸುತೆ ಕಣ್ಗೆ ಮಂಗಳವಾಗಿ
ಮೆಱೆಯುತಿರಲು

Just beginning to rise in the sky, 77
the stars appeared like seeds of lovely moonlight;
tiny morsels offered by the moon to a flock of *cakōra* birds;
garlands worn by the comely Sky-maiden;
drops of white froth from the mouth of the sun's horses;
just-opening lily buds in the heavenly Ganga;
fragrant, white jasmine flowers the Night-maiden had
scattered
while worshiping Lord Vishnu's feet.

Arising, 78
the lion-moon blazed the golden mane of his rays,
and leapt off the peak of the eastern horizon
to pounce on the night-elephant,
roaring and tearing it apart.
The star-pearls shone brightly and lit up the lower skies.
The moon sprang forth with his cool radiance
lighting up the entire horizon.
The sight was breathtaking!

೭೯ ಸೊಗಯಿಪ ಸುಧಾಬ್ಧಿ ಮೋಹದೊಳಿಂದು ಬಂದೆನ್ನ
ಮಗನು ದಟ್ಟಡಿಯಿಡುವ ರಾಜಾಂಗಣವಿದೆಂದು
ನೆಗೆವ ತೆರೆಯಿಂದ ಸಮ್ಮಾರ್ಜನೆಯ ಮಾಡಿ ಮಲ್ಲಿಗೆಯ ಪೂವಲಿಯ
ಕೆದಱಿ
ಗಗನವನಲಂಕರಿಸಿದಳೊಯೆನಿಪ್ಪಂತೆ ದಿ
ಕ್ಕುಗಳ ಧವಳಿಸೆಯಮೃತಕಿರಣಮಂ ಕೆದಱಿ ತಾ
ರೆಗಳೊಡನೆ ಪೂರ್ವಗಿರಿಮಸ್ತಕದೊಳುದಯಿಸುವ ಮೃಗಧರಂ
ಕಣ್ಗೆಸೆದುದು

೮೦ ಮನಸಿಜನ ಬಡಿಗೋಲೊ ಶಿವನು ಸೂಡಿರ್ದ ಚಂ
ದ್ರನ ಭಾಗವೋ ರಾಹು ತೋಡಿ ತಿಂದುಳಿದ ಮಿ
ಕ್ಕನಿತೋ ವಿಯೋಗಿಗಳು ವಿರಹವಾರ್ಧಿಯೊಳು ಕೆಡೆವಾಗಳೊಱಗಿದ
ಹಱುಗಲೊ
ಘನತರಾಕಾಶಕೇತನ ಕಯ್ಯ ಪಾತ್ರೆಯೋ
ವಿನುತ ಪಡುವಣ ದಿಶಾಂಗನೆಯ ಮುಂದಲೆಯ ಮು
ತ್ತಿನ ಹೆಱೆಯೊ ಎನಲರ್ಧ ಚಂದ್ರನಂ ಬಣ್ಣಿಸುವೊಡರಿದು
ಕಾವ್ಯಂಗಳೊಳಗೆ

The ocean of nectar fondly decorated 79
the royal courtyard of the sky for her son Chandra,
the moon, just learning to walk;
her playful waves washed the sky clean
and scattered white jasmine all around.
As the moon stepped in radiantly
on the forehead of the eastern mountains,
the stars, exuding golden rays,
cascaded over the entire horizon with their soft white light.

Following prescient poets describing the crescent moon, 80
one wondered:
Is it the spear of the love god?
The sliver of the moon on Shiva's crown?
The remnants from what Rahu, enemy of the moon, had
swallowed?
The coracle that toppled as bereft lovers were tossed about
in the ocean of love?
The begging bowl in the hands of mighty Shiva, who wears
the sky as his hair?
The crescent-shaped, pearl-studded brooch adorning
the tresses of the lovely Sky-maiden in the western
horizon?

೮೧ ಕುಸುಮಶರಮಂ ಮದನ ಮಸೆವ ಪಳುಕಿನದೊಂದು
ಹೊಸಸಾಣೆಯೋ ಗಗನವನಿತೆಯೆಚ್ಚಾಡಲ್ಕೆ
ಪಸರಿಸಿದ ನಕ್ಷತ್ರಗವಡಿಕೆಯೊಳಿಳುಹಿಟ್ಟುದೊಂದು ಬೆಳ್ಳಿಯ ಹಲ್ಲೆಯೊ
ಒಸೆದು ರತಿ ನಿಟ್ಟಿಸುವ ಕನ್ನಡಿಯೊ ಮನುಮಥನ
ಹೊಸಚಕ್ರವೋ ತಿಳಿದ ಬೆಳುದಿಂಗಳಂ ಖಚರ
ರೊಸೆದು ವಸುಧೆಗೆ ಸುರಿವ ಹೊಸಭಾಂಡವೋ ಎನಿಸಿ ಮೂಡಿತ್ತು
ಶಶಿಬಿಂಬವು

೮೨ ಬೆಳೆದ ಕತ್ತಲೆ ಮುತ್ತು ಹಣಿತುದೋ ಕುಮುದಿನಿಯ
ಕೆಳೆಯ ಬಹಡಮಳ ಸಂಧ್ಯಾವನಿತೆ ಭುವನಮಂ
ಮಳಯಜದಿ ಧವಳಿಸಿದಳೋ ರೂಹನಡಗಿಸಿ ದಿವಾಕರನ
ಕಿರಣಂಗಳು
ಜಳಜಮಂ ನೋಡಬಂದುವೊ ಚಕೋರಿಗಳ ನಿ
ರ್ಮಳ ಹರುಷ ಬೆಳೆಯಿತೋಯೆಂದೆಂಬ ಸಂದೇಹ
ಕೊಳಗಾಗಿ ಚೌಪಟಂಬರಿದು ಪಸರಿಸಿತು ಬೆಳುದಿಂಗಳೆಲ್ಲಾ
ದೆಸೆಯೊಳು

Or is it Madana's crystal file for sharpening his flower arrows? 81
The silver plank where the beautiful Sky-maiden drops the star-cowries while playing with them?
The mirror that the goddess of love gazes at, lost in love?
The newly acquired discus of Manmatha?
A new pan brimming with clear moonlight flung on earth by the Khecharas?
The rising moon was a stunning spectacle indeed.

The ripened old pearl of darkness had been cast off; 82
Sandhya, the Twilight-maiden, had bleached the earth white
with sandal paste from the Malaya ranges,
awaiting the arrival of lily's lover.
The rays of the sun had come muffled in disguise to see the lotus;
the undefiled joy of the *cakōra* birds was brimming over,
even as cool and clear moonlight spread, suffusing the earth.

೮೩ ಚೋರರ್ಗೆ ಭಯ ಚಕ್ರವಾಕಕ್ಕೆ ಕರುಣವರ
ನಾರೀಜನಕ್ಕೆ ಶೃಂಗಾರ ಕುಸುಮಶರಂಗೆ
ವೀರ ನಕ್ತಂಚರರ ರುಧಿರಪಾನಕ್ಕೆ ಬೀಭತ್ಸ ಜಲನಿಧಿಗದ್ಭುತ
ಕೈರವಕೆ ಹಾಸ್ಯ ವಿರಹಾಗ್ನಿಗತಿರೌದ್ರಂ ಚ
ಕೋರವ್ರಜಕೆ ಶಾಂತಿರಸದ ಪ್ರವಾಹಪ್ರ
ಪೂರವೆನೆ ನವರಸೋದಯಮಯವೆನಿಸಿದ
ಹಿಮಕರನೆಸೆದಿರುತ್ತಿರ್ದನು

೮೪ ಯತಿಯಾದಡಾವೃತಂ ತಮವೊದಗಿದಡೆ ಬಳಿಕ
ಪತಿತನೆನಿಪಂ ಪ್ರದೋಷಪ್ರಭುವೆಯೆನಿಪವೂ
ರ್ಜಿತ ಮನೋಯುಕ್ತಿ ತಾನೆಂದಂದು ದೋಷಕ್ಕೆ ಪೇಸಿ ತಾಂ
ವಿರಕ್ತಿಯಾಗಿ
ಅತಿಪುಣ್ಯತರ ಚಂದ್ರಿಕಾಗಂಗೆಯೊಳು ನಿಶಾ
ಸತಿಯಂಬರಂ ಬೆರಸಿ ಮುಳುಗಿದವೊಲಾಗಿ ಪಿಂ
ಗಿತು ತಮಂ ಸಾಂದ್ರಚಂದ್ರಾತಪಂ ಪಸರಿಸಿತು ಕಣ್ಗೆ ಮಂಗಳವಾಗಲು

The cool moon Himakara was refulgent with *navarasas,*[7] 83
the nine kinds of emotional essence:
his cool light filled thieves with fear,
the *cakravāka* bird with grief,
beautiful women with erotic feeling,
love god with valor,
blood-drinking night-stalkers with disgust,
the sea with wonder,
water lilies with mirth,
lovers burning in the fire of separation with fury,
and *cakōra* birds with peace.

Even a sage enveloped by the darkness of ignorance turns 84
into a sinner; only when he is able to reach higher planes of awareness does he become the lord who rules over folly. Likewise, the Night-maiden, who was enveloped in darkness, was ashamed of her sins and wanted to expiate them; so she draped herself in the sky-sari and plunged into the Ganga of pure moonlight, which spelled the end of all darkness. Presently, a stream of moonlight, delightful to the eye, permeated the earth.

೮೫ ಚಾರು ಚಂದ್ರೋಪಲದ ಕರಡಿಗೆಯೊಳಾ ನಿಶಾ
ನಾರಿ ನೀಲದ ಹಾರಮಂ ಬಯ್ಚಿದಳೊ ಅಂಥ
ಕಾರಾಬ್ಧಿಯಂ ಕುಡಿಯೆ ಪ್ರತಿಫಲಿಸಿ ತೋರ್ಪ ಕಾರ್ಷ್ಣಿಕೆಯೊ
ಪೇಳೆಂದೆನಲ್ಕೆ
ತೋರ ಶಶಿಬಿಂಬದೊಳು ಕಱೆಯದೆಂಬಾತನವಿ
ಚಾರಿ ಕಱೆಯದೆ ಕಱೆಯುತಿದೆಯಲಾ ಧರೆಗಮೃತ
ಸಾರಮಂ ತಾನೆನಲು ಸೂರಿಗಳು ಬಣ್ಣಿಸೆ ಸುಧಾರೋಚಿ ಕಣ್ಗೆಸೆದುದು

೮೬ ಇದು ಮೂಡಣಂಗನೆಯ ಸಿಂಧೂರ ತಿಲಕವೋ
ಇದು ಸುರಪನೋಲಗದವುಪ್ಪರಿಗೆಗಳಸವೋ
ಇದುವಿಂದ್ರನೇಱುವಾನೆಯ ಕೊರಲ ಗಂಟೆಯೋ ರಂಭೆಯೀಕ್ಷಿಪ
ಮುಕುರವೊ
ಇದು ವಿರಹಿಗಳ ಹೃದಯದುರಿಯವುಕ್ಕಿನ ಗುಂಡೊ
ಇದು ರತಿಯಲಂಕಾರವಿಪ್ಪ ಬೆಳುಗರಡಿಗೆಯೊ
ಇದು ಜಾರಚೋರರೆಡೆಯಾಟ ಬೇಡೆಂದು ಯಮ ಪೊಡೆವ
ಡಂಗುರವೆನಿಸಿತು

The mark on the moon appeared strikingly beautiful that day: 85
Had the Night-maiden hidden a blue sapphire necklace
in the white, round jewel box, the moon?
Had the moon drunk the ocean of darkness,
showing up as black patches on his body?
As the poets say,
it is only an unthinking fool
that could call these beautiful dark patches on the moon a stain,
for little does he know that
it is they that stain the earth white with moonlight!

Indeed, the moon shone forth— 86
the red mark on the eastern maiden's forehead;
the cupola of Indra's many-storied palace;
the bell tied around Indra's majestic elephant;
the mirror in which celestial dancer Rambha gazes at her own beauty;
the iron ball made of the molten hearts of bereft lovers;
the ornate box used by love goddess Rati to embellish herself;
and the warning drumbeats sounded by Yama, lord of death,
to put an end to the games played by thieves and scoundrels.

೮೭ ಕಡಲ ಸಿಡಿವನಿಯೊ ಮೇಘಾವಳಿಯ ತತ್ತಿಗಳೊ
ಪೊಡವಿಯೊಡೆಯನ ನೋಳ್ಪ ಗಗನರಂಧ್ರವೊ ಅಲುಗ
ಗುಡದಂತೆ ಕೀಲಿಸಿದ ವಜ್ರಮೊಳೆಗಳೊ ನಭದ ಲತೆ ಹಬ್ಬಿಯೊಗೆದ
ನನೆಯೊ
ಕಡುಹಸಿದವೆಂದು ಶಶಿಯೆಲ್ಲಾ ಚಕೋರಕ್ಕೆ
ಕೊಡುವ ಸವಿದುತ್ತುಗಳೊ ಸಿಡಿವ ಸೀರ್ಮುತ್ತುಗಳೊ
ತಡೆಯದೆ ವಿಚಾರಿಸೆನೆ ತಾರಾಳಿಯೆಸೆದುವಾ ಜಗದ ಜನ
ನಲಿಯುತಿರಲು

೮೮ ಕುಂದದಂದಿಂಗೆ ಬಂದು ಕಾಡುವ ರಾಹು
ವಿಂದ ನೊಂದಪೆನೆಂದುವುಂ ಬಾರದಂದದಿಂ
ದೊಂದುಪಾಯಂ ಮಾಳ್ಪೆನೆಂದು ತದ್ಬಿಂಬಕ್ಕೆ
ನಡೆಗೋಂಟೆಯಿಕ್ಕಿಸಿದನೊ
ಸಂದ ಬೆಳುದಿಂಗಳೆಂಬಮೃತಾಂಬುನಿಧಿಯನಾ
ನಂದದಿಂದುತ್ತರಿಸಲೆಂದು ತಾನೊಲಿದೇಱಿ
ನಿಂದ ಹಱುಗೋಲಿದೆಂದೆನಿಸಿ ಶಶಿಮಂಡಲದ
ಪರಿವೇಷವೆಸೆದಿರ್ದುದು

೮೯ ತಿಳಿದ ಬೆಳತಿಗೆ ಬೆಳಗು ಬಳೆದ ಬೆಳುದಿಂಗಳಿಂ
ತಳಿತ ಕಳೆಗಳು ತೊಳಗುವಿಂದುವೆರಳೆಯನು ದೂ
ವಳಿಸುವಳವಂ ಕಂಡು ಹಿಗ್ಗಿ ಹಾರಯ್ಸಿ ಹಾಱುವ ಚಕೋರೀನಿಕರದ
ಬಳಸಿದಳಿಕುಳ ವಿಳಸಿತೋತ್ಪಳಾವಳಿಯ ನಳ
ನಳಿಸಿ ಸುಳಿವೆಳಗಾಳಿಯಂ ಹೆಚ್ಚಿದುದುತ್ಸವದಿ
ಬೆಳೆದಲೆವ ಬನವನೀಕ್ಷಿಸಿ ಮಂತ್ರಿ
ಭೂಪಕುಲಪತಿಲಕನೊಡನಿಂತೆಂದನು

One wondered: What are these bright spots? 87
Are they white spray from the ocean?
Eggs scattered by clouds?
Sky holes made to witness the lord of earth?
Diamond nails riveted to the sky to keep it still?
Buds scattered across the sky by spreading sky-creepers?
Sweet morsels fed to hungry *cakōra* birds by the moon?
Or are they exploding white pearls?
They turned out to be joyous constellations of stars,
animating the sky, lending it an ethereal beauty!

Dreading the ever-growing Rahu, who comes to swallow him 88
on full-moon day, the moon built a fortress around himself
to keep him at bay. The moon's aura appeared like a coracle
in which he was sailing happily across the ocean of nectar.
The moonlit night was indeed a magnificent sight.

The king, along with his courtiers, watched flocks of *cakōra* 89
birds rejoicing at the sight of the pure moon bleaching the
blue stains on him shaped like a dark deer; marveling at the
night lilies encircled by buzzing bees; enjoying the cool,
pleasant breeze, and the lush green grove that looked festive
in this ambience. Then his minister advised:

೯೦ ಹಿಂಗದೊಡೆಯರು ನಾಳೆ ಬೇಂಟೆಯುತ್ಸವಕೆ ಬಿಜ
ಯಂಗೆಯ್ವಿರಾದೊಡೂರ್ವರೆಯ ನಾನಾ ಖಗಮೃ
ಗಂಗಳೆಲ್ಲವನಿಱಿದು ಜನದ ಹಸವಂ ಹರಿದು ರಾಜ್ಯದಳವಱಿದಲ್ಲದೆ
ಅಂಗವಿಸಬಾರದಿದು ನಿರುತ ವನಮಂ ಪೊಕ್ಕು
ತಿಂಗಳಾಯ್ತಿಂದು ನಗರಿಯೊಳು ರಾತ್ರಿಯ ವಿನೋ
ದಂಗಳಂ ನೋಡುವುದು ಲೇಸು ಭೂನಾಥ ಚಿತ್ತೈಸೆಂದ ಮಂತ್ರೀಶನು

೯೧ ಇದು ದಿಟಂ ಮಂತ್ರಿ ಪೇೞ್ದಿಂತೀ ವನಕ್ರೀಡೆ
ಯೊದವು ತಿಂಗಳ ದಿವಸವಾಯ್ತು ಪೋಯ್ತಖಿಳ ಜೀ
ವದ ಬಾಧೆಯುಗ್ರ ಖಗಮೃಗವ ಮಾಣಿಸಬೇಕು ಜನದ ಹರುಷಂ
    ವಿಷಾದ
ಹೃದಯಸ್ಥವಹುದಿರುಳು ಪುರವ ಚರಿಸುವೆನೆಂದು
ಮುದದಿಂ ಪಸಾಯಮಂ ವನಪಾಲಕರ್ಗಿತ್ತು
ಸುದತಿಯರ ಅಂದಣಂ ಮುಂದೆ ನಡೆಯಲುವೇೞ್ದು ಪಿಂತೆ
    ತಾನೆಯ್ತಂದನು

“Your Highness should attend the celebrated hunting festival tomorrow to rid ourselves of the troublesome beasts and birds. We surely cannot return without appeasing the people and assuaging their trials in these hard days of famine. It has been a month since we camped in the forest. But it is good to entertain ourselves with the night life in the city before we go hunting.” 90

“Most certainly. As the minister says, it has been a whole month since we came to the forest for recreation; and now that we are free from the body’s toils, we can attend to the pernicious menace created by these birds and beasts. But before that, we shall go around the city tonight to understand people’s woes and joys, and their state of mind.” This decision made, he honored the chief of the forest with suitable gifts, and followed the queen’s palanquin as it went ahead. 91

ಚತುರ್ಥ ಸ್ಥಲಂ

ಸೂಚನೆ

ಜನಪತಿ ಹರಿಶ್ಚಂದ್ರಭೂಭುಜಂ ವನದೊಳಗೆ
ದಿನವ ತಿಂಗಳ ಕಳೆದು ಪುರದಿ ರಾತ್ರಿಯ ಚರಿಸಿ
ಇನನುದಯವಾಗಲೋಲಗವಿತ್ತು ಬೇಂಟೆಯವಸರಕೆ ತಾಂ
ಪೊಱಮಟ್ಟನು

೧ ಇದು ಬುದ್ಧಿಯೆಂದು ಮಂತ್ರಿಯ ಮಾತ ಕೈ ಕೊಂಡು
ಸದಳವೆಲ್ಲವ ನಿಜನಿವಾಸಕ್ಕೆ ಬೀಳ್ಕೊಟ್ಟು
ಪದಗತಿಗಳಲಿ ಗಮಿಸಿ ಹಡಪಾಳಿ ಕುಂಚ ಕಂಬಳಿಯ ಮಾನಿಸರಲ್ಲದೆ
ಕದನಗಲಿಗಳ ನಿಲಿಸಿ ಮುದವನೊಲವಿಂ ತಾಳ್ದು
ಸುದತಿಯರ ಮೇಳವಂ ಕಳಿದುಳಿದು ನಡೆಗೊಂಡ
ನುದಯದರವಿಂದಮಿತ್ರನ ತೆಱದಿ ರತ್ನಭೂಷಣದ ಕಾಂತಿಗಳೆಸೆಯಲು

೨ ತೋರಹಾರದ ಜಳವಟಿಗೆಯ ಪದಕದ ಬಾಹು
ಪೂರಯದ ತೊಳತೊಳಗುವೆಳಮಾಣಿಕದ ಕರ್ಣ
ಪೂರದ ಮಹಾಮುದ್ರಿಕೆಗಳ ನವಮಣಿಮಕುಟಕೇಯೂರದಾಭರಣದ
ಸಾರಾಯ ಚಂದನೋದ್ವರ್ತದಿಂ ಕಕ್ಷದೊಳು
ಪೂರೈಸಿದಚ್ಚಸಾದನು ತೀವಿ ಬಳಿದು ಕಿವಿ
ಮೇರೆ ಮುಸುಕಿರ್ದ ಮೃಗಮದಸೊಬಗನಡಿಯಿಟ್ಟನಪ್ರತಿಮನವನೀಶನು

Chapter 4

Synopsis

Having spent a month in the forest, King Harishchandra, lord of the earth, undertakes a night visit to his capital; after sunrise, he holds court and sets out on a hunting expedition.

In deference to his minister's counsel, Harishchandra, majestic in his royal finery and jewels, and dazzling as the sun, friend of the morning lotus, dispatched his troops to their camps, retaining only servants who waited on him, those who provided betel and nut, and carried fans and blankets. After affectionately bidding farewell to his queen and her entourage, the king started his sojourn on foot. 1

Radiant in his glowing necklace, gleaming pendant, shimmering armbands, shining rings on his fingers, glimmering ruby earrings, glittering crown inlaid with the nine precious stones, bedecked with the most exquisite sandal paste, and ornate with the sacred mark on the forehead made especially for the king and aromatic musk on his ears, the unequalled lord of the earth moved ahead. 2

೭ ಇಟ್ಟ ಕತ್ತುರಿಯ ತಿಲಕದ ಕಪೋಲದೊಳು ಜೌ
ಗಿಟ್ಟೊಸಱುವಂತೊಟ್ಟಿಕೊಂಡ ಪುಣುಗಿನ ಕಂಪ
ನೊಟ್ಟೈಸಿ ತುಱುಗಿದ ಕದಂಬಕುಸುಮಕ್ಕೆಱಗಿ ಮಂಡಳಿಪ
ಮಱಿದುಂಬಿಯ
ಉಟ್ಟ ಧವಳಾಂಬರದ ಹಡಪಿಗನ ಕಯ್ಯೊಳಳ
ವಟ್ಟ ವೀಳೆಯದ ಚೆಲುವಾವರಿಸೆ ಮನ್ಮಥನ
ಕಟ್ಟಿದಲಗಿನ ತೆಱದಿ ಬಂದು ಪುರವೀಥಿಯಂ ಪೊಕ್ಕನಂದವನೀಶನು

೮ ಪುರವನೊಲವಿಂ ಪೊಕ್ಕು ಹತ್ತೆಂಟು ಮಂತ್ರಿಗ
ಳ್ವೆರಸಿ ಪೋಱಮಟ್ಟು ಜಾಣಿನ ಜನ್ಮಭೂಮಿ ಸಿಂ
ಗರದ ಮಡು ಮೋಹನದ ಬೀಡು ಸೊಬಗಿನ ಸೀಮೆ ವಿತತಚದುರಿನ
ಚಾವಡಿ
ಪುರುಡಿನೆಡೆಯುಪಚಾರದಿಕ್ಕೆ ವೈಸಿಕದ ಹರ
ವರಿ ಹುಸಿಯ ಹಸರ ಕೃತಕದ ಕೇರಿಯರ್ಥದಾ
ಗರವಳುಪಿನಾವಾಸವೆಂದೆನಿಪ ಸೂಳೆಗೇರಿಯ ಹೊಕ್ಕನವನೀಶನು

೯ ಓರಣದ ತೋರಣದ ಮೆಱೆವ ಮುತ್ತಿನ ಮತ್ತ
ವಾರಣದ ಮಂಟಪದ ಲೋವೆಗಳ ದೆಸೆಯ ಚೌ
ಭಾರದುಪ್ಪರಿಗೆಗಳ ತರತರದ ಭವನಿಕೆಯ ನೆಲೆನೆಲೆಯ ಕರುಮಾಡದ
ಚಾರು ಭದ್ರಂಗಳ ಸುಧಾವೇದಿಕೆಗಳ ವಿ
ಸ್ತಾರವೆಡೆಗಿಱಿದ ಹೊಂಗಳಸದ ತೆರಳ್ಕೆಗಳ
ಕೇರಿಯೊಯ್ಯಾರಂ ಕುಬೇರನಳಕಾಪುರಿಯನೇಳಿಸಿತ್ತೇವೊಗಳ್ವೆನು

Complete with bright forehead mark and fragrant musk, the 3
little bee hovering around the garland of *kadamba* flowers
strung closely together, the pure white royal robes, scented
betel and nut in the hands of his personal attendant lending
its charm and status, the lord of the earth, whose magnificent
form resembled the love god's flower arrow, strode into the
avenues of the city.

Harishchandra headed toward the brothel— 4
A den of erotica, dale of alluring beauty,
fount of passion, courtyard of wiles, lair of lies,
hearth of comfort, house of ministrations, hotbed of
rivalries,
habitat of hypocrisy, birthplace of cunning,
living vault of money, and the very bosom of lust—
where courtesans practiced their arts of sexual conquest.

How do I praise the coquetry of the brothels that bested 5
even Alakavati, Kubera's capital, with their meticulous
designs, festoons and streamers, impressive frontages,
imposing facades, sloped-roof elevation, seats with ornate
elephant faces, spacious balconies on all four sides on all
the floors, the variety of buildings, multistoried mansions,
exquisitely built residences, expansive performance areas,
and golden domes that stretched as far as the eye could see?

೬ ಪಳುಕಿಂದ ನಯವಡೆದ ನೆಲೆಗಟ್ಟು ಶಶಿಕಾಂತ
ದಳವಟ್ಟ ಭಿತ್ತಿ ವಜ್ರದ ಕಂಬ ವಿದ್ರುಮದ
ತೊಲೆ ಪುಷ್ಯರಾಗಮೊಪ್ಪುವ ಜಂತೆ ಮರಕತದ ಲೋವೆ ಮುತ್ತಿನ
ಸೂಸಕ
ಹೊಳೆವ ಮಾಣಿಕದ ಕಲಶಂಗಳೋವರಿಯೊಳಗೆ
ಕಳಹಂಸಗಮನದಾ ಕಲಶಕುಚ ಕಮಲಮುಖ
ದೊಳುನುಡಿಯ ಚಲನಯನದರುಣಾಧರೆಯರ ಸುಳಿವಂ
ಕಂಡನವನೀಶನು

೭ ತೆಳುಗಾಳಿಗೊಲೆವ ಮೇಲುದು ಗುಡಿ ಚಲಾಳಕಂ
ಗಳು ತೋರಣಂ ಕುಚಂ ಕಲಶ ಮುಖ ಮುಕುರ ಕರ
ತಳ ತಳಿರು ನಖ ಕುಸುಮ ತೊಡಿಗೆಗಳ ಮುತ್ತು ನನೆಯಕ್ಕಿ
ಪುರ್ಬಿಕ್ಷುದಂಡ
ಬಳಸಿ ಮುಡಿಗಂಪಿಂಗೆ ಮಂಡಳಿಸುವಳಿ ಹೀಲಿ
ದಳೆ ಕಂಕಣಂಗಳ ಝಣತ್ಕಾರ ವಾದ್ಯ ಸಂ
ಕುಳಮಾಗೆ ಬಪ್ಪ ಭೂಪನನಿದಿರ್ಗೊಂಬಂತಿರೆಸೆದರಂತಾ ಸತಿಯರು

೮ ಉಟ್ಟ ಧವಳಾಂಬರದ ಸುಲಿಪಲ್ಲ ಮೆಯ್ಯೊಳ
ಣ್ಪಿಟ್ಟ ಗಂಧದ ಮುಡಿಯ ಮಲ್ಲಿಗೆಯ ನಗೆಮೊಗದ
ತೊಟ್ಟ ಮುತ್ತಿನ ತೊಡಿಗೆಗಳ ಬೆಳಗು ದೆಸೆಯ ಪಸರಿಸಿ ಪರ್ಬಿ
ಬೀದಿವರಿಯೆ
ದಟ್ಟೈಸಿ ಬಳೆದ ಬೆಳುದಿಂಗಳಿಂ ಬೆಳುಮುಗಿಲ
ಮೆಟ್ಟಿರ್ದ ಚಂದ್ರಕಳೆಯೆಂದೆಂಬ ಭಾವವಳ
ವಟ್ಟ ಬಿಳಿಯುಪ್ಪರಿಗೆಯಗ್ರದೊಳು ನಿಂದೊರ್ವ ಸತಿ ಕಣ್ಗೆ
ಸೊಗಯಿಸಿದಳು

In the inner recesses of those magnificent mansions with their polished marble floors, moonlit walls, diamond-studded pillars, coral beams, rafters made of precious yellow sapphire, frontage of green stone, tassels of pearls, and domes of dazzling ruby, the lord of the earth espied lotus-faced, full-breasted women gliding like *haṃsa* birds humming melodious songs, their eyes fluttering and lips reddened. 6

Gorgeous women offered a royal welcome to the king, 7
unfurled their swaying veils and swinging locks like the
  royal flag;
held their faces as mirrors;
proffered their pearls as sanctified rice;
flower-fingers and tender leaf-hands as bouquets;
eyebrows as sugarcane;
fragrant hair, surrounded by bees, as peacock fan;
fulsome breasts as ceremonial pots;
and tinkling bangles as auspicious music.

On the balcony of a house painted in white appeared a fair, lovely woman in white, smiling, her perfect white teeth brightening the scene, her body scented with sandal paste, and a string of jasmine woven in her hair. Her jewels cast a light that spread right up to the street. The beautiful woman on the white-painted balcony shone like the moon in the midst of silver clouds. 8

೯ ಗಡಣದುಪ್ಪರಿಗೆಗಳೊಳುಱೆ ನೆತ್ತ ಚದುರಂಗ
ವಿಡಿದ ವೀಣೆಗಳಭ್ಯಾಸಿಸುವ ಗಿಳಿಗಳಂ
ನುಡಿಯಿಸುವ ಕಾಮಶಾಸ್ತ್ರವನೋದಿಸುವ ಗೀತನೃತ್ಯವಾದ್ಯಗಳ ಕಲಿವ
ಕಡೆಗೆ ವೇಶ್ಯಾವಿಡಂಬನವಱಿವ ಕಥೆಗೇಳ್ವ
ಬಿಡದೆ ಸಿಂಗರಿಸಿ ನಲ್ಲರ ಗೋಷ್ಠಿಯೊಳಗಿಪ್ಪ
ಮಡದಿಯರನೀಕ್ಷಿಸುತಲವನೀಶನೆಯ್ತಂದನಾ ಸೂಳೆಗೇರಿಯೊಳಗೆ

೧೦ ತುಂಬಿ ತುಂಬಿಯನಟ್ಟುವಂತಳಕಳವಳಕವರ
ಲಂಬಂಬ ತೆವಱುವಂತಕ್ಷಿಯಕ್ಷಿಗಳಿಂದು
ಬಿಂಬ ಬಿಂಬವ ತಗುಳ್ವಂತೆ ಮುಖ ಮುಖವನೆಳಲತೆಯ ಕುಡಿಲತೆಯ
    ಕುಡಿಗೆ
ಲಂಬಿಪೊಲು ತೋಳು ತೋಳನು ಚಕ್ರ ಚಕ್ರವನು
ಬೆಂಬಿಡಿವವೊಲು ಕುಚ ಕುಚಂ ಹಂಸೆ ಹಂಸೆಗ
ಟ್ಟುಂಬರಿವವೊಲು ಪದ ಪದಂ ಮೆಱೆಯೆ
    ಚಿಟ್ಟುಮುರಿಯಾಡುತಿರ್ದರು ಸತಿಯರು

In those multistoried mansions, some were engaged in play- 9
ing dice or chess, others were playing the vīṇā* or learning
to sing, dance, or play various instruments; some were busy
teaching parrots to speak, while others were giving lessons
in the science of lovemaking. While some were listening to
stories satirizing prostitution, others, dressed for the occa-
sion, were sporting with their clients. Enjoying the scene,
the king entered the brothel.

Like 10
a bee chasing a bee, a flower-arrow trailing an arrow,
a moon-like visage looking for a visage, a face seeking a
    face,
a lock of hair catching a lock, an eye following an eye,
an arm reaching an arm, a breast facing a breast,
a foot running after a foot, a *cakravāka* bird pursuing
    another,
a *haṃsa* gliding behind another, a vine tendril leaning on
    another tender vine—
the young women were playing the game of *ciṭṭumuri.*†

* A stringed musical instrument.
† The game is explained and illustrated in the verse itself.

೧೧ ಮುಡಿಯ ಪರಿಮಳದೊಡನೆ ಮಱಿದುಂಬಿಗಳು ಪರಿಯೆ
ನಡೆವ ನಟಣೆಗಳೊಡನೆ ಹಂಸೆಗಳು ಜಡಿಜಡಿದು
ನುಡಿವ ಚದುರುಗಳೊಡನೆ ಗಿಳಿಗಳೊಯ್ಯನೆ ಕುಣಿವ ಕುಚದೊಡನೆ
ಕೋಕಂಗಳು
ಒಡಲ ಚೆಲುವುಗಳೊಡನೆ ನೋಟಕರ ದಿಟ್ಟಿಗಳು
ಬಿಡದೆ ಕೊಲ್ಲಣಿಗೆವರಿದೆಡೆಯಾಡುತಿರಲಿಂತು
ಮಡದಿಯರು ಕೋಲಾಟವಾಡುತಿರ್ದರು
ತೋಳಗತಿಬಂಧವಿವರಣೆಯೊಳು

೧೨ ಅಂದುಗೆಯ ಮಂಟಗೆಯ ಕಂಕಣದ ಝಣರವದ
ಗೊಂದಳಿಪ ಬಳೆಯ ಕಿಂಕಿಣಿಯ ಗೆಜ್ಜೆಯ ರವದ
ಸಂದಣಿಪ ಕುಚಮಧ್ಯದೆಡೆಯೊಳೊಪ್ಪುವ ಹಾರವೊಲೆದಾಡೆ
ನಳಿತೋಳಿನ
ಬಂದಿ ಕೀಲಣದ ಹೊಂಬಳೆ ಕಡಗ ಸೂಡಗದ
ಮುಂದೆಸೆವ ಕಂಕಣದವೋಲೆ ಮುತ್ತಿನ ಕೊಪ್ಪಿ
ನಿಂದೆಸೆವ ಕಾಂತೆ ಮಾಳಿಗೆಯ ಭದ್ರದ ಬಯಲೊಳಾಡಿದಳು
ಹೊಡೆಸೆಂಡನು

೧೩ ಮುಡಿ ಜಡಿಯೆ ಕುಂತಳಂ ಕುಣಿಯೆ ಕಡೆಗಣು ಹೊಳೆಯೆ
ನಡು ನಳಿಯೆ ಕರ್ಣಪಾಳಿಕೆಯೊಲೆಯೆ ಹಾರ ಹೊಳೆ
ದೆಡೆಯಾಡೆ ಲಂಬಿಸುವ ಮೇಲುದಿನ ತೆಱಪಿನೊಳು ಮೊಲೆಗಳಲುಗಲು
ಬಾಗಿದ
ಒಡಲು ಶೋಭಿಸೆ ತಪ್ಪುತೆಡೆಮೆಟ್ಟುವಡಿಗಳೊಡ
ನೊಡನೆ ನೇವುರ ಝಣಂ ಝಣಮೆನಲು ವನಿತೆಯರ
ನಡುವೆ ಚೆಂಡಂ ಹೊಯ್ಯುತಿರ್ದಳೊಬ್ಬಳು ಕಾಮನಂಕಮಾಲೆಯ
ಪಾಡುತ

As young bees flew around their scented hair, 11
haṃsas moved in harmony with their steps,
parrots chirped in consonance with their speech,
ruddy geese moved with their heaving breasts,
and ardent viewers watched their every twist and turn,
beautiful women, colored sticks in their hands,
moved together gaily,
dancing to a wondrous choreography.

With an armband around her dainty arms, burnished gold 12
bangles on her forearm, a bracelet, a tight-fitting golden
band matching the crimson thread on her wrist, magnifi-
cent sapphire earrings, and an exquisite brooch, a gorgeous
woman played with a ball on the terrace, as the tiny bells
of her anklet, toe ring, and bracelet chimed, the stack of
bangles tinkled, and the pendant on the necklace over her
ample breasts swayed.

Her braids swinging, earrings dancing over her face, 13
deer-like eyes twinkling, necklace glowing in swift
movement,
breasts stirring from under the veil draped on her rounded
shoulders,
wavy waist swaying, undulating body aglow,
and tinkling anklets keeping pace with her rhythmic steps,
the woman was passing the ball to other women,
singing praises of the love god.

೧೪ ಮನಸಿಜನ ಬರವಿಂಗೆ ತೋರಣಂಗಟ್ಟಿದಳೊ
ವಿನಯದಿಂ ರತಿದೇವಿಯೆಂಬಂತೆ ಮುಱಿದ ಮು
ತ್ತಿನ ಮಿಳಿಯ ಪಚ್ಚೆಯಿಂ ಸವೆದ ಕಂಬದ ಪದ್ಮರಾಗವಳವಟ್ಟ ಮಣೆಯ
ಘನಮಹಿಮೆವಡೆದುಯ್ಯಲಂ ಹರುಷದಿಂದ ಜ
ವ್ವನೆಯರೇಱಿದರೊಲೆದರಾ ಹರಿಶ್ಚಂದ್ರಭೂ
ಪನ ಬಿರುದಿನಂಕಮಾಲೆಯನು ಪಾಡಿದರು ನಾಲ್ಕುಂ
ಜಾತಿಯಂಗನೆಯರು

೧೫ ಜಗವಱಿಯೆ ತಾಂ ಕಳಂಕಂ ಕಳಾಹೀನ ಹಾ
ವಗಿದುಗಿದ ವಿಷವಕ್ತ್ರ ದೋಷಿಯಸ್ಥಿರ ಹಂದೆ
ಮೃಗದಿಕ್ಕೆಗಾಡು ಹುತ್ತಿಟ್ಟಡವಿಯಾಲ ಹಬ್ಬಿದ ಹಾಳು ಶ್ವೇತಾಂಗನು
ಮಿಗೆ ತನ್ನ ದೆಸೆಯೆಲ್ಲ ತಂಪಂಜದಿಂದೆನ್ನ
ಮೊಗಸಸಿಯ ಮುಂದೊಗೆದನೆಂದು ಕೋಪದಿ ಶಶಿಯ
ನೆಗೆದು ದಾಳಿಟ್ಟೊದೆವ ಮಾಳ್ಕೆಯಿಂದೊದೆದಳುಯ್ಯಲಮಣೆಯನೊಬ್ಬ
ವನಿತೆ

೧೬ ಮುಡಿಯ ಭಾರಕ್ಕೆ ಕೊರಲೆಸೆವ ಕುಚಭಾರಕ್ಕೆ
ಬಡನಡು ನಿತಂಬಭಾರಕ್ಕೆಸವ ಬಟ್ಟನು
ಣ್ದೊಡೆ ಚೆಲುವನಾಂತವಯವದ ಸೌಕುಮಾರತೆಯ ಭಾರಕ್ಕೆ
ಸರ್ವಾಂಗವು
ಬಿಡದೆ ಮುನ್ನವೆ ಬಳಕುತಿವೆಯಿವಱ ಮೇಲಿವಳು
ತೊಡಿಗೆದೊಟ್ಟಳು ಬೇಡೆನಲ್ಕಿನ್ನು ಮಾಣಳಿವ
ಸಡಿಲಿಸುವ ಬುದ್ಧಿಯಿನ್ನಾವುದೆನುತವರಬ್ಬೆ ನೆನೆದುಪಾಯಂಗಂಡಳು

Like Rati humbly decorating the house with streamers in 14
anticipation of Manasija's arrival, young women of all types—
citriṇī, śaṅkhinī, padminī, and *hastinī*[1]—gaily climbed onto
the exquisite swing, its pillars inlaid with precious stones,
such as pearls and emeralds, and its planks with rubies and
pink sapphires; they played on the swing, lauding King
Harishchandra, reciting every title and commendation in
praise of the king.

One of the women kicked the ground under the swing hard, 15
showing her annoyance with the moon: "The whole world
knows you are flawed and lusterless; mere venom spat out
by the snake; inconsistent at best, with a stained face; the
habitat of a deer, that cowardly creature; a wild banyan with
an anthill; an albino with spreading patches of white; and
you are cold all over. How dare you come and show me your
face today?"

A worried mother wondered: "Heaving under the entire 16
weight of the braid on her neck, the breasts on her slender
waist, the curvaceous hips on her soft, rounded thighs, her
body is already so irresistible. To add to it, she adorns herself
with jewels. When I forbid her from wearing them, she won't
hear of it. How can I dissuade her?" But then, she found a
way out.

೧೭ ಸಿಂಗರಿಸಿ ಹೊರಗಿರದಿರೆಲೆ ಮಗಳೆ ನಿನ್ನ ಚೆಲು
ವಿಂಗೆಳಸಿ ನೋಡಿದರ ಕಣ್ಣೇಱಿನಿಂದ ನಿ
ನ್ನಂಗಲತೆ ಬಡವಾದಡದನಱಿಯದವರಿವಳು ರೋಗಿಯೆಂದೇ
ಬಗೆವರು
ಕಂಗೆಸೆವ ಚಂದ್ರಮನ ನಡುವಿರ್ದ ಚೆಲುವ ಹು
ತ್ತಿಂಗೆಳಸಿ ಫಣಿ ಬಂದ ತೆಱದೊಳಿರೆ ಬಾಸೆ ಲೋ
ಕಂಗಳಱಿಯದೆ ಸರ್ಪದಷ್ಟವಾಯ್ತೆಂಬರೆಂದವಳು ಪೇಳಿದಳಾಗಳು

೧೮ ನಿನ್ನ ಮುಖಕಮಲ ಕಮಲದೊಳೊಗೆದ ಕಮಲಮಂ
ನಿನ್ನಕ್ಷಿಕುವಲಯಂ ಕುವಲಯದ ಕುವಲಯವ
ನಿನ್ನ ರೂಪು ಲತಾಂತ ಶರಲತಾಂತದೊಳು ಹುಟ್ಟಿದ
ಲತಾಂತಶರಾಳಿಯ
ನಿನ್ನ ಕುಚಕುಂಭ ಕುಂಭಿಯ ಕುಂಭಯುಗಳಮಂ
ನಿನ್ನ ತನುಮಧ್ಯವತನು ತನುವಂ ನಗುವು
ದಿನ್ನಾವುದುಪಮಾನವೆಂದು ಜಱೆವುತ್ತೊಬ್ಬ ಜಾಣೆ ಮಗಳಂ
ಹೊಗಳ್ದಳು

೧೯ ಹಾಡಳೆಳಗೋಗಿಲೆಯ ದನಿ ಕೆಡುವುದೆಂದು ಮಾ
ತಾಡಳರಗಿಣಿಯ ಚಪಲತೆ ಕೆಡುವುದೆಂದು ನಡ
ಪಾಡಳೆಳಹಂಸೆಗಳ ನಡೆಯ ಗತಿ ಕೆಡುಗೆಂದು
ಮುಸುಡುದೆಱೆದಂಗಣದಲಿ
ಆಡಳಿಂದುವಿನ ಸೊಬಗಳಿಗೆಂದು ಮುಡಿಯನ
ಲ್ಲಾಡಳೆಳನವಿಲ ಚೆಲುವಳಿಗೆಂದು ಕಂದೆಱೆದು
ನೋಡಳುತ್ಪಳದ ಸಿರಿಯಳಿವುದೆಂದೆನ್ನ ಮಗಳೆಂದೊಬ್ಬ ಸತಿ ನುಡಿದಳು

“Don’t go out so seductively dressed, my daughter. If your vine-like figure wilts under the gaze of lecherous eyes, the ignorant will think you are sickly. If the slender down sloping from the navel looks like a snake slithering toward the anthill, or a mark on the face of the bewitching moon, the ignorant will say, ‘She has had a skin rash that has left a snake-like scar on her body.’” 17

“Your lotus face mocks the lotus on water; 18
your lily eyes the lily on the lake;
your beauty the flower arrows of the flower-arrowed
Madana;
your pot-like breasts the twin crowns on the elephant’s
forehead;
the slender middle of your body the bodiless Atanu.[2]
I don’t know what other similes I can find to describe you,”
said a clever woman in mock annoyance, to cunningly
praise her daughter.

Yet another woman bragged: 19
“My daughter does not
sing lest the young cuckoo’s song lose its appeal,
talk lest the parrot’s speech lose its novelty,
sashay lest the young *haṃsa’s* glide lose its grace,
play unveiled in the courtyard lest the moon lose its luster,
uncover her hair lest the peacock lose its splendor,
or open her eyes lest the lily lose its loveliness.”

೨೦ ಈ ನಗರಿಯೊಳಗೆನ್ನ ಮಗಳಿಗೆಣೆಯಿಲ್ಲ ಸು
ಮ್ಮಾನಿ ಸನ್ಮಾನಿಯಭಿಮಾನಿ ಕಡುನೀಱ್ ಕಮ
ಲಾನನೆಯ ರೂಹಿಂಗೆ ಸರಿಯಪ್ಪ ವಿಟರ ನಾನಾರುವಂ ಕಂಡುದಿಲ್ಲ
ನೀನೊಬ್ಬನಾದೆ ಮೆಚ್ಚಿಸಿ ಮರುಳ್ಗೊಳಿಸಿ ನಿನ
ಗೇನುಳ್ಳ ವಸ್ತುವಂ ತಂದಿಕ್ಕಿ ಭೋಗಿಪುದು
ಹೀನಮನ ಬೇಡ ಬಾ ಭುಜಗಯ್ಯಯೆಂಬ
ಮುದಿಪಾಱಿಯಿರಲೊಂದೆಸೆಯೊಳು

೨೧ ನೆರೆದ ಮಿಂಡರೊಳಧಿಕನೆಂದೊಡಲನಿಕ್ಕು ಬೋ
ಸರಿಸಿಕೊಳ್ಳೊತ್ತೆಯಂ ತೆಗೆಯದವನರ್ಥಮಂ
ತಿರಿದುಣಿಸುವನ್ನವೊಲಿದವಳಂತೆ ಮುನಿದು ಮುದ್ದಿಸಿ ಜಱಿದು
ಕಾಲ್ವಿಡಿವುದು
ಹುರುಡಿಸುವುದಳುವುದೊಳಗಾದ ಹವಣಱಿದು ಗೋ
ಣ್ಮುರಿಗೊಂಡು ಹಣದಿಂಬುದೊಬ್ಬನೊಳಿರದಿರೆಂದು
ತರುವಲಿಗೆ ಕಲಿಸಿದಳು ಮುದಿಸೂಳೆ ಹುಲಿಮಱಿಗೆ ಬೇಂಟೆಯಂ
ಕಲಿಸುವಂತೆ

೨೨ ಇಂಬುಳ್ಳ ಸುಲಭನೆಂದೊಲಿದೆಲೆಯೆಲೆ ಮಗಳೆಯಾ
ಡಂಬರದ ಚದುರನವನೊಡವೆ ನಿರ್ಮಳಜಲಂ
ತುಂಬಿದ ತಟಾಕದೊಳು ಹೊಳೆವ ಮಣಿಬೀಟೆಯೊಳು ಬಿದ್ದ ಹಣ
ಗೆಜ್ಜೆಯೊಳಗೆ
ಲಂಬಿಸುವ ಹರಳು ಕಲ್ಲಿಯನೆಲ್ಲಿಯಿನ್ನವನ
ನಂಬದಿರು ನೆಚ್ಚದಿರು ಬೇಡೆಂದೊಡೆನ್ನ ಮಾ
ತಂ ಬಗೆಯೆ ಕೈಕೊಳ್ಳೆಯೆಂದೊಬ್ಬ ಮುದಿಸೂಳೆ ತರುವಲಿಗೆ
ಹಲುಮೊರೆದಳು

"In this town, there is none to rival my daughter. The exqui- 20
site young woman is rightfully proud, pleasure loving, and
much admired. I am yet to find a connoisseur, a deserving
young man, to match my lotus-faced girl. If you would like
to have her, woo her, plead with her, and offer the best that
you have; do not skimp; come on, Bhujagayya,"[3] coaxed an
experienced strumpet elsewhere in the brothel.

"Give yourself to the richest and the best among men; 21
pretend you love him and extract what he has pledged; pull
out what he hasn't; feed him, feign anger, show affection;
scold him; fall at his feet; challenge him; shed copious tears;
find out what draws him to you and keep him captive and
grab more money; don't ever bank on just one man," said a
tired, old bawd coaching a young girl, like a tigress training
her cub to hunt.

An old slut hissed at a younger one: 22
"My dear, how can you fall for a man of wealth?
A man of wealth is also a master of cunning.
For his wealth is but
a precious stone glittering at the bottom of a limpid lake,
a coin fallen in a crack, a stone embedded in an anklet,
a gooseberry at the end of a frail branch.
Don't trust him; don't count on him.
Why don't you listen to me?"

೨೩ ನೋಡದಿರ್ದಪೆನೆಂಬೆ ಕಣು ನೋಡದಿರವು ಮಾ
ತಾಡದಿರ್ದಪೆನೆಂಬೆ ಬಾಯ್ಮಿಡುಕದಿರದು ನಗೆ
ಗೂಡದಿರ್ದಪೆನೆಂಬೆ ಮುಸುಡು ನಗದಿರದು ಮೈಯೊಡ್ಡಿ
    ಕುಳ್ಳಿರೆನೆಂದೊಡೆ
ನಾಡೆ ತನು ಮೇಲ್ವಾಯದಿರದು ಸಂಚಂದೋಱಿ
ಕೂಡೆನೆಂದೊಡೆ ಕಳೆಗಳುರವಣಿಸದಿರವೇನು
ಮಾಡುವೆಂ ಮುನಿಸು ನೆಲೆಗೊಳ್ಳದವನಂ ಕಂಡೊಡೆಂದೊಬ್ಬ ಸತಿ
    ನುಡಿದಳು

೨೪ ತಂಗೆ ತಲೆವೀದಿಯಂ ತೊಡೆಯದಿರು ಕೂಡೆ ಚಳೆ
ಯಂಗೆಯ್ದಲಂಕರಿಸು ಹೊಱಗನಱಿವರು ಭೋಗ
ಕಂಗವಿಸೆ ಮನೆಯೊಳಗೆ ಹೊಗೆ ಮಾಡದಿರು ಬಳಿಕ್ಕವರು ಕಂಡಡೆ
    ನಗುವರು
ಸಂಗಕ್ಕೆ ಹಿರಿಯರಂ ಕರೆ ನೀರ ತಾ ಮುಖಕೆ
ಹಿಂಗದಿರು ಹಣವ ಹಡೆ ಮಿಗೆ ಮೊಗಸಿ ಜಾತಿಗೊ
ಯ್ಯಂಗೆಳಸದಂತಿರೆಂದೆಳೆಯಳಿಗೆ ಕಲಿಸಿದಳು ತೊತ್ತ ನಡೆಸುವ
    ನೆವದಲಿ

೨೫ ಉಟ್ಟ ನಿಱಿ ದಾಂಟಿದಡೆ ಕಚ್ಚುವುದೆ ದೈವಮಂ
ಮುಟ್ಟಿದಡೆ ಬೆರಳು ಹತ್ತುವುದೆ ಬಳಿನೀರ್ಗುಡಿಯೆ
ಹೊಟ್ಟೆ ಹಱಿವುದೆ ನೆಲನ ಮಾಱಪ್ಪೆ ನುಂಗುವುದೆ ತಾಯ
    ವಧಿಸಿದೆನೆಂದಡೆ
ನೆಟ್ಟನಾಂ ಸತ್ತವಳೆ ಸೋದರಕ್ಕೆಳಸಿ ಕ
ಣ್ಣಿಟ್ಟೆನೆನಲಿಟ್ಟವಳೆ ಸೂರುಳಿದು ನೆಱೆ ಬಾಯ
ಕಟ್ಟಿ ಹಣವಂ ಕೊಳಲು ಕಲಿವುದೆಂದೊಬ್ಬ ಕುಂಟಣಿ
    ಮಗಳನೋದಿಸಿದಳು

The young woman confessed: 23
"I resolve not to see him, but my eyes are bound to see;
I resolve not to talk, but my tongue will talk;
I resolve not to smile, but my face will smile;
I resolve not to give in, but my body will respond ardently;
I resolve to be angry, but my anger evaporates the moment
  I see him.
If I declare I will not make love, would my raging senses let
  me be?
What can I do?"

An old hand taught a younger one: "When a customer 24
approaches the house, don't be washing the front yard;
sweep and mop the verandah, decorating it in advance; keep
the house clear of smoke when he comes seeking pleasure—
then he will be happy. Bring water to wash his face. Seek
older men. Don't hesitate; collect your money. But in your
greed, do not seek the company of lowborn men."

A whore spoke sharply to her young daughter: "If you loos- 25
ened your sari pleats, would they bite you? If you touched
god's image, would it burn your finger? If you drank water
consumed by him, would it hurt your stomach? If you
embraced the earth, would it swallow you? If you said you'd
kill your mother, would I drop dead? If you desired your own
kin, would it ever come to be?[4] Take a vow that you will do
everything to squeeze money out of the men."[5]

೨೬ ಅತಿಮುಗುದೆಯಪ್ಪೆನ್ನ ಮಗಳ ಕಾಮಜ್ವರೋ
ರ್ಜಿತತಾಪವಾಱಿದಡೆ ಕಾಮನಂ ನೋನುವೆಂ
ರತಿಯನರ್ಚಿಸುವೆ ಶಶಿಗರ್ಘ್ಯವೆತ್ತುವೆನು ಬೆಳುದಿಂಗಳಂ ಬೇಡಿಕೊಂಬೆ
ಲತೆಗೆ ನೀರೆಱೆವೆನೆಳಮಾವ ಬಲಗೊಂಬೆನು
ನ್ನತ ನವಿಲು ಗಿಳಿ ಕೋಗಿಲೆಗೆ ಕುಟುಕನೀವೆನೂ
ರ್ಜಿತ ವಸಂತದೊಳು ಕಾಮಚ್ಛತ್ರವಿಡುವೆನೆಂದಜ್ಜಿ ಹರಸುತ್ತಿರ್ದಳು

೨೭ ಮಸಿಗಪ್ಪಡವನಡಸಿ ತುಱುಬಿಟ್ಟು ನರೆದಲೆಗೆ
ಮುಸುಕಿಟ್ಟು ಬಿದ್ದ ಪೆರ್ಮೊಲೆಗಳಿಗೆ ಱವಕೆಯಂ
ಸಸಿನೆ ಬಿಗಿದೆವೆಯುದಿರ್ದ ಕಣ್ಗೆ ಕಾಡಿಗೆಯೆಚ್ಚಿ
        ಸದೆಸೊಪ್ಪನಣಲೊಳಡಸಿ
ಮುಸುಡುಗಾಣದ ತೆಱದಿ ಹಿಂದೆ ಸೊಡರಿಟ್ಟು ನೆಱೆ
ನಸಿದ ರಾಗದಿ ಕೊಳೆತ ಹಾಡ ಬಗುಳುತ ಗಂಡು
ವೆಸರು ಸುಳಿಯಲ್ಕೆ ಬಾರೆನ್ನಾಣೆಯೆಂಬ
        ಮುದುಪಾಱಿರ್ದಳೊಂದೆಸೆಯೊಳು

Yet another anxious mother vowed: "If my innocent, love- 26
lorn granddaughter's fever abates, I will do penance to
the love god; worship his consort Rati; offer holy water to
the moon; fall at the feet of moonlight; water the vines,
nurture the mango shoot, and feed tiny morsels to the
lovely peacocks and cuckoos; and in the burgeoning
Vasanta season of spring, I will perform the special ritual of
kāmacchatra,* to propitiate Kama."

Wrapping herself in dark robes, 27
tying her hair into a bun, veiling her gray hair,
packing her huge, slack breasts tightly into a blouse,
applying kohl to her eyes with no lashes,
stuffing betel and nut into her jaws,
placing the lamp behind to avoid light on her drawn face,
and singing a stale song tunelessly,
an aged strumpet in a dark corner called out,
at the mere whiff of a man,
"Come here . . . don't miss out . . ."

* Ritual performed in worshiping the love god.

೨೮ ನೊರಜುಗಣ್ಣಿನ ನಳಿದ ಮೂಗಿನೆಳಲುವ ತುಟಿಯ
ಕುರುಟುವಲ್ಲಿನ ಕರಿಯ ಕಬ್ಬಾಯವೊಳಸರಿದ
ಹಱಿದಲೆಯ ಬೆಂಗಡರ್ದ ಮುಸುಡ ಸುಬ್ಬುರವಡೆದ ಗಲ್ಲ ಕೊಂಕಿದ
ಕೊಡಕೆಯ
ಮುರುಟಿರ್ದ ಮೊಲೆಯ ಮೆಯ್ ಸೆರೆಬಿಗಿದ ಹೊಟ್ಟೆ ತೆರೆ
ತೆರೆಗೊಂಡು ಸುಕ್ಕಿರ್ದ ತೊಗಲು ನಾಱುವ ಬಾಯ
ನೊರೆಸೂಸುತಿರ್ದಳಾ ಮುಸುಕಿಟ್ಟು ತಾನೊಂದು ಸಂದುಗೊಂದಿಯ
ಮಱೆಯೊಳು

೨೯ ಕಂಕಣಂಗಳ ತೋಳಬಂದಿಗಳ ಕಟಿತಟದ
ಕಿಂಕಿಣಿಯ ನೇವುರದ ಮುದ್ರಿಕೆಯ ಕಳನಾದ
ಮಂ ಕಟ್ಟಿ ಮನೆಯವರ ಮಱಪಿಟ್ಟು ಮುಸುಕಿಟ್ಟು ಪೊಱಮಟ್ಟು
ಸುಳಿವ ಜನಕೆ
ಶಂಕಿಸುತ ನೆಳಲ ದೆಸೆಯಂ ಸಾರ್ದು ನಡೆಯುತುಲು
ಹಂ ಕೇಳ್ದು ನಿಲುತೊರ್ವ ಜಾರೆ ಜಾರಂ ಪೇಳ್ದ
ಸಂಕೇತದತ್ತಲಾರುಂ ಕಾಣರೆಂದು ನಲಿಯುತ್ತ ಬರಲೇನಾದುದು

With her shrunken mop of hair, squinting eyes, twisted nose, sunken cheeks, drooping lips, blackened teeth, stinking mouth dripping with saliva, misshapen ears, parched face, shriveled dugs, belly full of tangled veins, and wrinkled skin, a decrepit whore lay covering herself in a dark and dingy corner. 28

Carefully muffling the chimes of the bracelet, the armbands, the bells on her waistband, the rings on her toes and anklets, steering clear of the people in her household, and discreetly veiled, a young prostitute stepped out, careful not to draw attention to herself, walked on the streets, creeping furtively along dark and shady paths, stopping to listen to every sound, and looking for the agreed spot for her assignation. 29

೩೦ ನಡೆಗಂಡು ಕವಿವ ಕಳಹಂಸೆಯಂ ಜಡಿವ ಸವಿ
ನುಡಿಗೇಳ್ದು ಮುತ್ತು ವರಗಿಳಿಗಳಂ ಕೊಡಹಿ ಮುಸು
ಕೊಡನಳಿಯೆ ತೊಡೆದ ಪರಿಮಳಕಳಿಕುಳಂ ಮುಸುಱೆ ಕುರುಳ್ಗಳಂ
    ಬಿಚ್ಚಿಮುಡಿವ
ಮುಡಿಗೆ ನವಿಲಡರೆ ಹೊದಕೆಯನು ಬಿಸುಟೋಡುವಡಿ
ಗಡಿಗೆ ದನಿಗೆಯ್ಯೆ ಕೋಗಿಲೆಯುಲಿದು ಲಜ್ಜೆಯಂ
ಕೆಡಿಸಿ ರಚ್ಚೆಗೆ ತಂದವನ್ಯಾಯವಿನ್ನುಳಿದ ನರರೊಳಾವಂ ಹಿತವನು

೩೧ ಎಳಸಿ ಕೀಳಿಲೊಳು ಹಿತ್ತಿಲೊಳು ಕೊಟ್ಟಿಗೆಯೊತ್ತು
ಗಳೊಳು ಭಿತ್ತಿಯ ಮಱೆಗಳೊಳು ಸಂದಿಯೊಳು ಗೊಂದಿ
ಗಳೊಳಿಡಿದ ಮರಗತ್ತಲೆಯ ನೆಲೆಯೊಳೊಱಗಿರಲು ಮುಳು ತೆವರು
    ಕುಳಿಯೆನ್ನದೆ
ಎಳೆಯ ನುಡಿ ನಸುಚುಂಬನಂ ಸೂಸದುಸುರು ಸೊ
ಪ್ಪುಳು ನುಡಿದು ಗಾಸಿ ನಡದುಗುರು ಸಡಿಲಿಸದುಡಿಗೆ
ಗಳೊಳು ನೆರೆನೆರೆದು ಕತ್ತಲೆ ಹರೆಯೆ ಹರಿಯುತಿಹ ಜಾರೆಮಿಥುನವ
    ಕಂಡನು

Slapping graceful *haṃsas* that flocked around to watch her gait, 30
shaking off chirping parrots that gathered to hear her sweet voice,
smacking at bees that swarmed to smell her fragrant head unveiled,
warding off peacocks that closed in on her lustrous hair untied,
and shooing away cuckoos that drowned her cries at being uncovered—
the woman found her modesty unfairly outraged by these beasts!
When this is so, how could pleasure-seeking men resist ravishing her?

The king watched: with the night growing older, 31
couples pursued pleasure wherever they could—
in servants' quarters, in backyards, in cowsheds,
among dark clumps of trees, and behind walls;
not sparing hill or dale, pit or incline or hedge of thorns—
love talk, tender kisses, bated breath,
whispered endearments, nail marks, love bites,
making passionate love
even with their clothes on.

೩೨ ತಡಹುತ್ತ ಹರೆದ ಮಂದಲೆಯನುಬ್ಬಿದ ತುಟಿಯ
ನೊಡೆಗಚ್ಚುತುಸುರನೊಳದೆಗೆವುತ್ತ ಬಾಗಿ ತೋ
ಳ್ತೊಡೆಯ ನಖಗಂದೆಗಳನೊಱಸಿಕೊಳುತೆದೆಯ ಕಿಱುಬೆಮರುಗಳ
 ನೂದಿಕೊಳುತ
ಮುಡಿಯರಳ ಚೆಲುತ್ತಲಣಲ ತಂಬುಲವುಗುಳ್ದು
ನಿಡುಮುಸುಕನಿಡುತುರವಣಿಸಿ ನಡೆಯುತುಲಿಗೇಳು
ತಡಿಗಡಿಗೆ ನಿಲುವ ಹಿತ್ತಿಲದಾರಿಯಿಂದೊಳಪೊಗುವ ಜಾರೆಯರ
 ಕಂಡನು

೩೩ ಅಳಿದ ಮುಡಿ ಹರೆದಳಕ ತೊರೆದ ಧರ ನಸು ತಿಲಕ
ಬೆಳರ್ಗೆಂಪುವಿಡಿದ ಕಣ್ಣಾಱದ ಬೆಮರ್ ಪುದಿದ
ಪುಳಕತತಿ ಹೊಯ್ವಳ್ಳೆ ಬಿಗುಹುಗುಂದಿದ ಕುಚಂ ಬೆಳರ್ತ ಮುಖ
 ನಖಹತಿಯಲಿ
ಮೊಳೆತ ಬಾಸುಳು ಹೊಯ್ದು ಹೂಮಾಲೆಗಳ ಗಂದೆ
ಯಳವುಗೆಟ್ಟದಟು ಸಾಗಿಸುವುಡಿಗೆಗಳ್ವೆ ರಸಿ
ತೆಳುಗಾಳಿಯಂ ಬಯಸಿ ಭದ್ರದೊಳು ಚರಿಸುವ ರತಾಂತಸತಿಯರ
 ಕಂಡನು

೩೪ ಪುದಿದ ಕಱು ಮುಸುಕಿದ ಮುಖೇಂದು ಮುಡಿಗಟ್ಟು ಮುಸು
ಕಿದ ಬೆನ್ನ ತೆಱಹು ಮೊಲೆಮುಸುಕಿದುರ ಬಾಸೆ ಮುಸು
ಕಿದ ನಡು ನಿತಂಬ ಮುಸುಕಿದ ವಿಪುಳಪೊಱವಾಱು ಮಂದಗತಿ
 ಮುಸುಕಿದ ಪದಂ
ಚದುರು ಮುಸುಕಿದ ಮಾತು ಸೊಗಸು ಮುಸುಕಿದ ಸರಂ
ಸದಮಲಾಭರಣ ಮುಸುಕಿದ ಮೆಯ್ ವಿಳಾಸ ಮುಸು
ಕಿದ ನಿಲವು ಮೋಹನಂ ಮುಸುಕಿದಾಕಾರವೆಸೆವಬಲೆಯರು
 ಕಣ್ಗೆಸೆದರು

He could see courtesans, with jasmine in their hair strewn behind them, doing up their disheveled hair, drawing in their slightly swollen lips, catching their breath, bending down to wipe the nail marks and bites on their arms and thighs, fanning their breasts to dry the tiny drops of sweat, spitting out betel quid, trying to walk briskly while adjusting their veils, and listening to every little sound and pausing, as they headed home through the back alleys. 32

The lord of the earth could see a few women sauntering in balconies to get some air, skimpily clad, utterly spent from their night of love, with hair rumpled, forelocks scattered, lips swollen, forehead mark smudged, eyes a dull red, sweat still dripping, inner petals gone limp, breathing heavy, breasts pendulant, face turned pale, with nail marks and bites from love making, and garlands wilted and energies sapped. 33

The king saw gorgeous women with their eyes half-shut in rapture, ravishing moon faces veiled, their fetching backs and fulsome breasts half-revealed by uncovered hair, thighs and the soft down snaking below the navel, slender waists and ample hips, languid gait of feeble feet, words laced with drollery, voices dripping with a new sweetness, bodies overlaid with fine jewelry, carriage wrapped by gaiety, and their whole being enfolded by loveliness. 34

೩೫ ಹುರುಡು ಹೋರಟೆ ಹೊತ್ತು ಜೊತ್ತು ಗನ್ನಂಗತಕ
ಪರಿರಂಭಣಂ ಚುಂಬನಂ ಕುಟಿಲ ಕುಂತಲ
ಸ್ಪರುಶನಂ ತಾಡನಂ ಪ್ರಹರಣಂಗಳು ರತಿಪ್ರಾರಂಭದೊಳು ಪಸರಿಸೆ
ಕೊರಳು ಕೋಳಾಹಳವ ಲಾವುಗೆಯ ಕಂಠದ
ಬ್ಬರದಲ್ಯೆವಡಿಮಾಡಿ ನಾನಾ ವಿಚಿತ್ರ ರತಿ
ಕರಣದೊಳು ಜಾಣೆ ಮಯಣದ ಬೊಂಬೆಯಂತೆ ನಿಜಪುರುಷನಿಚ್ಚೆಗೆ
ಸಂದಳು

೩೬ ಇಂದುಕಾಂತದ ರಮ್ಯಗೃಹಗಳೊಳು ನಲ್ಲರೊಡ
ನೊಂದಿ ಮಱೆದಿರೆ ರತಿಕಳಾ ಕೇಳಿಯಿಂದಂ ಕ
ಳಾಂದೋಳದಲಿ ಕಯ್ವಿಡಿದ ಝಣತ್ಕಾರ ರವದಿಂದ ಮಾಳಿಗೆಗಳೊಳಗೆ
ಬಂದು ನಲ್ಲರ ನೆರೆದು ತನುಪುಳಕದ ಶ್ರಾಂತ
ಬಿಂದುಗಳಿವಾಱಲೆಂದಾ ಗೃಹಾಂಗಣದಲ್ಲಿ
ನಿಂದಿರ್ದು ದಕ್ಷಿಣಾನಿಲನ ಸೋಂಕಂ ಬಯಸುವಬಲೆಯರು
ಕಣ್ಗೆಸೆದರು

೩೭ ಓರಂತೆ ನಲ್ಲನುಳಿದಳಲಿನಿಂದಂ ಬಾಷ್ಪ
ಧಾರೆಗಳು ಸುರಿಯೆ ಕಾಮಿನಿಯರುರದಲಿ ಮಣಿಯ
ಹಾರದಂತೆಸೆಯೆ ಕಡುಚಿಂತೆಯಿಂದಂ ಕರಗಿ ಕರಕಪೋಲತೆಯಾಗಿಹ
ನಾರಿಯ ಮುಖೇಂದುವಂ ಪಿಡಿದ್ಯೆದುಹೆಡೆಯ ಕಾ
ಳೋರಗನೊ ಪೇಳದಂತಲ್ಲ ಸರಸಿರುಹಮುಖ
ವ್ಯೆರಿಯುದಯಕ್ಕರಲ್ವ ಕನ್ಯೆದಿಲೋ ಎನಿಸಿ ಲಲಿತಕರಮೆಸೆದಿರ್ದುದು

Bidding and haggling, competing and contending, 35
wrangling and fighting, conning and cheating,
the foreplay began—stroking the hair,
petting and kissing, cuddling and caressing.
Making furious love in ever-changing postures,
sounds of ecstasy issuing forth
like the cry of the *lāvuge* bird, only five times louder,
the cunning woman yielded to the man's passion,
like a doll of wax.

In imposing moonlit mansions, the king could see women 36
lost to the world in their lovers' company, engrossed in love
games, and playing their part to perfection. Accompanied
by the chimes of their jewels, they led their men to the upper
stories, consummated their love, and now came out to the
courtyard for fresh air, to recover from their exertions.

A woman sat there resting her face in her hands, as she 37
melted in the grief of separation after her lover's departure
and tears rolled down her cheeks forming a shining pearl
necklace on her chest. Tell me, did those fingers resting on
her cheek appear as if a five-headed cobra were lifting up the
moon-face of the woman? No, that is not so. Her hand on
her cheeks looked as lovely as the delicate petals of the lily
that opens out as the moon, the lotus's foe, rises in the sky.

೩೮ ನಡೆನೋಡಿ ನೋಡದಂದದಿ ಮುಗಿದ ಕಡೆಗಣ್ಣು
ಮುಡಿಯಿಡುವ ನೆವದಿ ಮೊಲೆಗೆಲನ ತೋಱಿಸಿ ಮೇಲು
ದಿಡುವ ಕಯ್ಗಳ ನಿಱಿಯನಡಿಗಡಿಗೆ ಕಳೆದುಡುವ ನೆವದಿ ನಾಣ್ದೆಱೆವ
ಚದುರು
ನುಡಿಸಿದಡೆ ನಸುನಗುವ ಕೆಲದೆಗೆದು ಮೊಗವನೀ
ರ್ಗುಡಿಯಲೆಱೆವುತ್ತ ಮೊನೆವೆರಸಿದಲಗಂ ತೋರ್ಪ
ಕುಡಿನಾಲಗೆಯೊಳೊಪ್ಪೆಯೊಪ್ಪಿದರು ಶಿಷ್ಟಜನಕಿಟ್ಟ ಬಲುಗಾಣದಂತೆ

೩೯ ಹಡಪದನುಲೇಪನದ ಕುಸುಮಮಾಲೆಗಳ ಕ
ನ್ನಡಿಯ ಸಿರಿಮುಡಿಯ ಪಡಿಸಣದ ಹಂತಿಯ ಹಲವು
ತೊಡಿಗೆಗಳ ಸೀಗುರಿಯ ಚಾಮರಂಗಳ ಹದಿರ ಹಾಡುವಾಡುವ
ನಗಿಸುವ
ನುಡಿವ ಗಿಳಿಯೋದಿಸುವ ಹಂಸಮಿಥುನಂಗಳಂ
ನಡೆಯಿಸುವ ನವಿಲ್ಗಳಂ ಕುಣಿಯಿಸುವ ವನಿತೆಯರ
ನಡುವೆಸೆವ ನಾಯಕಸ್ತ್ರೀಯರನ್ನೀಕ್ಷಿಸುತ ನಡೆತಂದನು

೪೦ ತುಂಗಕುಚಕಲಶಯುಗಳಂಗಳ ಕುರಂಗ ನಯ
ನಂಗಳಿಭಕುಂಭ ಜಘನಂಗಳ ಮರಾಳ ಗಮ
ನಂಗಳ ಸುಧಾಂಗನಿಂ ಪೊಂಗುವೆಳದಿಂಗಳ ತೊಡರ್ದ ಕಂಗಳ
ಬೆಳಗಿನ
ಭೃಂಗಕುಲ ನೀಲಾಳಕಂಗಳ ನಭಂಗಳ ಬೆ
ಳಂಗಿಸುವ ಮಧುರವಚನಂಗಳರುಣಪ್ರವಾ
ಳಂಗಳ ನಖಂಗಳ ಲತಾಂಗಿಯರೆನಿಪ್ಪ ಪಣ್ಯಾಂಗನಾಜನವೆಸೆದುದು

Glancing from the corner of her eye and yet feigning not to see, flaunting her high breasts even while pretending to do up her hair, unraveling her beauty while making a show of adjusting her veil and the pleats of her sari, smiling coyly and exposing her face under the pretext of drinking water, and thereby displaying the tip of her tongue that resembled the sharp end of a knife, she stood there, a tantalizing bait for hooking cultured men. 38

Magnificent women of high standing, their lips turned red with chewing betel, their garland of flowers and luxurious hair, their finery carefully chosen and fans delicate, busied themselves singing and playing, speaking and laughing, teaching parrots to speak, *haṃsa* birds to walk, and peacocks to dance. The king moved on, enjoying their frolic. 39

Their high breasts like twin pots, eyes like the doe's, hips like the elephant's, gait like the *haṃsa's*, sparkling eyes like waxing moonlight, forelocks like a swarm of bees, sweet words that could light up the very sky, and nails red as coral, the courtesans, celebrated as vine-bodied beauties, were a treat to watch. 40

೪೧ ಹಸುವಿಂಗೆ ಮೇವು ಶಿಶುವಿಂಗೆ ನವನೀತಮಂ
ಹಸಿದವಂಗನ್ನೋದಕಂ ದಾನ ಬೇಳ್ವಂಗೆ
ಹಸೆದಾನ ವಧುವಿಲ್ಲದವರ್ಗೆ ವಿವಾಹ ವಿಟರಾದವರ್ಗಂಗಸುಖವ
ಬೆಸಗೊಂಬುದಕ್ಕಿದೇ ಕುಱುಹೆಂದು ಮನೆಯ ಮುಂ
ದೆಸೆವ ನೆಲೆಯುಪ್ಪರಿಗೆಗಳ ಬಾಗಿಲೊಳು ಮೆಱೆವ
ಮಿಸುನಿಗಳ ಗಂಟೆಯಿಂದೆಸೆವ ಚೆಲುವಿಕೆಯನವನೀಶ ನೋಡುತ ಬಂದನು

೪೨ ಅಳಿಗಳಳಕಕೆ ನವಿಲ್ ಮುಡಿಗೆ ಶಶಿ ವದನಕು
ತ್ಪಲ ಕಣ್ಗೆ ಬಿಂಬವಧರಕೆ ಮಾಣಿಕಂ ರದಕೆ
ಬೆಳುದಿಂಗಳುಂ ನಗೆಗೆ ಕೋಕಿಲಂ ಧ್ವನಿಗೆ ತಂಬೆಲರು ಸುಯಿಲ್ಗೊಪ್ಪುವ
ಗಿಳಿ ನುಡಿಗೆ ಲತೆ ನಡುಗೆ ಚಕ್ರವಾಕಂ ಕುಚ
ಸ್ಥಳಕೆ ಕೃತಕಾಚಲ ನಿತಂಬಕ್ಕೆ ತಳಿರು ಪದ
ತಳಕೆ ಹುರುಡಿಸುವ ರೂಪಂ ತಾಳ್ದ ವನಿತೆಯರು ಸುಳಿದರೆಲ್ಲಾ ದೆಸೆಯೊಳು

೪೩ ಅಳುಪಿ ನೋಡಿದಡೊಂದು ಚಿಂತಿಸಿದಡೆರಡು ಸುಯ್
ಮೊಳೆಯೆ ಮೂಱು ಜ್ವರಂ ತೋಱಿದಡೆ ನಾಲ್ಕು ಮೆ
ಯ್ಯೆಳುಹಲಯ್ದೂಟಮಂ ಬಿಡಲಾಱು ವಿಕಳವೆಡೆಗೊಳಲೇಳು ಕಡುಮೋನಮಂ
ತಳೆಯಲೆಂಟತಿಮೂರ್ಚೆಮೂಡಲೊಂಬತ್ತು ತನು
ವಳಿಯೆ ಹತ್ತಿವು ದಶಾವಸ್ಥೆಯಿವಱಂದಮಂ
ತಿಳಿಯೆ ಕೇಳೆಂದೊಬ್ಬ ಕಡುಜಾಣೆ ಹೇಳಿ ಬೋಳೈಸಿದಳು ಬಾಲಕಿಯನು

In his promenade through the city, Harishchandra admired the bells of exquisite, burnished gold adorning the front of those imposing mansions. The bells, sign of a wealthy household, encouraged people to ask for whatever they wanted: feed for cattle, sweetened butter for babies, rice gruel for the hungry, a precious gift for an aspirant, a bride for those seeking marriage, and sexual bliss for connoisseurs of pleasure. 41

The city at night was replete 42
with comely women envied for their rich attributes:
their locks envied by bees, dark curly hair by peacocks,
faces by the moon, eyes by lilies,
lips by red *toṇḍe* fruit, teeth by pearls,
smile by moonlight, voice by cuckoos,
breath by the cool breeze, speech by sweet parakeets,
waists by vines, breasts by *cakravāka* birds,
hips by Mount Kritaka,
and the soles of their feet by tender shoots.

A wise slut to a young girl: 43
"Let me tell you about the ten states of love.
If there is an intense look of desire, it's one;
if there is concern, two; deep sighs, it's three;
if there is a running fever, it's four;
loss of weight, five; no appetite, six;
sadness, seven; eight, growing silence;
swooning, it is nine; if it is the last stage, then it is ten."

೪೪ ಕಾಲ ಕಾಲದೊಳವರ ಕಯ್ಯವೊಡವೆಯ ತಿಂದು
ಸೂಳೆ ಸೂಳೆಯ ಮಗಂಗೀವುದೇನಚ್ಚರಿಯೆ
ಕೋಳಿ ಕೋಳಿಯನು ಬಯಸುವವಲ್ಲದೇನೊಲಿದು ರಾಜಹಂಸೆಯ
ನೋಳ್ಪುದೆ
ಖೂಳನಂ ಮೂಳನಂ ಮೋಟನಂ ಮುಕ್ಕನಂ
ಕೀಳುಜಾತಿಯನು ಪುರುಳಳಿದ ಮೆಯ್ಯಾದೊಡಂ
ಬೇಳಿ ಬೆಲೆಯಿತ್ತೊಡವನಂ ಕಾಮನೆಂಬ ದುಶ್ಶೀಲೆಯರು ಕಣ್ಗೆಸೆದರು

೪೫ ಕಡುಸೊಕ್ಕಿ ಸೀರೆಯಂ ಕಳೆದು ಕೌಂಕುಳಲವಚಿ
ನಡೆದು ಡೆಂಡಣಿಸುತ್ತ ತೊದಳಿಸುತ ಬೈಯುತ್ತ
ದಡದಡಿಸಿ ಜೋಲುತ್ತ ಝೊಂಪಿಸುತ ಹಾಡುತ್ತ ಹರಿಯುತ್ತ
ಹಂಬಲಿಸುತ
ಎಡಹಿ ಕೆಡೆದೆದ್ದು ಡಱ್ರನೆ ತೇಗಿ ಬಾಳುಗೆ
ನ್ನೊಡೆಯಂ ಹರಿಶ್ಚಂದ್ರನೆಂದರಮನೆಯ ತೊತ್ತಿ
ರೆಡೆಯಾಡಿದರು ಬೀದಿಬೀದಿಯೊಳು ಸುಳಿವ ಹೆದ್ದುಱಿಚೆಗಳ
ಗಿಡುವಿನಂತೆ

೪೬ ಆರುಟ್ಟು ಕಳೆದ ಹೂ ನಿನ್ನ ಬಾಯದು ಕೇತಿ
ಮಾರಿಯೇ ಮೂಸಿಕೊಳು ಮುಳಿದಿತ್ತರವಳಿಗಿವ
ರಾರಿತ್ತರವರಣ್ಣನದ ತಂದನೆಲ್ಲಿ ಚಪ್ಪರದ ಮೇಲಿಂದು ನಾಳೆ
ನೀರಲ್ಲಯೆಲೆಯಲ್ಲ ನಾಯಮಱಿಯದ ಸುರಿಯ
ಬಾರೆಲಗೆ ಕಿವಿಕಲಸಬಾರದಂತಾಗಿ ನೀಂ
ಹಾರುವಿತಿಯೇ ಎಂದು ಕುಡಿದ ಮೂಳಿಯರು ನಗಿಸಿದರು ಬೀದಿಯ
ಜನವನು

Is it any wonder that the prostitute who swindles wealth 44
from her customers should be passing it on to her own son? Would a rooster ever be attracted to a royal *haṃsa* and not to one of its own kind?[6] The king saw many vile women who would not hesitate to call a man Manmatha, god of love, no matter how dumb he was or despicable, dwarfish or deformed, lowborn or impotent, so long as he paid out the silver coins they demanded.[7]

Utterly drunk, slave women from the palace had cast off 45
their saris, tucking them under their arms, and were staggering along, stalking the streets like greedy hawks, cursing, swaying wildly from side to side, singing hoarsely, lounging, dawdling, tipping over, getting up and belching noisily, mumbling the blessing, "Long live our lord Harishchandra."

They were babbling: "A used and cast-out flower, aren't 46
you? That's your mouth, silly goddess... smell yourself... if you give it to her in your anger... who gave this... where did her brother get this from... on the awning... today or tomorrow... it's not water, nor is it a leaf... come and pour this puppy... you can't mix up my ears... are you a Brahman woman..." Their drunken gibberish amused the people around no end.

೪೭ ಬೆಕ್ಕಸಾಱಿಸು ಮನೆಗೆ ಮಿಕ್ಕ ಕೊಳನುಯಿಕ್ಕು
ಹಿಕ್ಕು ಸೀರೆಯನು ಮಂಡೆಯನುಡಿಸು ಪದಕವನು
ಯಿಕ್ಕು ಮುಂಗೈಯೊಳಗೆ ಸೂಡಗವನೊಡೆಸುತ್ತಿ ಕಿವಿಯಲ್ಲಿ ತೊಡಿಸೆಂ
ಬಳು
ಅಕ್ಕಿಯಂ ಹೂಸುಯೆಣ್ಣೆಯನು ತೆಗೆಯೂಟಕ್ಕೆ
ಮಿಕ್ಕ ಹರಿಯಣವನುಡು ತೊಡು ಹಾವುಗೆಯನೆಂದು
ಚಿಕ್ಕ ಹರೆಯದ ಬಾಲೆ ವಲ್ಲಭನನಗಲ್ದಳಲಿನಿಂದ ವಿಕಳತೆಗೊಂಡಳು

೪೮ ಕಂಕಣವನೆಚ್ಚು ಕಾಡಿಗೆಯ ಕಯ್ಯಲಿ ತೊಡಿಸು
ಕುಂಕುಮವನೊಡೆಯಡಕೆಯಂ ಹೂಸು ಹಣೆಯಲ್ಲಿ
ಕಂಕುಳಲಿಯಿಕ್ಕು ಮೂಗುತಿಯ ನಾಸಿಕದಲ್ಲಿ ಸಾದ
ತೊಡೆಯೆಂದೆಂಬಳು
ಬಿಂಕದಿಂ ಮೆಱೆವ ಕಡೆಯವನು ತುಱುಬಿನೊಳಿಕ್ಕು
ಭೋಂಕೆಂಬ ಅಳಿಗಳಂ ಕಾಲೊಳಗೆ ಕಟ್ಟೆಂದು
ಶಂಕರಾರಿಯ ತಾಪದಿಂ ಮರುಳ್ಗೊಂಡಳೊಬ್ಬಳು ಮನೆಯ ಮುಂದೆ
ಮುಗುದೆ

೪೯ ಬಾಲೆ ಮಾಣಿಕವನುಡು ಸಾದ ಕಿವಿಯಲಿ ಕೂಡು
ಕಾಲ ಪೆಂಡೆಯವ ಮುಡಿ ಚೌರಿಯಂ ಕಾಲ್ಗಟ್ಟು
ಹಾಲ ಹರವಿಯ ಬಿಗಿದು ನೆಯ್ದಿಲಂ ಬಿಸಿಮಾಡು ನೆಲಹಿನಲಿ
ಸಂತವಿಡಿಸು
ಮೇಲುವರ್ತಿಯ ಹೂಸು ಪುಱುಗನೊಡೆ ತಾ ಕಯ್ಯ
ಕೀಲಕಡಗವ ಮೆಲ್ಲು ಬಾಳೆಫಲವಿಕ್ಕೆಂದು
ಮೇಲ ನೋಡುತ್ತೊಬ್ಬ ಕಾಮಿ ಕುಸುಮಾಸ್ತ್ರಕ್ಕೆ ಗುಱಿಯಾಗಿ
ನಿಂದಿರ್ದಳು

"Hey, why don't you wash the cat with cow dung and water ... take this lake home ... take an armful of the sari ... wrap your head round ... put this pendant on your hands ... come on, take this ring and wear it on your hair ... smear yourself with rice ... take the oil out ... wrap yourself with this plate ... deck your face with this footwear ..." prattled a young girl deliriously, grief-stricken by separation from her lover. 47

Yet another foolish, lovelorn girl ranted: "Spread this bracelet; help me with this dress ... break this saffron mark ... put this areca nut on my forehead ... fix this nose ring in my armpit ... put the black dot on my nose ... Oh my dear, won't you help me wear this golden bangle on my head ... come on, tie up these buzzing bees on my ankles ..." 48

"Come on, girl ... wrap this pearl around yourself ... help me put on this saffron in my ear ... fix this anklet on my head ... tie this wig around my foot ... pack all this milk tight, now ... burn these lily leaves lightly and stack them up ... smear this wax candle ... bring me the wildcat's perfume for pounding ... come, eat this bracelet ... wear this banana ..." She stood there looking up, beckoning the arrow of love god Madana. 49

೫೦ ತರುಣಿ ಕತ್ತುರಿಯ ಕೊಯ್ಯರವಿಂದದುರುಳಿಯಂ
ಬೆರಸು ಸಿರಿಗಂದಮಂ ತಿಗುರಾಲವಟ್ಟಮಂ
ಅರಿಸಿನವ ಬೀಸು ಕನ್ನಡಿಯ ಕುಳ್ಳಿರಲಿಕ್ಕು ಗದ್ದುಗೆಯ ಬೆಳಗೆಂಬಳು
ಮೊರೆವಳಿಯ ಸರಗಟ್ಟು ಮರುಗ ಮಲ್ಲಿಗೆಯ ಸೋ
ಹರಗಿಳಿಯ ತುಱುಬು ಸುರಗಿಗೆ ಕುಟುಕನಿಕ್ಕೆನುತ
ಕರೆವರಾರೆಂದು ಕೋಗಿಲೆಯ ಸರಗೇಳ್ದು ಹರಿದಳು ಮುಗ್ಧೆ ವಿರಹದಿಂದ

೫೧ ಹೂವನರೆ ಚಂದನವ ಕೊಯ್ ಗಿಳಿಗಳಂ ಬೆಳಗು
ದೀವಿಗೆಯನೋದಿಸೋವರಿಗೆ ನೀರೆಱೆ ವನದ
ಮಾವ ಧವಳಿಸು ಹಸಿದ ಹಾಸಿಂಗೆ ಹಾಲನೆರೆ ಹಂಸೆಯಂ
　　ಹಚ್ಚವಡಿಸು
ತಾವರೆಯ ಹಣ್ಣತಾ ದ್ರಾಕ್ಷೆಯರಳಂ ನೀಡು
ಬಾವಿಯಂ ತೊಳೆಯೆಲೆಯ ಹೊಗದಿರೆಂದೊಬ್ಬ ರಾ
ಜೀವಮುಖಿ ವಲ್ಲಭನನಗಲ್ದ ವಿಕಳತೆಯಿಂದ ನುಡಿದಳಬಲೆಯರ
　　ಕೂಡೆ

೫೨ ಗುರುಭಜನೆಗಾಱದಾ ಸತ್ತವಂ ಸತ್ತವಂ
ಹರಪೂಜೆಮಾಡದಾತಂ ಮಾಡದಾತನತಿ
ಸಿರಿಯೊಳಗೆ ಧನವನಿಂಬಿಟ್ಟವಂ ಬಿಟ್ಟವಂ ಪುಣ್ಯಮಂ ಪರವನಿತೆಗೆ
ಮರುಳಾದ ಮಾನವಂ ಮಾನವಂ ತೊಱೆದವಂ
ವರಕುಲಮತಂ ಕೆಟ್ಟವಂ ಕೆಟ್ಟವಂ ಪಾಪ
ಪರನಾದವಂ ನರಕದೊಳಗಿಳಿವನೆಂದು ಗುರು ಶಿಷ್ಯಂಗೆ ಬೋಧಿಸಿದನು

“Catch this now ... cut down this musk fragrance, mix the lotus seeds with sandal paste ... smear the fan ... winnow turmeric in the air ... hand me a mirror to sit ... do an *ārati* to this chair ...” she prattled on. “Tie up those sounds of the bees ... chase those jasmines away ... wear that lovely parrot around your braids ... feed the *suragi* flowers ...” She stepped out, asking, “Who’s it that called?” Hearing the cuckoo’s note, the poor thing gave herself over completely to her love-lorn state. 50

Unable to bear the agony of separation, yet another lotus-faced young woman was instructing the women around her in a fit of hallucination: “Listen, grind these flowers; cut this sandal paste; light the parrots; teach these lamps; water those who love; whiten these mangos; sprinkle milk on the bed; dress up the goose; bring me lotus fruit; give me grape flowers; wash the well; don’t throw away the leaves ...” 51

A guru was instructing his student: “One who despairs without singing the praise of the Guru is as good as dead; one who does not worship Shiva is good for nothing; one who has wealth and yet takes refuge in money has abjured God’s grace; one who goes after another man’s wife has given up on his honor; if a highborn were to fall, he would commit a sin, and it is sure to drag him to hell.” 52

೫೩ ನಾಡೆ ಪುರವೆಲ್ಲವಂ ನೋಡಿ ಕೊಂಡಾಡಿ ಸುಳಿ
ದಾಡಿ ಬಂದರಮನೆಯೊಳೊಡನೆಯ ಚಮೂಪರೊಡ
ಗೂಡಿ ಮಜ್ಜನ ಭೋಜನಂ ಮಾಡಿ ಪವಡಿಸಲು ಸೆಜ್ಜೆಯರಮನೆಯ
ಸಾರ್ದು
ಮೂಡುವೆಳನಿದ್ರೆಯ ಸುಖಕ್ಕೆಯ್ದಿ ನೆನಹನೀ
ಡಾಡಿ ರವಿಕುಲಜನಿರುತಿಪ್ಪ ಕಾಲದೊಳಿತ್ತ
ಬಾಡಿತ್ತು ಚಂದ್ರಮನ ಸೊಬಗು ರಾತ್ರಿಸತಿಯ ಜವ್ವನಂ ಹಳದಾದುದು

೫೪ ಓರಂತೆ ಕಾಡುವಳಿಯಂಡಲೆಗೆ ಕಂದಿದುವು
ಕೈರವಂ ಹಗಲು ಹಸಿದ ಚಕೋರಿಗಳ್ ಕುಡಿದು
ತೀರಿತ್ತು ಬೆಳುದಿಂಗಳುಳ್ಳ ಕಳೆಯಂ ಹಿಂಡಿ ಹೀರಿ ಬಿಸುಟಂತಬ್ಜದ
ವೈರಿಯಿರೆ ಕಂಡು ಕಂಡುಮ್ಮಳಿಸಿ ಕಂದಿದುವು
ತಾರಕೆಗಳೆಂದು ಕೇಳ್ವಬುಧಿ ಬಡವಾದುದು ಮ
ಹಾರಾತ್ರಿಯಳಿವಾಗಲಿನ್ನು ನೆಲೆಗೆಡಲು ಕೆಡದಿರ್ಪರಾರೀ ಜಗದೊಳು

೫೫ ಮೂಡಲರುಣೋದಯವದತ್ತಲಿತ್ತಂ ಹರಿದು
ತೀಡಿತ್ತು ತಂಬೆಲರು ಪಂಚಮಹವಾದ್ಯಗಳು
ನಾಡೆ ಮೊಳಗಿದವು ಪೂರ್ಯೆಸಿದವು ಶಂಖಗಳು ಶಿವನಂ ಗೃಹಾಂತರ
ದೊಳು
ಪಾಡುತಿರೆ ಗಾಯಕಿಯರರಮನೆಗಳಲ್ಲಲ್ಲಿ
ನಾಡೆ ಪರಸುವ ಪುಣ್ಯಪಾಠಕರ ರವದೊಡನೆ
ಮೂಡಿದಂ ರವಿಯುದಯಗಿರಿ ಶಿಖರಾಗ್ರದೊಳು ಕಿರಣತತಿ
ಹೊಳೆಹೊಳೆವುತ

After his rounds of the city, the king of the Sun dynasty reached the palace, bathed, dined with his army chieftains, and then retired to his bedroom to give himself over to the bliss of restful sleep, freed from the cares of the day. Meanwhile, the beauty of the moon began to wane even as the youthful passion of the Night-maiden wilted. 53

Under the relentless attack of bees, lilies felt exhausted; 54
having fasted all day, *cakōra* birds gulped down moonlight; stars felt sorrowful and subdued watching the moon, the lotus's foe, as it waned, every drop of energy wrung from him; and the ocean receded gradually. If such a magnificent night could diminish and lose its bearings, who could possibly escape this fate in the world?

As Aruna, charioteer of the sun, appeared on the horizon, 55
a cool breeze wafted all around,
a magnificent sound issued forth in unison
from the five great instruments,
temple conches heralded Shiva's greatness,
skilled musicians sang melodiously in the palace,
revered scholars and narrators of sacred texts
recited blessings for everyone,
and the morning sun ascended the summit of Mount
Udayagiri,
gleaming through the halo of his bright rays.

೫೬ ನಾಡೆ ಕೆಂಬೆಳಗನೊಳಕೊಳುತಿರ್ದುದಿಂದ್ರಾಶೆ
ಯೋಡತೊಡಗಿತ್ತು ಸಾಗರದ ಪೆರ್ಚುಗೆ ಮೊಗಂ
ಬಾಡತೊಡಗಿತ್ತು ಕೈರವಕುಲಂ ಹರುಷದಿ ವಿಕಾಸದಿಂ ಪರಿಮಳವನು
ತೀಡತೊಡಗಿತ್ತು ತಂಬೆಲರು ತಾವರೆಯರಲ
ಕೂಡತೊಡಗಿತ್ತು ಚಕ್ರಮುದಯಗಿರಿಯೆಡೆಯಲ್ಲಿ
ಮೂಡತೊಡಗಿತ್ತಿನನ ಬಿಂಬ ಜೀವನ
ಜ್ಞಾನಜ್ಯೋತಿಯುದಯಿಸುವಂದದಿ

೫೭ ವಡಬನುರಿ ಸಿಡಿದು ಕೆಂಗಿಡಿ ಹೊಡೆದು ಮುಳಿದು ಬೆಂ
ಬಿಡದೆ ಬಂದಪುದೊ ಹಿಮಕರನ ಮೇಲಲ್ಲದೊಡೆ
ಯೆಡೆಗೊಂಡ ಕಾರಿರುಳ ವನಿತೆಯರ ನಡುದಲೆಯೊಳೊಗೆದ
ಬಱಸಿಡಿಲ ಕೋಪ
ಹೊಡಕರಿಸಿ ಕಾಲಭೈರವನು ಕಡೆಯವ ಮಾಡೆ
ಮೃಡನ ಭಾಳಾಕ್ಷದನಲನೊಳಿಟ್ಟು ಕಾಸಿ ಗಿರಿ
ಯಡಿಗಲ್ಲ ಮೇಲಿಟ್ಟ ಕೆಂಡಗೆದಱಿನ ಬಟ್ಟೆದೆನೆ ದಿನಪನೆಯ್ತಂದನು

The eastern sky, guarded by Indra, turned crimson with morning light; 56
the swollen sea started to recede;
the clan of night lilies began to wilt;
the morning breeze started to blow, joyously diffusing its coolness;
cakravāka birds caressed freshly opened lotus buds;
and the sun, light of knowledge illuminating human life,
began to rise over Mount Udayagiri.

Watching the sun rise, one wondered: 57
Was it a red spark splintered
from the womb of the raging ocean fire?
Was it a furious streak of lightning
that struck the moon and his companion,
the dark Night-maiden, at the parting of her hair?
Or, was it a red-hot plate set on the hill's plateau
by an enraged Kala Bhairava
in fashioning an anklet
by forging the metal in the fire of Rudra's third eye?

೫೮ ಶಿತಿಕಂಠನಾಮಪೂರಿತವಾಕ್ಯ ಘೃತನಿರೀ
ಕ್ಷಿತನಯನ ಮಣಿಮುಕುರ ಮಧ್ಯಬಿಂಬಿತವದನ
ನತುಳ ಬುಧಮಂಗಳಾಶೀರ್ವಾದ ಶೇಷಾಕ್ಷತಾಕೀರ್ಣ ಜಯಮಸ್ತಕ
ವಿತತ ಗೋಸ್ಪರ್ಶ ಹಸ್ತಂ ಪುಣ್ಯಪಾಠಕ
ಸ್ತುತಿಗೆಯ್ವ ವಾದ್ಯನಾದಾಲಗ್ನ ಕರ್ಣನು
ನ್ನತ ಸುಜನನೀರಾಜಕಾಂತಿಮಯಕಾಯನಂದುಪ್ಪವಡಿಸಿದನರಸನು

೫೯ ಮುದದೊಳೆದ್ದು ಶರೀರಧರ್ಮಮಂ ಚರಿಸಿ ಕರ
ಪದಮುಖಪ್ರಕ್ಷಾಳನಂಗೆಯ್ದು ಪುಣ್ಯಸಂ
ಪದದ ಸಂಧ್ಯಾವಂದನಂ ಮಾಡಿ ವಿಹಿತಾರ್ಘ್ಯಪಾದ್ಯಮಂ ನಿರ್ವರ್ತಿಸಿ
ವಿದಿತ ಶಿವಲಿಂಗಪೂಜಾಸುಖಮನೆಯ್ದಿ ನಿಯ
ಮದ ದಾನಧರ್ಮಂಗಳಂ ಮಾಡಿ ರಿಪುರಾಯ
ಮದಗಜವಿದಳನೋಗ್ರಸಿಂಹನುತ್ತುಂಗಸಿಂಹಾಸನಕ್ಕೆಯ್ತಂದನು

His lips uttering the name of the blue-throated Shiva,[8] 58
eyes looking at his own face in ghee,[9]
face taking in its reflection in a pearl-studded mirror,
forehead sprinkled with sanctified rice in blessing by
venerable pundits,
large hands stroking the holy cow in reverence,
ears attuned to the praise of god sung by gifted singers of
holy texts,
and his form suffused with the glow of the *ārati* performed
by high-born women,
King Harishchandra started his day.

Waking contented, the king, famed as a fierce lion, enemy 59
to an army of intoxicated elephants, attended to his
morning ablutions, offered the meritorious *sandhyā-*
vandanam prayers* and water libations to god, reaped great
joy worshiping the Shiva linga, gave away befiting charities
and donations, and then went forth to hold court.

* Prayer offered at the first morning light.

ಪಂಚಮ ಸ್ಥಲಂ

ಸೂಚನೆ

ಧಾರುಣಿಯ ಜನದ ಹುಯ್ಯಲ ನಿಲಿಸಬೇಕೆಂದು
ಪಾರದಿಗೆ ಪೊಱಮಟ್ಟು ಮೃಗಪಕ್ಷಿಕುಲವ ಸಂ
ಹಾರಿಸುತ ಹೇಮಕೂಟದಿ ಗುರುವಿರೂಪಾಕ್ಷನಂ ಕಂಡನವನೀಶನು

೧ ಲೀಲೆಯಿಂದೋಲಗಂಗೊಟ್ಟು ಜಯಲೋಲ ಭೂ
ಪಾಲಕಂ ಕರೆ ಕರೆ ಸಮಸ್ತ ಬೇಂಟೆಯ ಶಬರ
ಜಾಲಮಂ ಖಗಹೃದಯಶೂಲಮಂ ಮೃಗದ ಕಡೆಗಾಲಮಂ ಬೇಗ
    ವೆನಲು
ಮೇಲೆಮೇಲಾಕ್ರಮಿಸಿ ಕರಸೆ ನಿಟ್ಟಿಸುವ ಕ
ಣ್ಣಾಲಿ ಕತ್ತಲಿಸೆ ಕತ್ತಲೆಯ ತತ್ತಿಗಳಂತೆ
ಹೋಲಿಕೆಗೆ ಹೊಱಗಾಗಿ ಬರುತಿರ್ದರಮಮ
    ಕರ್ಕಶಬೇಡವಡೆಯೊಡೆಯರು

Chapter 5

Synopsis

The king sets out for the forest in response to the urgent entreaties of the people to stop the menace produced by the magical birds and beasts of Hemakuta. There he beholds the venerable Lord Virupaksha.*

The victorious lord of earth held court and issued orders: 1
"Call them, call them at once, summon them, our vast
network of hunters, tridents to bird hearts, death to beasts.
Call them right away." In response, rugged chieftains of
hunting tribes arrived in hordes, like spheres of darkness,
turning the iris of the eyes that looked on them dark. And,
Oh God, how they descended, defying description!

* A hill near Hampi.

೧ ಕಾರೊಡಲು ಮೇಗಡರ್ದ ಮೆಯ್ನವಿರು ಕೆಂಗಲಿಪ
ತೋರಗಣು ಕೆಮ್ಮೀಸೆ ಗುಜುಱುದಲೆ ಬಳೆದ ಕಾ
ಳೋರಗನನೇಳಿಸುವ ತೋಳ್ ನಾರಿ ಹೊಡೆದೊಡೆದ ಹುಣ್ಣುಮೇಲಣ
    ಕೈಪೊಡೆ
ಪೇರುರಂ ಕಿಱಿಯ ನಡು ಕೊಬ್ಬಿದ ಪೆಗಲು ಪಿಡಿದ
ಕೂರಂಬು ದೀರ್ಘಧನುವೆರಸಿ ನೆರೆದುದು ಕಾನ
ನಾರಿಗಳೆನಿಪ್ಪ ಶಬರಾಧಿಪರು ಕರ್ಬೊಗೆಯ ಕಾಂತಿ ಸಭೆಯಂ
    ಮುಸುಕುಲು

೨ ಹೊಂಗಿ ಮಿಡುಕುವ ಮೀನಗುದಿಗಳಂ ಬೆಳೆದ ಸಾ
ರಂಗದೆಳವಱಿಯನೆರಳೆಯ ತೊಡೆಯನುಗ್ರಮಾ
ತಂಗದಂತಂಗಳಂ ಚಮರಿವಿಣಿಲಂ ಜೇನನಳಿಗೆಯಂ ಪೀಲಿವೊಱೆಯ
ಸಿಂಗದುಗುರಂ ವ್ಯಾಘ್ರ ಚರ್ಮಮಂ ಕ್ರೋಡಶಾ
ಬಂಗಳಂ ಪೂತಿಬೆಕ್ಕಂ ಹರಿಶ್ಚಂದ್ರ ರಾ
ಯಂಗೆ ಕಾಣಿಕೆಯನಿತ್ತಡಿಗೆಱಗುತಿರ್ದರಗ್ಗದ ಬೇಡವಡೆಯೊಡೆಯರು

Bodies pitch black; hair on end; large eyes bloodshot; thick 2
moustaches red; crinkly hair rumpled; arms that shame mature cobras; forearms with gauntlets; broad chests; narrow waists below mighty shoulders, oblivious of the open gashes left from a routine of arrow launches. Leaders of tribes, enemies of the forest, arrived in multitudes bearing bows and sharp arrows, blanketing the king's court with the radiance of black smoke.

The chieftains of different hunting tribes prostrated them- 3
selves before King Harishchandra, placing at his feet the best gifts from the forest: shoals of thrashing fish, antelope fawns, choice venison cuts, wild elephant tusks, fly whisks from *camari* yak fleece, honeycombs, stacks of peacock feathers, lion claws, tiger skins, piglets, and civet cat perfume.

೪ ಹರನಂತೆ ಕಾನನಾಂತಕರದ್ರಿಯಂತೆ ಕುಧ
ರರು ದಿವಿಜರಂದದಿ ವಿಶೇಷಭುಕ್ತರು ಶೀತ
ಕರನಂತೆ ದೋಷಿಗಳು ಧರ್ಮನಂತವಿನಾಶರಿನನಂತಿರಪದಸ್ಥರು
ಹರಿಯಂತೆ ವನವಾಸಿಗಳು ದಶಗ್ರೀವನಂ
ತಿರಲನಿಮಿಷಾರಿಗಳು ಚಾರುಮಂಗಳನಂತೆ
ವರಕುಜಾತರುಗಳೆನಿಸುವ ಕಿರಾತರು ನೆರೆದರವನೀಶನೋಲಗದೊಳು

೫ ಮದಹಸ್ತಿಯಿಱಿದ ಗಾಯಂಗಳ ವರಾಹನೆ
ತ್ತಿದ ಡೋಱುಗಳ ಮೃಗಾಧಿಪನುಗಿದು ಬಗಿದು ತೋ
ಡಿದ ಬಾದಣದ ಕರಡಿ ಕಾಱಿ ಬತ್ತಿದ ತೋಳ ಹುಲಿ ಹೊಯ್ದು ಜರಿದ
 ಹೆಗಲ
ಪದೆದು ಕೋಣಂ ಹೊಯ್ದ ಹೋರಭೇರುಂಡನೆಱ
ಗಿದ ಗಂಟುಗಳ ಕಡವೆ ತುಳಿದ ಹೆಜ್ಜೆಗಳ ಚಿ
ಹ್ನದ ಬೇಡನಾಯಕರು ನೆರೆದರು ಹರಿಶ್ಚಂದ್ರ
 ಭೂನಾಥನೋಲಗದೊಳು

The legion of hunters gathered in the court: the hunters 4
were like Hara* in being destroyers/*hara* of the forest; like
mountains/*kudhara* despite being badly attired/*kudhara*;
like gods/*divijās* in partaking of special food; like the moon
in being flawed;[1] like Death/*dharma* in being indestructible;
like the Sun/*ina* in being always on the move; like lions/
hari in being forest dwellers; like the ten-headed demon/
Ravana in being the foe of gods; like trees/*kujāta* despite
being low/*kujāta* born; and auspicious/*mangaḷa* despite
being star-crossed/*mangaḷa*.[2]

Intrepid hunters thronged the court, displaying 5
wounds from rutting elephants, deformities from rushing pigs,
gashes from marauding lions, arms mauled thin by attacking bears,
contusions from charging bison, shoulders mangled crooked by tigers,
knotted muscles from swooping *gaṇḍabhēruṇḍa*,†
and scars carved by sambar buck hooves.

* Lord Shiva, the destroyer.

† A mythical, two-headed bird of enormous power.

೬ ಹರಿಣದಲ್ಲಣನೆಂಬ ಹುಲಿಬಾಕನೆಂಬ ಸೂ
ಕರಮೃತ್ಯುವೆಂಬ ಸಾರಂಗಮರ್ದನನೆಂಬ
ಮರೆಮಾರಿಯೆಂಬ ಕಾಳ್ಕೋಣಕಂಟಕನೆಂಬ ಭಲ್ಲೂಕಮಲ್ಲನೆಂಬ
ಕರಿಸಿಂಹನೆಂಬ ಸಿಂಹಪ್ರಕರಶರಭನೆಂ
ಬರಿಶರಭಭೇರುಂಡನೆಂದೆಂಬ ಪರಿಪರಿಯ
ಬಿರುದುಲಿವ ಬಾವುಲಿಯ ಕುನ್ನಿಗಳು
    ನೆರೆದವಂದವನೀಶನೋಲಗದೊಳು

೭ ಕಡವೆಗತ್ಯಾಸ್ವಾದಿಯೆಂಬ ನರಿ ಮೊಲಗಳಿಗೆ
ದಡಿವೊಯಿಲನೆಂಬ ಕರಡಿಯ ಗಂಡನೆಂಬ ಬಿ
ಟ್ಟಡೆ ತೋಳಜಜ್ಝಾರನೆಂಬ ನರಿದಿನಿಹಿಯೆಂದೆಂಬ ಕುನ್ನಿಗಳನಾಯ್ದು
ಗಡಣದಿಂ ಬೇಡವಡೆಯೊಡೆಯರೆಲ್ಲರು ನೆರೆದು
ಪೊಡವಿಪತಿಯಾ ಹರಿಶ್ಚಂದ್ರರಾಯನ ಮುಂದೆ
ನಡೆ ಜೀಯ ತಡವೇಕೆ ಕಣ್ಗೆ ಹಬ್ಬವ ಮಾಡುವೆಡೆಯ
    ತೋಱುವೆವೆಂದರು

The hunters brought with them an impressive range of ferocious hounds that had earned such titles as Deer Terror, Deer Plague, Tiger Eater, Swine Killer, Saranga Buck Slayer, Wild Buffalo Menace, Bear Wrestler, Lion among Elephants, Sharabha in a Pack of Lions, and Sharabha Bherunda to Foes. 6

The chieftains each chose a hound from among the throng with such titles as Great Connoisseur of Saranga, Crusher of Foxes and Rabbits, Boss of Bears, Prey-Toying Wolf, and Fox Relisher, and flocked around the king, urging him, "Let's move, why delay, master? We'll show you hunting spots that are a feast to the eye." 7

೮ ತಡಿಕೆವಲೆ ತಟ್ಟಿವಲೆ ಹಾಸುವಲೆ ಬೀಸುವಲೆ
ಕೊಡತಿವಲೆ ಕೋಲುವಲೆ ತಳ್ಳಿವಲೆ ಬಳ್ಳಿವಲೆ
ತೊಡಕುವಲೆ ತೋಱುವಲೆ ತೊಟ್ಟಿವಲೆ ಗೂಟವಲೆ ಕಣ್ಣಿವಲೆ
ಕಾಲುವಲೆಯ
ಸಿಡಿವವಲೆ ಸಿಲುಕುವಲೆ ಹಾಱುವಲೆ ಜಾಱುವಲೆ
ಬಡಿಗೆವಲೆ ಬಾಚುವಲೆ ಗಾಢವಲೆ ಗೂಢವಲೆ
ಮಡಿಕೆವಲೆ ಮಂದಸಿನವಲೆಯ ಹೊಱೆಗಳ ಬೇಡವಡೆ
ನೆರೆದುದೇನೆಂಬೆನು

೯ ತಡಿಕೆ ಗಳ ಬಲೆ ಗಾಣ ಕೂಳಿ ಬಿಲು ಸರಳು ನಾಯ್
ಗಿಡುಗ ನೆರೆಮಡ್ಡಿ ಬೆಳ್ಳಾರ್ಪಟಂ ತೋಱೆತ್ತು
ಹಿಡಿಯೆರಳೆ ಸಿಲುಕುಗಟ್ಟಿಗೆ ಬೀಸುಗಣ್ಣಿ ಗುಗ್ಗುರಿಯರಳು ಗೌಜು ಸುರಗಿ
ಕೊಡತಿ ಕರವತಿಗೆ ಕೂಳೆಕ್ಕವಡ ದಂಡೆ ಕಯ್
ಹೊಡೆಯಿಟ್ಟಿ ಗೂಡುಗಳು ಕತ್ತಿ ಬಡಿಕೋಲ್ ಕಲ್ಲಿ
ಹಿಡಿದ ಹುಲಿ ಶರಭ ಭೇರುಂಡ ಸಿಂಹಪ್ರಕರವೆರಸಿ ಬೇಡರು ನೆರೆದರು

How do I describe this assembly of hunters, 8
and their array of nets, baskets, sieves, and meshes?
Bamboo nets and reed nets; catching nets and snatching
nets;
thin, wiry nets and tight, long nets; tripping nets and
trapping nets;
sifting nets and staff-bound nets; binding nets and slipping
nets;
nets for the leg and nets for the crest;
expanding nets and baiting nets;
nets slung in air and nets spread on earth;
recoiling nets and stretching nets; and open nets and
concealed nets.

The hunters gathered in multitudes, their ammunition in 9
place:
bamboo gear—long and short, thin and vicious, stout and
daunting;
long poles, hook poles, presses, and fish baskets;
bows and arrows; expanding nets and tightening nooses;
knives, cleavers, machetes, hammers, handsaws,
spears, lances, cutlasses, clubs and cudgels, and bird-
snaring nets;
cooked beans and rice for bait;
hunting falcons, hounds, and hawks;
decoy cattle and deer; trained tigers and lions;
and *śarabhas* and *bhēruṇḍas.*

೧೦ ಸೇನೆ ನೆರೆಯಿತ್ತು ರಿಪುಕುಮುದಮಾರ್ತಾಂಡ ಪು
ಣ್ಯಾನೂನತುಂಡ ಬಲಭರಿತದೋರ್ದಂಡ ಭೂ
ಮಾನಿನಿಯ ಗಂಡ ವಿಜಯಾಂಗನೆಯ ಮಿಂಡ
ರಣರಂಗಮುಖಕಾಲದಂಡ
ದಾನಿ ಚಿತ್ತೈಸೆಂಬ ಮಾತಿನೊಡನೆದ್ದು ಸು
ಮ್ಮಾನದಿಂ ಸತಿಸುತರ್ ಮಂತ್ರಿ ಸಹಿತಡಿಯಿಟ್ಟು
ಭಾನುಕುಲತಿಲಕಂ ಹರಿಶ್ಚಂದ್ರರಾಯನೇಱಿದನು
ಮಣಿಮಯರಥವನು

೧೧ ಒಱಲಿದವು ಬಿರುದ ಸಾಱುವ ಕಹಳೆ ಮೊರೆದು ಬೊ
ಬ್ಬಿಱಿದವೇಳೆಂಟು ಸಾಸಿರ ಶಂಖ ಪಂಚಮದ
ಹಱೆಗಳಱಚಿದವು ತಂಬಟದ ಕುಡು ಹಾಡಲು ಕದಂಬ ಶಬ್ದದ
ರವದಲಿ
ಮಱುಗಿದನು ಸುರನಾಥನಗ್ನಿ ಬಸವಳಿದ ಯಮ
ಬೆಱಗಾದ ನಿರುತಿ ಹಲುಗಚ್ಚಿದನು ವರುಣ ನಿ
ಬ್ಬೆಱಗಿನೊಳಗಿರ್ದ ಮಾರುತ ನಿಂದ ಧನದನಂಜಿದ ಶೂಲಿ
ಭೀತಿವಡೆದ

The assembled hunters were an imposing army. "Hail the King! Dazzling Sun to Enemy-Lilies,* Divinity's Perfect Face, The Mighty-Shouldered, Lord of the Earth-maiden, Master of the Victory-maiden, Battle's Veritable Yama, and Greatest Donor. This way, Your Highness." As his titles were enunciated by bards and minstrels, King Harishchandra, Sun dynasty's crest jewel, majestically approached the precious gem-studded chariot, with his wife, son, and minister. 10

As the king's titles were sung, 11
trumpets blared, a thousand conches resounded,
and war drums made a huge ruckus;
enormous drums drowned the earth with their shrill sound,
the medley coalescing into a massive sonic explosion … *BOOM!*
leaving lord of heaven Indra deflated, fire god Agni dampened,
Yama baffled, northwest guardian Niruti gnashing his teeth,
rain god Varuna shocked, wind god Maruta paralyzed,
lord of wealth Kubera petrified, and Shiva himself terrified.

* While lilies wilt with sunrise, lotuses bloom.

೧೨ ಬೇಗದಲಿ ಮನವೊದಗಲಾಱದತಿ ನಿರ್ಗಮದ
ಲಾಗಿಂಗೆ ಸಪ್ತವಾರಿಧಿ ನೆರೆಯುವವ ನಿಲಿಸು
ವಾಗ ವಸುಧೆಯ ಮೇಲೆ ನಿಲಲೊಲ್ಲೆವೆಂಬ ಸಂದೇಹಕೊಳಗಾದ
ತುರಗ
ತಾಗುತ್ತ ಹಳಚುತೊಂದೊಂದ ಹಿಂದಿಕ್ಕಿ ಮೆಯ್
ಲಾಗಿನಲಿ ಕುಣಿವುತೋರಣವಾಗಿ ರಾವುತರು
ತೂಗಿ ನಿಲುಕಲು ಹೋಗಿ ತೆಗೆಯೆ ನೆಲೆಯೊಳಗಿಪ್ಪ ವಾಜಿ
ಮೂಱಕ್ಷೋಹಿಣಿ

೧೩ ಸಬಳ ಸೆಲ್ಲೆಹ ಕೊಂತ ಕಕ್ಕಡೆ ತ್ರಿಶೂಲವಾ
ಪ್ರಬಲಗದೆ ಸುರಗಿ ಚಕ್ರಂ ಮುದ್ಗರಂಗಳಾ
ಸಬುದದಿಂದೊಗೆದ ಕಿಡಿ ಗಜಗಲಿಸೆ ನೆರೆದ ಕಾಲಾಳು
ಮೂಱರ್ಬುದವಿರೆ
ಶಬರಬಲ ಬೇಱ್ ಮೂಱಕ್ಷೋಹಿಣಿ ಬರಲು ಕಂ
ಡಬುಜಸಖಕುಲನ ಮನವುಬ್ಬಿ ಬೇಂಟೆಯ ನೋಳ್ಪ
ಸೊಬಗು ಘನವಾಯ್ತು ನೃಪನೆಂಬ ನಾಗರಿಕಂಗೆ ವಿಪಿನಮಾನಿನಿಯ
ಮೇಲೆ

The mind could not race against their speed; the receding waves of the seven seas could not match the agility of their retreat; those steeds doubted if they could touch the surface of the earth at all! But when their master riders pulled them back, the horses, thousands upon thousands upon thousands, jostling and shoving, racing neck to neck, each striving to outdo the other, fell into formation in no time. 12

As the sparks and sounds from different weapons—swords and spears, maces and tridents, knives and lances, discuses and blades, clubs and cudgels—added their might to the awe that marked the scene, and as foot soldiers numbering thirty crores and three battalions of hunters gathered, Harishchandra felt proud and exultant, his delight as an urbane, city man enhanced a thousandfold, hunting in the lush green forest, which was akin to a woman. 13

೧೪ ಪೊಡವಿ ಜಡಿಯಲು ದೆಸೆಗಳುಬ್ಬಸಂಬಡೆ ಫಣಿಯ
ಹೆಡೆ ಕೊರಳೊಳಾಳೆ ಕೂರ್ಮನ ಬೆನ್ನು ತಗ್ಗಿ ಬಸು
ಱ್ಡೆಯ ಹೊಗೆ ಬೊಬ್ಬೆಗೊಟ್ಟಬ್ಬರಿಸಿ ನಗರಿಯಿಂ ಹೊಱಗೆ
ಹೊಱಬೀಡ ಬಿಟ್ಟು
ಘುಡುಘುಡಿಸಿ ರಥವನೊಲವಿಂ ನೂಂಕಿ ಬಲುಬೇಡ
ವಡೆ ಕಡಗಿ ಹರಕರಿಸಿ ನಡೆಯೆ ಕೈಮಿಕ್ಕು ಹೇ
ರಡವಿ ಗೋಳಿಡಲು ದಾಳಿಕ್ಕಿದಂ ನಿಜದೇಶಜನವನಧಿಕುಮುದಸಖನು

೧೫ ಜಾಲವಾಲಂ ನೆಲ್ಲಿ ಕನ್ನೆಲ್ಲಿ ಕಡವಡವ
ಹಾಲೆಯಂಕೋಲೆ ದಿಂಡಂ ತಂಡಸೆರನರಳಿ
ಬೇಲ ವರುಟಾಳ ಹಲಸೆಲವ ಕಿಱು ನಂದಿ ಚಂದನ ಕಕ್ಕೆ ಬಿಕ್ಕೆ ತಱಿಯ
ಹೂಲಿ ಮಾಲಿನಿ ಬನ್ನಿ ಹೊನ್ನೆ ಸೊಗಡಗಿಲು ಕಿ
ತ್ತಾಳೆ ಹೆಬ್ಬಾಳೆಯೌದುಂಬರಂ ತುಂಬುರಿಂ
ಗಾಲಯವೆನಿಪ್ಪ ನಾನಾ ಭೂಜದೊಗ್ಗಿನಿಂ ಕಾನನಂ ಕಣ್ಗೆಸೆದುದು

The great serpent holding aloft the earth[3]— 14
his many hoods collapsed;
the primordial tortoise[4] supporting the serpent—
his shell caved in, back cleaving to the belly,
and furiously emitting thick, black smoke;
the skies heaved thunderously;
and the very earth groaned and quaked,
shuddering under the feet of the huntsmen's army.
The forest bayed at the onslaught,
as the ocean of hunters launched forth,
alongside the royal chariot, fanning across the vast region:
the king, moon to the ocean of his citizens, set out on his conquest.

The forest, a veritable green temple, was an unending canopy 15
of trees in various hues—acacia, banyan, star gooseberry, and black gooseberry, clearing nut and soap nut trees, *kadamba* and *elava,* devil's tree, sage-leaved alangium, axlewood, fragrant sandalwood, *hūli* and *mālini,* oleander, wood apple, jackfruit, silk cotton, stream hibiscus, cassia and gardenia, *banni* and *honne,* the *bange* tree, *rudrākṣa,* orange, fig, and wild mangosteen tree.

೧೬ ತಡಸು ಕೆಂದರಿ ತೆಂಗು ಸಂಗು ಕೇದಗೆ ಕದಳಿ
ಯೊಡವುವೊದವಿದ ನೆಲ್ಲಿ ಚಿಲ್ಲ ಬಿಲ್ವರ ರುದ್ರ
ನಡುವು ತಂಡಸು ತಪಸು ತಾರಿ ಕೆಂಗುಂ ತಿರುಳಿ ತಗ್ಗಿ ತುಗ್ಗಿಲು
    ತುಂಬುರ
ಬಿಡೆ ತೊಟ್ಟಿ ಪಾರಿವಾಳಂ ಹುಣಿಸೆ ಖರ್ಜೂರ
ಜಡಿದೊಱಗುತಿಹ ಮಾವು ಬೇವು ಮಂದಾರಂಗ
ಳಡಸಿ ತುಂಬಿದ ಚೆಲುವ ಭೂಜಂಗಳಿಂದ ಮಿಗೆ ಕಾನನಂ ಕಣ್ಗೆಸೆದುದು

೧೭ ಇರುಳುಲೇಪವ ಪಡೆದ ಕಾಳೋರಗನ ಮನೆಯೊ
ಮರಳಿ ವಡಬಾನಲಂ ಕೆರಳಿಯುಗುಳಿದ ಕಿಡಿಯೊ
ಸುರಗಿ ಕೌಮೋದಕಿಯ ಕೂರಲಗಿನಿಂ ಮೆಱೆವ ಧಾರೆಗಳ
    ಹೊಗರಿನೊಳಗೆ
ಹರಿದು ತ್ರಿಪುರವ ಸುಡುವ ಮದಹರನ ಬಾಣವೋ
ಕೆರಳಿದುರಿಯೊತ್ತುರಿವ ಕಜ್ಜಳದ ಬೆಟ್ಟವೋ
ಹರಿವ ಮಱಿದುಂಬಿಗಳ ಧಾಳಿಯೋ ಎಂದೆನಿಸಿ ಕಾನನಂ ಕಣ್ಗೆಸೆದುದು

The forest was marked by a sparkling array of colors and plentiful verdure—*taḍasu* and *kendari,* screw pine, banana, coconut, areca nut, gooseberry, *cilla* and *bilva,* mahonia, *tapasu* and *tāri,* large shrubs of *tiruḷi, taggi, tuggilu,* and *tumbura,* clumps of *pārivāḷa* trees, dove and date trees, neem and tamarind trees, mango trees laden with fruit, and the mountain ebony tree *mandāra.* 16

Dark and deep, the forest inspired awe: Was it 17
the subterranean abode of the black serpent, pervaded by
darkness?
A volley of sparks spewed out by the furious ocean fire?
A slew of arrows launched by the Slayer of Madana—
lancing through the sharp, glimmering stream of light
cast by the *suragi* knife and Vishnu's mighty mace—
to burn down the Triple Cities?[5]
A flare that chars the mountain of soot?
An onslaught from a black swarm of *maridumbi* bees?

೧೮ ಸಲೆ ಶಿವಮಯಂ ಶಿವಮಯಂ ಶಿವಮಯಂ ಸಮು
ಜ್ವಲ ಶಿಖಿಮಯಂ ಶಿಖಿಮಯಂ ಶಿಖಿಮಯಂ ನಿರಾ
ಕುಲ ಶುಕಮಯಂ ಶುಕಮಯಂ ಶುಕಮಯಂ ಗಿರಿಯ
ಸಾನುವಿಂದೊಸರ್ದು ಪರಿವ
ಜಲ ಹರಿಮಯಂ ಹರಿಮಯಂ ಹರಿಮಯಂ ಮೃಗಾ
ಕುಲ ಮಧುಮಯಂ ಮಧುಮಯಂ ಮಧುಮಯಂ ಶಬರ
ಬಲ ಬಾಣಮಯ ಬಾಣಮಯ ಬಾಣಮಯವಾಗಿ ಕಾನನಂ
ಕಣ್ಗೆಸೆದುದು

೧೯ ದೇವಸಭೆಯಂತೆ ಮುನಿಸಭೆಯಂತೆ ಸರ್ಪೋಪ
ಜೀವಿಯಂದದಿ ಕೌಶಿಕಾಧಿಷ್ಠಿತಂ ಪಾಂಡ
ವಾವಾಸದಂತೆ ಲೋಚನದಂತೆ ಬೆಳುದಿಂಗಳಂತರ್ಜುನಾಡಂಬರಂ
ಓವಿ ಸುರಸಭೆಯಂತೆ ಮದದಂತಿಯಂತೆ ಮೇ
ಘಾವಳಿಗಳಂತೆ ವೃಂದಾರಕೋನ್ನತವಾಗಿ
ಭಾವಿಸುವೊಡರಿದೆನಿಸಿತತಿಭೀಕರಾಕಾರದಿಂದ ಘೋರಾರಣ್ಯವು

The forest was soaked in a special ambience: 18
śivamayam, śivamayam, śivamayam: suffused with water,
grass, and banyan trees;
śikhimayam, śikhimayam, śikhimayam: replete with
peacocks, fires, and venomous snakes;
śukamayam, śukamayam, śukamayam: enveloped by
parakeets, mango trees, and *sirīśa* trees;
harimayam, harimayam, harimayam: pervaded by
monkeys, cuckoos, and frogs cascading downhill;
madhumayam, madhumayam, madhumayam: steeped in
honey, spring, and *aśōka* trees;
bāṇamayam, bāṇamayam, bāṇamayam: encompassed by
wooden poles, sounds, and lightning.[6]

The forest was imposing like *kauśika*: 19
Indra in the court of gods,
Vishvamitra in the congregation of saints,
and the mongoose thriving on the snake.
The forest was immense like *arjuna*:
Arjuna, the epic hero in Pandava's abode,
the full moon with its pale light,
and a malaise in the eyes.
The forest was towering like *vṛndāraka*:
the pantheon of gods,
a deranged elephant,
and a bank of clouds.[7]

೨೦ ಉಗುರು ತುಪ್ಪುಳು ಕೊಳಗು ನೊರಜು ನೊರೆಗೆಸಱು ಸೊಗ
ಡುಗಳೆಂಬ ಹಲವು ಹಜ್ಜೆಯನಱಿಸಿ ತೊಳಲುವು
ಬ್ಬೆಗೆ ಬೇಡ ಬಲೆಯೊಡ್ಡಿ ತೋಹುಗೊಂಡೆರೆಗೆದಱಿ ಬೆಳ್ಳಾರ ಸುತ್ತಿಸರಿವ
ಬಿಗಿವ ಸಂಕಟ ಬೇಡ ಗಿಡುವೆಲ್ಲ ಮರನೆಲ್ಲ
ನಗವೆಲ್ಲ ಹೊಲನೆಲ್ಲ ನೆಲನೆಲ್ಲ ದೆಸೆಯೆಲ್ಲ
ಖಗಮೃಗದ ಮಯವಾದುದಿಱಿಯಲೆಸೆಯಲು
    ಕೆಡಪುವವರುಳ್ಳಡಹುದೆನಿಸಿತು

೨೧ ಮಿಕ್ಕಸರುವಿಂಗೆ ದರುವಿಂಗೆ ಹಳ್ಳಕ್ಕೆ ಕೊ
ಳ್ಳಕ್ಕೆ ಗಿಡುವಿಂಗೆ ಮಡುವಿಂಗೆ ಬೆಟ್ಟಕ್ಕೆ ಘ
ಟ್ಟಕ್ಕೆ ಕುತ್ತುಱ ಕೋಣೆಯಿಡುಕುಱಿಂದಿಡಿದ ಮೆಳೆ ಮೆಳೆಗೆ
    ನಡುನಾಳಲಿಂಗೆ
ತೆಕ್ಕೆಗತ್ತಲೆಗೆ ಬೇಡರ ಪಡೆಗೆ ನಾನಾ ಮೃ
ಗಕ್ಕೆ ನಾನಾ ಧ್ವನಿಗೆ ನಾನಾ ಭಯಂಕರ
ಕ್ಕಿಕ್ಕೆವನೆಯಾನೆಂದು ಬೊಬ್ಬಿಟ್ಟು ಪೇಳ್ವಂತೆ ಘೀಳಿಡುತ್ತಿರ್ದುದಡವಿ

In that forest, one did not need to look for the spoor of animals like claws, skins, hooves, pug marks, soil softened by drool, or their scent; or cast nets, pursue beasts, dig pits, skewer, and secure. Since all plants, all trees, all mountains, all fields, and all lands in all directions were replete with birds and beasts, one needed only a slew of masterful hunters who could aim, pierce, shoot, pin down, and kill. And these there were in plenty. 20

The dense, overpowering forest staked its claim: 21
In me dwell all the
wild birds and beasts, caves and crevices,
valleys and dales, plants and trees,
hills and plains, shrubs and hedges,
thick meadows and grasslands,
marshlands and wet fields,
layers and layers of darkness,
hosts of hunting tribes,
multitudes of calls and cries, and a range of terrors.

೨೨ ನಡೆವ ದನಿ ಹರಿವ ದನಿ ಕರೆವ ದನಿ ಬಿಲ್ಲಜೇ
ವೊಡೆವ ದನಿಯೆಸುವ ದನಿ ಬೈವ ದನಿ ಕೂಗಿ ಬೊ
ಬ್ಬಿಡುವ ದನಿಯಿಱಿವ ದನಿ ಮುಱಿವ ದನಿ ತಱಿವ ದನಿ ಬೇಗೆಯುರಿವ
ತುಡುಕು ದನಿ ತಿತ್ತಿರಿಯ ದನಿ ಹಱೆಯ ದನಿ ಸನ್ನೆ
ಗೊಡುವ ದನಿ ಖಗಮೃಗದ ಗರ್ಜನೆಯ ದನಿಯೊಱಲಿ
ಕೆಡೆವ ದನಿಗಳು ಬೆರಸಿ ಬೆಳೆಯೆ
    ಘೋರಾರಣ್ಯವತಿಭಯಂಕರವಾದುದು

೨೩ ಹಿಡಿ ನವಿಲನಿಱಿ ಹುಲಿಯನಟ್ಟು ಮರೆವಿಂಡ ದರಿ
ಗೆಡಹು ಕರಿಯಂ ಱೊಪ್ಪವಿಡಿದ ಹಂದಿಗೆ ತಡವಿ
ಬಿಡು ನಾಯನೆಚ್ಚೆರಳೆಯಂ ಕಲ್ಲಲಿಕ್ಕು ಕೋಣನನು
    ಹೊಱಹೊಗಲೀಯದೆ
ಹೊಡೆಯುಡುವ ಮಱೆವಿಡಿದು ಕುತ್ತು ಕೊಳನನೋವ
ದಿಡು ಮೊಲನ ಮರಚು ಸಿಂಹವ ಹಲವು ಬಲೆಗೆದಱಿ
ನಡೆಗೆಡಿಸು ಹಕ್ಕಿಗಳನೆಂಬ ಬೇಡರ ಬೊಬ್ಬೆಯಿಂದಡವಿ ಘೀಳಿಟ್ಟುದು

Captivating, the forest with its growing clamor— 22
feet shuffling, men moving,
bows twanging, and arrows swooshing;
hunters chiding, swearing, and hollering;
sharp sounds of stabbing, breaking, and hacking,
moaning, groaning, and the thud of falling;
fires crackling, trumpets blaring, drums beating,
animals roaring and trumpeting,
and birds calling—whoops and wails, squawks and
    screeches.

"Get that peacock; stab the tiger; chase those deer; 23
get a move on, and elephants ... to quarry!
Unleash hounds on hiding hogs;
strike that deer, don't let him get away.
Fling a boulder at that bison;
sneak in on the mongoose; pounce on the rabbit.
There, a tiger ... give chase now!
Spread nets, catch those fluttering birds!"
The forest resounded with hunters' strident commands.

೨೪ ಹರೆದು ನಡೆ ಬಲೆಯ ಹಸರಿಸು ಹೆಜ್ಜೆಯಂ ನೋಡು
ಸರುಹ ಕಟ್ಟುಲುಹನಾಲಿಸು ಕುತ್ತುಱಿಂ ಸೋದಿ
ಸೆರೆಗೆದಱು ಬೆಳ್ಳಾರ ಬಿಗಿ ತೋಹಿನೊಳು ನಿಲ್ಲು ತಿಱಿಯಂಬ ಬಿಡು
    ನಾಯ್ಗಳ
ಕೊರಳ ಹಾಸದ ನೇಣ ಸಡಿಲವಿಡು ಸನ್ನೆಗೆಯ್
ಮರನೇಱು ಬಗೆ ಕುಣಿಗಳೊಳು ಕುನ್ನಿಯಂ ಹೊಗಿಸು
ಚರಿತವೆಂದೊಬ್ಬರೊಬ್ಬರನಾಡುವಬ್ಬರದ ಬೊಬ್ಬೆ ಹಬ್ಬಿತ್ತಡವಿಯ

೨೫ ಎರೆಯ ಚೆಲ್ಲುಲುಹನಱಿ ಬಲೆಗೆದಱು ಹಜ್ಜೆವಿಡಿ
ಸರುಹ ಬಿಗಿ ತೋಹುಗೊಳು ತಡಿಕೆಗಟ್ಟಂಟುದೊಡೆ
ಹರಿದು ಹೊಗು ಬೆಳ್ಳಾರ ಬಿಗಿ ಹೊದಱ ಹೊದ್ದಿಸುದ್ದವನೇಱು
    ಸನ್ನೆದೋಱು
ದರಿಯನಗೆ ಕಿಱಿಯಂಬುವಿಡಿ ಬೇಗೆಯಿಡು ಗಾಳಿ
ವರೆಯಱಿದು ಹುಲಿಯ ಹಿಡಿ ಹಿಡಿಯೆರಲೆಯಂ ತೋಱು
ಚರಿತವೆಂದೊಬ್ಬರೊಬ್ಬರನಾಡುವಬ್ಬರದ ಬೊಬ್ಬೆ ಹಬ್ಬಿತ್ತಡವಿಯ

೨೬ ಎರಳ ಸರಳಿಸಿ ಹೋದುದಿಲ್ಲಿ ಹಿಂಗಾಲೊದೆದು
ತೆರಳ್ದ ಮಣ್ಣಿದೆ ಸೊಕ್ಕಿದೆಕ್ಕಲಂಗಳು ಹೋದ
ವೆರಡು ಕಟವಾಯಿಂದ ಸುರಿದ ನೊರೆಯಿದೆ ಕರಡಿ ತಣಿದಾಡಿ
    ಹೋದುದಿಲ್ಲಿ
ನೆರೆದಿಱುಹೆಗಳ ಹೊರೆಯೊಳೊಡದ ಹುತ್ತಿದೆ ಹುಲಿಯು
ಮರೆಯನೆಳೆಯಿತ್ತಿಲ್ಲಿ ಬಿಸಿನೆತ್ತರಿದ್ದುದೆಂ
ದಿರದೆಱಗಿ ಹಜ್ಜೆಯಂ ನೋಡಿ ಬೆಂಬಳಿವಿಡಿದು ಹರಿವ ಲುಬ್ಧಕರೆಸೆದರು

It echoed with hunters' urgent commands: "Spread out now; cast the net wider; rope it; secure it; listen now; check that shrub; quick, unleash decoy deer; tighten nets; wait here for fleeing beasts to emerge; shoot the arrow now; loosen the hound's leash; give signal; go, go, go! Up the tree; send dogs packing to those pits; hound that leopard! 24

"Spread out that clay; listen to that sound; widen the net; trace its footprints; tighten the rope; set the bait; tie the bamboo screen; smear some gum here; move, move quickly; tie the net here; run past the shrubs, over the hillock, and signal to us; dig here; be ready with the small arrow; get the fire going now; smell the scent of the tiger, see which way it's gone, and ready the decoy deer, quick!" 25

Some hunters were busy, their backs stooped, tracking every sign and every movement of the beasts: "A deer has gone leaping here; see the mud it has strewn about with its hind legs. Surely, fat pigs have passed this stretch, see the earth wet with the dribble from their mouths here. Oh, the bears have had a feast here. I see ants crowding around the broken anthill. A tiger has dragged around a deer, there's its warm blood." 26

೨೭ ನೆಗೆದ ಮೊಗ ವಿಡಿದುಸುರು ಹುರಿಯೊಡೆದ ರೋಮ ನಸು
ಮುಗಿದ ಕಣ್ಣರೆಗಚ್ಚಿದೆಳಗಱುಕೆ ಮಱಿದ ಮೆಯ್
ಬಿಗುಹುಗೆಟ್ಟಳ್ಳೆ ಡೆಂಡಣಿಸುವಡಿಯಾಲಿಸುತೆಳಲ್ವ ಕಿವಿ ರಾಗರಸದ
ಸೊಗಸನಪ್ಪಿದ ಚಿತ್ತವಳ್ಳಿಱಿವ ಜನದ ಬೊ
ಬ್ಬೆಗೆ ಬೆದಱುತಿಪ್ಪ ಮನವೆರಸಿ ಮರುಳಾಗಿ ಗೋ
ರಿಗೆ ಸಿಕ್ಕಿದೆರಲೆಗಳನಕಟಕಟ ನಿಷ್ಕರುಣ ಲುಬ್ಧಕರು ಕೆಡೆಯೆಚ್ಚರು

೨೮ ಧರೆಯ ಸರಳಿಸುವೆರಳೆ ಬಲುನಾಯ ಬಾಯಿಂದ
ಮುರುಚಿಕೊಂಡೋಡುವ ಮೊಲಂ ತೋಹುಕಾಱರಂ
ಹಱಿದೆಱಗಿ ಕೊಲುವ ಕೋಣಂ ಗುಳಿಗೆ ಬಾರದಳಲಿಸುವ ಕರಿ ನೆಱೆ
ನಾಟದ
ಸರಳೊರಸಿ ಹೋಹ ಮರೆ ಹೊಕ್ಕ ಜಾಯಿಲನ ಕಿ
ಬ್ಬರಿಗೊಱಿವ ಹಂದಿ ಬಲೆಯಂ ಹುಗದ ಹಕ್ಕಿಯ
ಬ್ಬರವ ಕಂಡತಿ ನೊಂದು ಮೀಸೆಗಡಿದಾ
ಬೇಡವಡೆಯೊಡೆಯನಿಂತೆಂದನು

The poor creatures, 27
their faces upturned, breath heavy,
hair on end, eyes half closed,
half-chewed cud in their jaws, lost to the world,
relaxed flanks, unsteady legs, drooping ears straining to
listen,
mind given over to an entrancing melody—
the lively flock of deer under its spell...
Suddenly,
the loud din of hunters surrounded them.
They stood... quaking... and... *ayyo*!
The heartless hunters rendered them captive with their
music,[8] and shot them down in the blink of an eye!

Watching the buck leap from the ground; the rabbit 28
bounding for its life to escape from the big hound; the bison charging back at the hunters in hot pursuit; the elephant dodging the hunters' trap; the deer running, freeing itself from loosely thrust arrows; the hog butting the underside of the hound; and the defiant chirping of birds that got away—the chieftain gnashed his teeth and screamed at his team.

೨೯ ಎಡೆಗೊಡದು ಬೇಂಟೆ ದಿಗುಬಂಧನಂ ಮಾಡು ಕಾ
ಡೊಡೆಯನಂ ನೋನು ಸೊಕ್ಕಿನ ಧೂಪಮಂ ಬೀಸು
ನಡೆ ಕೋಣನೆಲುವನಾಯ್ವೆಂ ಮರೆಯ ಮೂಳೆಯಂ
ಮುಱಿವೆನಳಲಿಸುವೆರಳೆಯ
ಅಡಗನುಗಿವೆನು ಸೊಕ್ಕಿದೆಕ್ಕಲನ ರಕ್ತಮಂ
ಕುಡಿವೆನಾರಣ್ಯವೆಲ್ಲಂ ದಣಿಯಬೇಕು ಬಿಡು
ಬಿಡೆನುತ್ತ ಶಬರಸಂಕುಳವುಲಿದು ಬೊಬ್ಬಿಟ್ಟು ನಡೆದರದನೇವೊಗಳ್ವೆನು

೩೦ ಗೋರಿವೇಂಟೆಯನಾಡಿ ಭೂವರಂ ತಿರುಗಿ ಕಾಂ
ತಾರದೊಳು ಮೃಗವ ನೆಲೆಗೊಳಿಸಿ ಮೇಗಾಳಿಯಿಂ
ದೂರದಿಂ ತೋಱೆತ್ತನೊಡ್ಡಿ ಕಿಗ್ಗಾಳಿಯಿಂ ಬಂಡಿಯಿಂದಿಳುಹಿ
ಹುಲಿಯ
ಹಾರಯಿಸಿ ತಲೆದಡವಿ ತೋಱಿ ಹಾಸವ ತಿವಿದು
ದೂರದಿಂ ಕಂಡು ಹೆಸರಿಸಿ ಹತ್ತಿ ಹಣುಗಿ ನೆಲ
ಕೋರಂತೆಯಡಗಿ ತನ್ನನುವಿನಳವಿಗೆ ಜುಣುಗಿ ನಡೆದು
ಬಳಿಕೇಗೆಯ್ದುದು

“No point hunting like this! Use your special skills, your 29
magic, rein in the animals, and cordon off the area; send up a prayer to the forest gods; release the smoky spirits that will stun these beasts senseless. Come on now, let’s collect the bones of that bison, break the limbs of that buck, dress the meat of that pesky deer, drink the blood of that fattened swine; let’s tire out this forest of animals, get a move on!” How do I describe the way the chieftain barked his orders, rousing his team to action?

Harishchandra, the paragon of men, went around the 30
forest hunting down his prey by stealth, finished with the *gōri** hunt, and gathered his booty in a heap. He instructed his teams to set up the decoy ox upwind. Then he had the tamed tigers brought out of the cage, stroked their heads affectionately, and, untying them, nudged them downwind in the direction of the prey. And the tigers spread around and lay in wait, stalking their prey.

* A hunt that tricks the beast into captivity.

೩೧ ಕುಸಿದ ತಲೆ ಹಣುಗಿದೊಡಲರಳ್ದ ಬಾಯ್ ಸುಗಿದ ಕಿವಿ
ಯುಸುರಿಡದ ಮೂಗು ಮಱದೆವೆಯಿಕ್ಕದುರಿಗಣ್ಣು
ಬಸುಱೊಳಡಗಿದ ಬೆನ್ನು ನಿಮಿರ್ದ ಕೊರಳಡಿಗಡಿಗೆ ಗಜಬಜಿಸುತಿಹ ಮುಂದಡಿ
ಎಸೆಯೆ ಲಂಘಿಸಿ ನೆಲನನೊದೆದು ಪುಟನೆಗೆದು ಗ
ರ್ಜಿಸುತ ಬರೆ ಹೆದಱ ಕಂಗೆಟ್ಟು ಡೆಂಡಣಿಸಿ ಸರ
ಳಿಸುವ ಹರಿಣಂಗಳಂ ಮೋದಿ ಮುಱದಟ್ಟಿ ಕೆಡಹಿದವು ದೀಹದ ಹುಲಿಗಳು

೩೨ ಕರಿ ಸೀಳ್ದ ಕೋಣನೆಱಗಿದ ಹಂದಿ ಸೆಳೆದ ಕೇ
ಸರಿ ಬಗಿದ ಹುಲಿ ಹೊಯ್ದ ಕರಡಿ ಕಾಱದ ಕಡವೆ
ಯುರೆ ತುಳಿದ ಸಾರಂಗವಿಱದ ಚಿತ್ರಕನಗಿದ ಎಯ್ಯೆಚ್ಚ ಖಡ್ಗಿಯಗಿದ
ಮರೆ ಕುತ್ತಿದೇಱುಗಳ ವೇದನೆಗೆ ಬಾಯ್ಬಿಟ್ಟು
ನರಳುತೊಱಲುವ ಕಿರಾತರನು ಮಲಗಿಸಿಕೊಂಡು
ಮರದ ತಣ್ಣೆಳಲ ತಂಪಿನೊಳು ಸಾಗಿಸುವ ಶಬರಿಯರ ನೋಡುತ ನಡೆದನು

೩೩ ಓವಿ ಹೀಲಿಯನುಟ್ಟು ತಳಿರ ಮೇಲುದನುರಕೆ
ತೀವಿ ಗುಂಜಾಭರಣಮಂ ತೊಟ್ಟು ಕೇದಗೆಯ
ಹೂವಿನೆಸಳೋಲೆಯಂ ತಿರುಪಿ ಶಿಲೆಯೊರಳಿಕ್ಕಿ ದಂತದೊನಕೆಗಳನಾಂತು
ಸುವ್ವಿ ನಲ್ಲನೆ ಸುವ್ವಿ ಸುವ್ವಿ ಕಾನನವಿಜಯ
ಸುವ್ವಿ ಬಲುಬಿಲುಗಯ್ಯ ಸುವ್ವಿ ಮೃಗಕುಲಮಥನ
ಸುವ್ವಿಯೆಂದಲ್ಲಿಯ ಪುಳಿಂದಿಯರು ಪಾಡಿ ಚಳಿಸಿದರು ಬಿದಿರಕ್ಕಿಗಳನು

With their heads lowered, bodies alert, jaws open, ears perked up, nostrils holding the breath, glowing amber eyes that didn't blink even by chance, spine stuck to the belly, uplifted neck, restless, with their ready-to-pounce front paws, trained tigers lay in wait, skulking. The moment they sighted the bucks, with a mighty leap, they sprang upon them, roaring, and tore at the flesh of the bounding, terrified bucks, ripping them apart. 31

Harishchandra moved on, watching the huntswomen ministering to their men under shady trees—men screaming in agony from gashes and cuts caused by elephants charging at them, bison crushing them down, hogs wounding them grievously and drinking their blood, lions tearing at their flesh, wild tigers pouncing on them, bears and bucks stamping them, sambar deer butting them, leopards digging into them, wild boars gashing them, rhinoceroses goring them, and deer ramming into them. 32

The women on the hunt wore peacock-feather girdles, covered their breasts with tender leaves, and looked colorful in their red and black carob-bead adornments and screw pine flower earrings. Pounding wild rice in a stone pot with ivory pestles, they sang *suvvee* melodies celebrating their lovers' prowess, their conquest of the forest, and the glory of their archers hunting wild beasts. 33

೩೪ ಬಿದಿರಕ್ಕಿಯಂ ಕುದಿಸಿ ಮದಮೃಗದ ಮಾಂಸಮಂ
ಹದದೊಳಟ್ಟುಱೆ ತೊಳಸಿ ಸಂಭಾರಮನ್ನಿಕ್ಕಿ
ತುದಿವೆರಲಿನಿಂದುಪ್ಪ ಬಿದಿರಿ ಬೇಡರ ತಂಡವೋರಣಂಗಟ್ಟಿ ಕುಳಿತು
ಸದಮದದೊಳುಂಡು ತಾಂಬೂಲಂಗಳಂ ಕೊಂಡು
ಕದನಕರ್ಕಶ ಕಿರಾತರು ಮುಂದೆ ನಡೆಗೊಂಡು
ಬೆದಱೆ ಹೋಹೆರಳೆಗಳನಿಸುವ ಶಬರಿಯರ ನೋಡುತ್ತ ಭೂಪಾಲ
    ಬರಲು

೩೫ ಹುಲಿಯ ಬೇಂಟೆಯನಾಡಿ ತಿರುಗಿ ನಡೆವಾಗ ಮುಂ
ದೆಲೆಲೆ ಗರ್ಜಿಸಿ ಕೆದಱೆ ಧೀಂಕಿಟ್ಟು ಮುಟ್ಟಿದತಿ
ಬಲಸಿಂಹಮಂ ಕಂಡು ಕಣ್ಮುಚ್ಚಿ ನೆಱೆ ತಗ್ಗಿ ಮುಗ್ಗಿ ತಲೆಗುತ್ತಿಕೊಂಡು
ನೆಲಕಾನೆ ಸುಂಡಿಲಂ ಹರಹಿ ಮೊಳಕಾಲಿಕ್ಕಿ
ಬಲವಳಿದು ಘೀಳಿಟ್ಟು ಬೆನ್ನುಡುಗಿ ಗೂಡುಗೊಂ
ಡುಲುಕಲಮ್ಮದೆ ಸುಕ್ಕಿಸುಗಿದು ಬೆಂಬಿದ್ದುವಾನೆಗಳು ಬಳಿಕೇವೊಗಳ್ವೆನು

೩೬ ಮಡುವಿಡುವ ಮದಸಮುದ್ರದ ಸೊಗಡ ಸೊನೆಗೆ ತಲೆ
ಗೊಡಹಿ ಕೊಕ್ಕರಿಸಿ ಪೊಱಮಟ್ಟೋಲಗಂಗೊಟ್ಟ
ವಡಬವಹ್ನಿಗಳೊ ಎಂದೆನಿಪ ಕೆಂಗಣ್ಣಿನಿಂದುದಿರ್ವ ತೊಂಗಲ್ಗಿಡಿಗಳ
ಹೊಡೆಯೆ ಹೊತ್ತಿನ ದಂತಮಂ ಕರ್ಣತಾಳದಿಂ
ಕೊಡಹೆ ಭುಗಿಲೆಂದುರಿಯೆ ನೊಂದು ಸೈರಿಸದಡವಿ
ವಿಡಿದೋಡುತಿಹ ಗಜಂ ದಾವಾಗ್ನಿ ತನುವೊತ್ತುಬೀದಿವರಿವಂ
    ತಿರ್ದುದು

Going ahead, Harishchandra saw the women engaged in cooking: boiling wild rice, stewing sumptuous meat, adding spices and salt, and stirring it thoroughly. The hunters sat in groups and ate the food with relish, chewed betel and nut, and moved on to the next ambush site with renewed vigor while other women chased herds of deer, shooting arrows at them. 34

As the teams were returning after hunting down the tigers, from nowhere a lion sprang up with its mane spread out, roaring, and charging at one of the elephants, which in shock just shut her eyes, went down on her front limbs, all her vitality gone, unable to trumpet, her trunk stretched out in a gesture of total submission, while the other elephants in the herd turned their backs and ran for cover. How do I describe such a scene? 35

An elephant in rut, dismayed at the fluid dripping from his forehead, moved with the intensity of an ocean fire, out to display his power; by flapping his fan-ears, he tried to swat the sparks flying from his two ember-colored, smoldering eyes and douse his ivory tusks on fire, which further fortified the fire. Unable to bear the pain, the elephant ran in a frenzy through the forest like wild bush fire. 36

೩೭ ಬಿಡೆ ನಿಲುಕಿ ಹಬ್ಬಿದೊಡಲೆತ್ತಿದ ಕೊರಳ್ ಕೆದಱಿ
ಜಡಿವ ಕೇಸರ ನಟ್ಟ ಕಿವಿ ಬಿಟ್ಟ ಕಣ್ ನೆಗೆದ
ಕುಡಿವಾಲ ಬಾಗಿ ಮುಱಿದವುಡಿ ಕೆಡಹುವ ಮೊಗಂ ಬಿಗಿದು
ಬಾದಣಗಂಡವ
ಒಡೆಕಾಱಿ ಹೀಱಿ ಹಿಂಡುವ ಕಂಠ ಮೊರೆವ ಮೂ
ಗಡಸಿ ಹೊಡೆದೆತ್ತಿ ತೋಡುವ ಮುಂದಣಡಿ ಕಯ್ಯ
ಕಡೆಯನೌಕಿದ ಹಿಂದಣಡಿ ಮೆಱೆಯೆ ಕರಿಗಳಂ ಕೆಡಹಿದುವು
ಸಿಂಹಂಗಳು

೩೮ ಸಿಂಗವೇಂಟೆಯನಾಡಿ ತಿರುಗಿ ರಿಪುಮಾತಂಗ
ಸಿಂಗನೆಯ್ತಪ್ಪಾಗ ಸಿಂಗರದ ನವವಿಷಾ
ಣಂಗಳುಗ್ರಂ ಕ್ರೋಡರೌದ್ರತರಮದಱ ಮದದನಿಯಿಂದಡರ್ದ
ರುಚಿಯ
ಅಂಗರುಚಿ ಶರಭಬಲಮಂ ಬಲದ ವಾಜಿಕರ
ಣಂಗಳಂ ಲೋಹಿತಾಕ್ಷಿಗಳತುಳ ಭೂಧರ
ಶೃಂಗಮಂ ಪೃಥಳಕಂಧರ ಮೃಗಲುಲಾಯರಿತುಮಹಿಷೆಗಳ
ನಡುವಿರ್ದುದು

೩೯ ಮಿಕ್ಕು ಪಚ್ಚಳಕೆತ್ತಿ ಮೆಯ್ ನಿಮಿರಿ ಗುಱುಗುಱಿಸಿ
ಹೊಕ್ಕುಳಲ್ಲಾಡೆ ಮುಂಬದನ ನಸೆಗೊಸರ್ವ ನೊರೆ
ನಕ್ಕಿವಾಸಿಸಿ ಲೋಳೆ ಬೀಳೆ ಮೂಗಂ ಸುಗಿದು ನೆಗಪಿ ಪೇಚಕಕೆ
ಮುಸುಡ
ಇಕ್ಕಿ ಕಿವಿಯೆಳಲೆ ಕಣ್ಣರೆಮುಚ್ಚಿ ನೆಗೆದು ಮೇ
ಲಿಕ್ಕಿ ದನಿಗೊಡುತ ಲಂಘಿಸುತ ಕಾಡೆಮ್ಮೆಗಳ
ತೆಕ್ಕೆಯೊಳು ಕೋಣನಿರೆ ಕಂಡು ಶಬರಿಯರು ಬೊಬ್ಬಿಕ್ಕೆ
ಮಗುಳ್ದಾಲಿಸಿದರು

Growing tall, stretching its body, face intent on its prey, 37
pinning down the elephant, neck distended, tail taut,
vibrant mane shimmering, ears erect, nostrils flaring,
eyes unblinking, jaws sinking into the flesh,
front paws swiping and subduing the prey,
and hind legs rooted to the ground in support,
the lion brought down the elephant.

As Harishchandra, lion to his elephant-like enemies, was 38
returning from the lion hunt, he beheld a massive bull amid a herd of female bison in heat. The bull had mammoth, unique, impressive horns, a terrifying face, a slow thunderous grunt, skin the color of black clouds, bloodshot eyes, and a huge neck—big, strong, and high like a mountain peak. He had the raw power of a *śarabha,* eight times as powerful as a lion, and the sexual potency of a prized royal stallion.

The bull drew in his flanks and rose to his full height, grunt- 39
ing, shaking his navel, licking the foam dripping from the female bison next to him, and sniffed the fluid on her body; his nostrils flaring, the bull lifted his head, shoved his face into her rear. Ears drooping and eyes half-shut, he jumped over and mounted her from behind, thrusting his full weight, responding to the grunts of the female. Watching this scene, the hunter women shouted in excitement.

೪೦ ದಿಟ್ಟಿಸುವ ಕಣು ನಟ್ಟಕಿವಿ ಮರಳ್ದ ಮುಸುಡು ಸುಱು
ಕಿಟ್ಟು ಗುಱುಗುಱಿಪ ಮೂಗಲುಗದಂಗಂ ನೆಲನ
ತಟ್ಟಿ ಬೆರಟುವ ಪದಂ ನೆಗೆದಳ್ಳೆ ಬೆಂಗಡರ್ದ ಬಾಲದಿಂ ರೌದ್ರಕೋಪ
ಹುಟ್ಟಿ ಕೋಡಂ ಜಡಿದು ತನುವ ಝಾಡಿಸಿ ಹಿಂಡ
ಬಿಟ್ಟು ಜೌಂಕಿಟ್ಟು ಹರಿಯಿತ್ತು ಕಾನನದೊಳಱ್
ಯಟ್ಟಿತ್ತು ವನದುರ್ಗಿಯೆಡೆಗೆ ಹರಿಯಿಡುವ ಮಹಿಷಾಸುರನನದು
ಪೋಲ್ತುದು

೪೧ ಕಡಗಿ ಕೈಕೊಂಡಟ್ಟಿ ಮುಟ್ಟಿಬರೆ ತಮ್ಮೊಳೊ
ಗ್ಗೊಡೆದು ಬಿಲುವೊಯ್ದು ತೆಗೆನೆಱೆದು ಕೂಕಿಱಿದು ಕೆಡೆ
ಕೆಡೆಯೆನುತ್ತೆಣ್ದೆಸೆಗಳಿಂದೆಚ್ಚ ಶಬರಿಯರ ಕೂರ್ಗಣೆಗಳೊಡಲನೊಡೆದು
ಅಡಸಿ ತುಱುಗಿರೆ ಹೆಚ್ಚಿದೆಯ್ಯಮೃಗದಂತಿರ್ದ
ನಿಡುಗೋಣನಂ ನೋಡುತವನಿಪಂ ಬರೆ ಮುಂದ
ಣಡವಿಯೊಳು ಸಾಳುವಂಗಳನು ಖಗವೇಂಟೆಗಾ ಲುಬ್ಧಕರು
ಬಿಡುತಿರ್ದರು

Eyes intent, ears taut, face turned, noisily breathing in and issuing a grunt, the rest of the body utterly still, hooves tapping and scraping the ground, sides held firm, tail stiff: the enraged bull butted the ground with his horns, shook his whole body once, and bolted away from the herd into the forest at such speed that it rent the air like a shriek. The women ran after the bison, which resembled the bull that went to Goddess Durga of the forest.[9] 40

Pursuing him with tremendous enthusiasm, the women planned among themselves and closed in on him, shooting arrows from all eight sides and shouting, "Get him, get him!" Covered all over his body with the sharp arrows of the hunter women, the big bull indeed appeared like a mammoth wild boar! Watching him, Harishchandra moved to the next forest, where the hunters were launching falcons into the sky to fetch their aerial prey. 41

೪೨ ಮಱೆವಿಡಿದು ಶಬರನಿಕರಂ ಕೊರಳ ಗಹಗಹಿಕೆ
ಮೊಱೆಯ ಲಾವುಗೆ ಹರಡೆ ಗೌಜು ಟಿಟ್ಟಿಭ ಕುಕಿಲ
ತುಱುವೆಗಣ್ಣಂ ಹಂಸೆ ರಾಗಧರನೆಂಬ ಪಕ್ಷಿಗಳ ದನಿಯಿಂ ಕರೆಯಲು
ತುಱುಗಿ ನಭದೊಳು ಖಗಾನೀಕ ಮಂಡಳಿಸಲಿ
ಟ್ಟೊಱಲಿ ಕೆಡೆದುೞಿದೋಡುತಿಪ್ಪ ಪಕ್ಷಿಗಳಿಗಾ
ಲ್ದೆಱಕೆಗಳ ನೀವಿ ಸರಪಳಿ ಬಂದಿ ಟೊಪ್ಪರವನುಗಿಯೆ ಬಳಿಕೇಗೆಯ್ದುವು

೪೩ ಕಾಗೆ ನವಿಲಿಬ್ಬಾಯ ಗುಬ್ಬಿ ಪಾರಿವ ಕೊಂಚೆ
ಗೂಗೆ ಕುಕಿಲಿಱಿವ ಗಂಟಿಗ ಕಿರುಬ ಗೊರವ ಗಿಳಿ
ಜಾಗರಿಗ ಹರಡೆ ಹಸುಬಂ ಹಿಸುಣ ಹೆಬ್ಬಕ್ಕಿ ಗಿಡುಗ ಹೊಱಸೊರೆವ
ಶಕುನಿ
ಮೂಗನುರಿಗಣ್ಣ ಬೆಳ್ಳಕ್ಕಿ ವಲಿಯಂ ಚಿಟ್ಟಿ
ಜೂಗ ಹದ್ದೆಂಬಿವಂ ಸಾಳುವಂಗಳು ನೆಗೆದು
ತಾಗಿ ಹೊಡೆಹೊಡೆದಿಳೆಯೊಳಿಕ್ಕಿದಡೆ ಹಕ್ಕಿಗಳ
ಮಳೆಗಱೆಯುವಂತಾದುದು

All of a sudden, hunters in hiding let out a huge cry; 42
yodeling, screeching, and mimicking bird cries,
sounds of cuckoos, geese, cranes, plovers, and songbirds,
reaching a crescendo.
Then on the horizon:
a frenzied constellation of birds,
zipping and zooming in utter confusion,
filling the air with their heartrending shrieks
as hunters' arrows cut them down.
The rest, captured alive and hooded,
their crowns capped, and anklets tied around their legs.
How could they possibly escape?

It rained birds that day! 43
Birds of prey—
falcons, hawks and kites, eagles and vultures—
swooped on their victims,
tore at their entrails, flinging them to the ground.
Their prey—
peacocks, frogmouths and kingfishers,
flycatchers and bee-eaters, swallows and thrushes,
doves and pigeons, mynas and drongos,
storks and cranes, herons and egrets,
crows, jays, ravens, white-eyes,
common owls and spotted owls,
cooing birds, parakeets, and sparrows—
rained down without letup.

೪೪ ಸಾಳುವನ ಬೇಂಟೆಯಂ ನೋಡಿ ನಡೆವಾಗಲಿಱಿ
ಗೂಳಿ ಹೆಗ್ಗೂಳಿ ಕಿಱುಗೂಳಿಯಿಂ ಮೂತೆಱದ
ಗಾಳಂಗಳಿಂ ಗೋರಿವಲೆಗಳಿಂ ಬಲೆಗಳಿಂ ಹಲಕೆಲವು ಜಾಲಂಗಳಿಂ
ನೀಳದಾರಂ ಬಿಗಿದ ಸಿಲುಕಂಬಿನಿಂ ಸೊಗಡು
ಗೂಳುಗಳು ಮದ್ದುಗಳ ಮಸಕದಿಂದಂ ನದಿ ನ
ದಾಳಿಯೊಳು ಮೀನ್ಗಳಂ ತವಿಸುತಿಹ ಬೇಡರಂ ನೋಡಿದಂ
    ಭೂನಾಥನು

೪೫ ಕೊಱೆವ ಸೀಗುಡಿ ಗೆಂಡೆ ಕುಚ್ಚು ಹಣ್ಣಲು ಬಸಿಗ
ಗಿಱಿಲು ಬಂಗಡೆ ಹಾವು ಜಳಬಾಳೆ ಕುಕಿಲು ಹೆ
ಗ್ಗಱಿ ಗಣೆ ಮಣಿಗಣ್ಣ ತೂತು ತೆಂತಲು ಸಿಸಿಲು ಬೊಂಪು ಸವಿವಾಯ
    ಗೊದಳೆ
ಗಱೆಮೆಱೆವ ಕಾಗೆಂಡೆಯಯ್ಯರೆಗ ದೊಂಡಿ ಕೆಂ
ಗಱಿ ಹರಳು ಹಾರುವಂ ಹಿರಿಯ ಷಡುಸಕ್ಕರಿಗ
ನಿಱಿಲು ಹಂದೆಗನಾನೆಮೊಗನೆಂಬ ಪರಿಪರಿಯ ಮೀನ್ಗಳಂ
    ಗುದಿಗೆಯ್ದರು

೪೬ ಬಿಳಿಚ ಚಿಪ್ಪಲು ಮಲಗು ಹೆಮ್ಮಲಗು ಬಿಳಿಯಾನೆ
ಮಳಲಿ ಕೂಡಿಲು ಚಕ್ರಗೆಂಡೆಯಾವೆಗ ನವಿಲು
ಯಿಳಿಯಂಬು ಕುಱಿದಲೆಗ ಹೆಮ್ಮೀನು ಕೆಮ್ಮೀನು ಮುಕ್ಕಣ್ಣನಾರೆ
    ನಿಱಿಲು
ಕುಳಿಚು ಸೂಜಿಗ ನಗಲು ಹೆಲ್ಲರಂ ಬಂಕುರಂ
ಹಳಲೆ ಕಪ್ಪೆಗಳೊಱಲೆ ಬೋಟೆ ಗಿಱಿಲುಗಳೆಂಬ
ಹೊಳೆವಳಿಯ ಮೀನ್ಗಳಂ ತವಿಸುತಿಹ ಬೇಡರಂ ನೋಡಿದಂ
    ಭೂಪಾಲನು

After the falcon hunt, Harishchandra could see his men fishing in the river with their fishing baskets—small and big; hook, line, and sinker; varieties of fishing nets; sieves and filters of different sizes; sharp harpoons; all kinds of bait and pieces of food to attract fish. 44

Others were tying up different kinds of fish in separate piles—prawns, murrels, snakeheads, milkfish and moonfish, white carp, parrot fish, pearl spot and perch, salmon and sardines, shrimps, tuna and yellowfin tuna, kingfish and catfish, whiting and pomfret, elephant-faced fish, and lamb-faced fish. 45

The king saw fishermen engaged in catching freshwater fishes—*biḷica, cippalu, malagu, hemmalagu,* the white elephant-face fish, *maḷali, kūḍilu, cakra, geṇḍe, yāvega,* peacock fish, *iḷiyambu,* the lamb-face fish, the big fish, the red fish, the three-eyed fish, *āre, nirilu, kuḷicu, sūjiga, nagalu, hellaram, bankurum, haḷale,* frog fish, *orale, bōṭe,* and *girilu.* 46

೪೭ ಕೆದಱಿವೀಲಿಯ ಚಲ್ಲಣದ ಸೊಕ್ಕಿದೆಕ್ಕಲನ
ತಿದಿಯೆಕ್ಕವಡದ ಗರುಡನ ಗಱಿಯ ತಲೆವಱಿಯ
ಮದಗಜನ ಮುತ್ತಿನೇಕಾವಳಿಯ ಹೊಮ್ಮಿಗಾಜಿನದ ಱವಕೆಯ
      ದಂತದ
ಹದವಿಲ್ಲ ಬೆನ್ನಬತ್ತಳಿಕೆಗಳ ಕೆಲದ ಚವ
ರದ ಗೊಂಡೆಯದೊಳೆಸೆವ ಜವ್ವನದ ಶಬರಿಯರು
ಪದೆದು ಕುಸಿದಡಸಿ ತೋಹುಗಳಲ್ಲಿ ಹರಿವ ಹುಲ್ಲೆಗಳ
      ನೆಸುತಿರ್ದರಂದು

೪೮ ಮೃತ್ಯುವಗಿದುಳಿದಂತೆ ಬೇಡರಟ್ಟುಳಿಗಳೊಳು
ಕುತ್ತುಱೊಳಗಡಗಿರ್ದು ಬಳಿಕೆದ್ದು ತಮತಮ್ಮ
ಹೆತ್ತ ತಾಯ್ಗಳನಱಸುತತ್ತಲಿತ್ತಲು ಪರಿದು ಬಾಯ್ವಿಡುವ ಮೃಗ ಶಿಶುಗಳ
ಸುತ್ತಿ ಕಿಱುಮಱಿಗಾಣದೊಱಲಿ ಕೆಕ್ಕಳಿಸಿ ಕೊರ
ಳೆತ್ತಿ ಹೂಂಕರಿಸಿ ಗಿಡುಗಿಡುಗಳೊಳು ಹೊಕ್ಕು ಬಳ
ಲುತ್ತೊಱಲುತಿರ್ಪ ಬಾಣತಿಮೃಗವ ನೋಡುತ್ತ ಬರುತಿರ್ದನವನೀಶನು

೪೯ ಕಂಟಣಿಸಿದಾ ಖಗವನೀ ಮೃಗವನೆಂತಕ್ಕೆ
ಬೇಂಟೆಯಾಡಿದನೆಂದು ಪೊಗಳಲೇವುದು ಗೋರಿ
ವೇಂಟೆ ಪಳಹರವೇಂಟೆ ಪಟವೇಂಟೆ ವಿದ್ಯಾಧರರ ಬೇಂಟೆ
      ಚಿತ್ರವೇಂಟೆ
ಅಂಟುಜಲವೇಂಟೆ ತೋಹಿನ ಬೇಂಟೆ ಘನಸೋಹು
ವೇಂಟೆಗಳೆನಿಪ್ಪ ಹೆಸರಂ ಹೊತ್ತು ಮೆಱೆಯುತಿ
ಪ್ಪೆಂಟು ತೆಱದುಚಿತವೇಂಟೆಯನಾಡಿದಂ ಹರಿಶ್ಚಂದ್ರವಸುಧಾಧೀಶನು

Clad in robes made of peacock feathers and footwear from hog's hide; their hair decked with kite feathers; adorned with strings of beads made of pearls from elephants' temples; wearing bodices made out of golden deer pelts; their bows crafted with a flourish of ivory, and arrows in a quiver; and with the bunch of *camari* fleece on their sides—the young hunter women hid themselves at strategic points and shot down bucks with great enthusiasm. 47

Harishchandra took in the scene before him, of young bucks resembling the remains of a meal Death had just finished. Hiding themselves in bushes to avoid the hunters' torment, they came out looking frantically for their mothers, calling out, and rushing here, there, and everywhere, with their little mouths open. Bleating in their shrill voices, the young mothers were also looking around, searching for their little ones in every bush and every shrub, tiring themselves out. 48

Why describe the manner in which the king shot this cowering beast or that frightened bird? He hunted in all the eight different styles of hunting[10]—the *gōri* hunt, *paḷahara* hunt, *paṭa* hunt, *vidyādhara* hunt, *citra* hunt, *anṭujala* hunt, *tōhu* hunt, and *ghanasōhu* hunt—that were worthy of an emperor. 49

೫೦ ಗಣ್ಯತರ ಗೌತಮಾರಣ್ಯದಲಿ ದಂಡಕಾ
ರಣ್ಯದಲಿ ಕ್ರೌಂಚಕಾರಣ್ಯದಲಿ ಭಯಗುಹಾ
ರಣ್ಯದಲಿ ನುತದಶಾರಣ್ಯದಲಿ ಘೋರಕಂಠೀರವಾರಣ್ಯದಲ್ಲಿ
ಪುಣ್ಯವಿಡಿದನಿಮಿಷಾರಣ್ಯದಲಿ ಮಾನುಷಾ
ರಣ್ಯದಲಿ ಬೇಂಟೆಯಾಡುತ್ತ ನಡೆತಂದಖಿಳ
ಪುಣ್ಯವೆಂದೆನಿಪ ಕಿಷ್ಕಿಂಧಾಚಳಕ್ಕೆ ಬಂದನು ಹರಿಶ್ಚಂದ್ರನೃಪನು

೫೧ ಲೀಲೆಯಿಂ ಬಂದು ಕಾಣಿಕೆಯಿತ್ತು ಕಿಷ್ಕಿಂಧ
ಶೈಲದ ಮಹಾಮರ್ಕಟಾಧಿಪರ ನೋಡುತ್ತ
ಭೂಲೋಲನಿರಲಿತ್ತ ವಿಪಿನಕ್ಕೆ ಮುಂದೆ ಹರಿದಖಿಳ ಬೇಂಟೆಯ
    ಬೇಡರು
ಲಾಲಿಸದೆ ಹೊಕ್ಕು ದೀಹದ ಹಲವು ಶರಭ ಶಾ
ರ್ದೂಲ ಸಿಂಹಂಗಳಂ ಹಾಸಮಂ ತಿವಿದು ಮೃಗ
ಜಾಲಮಂ ತೋಱಿ ತಲೆದಡವಿ ಬಿಟ್ಟರು ಬಿಟ್ಟಡಟ್ಟಿ ಬಳಿಕೇಗೆಯ್ದುವು

೫೨ ಉಕ್ಕಿನೆರಳೆಯನಾದೊಡಂ ಮುಱಿವ ಹುಲಿಗಬ್ಬ
ವಿಕ್ಕತೊಡಗಿದವಲ್ಲಿಯೆರಳೆಗಗ್ಗದ ಸಿಡಿಲ
ಸೆಕ್ಕೆಯಿಂ ಸವೆದಾನೆಗಳನಾದೊಡಂ ಸೀಳ್ವ ಸಿಂಹವಲ್ಲಿಪ್ಪಾನೆಗೆ
ತೆಕ್ಕತೊಡಗಿದುವು ಕಡೆಗಾಲದಗ್ನಿಯಲಿ ಕರು
ವಿಕ್ಕಿದುರಿಗೇಸರಿಯನಾದೊಡಂ ಸೀಳ್ವದಟು
ಮಿಕ್ಕಶರಭಂಗಳಾ ಕೇಸರಿಗೆ ನಡುಗತೊಡಗಿದುವು ಬೇಡರು ಬೆದಱಲು

After hunting in the magnificent forests of Gautamaranya, 50
Dandakaranya, Kraunchakaranya, the terrifying Guharanya, the much-praised Dasharanya, the thick jungle of Kanthiravaranya, the holy Animisharanya, and the imposing Manusharanya, King Harishchandra reached the Kishkindha mountain range, an abode of every virtue on earth.

While Harishchandra was enjoying the sight of the great 51
monkeys of Mount Kishkindha who brought him their joyous offerings, the hunters who went ahead of him rushed into the grove, heedless of their environs. They untied the harnesses round their trained hunter beasts—*śarabhas, śārdūlas,*[11] and lions—stroked their heads, and unleashed the belts, pointing them in the direction of the prey in that forest.

Strangely, in that forest their tigers, powerful enough to 52
bring down deer cast in iron, panicked before the tender deer; lions strong enough to tear apart elephants made of thunderbolt pellets buckled, disoriented and terrified, before the elephants; *śarabhas,* mighty enough to ravage the brightly burning lions made of apocalyptic fire, suddenly gave up, leaving the hunters mystified!

೫೩ ಉರಿ ಶೈತ್ಯವಾದಂತೆ ವಿಷವಮೃತವಾದಂತೆ
ತರಣಿ ತಂಪಾದಂತೆ ನೃಪನ ಬೇಂಟೆಯ ಬಿನದ
ದುರವಣೆಯನೊದವಿಸುವ ಹರಿವೈರಿ ಕರಿವೈರಿ ಹರಿಣವೈರಿಗಳು
    ಮೃಗವ
ಹರಿದಟ್ಟಿ ಪಿಡಿದಡಸಿ ಮೋದಿ ಮುಱಿಯದೆ ನಿಂದು
ಮರವಟ್ಟ ಕಾರಣವನಱುಪಬೇಕೆಂದೆಯ್ದಿ
ಸರಸಿರುಹಸಖಕುಲಹರಿಶ್ಚಂದ್ರ ಭೂಪಂಗೆ ಪೇಳ್ದರಂತಾ ಬೇಡರು

೫೪ ಚಿತ್ರತರವಾದುದಿಂದೀ ಕಾನನಂ ಮಹಾ
ಕ್ಷೇತ್ರದೊಳಗಣದಾಗದಿರದೆನುತ ಬರೆ ಮುಂದೆ
ಚಿತ್ರಕಾಯಾಜಿನದ ಸುಲಿಪಲ್ಲ ಭಸಿತದ ಜಟಾಭರದ ಮುನಿನಾಥನು
ಮಿತ್ರರೊಡಗೂಡಿ ಮಿತ್ರಪ್ರಕಾಶಂ ಲೋಕ
ಮಿತ್ರನಾತ್ಮಪವಿತ್ರ ಚರಿತವಾಕ್ಯಂ ಮರುತ
ಮಿತ್ರಕಾರ್ಯದ ಪರಿಕರಂಗಳಂ ಸವಕಟ್ಟುತಿರಲು ಭೂಪತಿ ಕಂಡನು

೫೫ ನಾರಸೀರೆಯನೊಗೆವ ಜಡೆಗೆ ಸುಂಕಿಕ್ಕುವಾ
ದಾರಮಂ ಬಿಗಿವಕ್ಷಮಾಲೆಯಂ ಸರಗೆಯ್ವ
ಪೌರಾಣಮಂ ಕಲಿವ ಜಪಸಮಾಧಿಯೊಳಿಪ್ಪ
    ಮೌಂಜಿಮೇಖಲೆಗಟ್ಟುವ
ಸಾರಶಾಸ್ತ್ರವನಱಿವ ಕೃಷ್ಣಾಜಿನದ ಕಡೆಗೆ
ದಾರವಿಕ್ಕುವ ಕಂದಮೂಲ ಫಲಮಂ ತಪ್ಪ
ಚಾರುಮುನಿಪುತ್ರರ್ಗೆ ವಂದಿಸುತ ಬಂದಿದಿರೊಳೊಂದು ಕೊಳನಂ
    ಕಂಡನು

Fire seemed to turn to ice, venom to nectar, and the sun 53
turned cold! Hunters came running to report to the king that lions and tigers, *śarabhas* and *śārdūlas*—usual foes of lions, elephants, and antelopes—which would typically give chase to their prey and pounce on them at will, now stood paralyzed when they approached them.

The king: "That's strange! Then this land must belong to 54
some holy hermitage." Then he saw a young sage in tiger skin, with sparkling teeth, ash-smeared body, matted locks, radiant as the sun, pure within, well-spoken, and a friend to the world. Along with other sages, he was preparing for the worship of fire, ally of Maruta, god of wind.

The king greeted the bright and handsome sons of sages who 55
were washing their clothes woven from fiber, tying up their long braids into a bun, stringing *rudrākṣa* garlands, weaving girdles of *darbha* grass, sowing up the ends of the buckskin, learning the Puranas and mastering the scriptures, doing penance, and gathering edible fruits and tubers. And then he sighted a lake.

೫೭ ಬಳಸಿದೆಳಲತೆಯ ತಂಪಿಂಗೆ ಕಂಪಿಂಗೆ ಕೆಂ
ದಳಿರಿಂಗೆ ಕರ್ಣಿಕೆಗಳೆಸೆವ ಕುಸುಮಕೆ ನವ್ಯ
ಫಳಕೆ ತುಂಬಿಗೆ ಗಿಳಿಗೆ ಕೋಗಿಲೆಗೆ ಕುಣಿವ ನವಿಲಿಂಗೆ ಹಂಸೆಯ
    ನಿಕರಕೆ
ಪುಳಿನಕ್ಕೆ ತಂಗಾಳಿಗೆಸೆವ ದೀಹದ ಮೃಗಾ
ವಳಿಗೆ ಬೆಱಗಾಗುತ್ತ ನಡೆತರುತ್ತರರೆ ಕ
ಣ್ಣಳವಿಯಲಿ ಕಂಡನಪ್ರತಿಮಯತಿರಾಯ ಪಶುಪತಿ ಶಿವನ
    ನುತಪ್ರಭೆಯನು

೫೮ ಕಡುಹಿಮಂ ಕಡುವಿಸಿಲು ಕಡುಗಾಳಿಯಿಲ್ಲ ಮರ
ನಡಿಯ ನೆಳಲತ್ತಿತ್ತಲೊಲೆಯದನವರತ ಬೆಳೆ
ಯುಡುಗವೆಲ್ಲಾ ಭೂಜಲತೆಯೋಷಧಿಗಳು ಫಲವಿಡಿದೊಲೆದು
    ಜಡಿಯುತಿಹವು
ಬಿಡದೆ ಹುಲಿ ಹುಲ್ಲೆ ಹರಿ ಕರಿಯೆರಳೆ ಸೀಳ್ನಾಯ್ಗ
ಳೊಡನೆ ಮುಂಗುರಿ ಮೂಷಕಂ ನವಿಲು ನಾಗಂಗ
ಳಡಸಿ ನಿಜವೈರಮಂ ಮಱೆದಿಪ್ಪುವೆನೆ ಮುನಿಯ ಮಹಿಮೆಯಂ
    ಪೊಗಳ್ವರಾರು

As the king walked, marveling at the cool shade of the 56
binding vines, their fragrance, their copper-colored shoots, flowers with plentiful petals, and new fruit; at the bees, parakeets, cuckoos, dancing peacocks, geese, the cool sand, and the flock of animals that were trained to hunt, he suddenly found himself in the presence of a glowing sage, radiant as the great Shiva himself.

The weather was temperate—not too much mist, nor sun, 57
nor breeze; even trees remained still; crops never withered; plants and creepers were weighed down, laden with ample fruit; the tiger and the deer, the lion and the elephant, the buck and the hound, the mouse and the mongoose, and the peacock and the snake were all living together, forgetting their traditional enmity. Who can describe the greatness of this sage?

೫೮ ಈ ಮುನಿಯ ಚಾರಿತ್ರದೊಳು ಗಂಗೆ ಹುಟ್ಟದಿರ
ಳೀ ಮುನಿಯ ಶಾಂತಿಯೊಳು ಚಂದ್ರಮಂ ಜನಿಸದಿರ
ನೀ ಮುನಿಯ ವದನದೆ ದಯಾವನಧಿ ಸುರಕುಜಂ ಸುರಧೇನು
ಪೊಣ್ಮದಿರವು
ಈ ಮುನಿಯ ಸವಿನುಡಿಯಿಂದಮೃತವೊಗೆಯದಿರ
ದೀ ಮುನಿಯ ಸುಳುಹಿನೊಳು ತಂಗಾಳಿ ಜನಿಸದಿರ
ದೀ ಮುನೀಂದ್ರಂ ಮುನಿಯವೇಷದೀಶ್ವರನಾಗದಿರನೆನುತ ನಡೆತಂದನು

೫೯ ಸವಿದು ನೋಡುತ್ತಿರಲು ಕಣ್ಗೆ ಪೊಣ್ಮುವ ಪುಳಕ
ಬೆವರೊಗಲುವುಕ್ಕುವಾನಂದಾಶ್ರು ತಂಬೆಲರು
ಕವಿವ ಪರಿಣಾಮವಂ ಕಂಡು ತನ್ನೊಳಗೆ ತಾನೇ ಮೆಚ್ಚಿ ಬೆಱಗಾಗುತ
ಇವರ ಕಂಡೆನಗೀ ಸುಖಂ ಪುಟ್ಟಲೇಕಿವರು
ಶಿವನ ಸಮ್ಮುಖರಾಗದಿರರು ನೋಡುವೆನೆಂದು
ರವಿಕುಲಲಲಾಮಂ ಹರಿಶ್ಚಂದ್ರನಾ ಮುನೀಶ್ವರನೆಡೆಗೆ ಬರುತಿರ್ದನು

೬೦ ಹೆಂದದಾನಂದದಿಂ ಬಂದು ವಂದಿಸಿ ಮುಂದೆ
ನಿಂದೆಂದಿನಂದದಿಂದಿಂದು ಮುದದಿಂದ ಮೃಗ
ವೃಂದದೊಳಗೊಂದುವಂ ಕೊಂದಿಕ್ಕದೆಮ್ಮ ಮೃಗವಿರ್ದುದಕೆ
ಕಾರಣವನು
ತಂದೆ ಕುಂದದೆ ಕರುಣಿಸೆಂದು ವಂದಿಸಿ ಭೂಪ
ಕಂದರ್ಪನಿನಕುಲ ಹರಿಶ್ಚಂದ್ರಭೂನಾಥ
ನೆಂದಡಾ ಮುನಿನಾಥನಂದು ಮಾಱುತ್ತರಂಗುಡಲೆಂದು ತಱಿಸಂದನು

Beholding the scene, Harishchandra marveled: 58
What eminence! The Ganga could not but spring from this holy grove.
What serenity! The moon could not but rise here.
What a kindly ocean of a face! The wish-granting tree and wish-granting cow could not but originate here.
What sweet and kindly comportment! Ambrosia could not but issue forth from here.
What gentleness! Soft breeze could not but waft from here.
What a beatific visage! Indeed, Lord Shiva could not but manifest himself as this sage.

As his eyes feasted on the pleasing image of the sage, his hair 59
stood on end, sweat beads formed, and tears of joy flowed down his cheeks. As a cool breeze wafted soothingly, the king marveled at the way he was moved by the presence of the sage. "If the very sight of the revered sage can fill me with such delight, he must be a realized soul who could not but be close to Lord Shiva. Let me venture closer."

Then Harishchandra, sovereign of the Sun dynasty, resem- 60
bling the love god Madana, greeted the sage with great warmth and unconcealed joy, asking him what prevented his trained hounds and other hunter beasts from pouncing on the animals and killing them in the grove, as was their wont. The sage readily explained the reasons.

೬೧ ನೆರೆದ ವೇದಂಗಳುಗ್ಗಡವುಪನಿಷತ್ತುಗಳ
ಗರವಟಿಗೆಯಣಿಮಾದಿಗಳ ಬೊಬ್ಬೆ ಧರ್ಮದ
ಬ್ಬರ ಘನಜ್ಞಾನಪ್ರಭಾದೀಪ್ತಿಗಳು ಹರಿಬ್ರಹ್ಮಾದಿ ಸುರರ ಕಾಹು
ಪುರುಷಾರ್ಥ ನಾಲ್ಕಱೊಳು ಸಲುಗೆ ಪುಣ್ಯದ ಪುಂಜ
ಸಿರಿಸರಸ್ವತಿಯರೆಡೆಯಾಟವೆಸೆದಿರೆ ಜಗ
ದ್ಗುರು ವಿರೂಪಾಕ್ಷನಿಲ್ಲಿಯೆ ಸುಖದೊಳಿಪ್ಪ ಪಂಪಾಕ್ಷೇತ್ರ
ವಿದೆಯೆಂದನು

೬೨ ಪುದಿದ ಭಕ್ತಿಜ್ಞಾನವೈರಾಗ್ಯಮುತ್ತಮಾಂ
ಗದ ಮಕುಟದಗ್ರದೊಳು ಹೊಳೆವ ಮಣಿಗಣದಂತೆ
ತುದಿ ತೋಱುತದೆ ನಿಂದು ನಿಲುಕಿ ನಿಟ್ಟಿಸಿ ನೋಡು ನೋಡು
ಕಟ್ಟಿದಿರೊಳಿಪ್ಪ
ಅದು ಹೇಮಕೂಟ ಮತ್ತದು ಮತಂಗಾದ್ರಿ ಹೋ
ಗದು ಮಾಲ್ಯವಂತವಿಂತವಱ ಮಹಿಮೆಗಳನಾ
ಮದನಹರನೇ ಬಲ್ಲನೆಂದು ತೋಱಿದನು ಭೂನಾಥಂಗೆ
ಮುನಿನಾಥನು

೬೩ ನಿನಗೆ ಹೇಳುವುದೇನು ದೆಸೆದೆಸೆಯೊಳೊಂದು ಯೋ
ಜನ ಮೂಡ ಕಿನ್ನರೇಶಂ ತೆಂಕ ಜಂಬುಕೇ
ಶನು ಪಡುವ ಸೋಮನಾಥಂ ಬಡಗ ವಾಣಿಭದ್ರಂ ನಾಲ್ಕು
ಬಾಗಿಲುಗಳು
ಇನಿತೆಡೆಯೊಳಿಡಿದಿಹ ಪ್ರಾಣಿಮಾತ್ರಾಳಿ ನೆ
ಟ್ಟನೆ ಗಣೇಶ್ವರರವಕೆ ಯಮದೂತರೊಳಗಾಗಿ
ಮುನಿಯಬಾರದು ಗುರುವಿರೂಪಾಕ್ಷನಾಜ್ಞೆ ಕೇಳೆಂದನಾ
ಮುನಿನಾಥನು

"This is the Land of the Pampa river, the favorite abode of Virupaksha, lord of the universe, who joyously resides here at the confluence of the chanting of Vedas, recitation of Upanishads, intoning of eight accomplishments[12] acquired through yoga, the celebration of a life of dharma, the dissemination of great wisdom, the protection granted by Vishnu and Brahma in the ennobling company of their consorts Lakshmi and Sarasvati, and the pursuit of the four ends of human life." 61

The sage pointed to the hills all around, "Look at them, those hills, nourished by devotion, wisdom, and dispassion, how they shine like the crown of a cupola inlaid with radiant rubies! Stand on tiptoe and see: the one right in front is Hemakuta; that one there is Matangadri; the one on this side is Malyavanta. Only Lord Shiva would know their true strength. 62

"There are four majestic entry gates twelve miles from here, marked by the temple of Kinnaresha to the East, Jambukesha to the South, Somanatha to the West, and Vanibhadra to the North. No one, not even Yama's minions, can touch the community of animals and people living within this boundary. This is the command of Lord Virupaksha, Your Majesty. 63

೬೪ ಬಿಡದೊಮ್ಮೆ ಕಂಡ ಜೀವರ ಭವವ್ರಜದ ಬೆಂ
ಬಡಿಗೆ ಪಾತಕದ ತೋಮೆಯ ಕತ್ತಿ ದುಷ್ಕರ್ಮ
ದೆಡೆಗೊರಳ ಕತ್ತರಿ ಸಮಸ್ತರೋಗಂಗಳೆಡೆಗೊಡ್ಡಿದಲಗ ಜ್ಞಾನದ
ನಡುದಲೆಯ ಗರಗಸಂ ಮಲೆವ ಮಾಯೆಯ ಬಸುಱ
ನೊಡೆಹೊಯ್ವ ಶೂಲವಿನ್ನುಳಿದ ದುರಿತವನುರುಹಿ
ಸುಡುವ ಕಿಚ್ಚೆಂದೆನಿಪ ತುಂಗಭದ್ರಾನದಿಯನವನೀಶ ನೋಡೆಂದನು

೬೫ ನುಡಿದೆನ್ನ ಸಂಶಯದ ಸಾಲ ಸವಱಿದೆ ನಿನ್ನ
ಪಡೆದ ಪುಣ್ಯಾಧಿಕನ ಹೆಸರಾವುದಯ್ಯ ನುಡಿ
ನುಡಿಯೆಂದಡೆರಡನೆಯ ಪುರಮಥನಯೆನಿಸುವ ವಸಿಷ್ಠ ಮುನಿಪನ
ಮೊಮ್ಮನು
ಬಿಡೆ ಪರಾಶರನು ನಾನೆನೆ ಹೆಚ್ಚಿ ಹಿಗ್ಗಿ ನಡೆ
ನಡೆ ತಂದೆ ಮದ್ಗುರುಗಳಡಿಗಳೆಡೆಗೆಂದು ಬಳಿ
ವಿಡಿದು ನಡೆತಂದು ಕಂಡನು ಮುಂದೆ
ಮುನಿವರೇಣ್ಯನನವನಿಪವರೇಣ್ಯನು

“Behold the Tungabhadra river, Oh lord of earth. 64
For those who even set their eyes on her she becomes
a potent wand driving away the cycle of rebirth,
a sharp sword lancing through our pile of sins,
keen shears held to the neck of evildoing,
a machete keeping all diseases at bay,
a saw cutting through the head of ignorance,
a spear piercing the womb of insolent maya,
and a fire annihilating all sins!”

“Speaking thus, now you have rid me of all the questions that 65
had puzzled me. Tell me, who is the fortunate man who has sired a son like you? What is his name?”

“I am Parashara, grandson of Vasishtha, celebrated as Shiva incarnate.”

The king could not contain his joy, and was impatient to see his guru. “Let us go then to the feet of my revered guru—come, let us go!”

Following Parashara, a few steps behind, the greatest of kings beheld the greatest of sages.

೬೬ ತಿಳಿಗೊಳನ ಬಳಸಿ ನಳನಳಿಸಿ ಬೆಳೆದೆಳಮಾವು
ಗಳ ತಳದ ಮಲ್ಲಿಕಾಮಂಟಪದ ತಣ್ಣೆಳಲ
ತೆಳುಗಾಳಿಯೊಳು ಪುಣ್ಯವಪ್ಪ ಪುಳಿನಸ್ಥಳದ ಮೇಲಶೋಕೆಯ
ತರುವಿನ
ತಳಿರ ತೊಂಗಲ ಗದ್ದುಗೆಯೊಳೋಲಗಂಗೊಟ್ಟು
ಬಳಸಿ ಹಿಂದೆಡಬಲದೊಳಿಪ್ಪ ಮುನಿಗಳ ಕೂಡೆ
ನಲವಿನಿಂ ನುಡಿದ ಪಶುಪತಿಯಂತಿರಿರ್ದ ಮುನಿನಾಥ ಕಣ್ಗೆಸೆದಿರ್ದನು

೬೭ ನೀತಿ ಬಲಿದುದೊ ಶಾಂತಿ ರೂಪಾಯ್ತೊ ಸದ್ಗುಣ
ವ್ರಾತವೇ ಮುನಿಯಾಯ್ತೊ ಮುಕ್ತಿ ಜಡೆವೊತ್ತುದೋ
ಭೂತದಯೆ ವಲ್ಕಲಾಂಚಲವಾಂತುದೋ ಪುಣ್ಯವೆಳಸಿ
ಭಸಿತವನಿಟ್ಟುದೋ
ನೂತನ ಶ್ರುತ್ಯರ್ಥ ನುಡಿಗಲಿತುದೋ ಘನ
ಸ್ವಾತಂತ್ರ್ಯವೃತ್ತಿ ಬೋಧಿಸತೊಡಗಿತೋ ಎಂಬ
ಚಾತುರ್ಯದಿಂದಿರ್ದ ಮುನಿನಾಥನಂ ಕಂಡು ಹರುಷದಿಂ
ಭೂನಾಥನು

Shining like Pashupati* himself, Vasishtha held court amid 66
sages who sat to his left and to his right and at his back. He
was speaking to them softly, sitting on a high seat ornate
with streamers of tender *aśōka* leaves, under the canopy
of the shady jasmine creeper, with a cool breeze blowing,
on the cool banks of the clear lake, and surrounded by lush
green mango trees.

Beholding the revered sage, the king wondered if 67
dharma had drawn its strength from him;
serenity had taken form as the sage;
an array of virtues had coalesced as his being;
liberation had manifested itself as his braids;
compassion had draped itself as his bark-cloth robes;
spiritual merit had smeared itself as ash on his body;
the Vedas had found new expression in his rendering;
and novel commentaries on scriptures had found voice in
his speech.

* Shiva, "lord of beasts."

೬೮ ಜ್ಞಾನವಾಚಾರವಾಗಮ ಧರ್ಮತತಿ ನುತ
ಧ್ಯಾನಾದಿ ಮೂರ್ತಿಗಳನೊಳಕೊಂಡು ತೋಱುವ ಚಿ
ದಾನಂದರೂಪನತ್ಯಧಿಕ ನಿಶ್ಚಿತಂ ನಿರಾವರಣ ನಿತ್ಯತೃಪ್ತ
ಮೋನದಾಸನದ ಮುದ್ರೆಯ ಹಂಗು ಹೊದ್ದದ ಪ
ರಾನಂದಮೂರ್ತಿ ನಿಜಗುರುರಾಜಯೆಂದು ಬಿಡ
ದಾನಂದ ವೇಷವೆಡೆಗೊಂಡು ನಡೆತಂದು ಪೊಗಳುತ್ತಿರ್ದ
ಭೂನಾಥನು

೬೯ ಸುರನರೋರಗನಮಿತಚರಣ ಜಯಜಯ ದಯಾ
ಭರಣ ಜಯಜಯ ಕೃಪಾವರಣ ಜಯಜಯ ಶಾಂತಿ
ಕಿರಣ ಜಯಜಯ ವಿಗತಮರಣ ಜಯಜಯ ದುರಿತಹರಣ ಜಯ
ಜಯತು ಜಯತು
ಗುರುವೆ ಕುಲಗುರುವೆ ಘನಗುರುವೆ ಪರಗುರುವೆ ಮ
ದ್ಗುರುವೆ ಸದ್ಗು ರುವೆ ಶರಣಾಗು ಶರಣಾಗೆಂದು
ಧರಣಿಪತಿ ಹರಹಿದನು ನಿಜತನುವನಾ ಮುನಿಯ
ಚರಣಸರಸಿಜದೆಡೆಯೊಳು

೭೦ ಬಗೆಮೀಱಿ ಲೋಚನದೊಳೊಗೆವ ಸುಖಜಲ ಮೆಯ್ಯೊ
ಳೊಗೆವ ಪುಳಕಂ ಕಯ್ಯೊಳೊಗೆವ ಕಂಪನ ನುಡಿಯೊ
ಳೊಗೆವ ತೊದಳಮಳಕದಪಿನೊಳೊಗೆವ ಬೆಮರು ಕಂಠದೊಳೊಗೆವ
ಹೊಸಗದ್ಗದ
ಮಿಗೆ ಮೊಗದೊಳೊಗೆವ ನಸುನಗೆ ಘನಮನೋಮತಿಯೊ
ಳೊಗೆವ ಪರವಶವೆರಸಿ ಮೆಱೆವ ಭೂರಮಣನಂ
ಮೊಗವೆತ್ತಿ ಕುಳ್ಳಿರಿಸಿ ಮೆಯ್ದಡವಿ ಬೋಳೈಸಿ ಮುನಿನಾಥನಿಂತೆಂದನು

The enraptured king could not exalt his spiritual mentor 68
enough: "Vasishtha is a veritable symbol of *cidānanda,*
incorporating knowledge, righteous practice, wisdom of
the scriptures, dharma, and best meditation. He is extraor-
dinary, untouched, unencumbered, eternally content, an
incarnation of the otherworldly, a blissful being beyond
space, meditation, postures, and mudras—and my only
guru."

Hail the guru, destroyer of sins, conqueror of death, 69
worshiped in the worlds of gods, divine serpents, and humans.
Hail the guru who has compassion as his ornament,
spiritual grace as his ambience, and serenity as his rays.
Hail the guru, great guru, guru of my clan,
otherworldly guru, my guru, pious guru,
I prostrate myself before you."
Overcome, the king laid down his entire body
in a gesture of total surrender.

Vasishtha caressed the bedazzled king and gently lifted his 70
face. Harishchandra's eyes welled up with tears of exulta-
tion; his whole body was aroused; his hands shook; his speech
turned into a stammer; his clean cheeks broke into a sweat;
his voice shook with emotion; his face radiated a smile; and
his sharp intellect made way for total surrender.

೭೧ ನೀನೆತ್ತಲೀ ವಿಪಿನವೆತ್ತ ಲೀ ಬನಕೆ ನೀ
ನೇನು ಕಾರಣ ಬಂದೆಯೆಲೆ ಮಗನೆ ಹೇಳೆನಲು
ಭೂನಾಥನೆಂದ ಖಗಮೃಗದ ಕಾಟಕ್ಕೆ ಸೈರಿಸಲಾಱದವನೀಜನಂ
ಹಾನಿವೆತ್ತೊಱಲಿ ಮೊಱೆಯಿಡೆ ಕೇಳ್ದು ಬೇಂಟೆಯ ಸು
ಮಾನಕ್ಕೆ ಬಂದೆನೆಂದೆನೆ ತ್ರಿಕಾಲೋಚಿತ
ಜ್ಞಾನಿ ಮುನಿಯಱಿದನರಸನ ಮೇಲೆ ಕೌಶಿಕನ
    ಕಾಟವಡಿಯಿಟ್ಟನುವನು

೭೨ ವಿಷಮವಿಶ್ವಾಮಿತ್ರಮುನಿ ಮುನಿದು ತಪ್ಪ ಸಾ
ಧಿಸಿದಪ್ಪನಱಿದಿರೆಂದಱುಪಬೇಕಱುಪಿದಡೆ
ಪಿಸುಣತ್ವವಱುಪದಿರ್ದಡೆ ನೃಪನ ಕೇಡ ನಾನೋತುಪೇಕ್ಷಿಸಿದಾತನು
ಗಸಣಿಯಾಯ್ತೇಗೆಯ್ವೆನೆಂದು ಮನದೊಳಗೆ ಚಿಂ
ತಿಸಿ ಮನೆಗೆ ಬಂದ ಶಿಷ್ಯನನು ಬೋಧಿಸಲು ಕುಂ
ದೆಸೆಯದಿರದಿದ ಪೇಳದಂತೆ ಪೇಳ್ದಪೆನೆಂದು ನೆನೆದನಾ ಮುನಿನಾಥನು

೭೩ ಎನ್ನನೊಲುವೊಡೆ ಕುಲಾಚಾರಮಂ ಬಿಡದಿರ್ಪ
ಡುನ್ನತಿಕೆ ಬೇಹಡುತ್ತಮಕೀರ್ತಿ ಕೆಡದಿಹಡೆ
ನನ್ನಿಯುಳಿವೊಡೆ ಮಗನೆ ಹೋಗದಿರು ಮಱೆದು
    ವಿಶ್ವಾಮಿತ್ರನಾಶ್ರಮಕ್ಕೆ
ಗನ್ನದಿಂ ಮಱಹಿಕ್ಕಿ ಕೊಂಡೊಯ್ದು ಬಳಿಕ ಮುನಿ
ಬನ್ನಬಡಿಸಿಯೆ ಕಾಡಿದಪನಱಿದಿರೆಂದು ಪೇ
ಳ್ದಿನ್ನೊಂದು ಚೋದ್ಯಮಂ ನೋಡು ಬಾಯೆಂದು ತಂದನು
    ವಿರೂಪಾಕ್ಷನೆಡೆಗೆ

Vasishtha asked, "Where are you proceeding to? How is it 71
that you are here in this forest? Tell me, my son, what has brought you so far?"

"I have come to protect my people from the menace of birds and beasts in this forest. I am here to hunt the troubling beasts."

The wise sage, prescient about the past, present, and future, could see at once the beginnings of Kaushika's gambit for tormenting Harishchandra.

Vasishtha was troubled: "I wish I could warn the king that 72
the wicked and angry Vishvamitra would be tormenting him. If I do warn him, it amounts to betraying confidences. If I do not, it amounts to allowing him to come to harm and thus contributes to his downfall. What is the way out of this dilemma now?" As it would not be wrong to advise a disciple who comes to his guru's abode, he decided to warn him without revealing much.

"If you respect me, if you wish to uphold your caste, if you 73
want to reach higher realms of life, if you wish to preserve your glorious reputation, and keep your truthfulness, do not ever step into Vishvamitra's grove. If you do, he will lure you with his cunning, make you forget yourself, and push you into the abyss of despair. Beware." Then he invited the king to witness yet another miracle and led him toward Lord Virupaksha.

೭೪ ಧರಣಿಪತಿ ಗುರುವಸಿಷ್ಠಂಗೆ ಕೈಗೊಟ್ಟು ಬರೆ
ಸುರುಚಿರಮಹಾತುಂಗಭದ್ರೆಯೊಳಗುಳ್ಳ ಭಾ
ಸುರತೀರ್ಥಮಂ ತೋಱಲದಱೊಳು ಸ್ನಾನತರ್ಪಣ ಪಿಂಡ
ಪಿತೃಕೃತ್ಯಮಂ
ಪಿರಿದು ಸಂತೋಷದಿಂ ಮಾಡುತಿರಲಾ ಪುರವ
ವಿರಚಿಸಿ ಮಹಾಗುಡಿಯ ತೋರಣವನೆತ್ತಿ ವಿ
ಪ್ರರು ವಿರೂಪಾಕ್ಷಪ್ರಸಾದಂ ಕೊಟ್ಟು ಹರಸಿದರು ಮಂಗಳರವದೊಳು

೭೫ ಅತ್ರಿ ಭಾರದ್ವಾಜಗಸ್ತ್ಯಮುನಿ ಸನ್ನಿಭರು
ಮಿತ್ರಪ್ರಕಾಶರುನ್ನತ ಶೈವತೇಜರೀ
ಕ್ಷೇತ್ರದವರೇಯೆಂದಡಹುದು ನಿನ್ನಯ ಕುಲದ ಮೊದಲ ಭಾಸ್ಕರ
ದರ್ಶಿಯಿಂ
ಧಾತ್ರಿಯೊಳು ರಾಜಕುಲವೆರಸಲು ಪವಿತ್ರರೀ
ಕ್ಷೇತ್ರತ್ರಯಾವಾಸವಾಸಿಗಳೆನಲು ಕೇಳ್ದು
ಪಾತ್ರರಹರೇನು ಮಾಡುವರೆನುತ್ತುತ್ಸವಿಸಿ ಬಂದು ಪುರಮಂ ಪೊಕ್ಕನು

Leading the king by the hand, Vasishtha pointed to the gorgeous, bubbling waters of the Tungabhadra, whereupon the jubilant king bathed in the holy river and performed the last rites for his ancestors. Priests, who had bedecked Hampi City with tender leaves and decorated the temple of Virupaksha, offered the king *prasāda*,[13] to the accompaniment of auspicious music. 74

The king enquired, "Are the residents of this land as illustrious as seers Atri, Bharadvaja, and Agastya? Are they bright and friendly, venerable and radiant, blessed by the grace of Shiva?" 75

Vasishtha said, "They are, to be sure. Along with the founders of your Sun dynasty, people from several other royal lineages have lived righteously in these three famous places of worship,[14] and they are truly blessed."

A pleased king entered the sacred land of Virupaksha with aplomb.

೭೬ ನಿನ್ನಯ ಮನೋರಥವನೇನ ಹವಣಿಸಬಹುದು
ಹನ್ನೊಂದು ತೀರ್ಥವೀ ಮನ್ಮಥಸರೋವರದೊ
ಳುನ್ನತ ಮಹಾಸ್ಕಾಂದಪೌರಾಣ ಪ್ರೋಕ್ತ ಕಾಶಿಯೊಳು
    ಮಣಿಕರ್ಣಿಕೆಯೊಳು
ಧನ್ಯರಹರಿಲ್ಲಿಯವಗಾಹನಂ ರುದ್ರಪದ
ಸನ್ನಿಧಿಯ ಪಿಂಡ ಗಯೆಗಧಿಕವೆನೆ ಮೂಡಗಿರಿ
ಯನ್ನಡರಿ ನಡೆಯುತ್ತ ತೋಱಿದಂ ವಾಸಿಷ್ಠಮುನಿ ಸರ್ವತೀರ್ಥಗಳನು

೭೭ ಹರಿವಿರಿಂಚಿಗಳು ಇಂದ್ರಾದಿ ದಿಕ್ಪಾಲರೀ
ಗಿರಿಯಲ್ಲಿ ತಪವಿರ್ದರಾ ಹೆಸರ ಲಿಂಗವಾ
ಸರಸಿಗಳು ಸರನದಿಯು ತಾನೊಲಿದು ನೆಲಸಿದೆಡೆ
    ಪಾತಾಳಗಂಗೆಯೆಂದು
ಸುರಕುಲಂ ಮುನಿಕುಲಂ ಪಂಚಭೂತಂಗಳಿಂ
ಖರಕರಂ ಹಿಮಕರಂ ಯಜಮಾನವೆರಸಿ ಶಂ
ಬರಹರನನುರುಪಿದೆಡೆಯಂ ತೋಱಿ ನಮಿಸೆ ಪಂಪಾಂಬಿಕೆಯ
    ಕಾಣಿಸಿದನು

Up the eastern mountain, Vasishtha pointed to the holy lakes, recounting their unique significance. "Whatever your aspirations, these eleven clear water bodies in the Manmatha Lake will fulfill them. *Mahāskāndapurāṇa** mentions that those who only so much as glimpse this river will be as pure as those who have purified themselves in the famed Manikarnika ghat of Kashi. Performing the last rites of our ancestors here at Rudra's feet is more sacred than performing them in holy Gaya.[15] 76

"This is the mountain where Vishnu and Brahma, Indra and the divine guardians of the horizons did penance. That is Patala Ganga—where the most renowned Shiva linga, the most divine river Ganga, and the most beautiful lakes have coexisted happily. This is where Shiva, made of the five elements,[16] burned the god of love to ashes, with the entire clans of gods and sages, the Sun, the Moon, and Brahma, revered elder patron of holy sacrifice, as witnesses." As the king bowed reverently, Vasishtha showed him the image of Pampambike. 77

* A Life of Mahaskanda.

೭೮ ವಂದನೆಯ ಮಾಡಿಯೀ ಮೂರ್ತಿ ಮಹಿಷಾಸುರನ
ಕೊಂದಂದವೆನಲು ಮಾರ್ಕಂಡೆಯ ಪುರಾಣದೊಳ
ಗೆಂದುದೀ ರುದ್ರಶಕ್ತಿಯ ಶಿರಸ್ಸೆನಲು ಪಾರ್ವತಿಯರಭಿಧಾನದಿಂದ
ನಿಂದಳೀಯೆಡೆಯಲ್ಲಿ ಕಾಶಿಯ ವಿಶಾಲಾಕ್ಷಿ
ಯೆಂದು ಕಂಚಿಯಲಿ ಕಾಮಾಕ್ಷಿಯೆಂದೆಂಬ ಪೆಸ
ರಿಂದಲಂಬಿಕೆಯೆಂದು ಪೇಳೆ ನಮಿಸಲು ವಿರೂಪಾಕ್ಷನಂ ಕಾಣಿಸಿದನು

೭೯ ತ್ರಾಹಿ ಮಾಂ ಜಗದುದಯರಕ್ಷ ಶಿಕ್ಷಾಧ್ಯಕ್ಷ
ತ್ರಾಹಿ ಮಾಂ ಶರಣಜನದಘಜ್ವಲಿತ ಭಾಳಾಕ್ಷ
ತ್ರಾಹಿ ಮಾಂ ಸಕಲ ಧರ್ಮಾಕಾರಮಯವೆನಿಪ ಪುಂಗವೇಂದ್ರಾಕ್ಷಪಕ್ಷ
ತ್ರಾಹಿ ಮಾಂ ಸುರಪ ಶಿಖಿ ಮರುತ ವಂದಿತ ಯಕ್ಷ
ತ್ರಾಹಿ ಮಾಂ ಭಕ್ತಕುಲವಾಂಛಿತದ ಸುರವೃಕ್ಷ
ತ್ರಾಹಿ ಮಾಂ ಶ್ರೀಗುರುವಿರೂಪಾಕ್ಷ ಶರಣೆನುತ್ತೆಱಗಿದಂ ಭೂನಾಥನು

"The *Mārkaṇḍēyapurāṇa* describes vividly how this deity killed the demon Mahishasura. The deity Shakti, pinnacle of Rudra's power, takes the name of Parvati in these parts. It is Parvati who is manifest as Vishalakshi in Kashi, as Kamakshi in Kanchi, and as Ambika in Hampi." The king prostrated himself before the deity, and then Vasishtha pointed to the image of Virupaksha. 78

"Protect me, Oh master of creation, preservation, and dissolution.[17] 79
Protect me, Oh lord whose third eye burned up his votaries' sins.
Protect me, Oh lord flanked by the divine bull, the very embodiment of dharma.*
Protect me, Oh Divine One revered by Indra, Agni, and Maruta.
Protect me, Oh wish-granting tree of his devotees.
Protect me, Oh Guru Virupaksha, accept my prayers! Give me refuge."
Thus did the king submit before the lord, praising his glory.

* As the meaning of the phrase *aksha paksha* is not clear, only a plausible, approximate meaning is suggested here.

೮೦ ನೋಡಿ ಪರಮಾನಂದ ಮೂಡಿ ಸಂತಸದೊಳೋ
ಲಾಡಿ ಪುಳಕಸ್ವೇದ ತೊದಳು ಕಂಪನ ಮಱವೆ
ಗೂಡಿ ಮನದೊಳು ತನುವಿನೆಚ್ಚಱಿಂದುಬ್ಬಿ ಹಾರೈಸಿ ಹರುಷದ
ಸುಖದಲಿ
ಹಾಡಿ ನಾನಾ ಸ್ನಪನ ಯಕ್ಷಕರ್ದಮ ಪುಷ್ಪ
ಗಾಡಿವಡೆಯಲು ಮಹಾರುದ್ರಾಭಿಷೇಚನದ
ಜೋಡಿಯಿಂ ಪಂಪಾಂಬಿಕಾಪತಿಯ ಪೂಜೆ ಮಾಡಿದ
ಹರಿಶ್ಚಂದ್ರನೃಪನು

೮೧ ಧೂಪಾರತಿಯ ಸಕಲವಾದ್ಯರವದೊಳು ಮಾಡಿ
ದಾಪೊತ್ತು ಸುರುಚಿರಸುಧಾನಿವೇದ್ಯವನಿತ್ತು
ಕಾಪಾಲಿಗೆಸೆವ ಕರ್ಪುರ ವೀಳೆಯಂಗೊಟ್ಟು ರತ್ನದಾರತಿಯನೆತ್ತಿ
ಶ್ರೀ ಪಾರ್ವತೀಪತಿಗೆ ಪ್ರೀತ್ಯರ್ಥವಾಗಿಯಾ
ಭೂಪನಲ್ಲಿಯ ದ್ವಿಜರ ಕರೆದಿಷ್ಟತುಷ್ಟಿಯಂ
ಬೇಪನಿತನಿತ್ತು ಮತ್ತಂ ಮನಂದಣಿಯದಾ ವಿಪ್ರತತಿಗಿಂತೆಂದನು

೮೨ ಅಂಗ ವಂಗ ಕಳಿಂಗ ದೇಶಂಗಳೊಳು ನಿಮ್ಮ
ಕಂಗೆ ಸೊಗಸುವ ನಾಡ ಬೇಡಿ ನಾನೀವೆನೆನೆ
ತುಂಗಭದ್ರಾತೀರಮಂ ಬಿಟ್ಟು ಭೂಪ ನಾವೆಲ್ಲಿಗಂ ಬಾರೆವೆನಲು
ಗಂಗೆಯಿತ್ತಡಿಯ ಕರದ ಗ್ರಾಮ ವಿರೂಪಾಕ್ಷ
ಲಿಂಗ ಭೋಗಕ್ಕೆಂದು ಧಾರೆಶಾಸನವ ನೃಪ
ಪುಂಗವ ಹರಿಶ್ಚಂದ್ರರಾಯನೊಲಿದಿತ್ತು ವಿಪ್ರರಿಗೆ ಮತ್ತಿಂತೆಂದನು

Gazing at the image of Virupaksha, King Harishchandra was moved to rapture. Sweating, stammering, singing, and quivering with joy, he performed, along with Queen Chandramati, many a ritual with musk and camphor, with scented water, and with delicate, fragrant flowers, culminating in the Maharudra Abhisheka[†] to Virupaksha, consort of Pampambike. 80

To the accompaniment of music from various auspicious instruments, he performed the circumambulation with incense, followed by offerings of fragrant milk and scented betel. Then he invited a group of brahmans and gave them, to his heart's content, whatever they asked, and as much as they asked, until they were satisfied. Not content with that, he declared: 81

"In Anga, Vanga, and Kalinga provinces,[†] demand and you shall have any land." But they said, "We cannot live anywhere else, giving up the sacred Tungabhadra, Your Majesty." Then he decreed that the villages on this side of the river bank be made over to the brahmans for the worship of Lord Virupaksha. He appealed with folded hands to the brahmans: 82

* Offering of libation to Maharudra/Shiva.

† Areas in today's Bengal and Odisha.

೮೩ ಗುರುವಿರೂಪಾಕ್ಷಸನ್ನಿಧಿಯೊಳೆನ್ನಂ ನೀವು
ಹರಸುವುದು ಶಿವಪೂಜೆಯಂ ಮಾಡಿಯಘವ ಸಂ
ಹರಿಸುವುದುಯೆಂದವರ್ಗೆ ಕೈಮುಗಿದು ಸುಖದಿಂ ಪ್ರಸಾದ
ಪಾದೋದಕವನು
ಧರಿಸಿಯಾಲಿಂಗಕ್ಕೆ ಮತ್ತೆ ಮತ್ತೆಱಗಿಯಾ
ಪರಿತುಷ್ಟನಹ ನೃಪಗೆ ಮಂತ್ರಾಕ್ಷತೆಯನಿತ್ತು
ಖರಕರಕುಲದ ರಾಜವನಧಿವರ್ಧನ ಸುಧಾಕರನನಾಘೋಷಿಸಿದರು

೮೪ ಇಂದಾನು ಕೃತಕೃತ್ಯನಾದೆನೆನ್ನಯ ಜನ್ಮ
ವಿಂದು ಸಾಫಲ್ಯವಾಯ್ತುಖಿಳ ಜಗದಳಲುರಿಯ
ನಂದಿಸುವ ಪಾರದಿಯೆ ಸಂಸಾರವಾರುಧಿಯನುತ್ತರಿಪ ಗುರುಪಾದವ
ತಂದು ತೋಱಿತ್ತಲಾ ಶ್ರೀಗುರುವಿರೂಪಾಕ್ಷ
ತಂದೆಯಂ ಕಾಣಿಸಿತು ನಾಡಗಾದೆಯ ಬಿಟ್ಟಿ
ಯಿಂದ ಕಟಕವ ಕಂಡೆನೆಂಬುದೆನಗಾಯ್ತೆನುತ್ತೆಱಗಿದಂ ಭೂನಾಥನು

“Kindly bless me in the presence of Guru Virupaksha. 83
Perform Shiva worship and destroy my sins.” Then he gratefully received the holy water and *prasāda,* bowed to the linga again and again, and felt utterly uplifted. The Brahmans offered sanctified rice and blessed Harishchandra, the moon who causes the ocean of Sun dynasty scions to brim over prosperously.

“My life has become worthwhile today. My life is, indeed, 84
fulfilled now. Doing my duty—undertaking the hunt to assuage people’s woes—has brought me to the feet of my guru, who can help us cross the ocean of this worldly life; it has brought me to the presence of Lord Virupaksha. ‘Obliged to do unpaid work, one chanced upon the Capital City!’ This saying has come true for me,”[18] thought Harishchandra, gratefully prostrating himself before god.

ಷಷ್ಠ ಸ್ಥಲಂ

ಸೂಚನೆ

ಕೂಡಿರ್ದ ಬೇಡರಂ ಕೆಡಹಿದಡೆ ಕೋಪಾಗ್ನಿ
ಮೂಡಿ ಬೆನ್ನಟ್ಟುವ ಹರಿಶ್ಚಂದ್ರನೃಪನ ಕೊಂ
ಡೋಡಿ ಬಂದಡಗಿತ್ತು ಕೌಶಿಕನ ಬನದೊಳಗೆ ಮಾಯಾವರಾಹನಂದು

೧ ಗುರುವಸಿಷ್ಠಂಗೆಱಗಿ ನೇಮವಂ ಪಡೆದಖಿಳ
ಗುರುವಿರೂಪಾಕ್ಷಲಿಂಗವನು ಬೀಳ್ಕೊಂಡು ಭಾ
ಸುರವರೂಥವನೇಱಿ ಭೂಪಾಲಮಕರಧ್ವಜಂ ನಡೆಯೆ ತಡೆವೇಂಟೆಗೆ
ಪರಿಕರದ ಪರಿವಾರವನುವಾಗಿ ವಿಪಿನದೊಳು
ಹರೆದು ನಡೆಯಲ್ಕತ್ತಲಿತ್ತ ಕೌಶಿಕಮುನೀ
ಶ್ವರನೊಂದು ಮಾಯಾವರಾಹನಂ ಮಾಡಿ ಕಳುಹಿದನು
ಭೂರಮಣನೆಡೆಗೆ

೨ ಇಳೆಯೊಡೆಯನಿಂ ಮುಂದೆ ಹರಿದು ಮೃಗದಿಕ್ಕೆಯಂ
ತಿಳಿವ ಹಜ್ಜೆಯನಱಿವ ಬಲೆಯ ಹಸರಿಸುವ ಸೊ
ಪ್ಪುಳನಾಲಿಸುವ ಕುತ್ತುಱಂ ಶೋಧಿಸುವ ಸನ್ನೆಗೆಯ್ವ ಸರುಹಂ ಕಟ್ಟುವ
ಹೊಳೆಯ ಮೇಯಿಸುವ ತೋಹಂ ಬಿಗಿವ ಕುಳಿಕಪ್ಪ
ನಿಳಿವ ಬೇಗೆಯನಿಡುವ ಬೆಳ್ಳಾರ ಬಿಡುವ ಭುಜ
ಬಲಪುಳಿಂದಿರು ಕಂಡರಂದೊಂದು ಸೊಕ್ಕಿದೆಕ್ಕಲನ ನಡುನಾಳಲೊಳಗೆ

Chapter 6

Synopsis

Harishchandra, enraged at the annihilation of hordes of his hunters, gives chase; the magical wild boar lures him into the sacred grove of Kaushika.

The king prostrated himself before his guru Vasishtha, 1
worshiped the renowned Virupaksha linga, and, followed by his entourage carrying weaponry, stocks, and staff, embarked in his chariot on the forest hunt. Meanwhile, to unleash torment on the king's hunters, Kaushika, with his magical powers, conjured up a boar.

Strong-armed hunters preceded the king to find the hide- 2
outs of animals, spread nets, listen for sounds, search bushes, speak to each other in signs, tie ropes, locate grazing routes, block animal tracks, set up decoys and traps in prominent places, dig trenches to trap elephants, ready the nooses to catch prey, and start strategically placed fires. Then, in the bushes, they sighted the massive wild boar.

೩ ಹೇರಿಟ್ಟಿಗಳ ಕಳೆದುಕೊಂಡು ಶಬರರ ಮೊತ್ತ
ವಾರಿ ಬೊಬ್ಬಿಱಿದು ಕುಕಿಲಿಱಿದು ತಮತಮಗೆ ನೆಱೆ
ವೀರಮಂ ನುಡಿವವರನಿನ್ನಱಿಯಬಹುದೆಂದು ಜಱೆದು ಪಡೆ
ಮುಳಿದೆದ್ದುದು
ವಾರುಧಿಯ ಕುಡಿದು ವಡಬನ ಹಿಡಿದು ತಪ್ಪವರ
ಮೇರುವಂ ಕಿತ್ತು ವಾಸುಗಿಯನುಗಿವವರ ಮುಂದೆ
ಯಾರು ನಿಲಬಹುದೆಂಬ ಚತುರಂಗಬಲಕಿದಿರುವಾಯ್ದುದು
ವರಾಹನಂದು

೪ ಸಿಡಿಲ ಕಿಡಿಯಂತೆಸೆವ ಕಣ್ಣುಬ್ರಹ್ಮಾಸ್ತ್ರದೆರ
ಡುಡಿಯನಿಱುಕಿದ ತೆಱದ ದಾಡೆ ವಜ್ರದ ಚಿಪ್ಪ
ನಿಡಿಕಿದರೆನಿಪ್ಪ ಕಿವಿ ಬಲನ ನೇಗಿಲ ಪೋಲ್ವ ತುಂಡ ಮೃತ್ಯುವಿನ ಕಯ್ಯ
ನಿಡಿಯ ನಾರಾಚದಗೆಯೆನಿಪ ಮೆಯ್ ರೋಮತತಿ
ಕಡಗಿ ಕಾಲನ ಕೋಣನರರೆ ವಾರಾಹಮುಖ
ವಡೆದಿರದೆನಿಪ್ಪೊಡಲು ಮೆಱೆವ ಸೂಕರನಿರಲು ಕಂಡರಂತಾ ಬೇಡರು

೫ ಕವಿಕವಿಯೆನುತ್ತ ಬೇಡರು ನಾಯ ಹಾಸಮಂ
ತಿವಿದು ಬಿಲುವೊಯ್ದು ತೆಗೆನೆಱೆದೆಂಟು ದೆಸೆಯಿಂದ
ತವತವಗೆ ಹೊಕ್ಕು ಮಿಕ್ಕೆಚ್ಚಡದನಾಲಿಸದೆ ಲೆಕ್ಕಿಸದೆ ಕೈಕೊಳ್ಳದೆ
ಬವರಿಸದೆ ಬಗೆಯದಿರುತಿರೆ ಕಂಡು ಮುಂಗುಡಿಯ
ತವಕಿಗರು ಹೇವರಿಸಿ ಹೊದ್ದಿ ಹೊಡೆ ಕುತ್ತು ಕೊಲು
ತಿವಿಯೆಂದು ಬೆರಸುತಿರೆ ಕಂಡು ಕಿಗ್ಗಣ್ಣಿಕ್ಕಿ ನೋಡಿತ್ತು ನಾಲ್ದೆಸೆಯನು

Hunters, sallying forth with lances unsheathed, roared: 3
"Now we will expose all those bragging of their prowess."
Mighty troops, strong enough to uproot mountains and thrash the great serpent Adishesha, surged forth as though drunk on waters of oceans and gorged on ocean fires. Who had nerve enough to confront such a mighty army? But that, precisely, was what the insolent boar did.

Formidable hunters gazed intently upon the mammoth boar: 4
his eyes were bright orbs of lightning; tusks two halves of Brahma's all-powerful sword; ears keen, shining diamond caps; snout the blunt end of Balarama's massive plough;* spiny bristles quivers of sharp arrows; and his boar body verily Yama's fury-incarnate buffalo.

Hunters corralled him, shouting, "Draw tight now, hurry, let 5
loose the hounds, shoot from all directions," and menacingly closed upon the boar; yet the beast watched them—untroubled, unmoving, with no response whatsoever; and when some impatient hunters in front shouted excitedly: "Drop him, kill him, spear him, stick him!", he merely granted them an intent eye.

* Krishna's brother, known for his potent plough.

೬ ಕೊಬ್ಬಿದಿಬ್ಬೆನ್ನ ಭರದಿಂದ ಬೆಟ್ಟವನಡರು
ತೊಬ್ಬುಳಿಯನೊಡೆದು ಘುಡುಘುಡಿಸಿ ಕುಡುದಾಡೆಯಂ
ನಿಬ್ಬರದಿ ಮಸೆದು ಕೊರಡಂ ಹೊಯ್ದು ಮಂದಗತಿಯಿಂ ಸೊಕ್ಕಿ
    ಮಲೆತುಕೊಳುತ
ಅಬ್ಬರವ ಕೇಳಿಯಾಲಿಸುತ ಸೊಪ್ಪಂ ಬೆದಕು
ತಿಬ್ಬಗಿಯ ಮಾಡಿ ತೃಣಮಂ ಶಕುನಮಂ ನೋಡಿ
ಹೆಬ್ಬಂದಿ ವಿಪಿನದೊಳು ನಿಂದುದಾ ಶಬರರಿಗೆ ಮೃತ್ಯು ತಾನೆಂಬಂದದಿ

೭ ಎಲೆಲೆಲೆಲೆಲೇ ಹಂದಿಯನುವಾದುದುಬುಬುಬೆಂ
ದುಲಿದು ನಾಯ್ಗಳುವೆರಸಿ ಮುಕ್ಕುಱಿಕ್ಕಲು ಮೆಲ್ಲ
ನೊಲೆದುಬ್ಬಿ ಪುಟನೆಗೆದು ಗಜಱಿ ಗರ್ಜಿಸಿ ಪುಳಿಂದರ ಮೇಲೆ
    ಬವರಿದಿರುಗಿ
ಬಲವಂದು ಹೊಯ್ದು ಬೇಗಕ್ಕೆ ಬಿಱುಮಂದಿ ನಾ
ಳಲ ಹೊಱೆಗಳಂ ಕೊಚ್ಚಿದಂತೆಲ್ಲರೊಡಲ ಕಳ
ವಳಿಗೆಯ್ದು ಬೀದಿವರಿದೊಕ್ಕಲಿಕ್ಕಿತ್ತು ರಕ್ಕಸಮಿಗಂ ಕಾಡೊದಱಲು

Heaving himself uphill with a mighty hoist of massive shoulders, 6
smashing and splintering in half the cordon of the king's hunters,
grunting thunderously, sharpening his jutting canines,
alert to every sign of danger, and attuned keenly to the hunters' uproar,
the boar rushed through foliage, trampled grass under hoof,
and struck down all hindrances among the thick brush.
Then, the gigantic swine stood still, gathering strength,
positioning himself,
and ready to deliver his hunters' death.

"*Elelele, lelelē*! The swine attacks! Set the dogs now. *Bu... 7
bu... bubū... bubū,*" hunters called out to the hounds. As they again closed in on the swine, the immobile monster began swaying gently and, suddenly gathering momentum, sprang forward, looped around, and surged, with a resounding roar—a thunderous clap of the scythe through a swathe mowed down the hunters, mere bundles of thick saw grass, as the forest screamed in agony.

೮ ಅಡವಿ ನಡುಗಲು ದೆಸೆಗಳೊಡೆಯೆ ಘುಡುಘುಡಿಸುತ್ತ
ಲೊಡಸಾರ್ದು ಪಡೆಯ ಕೆಡಹುತ್ತ ಬರೆ ಕೋಪದಿಂ
ಹೊಡಕರಿಸಿ ತಡವಿಡದೆ ಕುಡುದಾಡೆಯಿಂ
ಬೇಡವಡೆಯೊಡಲನೀಡಿಱಿವುತ
ಕಡಿವಡೆದ ಕಡಿಗಳೊಳು ಬಿಡದೆ ನಡೆಯಲು ಕಂಡು
ಕೆಡೆಕೆಡೆಯೆನುತ್ತ ಮೂದಲಿಸಿ ಮರಳಿದೊಡಡಗ
ಕಡಿ ಮಾರಿಗೆಱೆ ನೆತ್ತರಂ ಹೊದೆಸು ಚರ್ಮಮಂ ತೊಡು ಬೇಗ ಬಿಡು
ಸರಳನು

೯ ಕುನ್ನಿಗಳ ಕವಿಸು ಬೆನ್ನಡಗನುಱೆ ತಿನಿಸು ಚಲ
ವಿನ್ನು ಹೆಣಗಿಕ್ಕು ನಿನ್ನಳವಿನೊಳು ಹೊಕ್ಕು ತಿವಿ
ಮುನ್ನ ಹಂದಿಯ ಕರುಳ ತಿನು ತಿದಿಯ ಕಳೆ ಕೊರಳ ಕಡಿ ಕಾಲ ಸಂದ
ಬಿಡಿಸು
ಇನ್ನಬರ ಕಾಡಿತ್ತು ಚೆನ್ನಾಳ ಮಡುಹಿತ್ತು
ಬನ್ನಬಡಿಸಿದ ಸಿಟ್ಟ ಕಳವೆವೆಂದೆನುತ ಸಂ
ಪನ್ನ ಸಾಹಸಪುಳಿಂದರು ಜೋಡಿಯಿಂ ಕವಿದು ಹೊಕ್ಕು ಹಂದಿಯ
ತಿವಿದರು

೧೦ ಅಟ್ಟಿ ಮೃಗ ಗಜಱೆ ಕವಡಿಕೆಯ ರಾಸಿಯ ಕಲ್ಲು
ತಟ್ಟಿದಂತಾಗಿ ಚೆಲ್ಲಿದ ಶಬರಸಂಕುಲಂ
ಕೆಟ್ಟೋಡಿ ಮಗುಳ್ದು ಮೊಳಕಾಲಿಕ್ಕಿಯಂಡುಗೊಂಡುಸಿರ
ಸಂತೈಸಿಕೊಳುತ
ಮುಟ್ಟುಗೊಂಡಿರದುರಿಯ ನೊರಜು ಕಾಡುವ ತೆಱದಿ
ನಿಟ್ಟೆಲುವ ಮುಱೆ ಕೊರಳ ಕೊಱೆ ಬರಿಯನಿಱೆ ಮಾಣ
ದಿಟ್ಟಿಯಿಂದಿಡುಕುವುದೆನುತ್ತುಲಿದು ನಾಲ್ದೆಸೆಗೆ ಕವಿದರಂತಾ ಬೇಡರು

The forest shook, the skies splintered—the thundering monster again bore down upon the hunters, slaughtering them, relentlessly charging, piercing their bodies with his razor tusks, and littering the arena with shreds of human flesh. The victims shouted urgent commands to each other: "Kill him, kill him now, tear him up, slit his snout, offer his blood for Mari,[1] and his hide too. Launch arrows, shoot, be quick! 8

"Frenzy the hounds, make sure they taste his meaty back. Stay strong, take up the slack, use all your skill. He's right here. Get in, impale him, feast on his innards, skin him, hack his neck, tear apart his legs. He has tormented us no end; killed our finest; avenge them!" Straightway the intrepid, well-trained hunters grappled with the beast, thrusting fiercely with their knives. 9

The unmoving boar swung around suddenly, grunting thunder, scattering the hunters' pack—a heap of cowrie shells hit by a stone. They collapsed on haunches, nursing injuries, but quickly set about attacking the swine again—like flies repeatedly returning to infest an open wound: "Break his back, hack his neck, thrust the spear through the flanks, lance him through!" 10

೧೧ ಹಳ್ಳದೊತ್ತಿನ ಹೊದಱ ಹೊಸಮೆಳೆಯ ಱೊಪ್ಪದಿಂ
ಘಳ್ಳಿಡುವ ನಾಯಿ ಸುತ್ತಲು ಪರಿಯೆ ಗಾಳಿವಿಡಿ
ದಳ್ಳಂಕಗೊಂಡು ಹೊಗಲ್ಬಾರದಿಟ್ಟೆಡೆಯೊಳೆಡಬಲನನಾರ್ರೈವುತ
ಸುಳ್ಳೆದ್ದ ಬಾಲ ಸಿಗುಱಿದ್ದ ರೋಮಂ ಕೆದಱಿ
ಮೆಳ್ಳಿಸುವ ಕಣ್ಣುದಾಡೆಗಳಿಂದ ಕಿಡಿಯುದಿರೆ
ಹಿಳ್ಳೊಡೆದು ಹಿಂದೆ ಮರಳ್ದೆಕ್ಕಲಂ ಬೀದಿವರಿದುದು
ಬೇಂಟೆಗಾಱರೊಳಗೆ

೧೨ ಇಕ್ಕೆಲದ ಕುನ್ನಿಗಳು ಮಿಡುಕಲೀಯದೆ ಮೃಗವ
ಮುಕ್ಕುಱಿಕ್ಕಲು ಕೆಲಬಲನ ನೋಡಿದಾಡೆಯಿಂ
ಸೊಕ್ಕಿನಲಿಯುತ್ತಲುಬ್ಬುತ್ತ ಬರೆ ಶಬರಾಧಿಪರು ಕೆರಳಿ ಬೆಂಬತ್ತುತ
ಇಕ್ಕಿಕ್ಕು ಕಲ್ಲಲಿಟ್ಟೆಯಲಿಱಿಯೊ ಸಬಳದಿಂ
ಹೊಕ್ಕು ಮೊನೆಗಾಣಲಿಱಿ ದಾಡೆಯಂ ಮುಱಿಯಬಡಿ
ಯಿಕ್ಕೆಯಂ ಹೊಗಗುಡದಿರೆಕ್ಕಲನನೆನುತ ಬೊಬ್ಬಿಕ್ಕಿ ಸರಳಂ ಸುರಿದರು

Rather than chasing the beast, 11
dogs stood petrified with terror,
baying relentlessly from thickly grown bushes near the
water hole,
lurching this side and that as if possessed.
The insolent swine, tail curled
and needle-sharp bristles erect,
rotated frightful eyes—bloodshot,
emitted canine sparks—red-hot,
and remained unvanquished,
with hunters' groups now scattered and splintered.

From both flanks, in an attempt to contain him, dogs 12
harried the beast, who glared around insolently displaying his sharp canines while grasping his measure. Hunter chiefs, infuriated, launched another rain of arrows, rallying their men: "Get him, beat him, stone him, lance him through. Let spearheads emerge from his body, pulverize those tusks, don't let him get away!

೧೩ ಕಣ್ಣನಿಱಿ ಕೇಸರವ ಸುಡು ಬಿಡದೆ ಖಂಡಮಂ
ಸಣ್ಣಗಡಿಯಲಿ ನಾಯಿ ಮೂಳೆಯಂ ಮೋದು ನೀಂ
ತಣ್ಣನೆ ತಣಿಯ ತಿನ್ನು ತೊಡೆಯಡಗನೆನುತಲಿಟ್ಟಿಯ
    ಕಲಿಗಳುರವಣಿಸಲು
ಬಣ್ಣಿಸಲದೇಕೆ ಹರಿ ಕರಿಗಳಿಗೆ ಕೆರಳಿ ಸೌ
ಪರ್ಣನಹಿಕುಲಕೆ ಮುನಿದೆಱಗಿ ಕೊಲುವಂತೆ ಮು
ಕ್ಕಣ್ಣಸಮವೆನಿಪ ವಿಶ್ವಾಮಿತ್ರ ಕಳುಹಿದ ವರಾಹ ಕೊಂದುದು
    ಪಡೆಯನು

೧೪ ಬಸುಱ ಬಗಿಯುಗಿ ಕರುಳ ಸುಗಿ ಚರ್ಮಮಂ ಕೊರಳ
ಬೆಸುಗೆಯಂ ಬಿಡಿಸೆಲುವ ಮುಱಿ ಮೂಳೆಯಂ ಮೋದು
ಬಿಸಿನೆತ್ತರಂ ಕುಡಿಯೆನುತ್ತೆ ನಾಲ್ದೆಸೆಗಳಿಂದುಲಿದೆಸುತ ಮುಕ್ಕುಱಿಕ್ಕಿ
ಅಸಿಯನಣೆದಂಬುಗಳ ಟೊಣೆದುಲಿದು ಮಱೆದು ಲೆ
ಕ್ಕಿಸದಿಟ್ಟಿಯಂ ಕಡಿದು ಮುಂಗುಡಿಯ ನಾಯ್ಗಳಂ
ಕುಸುರಿದಱಿದಾ ಸಮೂಹವನೆಲ್ಲವಂ ನಾಲ್ಕುದೆಸೆಗೆ ಸೀಳ್ದಿಕ್ಕಿತಂದು

“Pierce his eyes, burn his mane, let the dogs have him, 13
ram into his limbs, relish the meat on his thighs.”
Cheering, lance-wielding hunters launched their attack.
Why relate what happened next?
Like
a lion pouncing on an elephant herd,
a vulture swooping down on the serpent species routing
them,
the swine, directed by Vishvamitra, a veritable three-eyed
Shiva,
mowed down entire rows of hunters
in no time.

The remaining hunters continued with their bow hunting: 14
“Split his intestine, pull out his innards, skin his hide, sever
the neck, crash into his snout, crush his bones to dust, drink
the first blood!” But the gigantic beast, fierce and fearless,
cut through their arrows, lances, and spears, reducing them
to dust, mauled advancing dogs pitilessly, and made the
hunter teams run helter-skelter.

೧೫ ಕಡುಗಿ ಕೈಕೊಂಡು ಬೊಬ್ಬಿಟ್ಟುಲಿವ ಲುಬ್ಧಕರ
ಎಡೆಗೆವುರವಣಿಸಿ ಹರಿದೆಯ್ದಿ ತೊತ್ತಳದುಳಿದು
ಕೆಡಹಿ ಸತ್ವದಿ ಬಂದ ಪಡೆಯ ನೆಱೆ ತಱಿದು ವೀರರ ಜಱಿದು ಕರುಳ
 ಹಱಿದು
ಕಡುಬಳಲಿ ಕಣ್ಣುಕೆಂಪಡರಲುಸುರಿಕ್ಕಿ ಮೊಗ
ಜಡಿದು ಕಟವಾಯೊಸರ್ವ ನೊರೆ ತೇಂಕುವಳ್ಳೆಯಿಂ
ಬಿಡದಂಡುಗೊಂಡು ಮುಸುಡಂ ನೆಗಹಿ ಱೊಪ್ಪವಂ ಮಲಗಿ
 ಮತ್ತನುವಾದುದು

೧೬ ಬಸುಱ ಬಾದಣಕೆ ಬಾಯ್ವಿಟ್ಟು ದುಱದುಱನೊಗುವ
ಬಿಸಿನೆತ್ತರಂ ಕುಡಿದು ನಡುಬೆನ್ನ ಮೂಳೆಯಂ
ಸಸಿದು ಕಡಿಕಡಿದಗಿದು ಕರುಳ ಹಿಣಿಲಂ ಹಿಕ್ಕಿ ತಿಂದು
 ತೊಡೆಯಡಗನವುಡಿ
ಬೆಸೆದು ದಣ್ಣನೆ ದಣಿದು ತಲೆಯೊತ್ತಿ ಮೂಗರಳು
ತುಸುರಿಕ್ಕುತೊಲೆಯುತ್ತ ಮಲೆಯುತ್ತ ಕುತ್ತುಱಿಂ
ಗೊಸೆದು ಬರಲದಱೊಳಡಗಿರ್ದೊಬ್ಬ ಬೇಡ
 ನೋಡಿದುದನೇವಣ್ಣಿಸುವೆನು

When yet another line of fearless hunters, gathering cour- 15
age, got ready for battle, the swine ploughed into them with tremendous power, hurtled them to the ground, and trounced them, tearing their bodies apart. Spent by his exertions, eyes turned red, breathless, face taut, foam dripping down the side of his mouth, and flanks palpitating, the fiend shook his snout hard and rested awhile to ready himself again for battle.

Gorging on the hunters' intestines, 16
the ferocious beast drank the hot blood;
splitting open the spine,
picked out the bones and chewed them;
devoured their innards;
and wrested the meat from their thighs,
resting his jaws on their bodies.
His belly full,
he lifted his face, nostrils flaring, breath accelerated,
and moved menacingly toward a nearby bush
where a hunter had taken refuge.
How do I describe the hunter's terror
on seeing the advancing colossus?

೧೭ ಬಿಟ್ಟತಲೆ ಗಿಡುಹಿಡಿದು ಕಳೆದುಡುಗೆ ಕಾಡ ಮುಳು
ನಟ್ಟು ಕುಂಟುವ ಪದಂ ಬೆನ್ನ ಬಿಗುಹಳಿದೆಳಲ್ವ
ಮೊಟ್ಟೆಗೂಳೆಡಹಿ ಕೆಡೆದೊಡೆದ ಮೊಳಕಾಲ್
    ತೇಕುವಳ್ಳೆಗಳುವೆರಸೊಱಲುತ
ಕೆಟ್ಟೋಡುತಿರಲೊರ್ವನವನ ಕಂಡಿದಿರಡ್ಡ
ಗಟ್ಟಿ ಕೇಳಲು ಹುಹುಹು ಹುಲಿಯಲ್ಲ ಹಂದಿಯಱ್
ಯಟ್ಟಿ ಬರುತಿರ್ದುದೆನೆಯೆಲ್ಲಿ ತೋಱೆನಲು ನೀವೇ
    ಅಱಸಿಕೊಂಬುದೆಂದ

೧೮ ನಡುಗುವವಯವ ಬಿಕ್ಕುಪಾಱುವೆದೆ ಬಱತ ಬಾಯ್
ಸಿಡಿದರಳ್ವ ನಾಸಾಪುಟಂ ನಟ್ಟ ಕಣು ಬೆಮ
ರಿಡುವ ಮೊಗ ಬಿಟ್ಟೆಳಲ್ವ ಮಂಡೆ ನಿಟ್ಟೋಟದಿಂದೋಡುತ್ತಲೆಡಹಿ
    ಕೆಡೆದು
ಒಡೆದು ಮೊಣಕ್ಕೈ ಕಾಲ್ಗಳತಿಭಯರಸವನೆಯ್ದೆ
ಯೆಡೆಗೊಂಡ ಚಿತ್ತದಿಂ ಹೊಱಗನಾಲಿಸದೆ ದುಡು
ದುಡನೋಡಿ ಬರುತಿರ್ಪ ಬೇಡನಾಕಾರಮಂ ನೋಡಿದಂ ರೂಢೀಶನು

Running for his life screaming, 17
hair flying in all directions;
clothes come loose, caught in the shrubs;
hobbling steps with feet pricked by wild thorns;
food loosened from the food pack,
spilling out of the shoulder bag;
bruised knee with fresh cuts and gashes;
breathless, nostrils dilating—
the hunter.
When someone stopped him to ask,
all he could say was:
"No, no, not *hu* ... *hu* ... *huli,* not ... tiger,
but *ha* ... *ha* ... *handi,* boar,
right behind ... chasing ..."
"Where is it?"
"Look for yourself."

His entire body quivering, chest throbbing, tongue 18
parched, nostrils flaring, eyes unseeing, face pouring with sweat, hair disheveled, hands and knees bleeding from stumbling and falling, running blindly in the wild, and mind filled with terror, the hunter scampered for his life, oblivious. And then the sovereign king came upon the desperate man.

೧೯ ಹೆದಱಿದೆಯ ಬೇಡನಂ ಬೋಳೈಸಿ ನೃಪರೂಪ
ಮದನನಲ್ಲಿಗೆ ತಂದು ನುಡಿಸಿ ಕೇಳಲು ಪೇಳ್ವ
ಕುದಿಹವೇಕದಿದೆನ್ನದೆಲ್ಲಾ ಕಿರಾತಸಂಕುಲದ ಗುಱಿ ನೆಱಿದುದಿಂದು
ಹದುಳದಿಂದರಸ ಮನ್ನೆಯ ಗಂಡನಾಗು ಬೇ
ಗದೊಳೆಂದಡೇಂಕಾರಣಂ ಪೇಳೆನಲ್ಕೆ ಪೇ
ಳ್ವುದಕೆ ತೆಱಹಿಲ್ಲ ಹೋಗೆಂದಡವನೀಶನವನಂ ಜಱಿದು
ಬೆಸಗೊಂಡನು

೨೦ ಕಡುಗಲಿ ಹಿರಣ್ಯಾಕ್ಷನೆಂಬ ರಕ್ಕಸನ ಬೆ
ನ್ನಡಗನುಗಿದಂದಿನ ವರಾಹನೋ ಪುರಹರಂ
ಪೊಡೆಯೆ ತೋಳ್ ಪಱಿದ ಭೀಕರಗಜಾಸುರನೊ
ಜಗದಳಲನಾಱಿಸುವೆನೆಂದು
ಕಡುಕೈದು ದುರ್ಗಿ ನಿರ್ಘಾತನಂಗೆಯ್ಯೆ ಕೋ
ಡುಡಿದ ಮಹಿಷಾಸುರನೊ ಎಂದೆಂಬ ಸಂದೇಹ
ಕೆಡೆಯಾದ ಸೊಕ್ಕಿದೆಕ್ಕಲನನೊಂದಂ ಕಂಡೆನರಸ ಚಿತ್ತೈಸೆಂದನು

೨೧ ಕೊಬ್ಬಿ ಬೆಳೆದ ವರಾಹನಿರಲಾಗದೇ ಕಾಡೊ
ಳಬ್ಬರಿಸಿ ನುಡಿವೆಯದಱಿಂ ಬೇಡವಡೆಗೆ ಬ
ಪ್ಪುಬ್ಬಸವದೇನೋ ನೀನೋಡಿಹೋಹುದಕೆ ಕಾರಣವಾವುದೆಲವೊ
ಎನಲು
ಉಬ್ಬಿ ಮುಂಗುಡಿವರಿದು ಕಡುಕೈದ ಶಬರರೊಳ
ಗೊಬ್ಬರುಳಿಯದ ತೆಱದಿ ಕೊಂದಿಕ್ಕಿನಾಯ್ಗಳಂ
ಗಬ್ಬವಿಕ್ಕಿಸಿದ ರಕ್ಕಸವಂದಿ ತಾನೆ ಹೇಳಿತ್ತು ನಾನೇಕೆಂದನು

When the king coaxed the terrified man to speak, he whimpered, "I just can't relive the horror of it. Why talk about it? The whole horde of hunters without exception have been decimated. So hurry up; live up to your name as protector, Your Highness." "Why? What exactly happened? Tell me." "No time now... I must be off..." But the lord of the earth restrained him and sternly ordered him to relate what had happened. 19

"Listen, Your Highness. 20
I saw a giant of a boar. I wondered:
Was he the mighty boar that tore apart
the spine of audacious demon Hiranyaksha?[2]
Or the awe-inspiring demon-elephant Gajasura
whose trunk was severed by Shiva himself?[3]
Or the terror-striking demon-bull Mahishasura,
whose tusks were snapped off
by Goddess Durga to allay people's woes?"

The impatient king berated him: "Why exaggerate like this? Have you never seen a huge hog in a dense forest? How can it possibly harm our mighty hunters? Why are you bolting like this?" The panic-stricken hunter said, "I do not have to say much. See for yourself: the devilish boar did not spare any of them—rows and rows of hunters out to prove their prowess were mowed down in a moment, and some pregnant dogs miscarried." 21

೨೨ ಪಡೆಯೆಯ್ದೆ ಮಡಿಯಿತ್ತೆ ಮಡಿಯಿತ್ತು ನಾಯ್ ಕೂಡೆ
ಕೆಡೆದವೇ ಕೆಡೆದವಾ ಹಂದಿಯಿರ್ದಪುದೆಯದೆ
ಎಡೆಯೆನಿತು ಸಾರೆ ತೋಱಿಸಿದಪಾ ತೋಱಿದಪೆನೇಳ್ವೆವೇ
    ನಡೆಯಿಮೆನಲು
ಕಡುಮುಳಿದು ರಥವನುರವಣಿಸಿ ನೂಂಕುವ ಭೂಮಿ
ಯೊಡೆಯಂಗೆ ಭಾಷೆಯಂ ಕೊಟ್ಟು ನಾನಾ ಬೇಡ
ವಡೆಯೊಡೆಯರೆಯ್ದೆ ಕಂಡರು ಱೊಪ್ಪಮಂ ಮಲಗಿ
    ದಾಡೆಗಡಿವೆಕ್ಕಲನನು

೨೩ ಎಲೆ ದೇವ ಶಬರಾರಿಯಿದೆ ನೋಡು ನೋಡು ಮ
ತ್ತೆಲೆ ದೇವ ಮಲೆವ ವೀರರ ಮಾರಿಯಿದೆ ನೋಡು
ಎಲೆ ದೇವ ಕುನ್ನಿಗಳ ಗುನ್ನವಂ ಕೊಂಬ ಸತ್ವ ಸಮರ್ಥ ಮೃತ್ಯುರೂಪು
ಎಲೆ ದೇವ ಕತ್ತಲೆಯ ಮೊತ್ತ ಹರಣಂಬಡೆದು
ದೆಲೆ ದೇವ ತರಣಿಕುಲ ನೀನು ಕೊಲುವೆಡೆಗೆ ತಾಂ
ಗೆಲುವೆನೆಂಬೀ ಭರದಿ ಹಂದಿಯಿದೆ ನೋಡೆನುತ್ತಿರ್ದರಂತಾ ಬೇಡರು

"Was our entire team of hunters wiped out?" 22
"Yes, they were."
"What about the hounds?"
"The same fate."
"Is that boar around still?"
"Yes."
"Where exactly? How far?"
"Quite close, not too far."
"Lead me."
"I shall."
"Are we ready?"
"Yes, Master."
The lord of the earth, impatient and furious, rushed to the forest in his chariot, with the other hunters that were with him. Then they found the boar lying in his hideout, gnashing his canines.

Hunters pointed out the unassailable beast to the king: 23
"Look my lord…
Look at the Enemy of Hunters…
Look at the terrifying Mari, routing our valiant hunters…
Look at Death Manifest, butchering our best trained
hounds…
Look at him! See for yourself the immensity of darkness
reborn as the boar…
He looks at you, so insolent, so cocksure of his victory,
when you, King of the Sun dynasty, are all set to slay him."

೨೪ ಮುನ್ನ ಬೇಂಟೆಯ ಜೋಕೆಯಱಿದ ಬೇಡರು ಮಡಿದ
ಚನ್ನನಚ್ಚಿನ ನಾಯ್ಗಳಳಿದಳಲು ಬೆರಸಿ ಬೆಳೆ
ದಿನ್ನೇನೆನುತ್ತ ಹೇವರಿಸಿ ಮೂದಲಿಸಿ ತಮ್ಮೊಳಗೆ ಕೈವೊಯ್ದು ಹರಿದು
ಬೆನ್ನಡಗನಗಿ ಬಸುಱ ಬಗಿ ಕರುಳನುಗಿ ಕೆಡಹು
ತಿನ್ನು ತಿದಿಗಳೆ ಮೂಳೆಯಂ ಮುಱಿಯೆನುತ್ತ ಹೆ
ಗ್ಗನ್ನಿಗಳ ತಲೆದಡವಿ ಹಾಸಮಂ ತಿವಿದು ಕವಿದರು
ಬೇಡರೆಣ್ದೆಸೆಯೊಳು

೨೫ ಕೂಡೆ ಬೇಡರ ಮೊತ್ತವುಲಿದು ಬೊಬ್ಬಿಕ್ಕಲದು
ದಾಡೆಗುಟ್ಟುತ್ತ ಧಿಕ್ಕರಿಸಿ ಕೆಕ್ಕರಿಸುತ್ತ
ಲೋಡುತ್ತ ಘುಡುಘುಡೆಂದುಲಿಯೆ ಬಱಸಿಡಿಲ ಬಳಗಂ ಮೊಳಗಿ
ದಂತಾಗಲು
ಈಡಿಱಿದು ಶಬರಸಂಕುಳವ ಸೀಳುತ್ತಲತಿ
ಝಾಡಿಸುವ ಕದಳಿವನದೊಳು ಸೂನಿಗೆಯ ಬಂಡಿ
ಯೋಡಿದಂತಾಗೆ ಮರಳಿತ್ತು ಮಂದಿಯ ಕೆದಱಿ ಹಿಂದೆ
ಮಗುಳ್ದಾಲಿಸುತ್ತ

೨೬ ಮೃತ್ಯುರೂಪಿನ ಹಂದಿ ಕಾನನದೊಳೊಕ್ಕಲಿ
ಕ್ಕಿತ್ತು ನೆಱಿಸುತ್ತಿ ಬೆಂಬತ್ತಿ ತಲೆಯೆತ್ತಿ ಮನ
ವೆತ್ತಿಯುಲಿಯುತ್ತ ತಿರುಗುತ್ತ ಹರಿಯುತ್ತ ಬೆದಱುತ್ತೆಯ್ದೆ ಬಲವೆಲ್ಲವ
ಒತ್ತಿ ಸೀಳಿತ್ತು ಕೆರಳಿತ್ತು ಮುರಿಯಿತ್ತು ಹರಿ
ಯಿತ್ತು ಕೊಱೆಯಿತ್ತು ಕುಱುಕಿತ್ತು ದಣಿಯಿತ್ತು ನೋ
ಡಿತ್ತು ಕತ್ತಲೆಯಿನನ ನೋಡುವಂತಾ ಗುಣೋತ್ತಮನಂ
ಬಳೋತ್ತಮನನು

Mourning the fate of their predecessors and the death of 24
their favorite hounds, the hunters grew more resolute: they
chided themselves, goaded each other to perform better,
and clapped and patted, infusing confidence in one another.
Picking up their weapons, they cheered: "Take his back
apart, tear open the intestines, draw out the innards, chop
him down, skin him, smash his bones!" Unleashing their
ferocious hounds, they attacked the boar from all sides.

As the hunters, cheering loudly, closed in on the monstrous 25
beast, it veered off a bit, only to come charging with added
force, striking the ground with its snout, defiantly glaring
and ear-splittingly grunting, goring the huntsmen like a cart
filled with swords and spears breezing through a banana
grove: the death-like beast had returned to rend the hunt-
ers' tribe asunder.

The giant boar had returned, intent on ruining the forest— 26
whirling, chasing, getting his bearings,
bracing himself, grunting,
now purring in joy and now huffing in fright,
rushing all over the place with all his might;
he pounced and trounced, fractured and fissured,
pierced and penetrated everything in his orbit,
gorged in greed and tired himself,
staring at the mightiest and the best of men,
as darkness at the sun!

೧೭ ಮಸೆವ ದಾಡೆಯ ಕುಡಿಗಳಿಂದ ಕಿಡಿ ಸುರಿಯೆ ಘೂ
ರ್ಮಿಸುವ ಮೂಗಿಂದ ಕರ್ಬೊಗೆ ನೆಗೆಯೆ ಮುನಿದು ನಿ
ಟ್ಟಿಸುವ ಕೆಂಗಣ್ಣ ಕಡೆಯಿಂದ ದಳ್ಳುರಿ ಸೂಸೆ ಬಲಿದ ಕೊರಳೊಲೆದ
ಮುಸುಡು
ಕುಸಿದ ತಲೆ ನೆಗೆದ ಬೆನ್ ನಟ್ಟ ರೋಮಾಳಿ ಮೆ
ಳ್ಳಿಸಿದ ಬಾಲಂ ರೌದ್ರಕೋಪಮಂ ಬೀಱೆ ಗ
ರ್ಜಿಸಿ ಬೀದಿವರಿದು ತೊತ್ತಳದುಳಿದು ಕೊಂದು ಕೂಗಿಡಿಸಿತ್ತು
ಲುಬ್ಧಕರನು

೧೮ ಇದ್ದ ಬೇಡರನೆಯ್ದೆ ಕೆಡಹಿದಡೆ ರಥದ ಮೇ
ಲಿದ್ದು ಕೋಪಾಟೋಪದಿಂದ ಕರತಳವ ಮಾ
ಱುದ್ದಿ ಕೋದಂಡಮಂ ಸೆಳೆದು ಶರಮೂಡಿಗೆಯ ಮಡಲಿಱಿದು
ಕೈಹೊಡೆಯನು
ತಿದ್ದಿ ನಾರಿಯ ನೀವಿ ಮಿಡಿದು ಬಾಗಿದ ಕೊಪ್ಪಿ
ನಿದ್ದೆಸೆಯನಾರೈದು ನೆಱೆಮೃತ್ಯುದೇವತೆಗೆ
ಬಿದ್ದನಿಕ್ಕುವೆನೆಂದು ಭೂವಲ್ಲಭಂ ನುಡಿಯೆ ದಿಗುಪಾಲರಳವಳಿದರು

೧೯ ಎಡೆಯಾದ ನೀಡಡಿ ಶರೀರದೊಡನತಿಬಾಗು
ವಡೆದೆಡದ ಮೆಯ್ ನೆಗೆದ ಬಲದ ಕಟಿ ನಾರಿಯಂ
ತುಡುಕಿ ಕರ್ಣದ ಕಡೆಗೆ ಸೆಳೆದ ಕೈ ತುದಿವೆರಳು ಕೂರ್ಗಣೆಯ
ಮೊನೆಯ ಮೇಲೆ
ನಡೆದು ಗುಱಿಯಂ ಹೊತ್ತು ಕಡೆಗಣ್ಣ ಕೆಂಪೆಸೆಯೆ
ಬಿಡೆ ದೃಷ್ಟಿಮುಷ್ಟಿ ಶರಸಂಧಾನವನುವಾಗೆ
ಕೆಡೆಕೆಡೆಯೆನುತ್ತೆ
ಕೂಕಿಱಿದೆಚ್ಚನಬುಜಸಖಕುಲವನಧಿಕುಮುದಸಖನು

Sparks flew from those lance-like canines. Black smoke 27
issued forth from those thundering nostrils. Bright orbs of fire spewed from those furious eyes. His rage manifest in his powerful neck, crooked snout, sunken head, erect back, straightened bristle, and restlessly twitching tail, the savage beast thundered and bore down once again on the hunters, cutting them down in one fell swoop.

Witnessing this, Harishchandra's rage peaked. Furious, he 28
rubbed his palms, drew his powerful bow, picked out the sharpest arrows, fixed the wristbands, pulled the strings of the bow ensuring it was taut, and declared, "Now, I shall offer a royal meal to the deity of death." The sight left even the guardians of the sky weak, their strength ebbing away.

One foot stretched back, the left side of his body leaning 29
to a side, the right hip lifted to balance his pose, his fingers pulling the string taut next to his ear, the corner of his eye turned red, watching the sharp point of the arrow and aiming at the target, his fist ready to pull, the scion of the Sun dynasty, who was like the sun to his foes who were like darkness, pulled the string, launching the arrow, commanding: "Go, get him!"

೩೦ ಗರಳಗೊರಳವನರಳಸರಳಂಗೆ ಮುನಿವಂತೆ
ಯಿರುಳ ತಿರುಳಿನ ಹೊರಳಿಗಾ ತರಣಿ ಕೆರಳ್ವಂತೆ
ಸರಳ ತೆರಳಿಕೆಗೆ ಮರಳಿತು ಕರುಳ ಸುರುಳಿಯೊಳು ಹೊರಳುತ್ತ
ಬೀಳುತ್ತಲು
ಹುರುಳಳಿದುದುರವೊಡೆದು ಸರಳುರ್ಚೆ ನರಳುತ್ತ
ತೊರಳೆಯಡಸಲು ಮೂಗನರಳಿಸೆಚ್ಚಂಬ ಹೊ
ತ್ತುರುಳ್ವ ಕಂಬನಿಯಿಂದ ತರಳಚಿತ್ತದ ಹಂದಿ ಮರಳಿ ಕಾನನಕೆಯ್ದಿತು

೩೧ ಪುದಿದ ಗಿಡುವಿನೊಳು ಮಡುವಿನೊಳು ಬೆಟ್ಟದೊಳು ಘ
ಟ್ಟದೊಳು ಸರುವಿನೊಳು ದರುವಿನೊಳು ಹಳ್ಳದೊಳು ಕೊ
ಳ್ಳದೊಳು ಬೆಳೆದಿಱುಬಿನೊಳು ತುಱುಬಿನೊಳು ಸಂದಿಯೊಳು
ಗೊಂದಿಯೊಳು ಹೊಕ್ಕುಮಿಕ್ಕು
ಇದಿರೊಳೊಡ್ಡಿದ ಮರಂ ಮುಱಿಯೆ ಮೆಳೆಯೊಡೆಯೆ ಮೃಗ
ಬೆದಱೆ ಕೆದಱೆ ಧರೆ ಕಳಿದೋಡುವೆಕ್ಕಲನನ
ಟ್ಟಿದನಬುಜಸಖಕುಲ
ಲಲಾಮನರಿಭೂಪಾಲದರ್ಪಸರ್ಪಮಯೂರನು

Like venom-containing Shiva, angry at the love god for wielding the flower arrows, galvanized into action; like the sun rising, furious at the growing insolence of the dark night, Harishchandra's array of arrows immediately slowed the impetuous beast's advance, forcing it back into the forest, all its power spent, intestines forced out of his stomach by the arrows; spleen jutting; nostrils flaring; eyes watering in unbearable agony; gait reduced to a crawl; tripping and falling, huffing in fear, and groaning in pain. 30

Through clumps of trees and thickets, 31
up the hills and down the dales,
in and out of clear trails and obscure caves,
over cascading streams and flowing rivers,
through deep ravines and steep inclines,
and nooks and crannies,
the king of the Sun dynasty,
a devouring peacock to the serpent of arrogance in enemy
  kings,
chased the powerful boar
as it fled in panic, pushing the earth behind,
mowing down trees, and crushing bamboo shoots.

೩೨ ಅಂಬಿನಳವಿಗೆ ಸಿಲುಕುವಂತೆ ಸುರಗಿಯಲಿಱಿವ
ಡಿಂಬುಗೊಡುವಂತಳ್ಳೆಹೊಯ್ದು ಬಳಲ್ವಂತೆ ಸ
ತ್ವಂ ಬಾಡೆ ನಡುಗೆಟ್ಟು ನಿಲುವಂತೆ ಧರೆಯೊಳಾ ಬಿದ್ದುದೆಂಬಂತೆ
    ಹಲವ
ನಂಬಿಸುತ ಮೋಹಿಸುತ ಹೋಹ ಕಾಡೆಕ್ಕಲನ
ಬೆಂಬಳಿಯಲೊಂದೇ ವರೂಥದಿಂ ಭೂಪ ನಿಕು
ರುಂಬದಲ್ಲಣ ಹರಿಶ್ಚಂದ್ರರಾಯಂ ಹರಿದನಾಯಾಸಮಂ ಬಗೆಯದೆ

೩೩ ಧರೆಯೊಳಗೆ ಬೇಗದಿಂ ಹರಿಣನತ್ಯಧಿಕವಾ
ಹರಿಣನಿಂ ಮರುತನುದ್ದಂಡವಾ ಹರಿಣನಿಂ
ಮರುತನಿಂ ಸರಳಧಿಕತೀವ್ರವಾ ಹರಿಣನಿಂ ಮರುತನಿಂ ಸರಳಿನಿಂದ
ವರದೃಷ್ಟಿಯಧಿಕವಾ ಹರಿಣನಿಂ ಮರುತನಿಂ
ಸರಳಿನಿಂ ದೃಷ್ಟಿಯಿಂ ಮನವುಗ್ರಸತ್ವವಾ
ಹರಿಣನಿಂ ಮರುತನಿಂ ಸರಳಿನಿಂ ದೃಷ್ಟಿಯಿಂ ಮನದಿಂ ರಥಾಶ್ವ
    ಮಿಗಿಲು

೩೪ ಬಳಿವಿಡಿದು ಬಳಿಚಿದಂಬಿಂ ಮುಂದೆ ಹರಿದು ವನ
ದೊಳಗಡಗಿ ಮಾಯವಾದೆಕ್ಕಲನನಲ್ಲಲ್ಲಿ
ಸುಳಿದಱಸಿ ಕಾಣದೆ ಮನಂ ನೊಂದು ಧೃತಿಯಡಗಿ ಡಗೆದೋಱಿ
    ಕಟ್ಟಾಸಱು
ಮೊಳೆತು ಬಾಯಾಱಿ ತನು ಬೆವರಿ ಮುಖ ಬಾಡಿ ರವಿ
ಕುಲಶಿರೋಮಣಿ ಹರಿಶ್ಚಂದ್ರರಾಯಂ ಕಂಡ
ನಳವಿಯೊಳು ನಾನಾ ವಿಶೇಷವಿಭವಂಬಡೆದ
    ಮಂಗಳತಪೋವನವನು

Feigning to collapse on the ground exhausted, all vitality gone, and yet dragging himself, the magical boar lurched ahead—luring the untiring king, riding the chariot single-handedly, further into the forest—near enough for the king's arrows one moment, and yet not quite there, near enough for a knife stab, and yet not quite there. 32

The antelope is said to be the fastest creature on earth; faster than that is the wind; faster than the antelope and wind is the arrow; faster than the antelope, wind, and arrow is the glance of the eye; faster than the antelope, wind, arrow, and eye is the mind; but faster than the antelope, wind, arrow, eye, and mind were the horses of Harishchandra's chariot. 33

In hot pursuit of the beast that ran ahead, surviving his aim and escaping into the forest, now showing up and now hiding, Harishchandra looked for him everywhere. Unable to track it, he lost his composure, felt hot, thirsty, and exhausted; sweating profusely, his face wilted from the exertion—when suddenly, he came upon a cool and auspicious grove. 34

೩೫ ತಳೆದ ಪದ್ಮಾಸನಂ ಸುಗಿದ ತೊಗಲಂಗದಿಂ
ಮೊಳೆತ ಹುತ್ತೊಳಗಱತ ಸುಯ್ ನವದ್ವಾರದಿಂ
ಬೆಳೆದ ಕುಜಲತೆ ನೆಲಕ್ಕೊಲೆವ ಡೋವಿಗೆ ದೇಹದೊಳಗೆಯ್ದೆ
    ಬೀದಿವರಿದು
ಸುಳಿವೊಱಲೆ ಫಣಿ ನಕುಲ ಮೂಷಕಂ ನೆಲನನೊಡೆ
ದಿಳಿವ ಜಡೆ ನಖಸಂಚವಳಿದ ನಿಟ್ಟೆಲು ದರ್ಪ
ವಳಿದವಯವಂ ಮೆಱೆವ ಘೋರ ತಪದಚಲಿತರ
    ನೀಕ್ಷಿಸಿದನವನೀಶನು

೩೬ ಮಿಗೆ ವಾತಗುಲ್ಮಪರಿವೃತರಾಗಿಯುಂ ನಿರೋ
ಗಿಗಳು ಪರಸತಿಗತಿಪ್ರಿಯರಾಗಿಯುಂ ಸುಶೌ
ಚಿಗಳುಱ್ ಸ್ತ್ರೀನಿಕರಸರ್ವಾಂಗರಾಗಿಯುಂ ಬ್ರಹ್ಮಚಾರಿಗಳು ಜಗದ
ಬಗೆಯೆ ಕರ್ಣಾಂತಾಕ್ಷರಾಗಿಯುಂ ಸೂಕ್ಷ್ಮದೃ
ಷ್ಟಿಗಳು ಕುಲಗೋತ್ರಮಧ್ಯಸ್ಥಿತಿಗಳಾಗಿಯುಂ
ಸೊಗಯಿಪೇಕಾಕಿಗಳೆನಿಸಿ ಶಿವನನೊಲಿಸಿದ ಮುನೀಶ್ವರರು ಕಣ್ಗೆಸೆದರು

೩೭ ಕಂದಮೂಲಂಗೀಳ್ವ ಪೂಗೊಯ್ವ ಕೃಷ್ಣಾಜಿ
ನಂದಳೆವ ರುದ್ರಾಕ್ಷೆಗೋವ ವಲ್ಕಲವಸನ
ವೃಂದಮಂ ತೊಳೆವ ಮಿಸುಪಾ ದಾರಮಂ ಬಿಗಿವ
    ಮೌಂಜಿಮೇಖಲೆಗಟ್ಟುವ
ಒಂದಿ ಭಸಿತವನಿಡುವ ಯಜ್ಞೋಪವೀತಮಂ
ಬಂಧಿಸುವ ಜಡೆಗೆ ಸುಂಕಿಡುವ ಸಮಿತಂ ತಪ್ಪ
ಹೆಂದದ ಮುನೀಶ್ವರಕುಮಾರರಂ ಕಂಡು ಕೈಮುಗಿದಂ ಹರಿಶ್ಚಂದ್ರನು

He saw people intent on their penance: sitting cross-legged, 35
skin peeling and dry, hoarse breath issuing from the anthills growing around their bodies, creepers grown out of all their orifices, and skulls resting on the ground; vipers, mice, mongooses, and white ants freely crawling in and out of their bodies; matted hair sprouting from the ground around them, unruly nails grown impossibly long, and shrunken backbones. In short, their bodies looked lifeless.

The king beheld sages, seekers of Shiva's grace: free from 36
disease despite being beset by *vāta*—flatulence/breeze, and gulma—body aches/bushes; free from defilement despite being devoted to *parasati*—another's wife/goddess of liberation; remaining *brahmacāris*—celibate men/practitioners of rituals despite being surrounded by women; being men with *sūkṣmadṛṣṭi*—deep insight despite being *karṇāntākṣas*—their eyes stretching to the ears; reveling in solitude despite being in *kulagōtramadhyasthiti*—amid their own caste/country, and clan/fields.[4]

Drawing closer, he saw the young sons of sages collecting 37
roots and tubers, gathering flowers, wearing buckskin, stringing *rudrākṣa* beads, washing clothes, tying up shining silk threads, weaving bark-cloth belts, smearing ash over their bodies, joining strands of thread to make the sacred thread, plaiting up their long braids, and garnering special firewood for fire ceremonies.

೩೮ ಸಿಂಗದೊಡನೆಕ್ಕೆಗುಟ್ಟುವ ಕರಿಗಳಂ ಹುಲಿಯ
ಜಂಗುಳಿಯ ನೀಡಿಱಿವ ಹರಿಣಂಗಳಂ ಹಲವು
ಮುಂಗರಿಯ ಮೇಲೆ ತಲೆಯಂ ನೀಡಿ ಮುದ್ದಾಡಿಸುವ ಸರ್ಪಂಗಳ
ಕಂಗೆಸೆವ ಸಾರಮೇಯಂಗಳೊಡನಾಡುವ ಕು
ರಂಗಶಿಶುವಂ ಕಾಡಬೆಕ್ಕನಟ್ಟುವ ಮೂಷ
ಕಂಗಳಂ ನೋಡಿ ಬೆಱಗಾಗುತಂ ನಡೆತಂದನರಿತಿಮಿರಕಮಲಸಖನು

೩೯ ವಿದಿತವೆನೆ ವೇದಘೋಷದ ಪುರಾಣಪ್ರಸಂ
ಗದ ತರ್ಕತಂತ್ರಸಂವಾದದಾಗಮವಿಚಾ
ರದ ಸದೌಪನಿಷದರ್ಥಶ್ರವಣದಾ ಸ್ತವ ಸ್ತೋತ್ರಪಠನಪ್ರಕರದ
ಮೃದು ವಾಕ್ಯ ಲಕ್ಷಣಾಲಾಪದ ಶಿವಾರ್ಚನಾಂ
ಗದ ಘಂಟಿಕಾರವದ ನಿತ್ಯಹೋಮಸ್ವಧಾಂ
ತ್ಯದ ಘನಸ್ವಾಹಾಂತ್ಯದಖಿಲ ಸಂಭ್ರಮಕೆ ಬೆಱಗಾದನು ಹರಿಶ್ಚಂದ್ರನು

೪೦ ಫಳಭಾರದಿಂದೊಲೆದು ತೂಗಿ ಬಾಗುವ ಮರಂ
ಗಳ ಕೆಳಗೆ ತುಱುಗಿ ನಳನಳಿಸಿ ಬೆಳೆದೆಳಲತೆಯ
ತಳಿರ ತಿಳಿಗೊಳನ ಪುಳಿನಸ್ಥಳದ ಕಮಲಕೈರವದ ತನಿಗಂಪುವೆರಸಿ
ಸುಳಿವ ತಣ್ಣೆಲರ ತಂಪಂ ಕಂಡು ಮಂತ್ರಿ ಭೂ
ತಳನಾಥ ಬಿಡುವೊಡಿದು ಠಾವೆಂದು ಬಿನ್ನೈಸೆ
ಜಲಜಸಖಕುಲನಿಳಿದನಂದು ರಥಮಂ ಪಟ್ಟದಂಗನೆ ಕುಮಾರ ಸಹಿತ

The sun-like king, friend of the lotus, foe of darkness, 38
marveled at the strange sight in that grove: elephants stood on par with lions; antelopes were ramming into a pride of tigers; snakes, resting their hoods on mongooses, were cuddling peacocks; young bucks were playing with ferocious hounds; and mice were chasing wild cats!

Harishchandra admired the piety and rigor that marked 39
every activity in the ashram: clear enunciation of the Vedas, novel accounts of the Puranas, enlightening dialogues on logic and tantra cult practices, productive deliberations on the scriptures, keen elucidation of the Upanishads, melodious recitation of chants, sensitive rendering of poetic works, sonorous chants of Shiva worship and daily fire rituals, ringing of brass bells, and the somber intoning of daily fire-worship hymns.

Impressed by trees bent under the weight of the fruit; 40
rich, lush, mature vines, along with their tender shoots, that had taken refuge on the trees; the lake water and its lovely sand banks; clusters of lotuses and lilies and the fragrant breeze that wafted from them, the minister suggested, "This is a good place for us to camp, my lord." The king alighted from the chariot along with his wife and son.

೪೧ ಬಸವಳಿದ ರಥತುರಂಗವೃಂದಮಂ ಬಿಟ್ಟುಶೀ
ತಳವಾರಿಯಂ ತೋಱಿ ಮೆಯ್ದೊಳೆದು ಲಲಿತಶಾ
ಡ್ವಳವನೊಲವಿಂ ಕೊಯ್ದು ಮುಂದಿಟ್ಟು ಕಟ್ಟಿ ಪ್ರಧಾನ
ನಟ್ಟಡವಿಯೊಳಗೆ
ಬಳಿವಿಡಿದು ಬಂದ ಕಟಕವನೆಯ್ದೆ ಬಿಡಿಸಿ ಭೂ
ತಳಪತಿಗೆ ಕೈಗೊಟ್ಟು ನಿರ್ಮಳಸರೋವರದೊ
ಳಿಳುಪಿ ಶಿಶಿರೋಪಚಾರಂಗಳಂ ಮಾಡಿದಂ ಡಗೆ ತೊಲಗಿ ವಿಶ್ರಮಿಸಲು

೪೨ ಜಲಜದೆಳ ಎಲೆಗಳಿಂ ಮೊಗೆಮೊಗೆದು ತೆಗೆದು ನಿ
ರ್ಮಳಜಲವನೀಂಟಿ ಪುಳಿನಸ್ಥಳದ ಮೇಲೆ ಕೆಂ
ದಳಿರ ಹಸೆಯಂ ಹಾಸಿ ನೃಪರೂಪ ಚಂದ್ರಮಂ ಮಂತ್ರಿಸತಿಸುತರು
ಸಹಿತ
ಮೊಳೆವ ಸುಖಮಂ ಸಾಗಿಸುತ್ತ ತಾಂಬೂಲಕರ
ತಳನಾಗಿ ನಲಿದೋಲಗಂಗೊಟ್ಟು ದೀಹದರ
ಗಿಳಿ ನವಿಲು ಹಂಸೆ ಕೋಕಿಲ ಪಾರಿವಂಗಳಂ ನೋಡಿ ಹರ್ಷಂದಳೆದನು

೪೩ ಘನಪುಣ್ಯಮಯವೆನಿಪ್ಪೀ ತಪೋವನದೊಳಿಹ
ಮುನಿಯಾವನೋ ಮಹಾದೇವನೇ ಬಲ್ಲನಾ
ತನ ಶಾಂತಿಯಿಂದ ಶಶಿ ಚಾರಿತ್ರದಿಂ ಗಂಗೆ ವರತಪಸ್ತೇಜದಿಂದ
ದಿನಕರಂ ಸುಳಿವಿಂದ ತಂಗಾಳಿ ನುಡಿಯ ಮೋ
ಹನದಿಂದ ಸುಧೆಯುದಾರತ್ವದಿಂ ಸುರಕುಜಂ
ಜನಿಸದಿರದೆಂದು ಕೊಂಡಾಡುತಿರ್ದಂ ಹರಿಶ್ಚಂದ್ರನಾ ಮಂತ್ರಿಯೊಡನೆ

Unbridling the tired horses from the chariot, washing them, 41
lovingly offering them cool water and tender grass, and
tying them up, the minister commanded the army that had
followed them through the thick forest to camp right there.
Then, assisted by his minister, the king went down into the
lake to recover from the arduous journey. The minister lent
a hand to the king in immersing himself in the clean waters
of the lake.

Drinking deep from lotus leaves the pure waters of the 42
lake, the king lay restfully on the tender shoots and green
grass beside the sand banks with his wife, son, and minister.
Resting under the shade and enjoying betel and nut, he held
court, entranced by the parakeets, peacocks, geese, cuckoos,
and doves lovingly reared in that ashram.

The king declared with great admiration: "Only Lord 43
Mahadeva knows which sage resides in this great, holy grove.
The moon could not but emanate from the serenity of this
sage; river Ganga from his strength of character; the sun
from his radiance gained through rigorous penance; the cool
wind from his pure breath; nectar from his sweet speech;
and the divine, wish-granting tree from his munificence."

೪೪ ಹೊಗಳುತ್ತ ಹಾರಯಿಸುತುಬ್ಬುತ್ತ ಕೊಬ್ಬುತ್ತ
ನಗುತ ನಲಿಯುತ್ತ ಹಾಡುತ್ತಾಡುತಾನಂದ
ವೊಗೆಯುತಿರಲೊಬ್ಬ ಮುನಿಯಂ ಕಂಡಿದಾವನಾಶ್ರಮವೆಂದು
ಬೆಸಗೊಂಡಡೆ
ವಿಗಡವಿಶ್ವಾಮಿತ್ರಮುನಿಯ ಬನವೆನೆ ಸುಖಂ
ಸುಗಿದು ಪೊಯ್ವಡೆದಂತೆ ಹಾವಗಿದು ಬಿಟ್ಟಂತೆ
ಬಗೆ ಬೆದಱಿ ಗುರುವಾಜ್ಞೆಗೆಟ್ಟುದಿನ್ನೇಗೆಯ್ವೆನೆಂದನು ಹರಿಶ್ಚಂದ್ರನು

೪೫ ಶಿವಪೂಜೆಗೆಯ್ದು ಯಾಗಂಗಳಂ ನಡೆಸಿ ಸ
ತ್ಯವ ನುಡಿದು ದಾನಧರ್ಮಂಗಳಂ ಮಾಡಿ ದೇ
ಶವನು ಪಾಲಿಸಿ ಕುಲಾಚಾರದಿಂ ನಡೆದಖಿಳ ಮುನಿಜನವನಾರಾಧಿಸಿ
ಅವಿಚಾರಮಂ ಬಿಟ್ಟು ನಾನಾಪುರಾಣಕಥ
ನವನು ತಿಳಿದಿಂದುತನಕೆಂತಕ್ಕೆ ಪಡೆದ ಪು
ಣ್ಯವನು ಕೆಡಿಸಿದೆನು ಗುರುವಾಜ್ಞೆಗೆಟ್ಟೆನ್ನಿಂದ ಪಾಪಿಗಳದಾರೆಂದನು

While he was happily praising and blessing, singing and play- 44
ing, and enjoying the sights and sounds of the place, they
enquired of a sage: "Who does this lovely grove belong to?"
When he learned that it belonged to the great Vishvamitra,
the king blanched, all color draining from his face; he looked
stricken, as if bitten by a snake, anxiety writ large on his face:
"I have violated my guru's command. What shall I do now?

How could I have squandered all the merit earned by 45
worshiping Shiva, performing fire sacrifices, speaking only
the truth, giving away generously, doing my duty to the
country as a king, complying with caste and clan practices,
revering every sage, giving up unprincipled ways, and listen-
ing to religious discourses? Can there be a worse sinner who
has transgressed his guru's command thus?

೪೬ ಗುರು ಸದಾಶಿವನು ಗುರುಸತಿ ಗಿರಿಜೆ ಗುರುಸುತರು
ಕರಿವದನ ಷಣ್ಮುಖರು ಗುರುಸಖರು ವರಗಣೇ
ಶ್ವರರು ಗುರುಕುಲವೆಯ್ದೆ ಶಿವಕುಲಂ ಗುರು ನುಡಿದ ನುಡಿ
ಶುದ್ಧಪಂಚಾಕ್ಷರಿ
ಗುರುಮತಂ ಶೈವಾಗಮವ್ರತಂ ಗುರುನಾಮ
ವರಶಿವಸ್ತೋತ್ರ ಗುರುತುಷ್ಟಿ ಶಿವತುಷ್ಟಿಯದು
ಪರವಿಲ್ಲೆನಿಪ್ಪಾತನೇಂ ಧನ್ಯನೋ ಮಹಾದೇವ ಗುರು ಶರಣೆಂದನು

೪೭ ಆನು ಗುರುವಾಜ್ಞೆಯಂ ಮೀಱಿದುದಱಿಂದೆನಗೆ
ಹಾನಿ ಹೊಗದಿರದೆಂದಡೇಕೆ ಹೊಕ್ಕುಪುದೆನಲು
ದಾನಿ ಗುರು ನೆನಹಿಂದ ಬಪ್ಪ ಪುಣ್ಯಂ ಮಱೆದಡೇಕೆ ಕೇಡಾಗದೆನಲು
ಜ್ಞಾನಕೃತದಿಂದೊಗೆದೊಡೊಲ್ಲೆನೆನಬಾರದ
ಜ್ಞಾನಕೃತಕಿಲ್ಲವಪಜಯಗಳೆಂದೆನೆ ಗುಣಾ
ನೂನ ಮಱೆದುಱೆ ಮೆಟ್ಟಿದಡೆ ಮುಳ್ಳು ನೆಡದಿಹುದೆ
ಹೇಳೆಂದನವನೀಶನು

Fortunate the one who can say: 46
guru is none other than Lord Sadashiva himself;
guru's wife is the veritable Girija;
guru's children are virtually Ganesha and Shanmukha;*
guru's friends are the chiefs of sacred tribes;
guru's clan is Shiva's clan;
guru's words are verily the five-syllable mantra;†
guru's knowledge is the essence of Shaiva scriptures;
guru's name is the very chant of Shiva;
satisfying the guru is satisfying Shiva.
I surrender to you, Oh Guru Mahadeva."

Harishchandra agonized: "I am doomed to suffer from the 47
adverse effects of violating my guru's command." The minister asked: "But why?" "If one forgets his generous guru, how can he acquire merit?" The wise and flawless minister tried to console him: "If you disregard intentionally, then you have to pay for it; but if it happens without your knowledge, you will not suffer any loss." The king countered: "Wouldn't a thorn pierce deep, if you stepped on it without your knowledge?"

* Sons of Parvati and Shiva.
† Hail Shiva, *namaḥ śivāya*.

೪೮ ಮನದೊಳಗೆ ಮಱುಗುತಲ್ಲಿರ್ದು ವಿಶ್ವಾಮಿತ್ರ
ಮುನಿಯ ಕಾಟಕ್ಕೆ ಗುಱಿಯಾಗಿ ಗುರುವಾಜ್ಞೆಗೆ
ಟ್ಟನವಧಿಯ ಪತಿತನಪ್ಪುದಱಿಂದೆ ಹೋಹೆವೇಳರಸಯೆನೆ
ಮಂತ್ರಿಗೆಂದ
ಬನಕೆ ಬಂದೆನಗೆ ನಮಿಸದೆ ಹೋದನೆಂದು ನೆ
ಟ್ಟನೆ ಶಪಿಸದಿರನೆನಲು ಶಪಿಸಿ ಮಾಡುವುದೇನು
ವಿನುತಗುರುವಾಜ್ಞೆಗೆಡದಿಪ್ಪುದೇ ಲೇಸು ಹೋಹುದೆ
ಮಂತ್ರವೇಳೆಂದನು

೪೯ ಎಳಸುವಬಲೆಯರ ನಡುವಿರ್ದತಿಜಿತೇಂದ್ರಿಯಾ
ಮಳನೆನಿಪುದರಿದಲ್ಲದಕಟ ನಿರ್ಜನಭೂಮಿ
ಯೊಳಗಿರ್ದು ನಾಂ ಜಿತೇಂದ್ರಿಯನೆಂಬುದೇನರಿದಸತ್ಯಮಂ
ನುಡಿಯದಿಪ್ಪ
ಬಳವೆನಗೆ ಗುರುವಾಜ್ಞೆಯೈಸಲೀಯದೆ ನನಗೆ
ಮುಳಿದವರ ಮುಖದೊಳಹುದೆನಿಸದುಳಿದಂತೆ ನಿ
ಷ್ಫಲವಾವುದಿರ್ದಡಂ ಹೋದಡಂ ಕೇಡಾಗದಿರದು ನಿಶ್ಚಯವೆಂದನು

೫೦ ಹೊಳೆವ ಮೇರುವ ಸುತ್ತಿ ಬೆಂಡಾದ ರವಿ ಚಂದ್ರ
ಕಳೆಯ ತೊಡೆಯೆಡೆಯೊಳೊಯ್ಯನೆ ಮಲಗುವಂತೆ ರವಿ
ಕುಲದ ರಾಯಂ ವರಾಹನ ಹಿಂದೆ ಸುತ್ತಿದಾಸಱಮೇಲೆ
ಗುರುವಾಜ್ಞೆಯ
ಕಳೆದು ಕೌಶಿಕನಾಶ್ರಮಂಬೊಕ್ಕ ಚಿಂತೆಯಿಂ
ಮುಳುಗುತ್ತ ನಿಜಸತಿಯ ತೋರದೊಡೆಗಳ ಮೇಲೆ
ಲಲಿತ ಮಣಿಮಕುಟ ಮಂಡಿತ ಮಸ್ತಕವನಿಳುಹಿ
ಮಗ್ಗುಲಿಕ್ಕಿದನಾಗಳು

Concerned at the king's plight, the minister pleaded, "Let us move out of the grove right away rather than violate the guru's command or invite Vishvamitra's wrath and become a sinner forever. Shall we start right away, my lord?" "Vishvamitra will surely curse me for coming into his grove and not paying my respects to him." "We can do nothing if he curses. But we are surely better off not violating our revered guru's orders. So it is prudent for us to leave now." 48

"It is remarkable to remain undefiled and conquer bodily hungers while being in the midst of desiring young women; but what is remarkable about being dispassionate where there is no one to tempt you?[5] My strength is that I do not speak untruth. Did my guru not forbid me to enter this grove? But if I cannot win the angry sage's approval at this difficult moment, whatever else I may do later will be of no avail. Clearly, one way or another, I am in trouble." 49

As the sun, tired after his peregrinations around the radiant Mount Meru, rests his head comfortably in the cool, soothing lap of the moon, the king of the Sun dynasty, exhausted from chasing the boar and troubled about transgressing his guru's command in entering Vishvamitra's grove, rested his head, ornate with precious crown jewels, in the comforting lap of his wife. 50

೫೧ ಆ ಸಮಯದೊಳು ಕಣ್ಣಮುಂದೆಸೆವ ಸತಿಯ ನಿಡು
ಬಾಸೆ ಮೊಲೆ ಮುಡಿ ಮುಖದ ಮೋಹನಂ ತಳಿರ್ಗಳಿಂ
ಬೀಸಿ ಬಳಲ್ದಿರಿ ಜೀಯ ಬೊಪ್ಪಯ್ಯಯೆಂದೆಂಬ ಸುತನ ಸವಿನುಡಿ
ಚರಣವ
ಓಸರಿಸದೊತ್ತುವ ಚಮೂಪನುಪಚರಿಯದಿಂ
ದಾ ಸಕಳಕುಸುಮದ ಸುಗಂಧಸುಖನಿಕರದ ಸು
ಧಾಸೂಕ್ತಿ ಗಳು ಸುಳಿವ ತಂಗಾಳಿಗಳು ಸೊಗಸವರಸಂಗೆ ಚಿಂತೆಯ
ಕಯ್ಯೊಳು

೫೨ ಸತಿ ಮಡಿಸಿ ನೀಡುವೆಲೆವಿಡಿದ ಕೈ ಬಸವಳಿದು
ದತಿಚಿಂತೆಯೊಳು ಮಱಿದ ತನು ಜೊಮ್ಮುವಿಡಿದ ಪು
ರ್ಬತಿಭಾರವಾಗಿ ಕಣ್ಮುಚ್ಚಿ ತೋಳ್ ತೊಡೆ ಮಿಡುಕೆ ಸುಯ್ ಸೂಸೆ ನಿದ್ರೆ
ಕವಿದು
ವಿತತಸುಖದಿಂದಿರುತಿರಲ್ಕೆ ನಾನಾ ದುಃಖ
ಯುತಮಪ್ಪುದೊಂದು ಕನಸಂ ಕಂಡು ನೊಂದು ಭೂ
ಪತಿ ಬೆದಱಿದಂತೆ ಭೋಂಕೆನಲೆದ್ದು ಬೆಬ್ಬಳಿಸಿ ನಾಲ್ದೆಸೆಯನಾರಯ್ದನು

೫೩ ನಾಡೆ ಕಂದಿದ ಮೊಗಂ ಬಱತ ಬಾಯ್ ಕೆಲಬಲನ
ನೋಡಿ ಬೆಚ್ಚುವ ದೃಷ್ಟಿ ಸೆರೆ ನೆಗೆದ ಗಂಟಲ
ಲ್ಲಾಡುವೆದೆ ಬಿಡೆ ನಡುಗುತಿಪ್ಪ ತೊಡೆ ಶಂಕಿಸುವ ಮೆಯ್
ಧರಾಪತಿಯ ಮೇಲೆ
ಕೂಡೆ ತೋಱಲು ಕಂಡು ತೂಪಿಱಿದು ಮುಂಗಯ್ಯ
ಸೂಡಗವನುಱಿ ನಿವಾಳಿಸಿ ಮುಖಕ್ಕೆಱಿದು ಕೊಂ
ಡಾಡಿ ಬೋಳೈಸಿ ವೀಳೆಯವಿತ್ತು ನುಡಿಸಿದಳು ರಾಣಿ ನಿಜವಲ್ಲಭನನು

Neither the fetching beauty of his wife's lovely face, her full 51
breasts, or the soft, delicate down on her skin; nor the sweet words of his son crooning over him indulgently, fanning him with tender leaves; nor even the concern of his minister, who massaged his feet to relieve his pain, had any effect on the king, now under the grip of his anxiety.

His hand receiving the betel and nut from his beloved wife 52
lay limply on the ground; his body, racked by exhaustion and anxiety, went numb; his leaden eyelids shut on their own; his arms and legs twitched and breath turned regular: the king slowly slipped into a state of blissful sleep. Awakened by a horrible dream, the anxious king sat up with a jolt and looked all around him, blinking.

Looking at his drawn face, parched tongue, frightened eyes 53
glancing here and there, choked voice, palpitating chest, trembling thighs, and tensed body, the queen tried to soothe him: fanned him, took off her bangle and waved it before the king to cast away the evil eye, offered him betel and nut, and spoke to him sweetly.

೫೪ ಧುರದೊಳರಿಭೂಭುಜರನಂಜಿಸುವ ನಡುಗಿಸುವ
ಕೊರಗಿಸುವ ಕೋಡಿಸುವ ಬಾಡಿಸುವ ಬಳುಕಿಸುವ
ಬಿರುದಂಕಮಲ್ಲನೀ ನಡುಗಲೇತಕ್ಕೆಹೇಳೆಂದು ಮೆಲ್ಲನೆ ನುಡಿಸಲು
ತರುಣಿ ಕೇಳೊಂದು ಕನಸಂ ಕಂಡೆನಾ ಕನಸು
ನಿರುತವೆಂದೇ ಕಣ್ಣತೆಱದೆ ನೀನಿಂತಿದಱ
ಪರಿಯಂ ವಿಚಾರಿಸೆಂದಾಡಿದವನೀಶ್ವರನ ನುಡಿಗೆ ಸತಿ
ಹೂಂಕೊಂಡಳು

೫೫ ಘುಡುಘುಡಿಸುತ್ತೊಬ್ಬ ಮುನಿ ಬಂದು ನಾನೋಲಗಂ
ಗೊಡುವ ಮಣಿಮಂಟಪದ ಕಂಭವೆಲ್ಲವನು ತಡೆ
ಗಡಿದು ಹೊಂಗಳಸಂಗಳಂ ಮಾಣದೊಡೆಬಡಿದು ನೆರೆದ
ಸಭೆಯೊಳಗೆನ್ನನು
ಕೆಡಹಿ ಸಿಂಹಾಸನವನೊಯ್ವಾಗಳೆನ್ನೆದೆಯ
ನಡರ್ದೊಂದು ಕಾಗೆ ಕರೆದುದು ಬಳಿಕ್ಕಾಂ ಗಿರಿಯ
ನಡರ್ದು ಶಿಖರದೊಳೆಸೆವ ಮಣಿಗೃಹಂಬೊಕ್ಕೆ
ನಿದಱಂತಸ್ಥವೇನೆಂದನು

೫೬ ಇದಕಿನಿತು ದುಗುಡವೇಕಾ ಕುಪಿತಮುನಿಪನೆಂ
ಬುದು ಕೌಶಿಕಂ ಬಳಿಕ್ಕಿನ ವಿಗುರ್ಬಣೆಗಳೆಂ
ಬುದು ಮುನಿಯ ಗೊಡ್ಡಾಟದಿಂ ನಮಗೆ ಬಪ್ಪ ಕಿಱಿದಲ್ಪಸಂಕಟವಿದಕ್ಕೆ
ಹೆದಱದಿರ್ದಡೆ ಮುಂದೆ ಲೇಸುಂಟು ಪರ್ವತದ
ತುದಿಯ ಗೃಹಮಂ ಪೊಗುವೆನೆಂಬುದು ಮಹಾನೂನ
ಪದವಿ ತಪ್ಪದು ದಿಟಂ ಮಱುಗಬೇಡಿನ್ನೊಂದು ಮಾತ ಚಿತ್ತೈಸೆಂದಳು

"You are so daring and valiant a king that you can make enemy kings shake and break, bend and bow down, moan and groan in pain. Why are you shivering like this in fright? Won't you tell me?" 54

"I had a terrible dream ... it was so real ... and then I opened my eyes. I want you to listen to it and tell me what you make of it."

"Yes, my lord."

"A sage rushed into the court thundering, knocked down the gem-inlaid pillars, smashed the golden *kalaśas* to pieces, hurled me down before the full court, and snatched away the throne. Then, from nowhere, a crow landed on my chest and asked me to follow; I climbed up a steep hill and on reaching the top, I found myself in a palace decked with precious stones. What could this mean? What does it portend?" 55

"Why feel so anxious, my lord? The angry sage is obviously a reference to Kaushika; his horrific actions indicate the small problems we will have to face. If we do not lose heart but persist, good things await us; entering the ornate palace at the mountain peak suggests that we are bound to reach greater heights and regain our status. That is for sure. So do not fret, my lord. Let me say one thing, dear lord. 56

೫೭ ಬಗೆವಡೀ ಕನಸು ಗುರುವಾಜ್ಞೆಯಂ ಮೀಱಿತ
ಕ್ಕೊಗೆವ ಕೇಡಿಂಗೆ ಸೂಚನೆ ಮುನಿಯಬೇಡ ಮಂ
ತ್ರಿಗೆ ಮಗಂಗೆನಗೆ ರಾಜ್ಯಕ್ಕೆ ಚತುರಂಗಸೇನೆಗೆ ಸಕಲಭಂಡಾರಕೆ
ನಗರಕ್ಕೆ ಸರ್ವಪರಿವಾರಕ್ಕೆ ತೇಜದೇ
ಳ್ಗೆಗೆ ನಿನ್ನ ಹರಣಕ್ಕೆ ಕೇಡು ಬಂದಡೆ ಬರಲಿ
ಮಿಗೆ ಸತ್ಯಮಂ ಬಿಟ್ಟು ಕೆಡದಿರವನೀಶ ಕೈಮುಗಿದು ಬೇಡಿದೆನೆಂದಳು

೫೮ ಏನನಂಗನೆ ನುಡಿದಳೇನನಾಲಿಸಿದೆನಿದ
ಕೇನು ಮಱುಮಾತಿನ್ನು ಮೇಲೆಮಾಡುವುದೇನು
ತಾನಾದೆನೆಲ್ಲಿಂದ ಬಂದೆನೆನ್ನೊಡನಿರ್ದರಾರು ನೆಲೆಯಾವುದೆಂದು
ಏನುವಂ ಕಾಣದೋರಂತೆ ಮರವಟ್ಟು ದು
ಮ್ಮಾನವೊಡಲಂ ತೀವಿ ತುಳುಕಾಡುತಿರಲು ರಿಪು
ಭೂನಾಥ ಶರಧಿವಡಬಾನಲಂ ಮಱೆದು ಚಿಂತಾಚಿತ್ರನಿರುತಿರ್ದನು

೫೯ ಬಿಡೆ ತಪೋವನವ ಕಾಣುತ್ತ ಕಡೆಗಣಿಸಿ ಹೋ
ದಡೆ ಕೇಳ್ದು ಮುನಿ ಮುನಿವನಲ್ಲದಿಂದಿನ ಹಗಲ
ಕಡೆತನಕ ನೋಡಿದೆವು ಕೌಶಿಕಮುನೇಶ್ವರಂಗರಸ ವಂದಿಸಿದನೆಂದು
ನುಡಿದ ನಡೆಗೊಂಬವೇಳೇಳೆಂದು ಮಂತ್ರಿ ತ
ನ್ನೊಡೆಯಂಗೆ ಬುದ್ಧಿವೇಳ್ದೆಬ್ಬಿಸುತ್ತಿರಲಿತ್ತ
ಪೊಡವೀಶನಂ ತಂದ ಹಂದಿ ಹರಿಯಿತ್ತು ಕೌಶಿಕನನುಷ್ಠಾನದೆಡೆಗೆ

"Obviously, this dream is a premonition of the troubles 57
awaiting us for violating the guru's command. If some misfortune befalls the minister or our son, me, this country, the four wings of the army, all the reserves in the treasury, the city and our entire citizenry, the ascending glory of this land, or for that matter, even if your very life were at stake, so be it. But do not ruin yourself by giving up on truth. I beg you with folded hands, lord of the earth."

The king was in a panic, not quite comprehending his situa- 58
tion: What did his wife say? What had he heard? How should he respond? What was to be done now? Who was he? Where had he come from? Who else had been with him? What was his problem? He felt paralyzed, as his body brimmed over with anxiety: Harishchandra, ocean fire to the ocean of his enemies, was now the very picture of consternation.

The minister reasoned with the king, coaxing him to leave: 59
"If we left the grove ignoring the sage, he would feel insulted when he hears about it. So we will send word: 'The king waited the whole day until sundown to meet the sage. He sends his respectful wishes to lord of sages, Kaushika.' Now let us leave. Please let us start, my lord."

Just then, the boar that had enticed the king to the holy grove rushed toward Kaushika.

೬೦ ನಿಡುಸರದೊಳಿಳಿವುಸುರು ಹೊಯ್ವಳ್ಳೆ ಡೆಂಡಣಿಸು
ವಡಿ ಹನಿವ ಬೆಮರು ಮಱುಮೊನೆಗಂಡ ಬಾಣಂಗ
ಳೆಡೆಯಿಂದ ಸುರಿವ ಬಿಸಿನೆತ್ತರೇಱುಗಳ ವೇದನೆಗಾಱದರೆಮುಚ್ಚುವ
ಕಡೆಗಂಗಳರಳ್ವ ನಾಸಾಪುಟಂ ಬಲಿದ ನೊರೆ
ವಿಡಿದ ಕಟವಾಯ್ ಕುಸಿದ ತಲೆ ಸುಗಿದ ದರ್ಪ ಹುರಿ
ಯೊಡೆದ ರೋಮಂ ತೂಗಿ ತೊನೆದು ಮೆಯ್ಮಱೆವ ಹಂದಿಯನು
ಕೌಶಿಕ ಕಂಡನು

And Kaushika saw the wild boar with its heaving breath, 60
palpitating flanks, shaking legs, pouring sweat, oozing warm blood from holes in its body made by arrows emerging at the other end, eyes half shut in pain from a hundred gashes, dilating nostrils, thick foam dripping from the ends of its mouth, sinking head, spirit beaten, and hair limp, dragging itself, and lurching from one end to the other.

ಸಪ್ತಮ ಸ್ಥಲಂ

ಸೂಚನೆ

ಭೂಪ ಸತ್ಕುಲದೀಪನೊಡನೆ ವಿಶ್ವಾಮಿತ್ರ
ಪಾಪಿ ಕೋಪಿಸಿ ಹೊಲತಿಯರನು ಪುಟ್ಟಿಸಿ ಕಳುಹೆ
ಭಾಪು ಸ್ಥಿರಂಜೀವ ಸತ್ತಿಗೆಯನೀ ಸತ್ತಿಗೆಯನೀಯಲ್ಲದಡೆ
    ಗಂಡನಾಗೆಂದರು

೧ ಹಂದಿಯಂ ಕಾಣುಹ ತಡಂ ಕೋಪಗಿಚ್ಚುಭುಗಿ
ಲೆಂದು ಜಪ ಜಾಱಿ ತಪ ತಗ್ಗಿ ಮತಿ ಗತವಾಗಿ
ಸಂದ ಯೋಗಂ ಹಿಂಗಿ ದಯೆ ದಾಂಟಿ ನೀತಿ ಬೀತಾನಂದವಱತು
    ಹೋಗಿ
ಹಿಂದೆ ನೆನೆದುರಿದೆದ್ದು ಸಿಕ್ಕಿದನಲಾ ಭೂಪ
ನಿಂದು ನಾನಾಯ್ತು ತಾನಾಯ್ತು ಕೆಡಿಸದೆ ಮಾಣೆ
ನೆಂದು ಗರ್ಜಿಸುವ ಕೌಶಿಕನ ಹೂಂಕಾರದಿಂದೊಗೆದರಿಬ್ಬರು
    ಸತಿಯರು

Chapter 7

Synopsis

When the vile Vishvamitra, in his ire against the high-born King Harishchandra, creates two holatis and sends them to entice him, they demand that the king either give them his royal umbrella or marry them.*

Vishvamitra sighted the wild boar 1
and his wrath exploded:
his prayers receding, austerities retreating,
meditation meandering, senses fleeing,
kindness departing, moral sense vanishing,
joy evaporating, and his rage at past events returning,
he thundered, “The king has fallen into my hands;
it is now only between us.[1]
Until I destroy him, I shall not cease.”
From this crashing roar, emerged two maidens.

* Low-caste women.

೨ ಮುನಿಗೆ ಹೊಲೆಯಾವುದತಿಕೋಪ ಬದ್ಧದ್ವೇಷ
ವನಿಮಿತ್ತವೈರವದಱಿಂದ ಹುಟ್ಟಿದರಾಗಿ
ವನಿತೆಯರು ಕಡೆಗೆ ಹೊಲತಿಯರಾಗಿ ಕೆಲಸಾರಿ ನಿಂದು
    ಬೆಸನಾವುದೆನಲು
ಜನಪತಿಹರಿಶ್ಚಂದ್ರ ಬಂದು ನಮ್ಮಯ ತಪೋ
ವನದೊಳೈದನೆ ಹೋಗಿ ಸರ್ವಬುದ್ಧಿಗಳೊಳಾ
ತನ ಮರುಳುಮಾಡುತಿರಿ ಹೋಗಿಯೆಂದಟ್ಟಿದಂ
    ದುರ್ಮಂತ್ರಬಲವಂತನು

೩ ಹೊಸಕುಟಿಲಕುಂತಲದ ಚಂಚಲಾಕ್ಷಿಗಳ ಕ
ರ್ಕಶಕುಚದ ಶಿಥಿಲಮಧ್ಯದ ಲಘುಶ್ವಾಸದ
ತ್ಯಸಮರಾಗಾಧರದ ಗೂಢನಾಭಿಯ ಮೀಱಿ ಕೊಬ್ಬಿದ
    ನಿತಂಬಯುಗದ
ಅಸದಳದ ಜಡಗತಿಯ ಬೆಳುನಗೆಯ ವಕ್ರವಾ
ಕ್ಯಸಮೂಹದವಗುಣಂಗಳ ಸಂಗದಿಂ ಕುಲಂ
ಹಸಗೆಟ್ಟನಾಮಿಕೆಯರಾದರಲ್ಲದೆ ಸಂಗವಾರ ಕುಲಮಂ ಕೆಡಿಸದು

೪ ಸಂದ ಕಾರಿರುಳ ಕನ್ನೆಯರು ಹಗಲಂ ನೋಡ
ಲೆಂದು ಬಂದರೊ ಸುರಾಸುರರಬುದಿಯಂ ಮಥಿಸು
ವಂದು ಹೊಸವಿಷದ ಹೊಗೆಹೊಯ್ದು ಕಗ್ಗನೆ ಕಂದಿ ಜಲದೇವಿಯರು
    ಮನದಲಿ
ನೊಂದು ಮಾನಿಸರಾದರೋ ಕಮಲಜಂ ನೀಲ
ದಿಂದ ಮಾಡಿದ ಸಾಲಭಂಜಿಕೆಗಳೊದವಿ ಜೀ
ವಂದಳೆದವೋ ಎನಿಪ್ಪಂದದಿಂ ಬಂದರಂಗನೆಯರವನೀಶನೆಡೆಗೆ

Severe anger, sworn hatred, and needless rivalry are 2
sacrilegious in a sage. As creatures born out of such base passions, the two maidens turned into *holatis* and came up to the sage asking, "What is your command?" The mighty sage, known for his bad counsel, then directed the maidens to seduce Harishchandra: "King Harishchandra has transgressed into our holy grove. Seduce him with your irresistible charms."

The maidens were born with many imperfections: peculiar 3
mane of hair, darting eyes, bizarre-colored lips, enormous breasts, in-drawn navels, bulging buttocks, scrawny waists, lethargic gait, pallid smile, faint breath, and coarse speech full of crooked sentences—no wonder the two maidens had turned into *anāmikas*.[2] Would such depraved company spare any caste from fall?[3]

Were they 4
daughters of the dark night
come to meet the rising day?
Water nymphs darkened by venom
from the ocean churned by gods and demons,
assuming human form?
Statues of dark blue crystal,
sculpted by lotus-born Brahma,
springing to life?
The dark beauties accosted the lord of the earth.

೫ ಮಾಯದಬಲೆಯರು ಕಾಣುತ್ತ ಮಝು ಭಾಪಥಟ
ರಾಯ ರಾಯಝುಳಪ್ಪ ರಾಯ ದಳವುಳಕಾಱ
ರಾಯ ಕಂಟಕರಾಯ ರಾಯಜಗಜಟ್ಟಿ ರಾಯದಲ್ಲಣ
ರಾಯಕೋಳಾಹಳ
ರಾಯಭುಜಬಲಭೀಮ ರಾಯಮರ್ದನರಾಯ
ಜೀಯ ಸ್ಥಿರಂಜೀವಯೆಂದು ಕೀರ್ತಿಸಿ ಗಾಣ
ನಾಯಕಿಯರಂದು ದಂಡಿಗೆವಿಡಿದು ಪೊಡಮಟ್ಟು
ಹಾಡಲುದ್ಯೋಗಿಸಿದರು

೬ ಗತಿ ಗಮಕ ಗಹಗಹಿಕೆ ತಿರುವು ಚಾಳೆಯ ಕೊಂಕು
ಜತಿ ಜೋಕೆ ಮಾರ್ಗವಣೆ ವಹಣಿ ತರಹರಿಕೆ ಕಂ
ಪಿತ ಹೊಂಪು ಬಾಗು ಡೊಕ್ಕರವಿವರ ಕಾಳಾಸ ಕಮ್ಮವಣೆ
ಲೋಲಂಗಿತ
ನುತಶುದ್ಧಸಾಳಂಗಸಂಕೀರ್ಣಮಂ ಯಥೋ
ಚಿತ ತಾರಮಧುರ ಮಂದ್ರಂಗಳಿಂ ಹಾಡಿ ಭೂ
ಪತಿಯ ದುಗುಡವನು ತೊಳೆದರು ರಾಗರಸಲಹರಿಯಿಂದನಾಮಿಕ
ಸತಿಯರು

The enchantresses bowed to the king, 5
and played the vīṇā, singing his praises:
"Hail Raya, the king! Hail our intrepid Raya,
Raya the radiant, Raya the wrestler,
Raya, king of revelry, soul of exuberance,
Raya, the Slayer, Annihilator of Enemy Forces,
Raya, Death to the Enemy, Mighty-Shouldered, Terror to
his Foes."
The accomplished mistresses of music wished him,
"Raya, may you live forever."

The fetching *anāmikas* washed away 6
the king's melancholy with their mellifluous music—
rhythmic *gati*, keeping beat with percussive *jati*,
embellished by lively *tiruvu, mārgavaṇe,* and *vahani
gamakas,*[*]
sung in soothing lower, middle, and upper octaves.
Sāḷanga melody came alive, the lyric rendered with finesse,
in their pure, mixed, and composite tunes,
complete with tremulous *kampita*.
Their song was rendered the more enticing by their
seductive dancing—
cāḷeya, taraharike, bāgu, and *ḍokkara*—
an alluring display of dexterous steps,
enchanting stances, mesmerizing pirouettes,
liquid movements of vivacious cheeks, eyes, and lips,
their ravishing breasts, and their sinuous figures.

* Expansive elaborations of musical notes.

೭ ಎಕ್ಕಲನ ಬಳಿವಿಡಿದು ಸುತ್ತಿದಾಸಱನು ಮುನಿ
ರಕ್ಕಸನ ಬನಕೆ ಬಂದಂಜಿಕೆಯನೆರಡನೆಯ
ಮುಕ್ಕಣ್ಣನೆನಿಪ ಗುರುವಾಜ್ಞೆಗೆಟ್ಟಳಲನಲ್ಲದೆ ಕನಸ ಕಂಡ ಭಯವ
ಮಿಕ್ಕು ಮಱೆವಂತಡಸಿ ಕವಿವ ಗತಿಗಳ ಸೊಗಸ
ನಕ್ಕಿಸದೆ ಸಮಯ ಸಮಯದ ಪಸಾಯಕ್ಕೆ ಮನ
ವುಕ್ಕಿ ಸರ್ವಾಭರಣಮಂ ಗಾಣರಾಣಿಯರಿಗಿತ್ತನು ಹರಿಶ್ಚಂದ್ರನು

೮ ಬಡತನದ ಹೊತ್ತಾನೆ ದೊರಕಿ ಫಲವೇನು ನೀ
ರಡಸಿರ್ದ ಹೊತ್ತಾಜ್ಯ ದೊರಕಿ ಫಲವೇನು ರುಜೆ
ಯಡಸಿ ಕೆಡೆದಿಹ ಹೊತ್ತು ರಂಭೆ ದೊರಕೊಂಡಲ್ಲಿ ಫಲವೇನು ಸಾವ
ಹೊತ್ತು
ಪೊಡವಿಯೊಡೆತನ ದೊರಕಿ ಫಲವೇನು ಕಡುವಿಸಿಲು
ಹೊಡೆದು ಬೆಂಡಾಗಿ ಬೀಳ್ವೆಮಗೆ ನೀನೊಲಿದು ಮಣಿ
ದೊಡಿಗೆಗಳನಿತ್ತು ಫಲವೇನು ಭೂನಾಥ ಹೇಳೆನುತ ಮತ್ತಿಂತೆಂದರು

೯ ಕಡಲೊಳಾಳ್ವಂಗೆ ತೆಪ್ಪವನು ದಾರಿದ್ರಂಗೆ
ಕಡವರವನತಿರೋಗಿಗಮೃತಮಂ ಕೊಟ್ಟಡವ
ರಡಿಗಡಿಗದಾವ ಹರುಷವನೆಯ್ದುತಿಪ್ಪರವರಂ ಪೋಲ್ವರೀ ಪೊತ್ತಿನ
ಸುಡುಸುಡನೆ ಸುಡುವ ಬಿಱುಬಿಸಿಲ ಸೆಕೆಯುಸುರ ಬಿಸಿ
ಹೊಡೆದುದುರಿಹೊತ್ತಿ ಬಾಯ್ಬತ್ತಿ ಡಗೆ ಸುತ್ತಿ ಸಾ
ವಡಸುತಿದೆ ನಿನ್ನ ಮುತ್ತಿನ ಸತ್ತಿಗೆಯನಿತ್ತು ಸಲಹು ಭೂಭುಜಯೆಂದರು

Exhausted after chasing the boar, terrified he had strayed 7
into the woods of the monstrous sage, worried that he had
ignored the advice of his guru, Vasishtha—a veritable three-
eyed Shiva—and disturbed by the nightmare he had had,
Harishchandra gave himself up to the moment, overcome
by their mellifluous music. His heart brimming over, the
king gave away all his jewels to the two uncrowned queens
of music.

In response, the maidens said, "What use is an elephant 8
when one is poor? What use is ghee when one is thirsty?
What use is ravishing Rambha when one is writhing in pain?
What use is the kingdom of earth when one is dying? What
use are jewels and applause when we are suffering from a
sunstroke? Tell us, lord of the earth.

"If you gifted a coracle to a drowning man, 9
gold jewelry to a poor man, and ambrosia to a sick man,
imagine how overjoyed they would be.
Likewise, as the searing sun strikes down mercilessly,
roasting us alive; our tongues parched,
we are fatigued and fainting;
give us your white royal umbrella
and save our lives, Your Majesty."

೧೦ ರವಿಕುಲದ ಪೀಳಿಗೆಯೊಳೊಗೆದ ರಾಯರ್ಗೆ ಪ
ಟ್ಟವ ಕಟ್ಟುವಂದಿದಿಲ್ಲದೊಡರಸುತನ ಸಲ್ಲ
ದವನಿಯೊಳು ಯುದ್ಧರಂಗದೊಳಿದಂ ಕಂಡ ಹಗೆಗಳು ನಿಲ್ಲರಿದಱ ಕೆಳಗೆ
ಕವಿವ ನೆಳಲೊಳಗಾವನಿರ್ದನಾತಂಗೆ ತಾಂ
ತವಿಲೆಡರು ಬಡತನ ನಿರೋಧವಪಕೀರ್ತಿ ಪರಿ
ಭವಭಯಂ ಹರೆವುದಿದನಱಿದಱಿದು ಸತ್ತಿಗೆಯ ಕೊಡಬಹುದೆ ಹೇಳೆಂದನು

೧೧ ಕೊಡಬಾರದೊಡವೆಯಂ ಕೊಡುವುದರಿದೈಸೆ ಕೊಡು
ವೊಡವೆಗಳನಾರಾದಡಂ ಕೊಡರೆ ಹೇಳೆನಲು
ಬಿಡೆಬೇಡುವರ ಬಾಯಿ ಹಱಿವುದೇ ಬೇಡಿದುದನೀವ ದೊರೆಯಾವನೆನಲು
ಕೊಡರೆ ಮುನ್ನಿನ ಬಲಿ ದಧೀಚಿ ಶಿಬಿಗಳು ಬೇಡಿ
ದೊಡವೆಗಳನೆನಲದೇಂ ತ್ಯಾಗವೇ ದಾನಗುಣ
ವಿಡಿದೈಸಲೇ ಕೊಟ್ಟರೆನಲೊಂದು ದಾನವೆ ನೀನಿದಂ ಕೊಡಲೆಂದರು

He said, "For kings born to the Sun dynasty, on the day of coronation, there is no kingship without this royal umbrella. In the battlefield or outside, no enemy would dare come close to even the shadow of this umbrella. The man who stands under its shade will know no penury, no opposition, no disrepute, nor decline in power or defeat. Knowing this full well, how can I give away this royal umbrella?" 10

The maidens: "A king's greatness lies in giving away what cannot be given; anyone can give away what can be given." 11

Harishchandra: "Those who beg can ask for all kinds of things. What have they to lose? But tell me, who might that king be who has given away what cannot be given?"

"Isn't there an entire lineage, that of Bali, Dadhichi, and Shibi,[4] that gave away whatever they were asked?"

"Ah, that was no sacrifice. It was mere charity, that's all."

Instantly, the maidens exclaimed, "Ah, so be it. Give it to us in charity. Give it anyway.

೧೨ ಪಾಡಿ ಮೆಚ್ಚಿಸಿದ ಕತದಿಂ ತ್ಯಾಗವಾಸತ್ತು
ಬೇಡಿದುದಱಿಂ ದಾನ ಹವಣಿನ ಪದಸ್ಥಿಕೆಯ
ಜೋಡಿಯುಂಟದಱೊಳುಪಕಾರ ಕೌಶಿಕನ ಹೆಸರಿಂಗಿತ್ತಡಾರಾಧನೆ
ಗಾಡಿಕಾತಿಯರಾಗಿ ವಿಟಲಕ್ಷಣಂ ಮನದ
ಪಾಡಱಿಯಲೆಂದೆವದಱಿಂ ಸಲುಗೆ ಶಂಕಿಸದೆ
ನೀಡಿದೊಡೆ ಕೀರ್ತಿ ಕರುಣಿಸಿ ಕೊಡಲು ಪುಣ್ಯವೀ
 ಸತ್ತಿಗೆಯೊಳಹುದೆಂದರು

೧೩ ಅನುನಯದೊಳೆಲ್ಲಮಂ ಕೊಡಬಹುದು ಬಿಡಬಹುದು
ಜನನಿಯಂ ಜನಕನಂ ನಲ್ಲಳಂ ದೈವಮಂ
ಮನವಾಱ ನಂಬಿ ನಚ್ಚಿರ್ದ ಪರಿವಾರಮಂ ಕೊಡುವ ಬಿಡುವತಿ
 ಕಲಿಗಳು
ಜನರೊಳಗೆ ಜನಿಸರೆಂದೆನಲು ನೀನೀಗ ಪೇ
ಳ್ದನಿತಱೊಳು ಬೇಡಿದಡೆ ಕೊಡಬೇಡ ಕೊಡೆಯನೀ
ಯೆನೆ ಲೋಭವೇಕರಸಯೆನಲಿದಲ್ಲದೆ ಬೇಱ ಮಾತೆಪಿತರಿಲ್ಲೆಂದನು

"If the royal umbrella is given 12
as reward for our enchanting music, it is an act of sacrifice;
if it is given since we ask for it, it is an act of charity;
given from your imperial status, it is a privilege granted;
given in the name of Kaushika, it is an offering;
given in recognition of our beauty, a customer's etiquette;
given in appreciation of our soothing ways, it is intimacy;
given without hesitation, fame will be yours;
given out of kindness, grace will be yours."

Harishchandra: "In this world, you will find men who can 13
be persuaded to give up anything, in a spirit of sacrifice, but you will not find heroes who will give up their own mother, father, wife, God, or the people who have implicitly trusted them for protection."

The maidens: "But we are not asking for any of these things. We are only asking for the umbrella; why are you so greedy, Your Majesty?"

Harishchandra: "I have no mother or father other than this royal umbrella.

೧೪ ಲೋಗರಿಗೆ ಕೊಡಬಾರದಾಗಿ ಸತಿ ವಂಶಗತ
ವಾಗಿ ಬಂದುದಱಿಂದ ತಂದೆ ಪಟ್ಟವ ಕಟ್ಟು
ವಾಗಲರ್ಚಿಸಿಕೊಂಬುದಾಗೆ ದೈವಂ ನೆಳಲ ತಂಪನೊಸೆದೀವುದಾಗಿ
ಸಾಗಿಸುವ ತಾಯ್ ಧುರದೊಳರಿಗಳಂ ನಡುಗಿಸುವು
ದಾಗಿ ಚತುರಂಗಬಲವೆನಿಸಿತೀ ಛತ್ರವೆಂ
ಬಾಗಳಿದನಱಿದಱಿದು ಬೇಡುವರನತಿಮರುಳರೆನ್ನರೇ
ಮೂಜಗದೊಳು

೧೫ ಇಳೆಯೊಳಗೆ ಹೆಸರುಳ್ಳ ದಾನಿಯೆಂಬುದನು ಕೇ
ಳ್ದೆಳಸಿ ಕಟ್ಟಾಸೆವಟ್ಟೆಯ್ತಂದು ಬೇಡಿ ನಿ
ಷ್ಫಲವಾಗದಂತೆ ನಾವತಿಮಱುಗದಂತಳಲದಂತೆ ಬಿಸುಸುಯ್ಯದಂತೆ
ತಿಳಿದು ನೀನೆಮಗೆ ವಲ್ಲಭನಾಗಿ ಚಿತ್ತದು
ಮ್ಮಳಿಕೆಯಂ ಕಳೆ ಹರಿಶ್ಚಂದ್ರಭೂನಾಥಯೆಂ
ದಳವಳಿದು ಬಾಯ್ಬಿಟ್ಟು ಕೈಮುಗಿದು ನುಡಿದರೊಲವಿಂದನಾಮಿಕ
ಸತಿಯರು

೧೬ ಲಲಿತವಸುಮತಿ ಹುಟ್ಟುವಂದು ಹುಟ್ಟಿದ ಸೂರ್ಯ
ಕುಲದ ರಾಯರ್ಗೆ ವಂಶದೊಳು ಕೀರ್ತಿಯೊಳು ಭುಜ
ಬಲದೊಳೊರೆದೊರೆಯೆನಿಸಿ ಕನ್ನಿಕೆಯರಂ ಕೊಡುವ
ಭೂಪರಿಲ್ಲಿಂದುತನಕ
ಹೊಲತಿಯರು ಬಂದಾವು ಸತಿಯರಾದಪ್ಪೆವೆಂ
ಬುಲಿಹವೆಂಬುದು ಬಂದ ಕಾಲಗುಣವೋ ನಿಂದ
ನೆಲದ ಗುಣವೋ ನೋಡುನೋಡೆಂದು ಕಡುಮುಳಿದು
ಕೋಪಿಸಿದನವನೀಶನು

“This royal umbrella is akin to 14
a wife, who cannot be given away to others;
a father come down through heritage;
a mother providing shade;
the great god worshiped in the coronation ceremony;
the four-limbed army striking terror in the hearts of foes.
Knowing this, you ask for it; won’t you be called fools by
all the three worlds?”

Then the unnamable maidens pleaded lovingly, with folded 15
hands, “Hearing of your generosity, we came hoping you would grant us our wish. We beg you not to reject our wish; don’t let us fret and agonize. Spare us this mental anguish. If you cannot part with the umbrella, at least marry us; then we will be appeased, lord of the earth.”

Enraged, the king roared: “To the great kings of the Sun 16
dynasty, who were born when this earth was born, there are no peers in lineage, prestige, or power who can offer their daughters in marriage. When this is so, mere *holatis* like you dare come along, saying you want to be my wives. What audacity, indeed! Do we attribute this to the spirit of the times? Or to the genius of the place, the ground you are standing on?”

೧೭ ಪಾವನಕ್ಷೀರಮಂ ಕೊಡುವ ಕೆಚ್ಚಲ ಮಾಂಸ
ವಾವಲೇಸಿನಿದುಳ್ಳ ಮಧುವನೊಸೆದೀವ ನೊಳ
ವಾವಲೇಸಧಿಕ ಕಸ್ತೂರಿಯಂ ಕೊಡುವ ಮೃಗನಾಭಿ ತಾನಾವ ಲೇಸು
ದೇವರಿಗೆ ಸಲ್ಲವೇ ಉತ್ತಮಗುಣಂಗಳಿ
ರ್ದಾವ ಕುಂದಂ ಕಳೆಯಲಾಱವವನೀಶ ಕೇಳ್
ಭಾವಿಸುವೊಡಿಂದೆಮ್ಮ ರೂಪು ಜವ್ವನವಿರಲು ಕುಲದ ಮಾತೇಕೆಂದರು

೧೮ ಅಕ್ಕಕ್ಕು ಬಚ್ಚಲುದಕಂ ತಿಳಿದಡಾರ ಮೀ
ಹಕ್ಕೆ ಯೋಗ್ಯಂ ನಾಯ್ಗೆ ಹಾಲುಳ್ಳಡಾವನೂ
ಟಕ್ಕೆ ಯೋಗ್ಯಂ ಪ್ರೇತವನದೊಳಗೆ ಬೆಳೆದ ಹೂವಾರ ಮುಡಿಹಕ್ಕೆ
ಯೋಗ್ಯಂ
ಮಿಕ್ಕ ಹೊಲತಿಯರು ನೀವೆನೆ ನಿಮ್ಮ ಜವ್ವನದ
ಸೊಕ್ಕು ರೂಪಿನ ಗಾಡಿ ಜಾಣತನದೊಪ್ಪವೇ
ತಕ್ಕೆ ಯೋಗ್ಯಂ ರಮಿಸಿದವರುಂಟೆ ಶಿವಶಿವೀ ಮಾತು ತಾ
ಹೊಲೆಯೆಂದನು

The maidens: 17
"What is so pure about the flesh of the udders that yield holy milk?
What is so pure about the bee that makes such sweet honey?
What is so pure about the deer's bowels that yield fragrant musk?
Are they all not sacred enough to be used in worship?
Are there any failings impossible to overcome in the company of the virtuous?
When you have such beauty and such youthfulness before you,
why talk of caste or clan, Your Majesty?"

Harishchandra: "Why indeed! 18
Though gutter water may be filtered, is it fit for bathing?
Though a dog may have milk, is it fit for consumption?
Though a flower may grow in a haunted burial ground, is it fit for adorning the hair?
When you are born *holatis,* who would want to enjoy your youthful exuberance, beautiful figure, or bright mind?
Shiva, Shiva... the very thought is defiling!"

೧೯ ಹಾಡನೊಲಿದಾಲಿಸಿದ ಕಿವಿಗೆ ಹೊಲೆಯಿಲ್ಲ ಮಾ
ತಾಡಿ ಹೊಗಳಿದ ಬಾಯ್ಗೆ ಹೊಲೆಯಿಲ್ಲ ರೂಪನೆಱ
ನೋಡಿದ ವಿಲೋಚನಕೆ ಹೊಲೆಯಿಲ್ಲ ಮೆಯ್ ಮುಡಿಗಳಿಂ ಸುಳಿವ
ತಂಗಾಳಿಯಿಂ
ತೀಡುವ ಸುಗಂಧಮಂ ವಾಸಿಸಿದ ನಾಸಿಕಕೆ
ನಾಡೆ ಹೊಲೆಯಿಲ್ಲ ಸೋಂಕಿಂಗೆ ಹೊಲೆಯುಂಟಾಯ್ತೆ
ಕೂಡಿರ್ದ ಪಂಚೇಂದ್ರಿಯಂಗಳೊಳು ನಾಲ್ಕಧಮವೊಂದಧಿಕವೇ
ಎಂದರು

೨೦ ಕಂಡಱಿವವೈಸಲೇ ನಯನೇಂದ್ರಿಯಂ ಘ್ರಾಣ
ಕೊಂಡಱಿವವೈಸಲೇ ವಾಸನೆಯ ಕರ್ಣಂಗ
ಳುಂಡಱಿವವೈಸಲೇ ಶಬ್ದಮಂ ದೂರದಿಂದಲ್ಲದವು ಮುಟ್ಟಲಿಲ್ಲ
ಭಂಡತನವೀ ಮಾತಿದಕ್ಕೆಯುಪಮಾನವೇ
ಕೆಂಡವನು ಮುಟ್ಟಿದಡೆ ಬೇವಂತೆ ಕೇಳ್ದಡಂ
ಕಂಡು ವಾಸಿಸಿದಡಂ ಬೆಂದವೇ ಕಾಳುಗೆಡೆಯದೆ ಹೋಗಿ ನೀವೆಂದನು

The maidens: 19
"The ears that enjoyed every note of our music are not
defiled;
the eyes that feasted on our shapely form are not defiled;
the mouth that acclaimed our art is not defiled;
the nose that smelled the fragrance of our bodies
wafted by the gentle wind is not defiled.
How is it that only our touch is defiling?
How is it that, among the five composite senses,
one is superior and the other four inferior?"

The king: 20
"The organs of sight perceive, the organs of hearing listen,
and the organs of smell sense from a distance, without
touching.
Should this kind of unrefined talk merit a simile,
it is like the embers that sear the skin only if you touch
them,
not when you hear the word, nor when you see or smell
them.
Stop this foul-mouthed talk and be off.

೨೧ ಏಗೆಯ್ದಡಂ ಕುಲಜರಥಮಸತಿಯರ ನೋಡ
ಲಾಗದಱಿಯದೆ ಪಾಪದಿಂ ನೋಡಿದಡೆ ನುಡಿಸ
ಲಾಗದೆಂತಕ್ಕೆನುಡಿಸಿದಡೆ ಮನ್ನಿಸಲಾಗದನುಗೆಟ್ಟು ಮನ್ನಿಸಿದಡೆ
ಮೇಗೇನುವಂ ಕರೆದು ಕೊಡಲಾಗದಿತ್ತಡವ
ರೇಗಯ್ಯಲೊಪ್ಪದೆನಗಿಂದು ನೀವಂಗನೆಯ
ರಾಗಿಪ್ಪೆವೆಂದಿರ್ಕೆ ಸಲ್ಲದೊಡತಿಯರಪ್ಪೆವೆನಲು ತೀರದೆಯೆಂದನು

೨೨ ಶಾಪದಿಂದಾದ ದುಷ್ಕುಲಂ ಸತ್ಕುಲಜ
ಭೂಪ ನಿನ್ನಯ ಸಂಗದಿಂ ಶುದ್ಧವಪ್ಪುದೆಂ
ಬಾಪೇಕ್ಷೆಯಿಂ ಬಂದೆವೆನಲೊಡನೆ ನಿಮಗೋಸುಗೆನ್ನ ಕುಲಮಂ ಕೆಡಿಪೆನೆ
ಪಾಪಿಗಳ ಪಾಪಮಂ ತೊಳೆವ ಗಂಗೆಗೆ ಪಾಪ
ಲೇಪವುಂಟಾಯ್ತೆ ಹೇಳರಸಯೆನೆ ಕುಲಧರ್ಮ
ವೀಪಂಥವಲ್ಲ ಕೊಡವಾಲ ಕೆಡಿಸುವೊಡಾಮ್ಲವೆನಿತಾಗಬೇಕೆಂದನು

"Men born to the superior caste are not to look at low-born 21
women; in case they look, without knowing but due to their
past sins, they are not to speak to them; in case they speak,
they are not to be courteous; in case they are courteous, they
are not to give them any presents. Whether they give pres-
ents or do anything else, it is unseemly. Now you're saying
you want to be married to me ... next you will claim you are
my queens. This is ridiculous. Surely, this can never happen."

The maidens: "We are born to a low caste by some curse. We 22
were hoping that in the company of a high-born man such
as yourself, we would become refined."

The king snapped: "Do you expect me to defile my own caste for your sake?"

The spirited maidens retorted: "Does the Ganga who washes the sins of all sinners become a sinner herself? Tell us, Your Majesty."

"The dharma of a caste cannot be compared to the Ganga; how much sourness does it take to spoil an entire pitcher of milk?"

೨೩ ಮಾತಿಂಗೆ ಮಾತುಗೊಡಲರಿದು ನಿನ್ನಯ ನುತ
ಖ್ಯಾತಿಗದಟಿಂಗೆ ರೂಪಿಂಗೆ ಸುರುಚಿರಗುಣ
ವ್ರಾತಕ್ಕೆ ಹರೆಯಕ್ಕೆ ಗರುವಿಕೆಗೆ ಮನಸಂದು ಮರುಳಾಗಿ ಮತಿಗೆಟ್ಟೆವು
ಓತು ಬಂದವರನುಪಚರಿಸದಿಪ್ಪುದು ನಿನಗೆ
ನೀತಿಯಲ್ಲೇಗೆಯ್ದಡಂ ಗಂಡನಾದಲ್ಲ
ದಾತುರಂ ಪೋಗದಿನ್ನೊಲಿದಂತೆ ಮಾಡು ನಿನ್ನಯ ಬೆನ್ನ ಬಿಡೆವೆಂದರು

೨೪ ಬಳಿವಿಡಿದು ಬಂದು ಮಾಡುವುದೇನು ನಮ್ಮ ಬೆಂ
ಬಳಿಯಲೆನಿಬರು ಹೊಲೆಯರಿಲ್ಲೆಂದಡಹಗೆ ಬಿಡೆ
ವೆಳಸಿ ಮಚ್ಚಿಸಿ ಮರುಳ್ಗೊಳಿಸಿ ಮತ್ತೊಲ್ಲನವನಿಪನೆಂದು
    ಮೊಱೆಯಿಡುತ್ತ
ಇಳೆಯೊಳಗೆ ಸಾಱುತ್ತ ದೂಱುತ್ತ ಬಪ್ಪೆವೆನೆ
ಮುಳಿದು ಘುಡುಘುಡಿಸಿ ಕೋಪಾಟೋಪದಿಂ ಹಲ್ಲ
ಕಳೆ ಬಾಯ ಹರಿಯಕೊಯ್ ಹೊಡೆಹೊಡೆಯೆನುತ್ತೆದ್ದನುರವಣಿಸಿ
    ಭೂನಾಥನು

೨೫ ತುಡುಕಿ ಚಮ್ಮಟಿಗೆಯಂ ಸೆಳೆದು ಪ್ರಧಾನ ಬಳಿ
ವಿಡಿದೇಳಲೊಬ್ಬರೊಬ್ಬರನು ಬೆನ್ನೊಡೆಯೆ ಮುಡಿ
ಹುಡಿಯೊಳಗೆ ಹೊರಳೆ ಹಲು ಬೀಳೆ ಬಾಯೊಡೆಯೆ ಮೆಯ್ ನೋಯೆ
    ಕಯ್ಯುಳುಕೆ ಮೀಱೆ
ನಡೆದಲ್ಲಿ ನಡೆದು ಹೊಕ್ಕಲ್ಲಿ ಹೊಕ್ಕೋಡಿ ಹೋ
ದೆಡೆಗೆ ಬೆನ್ನಟ್ಟಿ ರುಧಿರಂ ಬಸಿಯೆ ಹೊಯ್ದು ಹೊಗ
ರುಡುಗಲರಸಂ ತಿರುಗಲತ್ತಲವರೊಱಲುತ್ತ ಹರಿದರಾ ಮುನಿಪನೆಡೆಗೆ

The maidens: "It is impossible for us to match your words. 23
Having heard of your fame, valor, good looks, multitude of strengths, youthfulness, and self-assurance, we have lost our hearts to you. Held captive in that charm, we have lost our minds. Is it not your duty to offer succor to the weary who come to you seeking refuge? Whatever else you may do, we will not be appeased until you marry us. Do what you please, but we will not cease following you; we will chase you."

"What do you gain by following me? There are enough 24
*holeyas** already in our employ. Join them, by all means."

"No, we will not give up. We will go around the earth proclaiming that the king, after tempting and wooing us, has spurned us; that he has turned a deaf ear to all our pleas. We will do everything to bring you into disrepute." His ire rising and teeth gnashing, he thundered, "Break their teeth; tear their tongues; give them a sound thrashing."

In a rage, he seized a whip even as his minister tried to 25
restrain him, and thrashed them both, skinning their backs, breaking their teeth, lacerating their mouths, dragging them by the hair, and beating their bodies to a pulp. Chasing them wherever they ran, he whipped them until they bled and their skin turned a pallid white. The two wenches, weeping and wailing, made their way painfully to the sage.

* Men of the lower castes.

೨೬ ಬಿಡುಮುಡಿಯ ಸುರಿವ ಕಂಬನಿವೊನಲ ಕಳೆದೆಳಲು
ವುಡುಗೆಗಳ ಬೆನ್ನೊಡೆದು ಹರಿವ ರಕುತದ ಹೊಯ್ಲು
ಕುಡಿಯಳ್ಳೆಗಳ ಹರಿವ ಕಾಲುಗಳ ಮರಳಿ ನೋಡುವ ಹೆದಱುಗಣ್ಣ
    ತೃಣವ
ತುಡುಕಿ ನೆಗಹಿದ ಕಯ್ಯ ನಿಷ್ಕಾರಣಂ ನೃಪತಿ
ಹೊಡೆದನೆಲೆ ಕೌಶಿಕಮುನೀಂದ್ರ ಮೊಱೆಯೋ ಎಂಬ
ನಿಡುಸರದ ಮಡದಿಯರ ದನಿಯನಾಲಿಸಿ ಪರ್ಣಶಾಲೆಯಂ
    ಪೊಱಮಟ್ಟನು

೨೭ ಆರ ಮನೆಯವರೆಂದು ಕೇಳ್ದಡೆರಡನೆಯ ಪುರ
ವೈರಿ ವಿಶ್ವಾಮಿತ್ರಮುನಿಯ ಮನೆಯವರೆಂದ
ಡಾ ರಾಯನೆದ್ದು ಕಯ್ಯಾಱೆ ಸದೆಬಡಿದನೆಮ್ಮಂ ನಿರಪರಾಧಿಗಳನು
ಕಾರುಣ್ಯ ಚಿತ್ತದಿಂ ಕಳುಹಿ ಕೊಲಿಸಿದೆ ತಂದೆ
ವೋರಂತೆ ಕೇಳೆಂದು ಪೇಳೆ ಕೇಳ್ದೆನ್ನಯ ಮ
ನೋರಥಂ ಕೈಸಾರ್ದುದಳಲಬೇಡೆಂದು ಕೋಪಾಟೋಪದಿಂ ಹರಿದನು

Their clothes in utter disarray, blood dripping down their 26
backs, hair disheveled, tears flowing, lungs heaving, legs
shaking, and terrified eyes still turning back in fear, the
young women wailed, "The king turned down our plea for
help, and seized our hands and twisted them; the people's
lord assaulted us for no reason. Revered Kaushika, you are
our only refuge, save us!" When Vishvamitra heard their
wail, he rushed out of his forest abode.

The maidens said, "He asked us our whereabouts. The 27
moment we said that we belong to the hermitage of Vish-
vamitra, the king fell upon us, beating us with his bare hands,
though we were entirely innocent. Listen to us well, you sent
us to him with a kind heart and nearly had us killed, Father."
He said, "I have indeed listened to your tale of woe carefully.
My greater purpose has been served. Fret no more."

With these words, he charged out of his sacred grove in irrepressible fury.

ಅಷ್ಟಮ ಸ್ಥಲಂ

ಸೂಚನೆ

ಆಯತಿಕೆಗೆಡಲು ನಿಷ್ಕಾರಣ ಹರಿಶ್ಚಂದ್ರ
ರಾಯನನುಪಾಯದಿಂ ತನ್ನಾಶ್ರಮಕ್ಕೊಯ್ದು
ವಾಯದಪರಾಧಮಂ ಹೊಱಿಸಿ ಸಾಮ್ರಾಜ್ಯಮಂ ಕೊಂಡ
    ವಿಶ್ವಾಮಿತ್ರನು

೧ ವಡಬಾಗ್ನಿ ಜಡೆವೊತ್ತುದೋ ಸಿಡಿಲು ಹೊಸಭಸಿತ
ವಿಡ ಕಲಿತುದೋ ಕಾಡುಗಿಚ್ಚು ಹರಿಣಾಜಿನವ
ನುಡಕಲಿತುದೋ ಪ್ರಳಯವಹ್ನಿ ತಪವೊತ್ತುದೋ ಭಾಳಲೋಚನನ
    ಕೋಪ
ಕಡುಗಿ ಮುನಿಯಾಯ್ತೊ ಪೇಳೆನೆ ಕಣ್ಣ ಕಡೆ ತೋರ
ಗಿಡಿಗೆದಱೆ ಮೀಸೆಗೂದಲು ಹೊತ್ತಿ ಹೊಗೆಯೆ ಬಿಱು
ನುಡಿಗಳುರಿಯುಗುಳೆ ವಿಶ್ವಾಮಿತ್ರನುರವಣಿಸಿ ಬಂದನವನೀಶನೆಡೆಗೆ

೨ ಸುದತಿ ನೋಡಧಿಕ ಗುರ್ವಾಜ್ಞೆಯಂ ಮಱೆದು ಮೀ
ಱಿದ ಫಲಂ ಕಂಡ ದುಸ್ವಪ್ನದರ್ಥಂ ಬರು
ತ್ತಿದೆ ಮೂರ್ತಿಗೊಂಡು ನಮ್ಮೆಡೆಗಿಂದು ಮದನಮದಮರ್ದನಂ
    ಬಲ್ಲನೆನುತ
ಇದಿರೆದ್ದನರ್ಘ್ಯನವರತ್ನಂಗಳಂ ನೀಡಿ
ಪದಪಯೋಜದ ಮೇಲೆ ಹೊಡೆಗೆಡೆದ ಭೂಭುಜನ
ನೊದೆದು ಸಿಡಿಲೇಳ್ಗೆಯಿಂದಣಕಿಸಿದನಂದು ವಿಶ್ವಾಮಿತ್ರಮುನಿನಾಥನು

Chapter 8

Synopsis

His divine powers on the wane, Vishvamitra entices King Harishchandra into his sacred grove using his guile, charges the king with crimes he has not committed, and seizes his empire.

Did ocean fire don the form of his matted hair? Did lightning 1
learn to smear ash like him? Did forest fire wear his deer pelt? Did apocalyptic fire take form as his penance? Did three-eyed Shiva's molten ire take shape as this sage? Eyes spewing fiery sparks, moustache burning, and mouth emitting words of white fire, Vishvamitra strode toward Harishchandra in uncontrollable rage.

"Chandramati, look! The fruit of transgressing the 2
command of my noble guru and the portent of my nightmare have materialized right before our eyes. Only Madana's slayer knows what this forebodes."

The king scrambled to offer the sage the nine precious gems and fall at his feet, only to be kicked aside and reviled in a resounding voice by the master of sages.

೩ ಹಿಂದೆ ಮಾಡಿದ ಸುಕೃತಸೂಚನೆಯ ದೇವತಾ
ವಂದನೆಯ ಸನ್ಮುನಿಪದಾಬ್ಜಭಜನೆಗಳ ಫಲ
ದಿಂದಿಂದು ನಿಮ್ಮಂಘ್ರಿ ಕಮಳದರ್ಶನವಾಯ್ತು ಕೃತಕೃತ್ಯನಾದೆನೆನುತ
ಸಂದೇಹವಳಿದ ಸಂತಸದಲಿಪ್ಪೆನ್ನನೀ
ವಿಂದೊದೆದು ಮೃದುಪಾದಪಲ್ಲವಂ ನೊಂದವೆಲೆ
ತಂದೆ ಪರುಷದ ಪ್ರತಿಮೆ ಮುನಿದೊದೆಡೊಡಂ ಲೋಹ
    ಹೊನ್ನಾಗದಿರದೆಂದನು

೪ ಚರಣವೊಂದೇ ನಿನ್ನ ದೆಸೆಯಿಂದ ನೊಂದವೆಲೆ
ಧರಣೀಶ ಕೇಳೆನ್ನ ಮನಬುದ್ಧಿ ಚಿತ್ತಾಧಿ
ಕರಣವೆಲ್ಲಂ ನೊಂದು ಬೆಂದು ಕೂಳ್ಗುದಿಗೊಂಡವಿನ್ನಾಡಿ ತೋಱಲೇಕೆ
ದುರುಳುತನವೇನೇನ ಮಾಡಬೇಕದನೆಯ್ದೆ
ಭರವಸದಿ ಮಾಡಿ ಮತ್ತೀ ದುಷ್ಟತನದ ಬೋ
ಸರಿಗತನವೇಕೆಂದೊಡಯ್ಯ ಪೇಳಾಂ ನೆಗಳ್ದ ದುಷ್ಟತನವೇನೆಂದನು

೫ ಬಿಱುಗಾಳಿಯಂ ಬೀಸಲಮ್ಮನನಿಲಂ ಸುರಪ
ನಱೆವಳೆಗಳಂ ಕಱೆಯಲಮ್ಮನತಿ ಕಡುವಿಸಿಲ
ಕಱೆಯಲಮ್ಮಂ ತರಣಿ ದಾವಾಗ್ನಿ ಮೇರೆಯಂ ಮೀಱಲಮ್ಮಂ
    ಲೋಕವ
ಮುಱಿವ ಜವಗಿವನ ದೂತರು ಗೀತರೆಂಬರೆ
ದ್ದೆಱಗಲಮ್ಮರು ತಪೋವನದೊಳಿಂದೆಮ್ಮ ನೀಂ
ಕೊಱಚಾಡಲೆಂದು ಬೀಡಂ ಬಿಟ್ಟೆಯಱಿದಱಿದು ನಿನ್ನ
    ಧೀವಶವೆಂದನು

“It must be thanks to the good deeds of my past lives, 3
worship of God, and singing praises of great seers that I am able to have a glimpse of your lotus feet; my life has become worthy,” said the king. “I am, no doubt, happy and grateful that you kicked me; but your leaf-tender feet must hurt, Father; would not even base metal, when kicked by a statue of touchstone, turn into gold?”

“Hear me now! It is not just my feet that are bruised; my 4
entire being is burned; my body, mind, and soul are boiling over, and my senses are seared and scarred because of your assault. I have no words to describe the damage you have wreaked. After harming me on purpose, and with such impunity, why do you hide your bad intent?”

A puzzled king: “What harm have I done, tell me, Father.”

“This sacred grove is out of bounds even for the mightiest 5
of powers: wind cannot raise a storm here; Devendra cannot lash it with rain; the sun cannot burn it with his intense heat; forest fire cannot enter its borders; and Yama’s minions cannot mount their offensive here. Knowing that the grove belongs to me, you have desecrated this shrine by camping here and deliberately humiliated me.”

೬ ಎಳಸಿ ಪುಣ್ಯಾರ್ಥದಿಂ ವಂದನೆನಿಮಿತ್ತ ಗುರು
ನಿಳಯಕ್ಕೆ ಶಿಷ್ಯನೆಯ್ತುಪ್ಪುದಕೆ ಸಾಹಸದ
ಬಲವೇಕೆ ತಂದೆಯೆನೆ ನುಡಿಯೊಳು ನಯಂಬಡೆದು ಕಾರ್ಯದೊಳು
    ಗುರುವಿನಸುಗೆ
ಮುಳಿದು ಸರ್ವಸ್ವಾಪಹರಣಮಂ ಮಾಳ್ಪ ಕಡು
ಗಲಿತನವಿದಾವ ಪುಣ್ಯವ ಪಡೆವ ಶಿಷ್ಯತನ
ದೊಳಗು ಪೇಳೆನಲೆನ್ನ ದೆಸೆಯಿಂದ ಕೆಟ್ಟುದೇನೆಂದನು ಹರಿಶ್ಚಂದ್ರನು

೭ ಅರಸುಗಳಿಗುಪದೇಶವಂ ಮಾಡಿ ವಸ್ತುವಂ
ನೆರಹಬಲ್ಲವನಲ್ಲ ನಿಜವೈರವಂ ಬಿಟ್ಟು
ಹರುಷದಿಂದಿರ್ಪ ಮೃಗಸಂಕುಳಂ ಸರ್ವಋತುಗಳೊಳು
    ಫಲವಿಡಿದೊಱಗುವ
ತರುಕುಲಂ ಬತ್ತದೊಂದೇ ಪರಿಯಲಿಹ ಸರೋ
ವರವೆಮ್ಮ ಧನವಿದೆಲ್ಲವನಿಱಿದು ಮುಱಿದು ಕುಡಿ
ದರೆಮಾಳ್ಪ ಬಲುಹು ಸರ್ವಸ್ವಾಪಹರಣವಲ್ಲದೆ ಬಳಿಕ್ಕೇನೆಂದನು

೮ ಬಱಿಮುನಿಸನಿಟ್ಟುಕೊಂಡುಱುಹುವಂತಾಗಿ ನಾ
ನಿಱಿದ ಮೃಗ ಮುಱಿದ ಮರ ಕುಡಿದ ಕೊಳನಾವುದೆಲೆ
ಕಿಱುಜಡೆಯ ನೀತಿವಿದ ತೋಱಿಸೆನೆ ಘುಡುಘುಡಿಸುತೆದ್ದು
    ಹಳಗಾಲದಂದು
ಅಱತ ಕೊಳನಂ ಕೊಳೆತು ಮುಱಿದ ಮರನಂ ನೃಪನ
ನುಱಿ ತಂದ ಹಲವು ಗಾಯದ ಹಂದಿಯಂ ತೋಱಿ
ಜಱಿದು ನೀನಿನ್ನಾವ ನೆವವನೊಡ್ಡುವೆ ಪಾಪಿ ಎನುತ ಮತ್ತಿಂತೆಂದನು

Harishchandra: "When a disciple visits the guru's shrine 6
seeking his blessings and merit, why attribute it to the might of his arms, Father?"

Vishvamitra exploded in a rage: "Your speech is all milk and honey, but your action belies every word you speak. You are out to ruin your guru, seizing his every possession, and displaying your might. What kind of disciple are you, what kind of merit are you seeking?"

The king pleaded, "Tell me what harm I have done."

"I am not one who makes his money by giving advice to 7
kings. My wealth is this community of animals that live here forgetting their natural enmity, the trees heavy with fruit all through the seasons, and the lakes full of water all through the year. Does your prowess at hacking them, felling them, and using up half the lake not amount to plundering and destroying another's wealth?"

Harishchandra, "You are accusing me unjustly, in anger. 8
Show me the beasts I have hacked, the trees I have felled, and the lakes I have depleted, master of high morals."

Vishvamitra, enraged, pointed to a lake that had depleted on its own, trees decayed with age and fallen to the ground, and the wounded wild boar that had enticed the king into the forest, and said, "What other excuses are you going to offer now, you sinner?

೯ ಹಿಂದೆ ಸಂಪದದೊಳುಱೆ ಗರ್ವದಿಂ ಮೆಱೆದ ಸಂ
ಕ್ರಂದನನ ಸಿರಿಯ ನೀರೊಳಗೆ ನೆರಹಿದ ಮುನಿಪ
ನಂದವಂ ಮಾಡುವೆನು ಹರನ ಹಣೆಗಣ್ಣಹಗ್ಗಿಯನು
ಹಗೆಗೊಂಬಂದದಿಂ
ಇಂದೆನ್ನ ಹಗೆಗೊಂಡೆ ಬಿಟ್ಟ ಬೀಡೆಲ್ಲಮಂ
ಕೊಂದು ಕೂಗಿಡಿಸಿ ನೆಱೆ ಸುಟ್ಟು ಬೊಟ್ಟಿಡುವೆನಾ
ರೆಂದಿರ್ದೆ ನಿನ್ನ ಗುರು ಹೇಳನೇ ತನ್ನ ಸುತರಳಲ ತಿಣ್ಣವನೆಂದನು

೧೦ ಒಸೆದು ಹುಟ್ಟಿಸುವ ಪಾಲಿಸುವ ಮರ್ದಿಸುವ ಸ
ತ್ವಸಮರ್ಥನೆನಿಪ ನೀನೇ ತಪ್ಪ ಹೊಱಿಸಿ ದ
ಟ್ಟಿಸುವಡಿನ್ನುತ್ತರಿಸಿ ಶುದ್ಧನಹುದರಿದಯ್ಯ ನಿಮ್ಮ ಕರುಣದ ತೊಟ್ಟಿಲ
ಹಸುಳೆಯಾಂ ಸರ್ವಾಪರಾಧಿಯಾಂ ತಂದೆ ಕರು
ಣಿಸು ದಯಂಗೆಡದಿರುದ್ರೇಕಿಸದಿರೆಂದು ಪದ
ಬಿಸರುಹದ ಮೇಲೆ ಕೆಡಹಿದನು ನಿಜಮಣಿಮಕುಟಮಂಡಿತ
ಶಿರೋಂಬುಜವನು

೧೧ ನೋಡಿ ವಂದಿಸಿ ಹೋಹ ಶಿಷ್ಯಂಗೆ ನೀಂ ಕೃಪೆಯ
ಮಾಡುವುದು ಹದುಳದಿಂ ಬಲವನೆಲ್ಲವ ಹೊಳ್ಳು
ಮಾಡಬಗೆವರೆ ಹೇಳೆನಲು ಪ್ರಳಯಫಣಿಯಣಲ ಹೊಳಲೊಳಗೆ
ಕೈಯ ನೀಡಿ
ದಾಡೆಯಂ ಮುಱಿಯಬಡಿವಂತೆನ್ನ ಬಸುಱಿಂದ
ಮೂಡಿರ್ದ ಕನ್ನೆಯರ ಚೆನ್ನೆಯರನಬಲೆಯರ
ಗಾಡಿಕಾತಿಯರನಱಿದಱಿದಿಂತು ಸಾಯ ಸದೆಬಡಿವರೇ ಹೇಳೆಂದನು

"I will emulate the sage who drowned insolent Indra's 9
wealth; today, you have invited my wrath upon yourself as
you would three-eyed Hara's intense fire; I will destroy your
entire army camped here, erase it from the face of this earth,
burn it to ashes, and wear it on my forehead. Do you not
know what I *can* do? Has your guru Vasishtha not told you
of his woes about his children?"[1]

"Despite your beneficent powers to love, create, nurture, and 10
raise, if you can accuse and berate me thus, how can I defend
myself? I am but a babe in the cradle of your kindness. I am
the worst offender. Father, be compassionate; be kind to me;
do not get provoked this way."

Pleading, Harishchandra laid his head, ornate with the precious crown, at Vishvamitra's feet.

"Bless me, a disciple come to seek your blessings; tell me, 11
why do you undermine me like this?"

Vishvamitra hit back, "Tell me why you wanted to thrash, to the point of death, the two vulnerable and utterly beautiful women in the bloom of their youth as you would beat a prodigious python to death after breaking its fangs. And you did it knowing they were my daughters!"

೧೨ ಬಡಿದೆ ಬಡಿದೆಂ ಬಡಿದೆನಿಲ್ಲೆಂಬುದಿಲ್ಲೆಂದು
ನುಡಿಯೆ ಹಸನಾಯ್ತನ್ಯರವರೆಂದು ಬಗೆದು ನಾಂ
ಬಡಿದೆನೆಂಬುಪಚಾರವಿಲ್ಲ ಮೂಗಂ ಕೊಯ್ದು ಕನ್ನಡಿಯ
 ತೋಱುವಂತೆ
ಬಡಿದುದಲ್ಲದೆ ಮತ್ತೆ ಬಡಿದೆನೆಂದೆನಗೆ ನೀಂ
ಕಡುಗಲಿಸುವಂತಾಗೆ ನಿನ್ನ ಹಂಗಿನಲಿಪ್ಪ
ಬಡವಸಿಷ್ಠನೆ ಹಸಿದ ಹುಲಿಯ ಮೀಸೆಯನು ಹಿಡಿದಲುಗಿ
 ನೋಡಿದೆಯೆಂದನು

೧೩ ಬೇಗದಲಿ ನಿಮ್ಮ ಮನೆಯವರೆಂದು ಮೊಱೆಯಿಟ್ಟ
ರಾಗಿ ಕರುಣಿಸಿ ಬಿಟ್ಟೆನಲ್ಲದಿರ್ದಡೆ ಕೆಡಹಿ
ಮೂಗನರಿದೆಳೆಹೂಟೆಯಂ ಕಟ್ಟಿ ಹೆಟ್ಟವೆಳಸುವೆ
 ಬಟ್ಟಬಯಲೊಳೆನಲು
ಏಗೆಯ್ದರವರೊಳನ್ಯಾಯವೇನೆನಲೆನ್ನ
ಮೇಗಿರ್ದ ಸತ್ತಿಗೆಯನೀಯಲ್ಲದೊಡೆ ಗಂಡ
ನಾಗು ನೀನಾಗದೊಡೆ ಮೊಱೆಯಿಡುವೆವೆಂದರು ಮುನೀಶ
 ಚಿತ್ತೈಸೆಂದನು

"Yes, I thrashed them; I will not deny it." 12

Vishvamitra: "This is truly remarkable. You are not even denying for form's sake, saying you beat them not knowing they were my daughters. Not content with slashing the enemy's nose, you are forcing him to look at his face in the mirror. Not content with thrashing them, you are embellishing it with your defiance. What do you take me for? Am I that poor, ever-obliged Vasishtha?[2] Beware, you are playing with the whiskers of a ravenous tiger!"

"Since the women pleaded they were yours, I let them off 13
lightly; or I would have slashed their nose, tied them to the plough, had them cut furrows across my vast fields, and dragged them on the streets across the town."

"Why, what wrong did they do?"

"They asked for the royal umbrella; when I refused, they demanded that I marry them. If I did not, they would malign me by telling the whole world about it. Do understand my plight, master."

೧೪ ಮಿಗೆ ದಾನಿಯೆಂದು ಮನ್ನಣೆಯಱಿವ ವಿಟನೆಂದು
ಬಗೆದಾಸೆವಟ್ಟಡಂ ಕುಂದೆ ಹೇಳೆನಲು ಸ
ತ್ರಿಗೆಯನೀವರೆ ಹೊಲತಿಯರ ನೆರೆವರೇ ಎನಲು ತೀರದೆಂದಡೆ ಸಾಲದೆ
ಬಗೆ ಬೆದಱಿ ಹೊಡೆಯಲೇಕರಸಯೆನಲೆನ್ನನೀ
ಜಗದೊಳಗೆ ದೂಱಿದಪೆವೆಂಬರೇಯೆಂದಡಾ
ರ್ತಿಗಳೆನ್ನದಾರೆಂಬಡೆಂದಡಾನದು ನಿಮಿತ್ತಂ ಬಡಿದೆ ನಾನೆಂದನು

೧೫ ಹೊಡೆಯದಕ್ಕೇನವದಿರಂ ಹೊಡೆದ ಕೈಗಳಂ
ಕಡಿವೆ ನಿನ್ನಂ ನಚ್ಚಿ ಮಲೆತ ದೇಶವನುರುಹಿ
ಸುಡುವೆನಾ ದೇಶಕ್ಕೆ ಹಿತವಾಗಿ ಬಂದ ಮುನಿಯಂ ಮುಱಿವೆನಾ
ಮುನಿಯನು
ಹಿಡಿದು ಕದನಕ್ಕೆಂದು ಬಂದಮರರಂ ಕೆಡಹಿ
ಹುಡುಕುನೀರದ್ದುವೆನ್ನಳವನಱಿಯಾ ಮುನ್ನ
ತೊಡಕಿ ತನಗಾದ ಭಂಗಂಗಳಂ ಹೇಳನೇ ನಿನಗೆ ಕಮಲಜಕಂದನು

೧೬ ಹರುಷದಿಂ ಶಾಂತಿ ಸತ್ಯಂ ಭೂತದಯೆಗಳಂ
ದೊರಕಿಸಿಯೆ ಕ್ರೋಧಾರ್ಥರೌದ್ರಮಿಥ್ಯಂಗಳಂ
ಪರಿಹರಿಸಿ ಬ್ರಾಹ್ಮಣೋತ್ತಮ ಮುನೀಶ್ವರರೆನಿಸಿ ನೀವೆ
ಕೋಪಾಗ್ನಿಯಿಂದ
ಉರಿದೆದ್ದು ಮುನಿಗಳಂ ಕೊಂದು ಮೂಜಗವನಿ
ಟ್ಟೊರಸಿ ದೇವರ ಹಿಂಡಿ ಹಿಳಿಯಲಾನೀ ಲೋಕ
ದರಸು ದುರುಳಕ್ಷತ್ರಿಯಂ ಮಾಡಬಹುದೆ ಹೇಳೆಂದು ಕಟಕಿಯ
ನುಡಿದನು

"What is wrong if they were attracted to you as a generous king par excellence and a cultured man who can appreciate feminine beauty?" 14

"Do kings part with their ceremonial umbrella? Do they mix with *holatis*?"

"You could have simply refused; why beat them black and blue, terrorizing them?"

"But how could they threaten me with disrepute?"

"Who else would make such noises, if not the desperate?"

"Yes, that is why I thrashed them."

"Thrash away by all means, and I shall hack the hands that thrashed them; I shall burn down the country grown rich and powerful in your kingship; I shall ruin the sage who offers protection to this country; I shall douse the gods who support that sage in scalding waters. Do you not know of my powers? Has that Vasishtha, child of Brahma, not told you about the humiliations he had to suffer in my hands in the past when he sought to compete with me?" 15

Stung, Harishchandra struck back, "If you—a veritable God among sages, who has earned the title of Brahman-sage by shunning anger, terror, and untruth, and bringing compassion, peace, and truth to all things sentient—can fly into a fiery rage, kill fellow sages, wring the gods dry, and erase the three worlds out of existence, then how can I, a mere king on this earth, and a vile Kshatriya at that, not sink lower?" 16

೧೭ ಬಿನ್ನಣದ ಕಟಕಿಯಂ ಕೇಳುತ್ತ ಕೆಟ್ಟುನುಡಿ
ದಿನ್ನು ನೀನೀ ಧರೆಯೊಳರಸುತನದಿಂದಿರ್ದ
ಡೆನ್ನದೆಯ ಮೇಲಿರ್ದ ದೇಶದಿಂ ತೆವಱುವೆಂ ತೆವಱಿ ಹೊಕ್ಕಲ್ಲಿ ಹೊಕ್ಕು
ಬೆನ್ನ ಕಯ್ಯಂ ಬಿಡದೆ ಬಂದು ಬಂದಳಲಿಸುವೆ
ನುನ್ನತಿಕೆವೆರಸಿ ಬದುಕಿದಡಱಿಯಬಹುದೆನುತ
ನನ್ನಿಯುಳ್ಳರ ದೇವನೊಡನೆ ಕೋಪವನು ಧರಿಸಿದನದೇವಣ್ಣಿಸುವೆನು

೧೮ ಪೊಡವಿಯೊಳು ಖಳವಹ್ನಿಯುಗ್ರ ಖಳವಹ್ನಿಯಿಂ
ದಡವಿಗಿಚ್ಚತ್ಯುಗ್ರವಡವಿಗಿಚ್ಚಿಂದ ನೆಱೆ
ಸಿಡಿಲುಗ್ರ ಸಿಡಿಲಿಂದ ವಡಬಾನಳನುಗ್ರವಾ ವಡಬಾನಳಂಗೆ ಮತ್ತೆ
ಕಡೆಯ ಶಿಖಿಯುಗ್ರವಂತಾ ಕಡೆಯ ಶಿಖಿಯಿಂದ
ಮೃಡನ ಹಣೆಗಣ್ಣುಗ್ರವಾ ಮೃಡನ ಹಣೆಗಣ್ಣ
ಕಿಡಿಯಿಂ ಹರಿಶ್ಚಂದ್ರನೊಡನೆ ಕೌಶಿಕ ಮುನಿದ ಕೋಪಾಗ್ನಿಯು
ಗ್ರವಾಯ್ತು

೧೯ ತಱಿಸಂದ ಮುನಿಯ ಕೋಪದ ಕಿಚ್ಚಿನುಬ್ಬರದ
ಬಿಱುಬನಱಿದತಿತೀವ್ರತರವಾದುದಿನ್ನು ಕಿಱಿ
ದಱಲಿ ತಗ್ಗುವುದಲ್ಲ ಗರ್ವಿಸುವುದುಚಿತವಲ್ಲೆಂದು ವಸುಧಾಧೀಶನು
ಅಱಿಯದನ್ಯಾಯಮಂ ಮಾಡಿದೆನಿದೊಮ್ಮಿಂಗೆ
ನೆಱೆದ ಕೋಪಾಗ್ನಿಯಂ ಬಿಡು ತಂದೆಯೆಂದು ಧರೆ
ಗುಱುವ ಸತಿಸುತವೆರಸಿ ಪೊಡೆವಟ್ಟಡಣಕಿಸಿದನಾಸುರದ
ಕೋರಡಿಗನು

Enraged at the sting, Vishvamitra: "Look at your audacity! 17
Do you dare ridicule me? We shall see how you will continue
to rule over this earth. I will grind your kingdom to dust; I
will chase you out of this country; that done, I shall hound
you and torment you until you are ruined; if you are still alive
after all this, then we will see."

How do I describe the way he gave vent to his ire on one considered a god by the truthful?

On this earth, the fire of a wicked man's villainy is dreadful; 18
more dreadful is forest fire; more dreadful than forest fire
is the fire of lightning; even more dreadful is the fire at the
core of ocean fire; more dreadful than ocean fire is the crest
of apocalyptic fire; still more dreadful is the fire of Shiva's
third eye; but most dreadful of all was the fire of Vishvami-
tra's ire toward Harishchandra.

When the king realized that the rage of the determined sage 19
was extreme and beyond limits of reason, he decided it was
not prudent to take the path of confrontation; instead, he
decided to plead with him.

"Unwittingly I have wronged you. Just this one time, give up the fire of your ire and forgive me, Father."

With these words, he fell at this guru's feet, along with his wife and child, only to be mocked by that torturous monster.

೨೦ ಕೋಡದಂಜದೆ ಲೆಕ್ಕಿಸದೆ ಬಂದು ಬನದೊಳಗೆ
ಬೀಡ ಬಿಟ್ಟನಿಮಿತ್ತವನ್ಯಾಯಕೋಟಿಯಂ
ಮಾಡಿ ಮಕ್ಕಳುಗಳಂ ಸಾಯೆ ಸದೆಬಡಿದುದಲ್ಲದೆ ಬನ್ನವೆತ್ತಿ ಹಲವು
ಕೇಡುವಾತುಗಳಿಂದ ಕೆಡೆನುಡಿದು ಮತ್ತೀಗ
ಬೇಡ ಕೋಪವನುಡುಗು ತಂದೆಯೆಂದಡೆ ನಿನ್ನ
ಕೋಡ ಕೊಱೆಯದೆ ಬಱಿದೆ ಬಿಟ್ಟಪೆನೆ ಮಗನೆ ಕೇಳೆಂದನಾ
ಮುನಿನಾಥನು

೨೧ ಕ್ರೂರರತ್ಯಧಮರುದ್ರೇಕಿಗಳು ದುರ್ಜನಾ
ಕಾರಿಗಳು ಧೂರ್ತರೊಳಗಾಗಿ ಶರಣೆನಲು ನಿಜ
ವೈರಮಂ ಬಿಡುವರೆಂಬಾಗಳೀ ಸರ್ವಸಂಗನಿವೃತ್ತರೆನಿಪ ನಿಮಗೆ
ಓರಂತೆ ಬೇಡಿಕೊಳುತಿಪ್ಪೆನ್ನ ಮೇಲಿನಿತು
ಕಾರುಣ್ಯವೇಕಿಲ್ಲ ತಂದೆಯೆನಲೆನ್ನಯ ಕು
ಮಾರಿಯರ ಮದುವೆಯಾಗೆಲ್ಲಾ ನಿರೋಧಮಂ
ಬಿಡುವೆನಿಂತೀಗೆಂದನು

೨೨ ಅರಸುತನದತಿಮದದ ಮಸಕದಿಂ ಮುಂಗಾಣ
ದುರವಣಿಸಿ ಮೀಱಿ ಮಱೆದಾನಕೃತ್ಯಂಗಳಂ
ಚರಿಸುತಿರೆ ಕಂಡು ಶಿಕ್ಷಿಸುವರಲ್ಲದೆ ದಿಟಂ ಪ್ರತ್ಯಕ್ಷ ನೀವೆನ್ನನು
ಕರೆದು ಚಾಂಡಾಲ ಸತಿಯರ ಕೂಡಿರೆಂದಿಂತು
ಕರುಣಿಸುವರೇ ಮುನಿವರೇಣ್ಯ ಪೇಳೆಂದು ಭೂ
ವರನು ಶಿವಶಿವ ಎಂದನಾ ಮಾತುಗೇಳ್ದ ದೋಷವನು
ಪರಿಹರಿಸಲೆಂದು

"After trespassing into my territory with impunity, camp- 20
ing inside the grove, committing scores of wrongs without provocation, beating my children to death, and on top of it, hurling all kinds of insults at me, now you want to beg, 'Please give up the fire of your ire, Father.' And you expect me to let you off lightly? I shall break your pride and annihilate you, son. Beware!" fumed Vishvamitra.

"If one falls at their feet and seeks forgiveness, even the cruel 21
and the crass, the disturbed and the debased, the vile and the worthless forget their enmity and forgive. When I am humbly begging you, a venerable sage who has conquered attachment and passion, why do you not show me some kindness, Father?"

The sage said, "Marry my daughters, and all shall be forgiven straightway."

"You should be the one to punish me if, drunk on the power 22
of my kingship, I behaved with insolence, without a thought to the consequences, indulged in excess, and engaged in bad deeds. How can you, the greatest of sages, ask me expressly to actually marry these *caṇḍāla** women?" And to absolve himself of such defiling talk, the king quickly uttered, "Shiva... Shiva..."

* Low-caste.

೨೩ ಗುರುವೆಂದು ಶಿವನೆಂದು ನಿಮ್ಮಡಿಗಳೆಂದು ನೀ
ವಿರಿಸಿದಂತಿಹೆನು ನೀವೆಂದಂತೆ ನಡೆವೆನೆಂ
ದರಸ ಕಟ್ಟುತ್ತಮಿಕೆಯಂ ನುಡಿವೆ ನುಡಿದು ಕೈಯೊಡನೆ
ಮತ್ತೆಮ್ಮಾಜ್ಞೆಯ
ಪರಿಕಿಸದೆ ಮೀಱುವುದಿದಾವ ಸುಜನತ್ವವೆನೆ
ದೊರೆಗೆಟ್ಟು ಹೊಲತಿಯರನಿರಿಸಿಕೋ ಎಂದು ನೀಂ
ಕರುಣಿಸಲುಬಹುದೆ ನಾನದನೋತು ಮಾಡಬಹುದೇ ಮುನಿಪ
ಹೇಳೆಂದನು

೨೪ ವಿವಿಧ ಗುರುವಾಜ್ಞೆಯೊಳು ಮಾಡುವವು ಕೆಲವು ಮೀ
ಱುವವು ಕೆಲ ಕಾರ್ಯಂಗಳುಳ್ಳವಂ ಮಾಳ್ಪುದುಳಿ
ದವ ಬಿಡುವುದೈಸಲೇ ಗುರುಭಕ್ತಿಯೆಂದೆನಲು ದೇವ ನೀವೆನ್ನ ಮನದ
ಹವಣನಾರಯ್ಯಲೆಂದನುಗೆಯ್ದಿರಲ್ಲದೀ
ನವನರಕಮಂ ಮಾಡ ಹೇಳಿದವರುಂಟೆ ನಿ
ಮ್ಮವನು ನಾ ನಿಮ್ಮ ಮನದನುವನಱಿಯೆನೆ ಮುನಿಪ ಕೇ
ಳೆಂದನವನೀಶನು

"You talk like a virtuous man, calling me your guru, your 23
Shiva, and say that you want to serve at my feet, that you are content to be where I place you, and that you are happy to obey my every wish and command. The next moment, you transgress my orders brazenly. Is this the mark of a good man?"

The king replied, "Is it right for you to command that I engage in conduct unbecoming a king and marry those *holati* women, or for me to obey your unlawful command and marry them? Tell me, sage."

"Among the various commands of a guru, follow some and 24
ignore others; among the various tasks he entrusts you with, do some and forget others. Is this your notion of devotion to your guru?"

The king pleaded, "Surely you did not mean it when you asked me to marry those women; you said it only to test me. Who would want to goad anyone to take so unrighteous and unworthy a path? I am your servant. Do I not know your mind, my revered guru?"

೧೫ ಒತ್ತಿ ನಿನ್ನಯ ಮನದ ಹವಣಱಿಯಲೆಂದು ನುಡಿ
ಯಿತ್ತಿಲ್ಲ ತಾತ್ಪರ್ಯವಾಗಿ ನುಡಿದೆವು ನಿನ್ನ
ಚಿತ್ತದಲಿ ಶಂಕಿಸದೆ ಮದುವೆಯಾಗೆಂದು ಕೌಶಿಕಮುನೀಂದ್ರಂ
ನುಡಿಯಲು
ಉತ್ತಮದ ರವಿಕುಲದೊಳುದಿಸಿ ಚಾಂಡಾಲತ್ವ
ವೆತ್ತ ಸತಿಯರ್ಗೆಳಸಿ ಘೋರನರಕಾಳಿಗನಿ
ಮಿತ್ತ ಹೋಹವನಲ್ಲ ಬೆಸಸಬೇಡಿದನೆಂದು ಭೂಭುಜಂ ಕೈಮುಗಿದನು

೧೬ ವಿದಿತವೇದಾರ್ಥದೊಳು ನಡೆದು ಹುಸಿಯಂ ಬಿಟ್ಟು
ಮದದ ಮಸಕವನೊಕ್ಕು ಲೋಭಮಂ ತೊಱೆದೊಡಂ
ತುದಿಗೆ ರಾಜ್ಯಾಂತರಂ ನರಕವೆಂಬುದು ತಪ್ಪದರಸುಗಳಿಗಿದು ನಿಶ್ಚಯಂ
ಅದಱ ಕೂಟಕ್ಕಿದೊಂದೈಸಲೇಯೆಂದಿಂದು
ವದನೆಯರ ಸಂಗದಿಂದೀಗಳೊದಗುವ ಸೌಖ್ಯ
ದೊದವನನುಭವಿಸು ತುಂಬಿರ್ದ ಬಂಡಿಗೆ ಮೊಱಂ ದಿಮ್ಮಿತೇ
ಹೇಳೆಂದನು

೧೭ ಧರೆಯನವರಿವರೆನ್ನದಾದಿ ತೊಡಗಾಳ್ವ ಭೂ
ವರಜಾತಿಗೆಲ್ಲಂ ಸಮಂತು ರಾಜ್ಯಾಂತರ
ನರಕವಾ ದೇಶವೆನಿಸಿರ್ಪಡದನೊಲ್ಲೆನೆಂದೆನ್ನೆ ನಾನೆನ್ನಿಚ್ಛೆಯಿಂ
ದುರುಳತನದಿಂ ನಡೆದಸತ್ಯಮಂ ನುಡಿದು ಹೊಲೆ
ಯರ ಸಂಗಮಂ ಮಾಡಿ ನಿಷ್ಕಾರಣಂ ಘೋರ
ನರಕಾಳಿಯೊಳು ಬಿದ್ದು ಹೊರಳುವವನಲ್ಲ ಮುನಿನಾಥ ಚಿತ್ತೈಸೆಂದನು

"No, I meant every word of what I said. I had no intention 25
of testing you. Have no doubt about it. In fact, I want you
to marry them."

The king appealed to him with folded hands, "Born in the noblest Sun clan, I will not be the one to go to unspeakable hells for these low-born women, the embodiment of *caṇḍālatva.** Be gracious, then, and do not ask this of me."

Vishvamitra: "Even if kings followed the righteous path laid 26
out by Vedas, gave up lying, sacrificed every bit of power, and
severed themselves from greed, it is said that they cannot
ultimately escape the transition to hell. Seen thus, this is just
another addition to your list of sins; what difference does it
make? You might as well enjoy the pleasures offered by these
women in the bloom of youth in this life. Is a winnowing fan
heavy for a cart laden with goods, tell me?"

"If it is said that all kings who have ruled this earth from the 27
beginning until now, without exception, no matter who they
are, will go to hell, there is no way I can gainsay such a belief.
But from my own volition, I cannot do bad deeds, I cannot
speak lies—and I cannot consort with *holatis* and end up in
the most horrific hell for no reason. Please consider what I
have to say, master of sages.

* The state of being a *caṇḍāla.*

೨೮ ಹರನನರ್ಚಿಸು ದಾನ ಧರ್ಮವಂ ಮಾಡು ಭೂ
ಸುರರ ಮನ್ನಿಸು ದೇಶಮಂ ನೋಡಿ ಪಾಲಿಸ
ಧ್ವರರಕ್ಷೆಗೆಯ್ಯಗ್ರಹಾರಂಗಳಂ ಬಿಡು ಮುನೀಶ್ವರರನಾರಾಧಿಸು
ಧರೆಯೊಳಗನಾಥರಂ ಸಲಹು ದುಷ್ಟರನು ಪರಿ
ಹರಿಸು ಸತ್ಯಂಗೆಡದಿರುತ್ತಮಕುಲಾಚಾರ
ವೆರಸಿ ನಡೆಯೆಂದೆನ್ನದೀ ಹೊಲತಿಯರ ಕೂಡಿ ನಡೆಯೆಂಬರೇ
ಮುನಿಗಳು

೨೯ ಬಿಡದೆ ಸತಿಯರ ಹೊಲೆಯರೆಂಬ ನೆವವೇಕವರ
ಹಡೆದೆನ್ನನೇ ಹೊಲೆಯನೆಂದಾಡಿದಾತನೆಂ
ದಡೆ ಭಸಿತಧರನೆನಲು ರುದ್ರನಂ ಬೈದವನೆ ಮುನಿಪ ಹೊಲೆಗೆಱೆಯ
ಜಲದ
ನಡುವೆ ಬಿಂಬಿಸುವ ರವಿ ಹೊಲೆಯನೇ ಕಮಲಭವ
ನೊಡನೆ ಹುರುಡಿಸಿ ಬೇಱೆ ಸರ್ವಜೀವರ ಮಾಡು
ವೆಡೆಯೊಳಾ ಜೀವರೊಳಗಾದವನೆ ನಿಮ್ಮ
ಹವಣಱಿಯದಾಡಿದಿರೆಂದನು

೩೦ ಅಂಬುಧಿವ್ರಜಪರಿಮಿತಾವನೀತಳದೊಳಾ
ಡಂಬರದ ಕೀರ್ತಿಯಂ ತಳೆದ ನಾನಾ ಮುನಿಕ
ದಂಬಾದಿನಾಥ ವಿಶ್ವಾಮಿತ್ರ ಮುನಿಸುತೆಯರಂ ಜಗಚ್ಚಕ್ಷುವೆನಿಪ
ಅಂಬುಜಪ್ರಿಯಕುಲಲಲಾಮನವನೀಶನಿಕು
ರುಂಬಾಧಿಪತಿ ಹರಿಶ್ಚಂದ್ರರಾಯಂ ತಂದ
ನೆಂಬೊಂದು ತೇಜಮಂ ಕೊಡಬೇಹುದೆನಗೆ ಕೈಮುಗಿದು
ಬೇಡಿದೆನೆಂದನು

"Rather than advising me to worship Shiva, honor Brahmans, govern the country wisely, offer protection to religious practices, generously give away *agrahāra*[*] land for Brahmans, revere saints and sages, nourish orphans, slay the wicked, speak no untruth, and never to give up my clan's age-old practices, would a sage eminent as you advise a king like me to marry *holatis*?" 28

"Why do you go on about the women being *holatis*? Are you implying that, having sired them, I am a *holeya* as well?" 29

The king countered, "If you call someone 'an ash-smeared man,' are you undermining Shiva? Would the Sun shining amid *holeya* dwellings become a *holeya* himself? Could I ever forget that you are so potent as to compete with Brahma the creator and treat you as a mere mortal and the father of these two girls? Your words undermine your stature, master."

"If the world gets to know that Emperor Harishchandra, whose fame and influence have spread around the earth to the ocean's edge, the king of kings known as the eyes of this universe, the noblest of men, and the best among rulers, has married the daughters of Vishvamitra, it is bound to enhance my stature, adding a special prestige to it. I beg you with folded hands, do grant this wish to me." 30

* A Brahman locality.

೩೧ ಹರಹರ ಸದಾಶಿವ ಮಹಾದೇವಯೆನುತೆರಡು
ಕರದ ಬೆರಳಂ ಕಿವಿಯೊಳಿಡಿದಡಸಿ ಸರ್ವಮುನಿ
ವರರಿಂದ ಕೈ ಮುಗಿಸಿಕೊಂಬ ಕೀರ್ತಿಸಿಕೊಂಬ ನೀವು ಕೈಮುಗಿದೆನ್ನನು
ನರಕಕ್ಕೆ ಕಳುಹಲೆಳಸುವರೆ ಮಹಾಮುನೀ
ಶ್ವರ ನೋಡಿ ಹೇಳೆನಲು ನಿನಗೆ ಕೈಮುಗಿದೆನ್ನ
ಹಿರಿಯತನಕಾದ ಕುಂದಾಗಲಿ ಇದೊಂದು ತೇಜಮಂ
ಕೊಡಬೇಕೆಂದನು

೩೨ ಎಡೆವಿಡದೆ ಬೇಡಿ ಕಾಡುವಿರಾದಡಿನ್ನು ಕೇಳ್
ಕಡೆಗೆನ್ನ ಸರ್ವರಾಜ್ಯವನಾದಡಂ ನಿಮಗೆ
ಕೊಡಹಡೆವೆನ್ನೈ ಸಲ್ಲದೀಯೊಂದು ತೇಜಮಂ ಕೊಡೆನೆಂದು
ಭೂಪಾಲನು
ನುಡಿಯಲು ತಥಾಸ್ತು ಹಡೆದೆಂ ಹಡೆದೆನವನೀಶ
ರೊಡೆಯ ದಾನಿಗಳರಸ ಸತ್ಯಾವತಂಸ ಎಂ
ದೆಡೆವಿಡದೆ ಹೊಗಳಿ ಬಿಡದಾಘೋಷಿಸಿದನು ಸಂಗಡದ ಮುನಿನಿಕರ
ಸಹಿತ

Refusing to hear such sacrilege, the king closed both ears 31
with his fingers and, repeatedly taking the name of Lord Shiva—Hara, Hara ... Shiva, Shiva ... Mahadeva—he said, "What are you doing, master? Why are you, so revered by sages the world over, folding your hands before me? This will surely send me straight to hell. Do consider my plight, greatest of sages."

"If folding my hands before you brings down my power and influence, so be it. But if you marry my daughters, it is bound to bring a new grandeur to my life. So grant me this one favor."

The king: "If you persist in taunting me like this, I would 32
rather give away my entire kingdom than grant you this privilege."

Vishvamitra immediately pounced on his words and said, "So be it. I have it now. I have it—the entire kingdom. Long live the most munificent of kings, the king who wears truth as his ornament."

He wasted no time and set out to declare this to the wide world along with his congregation of sages.

೩೩ ತನಗುಳ್ಳ ಸರ್ವರಾಜ್ಯವನು ವಿಶ್ವಾಮಿತ್ರ
ಮುನಿಗೆ ಧಾರೆಯನೆರೆದನವನೀಶನೆಂದು ಮೇ
ದಿನಿಯೊಳೆಲ್ಲಂ ಸಾಱಿ ನಮ್ಮಯ ತಪೋವನದೊಳೈದೆ
ಗುಡಿತೋರಣವನು
ವಿನಯದಿಂ ಕಟ್ಟಿಕೊಟ್ಟಾತನಂ ಮಱೆಯದಡೆ
ಜನ ನಗುವುದೆಂದು ಚಾರರನಟ್ಟುತಿಹ ಕೌಶಿ
ಕನ ಬಲಾತ್ಕಾರಕ್ಕೆ ಬೆಱಗಾದನವನೀಶನಂದು ಮೂಗಿನ ಬೆರಳೊಳು

೩೪ ಸುತ್ತಿ ಜಗದೊಳು ಹರಿದು ಸಾಱುವಂತಾಗಿ ನಾ
ನಿತ್ತುದೇನಯ್ಯ ಎನೆ ನಿನಗುಳ್ಳುದೆಲ್ಲವಂ
ವಿತ್ತ ವಂಚನೆಯಿಲ್ಲದಿತ್ತೆಯಿದು ಲಕ್ಷನಮಗೊಲಿದಿಷ್ಟು ತಣಿವೆಯ್ದದೆ
ಚಿತ್ತದಲಿ ನೋಯಬೇಡೆನೆ ಮೊದಲು ತೊಡಗಿ ನಾ
ನಿತ್ತುದೇಯಿಲ್ಲೆನೆ ಸಮಸ್ತ ಮುನಿಜನದ ನಡು
ವಿತ್ತಿಳೆಯನಿಲ್ಲೆಂದು ಸುಡಿದು ಹುಸಿವಂತಾಗಿ ಕುತ್ಸಿತನೆ ನೀನೆಂದನು

After declaring "King Harishchandra has made over his 33
kingdom to Vishvamitra," the sage ordered his minions to arrange a procession in the king's honor by decorating the hermitage with streamers of leaves and flowers to celebrate his munificence. He said this would be necessary to win the hearts of the people. The speed and astuteness with which Vishvamitra acted on the king's words left Harishchandra utterly baffled.

The king: "What have I given you that you should go around 34
the world making such a proclamation?"

"You have given—and wholeheartedly—all that ever belonged to you, including money, holding back nothing. It is as though you have given us crores, and we are immensely satisfied. So do not worry about the worth of what you have given us."

The king cut him short and asserted, "But in the first place, I never made you a gift of anything."

"Having given away everything that belonged to you, in the presence of these sages, are you a rank liar to now deny it altogether?"

೩೫ ಕಡೆಗೆನ್ನ ಸರ್ವರಾಜ್ಯವನಾದೊಡಂ ನಿಮಗೆ
ಕೊಡಹಡೆವೆನ್ನೆಸಲ್ಲದೀ ಕೆಟ್ಟತೇಜಮಂ
ಕೊಡೆನೆನುತಾಕ್ಷೇಪದಿಂ ನಗುತ ನುಡಿದೆನಲ್ಲದೆ ಕೊಟ್ಟುದಿಲ್ಲೆನುತ್ತ
ನುಡಿಯೆ ನೀಂ ನಗುತ ಕೊಟ್ಟಡೆ ನಗುತ ಕೊಂಡೆನೆಂ
ದೊಡೆ ಕೊಂಬುದರಿದಲ್ಲ ಕೊಡೆನೆನಲು ಕೊಟ್ಟುದಂ
ಕೊಡಬೇಕು ಭೂಪ ನೀನಿತ್ತಳುಪಿ ಹುಸಿದಡಂ ಕೊಂಡುದಂ ಕೊಡೆನೆಂ
ದನು

೩೬ ಸಾಮರ್ಥ್ಯಯುತನುಗ್ರನುದ್ದಂಡನಾನೆನಿ
ಪ್ಪೀಮದದ ಬಲದಿಂ ಬಲಾತ್ಕಾರದಿಂದೆನ್ನ
ಭೂಮಂಡಲವ ಕೊಂಬುದುಚಿತವೇ ಎನಲು ನಿನಗಿನಿತರಸುತನದ
ಮೇಲೆ
ಪ್ರೇಮವುಳ್ಳಡೆ ಮಕ್ಕಳಂ ಮದುವೆಯಾಗತಿ
ವ್ಯಾಮೋಹದಿಂದೆ ಬಳುವಳಿಯಾಗಿ ಸಲೆಸರ್ವ
ಸಾಮ್ರಾಜ್ಯಮಂ ಮರಳಿ ಕೊಡುವೆನಮ್ಮುವಡೆ ಮಾಡೇಳೆಂದನಾ
ಮುನಿಪನು

೩೭ ಈ ರಾಜ್ಯದೊಡನೆನ್ನ ದೇಹವೀ ಸತಿಯೀ ಕು
ಮಾರರೊಳಗಾಗಿ ಹೋದಡೆ ಹೋಹುದಲ್ಲದವಿ
ಚಾರದಿಂ ಚಾಂಡಾಲಸತಿಯರಂ ನೆರೆದು ನಿರ್ಮಳವಪ್ಪ ರವಿಕುಲವನು
ನೀರೊಳಗೆ ನೆರಹಲಾಪವನಲ್ಲ ಮನ್ಮನವ
ನಾರೈದು ನೋಡಲಿಂಬಿಲ್ಲ ನುಡಿನುಡಿದು ನಿ
ಷ್ಕಾರಣಂ ಲಘುಮಾಡಬೇಡ ಮುನಿನಾಥ ಕೈಮುಗಿದು
ಬೇಡಿದೆನೆಂದನು

In his defense, the king said, "It was just my way of protesting; I was saying it with a smile, that I would rather give away my whole kingdom than confer the privilege you are seeking through this marriage; but I had, in fact, not given it." 35

"You said it with a smile and I took it with a smile."

"Nothing prevents one from taking; but I am not giving anything."

"What is given is given. Having given away, you may want to deny it now from greed, but there is no way I will give back what I have already accepted."

The king protested, "In your arrogant belief that you are capable, mighty, and well armed, is it fair that you should forcibly snatch from me the kingdom that is legitimately mine?" 36

"If you are so attached to your kingdom, then marry my children. I will give you back your entire kingdom as a gift, with alacrity. If you have it in you, then go on and do it."

"Along with my kingdom, even if my wife, my son, and my own body were to go, I would prefer that to disgracefully marrying these low-born women and defiling the pristine glory of my Sun clan, allowing it to descend into hell waters. This is impossible, and there is no reason or scope for you to probe me in this regard. Just do not reiterate your request and make yourself ridiculous, master of sages, I beg you with folded hands." 37

೩೮ ತಳದ ಬೇರಂ ಬಲ್ಲವಂಗೆಲೆಯನಱುಪುವರೆ
ಹೊಲತಿಯರನಪ್ಪಿ ಕುಲಮಂ ಕೆಡಿಸಲಾಱೆನೆಂ
ದೆಲವೊ ಗಳಹುವೆ ನಿನ್ನ ಕುಲದ ಕುಂದಂ ಕೇೞೆ ತೂಱೆ
ತೋಱೆಸುವೆನೆನಲು
ಮಲೆತೆನ್ನನೊಲಿದಂತೆ ನಿಂದಿಸಲ್ಕೆನ್ನ ಸ
ತ್ಕುಲದ ಕುಂದಂ ನೋಡ ನಿನಗಲ್ಲ ಮದನಹರ
ಜಲಜಸಂಭವಗರಿದು ತತ್ತಡೆಲೆ ಮುನಿಪ ಕೇಳೆಂದನು ಹರಿಶ್ಚಂದ್ರನು

೩೯ ಮುಳಿದು ವಾಸಿಷ್ಠಮುನಿ ಕೊಟ್ಟ ಶಾಪದೊಳು ಕುಲ
ವಳಿದು ರಾಜ್ಯ ಭ್ರಷ್ಟನಾಗಿ ಚಾಂಡಾಲತ್ವ
ವಳವಟ್ಟು ನಿಮ್ಮಯ್ಯನೆನಿಪ ತ್ರಿಶಂಕುವನು ನಾನಲ್ಲದುದ್ಧರಿಸಿದ
ಬಲವಂತರಾರುಳ್ಳಡುಸಿರೆನಲು ಶಾಪಮಂ
ಕಳೆದೆ ನಾನೆನ್ನಾಜ್ಞೆಯಂ ಮೀಱೆದೆನ್ನ ಮ
ಕ್ಕಳ ಮದುವೆಯಾದ ಹೊಲೆಯಂ ಕಳೆಯಲಾಱೆನೇ ಭೂಪಾಲ
ಹೇಳೆಂದನು

೪೦ ಪಾಪಮಂ ಮಾಡದಧ್ವರವ ತೊಡಗಿದ ಪಾಪ
ಲೇಪವುತ್ತರಿಸ ಬಂದುದು ನೀವು ಪೇಳ್ವುದಿದ
ಱೋಪಾದಿಯಲ್ಲನಾಮಿಕ ಸತಿಯರಂ ಕೂಡಿ ಚಾಂಡಾಲನಾಗಿ
ಹೋಗು
ಭೂಪಾಲಯೆಂಬುದಿದು ನೀತಿಯೇ ನಾನಿದ
ಕ್ಕಾಪನೇ ಎನಲೆನ್ನ ಮಾತ ಮೀಱೆದೆ ನಿನ್ನ
ನೀಪೊತ್ತು ಚಾಂಡಾಲನಂ ಮಾಡದಿನ್ನು ಬಿಟ್ಟೆನೆ ನೋಡು
ನೋಡೆಂದನು

"For one who knows the root, is there a need to describe 38
the leaf? You keep babbling that you will not defile your clan by marrying *holatis*. Wait until I lay bare the tainted history of your clan and expose every bit of it."

Then a peeved king thundered, "Mark my words, sage, there is no way you, or even Brahma the lotus-born, or Shiva the slayer of Madana, can accuse me or point a finger at my impeccable clan."

Then Vishvamitra said, "Once when Vasishtha cursed in 39
anger, your clan was routed out of existence. Then your father Trishanku had to wander in exile as a *caṇḍāla,* after losing his kingdom. At that point, who was the only man powerful enough to rescue him? It was me. If I could cleanse even the defilement that accrued from a curse, tell me, do you think I do not have the powers, if I care to, to now purge you of the defilement caused by obeying my own orders and committing the sin of marrying low-born women?"

"My forebears committed their sin while conducting a ritual 40
sacrifice, for no fault of theirs but as a result of a curse. So what you assert is incorrect. You are asking me to marry *holatis* and turn myself into a *caṇḍāla.* Is this the right thing to do? Would I ever consent to this?"

Fuming with anger, the sage said, "You have defied me by turning down my request. Now I will not spare you. I will turn you into a *caṇḍāla* for sure. Just wait."

೪೧ ಪೊಡವಿ ಮುನಿವಡೆ ಬಯಲು ಬಡಿವಡುಸಿರೊಡಲನಿಱಿ
ವಡೆ ಕಱಿವ ಮೊಲೆಹಾಲನೀಂಟುವಡೆ ಬಿಡದಡುವ
ಮಡಕೆಯುಂಬಡೆ ಹರಸಿ ರಕ್ಷಿಸುವ ನೀವೆನಗೆ ಶಾಪವೀವಡೆ ಧಟ್ಟಿಸಿ
ನುಡಿದು ರಕ್ಷಿಸುವರಾರಾ ಮಾತದಂತಿರಲಿ
ಪೊಡವೀಶನನ್ಯಾಯಮಂ ಮಾಡಲೊಲ್ಲೆನೆಂ
ದಡೆ ಶಾಪ ಬಂದುದೆಂಬಪಕೀರ್ತಿ ಬಂದಡಂ ಬರಲಿ ಮುನಿ ಕೇಳೆಂದನು

೪೨ ಸಂದ ಶಾಪವನು ಜಗದಪಕೀರ್ತಿಯನು ಹೊಱುವೆ
ನೆಂದಾಗಳೇ ಹುಸಿಗೆ ಹೆಡ್ಡೈಸುವಾತನ
ಲ್ಲೆಂದಱಿಯಲಾಯ್ತನೃತಪುಟ್ಟದಿನಕುಲಕೆ ಕಲೆ ಮೊಳೆವಂತೆ ಮೊಳೆತೆ
ನೀನು
ಇಂದೆನಗೆ ಕೊಟ್ಟ ದಾನದ ಭೂಮಿಗಳುಪುವುದು
ಕುಂದಲ್ಲ ನಿನ್ನ ಮಾತಂ ನಂಬುವೆಮ್ಮದೇ
ಕುಂದು ತಿರಿವರಿಗೇಕೆ ರಾಜ್ಯ ನಿನ್ನನುವ ನೋಡಿದೆವೈಸೆ ಕೇಳೆಂದನು

೪೩ ಎನಗೆ ಜಗದಪಕೀರ್ತಿ ಪುಟ್ಟದನೃತಂ ಹೊದ್ದ
ದಿನಕುಲಕೆ ಕುಂದಿಲ್ಲ ನಿನಗೆ ರಾಜ್ಯದ ಮೇಲೆ
ಮನವಿನಿತು ಘನವಾದಡಿದೆಕೋ ಮನಃಪೂರ್ವಕಂ ಕೊಟ್ಟೆನೆಂದು
ನುಡಿವ
ಜನಪತಿಯ ಧೈರ್ಯಕ್ಕೆ ಬೆಱಗಾಗಿ ತಲೆದೂಗಿ
ಮುನಿದಡಂ ಮುಟ್ಟಿ ನೋಯಿಸಿದಡಂ ತೆಕ್ಕನೀ
ತನನೆಂತು ಹುಸಿಯ ನುಡಿಸುವೆನೆಂದು ಚಿಂತಿಸುತ ನೆನೆದು
ಮತ್ತಿಂತೆಂದನು

“If the earth quakes in anger, if the sky falls down, if one’s 41
own breath stabs, if the breast itself drinks up the milk, if the cooking pot itself eats up the food, if one who should be offering blessings and succor turns around to curse, where is one to go? Who will rush to one’s rescue? Let that be. Hear me, sage: if my name is besmirched with disrepute as the king who invited a curse on himself because he resisted the path of injustice, so be it.”

“If disrepute and the power of the curse do not deter you, 42
would being untruthful deter you? You are the very canker born in the otherwise truthful and impeccable Sun dynasty. It is not your fault that you should want to go back on your word and covet the kingdom you have given away; the fault is all mine in that I trusted your words. But now I know your mind. In any case, why do wandering people like us need a kingdom?”

“I do not have to court disrepute; I do not need to go back on 43
what I have said; the Sun dynasty shall stay unblemished. If you desire the kingdom so much, here, take it. I give it away with all my heart.”

Even as he marveled at the king’s courage of conviction, the sage was worried: how would he ever get such a man to speak untruthfully, if anger does not touch him and pain does not deter him? Then he said:

೪೪ ಇಂತೆನ್ನ ಕಾಟಕ್ಕೆ ಬೇಸತ್ತು ನೀನೊಬ್ಬ
ನೆಂತಕ್ಕೆ ಕೊಟ್ಟೆನೆಂದಡೆ ಬಿಡೆನು ನೃಪ ನಿನ್ನ
ಕಾಂತೆ ಸುತ ಮಂತ್ರಿಗಳ ಮತ ಬೇಹುದವರುಗಳನೊಡಬಡಿಸು
ಬೇಗವೆನಲು
ಭ್ರಾಂತಮುನಿ ನಾನೊಬ್ಬ ಸಾಲದೇ ಸ್ತ್ರೀಬಾಲ
ರೆಂತಾದಡಂ ನುಡಿವರವರಿಚ್ಛೆಯೇ ಎನ್ನ
ಸಂತಸದಿ ಕೋಯೆಂದಡದಱ ಮಾತಂ ಬಿಟ್ಟು ಧಾರೆಯಂ ತಾ
ಎಂದನು

೪೫ ಅಡವಿಯಂ ಮೊಗೆದು ಸುಡುವಗ್ನಿಗಾಪೋಶನದ
ಗೊಡವೆಯೇವುದು ಬಲಾತ್ಕಾರದಿಂ ಕೊಂಬಿರಾ
ದಡೆ ಧಾರೆಯೇಕಯ್ಯ ಧಾರೆಗೊಡದಡೆ ಮರಳಿ ನೀಂ ಬಿಡುವುದುಂಟೆ
ಎನಲು
ಬಿಡುವೆನೆನ್ನಯ ಮಕ್ಕಳಂ ಮದುವೆಯಾಗೆಂದ
ಡಡಿಗಡಿಗೆ ಕೆಟ್ಟನುಡಿಯಂ ನುಡಿಯುತಿರಬೇಡ
ಹಿಡಿಯೆಂದು ಸರ್ವಸಾಮ್ರಾಜ್ಯಮಂ ಮುನಿಗೆ
ಧಾರೆಯನೆಱೆದನವನೀಶನು

“Exasperated with my persistence, you may be willing to part 44
with the kingdom. But that is not enough for me, King. Your wife, son, and minister must also consent to it. Convince them at once to fall in line.”

“How deluded you are, sage. Is my word not good enough? Women and children say anything that comes to their mind. What do they have to do with it? Here, have it all. I am making over the kingship of Ayodhya happily.”

Then the sage said, “That is not enough; you must prepare to formally give the kingdom to me according to ritual.”

“Does fire that burns the entire forest need to be fed with 45
our hands? Having snatched the kingdom from me, why this ritual of gifting now? If I do not give it to you ritually, would you go away without it?

“I will, if you marry my girls.”

“Do not keep repeating these terrible words over and over again. Here, take it,” said the king and started to ritually give away his kingdom to the sage.

೪೬ ತಿರಿಗಿ ಮಂತ್ರಿಯ ವದನಮಂ ನೋಡುತರಸನಿರೆ
ಸರಸಿಜಾನನೆ ಚಂದ್ರಮತಿ ರಾಣಿಯರ ದೇವಿ
ಹರನೇಕಭಾವನೆನಿಸುವ ಕೌಶಿಕಂ ಬೇಡುತಿರಲು ಮಂತ್ರವ ಮಾಳ್ಪರೆ
ಹರುಷದಿಂ ಸರ್ವರಾಜ್ಯವನೀವುದರಸ ಎಂ
ದರಸಿ ನುಡಿಯಲು ಮನಂ ಶಂಕಿಸದೆ ಸಗ್ಗಳೆಯ
ಕರದಲೆತ್ತಿದನೆಱೆದ ಧಾರೆಯನು ಮುನಿವರಗೆ ಮುನಿವರರು
ತಲೆದೂಗಲು

೪೭ ಏನೇನನೆಱೆದೆ ಧಾರೆಯನೆನಲು ಚತುರಂಗ
ಸೇನೆಯಂ ಸಕಲಭಂಡಾರವಂ ನಿಜರಾಜ
ಧಾನಿಯಂ ಜಗದಾಣೆಘೋಷಣೆಯುಮಂ ಕಟಕವನು
ಸಪ್ತದ್ವೀಪಂಗಳ
ಆನಂದದಿಂದಿತ್ತೆನಿನ್ನು ಸರ್ವಾನುಸಂ
ಧಾನಮಂ ಬಿಟ್ಟು ಕರುಣಿಸಿ ಹರಸುತಿಹುದೆಂದು
ಭೂನಾಥನೆಱಗಿ ಬೀಳ್ಕೊಂಡಡಣಕಿಸಿ ನಗುತ ಹೋಗಯ್ಯ
ಹೋಗೆಂದನು

೪೮ ಹರಣಮಂ ಬೇಡದುಳುಹಿದನು ಲೇಸಾಯ್ತು ಮುನಿ
ಕರುಣಿಸಿದನೆಂದು ತಲೆದಡವಿಕೊಳುತುತ್ಸವದೊ
ಳುರವಣಿಸಿ ರಥವೇಱಿ ನಡೆಗೊಳಲು ಬಂದುಹೋಗೊಂದು
ನುಡಿವೇಳ್ವೆನೆಂದು
ಹುರುಡಿಗನು ಮತ್ತೆ ಕರೆಯಲು ಮರಳಿ ಬಂದು ಚ
ಚ್ಚರ ಬೆಸಸು ಬೆಸನಾವುದೆಂದು ಧೀರೋದಾತ್ತ
ನೆರಡು ಕೈಮುಗಿಯಲಾ ಮುನಿ ನುಡಿದ ಕಷ್ಟವನದಾವ ಜೀವರು
ಕೇಳ್ವರು

While the king was looking enquiringly at the minister, 46
Chandramati, the lotus-faced queen of queens, urged the king,

"When it is Shiva-like Kaushika who is asking, should one be dithering like this? King, do give away the entire kingdom gladly."

Then the king wholeheartedly poured water from the sacred pot on the sage's palm in a ritual gesture of gifting, to the great appreciation of the assembly.

"What have you given me now?" 47

"I have gladly handed over to you the four wings of the army, the entire treasury, the capital city, the royal seal of authority, and the seven islands. Now put an end to all your importunities and kindly bless us," said the king, prostrating before the sage.

Vishvamitra looked scornfully at him and said, "Be on your way, now. You are dismissed."

"Thank God, the sage did not demand our lives, and that is 48
a blessing in itself," thought the king with relief. The king smoothed his hair and started to move toward the chariot, when Kaushika, his adversary, called out to him:

"Come here. I have something to tell you."

The king came back and, folding his hands, asked, "What is your command?"

How could one listen to the cruel words that hurtled from the mouth of the sage?

೪೯ ಎಳಸಿ ನೀನೆನಗೆ ಧಾರೆಯನೆಱಿದ ಸರ್ವಸ್ವ
ದೊಳಗಣವು ನಿನ್ನತೊಡಿಗೆಗಳವಂ ನೀಡೆನಲು
ಕಳೆದು ನೀಡಿದಡಿನ್ನು ಮಂತ್ರಿ ಸತಿ ಸುತರ ತೊಡಿಗೆಗಳ ನೀಡೀಗಳೆನಲು
ಕಳೆದು ಕೊಟ್ಟಡೆ ಮೇಲೆ ನೀವೆಲ್ಲರುಟ್ಟುಡಿಗೆ
ಗಳನು ನೀಡೆಂದಡವನೀವ ಪರಿಯಾವುದೆಂ
ದಳುಕಿ ಮನಗುಂದಿ ಚಿಂತಿಸುತ ಕೈಮುಗಿದಿರ್ಪ ಭೂಪನಂ ಕಂಡೆಂದನು

೫೦ ಅವನಿಪರು ಮರುಳರೆಂಬುದು ತಪ್ಪದಿದಕುಪಾ
ಯವ ಕಾಣ್ಬುದರಿದೆ ನಾ ತೋಱಿದಪೆನೆಂದು ತ
ನ್ನವನೊಬ್ಬನುಟ್ಟ ಹಣ್ಣಱುವೆ ಸೀರೆಯನೀಸಿಕೊಂಡು ನಾಲ್ಕಾಗಿ ಸೀಳಿ
ಶಿವಶಿವ ಮಹಾದೇವ ಕರುಣವಿಲ್ಲದ ಪಾಪಿ
ಯವಿಚಾರದಿಂ ನೀಡೆ ನಾಚದೊಗಡಿಸದಳುಕ
ದವರೊಬ್ಬರೊಂದೊಂದನುಟ್ಟು ದಿವ್ಯಾಂಬರವನಿತ್ತಡಲಸದೆ
ಕೊಂಡನು

"Remember, you have given away all your belongings. 49
What about your jewels? Give them too." And when the king removed the jewels he was wearing and handed them to the sage, he said, "Have your wife, son, and the minister also remove their jewels at once." Immediately, all of them took off their ornaments and gave them to him. "All right, now the clothes you are wearing." Watching the plight of the king who stood there with folded hands, not knowing how to do it, he said:

"That is why they say kings are stupid, and they are not 50
wrong. If you do not know how to do it, I will show you how it can be done."

And he got one of his men to part with the frayed cloth he was wearing and tore it into four pieces and handed a piece to each of them, that heartless sinner and scoundrel. Shiva ... Shiva ... When Kaushika gave them the pieces of cloth, not one of them fretted, hesitated, resisted, or shied away; they graciously accepted the cloth, changed out of their fine clothes, and handed them over to Kaushika, who received them without scruple.

೫೧ ಮಿಸುಪ ಕಳೆಗಳನು ತೃಣಸಸಿಮುಖ್ಯ ಜೀವಿಗಳಿ
ಗೊಸೆದೊಸೆದು ದಾನವಿತ್ತಂಬರವನುಳಿದಮಳ
ಶಶಿಯಂತೆ ಸರ್ವತೊಡಿಗೆಗಳನಿತ್ತಂಬರವನುಳಿದಱುವೆಯುಟ್ಟರಸನು
ಕುಸಿದು ಪೊಡೆಮಟ್ಟಿನ್ನು ಹೋಹೆನ್ನೈ ತಂದೆ ಸಂ
ತಸವೆ ನಿಮಗೆನಲಡ್ಡ ಮೋಱೆಯೊಳುದಾಸೀನ
ಮಸಕದಿಂ ಹೋಗೆಂದು ಹೋಗಬಿಟ್ಟಳುಪಿ ಮತ್ತಾ ಕೈಯಲೇ ಕರೆದನು

೫೨ ಮನದೊಳಿರ್ದುದನೊಂದನಾಡಬೇಕಾಡಿದಡೆ
ಮುನಿಯಲೇ ಎನಲು ಮುನ್ನೇನನಾಡಿದಡೆ ನಾ
ಮುನಿದೆನೆಲೆ ತಂದೆ ಪೇಳೆನೆ ಬಹುಸುವರ್ಣಯಾಗವ ಮಾಡಿದಂದು
ನೀನು
ಎನಗೆ ದಕ್ಷಿಣೆಯಿತ್ತು ಧನವನೀವುದು ದೇಶ
ವನು ಬಿಟ್ಟು ಹೋಹಾತನನ್ಯಸಾಲವನು ನೆ
ಟ್ಟನೆ ಹೊತ್ತು ಹೋಗಲಾಗದು ನಿಲಿಸಲಾಗದಿತ್ತಡಿಯನಿಡು
ಬಳಿಕೆಂದನು

೫೩ ಅನುಗೆಟ್ಟ ಮರುಳೆ ನೀನೆಂದಲ್ಲ ದಕ್ಷಿಣೆಯ
ಧನವೆನಿತು ನಿನ್ನ ಮನದಾರ್ತವೆನಿತಱೊಳಳಿವು
ದನಿತರ್ಥವದೆ ಮೊದಲ ಭಂಡಾರದೊಳಗೆ ನೀನಿನ್ನು ಬಳಲಿಸದಿರೆನಲು
ಕೊನೆವೆರಳನಲುಗಿ ತಲೆದೂಗಿ ಲೇಸೈ ನಿನ್ನ
ಮನಕೆ ಸರಿಯಿಲ್ಲ ಮಝುಭಾಪು ಭಾಪರರೆ ನೆ
ಟ್ಟನೆ ಕೊಟ್ಟು ಕಾಳ್ಗೆಡೆದು ನುಡಿವ ನುಡಿ ಹಸನಾಯಿತೆಂದು ಘೂರ್ಮಿಸಿ
ನಕ್ಕನು

Bereft of his fine clothes, the king appeared like the full moon that had imparted its shining rays to all the small and big plants and trees, with love and affection. 51

Then he prostrated himself before the sage, and said, "Are you happy now? Allow me to take leave, Father."

Kaushika turned away from him grumpily and waved him away; but he quickly changed his mind, and waved the same hand to call him back.

"I would like to ask you something that has been on my mind. It might make you angry." 52

"Have I gotten angry so far at anything you have said to me, Father? Please command me."

"You have to hand over all the wealth you gave me on the day of the *bahusuvarṇa* sacrifice. A man going into exile cannot carry his debts with him. You have to settle it now, before you take one more step."

"How confused you are! How much money would quench the thirst of your desire? All that money is there in the treasury that I have already given you. Stop harassing and tiring us like this." 53

The sage, in turn, waved his little finger and guffawed,

"This is remarkable indeed! You give away with your hand, but your words give away your feelings; you begrudge me what you have given."

೫೪ ಕಡೆಗಣಿಸಿ ನಗಲೇಕೆ ತಂದೆಯೆನೆ ಧಾರೆಯಂ
ಕೊಡುವಾಗ ದಕ್ಷಿಣೆಯ ಧನವದಱೊಳದೆಯೆಂದು
ನುಡಿದುಂಟೇಯೆನಲು ಹೇಱನೊಪ್ಪಿಸಿದವಂಗೆಲ್ಲಿಯದು ಸುಂಕವೆನಲು
ಒಡಲಳಿದಡಂ ಸಾಲವಳಿಯದೆನಲೀ ಧರಣಿ
ಯೊಡೆತನಂ ಹೋದಡೇಂ ಸಾಲ ಹೋಹುದೆ ಮುನ್ನಿ
ನೊಡವೆಯಂ ಕೊಡು ಕೊಡದೊಡೆಲ್ಲವಂ ಮರಳಿ ಕೈಕೊಳು ಬಱಿದೆ
ಬಿಡೆನೆಂದನು

೫೫ ಜತ್ತಕನ ನುಡಿಗೆ ತೆಕ್ಕಿದನೆ ತೆರಳಿದನೆ ತಲೆ
ಗುತ್ತಿದನೆ ಸಡಿಫಡಿಲ್ಲಿಲ್ಲವಧಿಯಂ ಕೊಟ್ಟು
ಚಿತ್ತವಿಟ್ಟನುಸರಿಸಿ ಕೊಂಬಿರಾದಡೆ ತಂದು ನಿರ್ಣೈಸಿ ಕೊಡುವೆನೆನಲು
ಹತ್ತು ದಿನವೆನಲು ಮುನಿಯಾಱೆನೆನಲರಸನಿ
ಪ್ಪತ್ತು ದಿನವೆನಲು ಯತಿ ದೊರಕದೆನೆ ನೃಪತಿ ಮೂ
ವತ್ತು ದಿನವೆನಲು ಋಷಿಯಾಗದೆನಲರಸ ನಾಲ್ವತ್ತೆಂಟು ದಿನವೆಂದನು

"Why do you laugh so derisively, Father?" 54

"When you gave away everything, you did not tell me that the treasury contained this gift money, did you?"

The king asked, "Where is the question of taxing someone who has surrendered the entire cartload of goods?"

"Even if you die, your debts will not die. You may lose your kingdom, but your debts remain. Either hand over all the wealth I had left in your custody or take back everything, which is as good as going back on your word. I will not spare you, otherwise."

Did the king wince? Did he blanch? Did he hesitate? Did he 55
refuse? Not once.

The king proposed gently, "Please show some kindness and give me some time. I will repay every bit of it if you wait."

The sage said, "How long? Ten days?"

"Certainly not."

"Twenty?"

"Too tight."

"Thirty?"

"Not possible."

"Forty-eight days?" said the sage.

೫೬ ಒಲ್ಲೆನೆಂದೆನ್ನ ನೀನಿತ್ತವಧಿ ಕಿಱಿದೀವ
ರಿಲ್ಲ ಧನವಂ ಗಳಿಸಿ ತಂದೀವೆನೆನಲು ದಿನ
ವಿಲ್ಲೊಬ್ಬ ತೆಱಕಾಱನಂ ಕೊಟ್ಟೊಡಾತಂಗೆ ನಿರ್ಣಯಿಸಿ
ಕೊಡುವೆನೆನಲು
ಬಲ್ಲಿದನನೊಬ್ಬನಂ ಕೊಡುವೆನಾತಂಗೆ ಧನ
ವೆಲ್ಲವಂ ನಿರ್ಣಯಿಸಿ ಕೊಡುವಂತಿರೆನಗಿಲ್ಲಿ
ಹೊಲ್ಲಹಂ ಸೂರುಳು ಸೂರುಳಿಡು ಬೇಗ ಕಾಡದೆ ಕಳುಹಿದಪೆನೆಂದನು

೫೭ ಶಿವಪೂಜೆಯಂ ಮಾಡದವನು ಗುರ್ವಾಜ್ಞೆಗೆ
ಟ್ಟವನು ಪರಸತಿಗಳುಪುವ ಪರರಸುಗೆ ಮುಳಿ
ವವನು ತಾಯಂ ಬಗೆಯದವನು ತಂದೆಯನೊಲ್ಲದವನು
ಪರನಿಂದೆಗೆಯ್ವ
ಅವನು ಇಟ್ಟಿಗೆಯ ಸುಟ್ಟವನು ಬೇಗೆಯನಿಕ್ಕು
ವವನಧಮರನು ಬೆರಸುವವನು ಕುಲಧರ್ಮಗೆ
ಟ್ಟವನಿಳಿವ ನರಕದೊಳಗಿಳಿವೆನವಧಿಗೆ ನಿಮ್ಮ ಧನವನೀಯದಡೆಂದನು

೫೮ ಮೇಲಿನ್ನು ನಾನಾಳ್ವ ದೇಶದೊಳು ಬೇಡದಂ
ತೋಲೈಸದಂತೆ ಕೃಷಿವ್ಯವಸಾಯಮಂ ಮಾಡ
ದಾಲಯಂಗಟ್ಟಿರದೆಯವಧಿಯೊಳು ಹೊನ್ನ ನಿರ್ಣಯಿಸುವುದು
ಬೇಗವೆನಲು
ಭೂಲೋಲನದಕೊಡಂಬಡಲು ಸಪ್ತದ್ವೀಪ
ಜಾಲವೆಲ್ಲೆನ್ನವವಱಿಂದ ಹೊಱಗಾವುದೆಂ
ದಾಲಿಸಲು ಹೇಮಕೂಟಂ ವಾರಣಾಸಿಗಳು ಹೊಱಗು ಮುನಿ
ಕೇಳೆಂದನು

"I will not say no. The time you have given is very short and 56
the amount of money owed is very large. There is no one who
can readily lend such a big sum. There is not enough time to
earn the money and pay you. If you can send a man with me
to collect it, I will keep paying him."

"So be it, I will send a man who is good at this; but I doubt if you will be able to settle all of it. That is why you must promise me; take a vow, now, right now. Then I will let you go with no further fuss."

Then Harishchandra took a vow, "If I fail to return the 57
money in the agreed-upon time, let me descend to the hell
that awaits those who do not worship Shiva, transgress
the command of their guru, lust after another man's wife,
neglect their mother and father, blame others, are heedless
of the lives of others, do violence to life-giving soil by burn-
ing it into brick, set ablaze others' wealth, keep the company
of scoundrels, and defile the dharma of their clan."

"From now on, you cannot beg or borrow, or sow and reap 58
crops, or build a house in the kingdom that I shall rule. You
should pay up the debt within the time limit that has been
agreed."

And the king agreed to these terms.

Then the sage said, "The chain of seven islands also belongs to me now. What lies outside of it?"

The king said that Hemakuta in the Hampi region and Varanasi did not belong to his kingdom.

೫೯ ಪ್ರಳಯಕ್ಕೆ ಹೊಱಗು ಕಲಿಕಾಲ ಹೊಗದಂತಕನ
ಸುಳಿವವಱೊಳಿಲ್ಲ ಕಾಮನ ಡಾವರಂ ಕೊಳ್ಳ
ದುಳಿದ ಮಾಯೆಯ ಮಾತು ಬೇಡ ಪಾಪಂಗಳಾಟಂ
ನಾಟವನ್ಯಾಯದ
ಕಳೆಗೆ ತೆಕ್ಕವು ಮಾರಿಮೃತ್ಯುಗಿತ್ಯುಗಳ ಬಲೆ
ಗೊಳಗಾಗದಧಿಕಪುಣ್ಯದ ಬೀಡು ಮಂಗಳದ
ನಿಳಯ ಮುಕ್ತಿಯ ಮೂಲವೆನಿಸುವವು ಕಾಶಿ ಹಂಪೆಗಳು ಮುನಿ
ಕೇಳೆಂದನು

೬೦ ಅವಕೆ ವಿಶ್ವೇಶ್ವರ ವಿರೂಪಾಕ್ಷರೇ ಒಡೆಯ
ರವನಿಯೊಳಗಲ್ಲಿ ನಿನ್ನಾಜ್ಞೆಗಳು ಸಲ್ಲ ಬಱಿ
ಯ ವಿಚಾರ ಹೊಲ್ಲ ಹಂಪೆಗೆ ಹೋಹಡೆಡೆಯಿಲ್ಲ ಕಾಶೀಪುರವನೆ
ಸಾರ್ದು
ನಿವಗೆ ಕೊಡುವರ್ಥಮಂ ಕೊಡುವೆನಿನ್ನಳಲಿಸದೆ
ಶಿವಮೂರ್ತಿ ಮುನಿನಾಥ ಕರುಣಿಸೆನೆ ಹೋಗು ವ
ಸ್ತುವ ಬೇಗ ಮಾಡೆಂದಡಡಿಗೆಱಗಿ ನಡೆದನಾ ಧೈರ್ಯನಿಧಿ
ಭೂಪಾಲನು

“Hear me, sage: Hampi and Kashi are so divine that the deluge stays out of their orbit; the *kali* aeon[3] dares not enter them; there is no whiff of death there; the love god’s woes do not touch them, nor do the snares of maya; the temptations of sin have no space to play pranks there; injustice has no place there; neither pestilence, nor plague, nor death can even approach these two grace-filled abodes of goodness and deliverance. 59

“Vishveshvara and Virupaksha rule Kashi and Hampi, replete with spiritual power. On this entire earth, your writ does not run in these two places, and unethical practices have no room here. Hampi is too far, so I will go to Kashipura, and earn and pay up the money I owe you. Do not hold us back any more and be kind, incarnate Shiva, and allow us to take your leave.” 60

The sage only said, “Try to settle the debt quickly.”

The king, a personification of undaunted courage, prostrated himself before him and took his leave.

೬೧ ಬಿಟ್ಟು ಹೆದಱದೆ ಹೋಹ ನೃಪನ ಕಳೆಯಂ ಕಂಡು
ಕೆಟ್ಟೆನವನಿಯನೆಯ್ದೆ ಕೊಂಡಡಂತದನೊಡಂ
ಬಟ್ಟು ಶಪಥಕ್ಕೆ ಮೆಯ್ಗೊಟ್ಟನವನಲ್ಲಿ ಹುಸಿ ಹುಟ್ಟದಿನ್ನಕಟ ನಾನು
ನಟ್ಟು ಕೋಟಲೆಗೊಂಡನಂತಕಾಲಂ ತಪಂ
ಬಟ್ಟ ಪುಣ್ಯವನೀವೆನೆಂದೆನದು ಹೋದಡೊಳ
ಗಿಟ್ಟುಕೊಂಬರೆ ಮುನಿಗಳೆನ್ನನೆಂದೋರಂತೆ ಮಱುಗಿದಂ
ಮುನಿನಾಥನು

೬೨ ಕಡೆಗೆ ಮೈಯೊಡ್ಡುವಡೆ ಪಂಚಾಗ್ನಿಯುಂಟು ತಲೆ
ಯಡಿಯಾಗಿ ನಿಲುವಡುಕ್ಕಿನ ಸೂಜಿಯುಂಟು ಮೆಲು
ವೊಡೆ ಲೋಹಚೂರ್ಣವುಂಟಧಿಕ ಘೋರವ್ರತಂಗಳೊಳು
ದಂಡಿಪಡಾನುವ
ಒಡಲುಂಟು ಮಾಣದಂಗವಿಪ ಮನವುಂಟಿನ್ನು
ಕಡೆಗೆ ಫಲವೀವ ಶಿವನುಂಟದಕ್ಕಂಜೆನೆ
ನ್ನೊಡನೆ ವಾಸಿಷ್ಠಪ್ರತಿಜ್ಞೆ ಗೆಲಿದಪುದಿದಕ್ಕೆಂತೆಂದು ಚಿಂತಿಸಿದನು

Looking at the undimmed radiance on the face of the fearless 61
king, Vishvamitra, lord of sages, became anxious and started
ruing his actions.

"I seem to be in some trouble. Even when I snatched away his kingdom, he quietly acquiesced; and now he has vowed to pay back the debt; it is not going to be easy to force a lie out of his mouth. *Ayyo*! Why did I ever invite such trouble? I will have to give up all the merit I earned with prolonged and hard penance. And with my spiritual powers gone, who will have me? Would these sages treat me as one of them after such a debacle?

"No, it will be all right. I can always undertake severe 62
austerities again: I can offer my body to the five fires, do a headstand on sharp needles, eat powdered iron and survive; my agile physique can withstand harsh practices of penance; my strong mind can take rigorous meditation; and then there is always Lord Shiva, who will grant me the boon I ask for. I have nothing to fear. But the catch is that Vasishtha will have his way and win the wager. And that is hard to stomach.

೬೩ ಕುಂದದೆ ವಸಿಷ್ಠನೊಳು ಮಲೆತು ಬೆಂಗೊಟ್ಟುಳ್ಳ
ಹೆಂದದ ತಪಃಫಲವ ಹೋಗಾಡಿದಾತನೀ
ಬಂದನೆಂದೆನ್ನನೆಲ್ಲಾ ಮುನೀಶ್ವರರು ನಗದಿರರೆಂದು ತನ್ನ ತಾನು
ಕೊಂದುಕೊಳಬಗೆದು ಮತ್ತೆಚ್ಚತ್ತು ಚಿತ್ತದಲಿ
ನೊಂದಡೇನಹುದಿದಕೆ ತಕ್ಕುದಂ ಕಾಣಬೇ
ಕೆಂದು ಚಿಂತಿಸಿ ನೋಡಿ ಮತ್ತೊಂದುಪಾಯಮಂ ಕಂಡನಾ
ನಿಷ್ಕರುಣನು

೬೪ ಪುರದ ವಿಭವವ ಜನದ ಸಿರಿಯ ಕೇರಿಗಳ ವಿ
ಸ್ತರದ ಕೈಗೆಯ್ದು ದುರ್ಗದ ಬಲುಹ ತನ್ನ ಹಿರಿ
ಯರಮನೆಯ ಕೇಳೀವನದ ಲತಾಗೃಹದ ದೀಪದ ಖಗಮೃಗಾವಳಿಗಳ
ವರಚಿತ್ರಶಾಲೆಗಳ ಧನಧಾನ್ಯಸಂಚಯದ
ಪರಮವನಿತೆಯರ ನಾನಾರತ್ನಕೋಶದು
ಬ್ಬರದ ಸೊಗಸಂ ಕಂಡು ಮನಮಱುಗದೇ ಪುರಕ್ಕೊಯ್ದು
ನೋಡುವೆನೆಂದನು

೬೫ ಧರಣೀಶ ಬಂದು ಹೋಗೊಂದು ಮಾತುಂಟೆಂದು
ಕರೆದು ನಿನ್ನಂ ನಂಬಿ ನಾನು ರಾಜ್ಯಂಗೆಯ್ವ
ಭರದೊಳಱಿಯದೆ ಹೋದಡೆಲೆ ಮರುಳೆ ನಿನಗೆಲ್ಲಿಯರಸುತನವೆಂದು
ಮೀಱಿ
ಪುರದ ಬಾಗಿಲ ಬಲಿದು ಗದರಿಕೊಂಡಬ್ಬರಿಸಿ
ಪರಿಜನಂ ಕಲುಗುಂಡ ಕಱೆಯದಿರರೆನ್ನನೊ
ಯ್ದಿರಿಸಿ ಸರ್ವವನೊಪ್ಪುಗೊಟ್ಟು
ಹೋಗೆಂದಡವನಿಪನದನೊಡಂಬಟ್ಟನು

“Also, all the sages will ridicule me, saying, ‘There goes the 63
master sage who challenged Vasishtha and lost everything;
there goes the sage who lost all his spiritual powers in the
wager.’” This moved him even to thoughts of taking his own
life. Then he pulled himself together saying, “There is no
point in regretting one’s actions. I must find a way out of
this impasse.”

And the heartless man came up with a new ploy.

“If I can take Harishchandra back to Ayodhya, and let him 64
look at the city’s allure, people’s wealth, plush residential
areas, the might of the ornate fortress, the imposing palace,
the sporting arenas, green-filled places of joy and pleasure,
the large array of domesticated birds and animals, exquisite
art galleries, plentiful granaries, irresistible women, and the
treasure-house of precious stones, will he not be tempted
to give in?”

He called out to Harishchandra: “King, one more thing. As 65
you suggest, if I go to Ayodhya blithely to assume power,
people may protest saying, ‘You fool, what kind of king
are you?’ They will surely rebel against me, lock the main
entrance, shut me out, and lynch me, raining stones upon
me. So you must come with me and hand over the kingdom
publicly.”

And Harishchandra accepted.

೬೬ ನಡೆ ರಥವನೇಱಿಕೊಳ್ಳೊಲ್ಲೆನೇಕೊಲ್ಲೆ ಪರ
ರೊಡವೆಯೆನಗಾಗದೇಕಾಗದಾನಿತ್ತೆನಿ
ತ್ತಡೆ ಕೊಳಲುಬಾರದೇಂಕಾರಣಂ ಬಾರದೆಮಗಂ ಪ್ರತಿಗ್ರಹ ಸಲ್ಲದು
ಕಡೆಗೆ ನಿನ್ನೊಡವೆಯಲ್ಲವೆಯಲ್ಲವೇಕಲ್ಲ
ಕೊಡದ ಮುನ್ನೆನ್ನೊಡವೆ ಕೊಟ್ಟ ಬಳಿಕೆನಗೆಲ್ಲಿ
ಯೊಡವೆಯೆಂದರರೆ ದಾನಿಗಳ ಬಲ್ಲಹನು ಮುನಿಯೊಡನೆ
    ಸೂಳ್ನುಡಿಗೊಟ್ಟನು

೬೭ ಬೇಡಿಕೊಂಬೆಂ ಭೂಪ ಎನೆ ಬೇಡಬೇಡ ನಾ
ಮಾಡಿದುದನೆನ್ನ ಕಣ್ಣಾಱೆ ನೋಡುವೆನು ನೀ
ನಾಡಂಬರದೊಳು ರಥವೇಱಿ ಚತುರಂಗಬಲವೆರಸಿ ನಡೆ ತಂದೆ ಎನ್ನ
ಕಾಡಬೇಡವಧಿ ಕಿಱಿದೆಡೆ ದೂರ ಹೊತ್ತ ಹೋ
ಗಾಡದಿರ್ದೊಡೆ ತನ್ನನೊಯ್ದು ಮೇರುವಿನ ತುದಿ
ಗೋಡನೇಱಿಸಿದಾತ ನೀನೆಂದು ಮುನಿಪತಿಗೆ ಭೂಭುಜಂ ಕೈಮುಗಿದನು

Then Vishvamitra said, "Get into the chariot." Harish- 66
chandra said, "No."

"But why?" "I cannot enjoy possessions that belong to others."

"Why not, if I'm giving it back to you?" "I have given it away; and what is given once cannot be taken back."

"Why can it not be taken back?" "It is unethical to accept it."

"But it is your property, after all." "Not at all."

"Why not?" "Before I gave it, it was mine; once given, how can it be mine?"

Thus responded the generous king, munificence being his strength, to the queries of the sage.

"I beg you, King." The king pleaded with folded hands, "No, 67
no, let me see with my own eyes the results of my generous act. But you should travel in style in the chariot, Father, accompanied by the four wings of the army. Please do not trouble me anymore. The time is short and the road is long. If only you would not waste my time any further, you will have earned the merit of placing me on the peak of Mount Meru."

೬೮ ಅಕ್ಕಜಿಂದಲ್ಲನೀನೋಡಿ ಹೋದಹೆಯೆಂಬ
ಕಕ್ಕುಲಿತೆಗೇಱಿಂದೆನ್ನೆಸೆಯೆನೆ ಬಲುಗಾಹ
ನಿಕ್ಕಯ್ಯ ಎನೆ ಕಾಹಿನವರು ನಿನ್ನವರೆಂದಡವರು ಬೇಡಯ್ಯ ನಿನ್ನ
ಮಕ್ಕಳಹ ಮುನಿಗಳಂ ಬೆಸಸೆನಲು ಬೆಸಸಿ ಮುನಿ
ರಕ್ಕಸಂ ರಥವೇಱಿ ಚತುರಂಗಬಲವೆರಸಿ
ಮಿಕ್ಕುನಡೆದಂ ಸರ್ವಸಂಭ್ರಮದ ಸಡಗರಂ ಮಿಗಲಯೋಧ್ಯಾ ಪುರಕ್ಕೆ

೬೯ ಧರೆ ಬಿರಿಯಲಲ್ಳಿಱಿವನಂತನಿಸ್ಸಾಳದ
ಬ್ಬರವನಾಲಿಸಿ ಪುರದ ಕೇರಿಗಳನೊಪ್ಪೆ ಸಿಂ
ಗರಿಸಿ ಮನೆಮನೆಗಳೊಳು ಗುಡಿತೋರಣಂಗಳಂ ಸರದೆಗೆದು
ಸಂಭ್ರಮದಲಿ
ಅರರೆ ಕೋಟಾಕೋಟಿ ಕರಿತುರಗರಥ ಪತ್ತಿ
ಪರಿಜನಂವೆರಸಿ ಮತ್ತಾ ಹರಿಶ್ಚಂದ್ರಭೂ
ವರನನಿದಿರ್ಗೊಳಲು ನಡೆದರು ಶಶಿಯನಿದಿರ್ಗೊಂಡು ಹೆಚ್ಚು
ವಂಭೋಧಿಯಂತೆ

"It is not out of any affection for you that I asked you to get 68
into the chariot, but out of my concern that you should not run away."

Then the king said, "Why do you not assign capable guards to keep me captive?"

"But they are your men."

"Do not ask them; ask your disciples, who are like your own children."

And the monstrous sage acted on that suggestion immediately, got into the imposing chariot, and set off to Ayodhya with great pomp, followed by the four wings of the army.

Listening to the resounding boom of the *nissāḷa* trumpet that 69
seemed to open up the earth and rend the sky, the people of Ayodhya, with great alacrity, decked every part of the city and decorated every household by tying up colorful flags, streamers made of leaves, and strings of flowers everywhere. People arrived with their families and household members in crores, on horses, elephants, and chariots, to receive their king of kings, Harishchandra, like the surging ocean that rises to receive the waxing moon.

೭೦ ಮುತ್ತಿದಣುಕುಗಳ ಮುಸುಕಿದ ಹಲವು ಝುಲ್ಲರಿಗ
ಳೊತ್ತಿನೊಳು ತಳಿತ ಬೆಳುಗೊಡೆಗಳಿಡುಕುಱಿ ನೆಳಲ
ಕುತ್ತುಱೊಳು ಥಾಳಿಸುವ ಚಮರಿ ಸೀಗುರಿಗಳೊಗ್ಗಿನ ಕುಱುಹುವಿಡಿದು
    ನಡೆದು
ಎತ್ತಿದ ಮೊಗಂ ನಿಲುಕಿ ನೋಳ್ಪ ಕಂಗಳು ಮುಗಿದು
ಹೊತ್ತ ಕೈಯವಧಾರು ಜೀಯ ಎಂದೆಂಬ ನುಡಿ
ವೆತ್ತು ಹತ್ತಿರೆ ಬಂದು ಮುನಿಯ ಮೊಗಮಂ ಕಂಡ
    ಹೊತ್ತನಿನ್ನೇವೊಗಳ್ವೆನು

೭೧ ನಸುನನೆಯನಪ್ಪಿದಳಿಕುಳದಂತೆ ಕಡುಹಸಿದು
ಕಸುಗಾಯನಗಿದ ಗಿಳಿಗಳ ಬಳಗದಂತೆ ನಿ
ಟ್ಟಿಸದೆ ವಿಷಮಂ ಸವಿದ ಶಿಶುವಿಸರದಂತೆ ಕೊಱಡಂ ಕರ್ದುಕಿ ಚಂಚು
    ನೊಂದು
ಕುಸಿದ ಪಿಕನಿಕರದಂತಾಸತ್ತು ಬೇಸತ್ತು
ಬಸವಳಿಯುತಂದು ಮುನಿಗಳೊಳಱಿಸಿದರು ಮಾ
ಮಸಕದಿಂ ಪುರಜನಂ ಭೂಪನಂ ಹೊಲಗೆಟ್ಟ ಕಱು
    ತಾಯನಱಸುವಂತೆ

Following the canopies of exquisite royal umbrellas, 70
the swaying of the royal yak-tail fans, and the beautiful formation of light and shade created by the white covers of the umbrellas, the people of Ayodhya gathered in great numbers to have a glimpse of their lord, Harishchandra, with their faces lifted up, their eyes eagerly seeking out the king, their hands folded, and their lips uttering, "Protect us, hear us, master."

How do I describe their reaction when they came closer and got a glimpse of the sage in the place of the king?

Like a swarm of bees hugging unopened buds, a cluster 71
of famished parrots biting into unripe fruit, a group of children who had unwittingly swallowed poison, or a flock of exhausted cuckoos pecking at the dry bark of trees and collapsing, the people of Ayodhya came—tired, disappointed, and distressed—anxiously looking for their king amid the sages, as a lost calf would look for its mother.

೭೨ ಹಗಲೊಗೆದ ಚಂದ್ರಕಳೆಯಂತೆ ಬಿಱುವೈಶಾಖ
ವಗಿದ ಬನದಂತೆ ಬಿಸಿಲೊಳು ಬಿಸುಟ ತಳಿರಂತೆ
ಮೊಗ ಕಂದಿ ಕಳೆಗುಂದಿಯಱುವೆಗಪ್ಪಡವುಟ್ಟು ರಾಗವಳಿದೊಪ್ಪಗೆಟ್ಟು
ಮಗನರಸಿಮಂತ್ರಿಸಹಿತವನಿಪಂ ಹಿಂದೆ ದೇ
ಸಿಗನಂತೆ ಕೌಶಿಕನ ಕಾಹಿನೊಳು ಬರೆ ಕಂಡು
ಬಗೆ ಬೆದಱಿ ಹೊದ್ದಿ ಹೊಡೆವಟ್ಟು ಕಾಣಿಕೆಯ ಚಿತ್ತೈಸು ಭೂಭುಜ
ಎಂದರು

೭೩ ಎನಗರಸುತನ ಮಾದು ಹೋಗಿ ವಿಶ್ವಾಮಿತ್ರ
ಮುನಿಗಾದುದಾತನಂ ಕಂಡು ಕಾಣಿಕೆಯನಿ
ತ್ತನುದಿನಂ ಬೆಸಕೈವುದೆನಲೊಲ್ಲೆವೆನಲು ಬೋಧಿಸಿ ಬಲಾತ್ಕಾರದಿಂದ
ಜನವ ಕಾಣಿಸಿ ಕಾಣಿಕೆಯ ಕೊಡಿಸಿ ಹಿಂದುಗೊಂ
ಡಿನಕುಲಲಲಾಮನೆಯ್ತಂದು ಪುರಮಂ ಪೊಕ್ಕು
ಮನದೊಳುತ್ಸವದ ಹೆಚ್ಚುಗೆಯುಳಿದು ನಿಂದ ಮಂದಿಯ ನೋಡುತಂ
ನಡೆದನು

೭೪ ಗೊಂದಣಂ ಮಿಗೆ ಹರಸಲೆಂದಾರತಿಯನೆತ್ತ
ಲೆಂದು ಸೇಸೆಯನಿಕ್ಕಲೆಂದಾರ್ತದಿಂ ನೋಡ
ಲೆಂದು ರೂಪಂ ಮೆಱೆಯಲೆಂದು ಸೊಬಗಂ ಸಾಱಲೆಂದು
ನವರತ್ನವಿಡಿದು
ಹೊಂದೊಡಿಗೆಯಂ ತೋಱಲೆಂದು ಜನದಳವಱಿಯ
ಲೆಂದು ಬೀದಿಯೊಳು ಬಾಗಿಲೊಳು ಭದ್ರಂಗಳೊಳು
ನಿಂದ ಸತಿಯರು ಭೂಪನಿರವ ಕಂಡುರಿಹೊಯ್ದು
ಹೂಗಣೆಗಳಂತಿರ್ದರು

Like the radiance of the moon waning in daylight, a forest 72
turned dry in the scorching sun in the month of Vaishakha, a tender shoot thrown out in the sun, Harishchandra—his face drawn, radiance dimmed, and grandeur diminished—walked in rags, as the last man in that procession, along with his queen, son, and minister, surrounded by sages keeping guard over him—a man in exile. Watching the scene, the people of Ayodhya, shocked and horrified, ran to him with loving gifts and said, "Please do accept them, King!"

Harishchandra said, "I am no longer your king; sage 73
Vishvamitra will be your king from now on. All of you must give your gifts to him and serve him loyally every day."

The people cried in unison, "No, we will not!"

Then the king convinced them, cajoled them to meet Visvamitra, and to give the gifts to him against their will, while he, the rightful descendent of the Sun dynasty, known to be the best of kings in the clan, stayed behind and entered the city, watching the crowds that stood stupefied and spent.

Lovely women, with their beauty, finery, and jewels on 74
display, had gathered in their front yards, on their secure balconies, and on the streets, eager to get a glimpse of their handsome king, to wave the welcome lamp, and sprinkle sanctified rice on the gorgeous royal couple. And when they beheld the king in his pathetic state, they stood transfixed, turning into flower arrows on fire.

೭೫ ನೂಕಿ ನಡೆದರಮನೆಯ ಹೊಕ್ಕು ಸಿಂಹಾಸನ
ಕ್ಕಾ ಕೌಶಿಕಂ ಬಂದು ಭೂಭುಜನ ಕೈಯ ಪಿಡಿ
ದೀ ಕಟಕವೀ ಕೋಟೆಯೀ ಕರಿಗಳೀ ತುರಗವೀ ರಥಗಳೀ ಪರಿಜನ
ಈ ಕೋಶವೀ ಕಾಂತೆಯೀ ಕುವರನೀ ಮಂತ್ರಿ
ಯೀ ಕಾಮಿನೀಜನಂ ಮಱುಗದಂತರಸಾಗ
ಬೇಕಾದಡೆನ್ನ ಮಕ್ಕಳ ಮದುವೆಯಾಗು ಕಾಡದೆ ಬಿಟ್ಟು ಹೋಹೆನೆಂದ

೭೬ ಹೆತ್ತ ತಾಯಂ ಮಾಱಿ ತೊತ್ತ ಕೊಂಬರೆ ಮೂಗ
ನಿತ್ತು ಕನ್ನಡಿಯ ನೋಡುವರೆ ಮಾಣಿಕದೊಡವ
ನೊತ್ತೆಯಿಟ್ಟೊಡೆದ ಗಾಜಂ ಹಿಡಿವರೇ ಕೋಪದಿಂ ಸತ್ತು
    ಮದುವೆಯಹರೆ
ಕತ್ತುರಿಯ ಸುಟ್ಟರಳ ಕುಱುಕಲನುಗೆಯ್ವರೇ
ಚಿತ್ತೈಸು ಹೊಲತಿಯರ ನೆರೆದು ನಾನೋವದಿ
ಪ್ಪತ್ತೊಂದು ತಲೆವೆರಸಿ ನರಕಕ್ಕೆ ಹೋಹೆನೇ ಮುನಿನಾಥ ಹೇಳೆಂದನು

Pushing his way through and entering the palace, Kaushika 75
approached the throne, and then held Harishchandra's hand and said,

"If you would like to continue to be king and thereby avoid the misery and wretchedness you have visited upon them—on this capital city, this fortress, these elephants, these horses, these chariots, these citizens, this treasury, this wife, this son, this minister, and these fetching women—marry my daughters, and I will stop harassing you and leave this minute."

"Who would sell their mother for a slave? Who would slash 76
their nose and look at their face in a mirror? Who would pawn their precious jewelry and buy glass jewels? Who would die in anger first and then get married? Who would burn musk for making rice flakes? Think for a minute. Would I ever fall for these low-born women and go to hell, dragging down twenty-one generations of the Sun dynasty? Tell me, master of sages."

೭೭ ಒಲ್ಲದಿರಬೇಡ ಲೇಸೊಲ್ಲೆಯೇಕೊಲ್ಲೆಯೆ
ಮ್ಮಲ್ಲಿ ತಪ್ಪಿಲ್ಲಾದಡಿನ್ನು ನೀನೀಗ ನಿನ
ಗುಳ್ಳ ಪರಿವಾರಮಂ ಕರಸು ಬೇಗದಲಿಂತು ಚತುರಂಗಬಲಸೇನೆಯ
ಸಲ್ಲಲಿತ ದೇಶಕೋಶವನು ಕಟಕವನವ
ಕ್ಕುಳ್ಳ ಕುಲಕರಣ ದುರ್ಗಂ ಮುದ್ರೆ ಮೊದಲಾದು
ವೆಲ್ಲಮಂ ಬಿಡದೊಪ್ಪುಗೊಟ್ಟು ಹೋಗೇಳೆನಲು ಕರಸಿದಂ
ಭೂನಾಥನು

Then Vishvamitra said, "Do not be adamant and refuse what 77
is good for you."

And Harishchandra said, "I will have to refuse it."

"Why should you refuse?"

"Why not, what is wrong in refusing?"

"So be it, command your courtiers to come here forthwith. Hand over everything—the four wings of the army, the battalion of soldiers, the treasury, all the wealth and all the gold along with court records, the fortress, and every little thing that ever belonged to you. And then, you can leave." And the king, unperturbed, sent for his men.

ನವಮ ಸ್ಥಲಂ

ಸೂಚನೆ

ಮುನಿ ಕೌಶಿಕಂಗಯೋಧ್ಯೆಯನಿತ್ತು ತಾನೀವ
ಧನಕೆ ತೆಱಕಾಱನಂ ಕೊಂಡು ಬಳಿವಿಡಿದ ಪುರ
ಜನವನುಱಿ ನಿಲಿಸಿ ಕಾನನಕೆ ನಡೆದಂ ಸತ್ಯನಿಧಿ ನೃಪಹರಿಶ್ಚಂದ್ರನು

೧ ಬಾಡಿದ ಮೊಗಂ ಬಱತ ಬಾಯ್ ಸುರಿವ ನಯನಾಂಬು
ಪಾಡಳಿದ ಮತಿ ನೀಡಿ ಬೆಳೆದ ಸುಯ್ ದುಗುಡವ
ಕ್ಕಾಡುವಂಗಂ ನಿರೋಧಾಗ್ನಿಯಿಂ ಕುದಿದು ಮಱುಗುವ ಮನಂ
    ಮಾಸಿದ ಮುದಂ
ಕೂಡೆ ಬಂದಖಿಳಪರಿವಾರಮಂ ಪುರಜನಂಗಳಂ
ನೋಡಿ ತೋಱಿಸಿ ಬೇಱಿವೇಱೊಪ್ಪುಗೊಡುತಿರ್ದನಾ ಧೈರ್ಯನಿಧಿ
    ಭೂಪನು

೨ ಸಿರಿಮುಡಿಯ ಹಡಪದಾರತಿಯ ಸೀಗುರಿಯ ಚಾ
ಮರದ ಮಜ್ಜನದ ಹಂತಿಗಳ ಪಡಿಸಣದ ಸಿಂ
ಗರದ ಗಂಧದ ಯಕ್ಷಕರ್ದಮದ ಕನ್ನಡಿಯ ಬಿಜ್ಜಣದ ಸಮಕಟ್ಟಿ
ಸರಸದ ವಿನೋದದ ವಿಳಾಸದ ವಿಚಾರದಾ
ಭರಣದೊಡ್ಡಿನ ಬಹುನಿಯೋಗಕಾತಿಯರೆನಿಪ
ತರುಣಿಯರನೊಪ್ಪಿಸಿದನಂದು ವಿಶ್ವಾಮಿತ್ರಮುನಿಗೆ ಸತ್ಯರ ದೇವನು

Chapter 9

Synopsis

Giving away his kingdom to Kaushika and urging the people of Ayodhya to stay back, Harishchandra, the treasure of truth, walks away into the forest, accompanied by a collector of dues, sent to retrieve the money owed to the sage.

The king, a treasure-house of courage, handed over each of 1
his constituencies to the sage, introducing the people who had served him faithfully—the four wings of the army, the citizens, and the palace staff, including the women who had all followed him, their faces wilted, lips parched, eyes brimming with tears, breath full of sighs, their senses lost, minds seething with anger, hearts bereft of joy, and bodies sagging with sorrow.

Harishchandra, lord of truth, made over to Vishvamitra 2
scores of beautiful, young women who had served him variously with implicit obedience—hair stylists, mirror holders, makers of sandal paste, carriers of betel and nut, bearers of the makeup kit, performers of *ārati,* specialists in baths, those who worked the *siguri* yak-tail fans, who tested and tasted food, prepared perfumes, entertained the king with their arts and their wit, and guarded precious jewels.

೩ ಇದು ರತ್ನಭಂಡಾರವಿದು ಹೇಮಭಂಡಾರ
ವಿದು ಸುನಾಣೆಯ ವರ್ಗವಿದು ಪಟ್ಟಕರ್ಮಕುಲ
ವಿದು ಬೆಳ್ಳಿಯುಗ್ರಾಣವಿದು ಕಂಚಿನುಗ್ರಾಣವಿದು ಸರ್ವಶಸ್ತ್ರಶಾಲೆ
ಇದು ಹಸ್ತಿಸಂದೋಹವಿದು ತುರಗಸಂತಾನ
ವಿದು ವರೂಥಪ್ರಕರವಿದು ಪದಾತಿವ್ರಾತ
ವಿದ ನೋಡಿಕೋಯೆನುತ್ತೊಪ್ಪಿಸಿದನಾ ಮುನಿಗೆ
ಭೂನಾಥಕಂದರ್ಪನು

೪ ಹಿರಿಯ ಬಿರುದಿನ ಮುದ್ರೆಯಿದು ನಗರವಿದು ಪೂರ್ವ
ದರಮನೆಯಿದಖಿಳಪರಿವಾರವಿದು ಸಿವುಡಿಯಿದು
ಕರಣವಿದು ಮೇಲುಳ್ಳ ಸರ್ವಸ್ವವಿದು ನೋಡಿಕೋ ಮಹಾಪುರುಷ
ಎಂದು
ವರಕೌಶಿಕಂಗೊಪ್ಪುಗೊಟ್ಟೆಲ್ಲಸಂದುದೇ
ಪರಿಣಾಮವೇ ಇನ್ನು ಹೋಹೆನೇ ಮುನಿನಾಥ
ಕರುಣಿಸಿದಿರೇ ಎಂದು ಪೊಡೆವಂಟು ಹೋಹರಸನೊಡನೆದ್ದನಾ
ಮುನಿಪನು

The king, a veritable god of love, 3
handed over his kingdom to the sage,
pointing to each of his prized possessions:
"This is the storehouse of precious stones;
this is the vault containing gold;
this is the mint with the best gold coins;
this is the set of metal plates for royal inscriptions;
this is the treasury of silver and this one, of bronze;
this is the forge for making weaponry;
here are herds of elephants and horses;
this is the fleet of chariots;
and there, the entire infantry.

"This is the seal for authorizing important documents and titles; 4
this is the expansive city;
here is the ancient palace
and the staff that runs the palace;
this is the book of accounts, audited statements,
and everything else that ever belonged to me.
Please take charge of it all, great man.
Is it all in order? Are you satisfied?
May we take your leave now?"

೫ ಪೊಱಮಡುವ ಭೂಪಾಲನಂ ಕಂಡು ಕಂಗೆಟ್ಟು
ಮಱುಗಿ ಬಸುಱಂ ಹೊಸೆದು ಬಸವಳಿದು ಬಿಸುಸುಯ್ದು
ಮೊಱೆಯಿಟ್ಟು ಬಾಯ್ಬಿಟ್ಟು ಕೈನೀಡಿ ಕರೆದು ಕಟ್ಟೊಱಲಿ ಸೈರಿಸಲಾಱದೆ
ನೆಱೆ ನಿನ್ನ ನಂಬಿ ನಚ್ಚಿರ್ದ ಪರಿವಾರಮಂ
ಮಱೆದೆಯೋ ತೊಱೆದೆಯೋ ಮಾಱಿದೆಯೊ ಪೇಳು ನೇ
ಸಱಗುಲಜ ಎಂದೆಂದು ನುಡಿನುಡಿದು ಮಿಡುಮಿಡನೆ ಮಿಡುಕಿತ್ತು
ಪೌರಜನವು

೬ ದಂತಿಯಿಂದಿಳಿದು ನಡೆದಱಿಯದವ ಬಱುಗಾಲೊ
ಳೆಂತಡಿಯನಿಡುವೆ ಹಾಸಿನೊಳು ಪವಡಿಸುವಾತ
ನೆಂತು ಕಲುನೆಲದೊಳೊಱಗುವೆ ಸಿತಚ್ಛತ್ರ ತಂಪಿನೊಳು ಬಪ್ಪಾತ
ನೀನು
ಎಂತು ಬಿಱುಬಿಸಿಲನಾನುವೆ ಪುರದೊಳಿಪ್ಪಾತ
ನೆಂತರಣ್ಯದೊಳಿಪ್ಪೆ ಜನವನಗಲ್ದಱಿಯದವ
ನೆಂತು ಪೇಳೇಕಾಕಿಯಾಗಿಪ್ಪೆ ಎಂದು ಮೊಱೆಯಿಟ್ಟುದು ಸಮಸ್ತ
ಜನವು

Watching the king take his leave, the crowds were grief 5
stricken. Fretting and fuming, beating their stomachs in
despair, feeling faint, sighing deeply, pleading with their
mouths open, wringing their hands in despair, unable to bear
their agony, and choking on their words, they wailed, "Why
did you forget us, why did you turn away and sell your own
people who trusted you and turned to you for protection?
How could you do this, tell us, Sun-born?"

The people of Ayodhya cried out: 6
"How will you walk barefoot
when you have never before dismounted from your
elephant palanquin?
How will you sleep on bare stone
when you have never before left the comfort of your soft
bed in the palace?
How will you endure the sun's heat
when you have never known anything
but the coolness of the white, royal umbrella?
How will you live in the forest
when you have never before left the city?
How will you bear your loneliness
when you have never been separated from kith and kin?"

೭ ಹೊಱಗೆ ದಾನವ ಬೇಡಿದವರುಂಟೆ ಕೊಟ್ಟುಬೇ
ಸಱದ ಮುಗುದರಸು ದೊರಕಿದನಲೇ ಎಂದು ಕ
ಟ್ಟಱಗಂಡ ಪಾಪಿ ನಿಷ್ಕರುಣಿ ನಿರ್ದಯ ಮೂರ್ಖ ನೀಚ ನೀರಸ
    ನಿರ್ಗುಣ
ನೆಱ ಕೊಂದೆ ನಂಬಿ ನಚ್ಚಿರ್ದರೆಮ್ಮೊಡಲೊಳ
ಳ್ಳಿಱವುತಿಪ್ಪಳಲ ಬೇಗೆಯ ಬೆಂಕಿಯುರಿ ನಿನ್ನ
ನಿಱಯದೇ ಹೇಳು ವಿಶ್ವಾಮೃತ್ಯುವಾದೆ ವಿಶ್ವಾಮಿತ್ರ ಎನುತಿರ್ದರು

೮ ಜಡೆಗಳೆದು ಮಕುಟಮಂ ನಾರಸೀರೆಯನು ತೊಱ
ದುಡಿಗೆಯಂ ರುದ್ರಾಕ್ಷಮಾಲೆಯಂ ಕಳೆದು ಮಣಿ
ದೊಡಿಗೆಯಂ ಕಂದಮೂಲವನು ಬಿಟ್ಟೂಟಮಂ ದರ್ಭೆಯಂ
    ಬಿಟ್ಟಸಿಯನು
ಅಡವಿಯಂ ಬಿಟ್ಟು ನಗರಿಯ ಭಸಿತಮಂ ಬಿಟ್ಟು
ಕಡುಸುಗಂಧಂಗಳ ಜಿತೇಂದ್ರಿಯತ್ವವ ಬಿಟ್ಟು
ಮಡದಿಯರ ಜಗವಱಯೆ ಕೂಡಲು ವ್ರತಕ್ಕೆ ಮುಪ್ಪಾಯ್ತೆ
    ಮುಪ್ಪಿನೊಳೆಂದರು

Giving vent to their grief, the people turned on Vishva- 7
mitra in fury. "Would anyone demand gift money from the
king when he has given away his entire kingdom? How could
you manipulate an innocent king who never tires of giving?
You sinner, heartless scoundrel, uncultured and uncouth
wretch... you have ruined us all. Do you think you can stay
untouched by the searing fire of agony that is cutting through
us—the people who trusted him, who depended on him? You
are Vishva-mrityu, death of the universe, and not Vishva-
mitra, friend of the universe!"

They demanded of Vishvamitra: 8
"In your old age,
has your penance also turned old and rusty?
Do you want to wear the crown in place of matted hair,
fine garments in place of simple bark cloth,
pearl jewelry in place of the ascetic *rudrākṣa* beads,
and scented perfume in place of gray ash;
have sumptuous feasts instead of roots and fibers;
hold a knife instead of the sacred *darbha* grass;
live in the city instead of the forest;
and live with many wives for the world to see
instead of overcoming all things sensual?

೯ ಮಲೆತು ಬೆನ್ನಟ್ಟುವ ಮಹಾರಿಷಡ್ವರ್ಗಮಂ
ಗೆಲಲಱಿಯದವನಾವ ಹಗೆಗಳಂ ಗೆಲುವೆ ನಿ
ನ್ನೊಳಗೆ ಕರಣವ ಸಂತವಿಡಲಱಿಯದವನಾವ ದೇಶಮಂ
ಸಂತವಿಡುವೆ
ಸಲೆ ತಪಸ್ತೇಜದಿಂ ಪುರುಷಾರ್ಥಕೋಶಮಂ
ಬಳಸಲಱಿಯದನಾವ ತೇಜದಿಂ ಕೋಶಮಂ
ಬಳಸಿದಪೆ ಕಂಗೆಟ್ಟು ಕಡುಪಾಪಿ ಮೂರ್ಖ ಕೌಶಿಕ ಕೇಳು ಕೇಳೆಂದರು

೧೦ ಪುರದ ಪುಣ್ಯಂ ಪುರುಷರೂಪಿಂದೆ ಪೋಗುತಿದೆ
ಪರಿಜನದ ಭಾಗ್ಯವಡವಿಗೆ ನಡೆಯುತಿದೆ ಸಪ್ತ
ಶರಧಿಪರಿವೃತಧರೆಯ ಸಿರಿಯ ಸೊಬಗಜ್ಞಾತವಾಸಕ್ಕೆ
ಪೋಗುತಿದೆಕೋ
ಎರೆವ ದೀನಾನಾಥರಾನಂದವಡಗುತಿದೆ
ವರಮುನೀಂದ್ರರ ಯಾಗರಕ್ಷೆ ಬಲವಳಿಯುತಿದೆ
ನಿರುತವೆಂದೊಂದಾಗಿ ಬಂದು ಸಂದಿಸಿ ನಿಂದ ಮಂದಿ ನೆಱೆ
ಮೊಱೆಯಿಟ್ಟುದು

"How will you conquer the foes outside 9
when you cannot even conquer
lust, anger, greed, passion, pride, and envy,
the six famed enemies within that have overpowered you?
How will you rule an entire country
when you cannot rule over the senses
within your own body?
How will you deploy the riches of this country astutely
when you cannot use dispassionately
the riches of righteousness, wealth, pleasure, and
liberation* within you?
Listen Vishvamitra... sinner, fool...

"The divine grace of the city is walking away, taking form 10
as this man;
the good fortune of the people is walking away to the
forest.
Look, the crowning glory of this land
surrounded by seven seas is walking away into exile;
Look at the vital joy of the poor and needy ebbing away;
the power protecting the sacrifices of sages fading away."
Wailing piteously, the people of Ayodhya gathered to bid
farewell to their king.

* The four ends of human life.

೧೧ ವಸುಧೆ ಬಾಯ್ಬಿಡೆ ದೆಸೆಗಳಸವಳಿದು ಮಱುಗೆ ನಿ
ಟ್ಟಿಸಲಾಱದಂಬರಂ ಕಂಬನಿಯನುಗುಳೆ ಶೋ
ಕಿಸುವ ಪರಿಜನದಳಲನಾಱಿಸುತ ಪಾಲಿಸುತ ಸರದೋಱಿ
ಸಂತವಿಡುತ
ಮಸಗಿ ಪುರಮಂ ಮೀಱಿ ಹೋಗುತ್ತ ಹಿಂದೆ ಸಂ
ದಿಸಿ ಬಪ್ಪ ಕೌಶಿಕನ ಕಂಡು ನಿಂದವನೀಶ
ನೊಸೆದು ನಿಲಿಸುವ ಭರದೊಳೊಂದೆರಡು
ಮಾತನಾಡಿದನದೇವಣ್ಣಿಸುವೆನು

೧೨ ಹಿಂದೆ ರಾಜ್ಯಂಗೆಯ್ವ ಗರ್ವದಿಂ ಹೊಲತಿಯರ
ತಂದು ಕುಲಮಂ ಕೆಡಿಸಲಾಱದಳಲಿಂ ನಿಮ್ಮ
ನೊಂದೊಂದನೆಂದು ದಟ್ಟಿಸಿ ಜಱಿದು ಮಾಱುತ್ತರಂಗೊಟ್ಟು ಕೆಟ್ಟು
ನುಡಿದು
ನಿಂದೆಗೆಯ್ದನ್ಯಾಯಿ ಪಾಪಿ ಚಂಡಾಲನೆ
ನ್ನಿಂದಧಮರಿಲ್ಲಯ್ಯ ಸರ್ವಾಪರಾಧಿಯಾಂ
ತಂದೆ ಕರುಣಂಗೆಡದಿರೆಂದು ಮುನಿಯಂ ಬೇಡಿಕೊಂಡನು
ಹರಿಶ್ಚಂದ್ರನು

೧೩ ಮನದೊಳಗೆ ಮಱುಗದಿರಿ ಚಿಂತಿಸದಿರಳಲದಿರಿ
ಮುನಿಯದಿರಿ ನೋಯದಿರಿ ಧೃತಿಗೆಡದಿರೀಗಳೆರ
ಡನೆಯ ಶಿವನೆನಿಪ ಕೌಶಿಕನೊಡೆಯನಾದನಾತನ ಪಾದಪಂಕಜಕ್ಕೆ
ಎನಗೆ ಬೆಸಕೈವಂತೆ ಬೆಸಕೈವುದಂಜುವುದು
ವಿನಯಮಂ ನುಡಿವುದೋಲೈಸುತಿಹುದೆಂದು ಪರಿ
ಜನಕೆ ಕೈಮುಗಿದೆಯ್ದೆ ಬೇಡಿಕೊಂಡಂ ಧೈರ್ಯನಿಧಿ ಹರಿಶ್ಚಂದ್ರನೃಪನು

As the very earth opened up to wail, the eight directions lost their bearings in grief, and the skies rained tears, unable to watch the scene, Harishchandra proceeded, consoling the weeping crowds, offering them succor, and trying to talk them out of their misery. As he approached the borders of the city benumbed, he saw Kaushika following him, stopped, and spoke a few words to him. How do I describe this scene? 11

"In my kingly arrogance, in my anxiety about preserving my caste by not marrying the low-born women, I might have been insolent; I might have spoken without moderation, rebuked you in unbecoming language, talked back rudely, and blamed you needlessly. Please do not lose your compassion for me, please be kind to this vile *caṇḍāla,* this unjust and hopeless lout... this criminal who has committed the worst of crimes." 12

A treasure-house of courage, Harishchandra appealed to the people with folded hands, "Do not fret in your heart, do not be anxious, do not worry, do not be angry, do not be hurt, and do not lose your courage. Now Kaushika, who is like a second Shiva, has become king. Respect his lotus feet as you did mine; fear him as you feared me; speak humbly with him as you spoke with me; serve him well, and treat him with the same affection, I beg you." 13

೧೪ ಧರೆಗಧಿಕವೆನಿಪ ರವಿವಂಶದಿಕ್ಷ್ವಾಕು ಭೂ
ವರನು ಮೊದಲನ್ವಯಾಗತವಾಗಿ ಬಂದುದೀ
ಪರಿವಾರವೀ ದೇಶವೀ ನಗರವಿಂದುತನಕಾವೆಡರು ಬಡತನವನು
ನೆರೆದಱಿಯದಯ್ಯ ನೀವಿನ್ನಿದಂ ರಕ್ಷಿಪುದು
ಹೊರೆವುದಿನಿತಂ ಬೇಡಿ ಪಡೆದೆ ನಾ ನಿಮ್ಮಲ್ಲಿ
ಕರುಣಿಸೆನಗೆಂದು ಕೈ ಮುಗಿದು ಮುನಿಗಪ್ಪಯಿಸಿ ಕೊಟ್ಟನು
ಹರಿಶ್ಚಂದ್ರನು

೧೫ ಒಸೆದೀವ ತೆಱಕಾಱನಾರಾತನಂ ನಿಯಾ
ಮಿಸು ತಂದೆ ಎನೆ ತನ್ನ ಶಿಷ್ಯಾಳಿಯೊಳು ನೋಡಿ
ಹುಸಿಯಸೂಯಾ ನೀಚವೃತ್ತಿ ನಿರ್ದಾಕ್ಷಿಣ್ಯ ನಿಷ್ಕರುಣ ನೀತಿಗಳಲಿ
ಹೆಸರುಳ್ಳ ಹಿರಿಯ ನಕ್ಷತ್ರಕನೆನಿಪ್ಪ ಮಾ
ನಸನನೆಕ್ಕಟ್ಟಿಗರೆದು ಕೈವಿಡಿದು ಕಿವಿಯೊಡ್ಡಿ
ವಸುಧಾಧಿಪತಿಯ ಬಳಿವಿಡಿದು ಕಳುಹಲು
ಬುದ್ಧಿಗಲಿಸಿದನದೇವೊಗಳ್ವೆನು

೧೬ ಕೊಡುವೊಡವೆ ಬರಲಿ ಬಾರದೆ ಕೆಡಲಿ ಕಾನನದ
ನಡುವೆ ತಗಹಿನಲಿರಿಸಿ ಕೆಲವು ದಿನವುಪವಾಸ
ಬಡಿಸಿರ್ದು ಕೆಲವು ದಿನ ದೇಹವನುವಲ್ಲೆಂದು ನೆವವೊಡ್ಡಿ ಕೆಲವು
ದಿವಸ
ನಡೆವಾಗ ದಾರಿದಪ್ಪಿಸಿ ತಿರುಹಿ ಕೆಲವು ದಿನ
ಪಡಿಯ ಬೀಯಕ್ಕಾಣೆಯಿಟ್ಟೆಂತು ಕೆಲವು ದಿನ
ಕೆಡಸಿ ನುಡಿದವಧಿಯಾಯ್ತೆಂದು ಧರೆಯಱಿಯೆ ನೃಪನಂ
ಹುಸಿಕನೆನಿಸೆಂದನು

Handing over the kingdom, the king said, "From the first 14
king of the illustrious Ikshvaku clan that belongs to the Sun dynasty, all this inheritance has come to me—this wealth of people, this country, and this city. Until now, this kingdom has not known any hardship or deprivation; please take care of my people and protect them. This is all I want to ask, the only blessing I seek.

"Now that you have kindly agreed to give me some time to 15
pay the debt, please send someone to collect it from me, Father."

Then Vishvamitra surveyed the group of his disciples and chose Nakshatraka, a senior disciple known for his propensity for lying and envy, and for his unscrupulous, unkind, and unforgiving ways. The sage called him aside, held his hand, whispered in his ear the mission he was to accomplish, and gave necessary instructions to achieve the purpose of harassing the king.

"Whether he returns the money or not is immaterial. But 16
torment him in all possible ways: at times, imprison him in the forest; at other times, starve him for a few days; pretend you are sick and misguide him about the route; insist belligerently on getting large amounts of food; and do everything in your power to foil his plans and prevent him from fulfilling his promise. Then prove to the world that he has not returned the money in the agreed time, and turn him into a liar.

೧೭ ಕರುಣಿಸದಿರನುಗೊಡದಿರಗಲದಿರು ಅನುಸರಿಸ
ದಿರು ಬಟ್ಟೆಯೊಳಲೆಡೆಗೆಯ್ಯದಿರು ಕಡೆಗಾವ
ಪರಿಯೊಳಾವಾವ ನಿಗ್ರಹನಿರೋಧಾಯಾಸವಡಸುವಂದದಿ
ಮಾಳ್ಪುದು
ಗುರುಭಕ್ತನಾದಡತಿಬುದ್ಧಿಯುಳ್ಳವನಾದ
ಡರಸನಂ ಕೆಡಿಸಿ ಹುಸಿತೋಱೆಂದಡೆನಗವಂ
ತೆರಳುವವನೇ ದೇವ ಎನೆ ನೆವಕೆ ನೀನಿರಾಂ ಬಂದು ಕಾಡುವೆನೆಂದನು

೧೮ ಬಿಸಿಲಾಗಿ ಬಿಱುಗಾಳಿಯಾಗಿ ಕಲುನೆಲನಾಗಿ
ವಿಷಮಾಗ್ನಿಯಾಗಿ ನಾನಾಕ್ರೂರಮೃಗವಾಗಿ
ಮಸಗಿ ಘೋರಾರಣ್ಯವಾಗಿ ಗರ್ಜಿಸಿ ಕವಿವ ಭೂತಭೇತಾಳರಾಗಿ
ಹಸಿವು ನೀರಡಿಕೆ ನಿದ್ರಾಲಸ್ಯವಾಗಿ ಸಂ
ದಿಸಿ ಹೋಗಿ ಹೊಕ್ಕಲ್ಲಿ ಹೊಕ್ಕು ಧಾವತಿಗೊಳಿಸಿ
ಹುಸಿಗೆ ಹೂಂಕೊಳಿಸಿವೆಂ ಭೂಭುಜನನೆನ್ನಿಂದ ಬಲ್ಲಿದರದಾರೆಂದನು

"Show no kindness, give him no leeway, stray not far from 17
him, make no adjustments for his sake. Do not let him be,
do all you can to tire him out, put hurdles in his way, and
humiliate him in every possible way. If you are my true
disciple and truly intelligent, destroy the king by forcing
him into lies, and expose him for the liar he is."

When the disciple asked, "But would he heed me at all?"

Vishvamitra reassured him, "You stay with him for appearance's sake. I will come to harass and haunt him myself.

"I shall torment him as the scorching sun, 18
a blustering storm, hard stony ground, fatal fire,
a terrorizing beast, a horrifying forest, ferocious ghosts
 and goblins;
I shall chase him like hunger and thirst,
sleeplessness and exhaustion,
and go after him wherever he goes;
I will break him and make him say 'yes' to a lie.
Who can defeat me at this game?"

೧೯ ಬೇಱೊಬ್ಬನಲ್ಲೀತನೀ ಬಂದನಾಯಾಸ
ಕಾಱನತಿಗರುವನತಿಸುಖಿಯೇನನೆಂದುದಂ
ಮೀಱದೀವುದು ಧನವನರಸ ಹೋಗೆಂದ ಮುನಿವರನ ಚರಣಕ್ಕೆ
ನಮಿಸಿ
ನೀಱ್ ಸತಿಸುತಮಂತ್ರಿವೆರಸಿ ರಿಪುಬಲಸೂಱ್
ಕಾಱನೊಲವಿಂ ತಿರುಗಿ ನಡೆವಾಗ ಮಂದಿ ಬಾ
ಯಾಱುತ್ತ ಚೀಱುತ್ತ ಗೋಳಿಡುತ್ತಳುತೆದ್ದು ನಡೆದುದೇವಣ್ಣಿಸುವೆನು

೨೦ ತಡೆಬಿಟ್ಟ ಕಂಬನಿಯ ಕೈಯಿಂದ ಮುಂಗಾಣ
ದೆಡಹುತ್ತ ತಾಗುತ್ತ ಬೀಳುತೇಳುತ್ತೊಱಲು
ತೊಡವರ್ಪ ಪರಿವಾರಮಂ ಕಂಡು ಕೈಯೆತ್ತಿ ಹೋ ಎಂದು ನಿಲಿಸಿ
ನೃಪನು
ಕಡೆಗೆನ್ನ ಸತ್ಯಕ್ಕೆ ಹಿತವರಾದವರ್ಗಳಿ
ದ್ದೆಡೆಯೊಳಿದ್ದೆನ್ನ ಲೇಸಂ ಬಯಸುತಿಹುದು ಬಂ
ದಡೆ ತ್ರಿಶಂಕುನರೇಂದ್ರನಾಣೆಯೆನೆ ಮೀಱಿದೆವು ಬಂದಲ್ಲದಿರೆವೆಂದರು

The sage instructed Harishchandra, "This man here, he is 19
difficult; he knows no hardship or fatigue, and he is proud.
You must take good care of him, providing whatever he asks
for. And hand over the money to him. You may leave now."

The king, along with his wife, son, and minister, prostrated himself before the sage and took leave of him. As Harishchandra, conqueror of enemy forces, walked away, the tired and thirsty crowd grew visibly upset, shouting and wailing, and moved along with the king. How do I describe the scene?

As the crowds rushed behind him wiping the tears that 20
blocked their vision, tripping, falling, and recovering, and
pouring forth their agony, the king restrained them with his
raised arm, and begged them:

"I swear on my father Trishanku... do not take one more step, all of you who want to support me in my path of truthfulness. Please do remain where you are and wish me well."

But the people protested, "No, we cannot honor this oath; we will not stay back."

೨೧ ಇಂದುತನಕನ್ನೃತವಂಟದ ಸೂರ್ಯವಂಶಕ್ಕೆ
ಕುಂದ ಬಯಸುವರೆ ನಾನಳುಪುತಿರೆ ಕಂಡು ಬೇ
ಡೆಂದೆಂಬರಲ್ಲದಿಂತಳಲ್ವರೇ ಬಳಲ್ವರೇ ಬಳಿಸಂದು ಬಹೆನೆಂಬರೆ
ಒಂದೆಡೆಯೊಳಿರ್ದ ಸಾಲವನು ನಿರ್ಣೈಸಿ ಮುದ
ದಿಂದ ಕರಸುವೆನೆನ್ನ ಕೂಡಿಂದು ಬಂದವರು
ಹಿಂದಿರ್ದ ಮುನಿಗೆ ಬೆಸಕೆಯ್ಯುತಿರಿಯೆಂದರಸನೆಲ್ಲರ್ಗೆ ಕೈಮುಗಿದನು

೨೨ ಎಲ್ಲಾ ಕಳಾನಷ್ಟನೆಂದೆನಿಸಿ ಹೋದಿರುಳ
ನಲ್ಲನೆಂದೆಯ್ತುಪ್ಪನನ್ನಬರ ಹಸಿದಿರ್ದ
ವಲ್ಲದುಂಡವೆ ಬಿಸಿಲನೆಳೆಯ ಬೆಳುದಿಂಗಳಂ ಕುಡಿದಿಹ
  ಚಕೋರಂಗಳು
ನಿಲ್ಲದಿಂದೀಗರಸನೆಂದು ನಿಮ್ಮೊಡನೊಯ್ಯ
ಲೊಲ್ಲದಿರೆ ನೀಂ ಮರಳಿ ಬಪ್ಪಂದುತನಕ ಕ
ಣ್ಣಲ್ಲಿಯೇ ಜೀವವನು ಪಿಡಿದಿಪ್ಪೆವನ್ಯರಂ ಸೇವಿಸುವುದಿಲ್ಲೆಂದರು

೨೩ ಕಾಡಬೇಡಿನ್ನು ಚಲಬೇಡ ಕೋರಡಿಗತನ
ಬೇಡ ಮೂರ್ಖತ್ವ ಬೇಡೆಂದೆರಡು ಕೈಮುಗಿದು
ಬೇಡಿಕೊಂಡೆಂ ನಿಮ್ಮನೆನಲೊಡಂಬಟ್ಟು ಬೀಳ್ಕೊಂಡೆವಿಂದೆಮ್ಮ ಚಿಂತೆ
ಬೇಡ ನೀನೊಲಿದತ್ತ ಹೋಗೆನಲು ಸಂತಸಂ
ಮಾಡಿ ನಡೆಗೊಂಡ ಭೂಪನ ಗುಣಂಗಳನು ಕೊಂ
ಡಾಡುತ್ತ ಹಲುಬುತ್ತ ನೋಡುತಿರ್ದದು ಜನಂ ದೃಷ್ಟಿಸೈವೆಱಗಾಗಲು

With folded hands, the king reasoned: "Would you want to 21
bring disrepute to the Sun dynasty untouched by untruth
till now? As people of Ayodhya, you should be advising me
not to go back on my word if I coveted the kingdom that has
been given away; but you are cribbing and crying, fretting
and fuming that you want to go with me. Let me settle down
somewhere, repay what is owed, and then send word for you.
Until then, all of you who have followed me this far, I beg you,
please go back and honor the wishes of the sage."

They said: "Would *cakōra* birds that live drinking soft moon- 22
light not prefer to stay hungry than to consume sunlight
when the Moon, ardent lover of the night, loses his radiance?
We ask you again to let us go with you. If you refuse to take
us along, rather than serve another, holding our lives in our
eyes,[1] we would be content to barely survive."

The king: "Please do not torment me like this; do not be 23
adamant; be good; be sensible; I beg you with folded hands."

Reluctantly, they agreed to let him go. "Do not worry about us. Please go wherever you wish."

He was happy and relieved at this; as he walked away, people marveled at the great king, longing for him and singing his praises.

೧೪ ಜನನಿ ಹಿಂಗಿದ ಶಿಶುಗೆ ಸಸಿ ಬಿಟ್ಟ ಕುಮುದಕ್ಕೆ
ದಿನನಾಥನುಳಿದ ಕಮಲಕ್ಕೆನೆಱೆ ಸಿರಿ ಸವೆದ
ಮನೆಗೆ ಜೀವಂ ತೊಲಗಿದೊಡಲಿಂಗೆ ತೈಲವಿಂಗಿದ ದೀಪ್ತಿಗುದಕವಱತ
ಘನತಟಾಕಕ್ಕೆ ಫಲವಿಳುಹಿದ ಮರಕ್ಕೆನೆ
ಟ್ಟನೆ ಜೋಡಿಯಾದುದಾ ಪುರಜನಂ ಪರಿಜನಂ
ಜನಪತಿಹರಿಶ್ಚಂದ್ರನೆಲ್ಲವಂ ಮುನಿಗಿತ್ತರಣ್ಯಕ್ಕೆ ನಡೆವಾಗಲು

೧೫ ಎಡೆವಿಡದೆ ದಾರಿಯಱುಹಲು ಮಂತ್ರಿ ಮುಂದೆ ಸುತ
ನೆಡದ ದೆಸೆಯೊಳು ನಿಜಾಂಗನೆ ಹಿಂದೆ ಬರೆ ಭೂಮಿ
ಯೊಡೆಯನೊಡವೆಗಳೊಡೆತನಂಗಳನೊಡಂಬಟ್ಟು ಮುನಿಗಿತ್ತ ಚಿಂತೆ
ತನ್ನ
ಬಿಡೆ ದಕ್ಷಿಣವ ಬಿಟ್ಟು ದಕ್ಷಿಣಾರ್ಥಂಗಳಂ
ಕೊಡುವೆನೆಂಬುತ್ತರವನುತ್ತರಿಸಲುತ್ತರಂ
ಬಿಡಿದು ನಡೆದಂ ನೆರವನಾರುವಂ ಹಾರದಾ ಧೀರಕಾಂತಾರದೊಳಗೆ

೧೬ ಎನ್ನ ಸತ್ಯನಿಮಿತ್ಯವಾಯಸಂಬಡಲೊಲ್ಲೆ
ನೆನ್ನನತಿಗಾಳಿ ಚಳಿ ಬಿಸಿಲು ಹಸಿವೆಂಬಿವಂ
ಮುನ್ನ ಕಂಡಱಿಯರೀ ಸ್ತ್ರೀಬಾಲರಿವರು ಮೆಟ್ಟಲು ಪಾದರಕ್ಷೆಯಿಲ್ಲ
ಬೆನ್ನ ಮುಸುಕಲು ಸೀರೆಯಿಲ್ಲೆಡೆಯ ಸಂಬಳಕೆ
ಹೊನ್ನಿಲ್ಲ ಹಸಿದೆವೆನಲೇನೆಂಬೆ ನಡೆಗೆಟ್ಟ
ಡಿನ್ನು ನಿಲುವೆಡೆಯಾವುದೆಂದು ಹಲವಂ ಚಿಂತಿಸುತ್ತ ನಡೆದಂ
ಭೂಪನು

When the people's lord made over his kingdom to the sage 24
and walked away, they were bereft, like an infant left alone by its mother, a night lily abandoned by the moon, a lotus spurned by the sun, a family dispossessed of its wealth, a body with its life ebbing away, a lamp with its oil dried up, a majestic lake drained of water, and a tree stripped bare of its fruit.

With the minister showing the way in front, his son walking 25
to his left, and his wife following behind, the lord of the earth, now free from the worries that weighed him down in giving up his wealth, moved on courageously, leaving the south behind, toward the forests up north, seeking answers to the question of earning the money owed to the sage, without expecting any support from any quarter.[2]

The king was assailed by doubts: "For the sake of truth, I can 26
endure any hardship without tiring; but what about my wife and little son, who have never known the extremes of the sun, the cold, the wind, or hunger? They have no footwear to protect their feet; she has no sari to cover her back, and no money to pay for services. When they get hungry and ask for food, what will I tell them? When they are exhausted and unable to walk, where do we stay?"

೨೭ ಮುಗುದರಡವಿಯ ಗಿಡುಮರಂಗಳಂ ನೋೞ್ಪ ಖಗ
ಮೃಗವನೀಕ್ಷಿಸುವ ಶಬರಾಳಿಯಂ ಕಾಣ್ಬ ವಾ
ಸಿಗೆ ನಡೆವ ನಿಲುವ ಭೂಪನನೆಯ್ದಿಕೊಂಬ ಭರದಿಂ ಮೀಱಿ
ಕಿಱಿದೆಡೆಯನು
ಬಗೆಯದೆಂತಕ್ಕೆನಡೆಯಲು ಮೇಲೆ ಕವಿವ ಗಾ
ಳಿಗೆ ಬಿಸಿಲಬಿಸಿಗೆ ಹಸಿವಿಂಗೆ ತೃಷೆಯುಬ್ಬರದ
ಡಗೆಗೆ ಸೈರಿಸಲಾಱದನುಗೆಟ್ಟು ನಡೆಗೆಡಲು ತೊಡಗಿದರದೇವೊಗಳ್ವೆನು

೨೮ ನಡೆಗೆಟ್ಟು ಹಿಂದುಳಿಯೆ ಪತಿ ಮುಳಿದಪಂ ಮೀಱಿ
ನಡೆವೆನೆನೆ ಕಾಲ್ ಕುಪ್ಪಳಿಸಿ ನೋಯುತಿವೆ ನೋವ
ನೊಡೆಮೆಟ್ಟಿ ದಡದಡನೆ ಪರಿವೆನೆಂಬಡೆ ಬೆಂದ ದೈವವಱಿವೊಱ
ಹೊಱಿಸಿತು
ಮುಡಿ ಮೊಲೆ ನಿತಂಬ ಭಾರಕ್ಕೆತೊಡೆ ನಡು ಕೊರಳ್
ಕಡಿವಂತಿರಾದಪ್ಪುದೇಗೆಯ್ವೆನೆಂದು ಸಿಡಿ
ಮಿಡಿಗೊಂಬ ಮಾನಿನಿಯ ಭರವನಾಲಿಸಿ ನಿಲುವನವನೀಶ
ಮರನಡಿಯೊಳು

೨೯ ಬಾಡಿದಧರಂ ಬಱತ ಬಾಯ್ ಕೆದಱಿದಳಕವ
ಕ್ಕಾಡುವ ಬೆಮರ್ ತೊನೆದು ಮಿಡಿವ ಮೊಲೆ ನಡುಬೆನ್ನ
ನೀಡಿಱಿವ ಮುಡಿ ಕೊರಗಿದಕ್ಷಿತೋಳಂ ತೂಗಿ ಬಾತ ಬೆರಳೊರಸಿ
ಮಸೆದು
ಪಾಡಳಿದ ತೊಡೆ ಹಲವು ಹರಳೊತ್ತಿ ಬೊಕ್ಕೆಗಳು
ಮೂಡಿ ನಡೆಗೆಟ್ಟ ಮೆಲ್ಲಡಿಯ ನಿಜವನಿತೆಯಂ
ನೋಡಿ ಸುಱ್ರನೆ ಸುಯ್ದನಂದು ಸಪ್ತದ್ವೀಪಪತಿಹರಿಶ್ಚಂದ್ರನೃಪನು

At first, the innocent mother and son walked briskly with enthusiasm in the forest, gazing curiously at the plants and trees, birds and beasts, and groups of hunters, rushing forward to catch up with the king, who had gone on ahead; but as the wind roared, their hunger pangs increased, and thirst wrung them dry, their pace slowed down visibly under the combined assault of forces from all sides. How do I describe this scene? 27

"If I slow down, unable to take one more step, the king might get angry with me; if I try to keep pace with him, my feet will ache even more unbearably; if I try to move briskly, ignoring the pain, I will not be able to, since my fate has blessed me with a plump figure; my thighs, waist, and neck are aching and inflamed, groaning under the weight of my thick and long braids, heavy breasts, and ample hips. What am I to do?" 28

Heeding his wife's agony, the king stopped and waited for her under the trees.

Taking immense pity on his wife's state—parched lips, dried mouth, disheveled locks, dripping beads of sweat, sagging breasts, drooping braids that cut a deep furrow through the middle of her back, sunken eyes, fingers swollen under the weight of the arms, thighs worn out rubbing against each other, and the tender soles of her feet turned sore, gashed by sharp stones—Harishchandra, lord of the seven seas, let out a long and doleful sigh. 29

೩೦ ಸುತನನಡಿಗಡಿಗೆತ್ತಿಕೊಂಬ ನಡೆಗೆಡುವ ನಿಜ
ಸತಿಯನಡಿಗಡಿಗೆ ಬೋಳೈಪ ಬಳಲುವ ಚಮೂ
ಪತಿಯನಡಿಗಡಿಗೆ ಬಿಡದುಪಚರಿಪ ಚಿತ್ತದಾವೇಶದಗ್ರದ ಭರದಲಿ
ಅತಿಬಿಸಿಲು ಗಾಳಿ ಕಲು ಮುಳು ಕ್ಷುತ್ಪಿಪಾಸೆ ಜಾ
ಡ್ಯತೆಗಳೆಂಬಿಂತಿವಱ ಕಾಟದಿಂ ಮೊಳೆವ ಧಾ
ವತಿಯನಱಿಯದೆ ನಡೆದನಕಟಕಟ ಭೂಮಿಪಂ ಕಾಲಕ್ಕೆ
    ಕೈಮುಗಿಯುತ

೩೧ ಭರದಿಂದ ನಡೆತಂದು ಕೂಡಿಕೊಂಡಂ ಮುನಿಯ
ತೆಱಕಾಱನಿಂದುವಂ ಬೆಂಬಿಡದ ರಾಹುವಿನ
ಪರಿಯೊಳಲ್ಲಿಂ ಹಿಂದೆ ಪಾಪಿಕೌಶಿಕನೆಂದಿನಿಂದ ನೂರ್ಮಡಿ ಬಿಸಿಲನು
ತರಣಿಗಿತ್ತನಿಲನಂ ನಿಲಿಸಿ ಮುಂಬಟ್ಟೆಯೊಳು
ಗಿರಿಗಳಂ ದರಿಗಳಂ ಕಮ್ಮರಿಗಳಂ ಘೋರ
ತರುಗಳಂ ಮೆಳೆಗಳಂ ಖಗಮೃಗಂಗಳನಂದು ನಿರ್ಮಿಸಿದನಾ
    ಮುನಿಪನು

೩೨ ಬಟ್ಟೆಯಂ ತೊಡೆದು ಮುಂದೊಡ್ಡುಗಲ್ಲುಗಳನೊಡೆ
ದಿಟ್ಟು ನೆಲನಂ ಕಾಸಿ ತಳಿತ ನೆಳಲೊಳು ಮುಳ್ಳ
ನೊಟ್ಟಿ ಹಸಿವಂ ತೃಷೆಯನತಿ ಡಗೆಯನವನೀಶ್ವರನ ಕಳತ್ರಯಕೆ
    ತೋಱಿ
ದಿಟ್ಟಿ ವಾರಿಯೊಳುಳ್ಳ ನೀರೆಲ್ಲವಂ ಕೆಡಿಸಿ
ಮುಟ್ಟಿ ನಾನಾಕ್ರೂರಮೃಗವಾಗಿ ಬಂದಡ್ಡ
ಗಟ್ಟಿ ಗರ್ಜಿಸುತ ಮಾಯಾವೇಷದಿಂದೊಡನೆ ಬಂದ ವಿಶ್ವಾಮಿತ್ರನು

Carrying his son off and on, comforting his wife as her pace 30
slackened, and consoling his exhausted minister constantly, without losing his enthusiasm or confidence, and unmindful of the debilitating heat and wind, stones and thorns, hunger and thirst and pain, how nonchalantly walked the lord of the earth, humbly and reverently acknowledging the power of Time!

The collector of dues sent by the sage joined them soon, like 31
Rahu that chases the moon without letup. Behind the scenes, the evil Kaushika magically caused the sun to emit tremendous heat, a hundredfold more intense than ever; stopped the breeze from blowing; and created hills and deep ravines, forbidding thickets of trees and prickly meadows, and scary birds and beasts, all in order to put hurdles in their path.

Ravaging the path they were treading, blocking it with 32
huge boulders, making the ground sizzle with heat, placing mounds of thorns under shady trees, producing ever more hunger, thirst, and discomfort for the king's consort, and polluting fresh waters of lakes, Kaushika himself took the form of all kinds of beasts of the wild forest and waylaid them.

೩೩ ಮೆಳೆಗಳೊಳು ಬಾಗಿ ಮರದೊಳು ಮುರಿದು ಮುರಿದಿಱುಬಿ
ನೊಳು ಸುತ್ತಿ ಕುತ್ತುಱೊಳು ಹಣುಗಿ ಮಿಗೆ ಬೆಳೆದಿಡುಕು
ಱೊಳು ಕುಸಿದು ಹೊದಱಿನೊಳು ನುಸುಳಿ ನಳುವಿನೊಳಡಗಿ
ನಾಳಲೊಳು ಪೊಕ್ಕು ಪಿರಿಯ
ಕುಳಿಯೊಳೊರ್ಗುಡಿಸಿ ಡೊಂಗರನನೇಱಿ ಸರುವುಗಳೊ
ಳಿಳಿದದಟುಗೆಟ್ಟು ಬೆಂಡಾದ ಸುಖಿಗಳನುಗ್ರ
ದಳಲ ಬೇಸಱ ಬೇಗೆಗಿಚ್ಚು ವಿಶ್ವಾಮಿತ್ರಮುನಿಯನೆಯ್ದದೆ ಮಾಣದು

೩೪ ಬಳಿವಿಡಿದು ಕೈಗೊಡುವರಿಲ್ಲ ಕಟ್ಟುರಿವಿಸಿಲು
ಸುಳಿಯಲೀಯದು ಕಾಸಿದೊಲೆಯಂತೆ ನೆಲ ಕಾಲ
ನಿಳುಹಲೀಯದು ಹೊದ್ದುವಡೆ ನೆಳಲು ಮುಳ್ಳುಮುತ್ತುಱೆ ದೈವ
ಕಡೆಗಣಿಸಿದ
ಬಳಿಕಂದು ಜನನಾಥನಾಗಿಯುಂ ಜನಕೆ ಭೂ
ತಳನಾಥನಾಗಿಯುಂ ಭೂಮಿಗಕಟಕಟ ರವಿ
ಕುಲಜನಾಗಿಯು ರವಿಗೆ ತತ್ತಹೊತ್ತಿನೊಳನ್ಯವಾಗಿ ತೋಱಿದನರಸನು

The burning fire of unbearable agony and paralyzing fear 33
endured by these travelers born to royalty—
thrashing their way through meadows,
twisting their bodies to slink through bushes,
winding through hollows and small clearings in shrubs,
struggling through the jungle's unlit spaces,
stumbling through the thick overgrowth,
slipping through the mossy undergrowth,
hiding in trenches, changing course in flowing streams,
clambering out of ponds, and treading on tracks traced by
 beasts—
could not but touch Vishvamitra.

In the forest, the king had no one who would lend him a 34
hand; the scorching and unrelenting heat would not let him move; the earth, like a burning oven, would not let him set foot on it; and the mounds of thorns would not let him seek the shade of trees. Under the spell of fate, the king seemed a complete stranger to his people even though he was the lord of the people; he seemed a total alien to earth even though he was the lord of the earth, and he seemed an interloper to the sun even though he was born in the Sun dynasty.

೩೫ ಬಸವಳಿಯುತುಸುರಲಮ್ಮದ ಪತಿಗೆ ಕೈಗೊಟ್ಟು
ಹಸಿದಳುವ ತನಯಂಗೆ ಹಣುಹಗಿನನಿತ್ತು ನಂ
ಬಿಸುತಿರಲು ಮಾರಿಯಂದದಿ ಬಂದು ತೆಱಕಾಱ ನನಗೆ ತಾ
ಭೋಜನವನು
ಬಿಸಿಲು ಹೊಡೆದೊಡಲುರಿಯುತಿದೆಯೆಂದು ಜಱಿದು ದ
ಟ್ಟಿಸುತಡ್ಡಗೆಡೆದು ಕಾಲ್ವಿಡಿಯೆ ಬೇಡಿಲ್ಲಿಸಮ
ನಿಸುವುದೆಯೆನಲಿತ್ತು ಬಳಿಕ ಪೋಗೆಂದಾಣೆಯಿಟ್ಟನಟ್ಟಡವಿಯೊಳಗೆ

೩೬ ತಂದುದಿಲ್ಲೂರು ದೊರಕಲು ಗಳಿಸಿ ತಂದೀವೆ
ನೆಂದೆಂಬನರಸನಿತ್ತಲ್ಲದಡಿಯಿಡಲೀಯೆ
ನೆಂದೆಂಬ ಮುನಿಪನಿಲ್ಲಿಲ್ಲವೆನೆ ಭೂಪನಿಂತಾಗಬೇಕೆಂಬ ಮೂರ್ಖ
ನಿಂದ ಮಧ್ಯಾಹ್ನ ಮೊದಲುರಿವ ಬಿಸಿಲೊಳು ಕಾದು
ಬೆಂದಱಿಯಮೇಲೆಲ್ಲರಂ ತಗೆದನಕಟ ರವಿ
ಬಂದಸ್ತಗಿರಿಮಸ್ತಕನ್ಯಸ್ತಹಸ್ತವಿಸ್ತರನಪ್ಪ ಕಾಲತನಕ

While the queen offered succor to her exhausted and breathless husband by giving him her hand, and pacified her famished and tearful son by offering him a fruit, the collector materialized from nowhere like Mari,[3] to waylay her and demand he be fed instantly. 35

"Give me something to eat; my stomach is burning with hunger in this heat. Feed me at once!"

She pleaded: "Can I possibly cook here? How is it possible?"

He demanded: "Swear to me that you will first put food in front of me, and then go where you must in this dense forest."

The king tried to placate him: "We have nothing to give you. 36
Once we reach some place, I will get you something."

He was adamant: "No, I will not let you go if you do not feed me."

"But there is nothing to give."

"But you have to give me something," insisted the unyielding scoundrel.

All through the afternoon, the collector made them stand barefoot on the hot and searing rocks until the setting sun spread his golden rays on the forehead of the western mountain.

೩೭ ಜಾರೆಯರು ನಲಿಯಲು ಗಣಿಕಾನಿಕರವೆಯ್ದೆ ಶೃಂ
ಗಾರದಿಂದೆಸೆಯುತ್ತ ಸಕಲಮೃಗವಿಕ್ಕೆಯಂ
ಸಾರೆ ಕೌಶಿಕನಿಕರದಾಸಱೋಸರಿಸೆ ಪೊಣರ್ವಕ್ಕಿಗಳ ಜಂಗು ಜರಿಯೆ
ವಾರಿಜಂಗಳ ಬಿಟ್ಟು ತುಂಬಿಗಳು ಕನ್ನೆಯ್ದಿ
ಲೋರೆಯಂ ಪೊಗೆ ಜಗಕ್ಕೆಯ್ದೆ ತೆಳುಗತ್ತಲೆ ಚ
ಕೋರಿಗಳ ಮನ ನಲಿಯುತಿರೆ ತರಣಿ ಪಶ್ಚಿಮಪಯೋರಾಶಿಗೈತಂದನು

೩೮ ಇಳೆಯಱಿಯಲೆನ್ನಕುಲದೊಳು ಪುಟ್ಟಿ ಸರ್ವಭೂ
ತಳಕೊಡೆಯನಾಗಿ ಮೂಲೋಕಮುದ್ರಿತ ಕೀರ್ತಿ
ಬಲವಂತನಾಗಿ ಹೆಚ್ಚಿದ ಹರಿಶ್ಚಂದ್ರನಂ ಕೌಶಿಕನ ಕಾಟದಿಂದ
ಬಳಸುವ ನಿರೋಧಮಂ ಕಾಣಲಾಱದೆ ಚಿಂತೆ
ಮೊಳೆತಡಗುವಂತೆ ಸೂರ್ಯಂ ಪಡುಗಡಲ ನಡುವಿ
ಗಿಳಿದನೆಲ್ಲಾದೇಶದುಮ್ಮಳಿಕೆ ಕವಿವಂತೆ ಕಾಳಗತ್ತಲೆ ಕವಿದುದು

೩೯ ಭೂವರಂ ಚಿಂತಿಸುತ್ತೊಬ್ಬ ನಟ್ಟಡವಿಯೊಳ
ಗಾವೆಡೆಯೊಳೇಗೆಯ್ಯುತಿಪ್ಪನೋ ನೋಳ್ಪೆನೆಂ
ಬೀ ವಿಕಳದಿಂ ಗಗನ ಹಲಕೆಲವು ಕಂಗಳಂ ಪಡೆದುದೋ
ಎಂಬಂದದಿಂ
ತೀವಿದುವು ನಕ್ಷತ್ರವವನಿಪನ ಸತಿಪುತ್ರ
ರಾವರಿಸುವೀ ತಮಕ್ಕಂಜುಗೆಂದುಱ ನಿಶಾ
ದೇವಿ ಹೊತ್ತಿಸಿದ ಹೆಜ್ಜೊಡರೋ ಇದೆಂದೆನಿಸಿ ಮೂಡಿತು ಶಶಿಬಿಂಬವು

It was the hour that courtesans make merry, 37
prostitutes parade their beauty,
animals move homeward,
owls turn fresh, their fatigue lessened,
cakra birds go their separate ways,
cakōras dance in delight,
bees leave the lotus to turn to the night lily,
and darkness spreads lightly on the surface of the earth—
when the sun sets off toward the western ocean.

The sun was pensive: "Born to my illustrious clan, being the 38
sovereign ruler of the entire earth, and renowned in the three
worlds as the most powerful of kings, Harishchandra is yet
unable to withstand the mighty fury of Vishvamitra."

Overcome by such doleful thoughts and unable to see Harishchandra suffer at the hands of Vishvamitra, the sun sank in the western ocean; the sky turned pitch dark, as though enveloped by the cumulative sorrow of the earth.

With stars shining bright, 39
the sky acquired a thousand eyes
to watch how the king, lonely and worried,
fared in the dark forest.
A beacon of light lit by the Night-maiden,
the moon rose
lest the queen and her son feel afraid of the dark.

೪೦ ಮೂಡಿದ ಶಶಾಂಕಂಗೆ ಮಱೆಯಾಗಿ ಮೋಡಮಂ
ಮಾಡಿ ಕೌಶಿಕನು ಕತ್ತಲೆಗೆ ಕೈವೀಸೆ ನಡು
ಗಾಡೊಳಗೆ ಕಾಡಿಗೆಯ ಸೋನೆವಳೆ ಸುರಿದುದದಕಿನ್ನುಳಿದ
ಬಡಬಗೆಗಳು
ಬೇಡ ತಾನುಂಟೆಂಬುದಂ ತನ್ನ ತಾ ಮುಟ್ಟಿ
ನೋಡಿ ಕಂಡಡೆ ಕಂಡನಲ್ಲದುರ್ವಿಯ ಮಾತ
ನಾಡದಿರೆನಿಪ್ಪಂತೆ ಕಾಳಗತ್ತಲೆ ಕವಿದು ಕಡಲಿಟ್ಟು ಮಡುಗಟ್ಟಿತು

೪೧ ಲಲಿತನಗರದ ನಡುವಣರಮನೆಯ ಕರುಮಾಡ
ದೊಳಗೆ ಮಱಹಂಸೆದುಪ್ಪುಳ ಹಸೆಯ ಮೇಲೆ ದೆಸೆ
ಗಳ ಸಾಲಭಂಜಿಕೆಯ ಮಣಿವೆಳಗಿನೊಳು ಸುಖದ ಸುಗ್ಗಿಯಂ
ಸವಿವರಸನು
ಬಳಸಿದಡವಿಯ ನಡುವೆ ಕವಿವ ಕತ್ತಲೆಯೊಳಗೆ
ಗುಳಿನೆಲನ ಮೊಳೆಗಲ್ಲ ಮುಳುವಸೆಯಮೇಲೆ ಹಸಿ
ದಳವಳಿದು ಹೊದೆಯಲಿಲ್ಲದೆ ಹೊಯ್ಟು ಹಿಮವನಾಂತಿರ್ದ
ನೇವಣ್ಣಿಸುವೆನು

But Kaushika created a dark cloud to eclipse the moon and signaled the dark night to march in; a rain of black kohl poured down in the center of the forest—there was no other way to describe this scene. To see where you were, you had to touch yourself and feel reassured that you existed. As if to suppress any sign of the earth's presence, the black night threw a pall of thick gloom, enveloping the earth in pitch darkness. 40

Once the king lived in luxury, 41
harvesting all manner of pleasures,
under soft lamps held aloft by comely statues in every
corner,
on a bed of tender goose feathers in his palace in
Lalitanagara—
Now, this king sleeps on uneven ground,
strewn with sharp stones and thorny patches;
feeling hungry and parched, in the middle of the forest;
and enveloped in cold darkness, with fallen snow for cover.
How do I describe his plight?

೪೭ ಎಡಬಲದ ತೊಡೆಯೊಳೊಱಗಿರ್ದ ಸತಿಸುತರನಡಿ
ಗಡಿಗೆ ತಡಹುತ್ತ ಮಂತ್ರಿಯ ಮಲಗಿಕೊಂಡು ನುಡಿ
ದಡೆ ದನಿಗೆ ಶರಭಶಾರ್ದೂಲವೆಯ್ತಂದು ಬಗಿವುವು ಬಳಿಕ್ಕಾನು
ಮುನಿಗೆ
ಕೊಡುವೊಡವೆ ಸಲ್ಲದೊಡಸತ್ಯನಾದಪೆನೆಂಬ
ಕಡುಚಿಂತೆಯಂಜಿಕೆಯ ಬಲದಿಂದ ಸುಮ್ಮನಿಹ
ಪೊಡವೀಶ್ವರಂಗಿನ್ನು ಮೇಲೆ ಬಹ ಸಂಕಟವನಾವ ಜೀವರು ಕೇಳ್ವರು

೪೮ ಕುಡಿಯಳ್ಳೆಯಂ ವೃಶ್ಚಿಕಂ ಮಿಡಿಯೆ ಮಿಡುಮಿಡನೆ
ಮಿಡುಕುವ ಬಲನನೆತ್ತಿನಂಬಿಸುತ್ತಿರೆ ಮಗ್ಗು
ಲೆಡೆಯೊಳಹಿ ಭುಸ್ಸೆನಲು ಹೆದಱಿ ಹಾ ಎಂದೊಱಲುವಂಗನೆಯ
ದನಿವಳಿಯಲಿ
ನಡೆತಂದು ಹಱಿಮೂಲೆಗೊಂಬ ಹುಲಿ ಕರಡಿಯಂ
ಜಡಿವ ಹೂಂಕೃತಿಗರಣ್ಯದ ಭೂತಭೇತಾಳ
ವಡೆಸುತ್ತಿ ಮುತ್ತಿ ಬೊಬ್ಬಿಟ್ಟು ಝುಂಕಿಸಿದುವಾ ಕೌಶಿಕನ ಪ್ರೇರಣೆಯೊಳು

Every now and then, the king caressed his wife and child, 42
who rested on his thighs. He dared not speak to his minister, lest, at the sound of their voices, *śarabha* and *śardūla,* terrifying beasts of the forest, pounce on them. Worried about the large amount of money he owed to the sage and anxious about the consequences if he failed to fulfill his promise, the king remained silent and preoccupied. Who could imagine the trials that awaited this righteous king?

Here the son, 43
shivering in fright as a scorpion made its way up his chest;
the king, quickly grabbing it, hurled it as far as he could,
drawing the boy close, and soothing him.
There the wife,
screaming in fright as a huge python
hissed menacingly right next to her.
Tigers and bears hounded them,
lurking in every corner, growling and roaring.
Ghosts and goblins howled, shaking the forest,
producing an air of utter horror—
under Vishvamitra's spell.

೪೪ ನಡ ನಡನೆ ನಡುಗಿ ಕಣ್ಮುಚ್ಚಿ ತನ್ನೊಡಲನುೞಿ
ಬಿಡದಪ್ಪಿಕೊಂಬ ಸತಿಸುತರ ನಂಬಿಸಿ ಬಲಂ
ಗೆಡದೆ ಶಂಕರ ವಿರೂಪಾಕ್ಷ ಶರಣೆಂಬುದೆಂದಡಿಗಡಿಗೆ ಬುದ್ಧಿಗೊಡುವ
ಪೊಡವೀಶ್ವರನ ಕೂಡೆ ತೆಱಕಾಱನೆಂದ ನೀ
ನಡವಿಗುೞಿಯಾಗಲೇಕಿವರ ನೋಯಿಸಲೇಕೆ
ಕಡುಮೂರ್ಖತನವ ಬಿಟ್ಟಿನ್ನಾದೊಡಂ ಮುನಿಪನೆಂದುದಂ
ಮಾಡೆಂದನು

೪೫ ಬಿಡು ಮಾಣಿದಾವ ನೋವಿಂದೆಲ್ಲರಳಿವ ಕಂ
ಡಡೆ ಕಾಬೆನಲ್ಲದನ್ಯಾಯದಿಂ ನಡೆದೆನ್ನ
ಹಡೆದ ಕುಲಮಂ ಕೆಡಿಸಲಾಪೆನೇ ಎಲೆ ಮರುಳೆ
ನೀನೆನ್ನಮನದನುವನು
ಅಡಿಗಡಿಗೆ ತುಡುಕಿ ನೋಡದಿರೆಂದು ಭೂಪಾಲ
ನುಡುನಾಮನಂ ಜಡಿಯುತಿರಲು ಹೆಚ್ಚಿದ ರಾತ್ರೆ
ಕಡೆಗಂಡುದಂದುದಯಗಿರಿಯ ಮಸ್ತಕದ ಮೇಲರುಣಕಿರಣಂ
ಕೆದಱಲು

Terrified, his wife and son clung to the king, who consoled 44
them, reassured them, and urged them to chant the name of Shiva, "Salutations to you, Oh Shankara… Virupaksha…"

Then the collector cajoled Harishchandra, "Why go through so much in this wilderness? Why put your wife and child through so much and cause them such unbearable misery? Why don't you finally give up this foolhardiness and do what my guru has asked you to do?"

"Do not even speak of it. What misery are you talking 45
about? I would rather see my wife and child suffer than pollute the purity of the clan that has given birth to me. Do not be so foolish as to test my resolve every now and then, and make me lose my respect for you."

Even as the king chided the collector, the dark night was letting up, to offer some relief, and the golden rays of the sun spread all over the forehead of the Udayagiri mountain ranges.

ದಶಮ ಸ್ಥಲಂ

ಸೂಚನೆ

ನಾಡೆ ವಿಶ್ವಾಮಿತ್ರಮುನಿಯ ಬೆಸದಿಂ ಬಂದು
ಕೂಡೆ ಮುತ್ತಿದ ದಾವಶಿಖಿಯನೆಂತಕ್ಕೆನೀ
ಗಾಡಿ ಪುಣ್ಯಾಧೀನದಿಂ ವಾರಣಾಸಿಯಂ ಹೊಕ್ಕನು ಹರಿಶ್ಚಂದ್ರನು

೧ ನೋಡೆ ಹಳ್ಳದೊಳಿಳಿದು ಕರಚರಣಶುದ್ಧಿಯಂ
ಮಾಡಿ ಸಂಧ್ಯಾವಂದನಂಗೆಯ್ದು ತರುಣಶಶಿ
ಚೂಡನಡಿದಾವರೆಯನರ್ಚಿಸಿ ಗುರುಸ್ಮರಣೆವೆರಸಿ ಪ್ರಸಾದಫಲವ
ಸೂಡಿ ತನಯನನೆತ್ತಿಕೊಳುತ ಮಂತ್ರಿಯನು ಮಾ
ತಾಡಿಸುತ ಸತಿಯನೋವುತ್ತ ನಕ್ಷತ್ರಕನ
ಕೂಡುತ್ತರಂಗುಡುತರಣ್ಯಮಂ ನೋಡುತ್ತ ನಡೆದ ಧೀರೋದಾರನು

೨ ಮಂದ್ಯೆಪ ಬಿಸಿಲ ಬಿಸಿಯಿಂ ನೆತ್ತಿ ನೆಲನ ಬಿಸಿ
ಯಿಂದ ಕಾಲ್ ಕಡುಗಲಿಸಿ ಕವಿವ ಕಾದೆಲರ ಬಿಸಿ
ಯಿಂದ ದೇಹಂ ಕ್ಷುಧಾನಲನ ಬಿಸಿಯಿಂದೊಳಗು ತೃಷೆಯ ಬಿಸಿಯಿಂದ
    ಬಾಯಿ
ಬೆಂದು ಬಿರಿದರಳುತ್ತ ಸಾಯುತ್ತ ನೋಯುತ್ತ
ನಿಂದು ನಡೆದಳುಕುತ್ತ ಬಳಕುತ್ತ ಬರಬರಲು
ಮುಂದೆ ಬಳಿಕೇವೊಗಳ್ವೆನಕಟ ನಿಷ್ಕರುಣಮುನಿ ನೆನೆದ ಕುಟಿಲದ
    ಕುಂದನು

Chapter 10

Synopsis

On the strength of the spiritual merit he had accrued, Harishchandra successfully overcomes the destructive forest fire conjured up by Vishvamitra and finally reaches the city of Kashi.

Harishchandra resumed his journey, after washing his hands and feet in the pond, offering evening oblations, worshiping moon-crested Shiva's feet, praying to his gurus, and partaking of the *prasāda*. As he watched the forest in amazement, he was courage personified, carrying his son, talking to his beloved wife and his minister, and conversing with Nakshatraka, the dues collector. 1

The top of his head burning from the scorching sun, the soles of his feet from the heat of the ground, his body from the enveloping hot breeze, his stomach from fiery hunger, and his mouth from parching thirst, Harishchandra walked on, dragging his feet in agony. How do I describe what awaited him ahead, all owing to the terrible cunning of that heartless sage? 2

೩ ಹಿರಿಯ ದಂತಂಗಳುರಿವುತ್ತಾನೆಗಳು ಗಱಿಗ
ಳುರಿವುತ್ತ ಪಕ್ಷಿಗಳು ಬೆಳೆದ ಕಾಡುಗಳು ಬಿಡ
ದುರಿವುತ್ತ ಮೃಗತತಿಗಳುಟ್ಟ ಹೀಲಿಗಳುವುರಿವುತ್ತ ಶಬರಿಯರ ರೋಮ
ಉರಿವುತ್ತ ಕರಡಿಗಳು ಬೆನ್ನೊಳಿಳುಹಿದ ಚಮರ
ವುರಿವುತ್ತ ಬೇಡರೊಱಲುತ್ತ ಬಪ್ಪುದನು ಕಂ
ಡರಸನರಸಿಗೆ ತೋಱಿ ಮೀಱಿ ನಡೆವುತ್ತಿಪ್ಪ ಸಮಯದೊಳಗೇ
 ವೊಗಳ್ವೆನು

೪ ವಿನುತ ವಿಶ್ವಾವಸುವಿನಾತ್ಮಭವ ಕೃತವೀರ್ಯ
ನೆನಿಪವನ ಕೈಯಿಂದ ಮಡಿದ ಭೃಗ್ವಾದಿಗಳ
ತನಯನೆನಿಪೂರ್ವ ಮುನಿಯುಗುಳ್ದ ಕೋಪಾಗ್ನಿ ಕಡಲಂ ಕುಡಿದು
 ಹಸಿವಡಗದೆ
ಮುನಿದು ಪೊಡವಿಯ ಸುಡುತ ನಡೆತಂದಪುದೊ ರುದ್ರ
ನನಿಮಿತ್ತ ಕಡೆಗಾಲದನಲಂಗೆ ಕೈವೀಸಿ
ದನೊ ಪೇಳಿದೇನೆಂದು ನೃಪನಂಜುತಿರಲು ದಾವಾನಳಂ ಕೈಕೊಂಡುದು

೫ ಕುತ್ತುಱೂಗಿರ್ದ ಹೆಮ್ಮೆಳೆಗಳಂ ಸುಡುತ ಬಳ
ವೆತ್ತ ಬೆಟ್ಟವ ಸೀಳ್ದು ಸೆಕ್ಕೆಗಳೆವುತ್ತ ಪಳು
ವೆತ್ತ ನೆಲನಂ ಕರಿಕುವರಿಸುತ್ತ ಬೆಳೆದ ಮರದಿಡುಕುಱೊಳು
 ನಿಂದುರುಹುತ
ಹೊತ್ತುತ್ತ ಹೊಗೆಯುತ್ತ ಹಬ್ಬುತ್ತ ಹರಿದು ನೆಗೆ
ಯುತ್ತ ಗಗನವನು ತುಡುಕುತ್ತ ಮತ್ತಂತಡಸಿ
ಸುತ್ತ ಮುತ್ತಿತ್ತು ದಾವಾನಳನಸತ್ಯಕಾಂತಾರದಾವಾನಳನನು

Suddenly he saw all around them huge elephants with their tusks on fire; birds with their feathers on fire; big and small animals on fire; thick, mature clumps of trees on fire; tribal women with their peacock-feather dresses on fire; bears with their fur on fire; and hunters on fire—all of them rushing toward them, screaming. How do I praise the king's brave attempt to dodge the onrush of burning carcasses and move on with the queen? 3

Was it the angry fire spewed by the son of sage Bhṛgu, who had been killed by Kritavirya, progeny of Vishvavasu?[1] Had this fire, not content even after drinking up the entire ocean, then turned its ire on earth by burning everything in its wake? Or was it the fire of ultimate annihilation that Rudra had beckoned with a wave of his hand? As Harishchandra wondered, the fire raged on. 4

Burning down thick clumps of bamboo, 5
cleaving through mighty mountains, their wings severed,
blackening the ground overgrown with thick shrubs,
and blowing through hollows of gigantic trees,
the fire blazed through the forest...
searing and smoking and sizzling and spiraling...
soaring to the skies and scattering...
striking from every side...,
the forest fire enveloped Harishchandra,
himself, a forest fire to the forest of untruth.

೬ ಭುಗಿಭುಗಿಲ್ ಭುಗಿಭುಗಿಲ್ ಛಿಳಿಛಿಳಿಲ್ ಛಿಟಿಛಿಟಿಲ್
ಧಗಧಗಿಲ್ ಧಗಧಗಿಲ್ ಘುರಿಘುರಿಲ್ ಘುರಿಘುರಿಲ್
ಧಗಧಗಂ ಧಗಧಗಂ ಧಗಧಗಿಲ್ ಛಿಮಿಛಿಮಿಲ್ ಛುರಿಛುರಿಲ್ ಛಟ
ಛಟೆಂದು
ಒಗೆದು ಧಂಧಗಧಗಧಗಂ ಘುಳುಘುಳೆಂದುಬ್ಬಿ
ನೆಗೆದು ದಳ್ಳುರಿ ಬಳ್ಳಿವರಿದು ಕತ್ತಲಿಸಿ ಕ
ರ್ಬೊಗೆ ಮೀಱಿ ತೋಱಿ ಕೆಂಗಿಡಿಗೆದಱಿ ದಾವಾಗ್ನಿ ಮುತ್ತಿತ್ತು
ನಾಲ್ದೆಸೆಯನು

೭ ಹಿಂದೆ ರಿಪುರಾಯರೆಲ್ಲರ ಕೊಂದಡವರ ಕುಲ
ವೃಂದದಳಲುರಿ ನೆಗೆದು ಹೊತ್ತ ಹಾರಿರ್ದೀಗ
ಬಂದು ಮುತ್ತಿತ್ತೊ ಕೌಶಿಕನ ತೆಱಕಾಱನರ್ಥವನಿಂದು ಕೊಟ್ಟಲ್ಲದೆ
ಒಂದಡಿಯನಿಡಲೀಯೆನೆಂದುರಿಯ ಗೆಱೆಯನಾ
ರ್ಪಿಂದಿಟ್ಟನೋ ತನ್ನ ಕುಲದವನ ಕಾಯಬೇ
ಕೆಂದು ರವಿ ಕಿರಣಮಂ ಬಳಸಿದಪನೆನಿಸಿ ದಾವಾಗ್ನಿ ಸುತ್ತಂ ಮುತ್ತಿತು

Bhugibhugil bhugibhugil[*] *... chiḷichiḷil chiṭichiṭil ...* 6
dhagadhagil dhagadhagil ... gharigharil gharigharil ...
dhagadhagam dhagadhagam dhagadhagil ...
chimichimil churuchuril chaṭachaṭa ...
dhamdhaga dhagadhagam ... ghuḷughuḷu ...
the fire swelled ... splintering ... springing like a creeper ...
its blazing flame turning everything black ... spewing black smoke ...
red sparks flying in all directions ...,
the fire engulfed the forest on all four sides.

The enveloping fire, was it the fire of the collective sorrow of people mourning for their slain kings, a sorrow that had bided its time and now found vent? Or was it the dues collector's way of warning, "Do not take one step more; pay up first," by drawing this circle of fire around Harishchandra? Or was it a ring of fire created by the sun around his descendant to protect him? 7

* Sounds of the spreading fire.

೮ ಹೆದಱಿ ಗಜಬಜಿಸಿ ಸತಿಸುತರ ಕೈವಿಡಿದು ನಿ
ಲ್ಲದೆ ಸಾರು ಮಾರಿ ಬಂದತ್ತು ನಡೆನಡೆಯೆಂದು
ಕದುಬಿ ಹರಿ ಹರಿದತ್ತಲಿತ್ತ ದಾರಿಯನಱಿಸುವನಿತಕೆಲ್ಲಾ ದೆಸೆಯನು
ಹೊದಸಿ ಕೈಕೊಂಡ ಬೇಗೆಯ ಬೇಗಮಂ ಕಂಡು
ಮದವಳಿದು ನಿಂದ ಭೂಪನ ಮೇಲೆ ಸಾಯಲಾ
ಱದೆ ನೊಂದು ಬೆಂದ ನಾನಾಖಗಮೃಗಂ ಕವಿದವೇನೆಂಬೆನದ್ಭುತವನು

೯ ಹೆಡೆ ಬೇವ ಸರ್ಪ ಬರಿ ಬೇವ ಸಾರಂಗ ಕೊರ
ಳೆಡೆ ಬೇವ ಸಿಂಹ ತಲೆ ಬೇವ ಹುಲಿ ಕಿವಿ ಬೇವ
ಕಡವು ಕಾಲ್ಬೇವ ಮರೆ ತುಟಿ ಬೇವ ಜಂಬುಕ ವೃಕಂ ಬಸುಱ್ ಬೇವ
ಶಶಕ
ತೊಡೆ ಬೇವ ಹುಲ್ಲೆ ಬಾಲಂ ಬೇವ ಕೋಣ ಹೆ
ದ್ದೊಡೆ ಬೇವ ಹಂದಿ ಪಚ್ಚಳ ಬೇವ ಸೀಳ್ನಾಯಿ
ಕಡಗಿ ಕಂಗೆಟ್ಟು ದೆಸೆಗೆಟ್ಟು ಕವಿದವು ಹರಿಶ್ಚಂದ್ರ ಭೂಪತಿಯ ಮೇಲೆ

Fearing the worst, the king grasped the hands of his wife and child firmly, urging them on: "Don't stop... keep moving... or it will kill us... move... run now..." Seeing the fire rushing at them from all sides, he desperately looked around for ways to escape from its crushing arms. All of a sudden, he found himself surrounded by hordes of birds and animals, some half dead, some writhing in pain, and some dying from the burns. 8

Burning and burning, 9
burning the snake's hood, burning the *sāraṅga* buck's ribs,
lion's mane, tiger's head, gaur's ears, deer's legs,
fox's face, wolf's snout, rabbit's stomach, doe's shanks,
wild buffalo's tail, wild boar's high thighs, and hound's
flanks...
burning and burning, seared and scorched,
they hurtled upon the king, senseless.
How do I describe this horrific sight!

೧೦ ಕರಿಗೆ ತೊಲಗಿದಡೆ ಹುಲಿ ಮೊರೆವುದೋಸರಿಸಿದಡೆ
ಕರಡಿ ಕೆಲೆವುದು ಹಿಂಗಿದಡೆ ಸರ್ಪ ತುಡುಕುವುದು
ತಿರುಗಿದಡೆ ಸಿಂಹ ಗರ್ಜಿಪುದೊಲೆದಡೆಕ್ಕಲಂ ಟೊಣೆವುದೊಯ್ಯನೆ ಕಳಿದಡೆ
ಮರೆ ಹೊಯ್ವುದದನುಳಿದಡೆಮ್ಮೆಯೆಱಗುವುದು ಪರಿ
ಹರಿಸೆ ಸಾರಂಗವಿಱಿವುದು ಮುರಿಯೆ ಕೋಣನಿ
ಟ್ಟೊರಸುವುದು ಎನುತ ಬಾಯ್ವಿಟ್ಟು ಮಱುಗಿದ ಭೂಪ ಸತಿಸುತರ್ ಬೆಱಗಾಗಲು

೧೧ ನೂಕಿ ಮೃಗದಿಕ್ಕೆಯಂ ಬಿಟ್ಟು ದಡವೇಱುತಾ
ಲೋಕಿಸುತ ಮುನ್ನಟ್ಟಿ ಮುಟ್ಟಿ ದೆಸೆದೆಸೆಯೊಳೇ
ಕಾಕಾರವಾದಗ್ನಿಯಂ ಕಂಡು ಗಗನದಮರರು ನೊಂದು ಬೆಂದು ಮಱುಗಿ
ಆ ಕವಿದುದಾವುರಿದುದಾ ನೆಗೆದುದಾ ಮೊಗೆದು
ದಾ ಕೊಂದುದೆಲೆಲೆ ಶಿವಶಿವ ಮಹಾದೇವ ಕರು
ಣಾಕರನೆ ರಕ್ಷಿಸು ಹರಿಶ್ಚಂದ್ರನೃಪನನೆನುತಭವಂಗೆ ಮೊಱೆಯಿಟ್ಟರು

The king gaped at the scene open-mouthed: 10
If you escape the elephant, the tiger is lying in wait;
dodge the tiger, the bear grunts in your ear;
back off, the serpent comes at you;
turn around, the lion roars next to you;
move a step, the wild boar comes charging;
slink away, the deer comes butting;
then, the gaur is all set to pounce on you;
next, the buck is ready for you with its sharp horns;
and, if you are alive still, the wild bull is out to crush you!
His wife and son were just as dumbstruck.

While the king and his companions were busy keeping 11
the animals at bay and trying to move out of their range, the gods in heaven, watching the uncontainable forest fire grow relentlessly in every direction, were deeply disturbed by the king's plight. They pleaded with Shiva urgently, "Oh Lord Shiva! Mahadeva! See how the whole forest has turned into a blaze... Look how it is burning... breaking out everywhere... annihilating everything... Have mercy, protect King Harishchandra! We beg of you, Oh Lord."

೧೨ ನಡುಗಿದನೆ ಬೆದಱಿದನೆ ತೆಕ್ಕಿದನೆ ತೆರಳಿದನೆ
ಸೆಡೆದನೇ ಪರಿವೇಷವಾದ ರವಿಯಂತೆ ಕಡು
ಗಡಲ ಕಡೆವಂದು ದಿವಿಜಾಸುರರ ಪಡೆಯ ಪಡಲಿಡೆ ಕೆಡಪಿ
ಮೂಲೋಕವ
ಸುಡುವ ಹೊಸವಿಷದುರಿಯ ನಡುವಿರ್ದ ಮೃಡನಂತೆ
ಬಿಡದಡಸಿ ಸುರುಚಿರಜ್ಞಾನ ಪ್ರಭಾಳಿ ಕವಿ
ದಡಸಿ ಮುತ್ತಿರ್ದ ಪರಮಾತ್ಮನಂತಿರ್ದನವನಿಪನುರಿಯ
ದಾಳಿಯೊಳಗೆ

೧೩ ಮುಟ್ಟಿ ಕಾಶಿಯನು ಹೊಕ್ಕವನಲ್ಲ ಮುನಿರಿಣವ
ಕೊಟ್ಟಾತನಲ್ಲ ದಾನದ ಭೂಮಿಯಿಂದ ಪೊಱ
ಮಟ್ಟಾತನಲ್ಲಾಯು ತುಂಬಿ ಮಡಿದವನಲ್ಲ ಹೋಹಡಾನೊಬ್ಬನಸುವ
ಬಿಟ್ಟಾತನಲ್ಲ ನಿಜಸತಿಸುತರ್ ಮಂತ್ರಿ ಸಹ
ನಟ್ಟಡವಿಯೊಳಗೆ ದಳ್ಳುರಿಹೊಯ್ದು ದುರ್ಮರಣ
ವಟ್ಟು ಹೋಹಂತಾದುದೇ ಎಂದು ನೃಪತಿ ಮಱುಗುತ್ತ ಮತ್ತಿಂತೆಂದನು

೧೪ ಧುರಮುಖದೊಳಂತಕನ ಹಸಿವಡಗೆ ಮಾರಿ ಕೊ
ಕ್ಕರಿಸೆ ಬಲುಮೃತ್ಯುವಿನ ಬಾಯ ಬಱನಳಿಯೆ ಭೀ
ಕರಭೂತಭೇತಾಳರುದುಗಲಿಸೆ ಖಡ್ಗವಾಯ್ದಣಿಯೆ ನಿಜಭುಜದ ತೀಂಟೆ
ಹರೆಯ ಹಗೆಗಳ ಕೊಂದು ಮುಕ್ತಿವನಿತೆಯ ಪಯೋ
ಧರದ ಮೇಲೊಱಗುವಂತಿಭಮಸ್ತಕದೊಳೊಱಗಿ
ಸುರಪಭೋಗಾಂತರವನೆಯ್ದದಿಂತುರಿಯೊಳಳಿವಂತಾದುದೇ ಎಂದನು

Did he break or blanch? Did he shrink or shirk? Did he dither or diminish? The king, even in the face of that inferno, shone like the sun surrounded by the aura of the eastern sky; he was radiant like Mrida, who withstood the venomous *kālakūṭa* emanating from the churned ocean, strong enough to annihilate all the three worlds; he was effulgent like God surrounded by the rich light of pure and eternal knowledge. 12

"I have not yet reached Kashi; I have not yet paid back my debt to the sage; I have not stepped out of the borders of the land I gave away; nor have I completed my full span of life. If I alone were to die, that is one thing; but I am dragging down the lives of my wife, child, and the minister as well. Oh, what a terrible way to die, in this infernal fire!" Haunted by these anxieties, the king bemoaned his plight. 13

"Instead of assuaging Yama's hunger in the battlefield, provoking Mari's disgust, ending the drought of Death's mouth, making those terrible ghosts and goblins throw up, slaking the thirst of the sword's edge, slaying my enemies until the itch in my arms is stilled, and lolling on the head of the royal elephant as if one was resting on the breasts of Mukti, goddess of liberation, and enjoying pleasures matching those of Indra, here I am being consumed in a fire. Oh, what a pity!" 14

೧೫ ಕಡಗಿ ಕರ್ಬೊಗೆ ಸುತ್ತಿ ದಳ್ಳುರಿಗಳಲೆದು ಕೆಂ
ಗಿಡಿಗೆದಱಿ ಕೆಂಡಂಗಳಡಸಿ ಸುಡೆ ಮಿಡುಮಿಡನೆ
ಮಿಡುಕಿ ಬಾಯ್ಬಿಟ್ಟೊಱಲಿ ಕೆಡೆದೊಡಲು ಮಡಿದು ಕೈಕಾಲ್ ಬೆಂದು
ಸುಕ್ಕಿ
ಮಡದಿ ಸುತರಳಿವುದನು ಕಣ್ಣಾಱ ಕಂಡು ನಾಂ
ಕಡೆಯಲಳಿವುದಱಿಂದ ಮುನ್ನವೀ ಬೇಗೆಯೊಳ
ಗಡಗುವೆಂ ಹಿಡಿಯಬೇಡುಮ್ಮಳಿಸಬೇಡೆಂದು ಮಂತ್ರಿಗಾಡಿದನರಸನು

೧೬ ಒಡೆಯನಳಿವಂ ಕಾಣ್ಬ ಪಾಪಿಯೆನ್ನಿಂದಾರು
ಕಡೆಯ ನರಕಿಗಳು ಬಳಿಕಳಿದಲ್ಲಿ ಫಲವಾವು
ದೊಡಲುವಿಡಿದಾನೊಮ್ಮೆ ಮಡಿಯದಿಹುದಿಲ್ಲಿಲ್ಲ ಮಡಿಯುತ್ತ ಪತಿಯ
ಮುಂದೆ
ಮಡಿದೆನಾದಡೆ ಪುಣ್ಯಕೀರ್ತಿಯುಂಟಾಳ್ ಮುಂದೆ
ನಡೆದಲ್ಲದರಸು ನಡೆವನೆ ಕೆಟ್ಟನುಡಿಗಳಂ
ನುಡಿಯದಿರು ತಂದೆಯೆಂದಾ ಸತ್ಯಕೀರ್ತಿ ಭೂಪಾಲಂಗೆ ಕೈಮುಗಿದನು

೧೭ ಉತ್ತಮಕುಲೀನನತ್ಯಧಿಕವಿಪ್ರಂ ವೇದ
ವೇತ್ತ ಸರ್ವಾಗಮಜ್ಞಂ ಶೈವನೆಲೆ ನರೆಯ
ಹೊತ್ತವನು ಮನೆಮಕ್ಕಳಂ ಬಿಟ್ಟು ಬೆಂಬಳಿಯ ನಂಬಿ ಬಂದವನು ನಿನ್ನ
ಮುತ್ತುವಗ್ನಿಗೆ ಮುಂದೆ ನೂಕಿ ನರಕಾಳಿಗನಿ
ಮಿತ್ತ ನಡೆದಖಿಳಜಗವಱಿಯಲಪಕೀರ್ತಿಯಂ
ಹೊತ್ತುಕೊಂಬವನಲ್ಲ ನೀಂ ಮುಂದೆ ಹೋದಡೆನ್ನಾಣೆಯೆಂದಂ
ಭೂಪನು

Thick, black smoke engulfed them, the fire blazed right 15
next to them, red sparks splattered all over, and cinders exploded in their face. In utter misery, the king poured out his woes to the minister: "How can I see my loved ones scream in agony as their bodies are charred and their skin peels off, and watch them die? I do not want to die after them; I would rather fall into this fire right away. Do not stop me, do not grieve for me."

Satyakirti begged the king, hands folded, "There can be no 16
worse sinner than one who has to watch his master die. Could that ever be a virtuous deed? What is the point of my holding onto life when you have gone? I would rather die before you so that my reputation as a loyal servant will be intact. Would a servant ever let his king walk ahead? Hence, speak no more like this, my lord."

"A high-born man; a great Brahman; a scholar of the Vedas, 17
learned in the scriptures; a devout Shaiva; an elder with a head of gray hair, you have followed me, giving up your own family. Can I push you into this raging fire and walk into the most horrific of hells? How can I bear the infamy of such an act? Stop, not one step further! Swear to me," said the king, dissuading his minister.

೧೮ ಭೋಗವಱಿಯದ ತರುಣನಂ ನಿಧಿಗೆ ಕೊಡೆ ತೃಪ್ತ
ನಾಗಿ ತನ್ನಂ ಕೊಡುವುದೆಂಬಾಗಳೆನ್ನನೀ
ಬೇಗೆಗಾಹುತಿಗೊಟ್ಟಡೆನ್ನಿಂದ ತಣಿದು ನಿಮ್ಮೆಲ್ಲರಂ ತಲೆಗಾವುದು
ಬೇಗ ಕಳುಹೆಂಬ ಸುತನಂ ನೋಡಿ ಸಾಮ್ರಾಜ್ಯ
ದಾಗನನುಭವಿಸಬೇಕಳಿಯಬೇಡೆನಲು ಭೂ
ಭಾಗದೊಡೆತನ ಕೌಶಿಕಂಗಾದುದಿನ್ನೇನನಾಳ್ವೆ ಭೂಭುಜ ಎಂದನು

೧೯ ತವಕದಿಂದುತ್ತಾನಪಾದಭೂಪನ ಮಗಂ
ಧ್ರುವನು ಮಲತಾಯೆನಿಪ್ಪಾ ಸುರುಚಿ ಬಯ್ಯೆ ಹೇ
ವವ ತಾಳ್ದು ಶಿವನ ಮೆಚ್ಚಿಸಿ ಬೇಱೆ ಲೋಕವಂ ಪಡೆದು ಹದಿನಾಲ್ಕು
ವಿಧದ
ಭುವನಾಳಿಗಾಧಾರವಾಗನೇ ಮಗನೆ ಬೇ
ಡುವೊಡೀವ ಶಿವನುಂಟು ಪಡೆವ ನೀನುಂಟು ರಾ
ಜ್ಯವನಾಳ್ವ ಭಾಗ್ಯವುಂಟಳಿಯಬೇಡೆಂದು ಭೂಪಂ ಸುತನ
ಬೋಧಿಸಿದನು

೨೦ ತೀದುದೇ ಮಾತು ದಳ್ಳುರಿ ಮಿಕ್ಕುಮೀಱಿ ಬರು
ತೀದುದೆನಗಿತ್ತಿರೇ ಬೆಸನ ನೀವರಸಯೆಂ
ದಾ ದಿವ್ಯಸತಿಗೆಂದನವನಿಪ ಹರಿಶ್ಚಂದ್ರನುಳ್ಳ ಘನ ಸಿರಿಸಂಪದ
ತೀದ ಕಡೆಯೊಳು ತನ್ನ ಸತಿಸುತರ ಕಾಯ್ದು ತಾಂ
ಹೋದನೆನಿಸದೆ ಪ್ರಾಣಭೀತಿಯಿಂ ಕಡೆಮುತ್ತಿ
ಬೀದಿವರಿವುರಿಗಬಲೆಯಂ ಕೊಟ್ಟನೆಂಬ ಕುಂದಂ
ಹೊಱುವನಲ್ಲೆಂದನು

Then the son pleaded: "It is said that if one offers to the fire 18
a young boy, innocent of the pleasures of the world, it will be appeased and its fury will abate. So if you sacrifice me to the fire, it is bound to protect all of you. So send me off right away, Father."

The king said, "You cannot go; you are yet to experience the pleasures of the throne."

The son countered: "But the throne has been made over to Kaushika. Where is the kingdom to rule?"

"Do you not know of Dhruva, King Uttanapada's son, who 19
after being pushed off the king's lap by his stepmother, Suruchi, turned to penance and pleased lord Shiva, who gave him the fourteen worlds to rule over? There is always Shiva who will give; you are there to humbly take it; you will have the good fortune of being king. So, you cannot go my son," said the king.

"What is the point of going on like this? The raging fire is 20
rushing at us. Please permit me to sacrifice myself, my lord," said the exemplary queen. And Harishchandra said, "How can I? What I most devoutly wish is for people to say that the king, even after having lost all his marvelous wealth, protected his beloved wife until his last breath. I will not earn the infamy of being a coward who, fearing for his own life, pushed his wife into the towering fires. I simply cannot."

೨೧ ಮುಳಿದು ಮೊಗೆದೆಲ್ಲರಂ ಕೊಲ್ಲದಿಂದೆನ್ನನೊ
ಬ್ಬಳನೆ ಕೊಂದಪುದೆ ಭೂಭುಜ ನಿಮ್ಮ ಕೂಡೆ ಸರಿ
ಯೊಳು ಜೀವವಂ ಬಿಡುವುದುಚಿತವಲ್ಲಿಂ ಬಳಿಕ
ಬಿಡುವುದತ್ಯಧಮತನವು
ಎಳಸಿ ಮುತ್ತೈದೆತನದಲಿ ಮುಂದೆ ಹೋದಪೆಂ
ಕಳುಹಿಕೊಡಬೇಕೆಂದು ಮೈಯಿಕ್ಕಿ ಬೇಡಿಕೊಂ
ಡಳು ಗಂಡನಂ ಚಂದ್ರಮತಿ ಪತಿವ್ರತೆಯರಾನಂದನಿಧಿ ಲಲ್ಲೆಗಱೆದು

೨೨ ಒಳಗುಕ್ಕುವಳಲ ಹಸರಿಸಿಕೊಳುತ ಹೋಗೆಂದು
ಕಳುಹಿದರಸಂಗೆಱಗಿ ಬೀಳ್ಕೊಳುತ್ತಿರೆ ಕಂಡು
ತಿಳಿದಿದೆಲ್ಲಿಗೆ ಹೋಹೆಯವ್ವ ನಿನ್ನೊಡನೆ ನಾಂ ಬಪ್ಪೆನೆಂದೆನುತ ನಿಱಿಯ
ಸೆಳೆದಪ್ಪಿ ಬಾಯ್ಬಿಡುವ ಸುತನ ಮುಂಡಾಡಿ ಕಂ
ಗಳ ನೀರನೊರಸಿ ಬೇಗದಲಿ ಬಂದಪೆನುವು
ಮ್ಮಳಿಸದಿರು ಕಂದಯೆಂದೆಂತಕ್ಕೆ ಸಂತೈಸಿ ಪತಿಯ ಕೂಡಿಂತೆಂದಳು

೨೩ ಒಸೆದು ಬೇಡಿತನಿತ್ತು ಸಲುಗೆಯಂ ಸಲಿಸಿ ಮ
ನ್ನಿಸುವ ಪತಿಯೆಂಬ ತೇಜದ ಬಲದಿ ಮಱೆದು ಲೆ
ಕ್ಕಿಸೆನಂಜೆನಿದಿರೇಳೆನೋಸರಿಸೆನಳುಕೆನೇಕಾಸನದೊಳಿರುತಿಪ್ಪೆನು
ಬೆಸಕೈಯೆನುತ್ತರಂಗೊಡುವೆನೊಮ್ಮೊಮ್ಮೆ ದ
ಟ್ಟಿಸುವೆನೆನ್ನಪರಾಧಕೋಟಿಯಂ ಮಱೆದು ಕರು
ಣಿಸು ಭೂಮಿಪಾಲಯೆಂದಡಿಗೆಱಗಿ ಬೀಳ್ಕೊಂಡು ನಿಂದ
ಳಾವುರಿಯಿದಿರೊಳು

"Oh my lord, would this fire kill me alone and spare all of 21
you? It is not proper for me to die along with you; it is a sin to live after you; I would rather die the chosen, supreme death of a chaste wife who precedes her husband in death. I beg you to let me go first." Thus Chandramati, proud of her status as a dedicated wife, fell at his feet, and coaxed and cajoled the king to let her go first.

Suppressing the sorrow boiling within, the king gave his 22
consent. Chandramati bowed at his feet to take her leave. When he saw this, his son, Lohitashva, started crying. Tugging at her sari, he demanded, "Where are you going, Mother? I am going with you." Wiping the tears from his cheeks and cuddling him, she consoled him, "Don't cry, my pet. I'll come back soon."

Prostrating herself before her husband, she said: 23
"Proud to have a loving husband who indulges my every
 wish,
I have often taken liberties in your royal presence—
not cared enough and not loved enough,
not been timorous enough nor reverent enough,
and not received you with due courtesy;
I may have dared to sit on the same throne.
I may have talked back, and even berated you.
Forgive me all my transgressions, my lord."
Bidding farewell to all, she stood facing the fire.

೨೪ ದೆಸೆಗಳಿಗೆ ನಮಿಸಿ ದೈವಕ್ಕೆಱಗಿ ರವಿಗೆ ವಂ
ದಿಸಿ ಕೋಟಿಭವಭವದೊಳೆನಗೀ ಹರಿಶ್ಚಂದ್ರ
ವಸುಧೇಶನೇ ಗಂಡನಾಗಲಿ ದಿಟಂ ಲೋಹಿತಾಶ್ವನೇ ಮಗನಾಗಲಿ
ವಸುಸತ್ಯಕೀರ್ತಿಯೇ ಮಂತ್ರಿಯಾಗಲಿ ತರುಣ
ಶಶಿಮೌಳಿಯೇ ದೈವವಾಗಲೆಮ್ಮಿಳೆಯ ಪಾ
ಲಿಸುವ ವಿಶ್ವಾಮಿತ್ರ ನಿತ್ಯನಾಗಲಿಯೆನುತ ಬೇಡಿಕೊಂಡಿಂತೆಂದಳು

೨೫ ಪೊಡವೀಶ ಕೇಳುಭಯಕುಲಶುದ್ಧೆಯಲ್ಲದಿ
ರ್ದಡೆ ನಿನ್ನನಲ್ಲದನ್ಯರನು ಲೆಕ್ಕಿಸಿದೆನಾ
ದಡೆ ಹಿಂದೆ ನಿನಗೊಂದನಿಕ್ಕಿನಾನೊಂದನುಂಡಡೆ ಮೂಱು
ಕರಣವಱಿಯೆ
ಮೃಡನಲ್ಲದನ್ಯದೈವಕ್ಕೆನಮಿಸಿದಡೆನ್ನ
ಹೊಡೆದು ಮುಕ್ಕುವುದು ದಾವಾಗ್ನಿ ಮೇಣಲ್ಲದಿ
ರ್ದಡೆ ಬಟ್ಟೆಗೊಟ್ಟಪುದು ಕೇಳೆಂದು ಬೊಬ್ಬೆಗೊಡುವಾಪೊಳ್ತ
ನೇವೊಗಳ್ವೆನು

Bowing in every direction, 24
she offered her respects to the sun and prayed:
"May Harishchandra be my husband a million lives to
come.
May Lohitashva be born as my son again.
May elder Satyakirti ever remain the minister.
May the moon-crested lord be my god forever.
May Vishvamitra who now rules our earth be eternal.

"Hear me, lord of earth! 25
If I do not hail from two pure lineages,
if I have ever thought of anyone else but you,
if I have ever fed you one thing and eaten another thing
myself,
if I have ever prayed in body, mind, and soul to gods other
than Shiva,
then may Agni, this forest fire, consume me alive.
If not, may this fire let up and give way."
How do I describe this moment,
a witness to the potent words of a chaste wife?

೨೬ ತರುಣಿಯ ಮನಂ ಬೆದಱಬೇಕೆಂದು ನೆಗೆದು ದ
ಳ್ಳುರಿ ಗಗನಮಂ ತೀವಿ ಸುತ್ತಿ ಮುತ್ತಿರೆ ಕಂಡು
ಹರಿದು ಹೊಕ್ಕಳು ಹೊಕ್ಕಳೆಲೆಲೆ ಶಿವಶಿವ ಮಹಾದೇವ ಬಗೆಯದೆ
ಹೊಕ್ಕಡೆ
ತರುಣಸೂರ್ಯಂ ಕತ್ತಲೆಯನೆ ಹೊಕ್ಕಂತಾಯ್ತು
ನೆರೆದ ಕೌಶಿಕನ ಕೃತಕಾಗ್ನಿ ಹರೆದೋಡಿ ಭಾ
ಪುರೆ ಬಟ್ಟೆಗೊಟ್ಟುದೆಂಬಾಗಳುತ್ತಮರ ಮುಂದಾವ ಠಕ್ಕಿರಲಾಪುದು

೨೭ ಸುರರ ಹೂಮಳೆಯ ತಂಪಿಂ ನೆಲದ ಬಿಸಿಯಾಱಿ
ತುರಿಯ ನೆವದಿಂ ಸತಿಯ ಶುಚಿತನವನಱಿದು ಭೂ
ವರನಪ್ಪಿದಂ ಮಂತ್ರಿಯೆಱಗಿದಂ ಪುತ್ರ ನಲಿದಾಡಿದಂ ಸಂತಸದಲಿ
ಹರಕೃಪೆಯೊಳಗ್ನಿಭಯವೆಂತಕ್ಕಿದೊಮ್ಮಿಂಗೆ
ಪರಿಹರಿಸಿತುಗ್ರಮುನಿಗಿತ್ತವಧಿ ಸನಿಹವಾ
ಯ್ತಿರಬಾರದುರವಣಿಸಿ ನಡೆನಡೆಯೆನುತ್ತ ಹರಿತಂದು ವಿಂಧ್ಯವ
ಕಳಿದರು

೨೮ ಹಲವು ನಗರಂಗಳಂ ಹಲವರಣ್ಯಂಗಳಂ
ಹಲವು ಗಿರಿಗಳ ಕಳಿದು ನಡೆತರಲು ಮುಂದೆ ಶತ
ಕಲಿಮಲಕುಲಾಪಕರ್ಷಣೆಯಾನು
ವಿಪುಳಪಾತಕಕೋಟಿಕೋಟಿಯೆಂಬ
ಜಲಜವನಚಂದ್ರಕಳೆಯಾನು ಭವಭಯಕುಧರ
ಕುಲಿಶಾಭಿಧಾನೆಯಾನೆಂದು ಧರೆಗಱುಪಲೆಂ
ದುಲಿವಂತೆ ಘುಳುಘುಳುಧ್ವಾನದಿಂದೆಸೆವ ಗಂಗಾನದಿ ವಿರಾಜಿಸಿದಳು

At that point, as if to frighten the young woman, the 26
fire raged even higher, leaping to the skies. Unruffled, she walked in ... in ... into the consuming fire. Oh Shiva, Shiva ... Mahadeva! When she walked into it without caring a whit, what should happen! It looked as though the sun itself had entered pitch darkness; the spurious fire caused by Kaushika took flight and vanished. How far can guile and cunning resist the power of the virtuous?

The gods in heaven rained down flowers that cooled the heat 27
of the earth. Stunned by her undaunted strength of character and purity, the ecstatic king embraced his wife; the minister knelt before her; and the son jumped in joy. Thanks to Shiva's benevolence, the threat of fire disappeared just as it had appeared.

The time set by the harsh sage was fast approaching. So they decided to quickly cross the Vindhya ranges.

Ranging through many cities, countless forests, and 28
numerous mountains, they finally sighted the Ganga. The resplendent river flowed mellifluously, announcing to the people of the earth: "I am the destroyer of mounds of defilement accrued through a hundred *kali* aeons; I am the moonlight that shines over millions and millions of sinning lotuses; I am the bolt of lightning that grinds to dust the mountains of fear of rebirth."

೨೯ ಘುಳುಘುಳಿಸಿ ಕವಿವ ತೆರೆಗಳು ಹಳಚಿ ಕುದಿವ ಮು
ಮ್ಮಳಿಗಡಲು ಮಱುಗಿ ಮಱಹಂ ಮೋದಿ ಮುರಿದಿಳಿವ
ಪೊಳೆವ ಸುಳಿಗಳ ಬಳಗಮಂ ಬಳಸಿ ಭೋರ್ಗರೆದು ಬೊಬ್ಬಿಡುವ
ತಳ್ಳಿವೊನಲು
ಸೆಳೆದು ಕೈಯಿಂ ಹೊಯ್ಲ ಹೋರಟೆಯೊಳುಕ್ಕಿ ಮು
ಮ್ಮಳಿಪ ನೊರೆ ಬುದುಬುದವನೊಡೆಗಲಿಸಿ ಕದಡಿ ಕಂ
ಗಳವಟ್ಟ ಲಹರಿಗಳ ಲಗ್ಗೆಯಿಂದೆಸೆವ ನದಿಯೊಪ್ಪವನದೇವೊಗಳ್ವೆನು

೩೦ ಬಿಡೆ ಕೇಳ್ದಡಘಹರಂ ನೆನೆಯೆ ಪುಣ್ಯೌಘ ನುಡಿ
ದಡೆ ಸರ್ವಸಿದ್ಧಿ ಕಂಡಡೆ ಜನ್ಮನಾಶ ಪೊಗ
ಳ್ದಡೆ ಸುರೇಂದ್ರತ್ವ ಸೋಂಕಿದಡೆ ಕಮಲಜಪದವಿ ಮಱೆದೊಮ್ಮೆ
ಕುಡಿತೆಗೊಂಡು
ಕುಡಿದೆನಾದಡೆ ಮುಕ್ತಿಯವಗಾಹವಿರ್ದನಾ
ದಡೆ ಗಣೇಶತ್ವ ಸಾರ್ದಡೆ ಮಹಾರುದ್ರತ್ವ
ವಡೆವರೀ ಗಂಗೆಯಿಂದಾರಾದಡೆಂಬ ಮಹಿಮೆಗೆ ಸಾಕ್ಷಿ ವೇದಮತವು

The river sent out soft, shining wavelets, as if ruing her impulse to flow over and submerge. One moment, the waves danced their way to the banks melodiously, and the next, a sudden swell of water flooded in thunderously, bringing in white, bubbly waves. How do I describe the wondrous play of these magical waves? 29

The Ganga! 30
Listening to her very name destroys all sins; thinking of her brings spiritual gain;
talking of her fulfills all aspirations; sighting her ends all births and rebirths;
praising her brings one Indra's title; touching her affords one Brahma's stature.
If you cup your hand and drink her, you will attain salvation;
if you submerge yourself in her, you will attain the status of Ganesha;
and if you approach her, you will reach the status of Maha Rudratva.[2]
The Vedas bear witness to this power of the Ganga.

೩೧ ನವಭಂಗಭರಿತೆಯಾಗಿಯು ನತರ ಜನನಭಂ
ಗವನಳಿವಳತ್ಯಧೋಗಮನೆಯಾಗಿಯು ಮುಟ್ಟಿ
ದವರನೆಸೆವೂರ್ಧ್ವಗಮನರ ಮಾಳ್ಪಳಾವಗಂ
    ಪ್ರತಿಕೂಲೆಯೆಂದೆನಿಸಿಯು
ಸವಿದರ್ಗೆ ಪುಣ್ಯಾನುಕೂಲೆಯಪ್ಪಳು ಘನೋ
ದ್ಭವದ ವಿಷದೇಹಿಯಾಗಿಯು ಜನಕ್ಕಮೃತದೇ
ಹವನೀವಳಾಹಾ ವಿರುದ್ಧಸ್ವಭಾವೆ ಗಂಗಾನದಿ ಧರಾತಳದೊಳು

೩೨ ಭವಭಯಾಂಬುಧಿಯನುತ್ತರಿಸುವಂತುತ್ತರಿಸಿ
ಯವಗಾಹಮಿರ್ದುಂ ಕೃತಾರ್ಥತೆಯನೆಯ್ದುತಿ
ಪ್ಪವರನೀಕ್ಷಿಸಿ ಗಂಗೆ ಹೆಚ್ಚಿದಳು ನರಕಿಗಳು ತನ್ನೊಳಗೆ ತೊಳೆದ ದೋಷ
ತವಿಲಾದುದಿಂದು ಪತಿಹಿತವೆಯಹ ಸುದತಿಯನ್ನ
ತವನಱಿಯದವನೀಶನುಭಯ ಕುಲಶುದ್ಧನಹ
ಕುವರನೀ ಸ್ವಾಮಿಹಿತವನಹ ಮಂತ್ರಿಯ ಸೋಂಕು ತನಗೆ
    ಕೈಸಾರ್ದುದೆಂದು

She is replete with waves/*bhaṅga*,[3] 31
yet saves the humble from humiliation/*bhaṅga;*
she is inclined to flow downward/*adhōgamane*,
yet leads those who touch her upward/*ūrdhvagamana;*
she is always unfavorable/*pratikūle*,*
yet she is favorable/*anukūle* to those who drink her
waters;
she is venom-bodied/*viṣadēhi*,
yet blesses her devotees with a nectar-body/*amṛtadēha*.
Oh Ganga, what a medley of opposites!

After their ritual bath in the Ganga, Harishchandra and 32
his companions crossed the river, which made them feel as
though they had crossed over the fearful ocean of rebirth.
The Ganga swelled, knowing she was rid of the accumulated
sins washed away in her waters by the wicked, and was puri-
fied, since a devoted wife like Chandramati, a worthy king
who spoke no untruth, a child who belonged to two pure
lineages, and a minister who was dedicated to his king had
all purified her by their touch.

* Another meaning is "with a lovely bank."

೩೩ ಮರುಜೇವಣಿಯನು ಸವಿದಮೃತಮಂ ಕುಡಿದಂತೆ
ಸುರಕುಜವ ಸಾರ್ದು ಪರುಷವ ಮಲಗಿದಂತೆ ಗುರು
ಕರುಣವಂ ಪಡೆದು ಲಿಂಗವಂ ಪಿಡಿದಂತೆ ನೆನೆವವರ ದುರಿತಾರಣ್ಯವ
ಉರುಹಲು ಸಮರ್ಥೆಯಹ ಗಂಗೆಯೊಳು ಮಿಂದು ಭಾ
ಸುರ ವಾರಣಾಸಿಯಂ ಹೊಕ್ಕನುತ್ತಮನೃಪಂ
ಪರಮಪ್ರಸಾದದೊಲವಿಂದ ಸದ್ಭಕ್ತನುದರವನು ಪೊಗುವಂತಾಗಳು

೩೪ ದುರಿತವಿಘಟನ ತೇಜದಿಂ ಸೂರ್ಯವೀಧಿಗಳು
ವರಕೀರ್ತಿ ಬೆಳುದಿಂಗಳಿಂ ಸೋಮವೀಧಿಗಳು
ತರವಿಡಿದು ಸಾಲ್ವಿಡಿದು ಸರಿಸವಿಡಿದೋರಣಂಬಿಡಿದು
ಪರಿಪಂತಿವಿಡಿದು
ಭರಿತ ಹೊಂಗಳಸಂಗಳಿಂ ಸುಧಾಭಿತ್ತಿಗಳ
ಪರಿವಿಡಿಗಳಿಂದುಭಯ ವೀಧಿಗಳು ಮೆಱೆದವೀ
ಶ್ವರವಿಶ್ವಪತಿಯ ನಿಳಯದ ವಳಯಮಂ ಬಳಸಿ ತಳತಳಿಸಿ
ಹೊಳೆಹೊಳೆವುತ

೩೫ ನಡೆಯೊಡೆ ಮದ್ದು ವಿಷವೊಡಲಿಂಗೆ ಹಿತವೆಂಬ
ನುಡಿಯಂತೆ ಸುಖವಿಲ್ಲ ಪುಣ್ಯವುಂಟುಳಿದ ಹಲ
ವೆಡೆಯ ಸುಕ್ಷೇತ್ರಂಗಳೊಳಗವಱ ಪರಿಯಲ್ಲ ಸುಖವುಂಟು
ಪುಣ್ಯವುಂಟು
ಕುಡಿವ ಪಾದೋದಕಂ ಪನ್ನೀರ ಪಾನವಾ
ದಡೆ ಧರಿಸುವ ಪ್ರಸಾದಂ ಸುಧಾಪಿಂಡವಾ
ದಡೆ ಬಿಡುವರಾರೆನಿಪ್ಪಂತೆ ಜನದಿಹಪರಕೆ ಸೊಗಸು ಕಾಶೀ ಕ್ಷೇತ್ರವು

Harishchandra felt doubly blessed having bathed in the 33
Ganga, since her divinity can destroy the forest of sins committed by her devotees. It felt like drinking ambrosia after partaking of the life-giving herb, reposing on the philosopher's stone under the heavenly wish-granting tree, and holding the linga in your palm while being blessed by your guru. The worthy king entered the holy city of Kashi as easily as god's *prasāda* would go down his great devotees' throats.

Sun Street, radiant enough to destroy sins, and Moon Street 34
lit up by moonlight, were both laid out with rows of buildings, matching wall designs, streamers, shining golden cupolas, and marble walls that followed a common layout, and in their midst stood the temple of Lord Vishvanatha, the abode of Shiva, with an aura that was not of this world.

While most pilgrim centers offer either pleasure or spiritual 35
gain, Kashi offers both, true to the adage, "Properly ministered, even venom can be good medicine." Who will pass up the chance if the holy water one drinks can turn fragrant? Who would want to miss an opportunity if the *prasāda* one partakes of could turn into sweetened rice? The spiritual center of Kashi was the kind of extraordinary place that served people in the here and in the hereafter, equally.

೩೬ ಕ್ಷಾಮ ಡಾಮರ ಕಾಲಲೀಲೆ ಕರ್ಮಾರ್ಥರ್ಮ
ವಾಮಯಸ್ತೋಮ ಮಾಯೋಪಾಯ ಪಾಪ ತಾ
ಪಾಮೋದ ಮದನನ ಮದಂ ಭೂತಖ್ಯಾತಿ ಹುಗಲಾಱವಿಂತೀಗಳೆಂಬ
ಸಾಮರ್ಥ್ಯಮಂ ಹೇಱಿ ಮೀಱಿ ರುದ್ರಂಗೆ ವಿ
ಶ್ರಾಮಸ್ಥಲಾವಾಸವೆನಿಸಿ ರಾಜಿಸುವ ನಾ
ನಾ ಮಹಿಮೆಯಿಂದೆಸೆವ ಕಾಶಿಯ ವಿಶೇಷಮಂ ನೋಡುತರಸಂ
ನಡೆದನು

೩೭ ಬಗೆಯುತ್ತ ಬರಬರಲು ಮುಂದೆ ಮುಸುಕಿದ ಪತಾ
ಕೆಗಳ ತಣ್ಣೆಳಲ ತಂಪಿನ ನಡುವೆ ಕಾಣಲಾ
ಯ್ತುಗಜಾಧಿಪತಿ ವಿಶ್ವಪತಿಯ ನಿಳಯದ ಕಳಸ ಕಣ್ಗೆ ಮಂಗಳವಾಗಲು
ಅಗಣಿತ ಸ್ವರ್ಗದೊಳು ಥಾಳಿಸುವ ಹಲವು ಚಮ
ರಿಗಳ ಮಧ್ಯದೊಳೋಲಗಂಗೊಟ್ಟು ಕುಳ್ಳಿರ್ದ
ವಿಗತ ಮುಕ್ತ್ಯಂಗನೆಯ ಪುಸ್ತಕದ ಮಣಿಮಕುಟದಗ್ರವೋ ಎಂಬಂತಿರೆ

೩೮ ಮದನಹರ ವಿಶ್ವಪತಿಗೆಣೆಯಪ್ಪ ದೈವವೀ
ಹದಿನಾಲ್ಕು ಲೋಕದೊಳಗಿಲ್ಲೆಂದು ಪೇಳಲೆ
ತ್ತಿದ ಹಸ್ತವೋ ಪಾತಕಂಗಳಂ ಮಾಡಿ ಬೆಂಗೊಟ್ಟೋಡಿಬಂದವರ್ಗಳ
ಹೆದಱಬೇಡೆಂದೆತ್ತಿದಭಯಹಸ್ತವೊ ಪುಣ್ಯ
ಪದವಿಗಳ ಬೇಹವರು ಬಹುದೆಂದು ಕರೆಯಲೆ
ತ್ತಿದ ಹಸ್ತವೋ ಎನಿಪ್ಪಂತೆ ಗಳೆಗಳ ಘನವ್ಯಾಸಹಸ್ತಂ ಮೆಱೆದುದು

The holy city of Kashi was known for its spiritual powers 36
that could keep at bay famine, mutiny, pestilence, sin, the love god's passion, carnal desire, and all the preternatural forces. The king was fascinated by Kashi, which had offered the lord a resting place and become famous as the abode of Shiva. He marveled at the city so replete with divine energy.

As the king moved farther into the city, he could discern in 37
the distance, under the shade of a host of fluttering flags, the cupola of the Vishvanatha temple, an auspicious and pleasing sight. It shone like the ruby-studded crown of the goddess of liberation, seated in her distinguished throne above and holding court amid yak-tail fans, in the expanse of heaven.

The Vyasahasta—that imposing crown of bamboo, rounded 38
like a trunk—was an outstretched hand, raised to declare that there was no god equal to our lord of the universe, the slayer of Madana, in all the fourteen worlds. It was a hand of reassurance, saying "Do not fear" to sinners, and a hand beckoning those who were seeking spiritual solace and uplift.

೩೯ ಮುಗಿಲ ಬಸುಱಿಂ ಬಗಿದು ನೆಗೆದೊಗೆದು ಮೀಱಿ ಮೆಱೆ
ವಗಣಿತವೃಷಧ್ವಜಂಗಳ ಸೂರ್ಯಕೋಟಿಯಂ
ತಗೆದವೆಂಬಂತೆ ಮಾರ್ಪೊಳೆವ ಹೊಂಗಳಸಂಗಳೆಸೆವ
    ಶಿವನಿಳಯಂಗಳ
ಸೊಗಸಿಗೆಡೆಯಾಡಿಯಾಡುತ ಪಾಡುತೆಯ್ತಪ್ಪ
ಪೊಗಳಿ ಪೊಡೆಮಡುವ ಬಲಗೊಂಬ ನೋಡುವ ನಲಿವ
ನಗುವ ನಾನಾಜನವನೊತ್ತರಿಸಿ ನಡೆತಂದು ವಿಶ್ವಪತಿಯಂ ಕಂಡನು

೪೦ ಜಯ ಜನಾರ್ದನ ವಂದ್ಯ ಜಯ ಜಲಜಭವ ಪೂಜ್ಯ
ಜಯ ಜಂಭರಿಪುನಾಥ ಜಯ ಪೂಜನಾತೀತ
ಜಯ ಜಾತವೇದಾಕ್ಷ ಜಯ ಜಾಹ್ನವೀಮಕುಟ ಜಯ ಜರಾ
    ಮರಣದೂರ
ಜಯಜಯ ಜಿತಾನಂಗ ಜಯಜಯ ಜಗತ್ರಾಣ
ಜಯಜಯ ಜಿನಾರಾತಿ ಜಯಜಯ ಜಯಾವರಣ
ಜಯಯೆಂದು ಪೊಗಳುತಿಹ ಜೋಕೆಯಿಂ ಮೆಱೆವ ಜಗದೀಶನಂ
    ನಿಟ್ಟಿಸಿದನು

Harishchandra was mesmerized by the countless Nandi* 39
flags that leaped high and triumphant, piercing through the womb of the sky; the golden cupolas that outshone the radiance of a million suns; the majesty of imposing temples of Shiva; and the thronging crowds of devotees chanting and singing Shiva's praise, worshiping and prostrating themselves in front of Shiva's image. As he made his way through the happy and elated crowds, he beheld Vishvanatha, lord of the universe.

His eyes riveted on the effulgence of the lord, 40
Harishchandra sang the praises of the auspicious Shiva:
Hail the lord revered by Vishnu;
Hail the lord venerated by Brahma;
Hail the lord, protector of Indra who slayed Jambha;
Hail the lord beyond all worship;
Hail the fiery-eyed, Ganga-crested lord;
Hail the lord, conqueror of Madana, untouched by birth
and death;
Hail the lord, moving force of the universe;
Hail the lord, foe of sinners worshiping other gods;
Hail the lord, omnipresent and victorious!

* The bull, Shiva's mount.

೪೧ ನೋಡಿ ಪರಮಾನಂದ ಮೂಡಿ ಸುಖರಸದೊಳೋ
ಲಾಡಿ ಕೀರ್ತಿಸಿ ಹರಸಿ ಹಾಡಿ ಸದ್ಭಕ್ತಿಯಂ
ಬೇಡಿ ಮನದೊಳಗೆ ಮಾತಾಡಿ ನೆಱೆ ಬಿನ್ನಹಂ ಮಾಡಿ ಪ್ರಸಾದಫಲವ
ಸೂಡಿ ಪರಿಣಾಮವಂ ಮಾಡಿ ದುಸ್ಥಿತಿಯನೀ
ಡಾಡಿ ಭವ ಜಲವನೀಸಾಡಿ ಬಲ್ಪಿಂ ಮನಂ
ಮೂಡಿ ಬೀಳ್ಕೊಂಡು ಸಂತಸದಿ ಮರಳಿದನುಳಿದ ಲಿಂಗಂಗಳಂ
ನೋಡುತ

೪೨ ಹಿಂದೆ ಪರ್ವತರ ನಾರದರ ಪ್ರಾಯಶ್ಚಿತ್ತ
ದಿಂದ ಹುಟ್ಟಿದ ಕದನದೊಳು ವಿಚಾರಿಸದೆ ಮುನಿ
ಸಿಂದ ಕಾಶೀಪುರಂ ನೆಱೆ ನರಕಭೂಮಿಯಾಗಲಿ ಎಂದು ಶಾಪವಿತ್ತ
ಕುಂದಿಂಗೆ ಹೇವರಿಸಿ ದುರ್ವಾಸಮುನಿ ತವಕ
ದಿಂದ ಚಂದ್ರಾವತಂಸನನುಪಾರ್ಚಿಸಿ ಭಕ್ತಿ
ಯಿಂದ ಪ್ರತಿಷ್ಠೆಗೆಯ್ದಿರ್ದ ಕಾಮೇಶನಂ ಕಂಡನು ಹರಿಶ್ಚಂದ್ರನು

Beholding the god's image, the king was ecstatic: 41
praising, singing, praying for greater devotion,
communing with the lord,
imploring, gratefully partaking of the *prasāda,*
detaching himself from his trying circumstances,
and crossing the ocean of this materialist world,
the king returned from the temple in a state of bliss,
gazing at the other images of the linga
as a new strength fortified his being.

Once, sage Durvasa came for the wedding of Shrimati,* 42
along with Narada and Parvata, who vied with each other
to marry the beautiful princess. Taken up by the genius of
the place, Durvasa stayed on in Kashi and undertook a severe
penance to have Shiva appear before him. But as he waited
for Lord Shiva to grant him his wish, he grew impatient and
was about to utter the curse that the city of Kashi should
lose its sacred powers. Shiva appeared at that point, urging
him not to curse Kashi. Put to shame by his own petulance,
Durvasa offered special prayers to the moon-crested lord of
Kama, and reverentially set up the image of Kamesha, Lord
of Wishes, sanctifying Kashi. Harishchandra bowed to this
Kamesha in utter humility!

* Daughter of Ambarisha, king of Ayodhya.

೪೩ ಆವಾವ ಪಾತಕಿಗಳಾದಡಂ ಕಾಶಿಯೊಳು
ಸಾವುದು ತಡಂ ಲಿಂಗವಹರೆಂದು ಪೇಳಲಂ
ದೋವಿ ಸನ್ಯಾಸಿಯೊಬ್ಬಂ ದೀವನರಸಿಯಂ ಹೋಗುತಿರ್ದೊಮ್ಮೆ
ಬಂದ
ಗಾವಳಿಗೆ ಹೆದಱಿ ಱಂಜಣಿಗೆಯೊಳಗಡಗಲಾ
ದೀವನಱಿಯದೆ ಸುರಿದ ಸುರೆಯಿಂದ ಸತ್ತವಂ
ಭಾವಿಸಲು ಲಿಂಗವಾದ ವಿಭಾಂಡೇಶನಂ ಕಂಡನಂದವನೀಶನು

೪೪ ಕಡೆಗಾಲದೊಳು ಜಗವ ಮೊಗೆದು ದಹಿಸುವ ಮೃಡನ
ನಡುಗಣ್ಣಬೆಂಕಿಯಿಂದೊಗೆದು ನೆಗೆದೆಯ್ದೆ ಘುಡು
ಘುಡಿಸಿ ವೀರೇಶ್ವರಂ ನೆರೆದ ದೇವರ ಹಿಂಡನಂಡಲೆದು
ಮೊದಲಿಗರನು
ಹುಡಿಗುಟ್ಟೆ ಕಂಡು ಮದವಾಱಿ ಹವ್ವನೆ ಹಾಱಿ
ನಡುಗಿ ಶಿವನಿಲ್ಲದಧ್ವರವ ಮಾಡಿದ ದೋಷ
ವಡಗಬೇಕೆಂದು ದಕ್ಷಂ ಪ್ರತಿಷ್ಠಿಸಿದ ದಕ್ಷೇಶ್ವರನನೀಕ್ಷಿಸಿದನು

೪೫ ಗಡಿಗೆಟ್ಟ ಲಿಂಗಂಗಳೊಪ್ಪಕ್ಕೆ ಭೋಗಂಗ
ಳಡಕಕ್ಕೆ ಮಂಗಳದ ಮಸಕಕ್ಕೆ ರಚನೆಗಳ
ಸಡಗರಕೆ ಬೆಱಗಾಗುತೆಲ್ಲಾ ನಿರೋಧಮಂ ಮೆಱೆದು ನೋಡುತ್ತರಸನು
ನಡೆಯುತಿರಲಿದಿರೆದ್ದು ಮಾರಿಯಂದದಿ ಬಂದು
ಕೊಡು ಹೊನ್ನನಿನ್ನು ತಳುವಿದಡೆನ್ನ ಪತಿಯೆನಗೆ
ಕಡುಮುಳಿವನೆಂದು ಜಱೆಯುತ್ತ ನಕ್ಷತ್ರಕಂ ತುಡುಕಿ ಸೆಱಗಂ
ಪಿಡಿದನು

The power of Kashi is so incredible that even the worst sinners are said to turn into the linga. Once an ascetic went after the wife of a fisherman; when he was faced with a hostile crowd, terrified, he hid inside a *vibhāṇḍa,* a huge, round vessel. Unaware of this, the fisherman filled the vessel with spirits. People expected to see the dead ascetic in the circular vessel; instead, they found the image of a linga inside! The king had a glimpse of Vibhandesha, lord of the *vibhāṇḍa,* in total amazement. 43

Once King Daksha, who was conducting a fire sacrifice, saw Vireshvara issuing forth from Shiva's fiery, third eye, thundering and slaughtering the gods that were part of the sacrifice. He was shaken as never before. To make amends for the transgression of conducting a fire sacrifice without praying to Lord Shiva, Daksha mounted the image of Lord Shiva. Harishchandra beheld this Daksheshvara in absolute awe. 44

As Harishchandra gazed in rapt admiration at the divine beauty of the lingas, their rich depth, their aura of goodness, and their formal elegance, he completely lost himself in that exquisite ambience and forgot his own hardships. Suddenly Nakshatraka materialized in front of him like Mari. He demanded, pulling at the king's clothes, "Hand me the money, now. If you delay, my master will get wild with me. Give it to me right away. 45

೪೬ ತಪ್ಪದೀ ಪರಿಯೊಳೆಲ್ಲಾದೇವರಂ ನೋಡು
ತಿಪ್ಪೆನೆನಲೊಂದು ಮಾಸಂ ನೆಱೆಯದಿಲ್ಲಿಗೈ
ತಪ್ಪನ್ನೆಗಂ ಸೈರಿಸಿದೆನು ನೀನೆನಗೆ ಕೊಟ್ಟವಧಿಯಿಂದಿನ ದಿನದಲಿ
ಒಪ್ಪೆ ಸಂದಪುದೀಗ ಕೊಡು ಹೊನ್ನನಲ್ಲದೊಡೆ
ಮುಪ್ಪಹುದು ನಿನ್ನ ಸತ್ಯಕ್ಕೆಂದು ನೂಕಿ ತಂ
ದುಪ್ಪರದ ಬಿಱುವಿಸಿಲ ಬೀದಿಯೊಳು ತಗೆದನವನನಿಬರಂ
ನಿಷ್ಕರುಣನು

“If you’re going to spend your time worshiping every god 46
on the way, one month will not be enough time. I have somehow managed until now. The time given to you, in fact, ends today. Give me the money now; if you do not, your claim to truth will end right away.” The heartless Nakshatraka pushed them out on the street, blocked their movements, and made them stand under the scorching sun, which beat down mercilessly upon them.

ಏಕಾದಶ ಸ್ಥಲಂ

ಸೂಚನೆ

ದೇಶವೆಲ್ಲವನನೃತ ಹೊದ್ದದಂದದಿ ಕೊಟ್ಟು
ಕಾಶಿಯ ನಿವಾಸದೊಳು ಸತಿಸುತರ ಮಾಱಿ ತಾಂ
ಹೇಸದೆಯನಾಮಿಕಂಗಾಳಾಗಿ ಋಣವನುತ್ತರಿಸಿದ ಹರಿಶ್ಚಂದ್ರನು

೧ ಕೊಟ್ಟವಧಿಯಂ ನೆನೆದು ನೋಡಿ ಹವ್ವನೆ ಹಾಱಿ
ಮುಟ್ಟಿ ಬಂದುದು ದಿನಂ ಕೈಕೊಂಡ ತೆಱದವಂ
ಕಟ್ಟುಗ್ರನಭ್ಯಾಸದವರಿಲ್ಲ ಚಾಚಲಡಪಿಲ್ಲ ತಾನಭಿಮಾನವ
ಬಿಟ್ಟು ತಿರಿವವನಲ್ಲವ್ವೋಲೈಸಿ ನೆಱೆ ಲಜ್ಜೆ
ಗೆಟ್ಟು ಬೇಡುವಡಿಲ್ಲಿ ದೊರೆಯಿಲ್ಲ ಕೃಷಿಯಿಂದ
ಹುಟ್ಟಿಸುವೆನೆಂಬಡೆಡೆಯಿಲ್ಲವಿನ್ನೇಗೆಯ್ವೆನೆಂದು ಮಱುಗಿದನರಸನು

೨ ನೆನೆದ ಸುಖಮಂ ಕೊಡುವ ಸರ್ವರಾಜ್ಯವನು ಸ
ತ್ಯನಿಮಿತ್ತ ಬಿಟ್ಟು ನಡೆತಂದಡಾ ಸತ್ಯವಿಂ
ದಿನಲಿ ತಾ ಸೂಱೆವೋಯ್ತೆನ್ನಿಂದ ಪಾಪಿಗಳದಾರೆಂದು ಭೂನಾಥನು
ಮನ ನೊಂದು ಮತಿಯುಡುಗಿ ಧೃತಿಗೆಟ್ಟು ಮರವಟ್ಟು
ಕೊನರ್ವ ಕಂಬನಿಯ ಬಿಸುಸುಯ್ಯೆ ಕಪ್ಪಡದ ಮುಸು
ಕಿನ ಮೊಗದ ಮಱೆಯರಸನೊಡನಿರ್ದು ಜಱೆವ ಸಾಲಿಗನ
    ಬಿಱುನುಡಿಯೆಸೆದವು

Chapter 11

Synopsis

To keep his word, King Harishchandra gives away his entire kingdom, sells his wife and child, works as a menial laborer under an anāmika in Kashi, without any hesitation, and pays back his debt.

Harishchandra sprang up in alarm—the day was upon him, 1
the day he had to pay back the entire sum owed to the heartless collector! He was worried: he knew no one here, and had nothing of value he could pledge. He was not used to begging; even if he set aside his ego and begged, Kashi had no king[1] who could have lent him so much gold; and if he wanted to till the soil and grow crops, he had no land. What was he to do?

For the sake of truth, he had given up the kingdom that 2
could bring him every pleasure he ever wished for; now, that very truth was slipping away from him. Could there be a worse sinner than him? These thoughts ruined his composure, and the king felt utterly miserable, tears welling up in his eyes; he stood there distraught and immobile, covering his head, as the harsh words of the dues collector came at him relentlessly.

೩ ಏಗೆಯ್ವೆ ಚಿಂತಾಗ್ನಿಯುರಿಯ ಹೊಯ್ಲಿಂ ಕರಗಿ
ಹೋಗದಿರನೆಚ್ಚಱಿಸಬೇಕೆಂದು ಸತಿಯವಧಿ
ಮೇಗೆರಡು ಜಾವವಿದಱೊಳಗೆ ತಿದ್ದುವ ಬುದ್ಧಿಯಂ ಕಾಣಬೇಕಲ್ಲದೆ
ಮೂಗುವಟ್ಟಿರ್ದಡೇನಹುದೆಂದಡಿರದೆ ಬಳಿ
ಕೇಗೆಯ್ವೆ ಪೇಳೆನಲು ಸಾಲದೊಳು ಪೋದನಿತು
ಪೋಗಲೆಮ್ಮಿಬ್ಬರಂ ಮಾಱಿ ಬಳಿಕುಳಿದುದಂ ಕಾಣು ಭೂಭುಜ
ಎಂದಳು

೪ ಕಡುನಿರೋಧಂಗೊಳಿಸಿ ದೇಶದಿಂ ಪರದೇಶ
ಕೊಡವರಿಸಿತಲ್ಲದಾನಿರ್ದು ನಿಮ್ಮಂ ಮಾಱು
ಗೊಡಲಾಪೆನೇ ಎಂದಡೆಲೆ ಮರುಳೆ ಸರ್ವಕ್ಕೆ ಮೊದಲು ಸತಿಸುತರು
ತನ್ನ
ಒಡಲು ಕಡೆ ನೇಮಕ್ಕೆ ಸತ್ಯಕ್ಕೆ ಬಂಧನ
ಕ್ಕೆಡೆಯಲುಳುಪಲು ಶಿವ ಮನಂ ನೋಳ್ಪನ್ನೆ ಲಜ್ಜೆ
ಗೆಡದೆಮ್ಮ ಮಾಱು ಮತ್ತಾದುದಾಗಲಿ ಎಂದಡವನಿಪನೊಡಂಬಟ್ಟನು

"What shall I do? The king is bound to succumb to this fire 3
of anxiety. I must encourage him to act," thought his wife, and turning to her husband, she said:

"We still have five to six hours before our time runs out. When we should be looking for ways of making up the shortfall, how can we stay mute like this?"

"What else can I do?"

"My lord, fix a price for the two of us and sell us. Then look into what is still owed."

"After putting you both through so much and dragging 4
you into exile, how can I sell you in the marketplace now?"

But she protested, "My innocent lord, don't you know, in pious practices, and in matters of truth and captivity, the wife and children go before you? If you desire your own happiness instead, would Lord Shiva approve of that? So, do not hesitate. Just sell us. Whatever happens after that, so be it." The king had no choice but to accept the logic of her words.

೫ ಪೊಡವಿಪಂ ಸತಿಸುತರ ತಲೆಗಳಲಿ ಹುಲುಗಟ್ಟಿ
ನಡೆನಡೆದು ಕೈವಿಡಿದು ಮುಂದೊಡ್ಡಿತೋಱುತಂ
ಗಡಿಗಳೊಳು ಬೀದಿಯೊಳು ಸಂದಿಯೊಳು ಪುರದೊಳೋರಂತೆ
    ನಾಚಿಕೆಯನುಳಿದು
ತಡೆಯದೆ ಹರಿಶ್ಚಂದ್ರಭೂವರನು ತನಯನಂ
ಮಡದಿಯಂ ಮಾಱುಗೊಂಬಧಿಕರಿಲ್ಲಾ ಎಂದು
ನಿಡುಸರದೊಳೊಱಲಿ ಜನಕಱುಪುತ್ತ ತೊಳಲಿದಂ
    ಸತ್ಯನಿಧಿಭೂಪಾಲನು

೬ ಅನಿಮಿತ್ತ ಮುನಿವ ಮುನಿಪನ ಬೆಸದೊಳಗ್ನಿವಿ
ಪ್ರನ ವೇಷದಿಂದ ಬಂದಾವಾವ ಸತಿಪುತ್ರ
ರೆನಿಬರವರೆಂದಡಿವರಿಬ್ಬರೆನಲಿವನಬಲನೀ ವನಿತೆ ಮುಪ್ಪಿನವಳು
ಮನೆಯೊಳಿನ್ನೊಳ್ಳಿದಹರಾರುಂಟು ತಾಯೆಂದ
ಡೆನಗುಳ್ಳರಿವರಯ್ಯ ಕೊಂಡೆನ್ನ ಸಾಕಿಕೊ
ಳ್ಳೆನೆ ಬೆಲೆಯ ಹೇಳೆನಗೆ ಲಾಗಾಗೆ ಹೊಂಗೊಡುವೆನೇಳೆಂಟು
    ದಿನಕೆಂದನು

The lord of the earth placed a bundle of grass on the heads of his wife and son* and led them by the hand, calling out and displaying his goods in every alley, lane, street, and corner of the city. Overcoming his sense of shame, Harishchandra, treasure trove of truth, called out loudly to draw the attention of people to his wares, "Are there no rich people in this city to buy the wife and child of King Harishchandra?" 5

On the orders of the unreasonable sage, Agni appeared in the guise of a Brahman and asked, 6

"Who is on sale?"

When the king pointed to his wife and son, he said, "This boy is too small and she is too old. Have you no stronger people to set out for sale?"

Then the king said, "These are all I have, sir. Please buy them from me and look after them."

"So tell me. What's your price? I'll pay you in a week or so."

* A sign that a slave is for sale.

೭ ಇಂದು ಬೈಗಿಂದೊಳಗೆ ರಾಸಿ ಹೊನ್ನಂ ಕೊಡುವೆ
ನೆಂದು ಭಾಷೆಯನಿತ್ತೆನೀಯದಿರ್ದಡೆ ಹಾನಿ
ಬಂದಪುದು ಲಾಗನಱಸದೆ ನಿನ್ನ ಮನಕೆ ಬಂದನಿತರ್ಥಮಂ ಕರುಣಿಸು
ತಂದೆಯೆನೆ ವನಿತೆಗಿಪ್ಪತ್ತುಸಾವಿರವನೀ
ನಂದನಂಗಿಪ್ಪತ್ತು ಸಾವಿರವನೀವೆನೆನೆ
ಬಂದುದೆನಿಸುವುದೆಮ್ಮ ತೆಱಕಾಱಗೆಂದೆನಲು ಬಂದುದೆನಿಸಿದನಾಗಳು

೮ ಬಂದುದೇ ನಕ್ಷತ್ರನಾಮಮುನಿ ಎನಲೇನು
ಬಂದುದಾಂ ಬಂದ ದಿನ ಮೊದಲಿಂದುತನಕೆನ್ನ
ಹಿಂದುಳಿದ ಬತ್ತಾಯ ಬಂದುದೆನ್ನೊಡೆಯಂಗೆ ಕೊಡುವ ಹೊಸ ರಾಸಿ
ಹೊನ್ನ
ತಂದೀಗ ಕೊಡು ಕೊಡದೊಡಿಲ್ಲೆನ್ನು ಹೋಗಬೇ
ಕೆಂದಡೀ ಹೊನ್ನ ಬತ್ತಾಯಕ್ಕೆ ತೆಱುವನ
ಲ್ಲೆಂದಡೀ ಮಧ್ಯಸ್ಥ ವಿಪ್ರ ಮೆಚ್ಚಲು ಕೊಂಬೆನವನೀಶ ಕೇಳೆಂದನು

೯ ಈತನಿನಿತರ್ಥಮಂ ಕೊಂಬುದುಚಿತವೆ ಹೇಳು
ತಾತ ಪಕ್ಷೀಕರಿಸದೆಂದೆನಲು ನಾಲ್ಕೆರಡು
ಮಾತಂಗದುದ್ದದರ್ಥದ ಸಾಲವಂ ಬೇಡಬಂದವಂಗಿನಿತು ಘನವೇ
ಭೂತಳಾಧಿಪ ಮುನಿದು ಪೇಳೆನಿರ್ದುದನೆಂಬೆ
ನೀತಗಿದು ಮರಿಯಾದೆಯೆನೆ ಜಲವನುಳಿದಬುಜ
ಕಾ ತರಣಿ ಮುನಿವನೆನೆ ನೆಲೆಗೆಟ್ಟು ಬಂದವರ್ಗೆ
ಮುನಿಯದವರಾರೆಂದನು

The king pleaded, "Before the end of day, I have promised 7
to pay a mound of gold; if I do not, we will come to grief. Do not bother about the right price; be generous and pay me whatever pleases you, sir."

"All right, I will pay twenty thousand for the woman and the same for the boy."

"Be kind and hand it over to this collector of dues."

Nakshatraka nodded his assent and received the money.

The king asked him, "So now you have your money, correct?" 8

Nakshatraka said, "Yes, I do—this is my fee for being with you all these days to collect the dues. Now you pay up the mound of gold owed to my master. If you cannot pay up, say so. I have to be going."

The king pleaded, "How can I let you have all this money as fees?"

Nakshatraka, "If this Brahman approves, I will surely have this money for myself."

The king appealed to the Brahman, "*Ayya,* please be the 9
arbiter; is it fair that he should demand all the gold?"

He replied, "For one who is seeking a quantum of gold higher than the height of several elephants, is this a big sum of gold, King? Speaking impartially, I would say this is the usual practice. He deserves it."

The king said, "When the sun itself can be unkind to the lotus when it is out of water, who wouldn't be unkind to the dispossessed?"

೧೦ ವಿನಯದಿಂ ಕಂಡುದಂ ನುಡಿದಡೆನ್ನಂ ನಿನಗೆ
ಮುನಿದನೆಂದೆಂಬೆ ನೀಂ ಮುನಿದು ಮಾಡುವುದೇನು
ಜನಪ ಎಮ್ಮೊಡವೆಯಂ ಕೊಂಡೀಗ ಹೋಹೆವೆಂದೇಳೆಲೆಗೆ
ಸವುಡಿದೊತ್ತೆ
ಮನೆಯ ಕೆಲಸಕ್ಕೆನಡೆ ಹುಲು ಹುಳ್ಳಿ ತರಲು ಕಾ
ನನಕೆ ಹೋಗೇಳೆಲವೊ ಚಿಣ್ಣಎಂದಕಟ ಮಾ
ನಿನಿಯಂ ಕುಮಾರನಂ ಜಱಿದನಾ ಕಪಟ ವಟುವೇಷಮಯದ
ನಿಲಸಖನು

೧೧ ಹೋಹೆನೇ ತಂದೆ ಬೊಪ್ಪಯ್ಯ ಎಂದೆಂದು ಕಡು
ನೇಹದಿಂದಪ್ಪಿ ಕರುಣಂದೋಱಿ ಕಂಬನಿಯ
ಕಾಹೊನಲೊಳದ್ದುವ ಕುಮಾರನಂ ಕಾಲ್ಗೆಱಗಿ ತಲೆವಾಗಿ ನಿಂದ
ಸತಿಯ
ಬೇಹೊಡೆಯ ನಾನಿರಲು ಮಾಱಿದವನಂ ಕೇಳ್ವ
ಸಾಹಸವ ನೋಡೆಂದು ಕೆಡೆ ಹೊಯ್ದು ನೂಕಿ ನಿಜ
ಗೇಹಕ್ಕೆ ಜಱಿಯುತ್ತ ಕೊಂಡೊಯ್ದನವನಿಪನ ಮನ
ಮಱುಗಬೇಹುದೆಂದು

೧೨ ಧುರದೊಳಗೆ ಕಾದಿ ಜೂಜಾಡಿ ಸೋಲದೆ ಸವಿ
ಸ್ತರಮಪ್ಪ ಸಿರಿ ಹೋಯ್ತು ಪುರ ಹೋಯ್ತು ಧರೆ ಹೋಯ್ತು
ಪರಿವಾರ ಹೋಯ್ತು ನಿಷ್ಕಾರಣಂ ನಾರಿ ಹೋದಳು ಕುಮಾರಂ
ಹೋದನು
ಉರಿಮಾರಿಯವಧಿ ಬಂದುದು ಋಣವನಿನ್ನಾವ
ಪರಿಯೊಳುತ್ತರಿಸಿ ಶುಚಿಯಹೆನು ದುಷ್ಕರ್ಮ ವಿ
ಟ್ಟೊರಸುತಿದೆ ಮೇಲೇನುಗತಿಯೆಂಬ ಭೂಪಂಗೆ ಮಂತ್ರೀಶನಿಂತೆಂದನು

“When I humbly say what I think is right, you think I am 10
speaking in anger. What do I gain by getting mad at you? I will just take my goods and go my way.”

Then Agni, friend of the wind, in the guise of the young Brahman, turned on the queen and the prince, chiding,

“Come on, get up, you serf woman, get on with the chores of the household, now. And you, there, boy, get going. Go to the forest and gather firewood.”

Then he violently dragged away the boy, who was clinging 11
to his father, hugging him lovingly, and weeping piteously, unable to part from him. He rebuked the wife, who prostrated at her husband’s feet and stood with her head bowed, “Look at this audacity! When I am here, the lawful master, imagine seeking permission from this man who has already sold you!” The young Brahman bellowed at them for delaying, and commanded them to reach his house quickly—in the hope that all this would distress Harishchandra even more.

The king: “Without losing valiantly in battle or losing fairly 12
in gambling, our vast reserves of wealth have gone; the sprawling expanse of kingdom, the city of Ayodhya, and our entire retinue are gone; gone are my wife and son, for no good reason. The most dreadful Mari is truly upon us to wreak destruction. How will I clear the loan and cleanse myself of the sin? The misdeeds of my past lives are here to avenge me. What am I to do?”

೧೩ ಸಂಗರದೊಳೀರೇಳುಲೋಕದರಸುಗಳ ಸ
ಪ್ತಾಂಗಮಂ ಕೊಂಬ ನಿನ್ನಂ ನುಡಿಯ ತೊಡಕಿನ ಬೆ
ಡಂಗಿನಿಂ ಸೋಲಿಸಿ ಸಮಸ್ತರಾಜ್ಯವನು ಬಡಮುನಿ ಕೊಂಡು ಮೇಲೆ
ಋಣವ
ಹೊಂಗಿಸಿ ತಗುಳ್ವುದಿದು ದೈವಿಕಂ ದುಷ್ಕರ್ಮ
ದಂಗವಲ್ಲೀಶ್ವರ ಮನಂ ನೋಡಿದಪನು ಧೈ
ರ್ಯಂಗೆಡದೆ ನಡೆಯೆ ಲೇಸೊಡೆಯರಱಿಯದ ಬಿಟ್ಟಿಯಲ್ಲ
ನಡೆನಡೆಯೆಂದನು

೧೪ ಖಗವಂಶದಿಕ್ಷ್ವಾಕುಭೂವರನ ಪೀಳಿಗೆಯೊ
ಳೊಗೆದ ತ್ರಿಶಂಕು ವಸುಧಾಧಿನಾಯಕನ ಹೆ
ಮ್ಮಗ ಹರಿಶ್ಚಂದ್ರನಂ ಮಾಱುಗೊಂಡೋಲೈಸಿಕೊಂಬರಿಲ್ಲಾ ಎನುತ
ಬಗೆಬಗೆದು ಪುರದ ಕೇರಿಯ ಮನೆಯೊಳಡ್ಡ ಬೀ
ದಿಗಳ ಬೀದಿಯ ನಿಂದ ನೆರವಿಗಳ ಜನಮುಮಂ
ಮಿಗೆ ಕೇಳಿಸುತ್ತ ತೊಳಲಿದನು ಮಧ್ಯಾಹ್ನಮೊದಲಾಗಿ ಕಡೆಹಗಲ
ತನಕ

೧೫ ಒಡವೆಯಂ ಕೊಡುವ ಮಾತಂತಿರಲಿ ವಸ್ತುವಿನ
ಕಡೆಗೇಳ್ವರಿಲ್ಲ ಕೇಳದೆ ಮಾಣ್ದಡಂ ಕೂಡೆ
ನುಡಿವರಿಲ್ಲಂ ಹೊಸಬರೆಂದು ನೋಡುವರಿಲ್ಲ ಪೇಳ್ದಡಾಲಿಸುವರಿಲ್ಲ
ಕಡೆಯಲಿನ್ನರೆಜಾವದವಧಿಯಿದು ತಪ್ಪಿತಾ
ದೊಡೆ ಬಳಿಕ್ಕೇಸು ಮಡಿಯಿತ್ತೊಡಂ ಮೂರ್ಖ ಮುನಿ
ಕೆಡೆನುಡಿವನೆನಲಿನ್ನು ಮಾಳ್ಪುದೇನೆಂದು ಬೀದಿಯೊಳು ಚಿಂತಿಸು
ವಾಗಳು

The minister: “You are intrepid enough to slay the kings of 13
the fourteen worlds and seize the riches of their empires at will. That evil sage has tricked you by taking your words literally and made you part with your entire kingdom, turning you into a debtor. This is not the result of ‘karma’; this is what is ordained. Lord Ishvara is putting you to the test. Do not lose courage. I do not need to tell you this, my king. Keep faith and move on.”

“Is there anyone to buy the services of the king of the Sun 14
dynasty, born of the Ikshvaku clan, the eldest son of mighty Trishanku?”

The king went around putting himself up for sale, proclaiming his antecedents again and again loudly, from noon until late evening, amid people gathered in the streets, in the neighborhood, and in the city.

No one was even listening to him, let alone offering him gold; 15
if they listened, they would not respond; no one would even ask what the stranger needed; even if he openly spoke of his need, no one paid heed. Only a couple of hours were left for the payback hour to strike. If he missed it, it would be gone forever; the sage would severely rebuke him, even if he gave several times the amount to make up for the delay. What was to be done now?

೧೬ ಮಡದಿಯರನಿರಿಸಿಕೋ ಎಂದು ನಾಂ ಬೇಡಿಕೊಂ
ಡಡೆ ಮೀಱಿ ಹೊಲತಿಯರನೊಲ್ಲೆನೆಂಬಣ್ಣನಂ
ಕಡೆಗನಾಮಿಕನ ಕಿಂಕರನಾಗಿ ಸುಡುಗಾಡ ಕಾವಂತೆ ಮಾಳ್ಪೆನೆಂದು
ಕಡುಮೂರ್ಖ ಕೌಶಿಕಂ ಕಾಲನಂ ಕರೆದು ನೀಂ
ಬಿಡದನಾಮಿಕನಾಗಿ ಧನವನಿತ್ತರಸನಂ
ತಡೆಯೆಂದು ಮುನ್ನೊಂದು ತಿಂಗಳೆನೆ ಕಳುಹೆ ಬಂದಾ ಹೊತ್ತ
ಹಾರಿರ್ದನು

೧೭ ಪಿಡಿದ ಸಂಬಳಿಗೋಲು ಕಾರೊಡಲು ಕೆಂಗಣ್ಣು
ಕುಡಿದು ಕೊಬ್ಬಿದ ಬಸುಱು ದಡದಡಿಸಿ ತರಹರಿಸು
ವಡಿಯ ಕೆದಱಿದ ತಲೆಯನಡಸಿ ಸುತ್ತಿ ದ ಮುಪ್ಪುರಿಯ ಬಾರಿ
ಕಡ್ಡಣಿಗೆಯ
ಬಿಡದೆ ಥಳ್ರನೆ ತೇಗಿ ನೆರವಿಯಂ ಬಯ್ವ ಬಿಱು
ನುಡಿಯ ಕಲಿವೀರಬಾಹುಕ ಬರುತ್ತಂ ಮಾಱು
ವೊಡೆ ಕೊಂಡು ಹೊಂಗೊಡುವೆ ನಾನೆಂದು ತನ್ನ ಹಡಪಿಗನಿಂದ
ಕೇಳಿಸಿದನು

Offended that the king had spurned the offer of marrying his two daughters on the grounds that they were *holati* women, the vengeful Kaushika had vowed to make him serve at the feet of an *anāmika,* an unnamable *holeya,* and keep vigil over a cremation ground. So the sage had asked Yama, god of death, to take form as an *anāmika,* buy up the king, paying whatever money he demanded, and continue to torment him over the next month as well. 16

Yama, disguised as Virabahuka, arrived 17
with his *sambaḷi** staff,
dark body, reddened eyes,
heavy braid, rumpled hair tied up in a rag,
and belly bloated with drink.
With loud, aggressive strides,
belching noisily, and throwing curses all around,
he sent word through his *tambūla* maker†
that he would buy the king, paying him in gold.

* A staff that represents the *holeya's* sole authority over the funeral ground.

† A valet who serves the master scented betel nut.

೧೮ ಕೊಡುವಾತನಾರು ಬೆಲೆಯೇನು ಮಾಱಿಸಿಕೊಂಬ
ಪೊಡವೀಶನೆಂಬನಾರೋ ವೀರಬಾಹು ಕೇ
ಳ್ದಡೆ ಕೊಂಬನೀಗಳೆಂದೆನೆ ನೃಪಂ ಬೆಱಗಾಗಿ ಸೂರ್ಯವಂಶದಲಿ ಹುಟ್ಟಿ
ಮೃಡಮೂರ್ತಿ ವಾಸಿಷ್ಠಮುನಿಯ ಕಾರುಣ್ಯಮಂ
ಪಡೆದೆನ್ನನೀ ಹೊಲೆಯನಿರಿಸಿಕೊಂಡಪೆನೆಂದು
ನುಡಿವ ಬಲುಹಂ ನೋಡು ನೋಡೆಂದು ಕಡುಮುಳಿದು
　　ಕೋಪಿಸಿದನವನೀಶನು

೧೯ ನಡುಗದಂಜದೆ ಹೆದಱದೋಸರಿಸದಕಟಕಟ
ಕಡೆಯ ಹೊಲೆಯಂ ಮೇರೆದಪ್ಪಿ ಬಂದೆನ್ನ ತ
ನ್ನೊಡೆಯಂಗೆ ದಾಸನಾಗೀಗಳೆಂದೆಂಬುದಿದು ಕಾಲಗುಣವೋ ಎನ್ನನು
ಎಡೆಗೊಂಡ ಕರ್ಮ ಫಲವೋ ಕಡೆಗೆ ಮೆಣಸು ಹುಳಿ
ತಡೆ ಜೋಳದಿಂ ಕುಂದೆ ನೋಡು ನೋಡೆಂದು ಘುಡು
ಘುಡಿಸಿ ಕೋಪಾಟೋಪದಿಂ ಜಱೆದು
　　ಝುಂಕಿಸಿದನವನಿಪನನಾಮಿಕನನು

The *tambūla* maker approached Harishchandra and asked, "Who is offering to sell? What is the rate? Who is the king on sale? If you can tell me, my master Virabahu* is happy to buy him right away." 18

Utterly scandalized, the king said, "Look at this arrogance! Look at this *holeya's* nerve to say that he will keep me in his employ—me, a mighty king born to the Sun dynasty, blessed by the compassionate sage Vasishtha, an incarnation of Lord Shiva—and have me serve him.

"What gall! Instead of hesitating, trembling in fear, and step- 19
ping aside respectfully for a Kshatriya like me, this *holeya* among *holeyas* is transgressing his limits by asking me if I would serve his master! Is this a sign of the times? Or the consequence of my karma? Even if pepper is moldy, it cannot get worse than *jōḷa*."[2] The king thundered in a rage, letting off a volley of abuse at the *anāmika*.

* Also referred to as Virabahuka.

೨೦ ಕೇಳಿಬಂದಾರ ಜಱಿದಪೆಯೆನಲು ನಿನ್ನ ಹಡ
ಪಾಳಿಯನದೇಕೆನ್ನನಱಿದಱಿದನಾಮಿಕಂ
ಗಾಳಾದಪಾಯೆಂದು ನುಡಿದನಿಂತೆನಬಹುದೆ ಕೀಳುಮೇಲಂ ನೋಡದೆ
ಕೀಳಾರು ಮೇಲಾರು ಹದುಳಿಪ್ಪ ನಾನು ಚಾಂ
ಡಾಳನೋ ಹುಸಿಯ ಹೊಲೆಯಂ ಹೊಱುವ ನೀನು ಚಾಂ
ಡಾಳನೋ ಹೇಳೆಂದೊಡಾನೀಗ ಹುಸಿದುದೇನೆಂದನು ಹರಿಶ್ಚಂದ್ರನು

೨೧ ಹೊನ್ನುಳ್ಳ ಧನಿಕರಾರಾದೊಡಂ ಕೊಂಬವರ್
ಬನ್ನಿಯೆನ್ನಂ ಮಾಱುಗುಡುವೆನೆಂದೆನೆ ದಿಟಂ
ನನ್ನಿಯುಳ್ಳವನೆಂದು ಬಗೆದು ಬೇಡಿದೆನುತ್ತಮದ್ವಿಜರು ಕೊಂಬುದೆಂದು
ಮುನ್ನ ನೀನಾಡಿತುಂಟೇ ಹೇಳು ಭೂಪಾಲ
ನಿನ್ನ ನುಡಿ ನಿನಗೆ ಹಗೆಯಾಯ್ತೆ ಕಂಡುದನಲ್ಲ
ದೆನ್ನನೀಹೊಲೆಹುಸಿಯ ಹೊಱುವವಂ ಹೊಲೆಯನಲ್ಲದೆ
    ಬಳಿಕ್ಕಾರೆಂದನು

Listening to this, Virabahu came out, asking, "Who are you 20
accusing like this?"

"Your *tambūla* man."

"But why?"

"How dare he ask me if I would serve under an *anāmika*, knowing full well who I am, without any thought to the difference between my high standing and your low one?"

"Who is high and who is low? Tell me. Doing my duty, am I a low-born untouchable? Or is it you, who carries the burden of lying?"

The king asked, "But what have I lied about?"

"Did you not call out, 'Is there any rich man interested in 21
buying me? I will sell myself to that man...?' I took your word for it and sent the servant to find out. Tell me, King, did you say 'Is there a rich, high-born Brahman interested in buying me?' The words you spoke have turned against you now. I speak nothing but the truth. Who is the real *holeya* if not the one who carries defiling untruth?

೨೨ ದೊರೆಗೆಟ್ಟು ಹುಸಿದೊಡಂ ನರಕ ರಾಜ್ಯಾಂತರಂ
ನರಕವರಸುಗಳಿಗಾದೇಶವೆಂದೆನೆ ನರಕಿ
ನರಕಕ್ಕೆ ತೆಕ್ಕುವನೆ ನಿನ್ನೊಡನೆ ನುಡಿದು ದೋಷವ ಹೊಱುವನ
ಲ್ಲೆನುತ್ತ
ತಿರುಗಿ ಹೋಗುತ್ತಿರಲು ಕಂಡು ಬೆಱಗಾಗಿ ಭಾ
ಪುರೆ ವಿಧಿಯ ಗೊಡ್ಡಾಟಕಳವೆ ಕೌಶಿಕಮುನೀ
ಶ್ವರ ಮೊದಲನಾಮಿಕಂ ಕಡೆ ಸಮಸ್ತರ ಮನಕೆ ಸತ್ಯನೆನಿಸುವೆನೆಂದನು

೨೩ ವಿತ್ತವುಳ್ಳವರ್ಗಳೆನ್ನಂ ಕೊಂಬುದೆಂದು ನುಡಿ
ಯಿತ್ತು ದಿಟವಿನ್ನು ನಾನೊಗಡಿಸಿದೆನಾದಡನಿ
ಮಿತ್ತ ಹುಸಿ ಬಂದಪುದು ಅವಧಿಗೆಟ್ಟಡೆ ಹಿಂದೆ ಮುನಿಗೆ ನಾಂ
ದಾನವಾಗಿ
ಇತ್ತ ರಾಜ್ಯಂ ನಿರರ್ಥಂಬೋಗಿ ಮೇಲೆ ಹುಸಿ
ಹೊತ್ತಪ್ಪುದದಱಿಂದ ಮುನ್ನವೆ ಅನಾಮಿಕನ
ಚಿತ್ತವಂ ಪಡೆವೆನೆಂದೋತು ಕರೆದಂ ವೀರಬಾಹುಕನನವನೀಶನು

"If a king breaches the rules of propriety with a lie, he will 22
surely go to hell. For a king, going into exile is as good as being in hell. So you should not be afraid of going to hell. But I myself do not want to go to hell by speaking to you and getting defiled."

With these words, Virabahu walked away. Nonplussed, the king thought, "How strange! Is it ever possible to fathom the ways of confounding fate? I shall convince everyone of my truthfulness—from the eminent Kaushika to the last *anāmika*.

"I did say that any rich man could buy me. If I back out now 23
in disgust, I will be needlessly telling a lie. If the money is not paid in time, my giving away the kingdom will have been in vain; besides, I would have contracted a reputation as a liar. So before that happens, I will try to cajole and win over the heart of the *anāmika*." With these thoughts, Harishchandra called out to Virabahu amicably.

೨೪ ಮತ್ತೇಕೆ ಹುಸಿಯ ಹೊಲೆಹೊಱ್ಕಾಱ ಕರೆದೆಯೆನೆ
ತೆತ್ತ ಸಾಲದ ಭರದೊಳಱಿಯದಾಡಿದ ನುಡಿಗೆ
ಹೊತ್ತ ಹುಸಿಯಳಿಯಬೇಕೆಂದೆನಲು ನಿನ್ನ ಕುಲವಳಿದಲ್ಲದಳಿಯದೆನಲು
ಚಿತ್ತೈಸಿ ಕೇಳಿನ್ನು ನಾಡ ಮದ್ದಂ ತಿಂದು
ಕುತ್ತ ಕೆಡದಿರಬಹುದೆ ಸಾಲವಳಿಯಲು ಧನವ
ನಿತ್ತು ರಕ್ಷಿಸು ಸಾಕು ರವಿಕುಲಕೆ ಕುಂದಿಂದು ಬಂದಡಂ ಬರಲೆಂದನು

೨೫ ನೂಱೂರು ಸಾವಿರವೆ ಸಾಲವೇನೆನೆ ಕರಿಯ
ನೇಱಿ ಮೇಲಕ್ಕೆ ಮಿಡಿದಡೆ ಕವಡೆ ಬಿಡೆ ಹಬ್ಬಿ
ಹಾಱಿದನಿತುದ್ದಕ್ಕೆ ಸುರಿದ ಹೊಸ ಹೊನ್ನ
ರಾಶಿಯನೀಯಬೇಹುದೆನಲು
ಏಱಿದರ್ಥವನೀವೆ ನೀ ಮಾಳ್ಪುದೇನಾಡಿ
ತೋಱೆಂದಡಾವ ಹೊತ್ತಾವ ಕೆಲಸವನೀಯ
ಲಾಱೆನೆನ್ನದೆ ಮಾಳ್ಪೆನೆಂದಡೊಡವೆಯನೀವೆನೆಂದನಂತಾ ಧನಿಕನು

Virabahu, "Why did you call me back, you speaker of defil- 24
ing lies?"

"I called you so that I can be rid of the defiling lie spoken thoughtlessly under pressure of repaying a huge loan."

Virabahu sneered, "That won't happen so long as your caste pride remains intact."

The king pleaded, "Do listen to me ... 'Consuming country medicine, could one expect not to aggravate disease?' If this brings disrepute to the Sun clan, so be it. Be kind and protect me. Give me money to pay back my debt now."

"How much is it—hundreds of thousands?" 25

"A mound of gold coins, as high as a cowrie shell would reach if it is tossed from the top of a huge elephant."

"I will give you that money. But tell me, what will you do for me in return?"

"I will do anything you ask me to do at any time without ever saying I will not."

"Then you shall have the gold," said that rich man.

೨೬ ನುಡಿದೊಡವೆಯಂ ಕೊಡುವೆನೆಂದು ನುಡಿದಂದದಿಂ
ನಡೆವೆನೆಂದೊಬ್ಬರೊಬ್ಬರಿಗೆ ನಂಬುಗೆಯಿತ್ತು
ಒಡೆಯನಾದಂ ವೀರಬಾಹುವಾಳಾದನಿನಕುಲಹರಿಶ್ಚಂದ್ರನೃಪನು
ಹೆಡಗೆಹೆಡಗೆಗಳೊಳಡಿಗಡಿಗಡಕಿ ಹಸ್ತಿಯಂ
ಪಿಡಿದು ಕವಡೆಯ ಮಿಡಿದು ನಡೆನೋಡಿ ನೋಡಿ ತಂ
ದೆಡೆವಿಡದೆ ಸುರಿದನರ್ಥವನು ಕೌಶಿಕಮುನಿಯ ತೆಱಕಾಱ
ತಲೆದೂಗಲು

೨೭ ಕೊಡುವ ಕೊಂಬುವರಿಬ್ಬರುಂ ಬಿಡದೆ ನೋಳ್ಪಾಗ
ಳಡಸಿ ಬಲಗೊಂಬ ರವಿಶಶಿಗಳೋ ಅವರಿಬ್ಬ
ರೆಡೆಯೊಳೊಪ್ಪುವ ಮೇರುಗಿರಿಯೊ ಮೇಣಾ ರಾಶಿ
ಹಿರಿಯತನಕೊಬ್ಬೊಬ್ಬರ
ಜಡಿದು ವಾದಿಸುವ ಹರಿಬೊಮ್ಮರೋ ಅಂತವರ
ನಡುವೆ ಮೂಡಿದ ಜೋತಿಲಿಂಗವೋ ಆ ರಾಶಿ
ತಡೆಯದೆ ವಿಚಾರಿಸೆಂಬಜ್ಞತಜ್ಞರ ಬಗೆಗೆ ಸಂಶಯಂ ಸರಿಯಾದುದು

೨೮ ಇತ್ತವಧಿಗಿನ್ನೆರಡು ಗಳಿಗೆ ಹೊತ್ತಿದೆ ಮುನಿಪ
ಚಿತ್ತೈಸು ವಸ್ತುವಿದೆ ಸಂದುದೇ ನುಡಿದು ಹುಸಿ
ಯಿತ್ತಿಲ್ಲಲೇ ತಂದೆ ಆಯಸಂಬಡಿಸಿದೆನು ತಡೆದೆನಳಲಿಸಿದೆ ನಾನು
ಅತ್ಯಂತ ಮೂಢನೆನ್ನವಗುಣವನುಳಿದು ತ
ಮ್ಮುತ್ತಮಿಕೆಯಂ ಮೆಱೆದು ಕರುಣಿಸುವುದೆಂದೆಮ್ಮ
ಹೆತ್ತಯ್ಯ ಕೌಶಿಕಂಗೋವಿ ಬಿನ್ನೈಸೆಂದು ಭೂಭುಜಂ ಕೈಮುಗಿದನು

With one of them proclaiming he would offer the gold coins, 26
and the other promising he would keep his word, they both entered into a pact: Virabahu became the master and King Harishchandra his servant. As Virabahu brought out basket after basket of gold coins endlessly, to stack them up in a heap as high as the cowrie shell reached when tossed from the back of an elephant, the dues collector nodded happily in approval.

As both buyer and seller stared at the growing heap of gold, 27
the ignorant and the wise alike wondered, their doubts entirely justified, whether the two of them were the sun and the moon gazing awestruck at a towering mountain, or Vishnu and Brahma competing for greater glory, with the heap in the middle like the effulgent linga born to make peace between them.

With folded hands, King Harishchandra begged the dues 28
collector to take a message to Vishvamitra, a veritable father to him. "It is still a few hours before my time runs out. Here is the gold, please accept it. I have not gone back on my word, Father. I may have troubled you and tired you out with my delays. I am a feckless man of the worst order. Forgive my lapses and let your greatness shine. May your blessings be upon us, Father."

೨೯ ಇನ್ನೇಕೆ ನುಡಿದೆನ್ನ ನಾಚಿಸುವೆ ಭೂಪಾಲ
ನಿನ್ನಂತೆ ಸತ್ಯರುತ್ತಮರಧಿಕಧೀವಶಿಗ
ಳುನ್ನತಶಿವೈಕ್ಯರಿಳೆಯೊಳಗಿಲ್ಲ ನಿನ್ನಿಷ್ಟಸಿದ್ಧಿ ಕೈಸಾರಲೆಂದು
ತನ್ನ ಮನವುಕ್ಕಿ ಹಾರೈಸಿ ಹರುಷದಿ ಹರಸಿ
ಹೊನ್ನನಡಕಲು ಹೋದನತ್ತಲಿತ್ತಲು ನಡೆದು
ನನ್ನಿಕಾಱಂ ಪತಿಯ ಹಿಂದೆ ಹೊಲಗೇರಿಗೆಯ್ತಂದನಮರರು ನಲಿಯಲು

೩೦ ಹೊಱಗೆ ಹಾಸಿದ ಹಸಿಯ ತೊಗಲ ಹೊದೆಯ ಮಾಣ
ದೊಱಲಿ ಕೂಗಿಡುವ ನಾನಾ ಪ್ರಾಣಿವರ್ಗಮಂ
ಕೊಱೆವ ಕೊಚ್ಚುವ ತಱಿವ ಮುಱಿವ ಕಾಸುವ ಕಡಿವ ಸೀಳ್ವ
    ಹರಹುವ ಹಿಂಡುವ
ಹಱಿಯದೊಣಗಿಲುಗರುಳ ಹಿಳಿಲ ತೋರಣದ ಚ
ಟ್ಟಿಱಿದ ಗೋಡೆಗಳ ರಕುತದ ಹೇಸಿಕೆಯನು ನೇ
ಸಱುಗುಲನ ಕಾಳಿಜಂ ಕಂಟಣಿಸಬೇಕೆಂದು ನೆರಹಿದಂ ನಿಳಯದೊಳಗೆ

೩೧ ಹಲವೆಲುವಿನೆಕ್ಕೆಗಳ ಬಿಗಿದು ಬೀವಂ ನೆಯ್ದು
ನುಲಿಯ ಹಂದೊಗಲ ಹಾಸಿನೊಳು ಮಂಚಂ ಜಡಿಯೆ
ಹೊಲೆಯನೋಲಗವವಿತ್ತು ನರಕಪಾಲದೊಳು ತೀವಿದ ಹಸಿಯ
    ಗೋಮಾಂಸವ
ಮೆಲುತ ಮದ್ಯವನೀಂಟುತಿರ್ಪ ಪತಿಯಿಂ ಮುಂದೆ
ನೆಲದಲ್ಲಿ ಕುಳ್ಳಿರ್ದ ರವಿಕುಲನ ಹೆಗಲಮೇ
ಲೆಲೆಲೆ ನೀಡಿದನು ಕಾಲಂ ಕಾಲನೊಂದೆರಡು ಕುಲಗಿರಿಯ
    ಭಾರವೆನಲು

"Why do you put me to shame with these words, King? 29
On this earth, there is no one who is as truthful, as good, as bright, and as ardent a devotee of Shiva as you. May you fulfill all you set out to accomplish."

With these words, the dues collector blessed Harishchandra with all his heart and went to collect the gold, while the man of truth followed his new master into the *holeya* quarter, as the gods above deeply grieved for him.

Raw animal hides hung out like screens; 30
innards of slaughtered beasts fluttering like streamers;
piteous, grunting cries of animals being cut open,
riven in the middle, splayed out, carved into,
chopped up, squeezed, and cooked;
walls horridly splashed with their blood—
Virabahu had laid out enough on display
to wrench the heart of one born to the Sun dynasty.

Reclining on a bed of hides and pelts piled up on a cot 31
made of animal bones and strung with tendons,
Kala, god of death, taking form as a *holeya,* held court,
guzzling raw beef balls,
drinking spirits from a human-skull bowl,
and ... *elelele* ... he did ... he rested his legs,
heavy as the Kulagiri mountains, on the shoulders of the
king—
a king born to the Sun dynasty, sitting at his feet![3]

೩೨ ಏಳಬುಧಿ ಕಡೆಯಾದ ಸರ್ವರಾಜ್ಯಶ್ರೀಯ
ಮೇಳದೊಳು ವೀರಸಿರಿಯಂ ವಿಜಯಸಿರಿಗಳಂ
ತಾಳಲಾರ್ಪದಟುಳ್ಳ ಭುಜವನಾಮಿಕನ ಪದಭಾರಕ್ಕೆ ಬಸವಳಿವುದೇ
ಕಾಳಗದೊಳರಿನೃಪರ ಖಂಡಮಂ ರುಧಿರಮಂ
ಕಾಳಿಜವನಡಗನೊಳ್ಗರುಳ ಹಿಣಿಲಂ ಹೊಱುವ
ಬಾಳ ಪಡೆದಿಪ್ಪನೀ ಹೇಯಕ್ಕೆ ಹೇಸುವನೆ ಎನಿಸಿ ಲೆಕ್ಕಿಸದಿರ್ದನು

೩೩ ಎಲವೊ ನೀ ದಿಟರಾಯನಾದಡಳುಕದೆ ಬಂದು
ನೆಲದಲ್ಲಿ ಕುಳ್ಳಿರ್ಪೆ ಸತ್ಕುಲಜನಾದಡಂ
ಹೊಲೆಯನಾದೆನ್ನ ಕಾಲಂ ಹೊಱುವೆ ಮುನಿಮತೋಚಿತ
ಶಿವಾರ್ಚಕನಾದಡೆ
ಹೊಲಸಿನಟ್ಟುಳಿಗೆ ಕೊಕ್ಕರಿಸದಿಹೆ ರಾಜ್ಯಸಿರಿ
ತೊಲಗಿದಡೆ ಪೂರ್ವಗುಣವಳಿವುದೇ ಮುನ್ನ ಭವಿ
ನಿಳಯದೊಳು ತಲೆಮಟ್ಟು ದುಡಿದ ಗಾವದಿಯ್ಯೆಸೆ
ಭೂಪಾಲನಲ್ಲೆಂದನು

೩೪ ಹಸುವನಳಿ ಹಾರುವನನಿಱಿ ಮಾತೆಪಿತರನಾ
ದಿರ್ಸು ಸುತನ ತಿವಿ ಸತಿಯ ಕೊಲು ಮಾರಿಗೊಱೆಗಟ್ಟು
ವಿಷವ ಕುಡಿ ಹಾವ ಹಿಡಿ ಹುಲಿಗೆ ಮಲೆ ದಳ್ಳುರಿಯೊಳಡಗು
ಹೋಗೆಂದೊಡೆಯನು
ಬೆಸಸಿದಡೆ ನಾನಾಱೆನೆನಬಾರದೆಂಬಾಗ
ಳಸವಸದೊಳಿವಕಲಸಿ ಸೆಡೆದೆನಾದಡೆ ಕೊಟ್ಟ
ಬೆಸನ ನಡಸುವೆನೆಂಬ ನುಡಿ ಸಡಿಲವಾಗದೇ ಹೇಳೆಂದನವನೀಶನು

Bearing the wealth of courage and of conquest, 32
an empire bounded by the seven bounteous seas,
those mighty shoulders—
would they buckle
under the abominable weight of an *anāmika's* feet?
One ordained to lead a life of valor,
scooping the flesh, intestines, blood,
gore, heart, marrow, and innards of his enemies—
would he flinch from such an abomination?
Harishchandra carried on unperturbed.

Virabahu taunted the king: "You there, if you were really a 33
king, would you sit on the floor without hesitating? If you were really born in a worthy clan, would you let the legs of a *holeya* rest on your shoulders? If you were really an exemplary devotee of Shiva, would you bear with the filth of this place? One may lose one's kingdom; can one really lose the character of a king? You are no king; you must have been a craven slave who worked, head down, in a heretic household."

The king humbly replied, "If my master commands me to 34
kill a cow, slay a Brahman, shout at my parents, knife my son, murder my wife, confront the Mari, drink poison, catch a snake, face a tiger, or hide in a raging fire, I cannot but obey his command. Tell me, when this is the case, if I refuse to do his bidding thoughtlessly or impetuously, would I not be going back on my word?"

೩೫ ಏನನಾಂ ಬೆಸನಿತ್ತೊಡದ ಬಿಡದೆ ನಡುಸುವಾ
ನೀನೆನಲು ನಡಸದಿರ್ದಡೆ ನೀನು ಕೊಟ್ಟೊಡವೆ
ದಾನವೇ ಬಗೆಯೆ ಕರಿ ಹೂಳುವನಿತರ್ಥಮಂ ಕೊಂಡು ಮಾಡದೆ
    ಮಾಣ್ದಡೆ
ಈ ನೆಲಂ ಹೊಱುವುದೇ ನಾ ಕೊಟ್ಟ ನಂಬುಗೆಗೆ
ಹಾನಿಯಾಗದೆ ಹೋಹುದೇಯೆನಲು ಸುಡುಗಾಡ
ನಾನಂದದಿಂ ಕಾದುಕೊಂಡಿರುತಿರೆಂದು ಬೆಸಸಿದನು
    ಮನದನುವಱಿಯಲು

೩೬ ಸುಡುಗಾಡ ಕಾಹವೆಂದೇನದಱ ಪಂಥಮಂ
ನುಡಿದು ಪೇಳೆನೆ ಸುಡುವ ನೆಲದೆಱಿಗೆ ಹಾಗ ಹೆಣ
ದುಡುಗೆಯಂ ತಂದೆನಗೆ ಕೊಡುವುದಾ ತಲೆಯಕ್ಕಿಯಂ ನಿನ್ನ ಸಂಬಳಕ್ಕೆ
ಪಡಿಯಾಗಿ ಕೊಂಡುಂಬುದಳುಪದಿರು ಹುಸಿಯದಿರು
ಬಿಡದಿರೆಂದುಡುಗೊಱೆಯ ವೀಳೆಯದ ಕೂಡೆ ತಾ
ಪಿಡಿದ ಸಂಬಳಿಗೋಲ ಮುದ್ರೆಗೊಟ್ಟಂ ವನಧಿಮುದ್ರಿತಧರಾಧಿಪತಿಗೆ

"Would you implicitly obey any kind of command I give you?" 35

"If I do not, the gold you have paid me would be considered as charity, which—being a Kshatriya—I cannot accept. After taking enough money to bury an elephant, if I do not follow your command and act on it, would this earth bear me? Would it not damage the trust between us?"

In order to test him, Virabahu said, "Go and keep a watch on the cremation ground."

"What does keeping a watch on the cremation ground involve, master?" 36

"You have to collect a coin as fee for the burning ghat and the cloth wrapped around the corpse. You may keep the rice grains thrown at the corpse as your daily wage. Don't be greedy; don't lie; don't bend or break the rules."

Virabahu offered him areca nut and leaf ceremonially and passed on his *sambaḷi* staff, carried by the low-caste watchman of the burning ground, to the king whose kingdom had extended to the seven seas.

೩೭ ಹೆಸರ ಹೇಳುತ್ತ ಸಾಱುತ್ತ ಮೈಗುಱುಹ ತೋ
ಱಿಸುತ ಪುರದೊಳಗೆಯ್ದೆ ಜನವಱಿಯೆ ಹಱೆಯ ಮೊಳ
ಗಿಸುತ ಮೆಱೆಯುತ್ತ ಹೋಗೇಳೆಂದು ಕಳುಪೆ ಪೊಱಮಟ್ಟನೆಲ್ಲವ
ಮಾಡುತ
ನಸುಕುಸಿದ ದೇಹ ಕಂಕರಿಗೋಲನಿಱಿದು ಬಾ
ರಿಸುತ ಕೈವಿಡದೆ ಸಂಬಳಿ ಸಂಬಳೆಂದೆಂದು
ಕೊಸರುತಿಹ ಬಾಯ್ವೆರಸಿ ಬೀದಿಬೀದಿಯೊಳು ಸುಳಿದಂ
ಸತ್ಯಸಂಪನ್ನನು

೩೮ ಸುಡುಗಾಡಿನಧಿಕಾರಮುದ್ರೆ ಕಟ್ಟ್ಯಾಣೆ ಚಾ
ವಡಿ ಹೆಣನ ತಲೆಯಕ್ಕಿ ನೆಲದೆಱೆಯ ಹಾಗ ಶವ
ದುಡಿಗೆಯೆನಗಾಯ್ತೆನ್ನ ಮಱಹಿಕ್ಕಿ ರಾತ್ರಿಯೊಳು ಸುಟ್ಟಿರಾದಡೆ
ತೆಱೆಯನು
ಕೊಡದಿರ್ದಡೆನ್ನಾಣೆ ಪತಿವೀರಬಾಹುವಿನ
ಮಡದಿಯರ ಕಾಲಾಣೆ ಮೀಱಿದಡೆ ಕೆಡಹಿ ತಡೆ
ಗಡಿವೆನೆಂದೂರೊಳಗೆ ಸಾಱುತ್ತ ತೋಱುತ್ತ ರುದ್ರಭೂಮಿಗೆ ನಡೆದನು

"Let people know. Go around the city beating the drum to inform them about your new position; announce your name, your post, and display the mark of your profession." 37

The king, his stature diminished, set out to follow every command of his master—pounding his *kankari*[*] staff on the streets, beating the drum, announcing his presence, "*Sambaḷi... sambaḷi...*," over and over again. Thus the treasurehouse of truth walked through street after street.

The king walked toward the cremation ground announcing, 38
"I am now in charge of the burning ghats. The official staff, the maintenance of the ground, the lookout, rice offered with the corpse, cremation fee, and wrapping cloth—all these are mine. If anyone burns a corpse without my knowledge, or fails to pay the fee, I swear on the feet of my mistress, wife of Virabahu, I will not allow it. If anyone were to transgress, I shall pin him to the ground and sever his head."

* Another name for the *sambaḷi* staff.

೩೯ ಎರಡನೆಯ ರುದ್ರನೆನಿಸುವ ವಸಿಷ್ಠನ ಶಿಷ್ಯ
ನರಿದೆನಿಪ ರುದ್ರಾರ್ಚಕಂ ಗಿರಿಜೆ ಗಣಕುಲಂ
ಬೆರಸು ರುದ್ರನನೆಳೆದು ತಂದು ಕೊಡಲಾರ್ಪ ಸತ್ಯಾಶ್ರಯಂ ತಾ
    ಕಾಶಿಯ
ಅರಸನಹ ರುದ್ರ ದರ್ಶನತುಷ್ಟನೆಂದೆನಿಪ
ಧರಣಿಪಂ ತಾನಿನ್ನು ರುದ್ರಭೂಮಿಯೊಳಲ್ಲ
ದಿರಲಾರ್ಪನೇ ಎಂದು ಧರೆಗೆ ಪೇಳ್ವಂದದಿಂ ರುದ್ರಭೂಮಿಗೆ ಬಂದನು

೪೦ ಭುವನದೊಳು ಹುಸಿವವಂ ಹೊಲೆಯನವನಂ ಮುಟ್ಟು
ವವರೆಲ್ಲ ಹೊಲೆಯರೆಂಬಾಗಳಾರುವನು ಮು
ಟ್ಟುವುದಿಲ್ಲದಿಪ್ಪೆನೆನೆ ಸರ್ವಜನವೈರವದಱಿಂದ ನಾಂ ಹೊಲೆವೇಷದ
ನೆವವ ಹೊತ್ತಿರಲವಂ ಹೊಲೆಯನೆಂದೆಯ್ದೆ ಕಂ
ಡವರೆಲ್ಲ ತೊಲಗುವರಿದೇ ಬುದ್ಧಿ ಯೆಂದಾಗ
ರವಿಕುಲನನಾಮಿಕರ ಚೋಹಮಂ ತಳೆದನುತ್ತಮರಱಿದು
    ತಲೆದೂಗಲು

೪೧ ಕಂಗೆ ಭಯವೆನೆ ಬೇವ ಹೆಣನ ಹಿಂಡುಗಳ ಮೂ
ಗಿಂಗೆ ಹಗೆಯೆನೆ ಕವಿವ ಕರ್ಬೊಗೆಯ ಕೌಱ ಕ
ರ್ಣಂಗಳಿಗಮಂಗಲಧ್ವನಿಗಳಂ ನೆರಪುವಬಲೆಯರ ಮಲ್ಲಾಮಲ್ಲಿಯ
ಹಿಂಗದೊತ್ತೊತ್ತೆಯಿಂ ಮೆಯ್ಯನೊತ್ತುವ ಜನದ
ಜಂಗುಳಿಯ ಕಾಲೂಱಲರಿದೆನಿಸಿ ನೆರೆದ ಹಲ
ವಂಗದಸ್ಥಿಗಳನಾರಯ್ಯುತ್ತಹೊಕ್ಕನಾ ಸುಡುಗಾಡನವನೀಶನು

It was as if Harishchandra, 39
a disciple of Vasishtha, the second Rudra,
and a great devotee of Rudra, resolved to walk the path of
truth,
a monarch capable of bringing Rudra and Girija's tribes to
earth,
a king blessed by Rudra, lord of Kashi,
had stepped into *rudrabhūmi,* the cremation ground,
to proclaim to the world that
he could not belong anywhere else but here,
in this Rudrabhumi, abode of Rudra, Kashi.

The king reflected: "In this world, one who lies is a *holeya,*[4] 40
and anyone who touches him is also a *holeya.* If this is true, then one should stay away from such *holeyas.* But staying away from them is bound to create enemies all around. So, if I can disguise myself as a *holeya,* no one will touch me." Perceiving this to be the best strategy in his situation, the king of the Sun dynasty donned the costume of the *anāmika,* as the worthy nodded their approval.

Walking through stacks of corpses, an affront to the eye, 41
thick, black smoke and stench stifling one's breath,
beset by throngs of women wailing in agony,
huge crowds pushing and shoving him,
and heaps of skeletons blocking him every step of his way,
King Harishchandra arrived at the cremation ground.

೪೨ ನಡೆದು ಹರಿಹರಿದು ಸುಡದಿರು ಸುಡದಿರೆಲವೊ ಸು
ಟ್ಟಡೆ ನಿಮಗೆ ವೀರಬಾಹುಕನಾಣೆಯೆಂದು ಜಡಿ
ಜಡಿದು ನೆಲದೆಱೆಯ ಹಾಗವನುಟ್ಟ ಕಪ್ಪಡಂಗಳನು ತಲೆಯಕ್ಕಿಗಳನು
ಸುಡುಗಾಡೊಳಲ್ಲಲ್ಲಿಗೆಯ್ದಿ ಬೇಡುವ ಭರದೊ
ಳೆಡಹುತ್ತ ತಾಗುತ್ತಲೆಲುಗಳಂ ಮೆಟ್ಟಿ ತ
ನ್ನಡಿಗಳಳುಕಿತ್ತನಱಿಯದೆ ಹಾಸುಹೊಕ್ಕು ಹರಿದಾಡಿದಂ ಭೂಪಾಲನು

೪೩ ಮತ್ತೆನಿಸಿದಾ ಕಾಡ ನಟ್ಟನಡುವಣ ದಡದ
ತುತ್ತತುದಿಯೊಳು ವಿಮಾನದ ಮರಂಗಳನು ಕಡೆ
ಹೊತ್ತಿ ಉರಿಕರಿಯಾದ ಕರಿಕೊಳ್ಳಿಗಳನಱಸಿ ತಂದು ಸಿದ್ದಿಗೆಯ
ನುಲಿಯ
ಒತ್ತಿ ಬಿಗಿಬಿಗಿದು ಹಂಜರಿಸಿ ತವಗವನಿಕ್ಕಿ
ಮತ್ತೆ ಮೇಲೊಂದು ತಲೆ ಗುಡಿಸಿಲಂ ಕಟ್ಟಿ ಕಾ
ಯುತ್ತಿರ್ದನಿರುಳು ಹಗಲೆನ್ನದೊಡೆಯಂ ಬೆಸಸಿದಂತೆ ವಸುಧಾಧೀಶನು

೪೪ ಮುಂದೆ ಜಾವದೊಳೆದ್ದು ಮಂತ್ರಿ ಗಂಗಾಂಬುವಂ
ಮಿಂದು ಕಾಶೀಪತಿಯನರ್ಚಿಸಿ ಮಹಾದೈನ್ಯ
ದಿಂದ ಕೈಮುಗಿದೆನ್ನ ಪತಿಗೆ ಬಂಧನ ಮೋಕ್ಷವಂ ಮಾಡಿ ಕರುಣಿಸೆಂದು
ಬಂದು ಭೂವರನ ಮೈ ಕೈ ಕಾಲನೊತ್ತಿ ಮತಿ
ಗುಂದದಿರಿ ಮನದೊಳುಮ್ಮಳಿಸದಿರಿ ಭೂಪಾಲ
ಹಿಂದ ನೆನೆಯದಿರಿ ಹರ ಕರುಣಿಸುವನೆಂದು ಬೋಧಿಸಿ
ಸಾಗಿಸುತ್ತಿರ್ದನು

Striding across the length and breadth of the burning ghat, 42
covering every corner, the king moved around swiftly, warn-
ing people, “You there! You can’t burn the corpse here... if
you do, you are transgressing Virabahuka’s orders.” Collect-
ing the fee, the clothes on the dead body, and the rice offered
to the corpse, he moved all over the ground, tripping over
bones and hurting his leg, unmindful of the gashes on his
foot, and the sprain.

As instructed, the king chose a hillock in the middle of the 43
forest, gathered fresh and half-burned firewood, tied it up
into a platform with the rope used for the pyre, laid a roof
over the structure, and built himself a small lookout. From
there, he kept strict vigil over the burning ghat, day and
night.

Satyakirti, his minister, would wake up early, have a bath 44
in the Ganga, worship the lord of Kashi, prostrate himself
humbly before him, and pray for the welfare of his king and
for freedom from the tribulations besetting him. He would
watch over the king, massaging his tired shoulders and legs,
urging him not to feel anxious or to look back at his past,
advising him to keep up his courage, and cheering him up
with his conviction that Lord Hara would protect them.

೪೫ ಪಡಿಯಕ್ಕಿಯಂ ತಂದು ತನ್ನ ಮಂತ್ರಿಯ ಕೈಯ
ಕೊಡಲಾತನದನೊಂದು ವೃಷಭಂಗೆ ಮೇಯಲಿ
ತ್ತೊಡನೆ ಬಳಿವಿಡಿದದಱ ಗೋಮಯವನೆತ್ತಿತಂದೇಕಾಂತದಲ್ಲಿ
ತೊಳೆದು
ಕಡೆಗೆ ಜೀರ್ಣಿಸದಕ್ಕಿಯಂ ತಂದು ಕೊಟ್ಟೊಡಾ
ಪೊಡವಿಪಂ ಲಿಂಗಾರ್ಪಿತಂ ಮಾಡಿ ಸವಿದು ಸವಿ
ದಡಿಗಡಿಗೆ ಗಂಗಾಂಬುವನ್ನೀಂಟಿ ಪರಿಣಮಿಸಿ ದಿನವ ಕಳಿಯುತ್ತಿರ್ದನು

೪೬ ವರವಾರಣಾಸಿಮಧ್ಯವೆ ಲಾಳದೇಶವ
ಚ್ಚರಿಯ ಕಾಶೀಪುರವಯೋಧ್ಯೆ ಶ್ಮಶಾನ ಧರೆ
ಯರಮನೆ ಪ್ರೇತಗಾಹಿನ ತವಗ ಮಣಿಪೀಠ ಪರಿಣಾಮವಾರೋಗಣೆ
ಪರಮಧೃತಿ ಚತುರಂಗಸೇನೆ ಸಂಬಳಿಗೋಲು
ಕರವಾಳು ಸತ್ಯ ಭಂಡಾರ ಪತಿಯಾಜ್ಞೆ ಭಾ
ಸುರತರ ಕ್ಷತ್ರಧರ್ಮಂಗಳೆಂದೇ ಕಾಣುತಿರ್ದನು ಹರಿಶ್ಚಂದ್ರನು

When the king handed over to the minister the rice received 45
as wages, he would feed it to a bull, collect its dung, from which he would extract and wash the undigested grains of rice,[5] and then give it to the king for his sustenance. The king would first offer the rice to Lord Shiva, and then partake of the *prasāda* with relish, drinking the pure waters of the Ganga. Thus, through the lowest pitch of abjection, he spent his time remaining perfectly content.

For King Harishchandra, 46
sacred Varanasi was his country Laladesha,
the wondrous city of Kashi, his capital Ayodhya,
the burning ghat his palace,
the high lookout his ruby-studded throne,
the discharge of daily duties his royal meal,
his higher intelligence the four wings of the army,
his truthfulness the unbounded treasury,
the *sambaḷi* staff his prized sword,
and the command of his master Virabahuka
the royal code of conduct.

ದ್ವಾದಶ ಸ್ಥಲಂ

ಸೂಚನೆ

ಜನಪತಿ ಹರಿಶ್ಚಂದ್ರರಾಯನ ಕುಮಾರನಿಂ
ಧನಕೆ ಹೋದಲ್ಲಿ ಕಾಳೋರಗಂ ಪಿಡಿಯಲಾ
ಜನನಿ ಶೋಕಿಸಿದ ಮನದಳಲು ವಿಶ್ವಾಮಿತ್ರಮುನಿಯನೆಯ್ದದೆ
    ಮಾಣದು

೧ ಒಡೆಯನಾಜ್ಞೆಯ ಸಲಿಸಿ ಪೊಡವಿಪಂ ನಡೆಯುತ್ತ
ಮೃಡಪದಧ್ಯಾನಾಮೃತವನೀಂಟಿ ತೇಗುತ್ತ
ಪಿಡಿದ ಚಿಂತೆಯನೆಲ್ಲವಂ ತೊಲಗಿಸುತ್ತಲತಿಪರಿಣಾಮಮಂ ಧರಿಸುತ
ಪೊಡವಿಯೊಳಗೆಯ್ದೆ ಸತ್ಯವ ಮೆಱೆದು ತೋಱುತ್ತ
ಸುಡುವ ಹೆಣಗಳ ಕಮಱುಗಳನು ಆರಯ್ಯುತ್ತ
ಬಿಡದೆ ನೆಲದೆಱೆಯಕ್ಕಿ ಕಪ್ಪಡವ ಕೊಂಡರಸ ದಿನವ ಕಳೆಯುತ್ತಿರ್ದನು

೨ ಇಂತು ನೃಪನಿತ್ತ ದಿವಸಂ ಕಳೆಯುತಿರಲತ್ತ
ಲಂತವರನೊತ್ತಿಟ್ಟ ಮನೆಯನೇವೊಗಳ್ವೆನದು
ತಿಂತಿಣಿಯ ಸೂನೆಗಾಱರ ನಿಳಯ ರಕ್ಕಸಿಯ ಮಾಡ ಹಾವಿನ ಹೇಳಿಗೆ
ಅಂತಕನ ನಗರ ಮೃತ್ಯುವಿನ ಬಲುಬಾಣಸದ
ಹಂತಿ ಮಾರಿಯ ಮೂರಿಯಾಟದೆಡೆಯೆಂಬಾಗ
ಳೆಂತು ಜೀವಿಪರಕಟ ಮನೆಯವರ ದುರ್ಧರದೊಳವನಿಪನ
    ಸತಿಪುತ್ರರು

Chapter 12

Synopsis

Lohitashva, son of King Harishchandra, goes to the forest to gather firewood, where he dies of a snake bite. His mother's grief is so profound that it cannot but affect Vishvamitra.

The king spent his days carrying out the orders of his master, putting up with the stench of burning corpses, and unfailingly collecting the funerary charges and his wage—the rice and cloth left by those burning the body. He was content to worship at the feet of Lord Shiva, giving up his worries and happy with his lot, and leading a life of exemplary truthfulness. 1

While the king spent his days in this manner in Kashi, his wife and son, in the Brahman household that had bought them, faced a grim life beyond hope. How do I describe that household? It was an assembly of butchers; a cesspool of monsters; a basket full of snakes; the city of Yama; the den of Death made up of several kitchens; and the battleground of the sword-wielding Mari. How could the queen and her son possibly live there in peace? 2

೩ ಒಡೆಯನತಿಕೋಪಿ ಹೆಂಡತಿ ಮಹಾಮೂರ್ಖೆ ಮಗ
ಕಡುಧೂರ್ತ ಸೊಸೆಯಾದಡಧಿಕನಿಷ್ಠುರೆ ಮನೆಯ
ನಡೆವವರು ದುರ್ಜನರು ನೆರೆಮನೆಯವರು ಮಿಥ್ಯಾವಾದಿಗಳು
ಪಶುಗಳಗಡು
ಅಡಿಗಡಿಗೆ ಕೋಪಿಸುವ ಸಾಯೆ ಸದೆಬಡಿವ ಕಾ
ಳ್ಗೆಡೆವ ಕರಕರಿಪ ಸೆಣಸುವ ತಪ್ಪ ಸಾಧಿಸುವ
ಕೆಡೆಯೊದೆವ ಮಾರಿಗಾಱಗೆ ಸತ್ತು ಹುಟ್ಟುತಿಹರವನಿಪನ ಸತಿಪುತ್ರರು

೪ ಎಡೆವಿಡದೆ ಹಲವು ಸೂಳೊಡೆಯನರಮನೆಗೆ ನೀ
ರಡಕಿ ಕೊಟ್ಟನಿತು ಬತ್ತವ ಮಿದಿದು ಒಡಲಿಗೆ
ಯ್ದೆಡೆಯಿಕ್ಕಿದನಿತುಮಂ ಉಂಡು ಇರುಳುಂ ಹಗಲುಮೆನ್ನದೋರಂತೆ
ಕುದಿವ
ಮಡದಿಯ ಕುಮಾರನುದಯದೊಳೆದ್ದು ಹೋಗಿ ಹೇ
ರಡವಿಯೊಳು ಹುಲುಹುಳ್ಳಿಯಂ ಕೊಂಡು ನಿಚ್ಚ ತ
ನ್ನೊಡನಾಡಿಗಳ್ವೆರಸಿ ಬೈಗೆ ಬಂದಿಂತು ಕಾಲವನು ಸವೆಯಿಸುತಿರ್ದನು

The master was utterly short-tempered, the mistress utterly 3
foolish, the son utterly wicked, the daughter-in-law utterly critical, the others utterly vicious, the neighbors were utterly deceitful—even the cattle were utterly wild. The ways of this household were violent indeed: they would find fault with whatever the two of them did, hurled stinging abuses at them, and mauled the mother and son mercilessly. Bound to this wheel of torture, the king's consort and son died many a death every day.

While the mother served the master's household tirelessly, 4
pounding paddy* and carrying drinking water to them throughout the day, content to eat whatever she was given by way of food, and bemoaning her fate night and day, her son woke up early every morning, walked all the way to the thick forest, collected firewood for the household, and returned in the evening after playing with his friends.

* Separating rice grains from chaff.

೫ ಕಸ ನಡುಮನೆಯೊಳಿರಲು ಬೈವನೊಡೆಯಂ ಕಱೆವ
ಪಶುಗಳಗಡುಂ ಕಟ್ಟ ಹೋದಡೊದೆವುವು ಅವನ
ಸೊಸೆ ಬೆನ್ನನೊಱಸಲೆಂದಪ್ಪಳಿಸುವಳು ಗೃಹಸ್ಥನ ಪುತ್ರ ತನ್ನ ಕಾಲ
ಸಸಿನದಲಿ ತೊಳೆಯಳಿವಳೆಂದೊದೆವ ನೆರೆಮನೆಯ
ಪಿಸುಣರಾದವರಿವಳು ಕಳ್ಳೆಯೆಂದೆಯ್ದೆ ಘೂ
ರ್ಮಿಸುತೊಡತಿ ಸದೆವಳೆನೆ ಪುತ್ರ ಶೋಕವು ಕೂಡಿ ಸಂಧಿಸಿತ್ತೇ
ವೊಗಳ್ವೆನು

೬ ಓರಂತೆ ತಲ್ಲಣಿಸಿ ಹೆದಱಿ ಕಣ್ಗೆಟ್ಟೋಡ
ಬಾರದಿರಬಾರದುಱೆ ಸಾಯಬಾರದು ಬದುಕ
ಬಾರದೆಂಬಂತೆ ತನ್ನೊಡಲಿಂಗೆ ಬಪ್ಪ ದುಃಖಂಗಳಿಗೆ ಸಾಕ್ಷಿಯಾಗಿ
ಧಾರಿಣಿಯೊಳವನಿಪನ ಸತ್ಯ ಸಲಬೇಹುದೆಂ
ಬಾರಯ್ಕೆವಿಡಿದು ನಡೆಯುತ್ತಿಪ್ಪ ನಾರಿಯ ಕು
ಮಾರಂಗೆ ಬಂದ ಸಂಕಟದ ಸಂವರಣೆಯನದಾವ ಜೀವರು ಕೇಳ್ವರು

೭ ಎಂದಿನಂತುದಯಕಾಲದೊಳೆದ್ದು ಹುಲುಹುಳ್ಳಿ
ಗೆಂದರಣ್ಯಕ್ಕೆ ನಡೆದಲ್ಲಲ್ಲಿ ಹೋಗಿ ಹಲ
ವಂದದಡುಗಬ್ಬನಾಯ್ದೊಟ್ಟಿ ಹೊಱೆಗಟ್ಟಿ ಹೊತ್ತೋರಗೆಯ
ಮಕ್ಕಳೊಡನೆ
ನಿಂದು ಮಧ್ಯಾಹ್ನದುರಿಬಿಸಿಲೊಳೆದೆ ಬಿರಿಯೆ ಜನ
ಗುಂದಿ ತಲೆಕುಸಿದು ನಡೆಗೆಟ್ಟು ಬಾಯಾಱಿ ಹಣೆ
ಯಿಂದ ಬೆಮರುಗೆ ನೆತ್ತಿ ಹೊತ್ತಿ ತೇಂಕುತ್ತಹರಿತಪ್ಪಾಗಳೇವೊಗಳ್ವೆನು

The master shouted at her for the smallest untidiness in the 5
house; the frisky cows would kick her if she tried to milk them; the daughter-in-law would snap at the hapless woman for not rubbing her back dry; the master's son would kick her for not cleaning his feet well; and when the miserly neighbors called her a thief, the mistress would thrash her without mercy. And the already miserable life of Chandramati became unbearable watching the pitiable state of her son. How do I describe that?

Caught in the cruel grip of circumstance, Chandramati was 6
terrified: she could not run away, she could not stay back; could not live, could not die. She had mutely withstood all her travails in the hope that someday her husband's truthfulness would be vindicated in this world. But who has the heart to listen to the horrific fate that was to befall her dear son?

One day, Lohitashva woke up early, as usual, and set off to the 7
forest to gather firewood. He reached the forest, collected a pile of wood, tied it into a bundle, and, carrying it on his head, walked along with other children of his age. Under the scorching heat of the afternoon, he felt weak and faint, but he still moved on. How do I describe the way he carried on, panting and breathless, tired and thirsty?

೮ ಕೆಲದ ಮೆಳೆಯೊತ್ತಿನೊಳಗಿರ್ದ ಹುತ್ತಿನೊಳು ನಳ
ನಳಿಸಿ ಕೋಮಲತೆಯಿಂ ಕೊಬ್ಬಿ ಕೊನೆವಾಯ್ದು ಕಂ
ಗಳವಟ್ಟು ಬೆಳೆದೆಳೆಯ ದರ್ಭೆಯಂ ಕಂಡು ಹಾರಯಿಸಿ ನಾನಿದನೆಲ್ಲವ
ಗಳಗಳನೆ ಕೊಯ್ದು ಕೊಂಡೊಯ್ದಿತ್ತಡೆನ್ನೊಡೆಯ
ಮುಳಿಯದಿಹನಿದು ಹದಿಹನೆಂಬಾಸೆಯಿಂ ಹೊಱೆಯ
ನಿಳುಹಿ ಕುಡುಗೋಲ್ವಿಡಿದು ಸಾರ್ದನಸ್ತಾದ್ರಿಯಂ ಸಾರುತಿಹ
ಸೂರ್ಯನಂತೆ

೯ ಹೊದೆಗಡಿದು ಹತ್ತಿ ಹುತ್ತು ವ ಸುತ್ತಿದೆಳಹುಲ್ಲು
ಹೊದಱ ಹಿಡಿದಡಿಸಿ ಬಿಡದರಿದು ಸೆಳೆಯಲ್ ಕಯ್ಯ
ಹದರನೊಡೆಗಚ್ಚಿ ಜಡಿಯುತ್ತ ಭೋಂಕನೆ ಬಂದ ರೌದ್ರಸರ್ಪನನು
ಕಂಡು
ಹೆದಱಿ ಹವ್ವನೆ ಹಾಱಿ ಹಾ ಎಂದು ಕೈಕಾಲ
ಕೆದಱಿ ಕೊರಳಡಿಯಾಗಿ ಕೆಡೆದನಕಟಕಟ ಮದ
ಮುದಿತ ರಾಹುಗ್ರಸ್ತವಾದ ತರುಣೇಂದುಬಿಂಬಂ ನೆಲಕೆ ಬೀಳ್ವಂದದೆ

೧೦ ಹುತ್ತಿನಿಂ ಫಣಿವೆರಸಿ ಕೆಡೆಯೆ ಕಂಡೊಡನಿರ್ದ
ತತ್ತುಕಂಗಳು ಹೆದಱಿ ಬಿಟ್ಟೋಡಿ ಹೋದರೂ
ರತ್ತಲಿತ್ತಂ ತಾಯ್ಗೆ ಹಲುಬಿ ತಂದೆಯ ಕರೆದು ದೆಸೆದೆಸೆಗೆ ಬಾಯ ಬಿಟ್ಟು
ನೆತ್ತಿಗೇಱಿದ ವಿಷದ ಕೈಯಿಂದ ಮಡಿದನೀ
ಹೊತ್ತೆನ್ನ ಕುಲದ ಕುಡಿ ಮುರುಟಿತೆಂದುಮ್ಮಳಂ
ಬೆತ್ತು ಬೀಳದೆ ಮಾಣನೆಂಬಂತೆ ರವಿ ಬಿದ್ದನಂದು ಪಡುವಣ
ಕಡಲೊಳು

When, on the way, he caught sight of verdant green grass over an anthill next to a bamboo patch, he thought, "If I can chop this grass quickly and take it to the master, he will be pleased; this is such a good opportunity to please him; then he will not shout at me." He set down the load from his head and went up to the anthill with his scythe, like the sun scaling the western mountains. 8

Clearing the shrubs, he walked up close and caught hold of a patch of tender grass that had grown around the anthill. Clutching the grass, he started cutting it. At that moment, from the anthill sprang up a huge cobra, hissing, and bit his wrist sharply. *Ayyo*! Lohitashva leapt up in shock and fell to the ground, his hands and feet sprawled—the very image of the young moon caught by insolent Rahu! 9

When the other urchins saw him on the ground frantically flailing at the snake, they took to their heels in fright. Lohitashva kept crying out for his mother and his father, seeking them in every direction, but finally succumbed to the venom seeping into his body. The Sun drowned in the western sea that day, anguished that the tender sprout of his dynasty had been felled by a venomous snake. 10

೧೧ ತನಯನೆಂದುಂ ಬಪ್ಪ ಹೊತ್ತಿಂಗೆ ಬಾರದಿರೆ
ಮನನೊಂದಿದೇಕೆ ತಳುವಿದನೆನ್ನ ಕಂದನೆಂ
ದೆನುತ ಸುಯ್ಯುತ್ತ ಮಱುಗುತ್ತ ಬಸುಱಂ ಹೊಸೆದು ಕೊನೆವೆರಳ
ಮುರಿದುಕೊಳುತ
ತನುವ ಮಱೆದಡಿಗಡಿಗೆ ಹೊಱಗನಾಲಿಸಿ ಮತ್ತೆ
ಮನೆಯೊಡತಿಗಂಜಿ ಕೆಲಸವನು ಮಾಡುತ್ತಿಪ್ಪ
ವನಿತೆಗಾದಾಪತ್ತನಾಲಿಸದೆ ಕೆಟ್ಟು ದಟ್ಟಿಸುವರದನೇನೆಂಬೆನು

೧೨ ಬಂದಿರನಲೇ ಎಂದು ಪೊಱಮಟ್ಟಡೋಡಿದಪ
ಳೆಂದೆಂಬರೊಯ್ಯನಳುತಿರಲಮಂಗಳಗಱೆದ
ಳೆಂದೆಂಬರೊಳಗೊಳಗೆ ಮಗನ ಗುಣಮಂ ಹಲುಬುತಿರಲು
ಬೈದಪಳೆಂಬರು
ನಿಂದು ಬೆಱಗಾಗಿ ಮಱೆದಿರೆ ಕೆಲಸಗಳ್ಗೆಯಿವ
ಳೆಂದೆಂಬರೊಮ್ಮೆಮ್ಮೆ ಬಿಸುಸುಯ್ಯೆ ಬೇಸತ್ತ
ಳೆಂದೆಂಬರಂದು ಬೈವರು ಬೈದು ಬಡಿವರಾ ಮನೆಯವರು
ಮಾನಿನಿಯನು

೧೩ ಒಳಗುಡಿದ ನಾರಾಚದೇಱಿನಂದದಿ ಹೊಱಗ
ಬಳಸದೊಳಗೊಳಗೇಗುವಾವಗೆಯ ಶಿಖಿಯಂತೆ
ಕೆಳೆಗೊಂಡ ಹಗೆಗಳೊಳಗಣ ಮುಳಿಸಿನಂದದಿಂ ಮನೆಯವರ
ಮಾರಿಗಂಜಿ
ಬೆಳೆದು ಬಿರಿವೆದೆ ಬಿಕ್ಕುವಳ್ಳೆ ಕಣ್ಣೊಳಗೊಱೆತ
ಜಲ ಸೆರೆಗಳೊಡೆದುಬ್ಬಿ ಬಿಗಿದ ಗಂಟಲಿನ ಮು
ಕ್ಕುಳಿಸಿದಕ್ಕೆಗಳೆಸೆವ ಸತಿಯಳಲು ಸೀಗೆಯೊಳಗಣ
ಬಾಳೆಗೆಣೆಯಾದುದು

When her son did not return home at the day's end, Chandramati grew fretful. Wondering what might have delayed him, feeling breathless and panicky, twisting her knuckles and oblivious of herself, she darted in and out at every sound, rushing back to her work, terrified of her mistress. What can I say about people who chide and chastise such a pitiable woman? 11

Whatever she did that day, the household chided her. 12
When she stepped out to look for her son, "She's running
away from work."
When she wept in grief, "The inauspicious wretch!"
When she crooned for her angelic son, "There she goes,
cursing us!"
When she stood in a daze, fearing the worst, "What a
shirker!"
When she sighed heavily, "A depressing woman!"
And they battered her.

Trying to hide from her masters 13
her quivering nostrils, broken heart,
teary eyes, taut nerves, and suppressed sobs,
the woman was in great torment,
as though she had within her
a deep gash from an arrow lodged inside,
a kiln fire smoldering unseen,
and the hidden ire of foes feigning friendship—
her plight akin to a banana leaf caught amid *sīge* thorns.

೧೪ ಉರಿವ ಬಿಸಿಲೊಳು ಹಸಿದು ಬಳಲಿ ಬಸವಳಿದು ಕೆಡ
ದಿರುತಿಪ್ಪನೋ ಎಂದು ಕೀಳಿಲೊಳು ಮಿಗೆ ಕಟ್ಟು
ತಿರೆ ಹಸುಗಳಿಱಿದು ಕೆಡೆದಿರುತಿಪ್ಪನೋ ಎಂದು ನೋಡುತ್ತ
ಹುಲುಹುಳ್ಳಿಯು
ದೊರಕದಿರೆ ಮನೆಗೆ ಬರಲಂಜಿ ಹೊಱಹೊಱಗಾಡು
ತಿರುತಿಪ್ಪನೋ ಎಂದು ಬೀದಿಯೊಳು ನೋಡಿ ತಡ
ವರಿಸಿ ಕಾಣದೆ ಮಱುಗುತಳಲಿಂದ ಮನದೊಳಗೊಳಗೆ ಸತ್ತು
ಹುಟ್ಟುತ್ತಿರ್ಪಳು

೧೫ ಅಡವಿಯೊಳು ಹೊಲಬುಗೆಟ್ಟನೊ ಗಿಡುವಿನೊಳಗೆ ಹುಲಿ
ಹಿಡಿದುದೋ ಕಳ್ಳರೊಯ್ದರೊ ಭೂತಸಂಕುಲಂ
ಹೊಡೆದುವೋ ನೀರೊಳದ್ದನೊ ಮರದ ಕೊಂಬೇಱಿ ಬಿದ್ದನೋ ಫಣಿ
ತಿಂದುದೊ
ಕಡುಹಸಿದು ನಡೆಗೆಟ್ಟುನಿಂದನೋ ಎಂದಿಂತು
ಮಡದಿ ಹಲವಂ ಹಲುಬುತಂಗಣದೊಳಿರೆ ಹೊತ್ತಿ
ಹೊಡಕರಿಸಿದಳಲ ಕರ್ಬೊಗೆಯಂತೆ ಕವಿವ ಕತ್ತಲೆಯೊಳಗೆ
ನಿಂದಿರ್ದಳು

೧೬ ಉಟ್ಟಱುವೆಯಂ ಉರದ ಮೇಲಕ್ಕೆ ತೆಗೆಯುತ್ತ
ಬಿಟ್ಟ ಹಂಕಣಿದಲೆಯನಡಿಗಡಿಗೆ ತುಱಿಸುತ್ತ
ನಟ್ಟದಿಟ್ಟಿಯೊಳು ತನಯನ ಬರವ ನೋಡುತ್ತ ಕದಪಿನೊಳು
ಕೈಯನಿಟ್ಟು
ಕೆಟ್ಟೆನಿನ್ನೇಗುವೆನು ಏನಮಾಡುವೆ ಮಗನ
ಬಟ್ಟೆಯಂ ನೋಡಿ ಬೆಱಗಾಗುವಿನಿತಕ್ಕೊಡತಿ
ಧಟ್ಟಿಸುವಳೆಂದು ಸಿಡಿಮಿಡಿಗೊಂಡು ಮಱುಗುತ್ತ ನಿಂದು ಸುಱ್ರನೆ
ಸುಯ್ದಳು

Distressed, she wondered: 14
"Has he fallen in a faint, famished and fatigued in the scorching sun?
Has he been gored by cows while tethering them to the post?
Has he failed to gather firewood and run away in fear of the mistress?"
Delirious, she looked for him everywhere;
not finding him, distraught and heartbroken,
she died a thousand deaths that day.

"Has he lost his way in the jungle? Or has a tiger mauled him in the woods? 15
Have robbers abducted him? Or ghosts attacked him?
Has he drowned in the waters? Or fallen off a tree?
Has a snake bitten him? Is he resting somewhere, feeling weak and hungry?"
In the courtyard, she stood, anguished—
a thick black cloud of grief enveloped in darkness.

Tugging at her clothes restlessly, scratching her disheveled hair, 16
her eyes frozen in a stare, her cheeks cupped in her hands,
her heart in her mouth, all sighs, anxiety, and grief,
Chandramati thought, "Oh God, I am doomed.
What will I do now? What will I do?
The mistress berates me even if I stand here waiting for my son."

೧೭ ಬಂದರಂ ಲೋಹಿತಾಶ್ವಾ ಎಂದು ಬಟ್ಟೆಯೊಳು
ನಿಂದರಂ ಲೋಹಿತಾಶ್ವಾ ಎಂದು ಗಾಳಿ ಗಿಱಿ
ಕೆಂದಡಂ ಲೋಹಿತಾಶ್ವಾ ಎಂದು ಕರೆಕರೆದು ಬಿಡೆ ಬೀದಿಗಱುವಿನಂತೆ
ಮಂದಮತಿಯಾಗಿರ್ದ ಚಂದ್ರಮತಿಗೊಬ್ಬನೈ
ತಂದಿಂದು ಕೂಡೆ ಹೋಗಿರ್ದು ಕಂಡೆಂ ನಿನ್ನ
ಕಂದನೊಂದುಗ್ರಫಣಿ ತಿಂದು ಜೀವಂಗಳೆದನೆಂದು ಹೇಳಿದನಾಗಳು

೧೮ ಏಕೆ ಕಚ್ಚಿತ್ತಾವ ಕಡೆಯಾವ ಹೊಲನಕ್ಕ
ಟಾ ಕುಮಾರಂ ಮಡಿದ ಠಾವೆನಿತುದೂರವೆನ
ಲೀ ಕಡೆಯೊಳೀ ಹೊಲದೊಳೀ ಮರದ ಕೆಲದ ಹುತ್ತಿನ ಹುಲ್ಲ ಕೊಯ್ಯೆ
ಕೈಯ
ನೂಕಿ ಫಣಿಯಗಿಯೆ ಕೆಡೆದಂ ದೂರವಲ್ಲಲ್ಲ
ಬೇಕಾದಡೀಗ ಹೋಗಲ್ಲದಿರ್ದಡೆ ಬಳಿಕ
ನೇಕ ಭಲ್ಲುಕ ಜಂಬುಕಂ ಘೂಕವೃಕಗಳೆಳೆಯದೆ ಬಿಡವು ಕೇಳೆಂದನು

೧೯ ನುಡಿಯಲರಿದೆನಿಸಿ ಮೇರೆಯ ಮೀಱುವಳಲನಳ
ವಡಿಸಿ ಬಂದೊಡೆಯನಡಿಗಳ ಮೇಲೆ ಕೆಡೆದು ಬಾ
ಯ್ವಿಡುತರಣ್ಯದೊಳೆನ್ನ ಮಗನುಗ್ರಕಾಳೋರಗಂ ಕಚ್ಚಿ ಮಡಿದನೆಂದು
ನುಡಿಯೆ ಲೇಸಾಯ್ತು ಮಡಿದಡೆ ಮಡಿದನೆಂದು ಕೆಡೆ
ನುಡಿಯೆ ಬಂಟರನು ಕೊಟ್ಟಱಸಿಸೈ ತಂದೆ ಎನೆ,
ನಡುವಿರುಳು ಬಂಟರುಂಟೇ ನಿದ್ದೆಗೆಯ್ಯಬೇಕೇಳು ಕಾಡದಿರೆಂದನು

If she heard footsteps near the house, 17
she would call out, "Lohitashva, is that you?"
If she heard footsteps on the street,
she would call out, "Lohitashva..."
At the slightest movement of the wind,
she would call out, "Lohitashva...",
like a calf abandoned on the streets,
growing numb with worry.
Just then someone approached her, saying,
"I was with your son today.
He was bitten by a horrible cobra, and he is dead."

Stupefied, she asked, "Why did it bite him? Where did it 18
bite? Where did this happen? Oh God... oh... how far is the
place?" He said, "Just there, in that field, right there, under
that tree. When he was trying to cut the grass grown on the
anthill, a cobra sprang up and bit him. He is lying there; it is
not too far. If we do not go at once, bears, wolves, foxes, and
owls will drag him off."

Stunned by unbearable grief, she fell at her master's feet, 19
pleading, "My son is dead; he was bitten by a huge cobra."
When he remarked callously, "Good. If he's dead, he's dead,"
she begged him, "Please send your men to look for him." He
said, "Where can we find men in the middle of the night?
Time to sleep; don't bother me now!"

೨೦ ನರಿಗಳೆಳೆಯದ ಮುನ್ನ ದಹಿಸಬೇಡವೆ ತಂದೆ
ಕರುಣಿಸೆನೆ ದುರ್ಮರಣವಟ್ಟ ಶೂದ್ರನನು ಸಂ
ಸ್ಕರಿಸುವವರಾವಲ್ಲವೆಂದೆನಲ್ಕಾನಾದಡಂ ಹೋಗಿ ಕಂಡು ಮಗನ
ಉರಿಗಿತ್ತು ಬಪ್ಪೆನೇ ಎನೆ ಕೆಲಸಮಂ ಬಿಟ್ಟು
ಹರಿಯದಿರ್ದುದನೆಯ್ದೆಗೆಯ್ದು ಹೋಗೆನಲು ಚ
ಚ್ಚರದಿ ಮಾಡುವ ಕಜ್ಜವೆಲ್ಲವಂ ಮಾಡಿ ಹೊಱವಂಟಳೊಯ್ಯನೆ
ಮನೆಯನು

೨೧ ದಟ್ಟೈಸಿ ಮಡಲಿಱಿದ ಕಾಳದೊಳು ನಡುವಿರುಳು
ನಟ್ಟ ಮುಳ್ಳುಗಳನೆಡಹಿದ ಕಲ್ಲ ಹಾಯ್ದ ಮರ
ಮುಟ್ಟನೇಱಿದ ದಡನನಿಳಿದ ಕುಳಿಯಂ ಬಿದ್ದ ದರಿಗಳಂ ಹಿಡಿದ
ಗಿಡುವ
ಬಿಟ್ಟ ತಲೆಯಂ ಬಿಚ್ಚಿದುಡುಗೆಯಂ ಮಱೆದು ಗೋ
ಳಿಟ್ಟು ಬಾಯ್ಬಿಟ್ಟು ಮೊಱೆಯಿಡುತ ನಡೆತಂದು ಹುಲು
ವಟ್ಟೆಯೊಳು ಬೆಳೆದ ಹೆಮ್ಮರನ ಮಲಗಿಸಿ ನಿಂದ ಹುಳ್ಳಿಹೊಱೆಯಂ
ಕಂಡಳು

Again, she beseeched him, "Should he not be cremated 20
before the wolves tear him apart? Father, have pity." He said, "We are not the ones to cremate a Shudra who has had an ill-fated death." Then she begged him, "At least, let me go and find him, and consign him to the fire." He said, "Don't leave any work undone—and you had better do it properly before you go!" She diligently completed all the chores and swiftly set off from the house.

In the dead of night, 21
crossing the dark jungle grown thick with bushes,
oblivious of piercing thorns and bruising bristles,
steep inclines and sheer slopes,
tripping stones and intractable terrains,
obstructing bushes and trees,
unmindful of her rumpled hair and crumpled clothes,
piteously weeping, and lamenting her loss,
she followed his trail,
reached the patch of lush green grass,
and found the bundle of firewood near a huge tree.

೨೨ ಈಯೆಡೆಯೊಳಿನ್ನಿರದೆ ಮಾಣನೆನುತಂ ಬಂದು
ತಾಯಿ ಮಗನೇ ಮಗನೆ ಮಗನೇ ಹರಿಶ್ಚಂದ್ರ
ರಾಯನ ಕುಮಾರ ಪೇಳಾವ ಠಾವೊಳಕೊಂಡುದಯ್ಯ ನೀನೆಲ್ಲಿರ್ದಪೆ
ಓಯೆಂಬುದೇನು ಕಂದಾ ಬಾಯ ಬಿಡದಿತ್ತ
ಬಾಯೆಂಬುದೇನು ತಂದೇ ಎನ್ನನೊಲ್ಲದಡೆ
ಸಾಯೆಂಬುದೇನುಸುರದಿರಲೇಕೆ ತರುಣ ಎಂದೊಱಲಿದಳು
ಹಂಬಲಿಸುತ

೨೩ ತೊರೆದ ತವಕದ ಮಱುಕದಿಂದತ್ತಲಿತ್ತ ಹರಿ
ಹರಿದು ಕಂಬನಿಯ ಕೈಯಿಂದ ಮುಂಗಾಣದಾ
ತುರದೊಳಲ್ಲಲ್ಲಿ ತಡವರಿಸಿ ಕೆಡೆದೆದ್ದು ಕಟ್ಟಳಲುರಿಯ ಸರ
ದೊಳೊಱಲಿ
ಕರೆಯುತ್ತ ಹಳವಿಸುತ ಹಂಬಲಿಸಿ ಬಾಯ್ಬಿಡುತ
ದೊರೆಗೆಡುತ ಮೊಱೆಯಿಡುತಲಳಲುತ್ತ ಬಳಲುತ್ತ
ಹರಹರ ಮಹಾದೇವ ಮಗನ ನುಂಗಿದ ಹುತ್ತಿನೆಡೆಗೆ ಬಂದಳು
ಬಂದಳು

Guessing her son was not far, she called out to him, 22
"Where are you, my child?
Oh son of Harishchandra, answer me, just where are you?
Oh child, can't you open your mouth just once
and say, 'Yes, Mother. I am here'?
Or can't you say just once, 'Mother, come here'?
Or, are you cross with me, my son?
Why don't you say as you used to,
'I can't live without you,' my little boy?"
She grieved, longing for her dead child.

Bereft, wandering here and there, she looked for him. 23
Not able to see clearly as her eyes were filled with tears,
groping and tripping in the dark, and lifting herself up,
and calling out piteously for her son,
she dragged herself on, grief-stricken and exhausted.
Mourning for her dead child,
she came ... she came ... near ... that devouring anthill ...
Oh Hara Hara Mahadeva!

೨೪ ವಿಷದ ಹೊಗೆ ಹೊಯ್ದುಹಸುರಾದ ಮೈ ಮೀಱಿ ನೊರೆ
ಯೊಸರ್ವ ಗಲ್ಲಂ ಕಂದಿದುಗುರ್ಗಳರೆದೆಱೆದಗು
ರ್ವಿಸುವ ಕಣ್ ಹರಿದು ಹುಲುಹಿಡಿದ ಹರಹಿದ ಕೈಗಳುಂಬ ಹೊತ್ತುಣ
ಹಡೆಯದೆ
ಹಸಿದು ಬೆಂಗಡರ್ದ ಬಸುಱಕಟಕಟ ಮಡಿದ ಗೋಣ್
ದೆಸೆಗುರುಳಿ ಹುಡಿಹೊಕ್ಕು ಬಱತ ಬಾಯ್ವೆರಸಂದು
ಬಸವಳಿದ ನಿಜಸುತನ ಕಂಡಳು ಹರಿಶ್ಚಂದ್ರನರಸಿ ಹುತ್ತಿನ
ಮೊದಲೊಳು

೨೫ ಕಂಡ ಕಾಣ್ಕೆಯೊಳು ಶಿವಶಿವ ನಿಂದ ನಿಲವಿನಲಿ
ದಿಂಡುಗೆಡೆದಳು ಮೇಲೆ ಹೊರಳಿದಳು ಬಿಗಿಯಪ್ಪಿ
ಕೊಂಡು ಹೊಟ್ಟೆಯನು ಹೊಸೆಹೊಸೆದು ಮೋಱೆಯ ಮೇಲೆ
ಮೋಱೆಯಿಟ್ಟೋವದೊಱಲಿ
ಮುಂಡಾಡಿ ಮುದ್ದುಗೆಯ್ದೋರಂತೆ ಕರೆದು ಕರೆ
ದಂಡಲೆದು ಲಲ್ಲೆಗರೆದತ್ತತ್ತು ಬಲವಳಿದು
ಬೆಂಡಾಗಿ ಜೀವವಿಕ್ಕೆಂಬಾಸೆಯಿಂ ತೇಂಕುದಾಣಂಗಳಂ ಬಗೆದಳು

His body turned blue with venom, 24
cheeks stained by foam, nails turned pale,
shocked eyes wide open,
hands tightly clutching the cut grass,
belly stuck to the back, starved for food...
and, oh God... the head collapsed to a side...
parched mouth smeared with mud...
the lifeless body of her precious son.
This was what the queen saw as she approached the
anthill!

Shiva, Shiva, what a sight! 25
She collapsed where she stood;
she crawled closer, hugging and pressing his body to hers,
rubbing her womb, placing her face next to his,
embracing him but without any joy,
calling out to him again and again,
shifting him this way and that,
caressing him, cuddling him,
she wept profusely, growing weak and numb with pain.
In a sudden flash of hope,
she searched frenetically for some sign of life in his body.

೨೬ ಲಲನೆ ಮೂಗಿನೊಳುಸುರನಳ್ಳೆಯೊಳು ಹೊಯ್ಲನುಗು
ರೊಳು ರಜವನೆದೆಯೊಳಲ್ಲಾಟಮಂ ಕೈಯ ಮೊದ
ಲೊಳು ಮಿಡುಕನಂಗದೊಳು ನೋವನಕ್ಷಿಯೊಳು ಬೆಳ್ಪಂ ಭಾಳದೊಳು
ಬೆಮರನು
ಲಲಿತಕಂಠದೊಳುಲುಕನಂಘ್ರಿಯೊಳು ಬಿಸಿಯನಂ
ಗುಲಿಗಳೊಳು ಚಿಟುಕನುಂಗುಟದೊಳರುಣಾಂಬುವಂ
ಸಲೆ ನಾಲಗೆಯೊಳಿಂಪ ರೋಮದೊಳು ಬಲ್ಪನಾರಯ್ದು ಕಾಣದೆ
ನೊಂದಳು

೨೭ ಹಡೆದೊಡಲು ಹುಡಿಯಾಯ್ತು ಮಗನೆ ಮಗನುಂಟೆಂದು
ಕಡಗಿ ಹೆಚ್ಚುವ ಮನಂ ಹೊತ್ತಿಹೊಗೆಯಿತ್ತು ಬಿಡ
ದಡರಿ ನಿಟ್ಟಿಸಿ ನಲಿವ ದಿಟ್ಟಿ ಕೆಟ್ಟುವು ಸೋಂಕಿ ಪುಳಕಿಸುವ
ಕರಣಂಗಳು
ಕಡಿವಡೆದುವೊಸೆದು ಹೆಸರ್ಗೊಳುತಿಪ್ಪ ನಾಲಗೆಯ
ಕುಡಿ ಮುರುಟಿತೊಮ್ಮೊಮ್ಮೆ ನುಡಿಯನಾಲಿಪ ಕಿವಿಯ
ಹಡಿಗೆತ್ತುದೆಲೆ ಕಂದ ಎಂದೆನುತ್ತಿಂದುಮುಖಿ ಮಱುಗಿ
ಬಾಯ್ಬಿಟ್ಟಳಂದು

She looked eagerly for 26
breath in the nostrils, air in the lungs,
white in the eyes, sweat on the forehead,
beating of the chest, trembling of the knuckles,
quivering in the throat, sensation in the fingertips,
some heat in the soles of the feet,
some color in the nails, some pink in the toes,
some pain in the limbs, some sheen in the hair,
and some softness on the tongue.
It finally dawned on her:
all life had ebbed out of her son's body;
and then the woman broke down, inconsolable.

The moon-faced woman lamented: 27
"This body that bore you is shattered to pieces, my son!
This proud heart that reveled in mothering a great son is
scorched.
These eyes that so feasted on you are ruined.
These senses that thrilled to your touch are extinguished.
These ears that exulted listening to you have gone deaf.
This tongue that uttered your name lovingly is withered
now, oh my child.

೨೮ ಸಿರಿ ಹೋದ ಮಱುಕವನು ನೆಲೆಗೆಟ್ಟ ಚಿಂತೆಯನು
ಪರದೇಶಮಂ ಹೊಕ್ಕ ನಾಚಿಕೆಯನಱಿಯದ
ನ್ಯರ ಮನೆಯ ತೊತ್ತಾದ ಭಂಗವನು ನಿಮ್ಮಯ್ಯಗಜ್ಞಾತವಾದಳಲನು
ನೆರೆದು ಮನೆಯವರೆಯ್ದೆ ಕರಕರಿಪ ದುಃಖವನು
ತರಳ ನಿನ್ನಂ ನೋಡಿ ಮಱೆದು ಪರಿಣಾಮಮಂ
ಧರಿಸುತಿಪ್ಪೆನ್ನ ಗೋಣಂ ಕೊಯ್ದೆ ಇನ್ನಾರ ನೋಡಿ ಮಱೆದಪೆನೆಂದಳು

೨೯ ಅತಿಲಜ್ಜೆಗೆಟ್ಟನ್ಯರಾಳಾಗಿ ದುಡಿದು ಧಾ
ವತಿಗೊಂಡು ಧನವನಾರ್ಜಿಸಿ ಹರಿಶ್ಚಂದ್ರಭೂ
ಪತಿ ನಮ್ಮ ಬಿಡಿಸುವಾರ್ತದ ಮೋಹದಿಂ ಹಸಿವು ನಿದ್ದೆಯಂ ತೊ
ಱೆದು ಬಂದು
ಸುತನ ಕರೆಯೆಂದಡೇನೆಂಬೆನಾವುದ ತೋಱೆ
ಪತಿಯ ಮಱುಕವನು ಮಱೆಯಿಸುವೆನುಗ್ರಾಹಿಗಾ
ಹುತಿಯಾದನೆಂದು ಪೇಳ್ವೆನೆ ಎನ್ನ ಕಂದ ಎಂದಿಂದುಮುಖಿ
ಬಾಯ್ಬಿಟ್ಟಳು

“Just looking at you, my precious, 28
I could forget the pain of losing our wealth,
the anxiety of not having a secure life,
the shame of living in an alien land,
the humiliation of being a slave in a stranger’s house,
the dejection at your father’s exile to obscurity,
and the misery of daily torment by the people of this
    house.
Oh my little son, how can you rend my heart like this?
Whose face will I see now to forget my woes?

“When Harishchandra, king of earth, who has been slaving 29
away under despicable people, unmindful of food or rest,
returns here with enough money, aspiring to discharge us
from this bondage, and asks for his son, who will I show him?
What will I tell him? How will I allay his misery? How will I
tell him that you fell prey to a terrible cobra, oh my child!”
the moon-faced woman wailed.

೩೦ ಅರಮನೆಯ ಮಣಿಗೃಹದ ಸೆಜ್ಜೆಯೊಳು ರಿಪುನೃಪರ
ಕರಿದಂತದಿಂ ಕಡೆದ ಕಾಲ ಮಂಚದೊಳಿಟ್ಟ
ವರಹಂಸತೂಲತಲ್ಪದೊಳು ಮಣಿವೆಳಗಿನೊಳು ಸಾಗಿಸುವ ಜೋಗೈಸುವ
ತರುಣಿಯರ ನಡುವೆ ಪವಡಿಸುವ ಸುಕುಮಾರನೀ
ನರವರಿಸದೀ ಕಾಡೊಳಿರುತ ಕತ್ತಲೆಯೊಳಾ
ಸುರದ ಕಲುನೆಲದೊಳೊಬ್ಬನೆ ಪವಡಿಸುವುದುಚಿತವೇ ಎಂದು ಬಾಯ್ಬಿಟ್ಟಳು

ಏವೆನು ಏವೆನು ಮಗನೇ ಮಗನೇ
ಸಾವೇಕಾಯಿತ್ತೆಲೆ ಚೆನ್ನಿಗನೇ
ಇಱಿದೆಯಲಾ ಎನ್ನನು ಸುಕುಮಾರಾ
ಕೊಱೆದೆಯಲಾ ಕೊರಳನು ಜಿತಮಾರಾ
ವನಿತೆಯನಾಱಡಿಗೊಂಡೆಯೊ ವಿಧಿಯೇ
ಎನಗೀ ಪರಿಯಲಿ ಮಡಿವುದವಧಿಯೇ
ಶಿರದಲಿ ಶಿವಲಿಖಿತವದೀ ಪರಿಯೇ
ಗರವರದಲ್ಲಿಯೆ ಒಱಗಿದೆ ಕಲಿಯೇ
ಎನುತ ಸುತನ ವದನವ ನೆಱೆನೋಡಿ
ವನಿತೆ ಮಹಾದುಃಖದೊಳೊಡಗೂಡಿ
ಪುತ್ರಶೋಕದುರಿ ಭುಗಿಲೆನೆ ನೆಗೆದು
ಗಾತ್ರವನಡರೆ ಕೊರಳ ಸೆರೆ ಬಿಗಿದು
ಹೊಟ ಹೊಟನೊಡೆಯಲು ದುಃಖದಿ ಕಾಯ
ತುಟಿಯೆಂತೆಂತಲುಗುತ್ತಿರೆ ಬಾಯ
ತೆಱೆದೊಱಲಿದಳೊಱಲಿದಳೋರಂತೆ
ಮೊಱೆಯಿಟ್ಟಳು ಹೊರಳಿದಳಾ ಕಾಂತೆ
ವಿಧುಬಿಂಬಂ ರಾಹುವ ಪೋರ್ವಂತೆ
ವಧುವದನಂ ಸಿರಿಮುಡಿಯೋರಂತೆ
ಹುಡಿಯಾಗುತ್ತಿರೆ ಹೊರಳಿದಳಂದು

She mourned, "Oh my darling child, when you should be 30
resting on the ornate bedstead in the palace, on the bed with
carved legs of ivory made from enemy kings' elephants, on
feather-soft mattresses, amid young women singing and
playing music for you, is it proper for you to sleep alone,
without a murmur, on this hard, horrid stone in the darkness
of this jungle?

"What will I do, what will I, my son?[1]
Why did death snatch you, handsome one?
Stabbed me, you did, oh my delicate son.
Slit my throat, you did, Oh slayer of Madana.
Why harass this poor woman, Oh Fate?
Is it fair that a child so young should die?
What have you written on my forehead, Shiva,
that my son should lie in the graveyard thus?"
Lamenting, looking into the face of her son,
she was overcome by a grief so great
that the suppressed fire of bereavement exploded,
choking her voice and shattering her very being.
Her lips quivering tremulously,
she burst into tears, weeping her heart out,
crying and crying, her mouth wide open.
The gentle soul crumpled to the ground
writhing in pain, her muddied moon-face
and ample hair, like the moon fighting Rahu.
Roasted alive in the fire of her sorrow,

ಕಡುಶೋಕಾನಲನಿಂದುಱೆ ಬೆಂದು
ಉಕ್ಕುವಳಲ ಶಬ್ದಂ ಪೊಱಮಟ್ಟು
ಬಿಕ್ಕಿಬಿರಿದು ಹೊರಳುತ ಗೋಳಿಟ್ಟು
ಎತ್ತಣ ಬರಸಿಡಿಲೆಱಗಿತೊ ನಿನ್ನ
ಹುತ್ತಿನ ಹತ್ತಿರೆ ಒಱಗಿದೆ ಚೆನ್ನ
ಹಾವು ಹಿಡಿಯೆ ಹಾ ಎಂದೊಱಲಿದೆಯಾ
ಸಾವಾಗವ್ವಾ ಎಂದಳಲಿದೆಯಾ
ಅಯ್ಯಂಗಱಿಚಿಯಳುತ ನೀ ಕೆಡೆದಾ
ಕೈಯೆಡೆಗೆನ್ನನಿದಾರಿಗೆ ನುಡಿದಾ
ಮಟ ಮಂಟೆಯ ದೇಗುಲ ನಿನಗೆಂದು
ದಿಟದಿಂದೆನಗಿತ್ತೆಯೊ ನೀನಿಂದು
ಎಂಬ ನುಡಿಗೆಯಂಬರದಲಿ ಸುರರು
ಕಂಬನಿಯುಗಲಂದಾ ನಿರ್ಜರರು
ಹರನರಸಿಯು ಸಿರಿಯುಂ ಕೋಪಿಸುತ
ಸರಸತಿಯುಂ ರತಿಯುಂ ತಾಪಿಸುತ
ಸಾವಿತ್ರಿಯು ಗಾಯತ್ರಿಯರಳುತ
ಭಾವಿಸೆ ತ್ರೈಸಂಧ್ಯಾವಧುವಳುತ
ಪಾಪಿ ಕೌಶಿಕಂಗಂಜಿ ನಭದೊಳು
ಆಪೊಳ್ತಳಲುತ್ತಿರೆಯವನಿಯೊಳು
ಹೊರಳುತ್ತತ್ತಳು ಆತನ ಮಾತೆ
ಸರಳುರ್ಚಿದ ಮೃಗದೊಲು ವಿಖ್ಯಾತೆ
ರನ್ನದ ಕನ್ನಡಿ ಸಿಡಿದುದೊ ದೇವ
ಹೊನ್ನಕಳಸ ಕೆಡೆದೊಡೆದುದೊ ದೇವ
ಎನ್ನ ಕಡವರಂ ಸೂಱೆಹೋಯಿತೊ
ಹೊನ್ನಪ್ರತಿಮೆಯಸು ಹಾಱಿಹೋಯಿತೊ
ಸಾಹಿತ್ಯದ ಸಾಗರವಱೆಯಿತ್ತೊ
ಆಹಾ ರತುನಸ್ತಂಭ ಮುಱಿಯಿತ್ತೊ

overwhelming grief bursting forth as lament,
sobbing and sighing,
and turning here and there, she cried out,
"What flash of lightning struck you
near the anthill, my precious?
When the snake caught you, did you scream in pain?
Did you cry out 'Ah! I'm dying, Mother'?
Did you cry out for your father?
To whose care have you given me over?
You have now abandoned me,
leaving me alone in this old, ruined temple."
At these words, in heaven
the gods, untouched by disease, wept for her;
Shiva's consort and Goddess Shri grew furious;
Sarasvati and Rati were moved to great pity;
Savitri and Gayatri broke into tears,
as did Twilight bride Trisandhya,
all of them afraid of the wretched Kaushika.
Here on earth, the woman known the world over
grieved for her son, tossing and turning in agony—
a deer with an arrow lodged inside.
"The pearl-studded mirror is now shattered, Oh Deva;*
the golden crest has fallen, Oh Deva;
my wealth has been plundered.
Life is drained out of my golden statue.
The fount of all aesthetic joy has gone dry today.
Alas, the ruby-studded pillar has collapsed.

* God.

ಇನ ವಂಶದ ಲತೆ ಕುಡಿ ಮುರುಟಿತ್ತೊ
ಜನಪನಿಟ್ಟ ಸುರತರು ಮುಱಿಯಿತ್ತೊ
ಕಾಲ ಕರುಣವಿಲ್ಲದೆ ನೀನೊಯ್ದೆ
ಬಾಲನನಗಲಿಸಿ ಕೊರಳಂ ಕೊಯ್ದೆ
ಆರಿಗೆನ್ನನಪ್ಪಯಿಸಿದೆ ಕಂದ
ಆರಯ್ಯದೆ ಹೋಹರೆ ಗುಣವೃಂದ
ದೇಶಿಗಿತ್ತಿ ತನ್ನೊಬ್ಬಳನಿರಿಸಿ
ಬೇಸಱಿಸಿಯೆ ಹೋಹರೆ ಹೇವರಿಸಿ
ಪಾಪಿಯಾದೆನೆಲೆ ಮಗನೇ ಮಗನೆ
ಆಪತ್ತಡಸಿತು ರಿಪುಕರಿಮೃಗನೆ
ಮಣಿಮಕುಟವ ಧರಿಸುವ ಶಿರದಲ್ಲಿ
ಒಣಹುಳ್ಳಿಯ ಧರಿಸಿದೆ ಭರದಲ್ಲಿ
ಬಾಳುವಿಡಿದು ಜಡಿದೊಪ್ಪುವ ಭುಜದಿಂ
ತಾಳಿದೆ ಕೊಡಲಿಯ ಕರದಲಿ ನಿಜದಿಂ
ಚಂದನ ವಸ್ತ್ರಾಭರಣವನುಳಿದು
ಒಂದಱುವೆಯನುಡಿಸಿತು ವಿಧಿ ಮುಳಿದು
ದೇವಾನ್ನವನಾರೋಗಿಪ ನೀನು
ಗೋವಳರುಂಬಂಬಲಿಯುಣಲಾನು
ಸೈರಿಸಲಾರದೆ ಬೆದಬೆದ ಬೆಂದು
ಧೈರಿಯದಿಂ ಪತಿಯಾಜ್ಞೆಗೆ ಸಂದು
ಏನೇನವಸ್ಥೆ ಬಂದಡೆಯಿಂಬಿಡಲು
ತಾನೇ ಬಂದುದು ಇಳೆ ನಾಂ ಬಿಡಲು
ಎಂತು ಸೈರಿಸಲುಬಹುದೆಲೆ ದೇವ
ಕಂತುಹರನೆ ಕರುಣಿಸೆನಗೆ ಸಾವ
ಎನುತ ಸುತನ ಹಣೆಯೊಳು ಹಣೆವೆರಸಿ
ವನಿತೆ ಮಹಾದುಃಖವನುಱ್ ಧರಿಸಿ
ಆರ ಸಿರಿಯನೆಳೆಕೊಂಡೆನೊ ಮುನ್ನ
ಆರಳಲನು ಸೆಳೆಕೊಂಡೆನೊ ಮುನ್ನ

The bud on the creeper of Ina's* clan has wilted.
The wish-granting tree planted by the king has been felled.
Oh Death, you snatched away my boy, you know no mercy.
Weaning him from me, you've cut my throat.
Who have you handed me over to, my little boy?
How could you walk away, my treasure of virtue,
with no thought for this orphaned woman?
How could you turn away, displeased with me?
I have become a sinner, my son,
with peril stalking us, oh son brave as the lion.
In place of a pearl-studded crown,
you adorned your head with straw.
In place of a resplendent sword on the shoulders,
you clutched an ax.
In place of fine silk, sandals, and jewels,
you wore a single cloth.
In place of food fit for divine beings,
you had the cowherd's porridge.
Though my heart boiled when I saw your plight,
bowing to my husband's orders,
bravely I bore what was my lot.
But this deathly blow from nowhere,
how can I endure this, Oh Deva?
Grant me death, Oh Shiva!"
She laid her forehead on her son's face,
and, grieving in unbearable pain, she lamented,
"Who knows whose wealth I snatched in my last life?
Whose sorrow I caused?

---

* The Sun.

ಆರಿಕ್ಕಿದ ವನಮಂ ನಾಂ ಕಡಿದೆ
ಆರು ಸಲಹಿದೆಳಲತೆಗುಡಿಯುಡಿದೆ
ಆವನಮೃತಫಲವಳಲಿಸಿ ಕೊಂಡೆ
ಸಾವೆಯ್ದಿದ ಸುತನಳಿವಂ ಕಂಡೆ
ಅಲ್ಲದೊಡೀಯಳಲಪ್ಪುದೆ ತನಗೆ
ಇಲ್ಲಿ ವೃಥಾ ಸಾವಪ್ಪುದೆ ನಿನಗೆ
ಹೆತ್ತ ಹೊಟ್ಟೆಯುರಿಯುತ್ತಿದೆ ಮಗನೆ
ಎತ್ತಿದ ತೋಳನು ಕೆತ್ತಿದೆ ಮಗನೆ
ಹಾಡುವ ಬಾಯೊಳು ಮಣ್ಣನು ಹೊಯ್ದೆ
ನೋಡುವ ಕಣ್ಣೊಳು ಸುಣ್ಣವ ಹೊಯ್ದೆ
ಪಾಪಿಯೆನ್ನ ನೀನೊಮ್ಮೆಯು ನೋಡಾ
ಕೋಪವನುಳಿದೊಯ್ಯನೆ ಮಾತಾಡಾ
ಅಳಲದಿರವ್ವಾ ಎನ್ನೆಲೆ ಮಗನೆ
ಬಳಲಿದೆ ತಾಯೇ ಎನ್ನೆಲೆ ಮಗನೆ
ನಾನಿದ್ದಹೆನಂಜದಿರೆಂದೆನ್ನ
ಏನುವನುಮ್ಮಳಿಸದಿರೆಂದೆನ್ನ
ನುಡಿದಡೆ ಪಾಪವೆ ಹೆತ್ತವರೊಡನೆ
ಕಡುಮುಳಿಸೇ ಮಗನೇ ಎನ್ನೊಡನೆ
ತಂದೆ ತಾಯಿಗಗ್ನಿಯ ನೀ ಕುಡದೆ
ಮುಂದೆ ಹೋಗಲಹುದೇ ಮನಗುಡದೆ
ಇಕ್ಕಿದಗಲು ಹೊಲಸೇಳಲು ಬಿಟ್ಟು
ಮುಕ್ಕುಳಿಸಿದೆ ಜಲವಂ ಮರವಟ್ಟು
ಆರಿಗೆ ಪೇಳುವೆನೀ ಸಂಕಟಿಯ
ಆರಿನ್ನುಂಟು ಮಗನೆ ನೀನುಳಿಯ
ಹಂಸತೂಲತಲ್ಪವನೇಕೊಲ್ಲೆ
ವಂಶದ ನೃಪರ ಸಲಹಲೇಕೊಲ್ಲೆ
ಸುಪ್ರಭಾತಪಠನಧ್ಯಾನವನು
ವಿಪ್ರರ ಮಂತ್ರಾಶೀರ್ವಾದವನು
ಗಾನಾಮೃತ ಮಂಗಲಗೇಯವನು
ಗಾಣರಿಗರಿದೆನಿಸುವ ಠಾಯವನು

Whose woods I felled?
Whose tender creeper I clipped?
Whose nectar-fruit I stole, causing pain?
If not, why would I see my son lying dead?
Why would I have to bear this loss?
Why would you be dead for no reason?
This mother's womb is burning, my son.
You severed these arms that carried you,
threw mud into the mouth that sang for you,
poured lime into the eyes that looked after you.
Yes, I am a sinner ... but look at me just once.
Forget your anger, talk to me just once.
Why don't you say just once, 'Don't grieve, Mother.'
Why don't you say just once, 'Are you tired, Mother?'
Is it a crime to say to your mother,
'Don't fear, Mother, I am here.
Don't fret, Mother.'
Are you so angry with me, my son?
Can you walk away with no thought
of consigning your parents to fire?
Can you turn inert, leaving the food half eaten
and rinsing your mouth?
To whom shall I tell my tale of woe?
Who is there to listen but you, my son?
Why do you spurn your feather-soft bed?
Why do you refuse to protect the kings of your clan?
Why do you demur at reciting the morning chant?
Why do you resist the blessings of Brahmans?
Listen to the celestial music,
to the beauty of the lyrics.

ಆಲಿಸಿ ಕೇಳೇಳೆಲೆ ಸುಕುಮಾರ
ಮೂಲೋಕದ ಜಾಣರಿಗತಿವೀರ
ಮಂಗಳಾರತಿಗೆ ಮನಗೊಡು ಮಗನೆ
ಲಿಂಗಪೂಜೆಗೆಡೆಯಾಯಿತು ಮಗನೆ
ಮುಖಪ್ರಕ್ಷಾಲನಕೇಳೊಲವಿಂದ
ಮುಖರಕ್ಷೆಗೆ ಹೋಗೇಳೆಲೊ ಕಂದ
ಆಜ್ಯ ನಿರೀಕ್ಷಣೆಯನು ಮಾಡೇಳಾ
ಪೂಜ್ಯನಪ್ಪ ಶಿವನಂ ನೋಡೇಳಾ
ಕಪಿಲಾರ್ಚನೆ ಮಾಡೇಳೆಲೆ ತನುಜ
ತಪನರ್ಘ್ಯವ ಮಾಡಾತನ ಕುಲಜ
ನಿತ್ಯ ದಾನವೀಯದೆ ಇಹಗಿಹರೆ
ಅತ್ಯಧಿಕರ ಮನ್ನಿಸದಿಹಗಿಹರೆ
ಎಳಗನ ವೈಹಾಳಿಯ ಮಾಡೇಳ್ಳೆ
ಕೆಳೆಯರ ಮೇಳಕೆ ಮನಗುಡಲೇಳ್ಳೆ
ಮಲ್ಲರ ಕದನಕೆ ಕರೆದಹರೇಳಾ
ನಿಲ್ಲದೆ ಗರುಡಿಯ ಶ್ರಮಕಿದಿರೇಳಾ
ಹಲ್ಲಣಿಸಿದ ವಾರುವವಿದೆ ಮಗನೆ
ಮಲ್ಲಾಮಲ್ಲಿಯ ರಥವಿದೆ ಮಗನೆ
ಗಜಘಟೆ ಹಣ್ಣಿವೆಯೇಳೆಲೆ ಮಗನೆ
ನಿಜಪರಿವಾರಕೆ ಬೆಸಗೊಡು ಮಗನೆ
ಆವ ದಿಶಾಧಿಪರತ್ತ ನಡೆಯಲು
ಆವ ಹಗೆಯ ಸಪ್ತಾಂಗವ ಕೊಡಲು
ಬೆಸಸುವೊಡೇಳೇಳೆಲೆ ಸುಕುಮಾರ
ವಸುಧಾಜನದಾಪತ್ತು ನಿವಾರ
ಮಲ್ಲಮೇಷ ಯುದ್ಧವ ನೋಡೇಳಾ
ಬಿಲ್ಲಾಳ್ಗಳ ಭಾಷೆಯ ಬರಸೇಳಾ
ದೇಶಾಧಿಪರೀಪರಿಯೊಱಗುವರೆ
ಆಶಾಧಿಪರಳುಕದೆ ಬೀಳುವರೆ
ನೆತ್ತರ ಕಡಲೊಳಗಿಭಕುಲ ಬೀಳೆ
ಮೊತ್ತದ ತುರಗಂಗಳು ಬೆಂಡೇಳೆ

Wake up and listen, oh prince,
braver than the heroes of the three worlds.
It's time for the holy *ārati,* my son.
It's time for the worship of the linga, my son.
Wake up for your ablutions.
Hurry up to stand guard at the fire rituals, my child.
Look at your image reflected in ghee.
Look at the divine visage of Shiva.
Wake up to worship sage Kapila,
to offer holy water to your ancestor, the Sun.
Can we live without giving charity?
Can we live without worshiping the worthy?
Wake up and take the ram to the meadow.
Get ready to meet your friends.
Wake up, the wrestlers have invited you for a match.
Do not miss the exertions of the wrestling house.
The horse, fully bridled, awaits you, my son.
The fleet of chariots awaits you, my son.
The army of elephants awaits you, my son.
The entourage awaits your orders, my son.
Command your men
to attack defiant enemy kings in all directions
and to return the booty of vanquished kings,
oh protector of the people!
Wake up and watch wrestling bouts
and have archers' vows inscribed in stone.[2]
Should the lord of the earth lie in bed so late?
Should the lord of countries all around fall without a fight?
Is it a crime to valiantly fight the enemy and rout them
when elephants are driven into the sea of blood,

ರಥತತಿ ವಾಜಿಯೊಳ್ಳೆತರೆ ಕವಿದು
ಮಥನದಿ ದೇವಾಸುರರೊಳು ಹೊಯಿದು
ಮಣಿಮಕುಟದ ಭಟರಟ್ಟೆಗಳಾಡೆ
ತಣಿದು ಭೂತಸಂಕುಳ ಕುಣಿದಾಡೆ
ಮಾರಿಮೃತ್ಯುಗಳಿಗೋಕರ ಹುಟ್ಟೆ
ಕ್ರೂರಜವಂಗತಿಭೀಕರ ಹುಟ್ಟೆ
ರಿಪು ಬಲವಂ ಕೊಂದಳಿದಡೆ ತಪ್ಪೆ
ತಪನ ಮಂಡಲ ವಿಭೇದವನೊಪ್ಪೆ
ಸುರಪತಿಯರ್ಧಾಸನವನೇಱದೆ
ನರಪತಿ ವೀರಶ್ರೀಯಂ ಬೀಱದೆ
ಧರೆಯನಾಳ್ವ ಸಿರಿಯಂ ಕಳೆದಿಂದು
ಉರಗನ ವಿಷದಗ್ನಿಯೊಳುಱ್ ಬೆಂದು
ಅಡವಿಯೊಳೀಪರಿ ಕೆಡೆವರೆ ವೀರ
ಪೊಡವಿಯೊಡೆಯನಗ್ಗದ ಸುಕುಮಾರ
ಏನ ಮಾಡಿತನು ವಿಧಿ ಕಟ್ಟಿತನು
ಮಾನವರಳವೆಯಳಲ ಮುಟ್ಟಿತನು
ಆರಿಗಱುಪುವೆನು ಹೇಳಲೆ ಮಗನೆ
ಸಾರಿನ್ನಳಲದಿರೆನ್ನಲೆ ಮಗನೆ
ಎನ್ನನೊಯ್ಯಲೇಕೊಲ್ಲೆಯೊ ಮಗನೆ
ನಿನ್ನನಗಲಿಯಿರಲಾಪೆನೆ ಮಗನೆ
ಎನಗಿನ್ನೆಂತೋ ಶಿವನೇ ಶಿವನೆ
ತನಯನನೊಯ್ಯನೆ ಕೊಂದೆಯೊ ಜವನೆ
ಕರುಣಿಸು ಪಾಪಿಗೆ ಪಂಪಾಪತಿಯೆ
ಕರುಣಿಸನಾಥೆಗೆ ಕಾಶೀಪತಿಯೆ

prized horses are incited to go on a rampage,
chariots are attacked from all sides,
gods and demons are battling with each other,
soldiers' headless bodies tumble to the ground,
hordes of ghosts feel sated and dance overjoyed,
Mari and other gods of death feel bloated,
and as the cruel god of death is himself gripped by terror?
Before taking over the undivided Sun dynasty,
before accepting one half of Indra's throne,
before displaying your valor as lord of the people,
before enjoying the rich experience of ruling this earth,
how can you fall like this in the jungle,
destroyed by a cobra's venomous fire, valiant one,
oh, priceless prince of the lord of this earth?
Whatever we do, our fate binds us,
our sorrows surpass human endurance.
Who shall I tell my woes to, my son?
Why don't you tell me to fret no more, my son?
Why won't you take me with you, oh son?
I cannot be without you, oh son.
How will I live, Oh Shiva?
How could you kill my son, Oh Java*?
Have pity on this sinner, Oh Pampapati,
Have pity on this orphan, Oh Kashipati."

* Another name of Yama, god of death.

೩೧ ಇನ್ನಿನಿತಱಿಂದ ಮೇಲೆನ್ನೊಡೆಯನಱಿಸಿ ಬಂ
ದೆನ್ನನೊಯ್ದಡೆ ಬಳಿಕ ಸುಡಹಡೆಯನೆಂಬುದಂ
ತನ್ನಲ್ಲಿ ತಾನೆ ತಿಳಿದೆದ್ದು ಪುತ್ರನನೆತ್ತಿಕೊಂಡು ದೆಸೆದೆಸೆಗೆ ತಿರುಗಿ
ಮುನ್ನೆಲ್ಲರಂ ಸುಡುವ ಕಾಡಾವುದೆಂದು ನೋ
ಳ್ಪನ್ನೆಗಂ ಹಲವು ಕೆಲವುರಿಯ ಬೆಳಗಂ ಕಂಡು
ನನ್ನಿಕಾಱಂ ಕಾವ ಕಾಡತ್ತನಡೆವಾಗ ಬಟ್ಟೆಯೊಳದೇವೊಗಳ್ವೆನು

೩೨ ಬಿಡುದಲೆಯ ಬಿಟ್ಟ ಬಾಯ್ಗಳ ಬಱತ ಬಸುಱ ಕಳೆ
ದುಡುಗೆಗಳ ಕೆಂಗಣ್ಣ ಕೋರೆದಾಡೆಗಳ ಕಡು
ನಿಡಿಯೊಡಲ ಬತ್ತಿದಂಗದ ಸುಗಿದ ತೊಗಲ ಸುಕ್ಕಿದ ಮೊಲೆಯ ಹೆಗಲ
ಹೆಣನ
ಹಿಡಿದ ಕತ್ತಿಯ ಕಪಾಲದ ಭೂತವೇತಾಳ
ಪಡೆ ಸುತ್ತಿ ಮುತ್ತಿ ಬೊಬ್ಬಿಟ್ಟು ಝುಂಕಿಸಿದವಾ
ನಡುವಿರುಳು ಮಾನಿನಿಯ ಮನ ಬೆದಱಬೇಕೆಂದು
ಕೌಶಿಕಪ್ರೇರಣೆಯೊಳು

೩೩ ಹಸಿಯ ತೊಗಲುಡಿಗೆ ಹಿಂಡಿಲುಗರುಳ ಚಲ್ಲಣಂ
ಕುಸುರಿಗಂಡದ ತೊಂಗಲಸ್ಥಿಗಳ ತೊಡಗೆ ದ
ಟ್ಟಿಸಿದ ರಕ್ತದ ಭೂರಿಗಣ್ಣಾಲಿಗಳ ಸೊಡರು ಕಾಳಿಜದ
ಸುರುಗುಗಡುಬು
ಸಸಿದು ಕೊಬ್ಬಿದ ಮಿದುಳ ರಾಸಿಗೂಳೆಸೆಯೆ ಮಾ
ಮಸಕದಿಂ ಕಾಮಾಕ್ಷಿ ಚಾಮುಂಡಿಯರ ಮುಂದೆ
ಹೊಸತನಿಕ್ಕುವ ಭೂತಭೇತಾಳರಾಡಿದರು ಕೌಶಿಕಪ್ರೇರಣೆಯೊಳು

When she realized that her master, finding her still near the anthill, might not allow her to even cremate the child, she quickly carried her son's body and went searching for a clearing in the woods in which to light his pyre. She spotted one where a few fires were still burning, and set out in that direction. It was the burning ghat guarded by the truthful Harishchandra! How do I describe what confronted her on the way? 31

Called forth by Kaushika, a tribe of specters appeared before her, with their rumpled hair, open mouths, shriveled bellies, loose garments, bloodshot eyes, sharp molars, elongated bodies, wizened forms, wrinkled skin, shrunken dugs, dead bodies hoisted on their shoulders, and swords unsheathed in their hands. Human skeletons surrounded the woman, howling and screaming in the middle of the dark night just to terrify her. 32

Raw hides for clothing, entrails for loincloth, chopped up pieces of flesh and bones for jewels, bloodshot red eyes for lamps, arteries for delicacies, heaps of wasted flesh, and marrow from the brain for rice, the specters relished putting novel offerings before their favorite goddesses, Kamakshi and Chamundi, dancing wildly around Chandramati, induced by Kaushika's cunning. 33

೩೪ ಕೆಡೆದ ಮುಂಡದ ಬಿಟ್ಟ ತಲೆಯ ಚೆಲ್ಲಿದ ಕರುಳ
ಪಡಲಿಟ್ಟ ಕಾಳಿಜದ ಮಿದುಳ ಕೊಳ್ಗೆಸಱ ಹೊನ
ಲಿಡುವ ರಕುತದ ಕೈಯೊಳಡಿಯಿಡಲು ಬಾರದೆಂಬಂತೆ ವಿಶ್ವಾಮಿತ್ರನು
ಅಡವಿಯೊಳಗೆಯ್ದೆ ನಾನಾ ಭಯಂಕರವ ಸಾ
ಲಿಡಲದನು ಪುತ್ರಶೋಕಗ್ರಹಾವಿಷ್ಟತೆಯ
ಕಡುಪಿನಿಂ ಲೆಕ್ಕಿಸದೆ ಬಂದು ಸುಡುಗಾಡೊಳಿಳುಹಿದಳು ತನಯನ
    ಶವವನು

೩೫ ಗಳಗಳನೆ ಮುನ್ನ ಬೆಂದುಳಿದಿರ್ದ ಕರಿಗೊಳ್ಳಿ
ಗಳನೆಲ್ಲವಂ ಸಿದುಗಿ ತಂದೊಟ್ಟಿ ಮೇಲೆ ಮಂ
ಗಳಮಯ ಕುಮಾರನಂ ಪಟ್ಟಿರಿಸಿ ಕೆಲದೊಳುರಿವಗ್ನಿಯಂ ಪಿಡಿದು
    ನಿಂದು
ಬೆಳೆದಲ್ಲಿ ಬೆಳೆ ಹುಟ್ಟಿದಲ್ಲಿ ಹುಟ್ಟೆಂದು ನುಡಿ
ದಿಳುಹಲನುಗೆಯ್ದಿಳುಹಲಾಱದಳವಳಿದು ಬಾ
ಯಳಿದು ಮೊಱೆಯಿಟ್ಟೊಡಾ ದನಿಗೇಳ್ದು ನಿದ್ರೆ ತಿಳಿದೆದ್ದನಾ
    ಭೂಪಾಲನು

೩೬ ನಟ್ಟಿರುಳು ಸುಡುಗಾಡೊಳೊಬ್ಬಳೋರಂತೆ ಬಾ
ಯ್ವಿಟ್ಟು ಹಲುಬುವ ವೀರನಾರಿಯಾವಳೊ ಮೀಱಿ
ಸುಟ್ಟೆಯಾದಡೆ ನಿನಗೆ ವೀರಬಾಹುಕನಾಣೆ ಕದ್ದು ಸುಡಬಂದೆ ನಿನ್ನ
ನಿಟ್ಟೆಲುವ ಮುಱಿವೆನೆಂದುರವಣಿಸಿ ಜಱೆಯುತ್ತ
ದಟ್ಟಿಸುತ ಬಂದು ಹಿಡಿದಿರ್ದ ಕಿಚ್ಚಂ ಕೆದಱಿ
ಮುಟ್ಟಿಗೆಯ ಮೇಲಿರ್ದ ಸುತನ ಹಿಂಗಾಲ್ವಿಡಿದು ಸೆಳೆದು ಬಿಸುಟಂ
    ಭೂಪನು

Vishvamitra contrived to put before her a host of hurdles— 34
dead bodies with their heads severed, headless bodies and bodiless heads, scooped-out intestines, scattered arteries, heaps of brain tissue, marrow, and dripping red blood—which made it fiendishly hard for Chandramati to find her way through it. The bereaved mother, overcome by intense sorrow, walked ahead recklessly, intent on cremating the corpse, and so she set down her son's body only when she reached the cremation ground.

She swiftly collected the half-burned, leftover firewood in 35
the burning ground, made a pyre, placed her beautiful son on top of it, took hold of a burning piece of firewood, stood in front of the pyre, and bid farewell to the son: "Be born again where you will; thrive where you will." Try as she did, she could not bring herself to set fire to his body and she broke down, wailing loudly. Listening to the sound of her crying, the king woke up.

"Who might she be, this brave woman all by herself, crying 36
inconsolably in this burning ghat, in the middle of the night?" He rebuked her, "Stop! If you go ahead and light the pyre, you will be flouting Virabahuka's orders. You are trying to cremate your child in stealth; I will break your spine for it." He came at her violently, snatched the lit firewood from her hands, pulled away the body by its legs, and threw it aside.

೩೭ ಬಿಸುಡದಿರು ಬಿಸುಡದಿರು ಬೇಡಬೇಡಕಟಕಟ
ಹಸುಳೆ ನೊಂದಹನೆಂದು ಬೀಳ್ವವನನೆತ್ತಿ ತ
ಕ್ಕಿಸಿಕೊಂಡು ಕುಲವ ನೋಡದೆ ಬೇಡಿಕೊಂಬೆನಿವನೆನ್ನ ಮಗನಲ್ಲ ನಿನ್ನ
ಶಿಶುವಿನೋಪಾದಿ ಸುಡಲನುಮತವನಿತ್ತು ಕರು
ಣಿಸು ಕರುಣಿಯೆಂದೊಡೆಲೆ ಮರುಳೆ ಹೆಣನುಟ್ಟುದಂ
ಮಸಣವಾಡಗೆಯ ಹಾಗವನು ಕೊಟ್ಟಲ್ಲದೇನೆಂದಡಂ ಬಿಡೆನೆಂದನು

೩೮ ಕೊಡಲೇನುವಿಲ್ಲವಿಂದೆನಗೆ ಲೋಗರ ಮನೆಯ
ಬಡದಾಸಿ ಕರುಣಿಸೆನೆ ನಿನ್ನ ಕೊರಳಿನೊಳಿರ್ದ
ಕಡುಚೆಲುವ ತಾಳಿಯದನ್ನಡವನಿರಿಸಿ ನೀ ಬಿಡಿಸಿಕೋ ಬಳಿಕವೆನಲು
ಮಡದಿ ಕರನೊಂದಕಟ ಪೊಡವಿಪತಿ ಮಡಿದ ಕೇ
ಡಡಸಿತಲ್ಲದೊಡೆನ್ನ ಗುಪ್ತಮಂಗಳಸೂತ್ರ
ದೆಡೆಯ ಹೊಳೆಹೊಳೆವೈದೆದಾಳಿಯನಿದಂ ಶ್ವಪಚನೆಂತು
    ಕಂಡಪನೆಂದಳು

"Don't, don't, please do not cast aside the body in this 37
manner. *Ayyo*! My baby will be hurt, I beg you." She lunged at her son's body and pleaded, holding it close to her, "I beg you, irrespective of your caste or clan. Don't think of him as my son; consider him your child. Do allow me to cremate him; show some compassion, oh compassionate one."

"You foolish woman, whatever you say, I will not allow it, unless you pay the charges for the burning ghat and give me the clothes on the dead body."

"I have nothing that I can give, being a mere slave in an ordi- 38
nary household; please, be considerate, show some mercy."

"I see a beautiful *tāḷi* chain on your neck. Pawn it and pay up."

Chandramati stood rock still. "What! How did this *śvapaca** see my auspicious, radiant *tāḷi,* the sign of my married status, invisible to everyone except my husband? This does not bode well for my king. Perhaps the king has also come to harm, *ayyo*!"

* Literally the term means "one who eats dog meat"; in the text, it refers to a person of the lower caste.

೩೯ ವಿಗತಸಪ್ತದ್ವೀಪಪತಿಯ ಬಸುಱಲಿ ಬಂದು
ಮಗನೆ ನಿನಗೊಮ್ಮೆಟ್ಟು ಸುಡುಗಾಡು ಹಗೆಯಾಯ್ತೆ
ಮಿಗೆ ಸಕಲಲೋಕದೊಳು ತನ್ನಾಣೆ ಸಲುವನ ಕುಮಾರನೆನಿಸುವ
ನಿನ್ನನು
ಬಗೆಯದೀ ಚಾಂಡಾಲನಾಣೆಯಿಡುವಂತಾಯ್ತೆ
ಜಗವ ನವನಿಧಿಗೊಡೆಯನಾತ್ಮಭವನೆನಿಸಿ ಮು
ಟ್ಟಿಗೆಯ ಸುಂಕದ ಹಾಗವಿಲ್ಲಾಯ್ತೆ ಮಗನೆ ಎಂದಳಲಿದಳು
ಹಂಬಲಿಸುತ

೪೦ ವನಿತೆಯಳಲಂ ಕೇಳ್ದು ನಡುಗಿ ವಿಶ್ವಾಮಿತ್ರ
ಮುನಿಯೆನಗೆ ಮತ್ತೆ ಮಾಡಿದ ತೊಡಕಿದಾಗದಿರ
ದೆನುತ ಮನದೊಳು ಮಱುಗುತಾವ ಲೋಕದೊಳಾಣೆ
ಸಲುವುದೆನಿಸುವ ಭೂಪನ
ತನಯನೀ ತರಳನೆಲೆ ತರುಣಿ ನೆಲದೆಱೆಯನಿ
ಕ್ಕೆನಲು ಕೊಡಲದಿಲ್ಲಧಿಕರ ಪೆಸರ್ಗೊಳಲು ಬಿಡು
ವೆನೆ ಶೋಕಿಸುವ ಹೊತ್ತು ಹುಸಿದು
ಶೋಕಿಸುವೊಡೇನಹುದೆಂದನವನೀಶನು

೪೧ ಹಿಂದುಳಿದ ಸಂಪದವನೆಣಿಸುವುದು ಹುಸಿಯಲ್ಲ
ವಿಂದೀಗ ತೋಱಬಪ್ಪುದೆ ಹುಸಿಯದುಂಟೆ ತ
ಪ್ಪೆಂದಡದಕೇನಾತನಾರ ಮಗನಾವ ಪೆಸರಾವ ನಾಡರಸನೆನಲು
ಸಂದ ರವಿಕುಲತಿಲಕನೆನಿಪಾ ತ್ರಿಶಂಕುವಿನ
ನಂದನನಯೋಧ್ಯಾಧಿಪತಿ ಹರಿಶ್ಚಂದ್ರನೆನೆ
ನೊಂದಾತನಂಗನೆ ಕುಮಾರರೇನಾದರೆಲ್ಲಿರ್ದಪರು ಹೇಳೆಂದನು

Chandramati's cup of misery was full: "You are born to the 39
erstwhile king of the seven islands, my son; yet there is no land even to cremate you. You are the son of an emperor whose writ ran across all extant worlds; yet this *caṇḍāla* questions your right. You are born to a father who possessed all the nine kinds of wealth on earth; yet there is no money to pay for your pyre, oh son!"

Listening to her, the king was stricken. He thought, "This 40
must be one more of Vishvamitra's tricks, Oh God." Bewailing his own plight, he asked her, "Tell me, young woman, where precisely, in which country, does his father's writ run? Since you do not have money to pay for the cremation, you are taking the name of big people. Do you think I will let you get away if you drop names? Why do you have to lie even when you're mourning?"

"It is not a lie that we had the wealth of a whole empire in 41
the past. If I claim I can show it now, it is a lie. So there is nothing wrong if you censure me."

"Whose son is he? What is his name? Which country did he rule?"

"He is Harishchandra, the lord of Ayodhya, son of the famous Trishanku, born in the Sun dynasty."

Recoiling violently at this, the king yet managed to ask, "Where are his wife and son? What happened to them? Tell me."

೪೨ ಪೊಡವೀಶ್ವರಂ ಹಿಂದೆ ಹರಸಿ ಹಾಳಂಬಟ್ಟು
ಹಡೆದ ಸುತನೀತನಾತನ ವನಿತೆ ನಾನೆನಲು
ಮಡಿದ ಕಾರಣವಾವುದೀ ತನಯನೆಂದಡೆಮ್ಮಿಬ್ಬರಂ ಮಾಱುಗೊಂಡ
ಒಡೆಯನರಮನೆಗೆ ಹುಲುಹುಳ್ಳಿಯಂ ತಪ್ಪೆನೆಂ
ದಡವಿಗೆಯ್ದಿದಡಲ್ಲಿ ಕಾಳೋರಗಂ ಕಚ್ಚಿ
ಮಡಿದನೀ ಕಂದನೀ ವಿಧಿಗೆ ಸೇರಿತು ಹರಿಶ್ಚಂದ್ರನಿರವೇನೆಂದಳು

೪೩ ನುಡಿಯಲಱಿಯದೆ ಸಕಲರಾಜ್ಯಮಂ ಹೋಗಾಡಿ
ಕಡೆಗಧಿಕ ಋಣಿಯಾಗಿ ನೆಲೆಗೆಟ್ಟು ಮಂತ್ರಿವೆರ
ಸಡವಿಗುಱಿಯಾಗಿ ಕೈವಿಡಿದ ಸತಿಪುತ್ರರಂ ಮಾಱಿ ಸುಕ್ಷೇತ್ರದೊಳಗೆ
ಕಡೆಗೆ ಚಂಡಾಲಕಿಂಕರನಾಗಿ ದೋಷಕ್ಕೆ
ನಡುಗದೆ ಕುಲಾಚಾರಮಂ ಬಿಟ್ಟು ಜಗಕೆ ನಗೆ
ಗೆಡೆಯಾದ ಪಾತಕ ಹರಿಶ್ಚಂದ್ರನವನನೇನೆಂದು ನೆನೆದಪೆಯೆಂದನು

೪೪ ಜಡೆವೊತ್ತಡಂ ಹಸಿಯ ತೊವಲುಟ್ಟಡಂ ನಾಡ
ಸುಡುಗಾಡಿನೊಳಗಿರ್ದಡಂ ನರಕಪಾಲಮಂ
ಪಿಡಿದಿರ್ದಡಂ ತಿರಿದು ವಿಷವುಂಡಡಂ ಶವಶಿರೋಮಾಲೆಗಟ್ಟಿರ್ದಡಂ
ಕಡು ಮರುಳ್ವಡೆಯ ಸಂಗಡ ಬತ್ತಲಿರ್ದಡಂ
ಮೃಡನಲ್ಲದಖಿಲಲೋಕಕ್ಕೊಡೆಯರಿಲ್ಲೆಂಬ
ನುಡಿಯಂತಿರೆನಗಾ ಹರಿಶ್ಚಂದ್ರನಲ್ಲದಿನ್ನಾರು ಗತಿಮತಿಯೆಂದಳು

"This child is the son of Harishchandra. The king wished fervently and prayed for progeny, and received the boon of a son by donating tracts of land. I am his wife." 42

"But how did this child die?"

"When he went to the forest to collect firewood for the household that had bought us as slaves, the child died of a snake bite. This is his fate. Who knows what Harishchandra's fate is?"

Then Harishchandra asked, "Why are you feeling so bad for a sinner like Harishchandra, who lost his kingdom for want of tact in speaking, ran up a huge and ruinous debt, went into exile with his minister, traded his wife and son in auspicious Kashi, and ended up as a slave to a *caṇḍāla,* doing chores that completely undermined his own caste practices, and became the laughing stock of the town?" 43

Chandramati replied firmly, "Have you not heard? Even if he has a head of thick braids, is clad in raw hide, lives in the cremation ground, holds the human skull in his hands, begs for alms and consumes venom, decks himself with a garland of human skulls, and keeps the company of preternatural elements in the nude, Lord Shiva is still the master of this universe; there is no other. In the same way, I have no master other than King Harishchandra. Who else do I have?" 44

೪೫ ಉಱುವಬಲೆಯುಚಿತವಚನಂ ಕರ್ಣಪಥದಿನೊಳ
ಗೆಱಗಿ ಚಿತ್ತವನು ತೊತ್ತಳದುಳಿದು ಧೈರ್ಯಮಂ
ಬಱಿಕೆಯ್ದು ಕರಣಂಗಳಂ ಕದಡಿ ಹೆಮ್ಮೆಯಂ ಹಱಿದಳಲನೊದೆದೆಬ್ಬಿಸಿ
ಮಱುಕಮಂ ಮಸೆದು ಕಂಬನಿವೊನಲ ಕೋಡಿಯಂ
ಕೊಱೆದು ಮತಿಗತಿಮಾಯೆಯಂ ತೋಱಿ ಮೀಱಿ ನೇ
ಸಱುಗುಲಜನೋರಂತೆ ಸಿಗ್ಗಾಗಿ ತಾ ಮಾಡಿದಪರಾಧಮಂ ನೆನೆದನು

೪೬ ಈ ಸತಿಯನೀ ಶುಚಿಯನೀ ಪತಿವ್ರತೆಯನಾ
ನೀಸು ಧಾವತಿಗೊಳಗುಮಾಡಿದೆನು ನೀಚದ್ವಿ
ಜೇಶಂಗೆ ಮಾಱಿ ಮಱೆದೀ ಸುತನನೀ ಸುಖಿಯನೀ ಸೊಬಗ
 ಸುಕುಮಾರನ
ಓಸರಿಸದುರಗ ಕೊಲುವಂತೆ ಮಾಡಿದೆನೆಂಬ
ಹೇಸಿಕೆಯ ವಾರಾಶಿ ತುಂಬಿ ತುಳುಕಾಡಿ ಹೊಱ
ಸೂಸುವಳಲಂ ನಿಲಿಸಿ ನಿಲಿಸಲಾಱದೆ ಮಗನ ಮೇಲೆ ದೊಪ್ಪನೆ
 ಕೆಡೆದನು

As her deep conviction rang in his ears, 45
it crushed his mind, emptied him of all courage,
muddled his senses, rent his confidence asunder,
kicked up the undercurrent of suppressed grief in him,
broke down his reserve, and moved him to self-pity,
causing a stream of tears to flow down his cheeks,
and leaving him utterly devastated.
Riven, seeing the harm he had caused by sacrificing the kingdom,
the king, born to the Sun dynasty, hung his head in shame.

Unable to contain his grief, 46
miserable at what he had inflicted on this pure woman,
this pious woman, this devoted wife;
the worst torture he had sprung upon her
by selling her to the callous Brahman household;
horrified at how he had let his son,
this lovely child leading a happy and innocent life,
this delicate boy, be bitten by a snake, without any compunction,
the king collapsed near his son's body.

೪೭ ತನಗೆ ಹೊಯ್ ಕೈಯಪ್ಪ ಭೂಭುಜರನೋಲೈಸಿ
ಧನವನಾರ್ಜಿಸಿ ತಂದು ಸೆಱೆಯ ಬಿಡಿಸುವನೆಮ್ಮ
ಜನಪನೆಂದಾನಿರಲು ಮಾದಿಗಂಗಾಳಾಗಿ ಸುಡುಗಾಡ ಕಾವ ಭಾಗ್ಯ
ನಿನಗಾಯ್ತೆ ಭೂಪಾಲ ಎಂದು ದುಃಖಕ್ಕೆ ಪು
ತ್ರನ ಶೋಕದುರಿಗೆ ತನು ಹೇವರಿಸಿ ವನಿತೆ ತಾ
ಮನನೊಂದು ಬೆಱಗಾಗಿ ಚಿಂತಿಸುತ್ತ ತೂಕದ ಕೋಲ ತೊಲೆಯಾದಳು

೪೮ ಪ್ರಕಟರಾಜ್ಯಭ್ರಷ್ಟನಾಗಿ ಚಂಡಾಲ ಸೇ
ವಕನಾದ ಪಾಪಿಯಂ ನೀಚನನನೂನ ಪಾ
ತಕನೆನ್ನಂ ಪೋಲ್ತು ಕೆಡದೆ ನಿಮ್ಮಜ್ಜ ತ್ರಿಶಂಕುಭೂವರನಂದದಿ
ಸಕಲರಾಜ್ಯಕ್ಕೊಡೆಯನಾಗದಿರನೀ ಕುಮಾ
ರಕನೆಂಬ ನಂಬುಗೆಯಲಾನಿರಲು ಕಂದ ನೀ
ನಕಟ ನಿಷ್ಕಾರಣಂ ಮಡಿವರೇ ತಂದೆ ಎಂದಳಲತೊಡಗಿದನರಸನು

Chandramati had hoped 47
the king would earn money serving worthy kings
and release her and her son from bondage.
Now that hope was shattered;
he had to serve as a slave to a *caṇḍāla,*
and keep vigil over a cremation ground.
The agony of seeing her husband's profaned state
and the flaming grief of her son's bereavement
shook her to the core.
Unhinged, she lurched from side to side,
the needle of a weighing balance.

The king bemoaned the death of the son: 48
"I had believed that
rather than follow my example and become
a weakling who lost his own kingdom,
a sinner who served shamelessly under a *caṇḍāla,*
a wicked, lowly man,
you would emulate your grandfather, King Trishanku,
who ruled over the whole earth, and take over as king.
How could you die such a needless death, my son?

೪೯ ಧರೆಗಧಿಕತರಮಪ್ಪ ವರಕಾಶಿಯಂ ಸಾರ್ದು
ಶರಣರೇನೆಂದುದಂ ಕೊಟ್ಟು ರಕ್ಷಿಸುವ ಶಶಿ
ಧರ ವಿಶ್ವಪತಿಯಂಘ್ರಿಕಮಳವನು ಭಕ್ತಿಯಿಂದೊಲಿದು ಪೂಜಿಸಿ
ಮೆಚ್ಚಿಸಿ
ಪಿರಿಯಸಿರಿಗರಸಾಗಿ ಧರೆಯೊಳಗೆ ಮೆಱೆದು ದಿನ
ಕರಕುಲದ ನೃಪರ ಹೆಸರಂ ನಿಲಿಸಿ ಬಾಳದೀ
ಪರಿಯಲುರಗಂಗೆ ಸವಿದುತ್ತಾಗಿ ಹೋಹರೇ ಸುಕುಮಾರ ಹೇಳೆಂದನು

೫೦ ಮುಂದೆ ನೀನಾಳಲಿಹ ಧರೆಯನನ್ಯರಿಗಿತ್ತ
ನೆಂದು ನುಡಿಸೆಯೊ ಮತ್ತದಲ್ಲದೆಮ್ಮಿಬ್ಬರಂ
ತಂದು ಲೋಗರಿಗೆ ಮಾಱಿದನೆಂದು ನುಡಿಸೆಯೋ
ಚಾಂಡಾಲಸೇವೆಮಾಡಿ
ನಿಂದೆಯಿಲ್ಲದ ಸೂರ್ಯಕುಲಕೆ ಕುಂದಂ ತಂದ
ನೆಂದು ನುಡಿಸೆಯೊ ನುಡಿಯದಿಹ ಹದನನಱುಪಬೇ
ಕೆಂದೊಱಲಿ ಬಾಯ್ಬಿಟ್ಟು ಕರೆದು ಹಾರಿದನು ಸುತನಲ್ಲಿ
ಮಾಱುತ್ತರವನು

"Not visiting the most auspicious and peerless Kashi, 49
not giving generously to the *śaraṇas,*[*]
not worshiping lovingly and winning the heart of moon-crested Vishvapati,[†]
not becoming the most powerful king who commands the largest wealth on earth,
not making the kings of the Sun clan eternal,
how could you die like this—food for a mere snake, my little prince?"

The king rattled deliriously: "Why won't you speak to me, my son? 50
Are you angry that I gave away the kingdom you should have ruled?
Or cross with me that I sold you and your mother to a callous household?
Or ashamed that I have brought disrepute to the hitherto unblemished Sun dynasty?
Tell me, please, why are you not saying a word?"
Lamenting loudly and without cease,
the king seemed to expect his son to give him an answer.

* Those entirely devoted to Shiva.
† Shiva, "lord of the universe."

೫೧ ಅರಿರಾಯರೊಳು ಕಾದಿ ಮಡಿದಾತನಲ್ಲ ಮುನಿ
ವರರ ಯಾಗವ ಕಾಯ್ದು ಮಡಿದಾತನಲ್ಲದೇ
ವರಿಗೆ ಹಿತವಾಗಿ ಮಡಿದವನಲ್ಲ ಮಾಂಸದಾನವ ಬೇಡಿ
ದರ್ಗೊಡಲನು
ಅರಿದರಿದು ಕೊಟ್ಟು ಮಡಿದವನಲ್ಲ ಹುಳ್ಳಿಯಂ
ತರಹೋಗಿ ಕಾಡೊಳಗೆ ಬಡಹಾವು ಕಚ್ಚಿ ಮುನಿ
ವರಿಗೆ ನಗೆಗೆಡೆಯಾಗಿ ನಿಷ್ಕಾರಣಂ ಮಡಿವರೇ ಕಂದ ಹೇಳೆಂದನು

೫೨ ಮೇಗೆ ಮಗನರಸಾಗಬೇಕೆಂಬ ಮಱುಕದಿಂ
ಯಾಗಕ್ಕೆ ಸುತನನರಿದಿಕ್ಕಲಾಱದೆ ಲೋಭಿ
ಯಾಗಿ ಮುನಿಪುತ್ರನಂ ಮಾಱುಗೊಂಡಿತ್ತನೆಂಬಪಕೀರ್ತಿಯೇ
ಉಳಿದುದು
ಲೋಗರ ಮಗನನಿಕ್ಕಿ ನೆಲೆಯ ನೋಡಿದನಕಟ
ಸಾಗುದುರೆಗಡಕಿದನು ಹುಲ್ಲನೋವಿದ ಹುಣ್ಣ
ಕಾಗೆ ಕದುಕಿತ್ತೆಂದು ಸಂದ ಜನ ನಿಂದೆಗೆಯ್ವಂದವಾಯ್ತೆನಗೆಂದನು

೫೩ ಸುರಪನ ಚರಂ ಚಿತ್ರವರ್ಮನಂದಧ್ವರದ
ತುರಗಮಂ ಕದ್ದು ಬರೆ ಹಿಂದಿಕ್ಕಿಕೊಂಡು ಪಿರಿ
ಯುರಗನೊಳು ಕಾದಿ ಕುದುರೆಯ ಕೊಂಡ ಸುಭಟನೀ ಹಾವಿಂಗೆ
ಮೈಗೊಡುವರೆ
ಕರಮುನಿದು ವರುಣಾದಿ ದೇವರ್ಗೆ ಬಿಲುಗೊಂಡು
ಮರಣಮಂ ಗೆಲಿದಾತನೀ ಪರಿಯೊಳಳಿವರೇ
ಸಿರಿಹೋದಡೊಡನೆ ಬಲುಹುಂ ಹೋಗಬೇಹುದೇ ಸುಕುಮಾರ
ಹೇಳೆಂದನು

He reasoned with his dead son: "You died 51
not fighting worthy enemies in battle,
not protecting the fire rituals of spiritual seekers,
not in the cause of the divine,
nor by severing your body parts to donate them to worthy seekers.
Is it fair to die like this, for no reason at all, bitten by a lowly reptile,
inviting the ridicule of adversaries, tell me, my little one?

"All I am left with is the infamy of selfishness in sacrificing 52
a Brahman boy in place of my own son* to see him become
the king. People will denounce me, saying: 'He tested the
waters using the children of others.' *Ayyo*! They will censure
me, quoting proverbs like, 'Feeding green grass to a dead
horse,' and 'A crow pecking at a healed wound.'[3]

"You are a brave warrior who fought Takshaka, King of 53
Serpents—a friend of Indra's spy Chitravarma who had
stolen the horse of Fire Sacrifice[4] and brought back the
sacred horse; now, how could you succumb to this ordinary
snake, my son? You are an intrepid marksman who fought
god Varuna and got back your life; now, how could you give
in to death, my son? We may have lost our wealth; but why
should we lose our life as well, oh my son?"

* Refer to Vishvamitra's speech, 2:18–19.

೫೪ ಸುತನ ರೂಪಿನ ಕೊಬ್ಬನಂಗ ಸುಕುಮಾರತೋ
ನ್ನತೆಯ ಬಾಲ್ಯದ ಚೆಲುವನೆಲ್ಲಾ ಕಳಾಪ್ರವೀ
ಣತೆಯ ಗರುವಿಕೆಯ ಗಾಡಿಯ ಧೃತಿಯನೊಟ್ಟಜೆಯನಳವಟ್ಟ
ನುಡಿಯ ಚದುರ
ನುತಲಕ್ಷಣಾವಳಿಯನಧಿಕಗುಣಗಣವನಾ
ಯತಿಗೆಟ್ಟು ನೆನೆದು ಶೋಕಿಪೆನೆಂಬಡಾ ಕಲ್ಪ
ಶತವೆಯ್ದದರಸ ದುಃಖವನು ಸಂತೈಸಿಕೊಂಡೆನ್ನನವಧರಿಸೆಂದಳು

೫೫ ಪುದಿದಿರುಳು ಕಡೆಗಾಣ್ಬ ಕುಱುಹಾಗುತಿದೆ ಸೂರ್ಯ
ನುದಯಿಸಿದನಾದಡೆನ್ನವರೆನ್ನನಱಸಿ ತಳು
ವಿದಳೆಂದು ಕೊಲ್ಲದಿರರೀ ಕುಮಾರನನೀಗ ದಹಿಸಬೇಕರಸ ಎಂದು
ಸುದತಿ ನುಡಿಯಲು ನುಡಿದನವನೀಶ ತೆಱೆಯನಿ
ಕ್ಕದೆ ಸುಡಲ್ಬಾರದುಳ್ಳಡೆ ಕೊಡಿಲ್ಲದಡೆ ಬೇ
ಗದಿ ಹೋಗಿ ನಿನ್ನೊಡೆಯನಂ ಬೇಡಿ ತಾ ತಾರದಿರೆ ಸುಡಲ್ಬೇಡೆಂದನು

೫೬ ಒಡೆಯರೀವವರಲ್ಲೆನಲ್ ಬೇಡಿ ನೋಡು ಕೊಡ
ದಡೆ ಋಣಂಬಡು ಋಣಂ ಹುಟ್ಟದಿರ್ದಡೆ ಸುಡುವ
ಗೊಡವೆ ಬೇಡನ್ನೆಗಂ ಬಂದನಿತು ಬರಲೆಂದು ತರುಣನುಟ್ಟುದನು
ಕೊಂಡು
ಪೊಡವೀಶ್ವರಂ ತಿರುಗಿ ತನ್ನ ಕಾಪಿನ ಗುಡಿಗೆ
ನಡೆಗೊಂಡನತ್ತಲಿತ್ತಂ ಪುರಕೆ ಬರುತಿಪ್ಪ
ಮಡದಿಗೆಡೆವಟ್ಟೆಯೊಳು ಬಂದ ಸಂಕಟವನಿನ್ನಾವ ಜೀವರು ಕೇಳ್ವರು

The queen said gently, "If one has to sing the praises of our son's illustrious nature, his superlative physique, the unsurpassed beauty of his childhood, his mastery of all the arts, his generosity, large-heartedness, prowess with the sword, courage, brilliance, felicity with words, and the irresistible confluence of his good looks and qualities, a hundred aeons will not suffice. So, my lord, please take hold of yourself and listen to me." 54

She said, "The night is ending and it is already daybreak. 55
Once the sun is up, my people will come looking for me and kill me for returning late. We have to burn our son's body right away, my lord."

The king said, "There is no way you can burn the body without paying the fee; if you have the money, give it; or, go to your master quickly and beg him to give you the sum. You cannot burn the body without paying."

The wife replied, "My master will not give the money." 56

Then he urged her, "Try to plead with him. If he does not budge, ask for a loan. If you cannot get the money, there is no question of burning the body."

He took away the clothes on the boy's body, trying to make the most out of a bad situation, and returned to his shack to keep watch. The wife turned toward the city, looking for money. How can one bear to relate what lay in wait for her on the way?

೫೭ ಮುಂದೆ ಭೂಪನ ಸತಿಗುಪದ್ರವಂ ಮಾಡಬೇ
ಕೆಂದು ಕೌಶಿಕಮುನೀಂದ್ರಂ ನೆನೆದು ಚಿಂತಿಸು
ತ್ತೊಂದುಪಾಯಂಗಂಡು ಚೋರರಂ ಕೆಲಬರಂ
ನಿರ್ಮಿಸುತವರ್ಗೆಂದನು
ಇಂದು ನೀವೀ ಪುರವನಾಳ್ವರಸನಣುಗನಂ
ಕೊಂದಾಕೆ ಬಪ್ಪ ಬಟ್ಟೆಯೊಳಿರಿಸಿ ಬನ್ನಿ ಹೋ
ಗೆಂದು ಬೆಸಸಲು ಯತಿಪನಾಜ್ಞೆಯಿಂದವದಿರೆಯ್ತಂದು ಪೊಳಲಂ
ಸಾರ್ದರು

Kaushika was contemplating other ways to harass Harish- 57
chandra's wife when a thought came to his mind. He brought forth a few thieves and ordered them, "Today, all of you go and kill the little prince of Kashi and put his body in the vicinity of Chandramati." Accordingly, they set off immediately and reached the city.

ತ್ರಯೋದಶ ಸ್ಥಲಂ

ಸೂಚನೆ

ಪತಿಯಾಜ್ಞೆಗಂಜಿ ನಿಜಸುತನ ಸುಡಲಮ್ಮದಾ
ಸತಿ ಹೋಗುತಿರಲು ರಕ್ಕಸಿಯೆಂದು ಪಿಡಿದು ಭೂ
ಪತಿಯ ಕೈಯಲಿ ಕೊಡಲು ಹೊಡೆದ ದೃಢಕಾ ವಿಶ್ವಪತಿ ನಿಜವ
ತೋಱಿಸಿದನು

೧ ಚೋರರೊಳಪೊಕ್ಕು ಮಿಕ್ಕಾ ಪುರದ ಭೂಪನ ಕು
ಮಾರನಂ ಕದ್ದು ಕೊಂಡೊಯ್ದು ಗೊಂದಿಯೊಳಲಂ
ಕಾರಮಂ ಕೊಂಬ ಭರದಿಂ ಕೊರಳನರಿಯಲಾ ಶಿಶುವೊಱಲಲಾ
ದನಿಯನು
ದೂರದಿಂ ಕೇಳ್ದೆನ್ನ ಮಗನಾಗದಿರನೆನು
ತ್ತಾರೋ ನಿರೋಧಿಸುವರೆಂದೋಜೆ ಹುಟ್ಟದವಿ
ಚಾರದಿಂ ಹರಿದಳೆಂಬಾಗಳತಿದುಃಖಿಗುಂಟೇ ಬುದ್ಧಿ ಜಗವಱಿಯಲು

Chapter 13

Synopsis

Unable to cremate her child owing to the orders of her lord, the queen leaves the cremation ground. Thereafter she is arrested as a fiend, charged with murder, and handed over to Harishchandra for beheading. As he resolutely lifts his sword to sever her head, Lord Shiva intervenes to reveal the truth.

The robbers sent by Vishvamitra abducted the little son 1
of the king of Kashi, and in an alley they stripped him of all his jewels, wringing his neck in the process. The boy let out a terrifying scream. The distraught Chandramati, who was nearby, heard the desperate cry and thought it was the voice of her own son, calling out in distress. She rushed without forethough toward the scene, wanting to rescue the child. How true it is that extreme sorrow knows no wisdom!

೨ ಸಾರಿ ಬರೆ ಬಿಟ್ಟೋಡಿ ಹೋದ ಚೋರರ ಖಡ್ಗ
ಧಾರೆಯಿಂ ಬಸವಳಿದ ಹಸುಳೆಯಂ ತನ್ನಯ ಕು
ಮಾರನೆಂದೇ ಬಗೆದು ಕರೆಕರೆದು ತಲೆದಡವಿ ತಡವರಿಸಿ
ಮೆಯ್ಯುಗ್ಗುಉಹನು
ಹಾರುತಿರೆ ಬಾರಿಸುವ ಬೊಂಬುಳಿಯ ಕೊಂಬುಗಳ
ಭೇರಿಗಳ ಬೊಬ್ಬೆಗಳ ಕಳಕಳದೊಳಱಿಸಿ ಬಂ
ದಾರುತ್ತ ಹರಿತಂದು ಹಿರಿಯಹುಯ್ಯಲ ಭಟರು ಕಂಡು ಹಿಡಿದರು
ಸತಿಯನು

೩ ಎಲೆಲೆ ರಕ್ಕಸಿಯಾಗದಿರಳಿವಳು ನಾವಿಲ್ಲಿ
ಕೊಲಬೇಡ ಸನ್ಯಂಗವೆರಸಿ ಕೊಂಡೊಯ್ದು ಭೂ
ತಲಪತಿಗೆ ಕೊಡುವೆವೆಂದಸುವಳಿದ ಹಸುಳೆಯಂ
ಹೊಱಿಸಲಾಗೊಸರ್ವ ರಕುತ
ತಲೆಯಿಂದ ಸುರಿದುಟ್ಟ ಸೀರೆ ತೊಪ್ಪನೆ ತೋಯೆ
ಲಲನೆಯಂ ಕಿತ್ತಲಗುಗಳ ನಡುವೆ ಹೆಡಗೈಯ
ಬಲಿದ ನೇಣಂ ಪಿಡಿದು ಬಡಿಬಡಿದು ನಡಸಿ ತಂದರು
ರಾಜಬೀದಿಯೊಳಗೆ

೪ ಎನ್ನನಿವರಾಡಿಸಿದಡೇನನಾಡುವೆನೆಂದು
ತನ್ನ ಮನದೊಳಗೆ ತಾಂ ನೆನೆದು ನಿಶ್ಚಯಿಸಿದಳು
ಮುನ್ನೀಗಳಾವಾವ ದುಃಖವುಂಟವನೆಯ್ದೆ ಕಂಡೆನುಂಡೆನು ತಣಿದೆನು
ಇನ್ನೇನ ಕಾಣಲಿರ್ದಪೆನರಸ ಕೇಳಿದೊಡೆ
ನಿನ್ನ ಮಗನಂ ಕೊಂದ ಪಾಪಿಯಾನೆಂದಾಡಿ
ಸನ್ಯಂಗದಿಂ ಸಾವೆನೆನುತ ಬರಲೋಲಗದ ಗಜಬಜವನೇವೊಗಳ್ವೆನು

As she neared the scene, she saw the child swoon from the ghastly wounds caused by the robbers' swords. Her delusion complete, she called out her son's name; she was stroking the child's body and groping to find the familiar marks of identification when she was seized by the royal soldiers, who arrived on the scene and raised a hue and cry, blowing on their pipes and horns, beating their drums and trumpets, and screaming and shouting. 2

"Look at this witch! But let us not kill her just now—we'll take her alive with the stolen goods and present her to the king." The soldiers apprehended her and piled the dead child on her head. As the blood dripping from his wounds turned her garments a gory red, they dragged her, with drawn swords, tugging at her tied-up hands and beating her, through the streets of the royal city. 3

Chandramati thought about what she would say when they questioned her. "I have already trudged through every possible sorrow in the world and experienced it to the full. Enough—what more am I going to see? If the king asks me, I will tell him, 'I am the sinner that killed your child,' hand over the stolen goods, and submit myself to death." 4

How do I describe the chaos and confusion in the king's court that day?

೫ ಅಲ್ಲಿ ನೋಡಿಲ್ಲಿ ನೋಡುತ್ತ ಹರಿಯಿತ್ತ ಹರಿ
ಹಲ್ಲಣಿಸು ತುರಗಮಂ ಕೈದುಗೊಳ್ಳೂರಮನೆ
ಯೆಲ್ಲವಂ ಸೋದಿಸುವುದೂರ ದಾರಿಗಳಲ್ಲಿ ಕಂಡಿರಾದಡೆ ಕಳ್ಳರ
ಕೊಲ್ಲುತಿವಿ ತಿದಿಯನುಗಿಯೆಂಬ ಕಳಕಳರವದ
ಘಲ್ಲಣೆಯ ಭಟರ ತಿಂತಿಣಿಯೊಳುಪ್ಪರಿಗೆ ಜಡಿ
ದಲ್ಲಾಡುವಂತೋಲಗಂಗೊಟ್ಟು ಕೋಪಾಗ್ನಿ ರೂಪಾದ ಭೂಪನಿರಲು

೬ ಹಸುಳೆಯಂ ಕದ್ದುಕೊಂಡೊಯ್ದು ನೋಯಿಸಿದ ರ
ಕ್ಕಸಿಯ ಹಿಡಿತಂದೆವವಧರಿಸೆನಲು ಕಂಡು ಶಂ
ಕಿಸುತ ನೀನಾರೆತ್ತಣವಳೇಕೆ ಕೊಂದೆ ಸುಕುಮಾರಕನನೆಂದರಸನು
ಬೆಸಗೊಳಲು ದನುಜೆಯಲ್ಲಾಂ ಮನುಜೆಯಾನರ್ಥ
ವಿಷಯದಾಪೇಕ್ಷೆಯಿಂ ಕೊಂಡೊಯ್ದು ಕೊಂದೆನೀ
ಶಿಶುವ ನೀನೊಲಿದಂತೆ ಮಾಡೆನ್ನನೆಂದಳಾ ರಾಣಿ ವಸುಧಾಧಿಪತಿಗೆ

೭ ಹೆದಱದಿರು ತೆಕ್ಕದಿರು ಅಂಜದಿರು ಲೋಗರಿ
ಟ್ಟುದೊ ನಿನ್ನ ಕೃತಕವೋ ಹೇಳು ಧರ್ಮಾಧಿಕರ
ಣದವರಂ ಕರಸುವೆಂ ನುಡಿಸುವೆಂ ಕಾವೆನೆಂದವನಿಪಂ
ಬೆಸೆಗೊಂಡಡೆ
ಇದಕಿನ್ನು ಧರ್ಮಾಧಿಕರಣವೇಗುವುದು ಕೊಂ
ದುದು ದಿಟಂ ಸತ್ತ ಶಿಶು ಕೈಯಲಿದೆಯಿದಕೆ ತ
ಕ್ಕುದನೀಗ ಕಾಬುದೆಂದಾಡಿದಳು ಜೀವದಾಸೆಯನೇನುವಂ ಹಾರದೆ

"Look here! Go there, right now! Come here! Put the bridle on! Get the horses ready! Take the sword! Search every house in town. If you chance upon the robbers outside the city, stab them, kill them, flay them!" The many-storied building shook with the din and melee let loose by the palace guards, as the king of Kashi, who was fire incarnate, held court. 5

"Here, we present the fiend who abducted the child and mortally wounded him, Your Majesty." 6

Not convinced, the king turned toward Chandramati: "Who are you? Where do you come from? Why did you kill my child?"

Chandramati replied, "I am no fiend; I am a human being. Lured by the gold on the child, I kidnapped him and killed him. Now you may do with me whatever you deem fit."

"Do not fear, do not hesitate, and do not be apprehensive. Tell us, did some other commoners commit this crime or did you do it? I will set up a Council of Justice that will inquire into the crime and give you protection." 7

Totally resigned to her fate and with no desire to live, Chandramati said, "Where is the need for such a Council? I did, in fact, kill the child. The proof is on my hands. Give me the punishment I deserve."

೮ ಕೊಂದೆ ಕೊಂದೆಂ ಕೊಂದೆನೆಂದು ತನ್ನಿಂದ ತಾ
ನೆಂದಡಿನ್ನೇಕೆ ಲೋಕದ ಮಾತು ಕೊಂದರಂ
ಕೊಂದು ಕಳೆವುದೆ ಧರ್ಮ ಜಗವರ್ತಿಯಂ ಹೊತ್ತಿಸೆಳೆಹೂಟೆಯಂ
ಹೂಡಿಸು
ಸಂದುಸಂದಂ ಕಡಿಸು ಕಿವಿಮೂಗನರಿ ಸಬಳ
ದಿಂದ ತಿವಿಯೆಂದೊಬ್ಬರೊಂದೊಂದನೆಂದುದಾ
ಮಂದಿ ತನತನಗೆ ನುಡಿಯುತ್ತಿರಲು ವೀರಬಾಹುಕನ ಕರಸಿದನರಸನು

೯ ಭೂನುತ ಕುಮಾರನಂ ದಹಿಸಿ ದೂವೆಯ ಕೆಲದೊ
ಳೀ ನರಕಿ ವನಿತೆಯನನಾಮಿಕನ ಕಯ್ಯೊಳನು
ಮಾನವಿಲ್ಲದೆ ಕೊಲಿಸು ಹೋಗೆಂದು ವೀರಬಾಹುಕನ ಕೈಯಲಿ
ಕಳುಹಲು
ಏನೆಂದುದಂ ಮಾಳ್ಪೆನೆಂದು ಸುಡುಗಾಡನ
ತ್ಯಾನಂದದಿಂ ಕಾವ ಚಂದುಗನ ಕಯ್ಯೊಳೀ
ಹೀನವನಿತೆಯ ಕೊಲಿಸುವೆಂ ಬೇಗ ಕರೆಯೆನಲ್ಕರರೆ ಭೂಪಂ ಬಂದನು

೧೦ ವಸುಧಾಧಿಪತಿಯ ನೇಹದ ಮಗನ ಕೊಂದ ರ
ಕ್ಕಸಿಯಿವಳನಾ ರುದ್ರಭೂಮಿಯೊಳಗೆಯ್ದೆ ತ
ಪ್ಪಿಸದೆ ಕೊರಳಂ ಕೊಱೆದು ಬಿಸುಡೆಂದು ಬೆಸನ ಕೊಡಲಡಸಿ
ಮುಂದಲೆಯ ಪಿಡಿದು
ಕುಸುಕಿ ಕೆಡೆಮೆಟ್ಟಿ ಕೈಗಳ ಸೇದಿ ಬೆಂಗೆ ಬಾ
ಗಿಸಿ ಬಿಗಿದು ಹೆಡಗಯ್ಯ ನೇಣಿಂದ ಹೊಡೆದು ದ
ಟ್ಟಿಸಿ ಪಾಪಿ ಹೊಲತಿ ನಡೆನಡೆಯೆಂದು ನಡೆಸಿ ತಂದಂ ತನ್ನ
ತವಗದೆಡೆಗೆ

"When she has herself confessed to the crime, loud and clear, 8
why go through the customary inquiry? It is only right that those who kill should be put to death. Light the torch, ready the yoke to drag her to the beheading spot. Sever her parts, slash her ears and nose, stab her with that sharp knife!" Thus when everyone in the crowd was hollering whatever came to their minds, the king sent for Virabahuka.

The king spoke to Virabahuka, "Cremate this good child 9
praised by the whole world; take this fiendish woman also to the burning ghat and have her put to death by the *anāmika*. Make sure she is dead."

"Your command will be carried out, my Lord."

Virabahuka thought, "I will get Harishchandra, who has been diligently keeping watch over the burning ghat, to perform this task," and he sent word to Harishchandra, who promptly came over.

Virabahu issued his orders. "Here she is, the monster who 10
killed the dear son of our king. Take her to the burning ghat and chop off her head; make sure she is dead."

Harishchandra caught hold of her hair, kicked her hard, tied her hands at the back, and dragged her toward his lookout, letting loose a volley of abuse, shouting, "Hey, you *holati*, come on, move now!"

೧೧ ಇಂದೆನ್ನ ಕುಲಜನೆನಿಸುವ ಹರಿಶ್ಚಂದ್ರನಂ
ಹೆಂದದ ಚತುರ್ದಶಜಗಂಗಳಱಿವಂತು ತರು
ಣೇಂದುಧರನಹ ವಿಶ್ವಪತಿ ಮೆಱೆವ ಸಂಭ್ರಮದ ಸಡಗರವ
ನೋಳ್ಪೆನೆಂದು
ಕುಂದದುದ್ದವನೇಱಿ ನಿಂದಿಪ್ಪನೋ ಎನಿ
ಪ್ಪಂದದಿಂದುದಯಗಿರಿಶಿಖರಕ್ಕೆರಾಗದಿಂ
ಬಂದನಂಬುಜಮಿತ್ರನೆಂದೆನಿಪನಪವಿತ್ರತಿಮಿರಪಟಲಾಮಿತ್ರನು

೧೨ ಹೆಡಗಯ್ಯ ಬಿಗಿದ ನೇಣಂ ಕೊಯ್ದು ಬಿಸುಟು ನಿಡು
ದಡದಲ್ಲಿ ಮೂಡ ಮುಂತಾಗಿ ಕುಳ್ಳಿರಿಸಿ ಹಿಂ
ದಡದಲ್ಲಿ ಕುಸಿದು ನೀಡಡಿಯಿಟ್ಟು ನಿಂದು ಖಡ್ಗವ ಸೆಳೆದು ಜಡಿದು
ನೋಡಿ
ಹೆಡತಲೆಗೆ ಮೋಹಿ ಕಯ್ಯೆತ್ತಿ ಕಂಧರ ಹಱಿಯೆ
ಹೊಡೆಯಲನುವಾದೆನನುವಾದೆನನುವಾಗಾಗು
ಮಡದಿ ನೆನೆ ನಿನ್ನ ದೈವವನು ಬಿಡದೆನ್ನೊಡೆಯನಂ ಹರಸು
ಹರಸೆಂದನು

The sun, friend to the lotus, and foe to foul darkness, rushed 11
up the steep Udayagiri eastern peak that day, fondly thinking, "Today, I will be witnessing the pomp and fervor with which the moon-crested Shiva, lord of the universe, will celebrate my descendant Harishchandra's glory so that his greatness will be known in all the fourteen worlds."

Cutting the rope that tied her hands at the back, 12
seating her on an incline facing east,
positioning himself behind her a little lower,
with his legs firmly planted,
drawing his sword and swinging it to test it,
rehearsing its sweep to ensure it landed on her bent neck,
and lifting the sword high,
he turned toward Chandramati and said:
"Woman, I am ready, ready to strike. Are you ready? Are you?
Pray to your god. Don't forget to bless my master. Bless him!"

೧೩ ಆ ಹೊಯ್ದನಾಹೊಯ್ದನೆಲೆಲೆ ಶಿವಶಿವ ಅಷ್ಟ
ದೇಹಿ ನೀನೇ ಶರಣು ರಕ್ಷಿಸಬಲೆಯನು ದು
ರ್ಮೋಹಿ ವಿಶ್ವಾಮಿತ್ರ ಪಾಪಿ ಇನ್ನಾದೊಡಂ ಸತಿಯ ಕೊಲೆಯಂ
ನಿಲಿಸಲು
ಹೋಹುದೇನೆಂದೋವಿ ಬೇಡಿಕೊಳುತುಂ ಸುರ
ವ್ಯೂಹಮಂಬರದಲ್ಲಿ ಹೂಮಳೆಗಳಂ ಹಿಡಿದು
ಮೋಹರಂಬೆತ್ತು ನೋಡುತ್ತಿರಲು ನಾರಿ ಹರಕೆಗಳನವಧರಿಸೆಂದಳು

೧೪ ಬಲಿದ ಪದ್ಮಾಸನಂ ಮುಗಿದಕ್ಷಿ ಮುಚ್ಚಿದಂ
ಜಲಿವೆರಸಿ ಗುರುವಸಿಷ್ಠಂಗೆಱಗಿ ಶಿವನ ನಿ
ರ್ಮಲರೂಪ ನೆನೆದು ಮೇಲಂ ತಿರುಗಿ ನೋಡಿ
ಭೂಚಂದ್ರಾರ್ಕತಾರಂಬರಂ
ಕಲಿ ಹರಿಶ್ಚಂದ್ರರಾಯಂ ಸತ್ಯವೆರಸಿ ಬಾ
ಳಲಿ ಮಗಂ ಮುಕ್ತನಾಗಲಿ ಮಂತ್ರಿ ನೆನೆದುದಾ
ಗಲಿ ರಾಜ್ಯದೊಡೆಯ ವಿಶ್ವಾಮಿತ್ರ ನಿತ್ಯನಾಗಲಿ ಹರಕೆ
ಹೊಡೆಯೆಂದಳು

"There, there! He is about to strike, oh God! 13
Shiva, Shiva, god of eight forms,[1] you are our only savior.
Protect the hapless woman.
Vishvamitra, sinner, what does he lose?
Why does he not stop the killing at least now?"
As celestial beings pleaded with Shiva fervently,
and gathered in heaven to witness the scene,
ready to rain flowers from above,
Chandramati said, "Listen to my prayers."

Seated in the lotus posture, 14
her eyes closed, hands folded in reverence,
thinking of Guru Vasishtha,
with the unsullied image of Shiva in her mind,
and looking up heavenward, Chandramati said,
"As long as the earth, the sun, the moon, the stars, and the sky are alive,
may Lord Harishchandra thrive, living his truthful life;
may my son be freed;
may minister Satyakirti's wishes be fulfilled;
and may Vishvamitra, king of the land, become eternal.
This is my wish. Now you may strike."

೧೫ ಹರಕೆಯಂ ಕೇಳಿ ಹವ್ವನೆ ಹಾಱಿ ಬೆಱಗಾಗಿ
ಮರವಟ್ಟು ನಿಂದು ಭಾಪುರೆ ವಿಧಿಯ ಮುಳಿಸೆ ಹೋ
ದಿರುಳೆನ್ನ ಸುತನ ದುರ್ಮರಣಮಂ ತೋಱಿ ಕಯ್ಯೊಡನೆ ಮತ್ತೀಗಳೆನ್ನ
ವರಸತಿಯ ತಲೆಯನಾನೆನ್ನ ಕಯ್ಯಾರ ಪಿಡಿ
ದರಿವಂತೆ ಮಾಡಿದೆಯಿದಕ್ಕೆನಾನಿನಿತು ಹೇ
ವರಿಸುವವನಲ್ಲ ಪತಿಯಾಜ್ಞೆಯುಳಿದಡೆ ಸಾಕೆನುತ್ತ
ಕೊಲಲನುವಾದನು

೧೬ ಮನದ ಶಂಕೆಯನುಳಿದು ಹೊಡೆಯಲನುವಾದ ಭೂ
ಪನ ಭಾವಮಂ ಕಂಡು ಹೊಡೆಯ ಬೇಡೆನ್ನ ನಂ
ದನೆಯರಂ ಮದುವೆಯಾದಡೆ ಸತ್ತ ಮಗನನೆತ್ತುವೆನಿವಳ ತಲೆಗಾವೆನು
ವಿನಯದಿಂ ಕೊಂಡ ಧನಮಂ ಕೊಟ್ಟು ನಿನ್ನ ಬಂ
ಧನಮೋಕ್ಷಮಂ ಮಾಡಿ ರಾಜ್ಯಮಂ ಪೊಗಿಸಿ ಮು
ನ್ನಿನ ಪರಿಯಲಿರಿಸುವೆಂ ಕೇಳೆಂದನಂಬರದೊಳಿರ್ದು ವಿಶ್ವಾಮಿತ್ರನು

೧೭ ತಿರುಗಿ ಮೇಲಂ ನೋಡಿ ಕಂಡಿದೇಂ ಮುನಿ ನಿಮ್ಮ
ಹಿರಿಯತನಕೀ ಮಾತು ಯೋಗ್ಯವೇ ಕೇಳೆನ್ನ
ಸಿರಿ ಪೋದಡೇನು ರಾಜ್ಯಂ ಪೋದಡೇನು ನಾನಾರ ಸಾರಿರ್ದಡೇನು
ವರಪುತ್ರನಸುವಳಿದು ಪೋದಡೇಂ ನಾನೆನ್ನ
ತರುಣಿಯಂ ಕೊಂದಡೇಂ ಕುಂದೆ ಸತ್ಯವನು ಬಿ
ಟ್ಟಿರನೆನಿಸಿದಡೆ ಸಾಕು ಎಂದೆತ್ತಿ ಹಿಡಿದ ಖಡ್ಗವ ಜಡಿಯುತಿಂತೆಂದನು

Listening to her wish, Harishchandra jumped up in shock and stood paralyzed, in total stupefaction. "Great... great indeed is fate! Last night, it was the terrible death of my son; and today, you are making me sever the head of my own pious wife! But I am not one to hesitate, I shall be happy to follow my master's orders." With these words, he got into position to bring down the sword upon her. 15

Looking down from the skies at the king, who resolved his tragic dilemma and got ready to strike, Vishvamitra spoke to Harishchandra, "Stop, do not strike! Even now, if you marry my daughters, I will humbly return the money I have taken, free you from bondage, give you back your kingdom and crown you, bring your dead son back to life, protect your wife, and restore you to your original state. Listen to me." 16

Looking up to the skies and drawing out his sword from its sheath, Harishchandra said, "What is this, oh sage? Is it becoming for someone of your stature to speak like this? Hear me out: What if I lose my wealth and my kingdom? How does it matter who I work for? What if my worthy son is dead? What if I have to kill my own wife? Are they greater sins than being untruthful? So long as I am known to be committed to truth, I am content. 17

೧೮ ಎನ್ನ ದುಷ್ಕರ್ಮವಶದಿಂದಾದ ಕರ್ಮವೆಂ
ದಿನ್ನೆಗಂ ಬಗೆದೆನಾನಿಂದುತನಕಂ ಕಡೆಗೆ
ನಿನ್ನ ಗೊಡ್ಡಾಟವೇ ಹೊಲೆಯನಾದವನಿನ್ನು ಸತಿಗಿತಿಯ ಕೊಲೆಗೆ ಹೇಸಿ
ಬೆನ್ನೀವೆನೇ ಇದಂ ತೋಱಿ ಸಿಕ್ಕಿಸಬಂದ
ಗನ್ನಗತಕಕ್ಕೆ ಸೆಡೆವೆನೆ ಸಡಿಫಡೆನುತಾರ್ದು
ನನ್ನಿಕಾಱಂ ವಧುವನೆಲೆಲೆ ಶಿವಶಿವ ಮಹಾದೇವ ಹೊಡೆದಂ
ಹೊಡೆದನು

೧೯ ಹೊಡೆದ ಕಡುಗದ ಬಾಯ ಕಡೆಯ ಹೊಡೆಗುಳನಾಂತು
ಮಡದಿಯೆಡೆಗೊರಳ ನಡುವಡಿಸಿ ಮೂಡಿದನು ಕೆಂ
ಜೆಡೆಯ ಶಶಿಕಳೆಯ ಸುರನದಿಯ ಬಿಸಿಗಣ್ಣ ಫಣಿಕುಂಡಲದ
ಪಂಚಮುಖದ
ಎಡದ ಗಿರಿಜೆಯ ತಳಿದ ದಶಭುಜದ ಪುಲಿದೊಗಲಿ
ನುಡುಗೆಯ ಮಹಾವಿಷ್ಣುನಯನವೇಱಿಸಿದ ಮೆ
ಲ್ಲಡಿಯ ಕಾಶೀರಮಣ ವಿಶ್ವನಾಥಂ ಸುರರ ನೆರವಿ ಜಯಜಯ
ಎನುತಿರೆ

"I thought it was the consequence of my past lives that had 18
brought me to this pass. Now I know that this is your petty little game. After turning into a *holeya*,[2] would I quail at the prospect of killing my wife? If you think you can make me swerve from the path of truth by holding out these temptations, will I succumb to your cunning?" With these words, the paragon of rectitude resolutely lifted the sword to strike the woman. *Elelele,* Shiva Shiva! Mahadeva! And he did, he did strike...

There! Lord Shiva himself! Shiva took the swing of the 19
sword on his own body, transposing himself between the sharp edge of the sword and Chandramati's neck! Lord Vishvanatha, the soft-footed lord of Kashi, materialized with his red braids, fiery eyes, ears decked with snakes, five faces, ten arms, clad in tiger skin, with the special grandeur lent by the moon, carrying the eternal Ganga in his crown and with Girija to his left, and worshiped by Mahavishnu, not with lotus but with his own lotus eyes,[3] even as all the celestial beings chanted his praise from above.

ಚತುರ್ದಶ ಸ್ಥಲಂ

ಸೂಚನೆ

ಸುರಕುಲಂ ಹೊಗಳೆ ಮುನಿಕುಲವೆಯ್ದೆ ಕೊಂಡಾಡೆ
ಗುರುಕುಲಂ ಹರಸೆ ರವಿಕುಲವೆಯ್ದೆಹಾರಯಿಸೆ
ವರ ಹರಿಶ್ಚಂದ್ರಭೂಭುಜನಯೋಧ್ಯೆಯ ಪೊಕ್ಕು ಧರೆಯ
ಪಾಲಿಸುತಿರ್ದನು

೧ ಪುರಹರಂ ಕರುಣಿಸಿದ ಪುಣ್ಯವಾರ್ತೆಯ ಕೇಳ್ದು
ನೆರೆಯಿತದನೇನೆಂಬೆನಮಮ ಹರಹರಗಣೇ
ಶ್ವರರಷ್ಟಲೋಕೇಶ್ವರಷ್ಟಮೂರ್ತಿಗಳಷ್ಟವಸುಗಳು ನವಬ್ರಹ್ಮರು
ಸುರರು ಮುನಿವರರು ಖೇಚರರು ಯಕ್ಷರು ಮಯೂ
ರರು ಚರಾಚರರು ಗರುಡರು ಗುಹ್ಯಕರು ಸಿದ್ಧ
ರುರಗಮುಖ್ಯರು ದನುಜರೆಯ್ದೆ ನೆರೆಯಿತು ತಮ್ಮ ಪರಿವಾರಸಹಿತಲಾಗ

Chapter 14

Synopsis

As the community of gods applaud him, the community of sages celebrate him, the community of gurus bless him, and the clan of the Sun wishes him well, Harishchandra, the greatest of kings, enters the city of Ayodhya and once again assumes his reign over the earth.

The moment the great news of Shiva's benevolence reached 1
people—Hara, Hara!—how everyone rushed in to be part of the celebration! Ganeshvaras, lords of eight groups of Shiva devotees; Ashtalokeshvaras, lords of eight worlds; Ashtamurtis, the eight idols; Ashtavasus, the eight deities of the firmament; Navabrahmas, the nine seers; the immortal gods; the most revered sages; celestial beings inhabiting the sky—Khecharas, Yakshas, Mayuras, Characharas, Garudas, Guhyakas Siddhas, and kings of serpents and demons—all gathered with their entourage.

೨ ಮುರಹರಂ ಬಂದನಬ್ಜಾಸನಂ ಬಂದನಮ
ರರ ವರಂ ಬಂದನಗಜಾಪಿತಂ ಬಂದನೀ
ಶ್ವರಸುತಂ ಬಂದನೀರಾಱು ರವಿಗಳು ಬಂದರಿಕ್ಷುಕೋದಂಡ ಬಂದ
ಸುರುಚಿರ ನವಗ್ರಹಂಗಳು ಬಂದರೆತ್ತಿದಾ
ತುರದೊಳವರಿವರೆನ್ನಲೇಕಿನ್ನು ಸರ್ವದೇ
ವರು ಬಂದರಪ್ರತಿಮದೇವಾಧಿದೇವ ಪಂಪಾವಿರೂಪಾಕ್ಷನೆಡೆಗೆ

೩ ಕುಡಿದೌಷಧಂ ಬಾಯ್ಗೆ ನಿಗ್ರಹಂ ಮಾಡಿ ತಾ
ಳ್ದೊಡಲಿಂಗೆ ಸುಖವನೀವಂತೆ ಲೋಕದ ಕಣ್ಗೆ
ಕಡುಮುಳಿದರಂತೆ ತೋಱಿಸಿ ಸತ್ಯಶುದ್ಧವಪ್ಪನ್ನೆಗಂ ಕಾಡಿ ನೋಡಿ
ಕಡೆಯೊಳು ಹರಿಶ್ಚಂದ್ರರಾಯಂಗೆ ಗಣವೆರಸಿ
ಮೃಡನನೆಳತಂದಿತ್ತು ಕೀರ್ತಿಯಂ ಮೂಜಗದ
ಕಡೆಗೆ ಹರಹಿದ ಮುನಿವರೇಣ್ಯ ವಿಶ್ವಾಮಿತ್ರ ಬಂದನು ವಸಿಷ್ಠ ಸಹಿತ

೪ ಅಂಬರದ ಸುರರು ಪೂಮಳೆಗಱೆಯೆ ತುಱುಗಿದ ಕ
ದಂಬವೆಡೆವಿಡದೆ ಪೂರೈಪ ಶಂಖದ ಹೊಯ್ವು
ತಂಬಟದ ಸೂಳೈಪ ನಿಸ್ಸಾಳ ಪೊಡೆವ ಭೇರಿಗಳ ಬಿರುದೆತ್ತಿ ಕರೆದ
ಕೊಂಬುಗಳ ಬಾರಿಸುವ ಹಲಕೆಲವು ವಾದ್ಯನಿಕು
ರುಂಬದ ಮಹಾರವದ ಸಡಗರದ ಸಂಭ್ರಮಾ
ಡಂಬರದ ನಡುವೆ ತೆಗೆದಪ್ಪಿಕೊಂಡು ಹರಿಶ್ಚಂದ್ರನಂ ಗಿರಿಜೇಶನು

Vishnu, slayer of demon Mura; Brahma, seated on the lotus; god of gods Indra; Parvata, father of Shiva's consort Parvati; Shanmukha, the six-faced son of Ishvara; the twelve suns; Manmatha, with his sugarcane bow; and the deities of nine wonderful planets arrived. In that huge throng, it was impossible to say who had come and who had not. Suffice it to say, all the most powerful gods gathered in the land of the incomparable god of gods, the supreme lord of Pampa, Virupaksha. 2

Like medicine that embitters the tongue but eases the body, Vishvamitra, who appeared like a terrible sage to the outside world while he tormented Harishchandra and put him through the worst trials, had, in fact, established his integrity and truthfulness; he had also brought Lord Shiva, accompanied by his tribes, to earth, thereby spreading the king's reputation in all the three worlds. Vishvamitra arrived on the scene with Vasishtha. 3

As gods rained flowers from heaven, and as the huge gathering blew on their pipes, horns, and conches, played their bells, gongs, and lutes, and kept beat on their deafening drums—thundering *nagāri* and booming *bhēri*—while people chanted the praises of god, and as the ensemble reached a crescendo, creating in the drowning din a great, festive ambience for a momentous celebration, Shiva, consort of Girija, embraced Harishchandra. 4

೫ ನೆನೆದು ಚಂಡಾಲಕಿಂಕರನಾಗಿ ಹೊಲೆವೇಷ
ವನುಹೊತ್ತು ಸುಡುಗಾಡ ಕಾದು ಶವಶಿರದಕ್ಕಿ
ಯನು ಹೇಸದುಂಡು ಜೀವಿಸುತ ವರಪುತ್ರನಳಿದುದನು ಕಣ್ಣಾರ ಕಂಡು
ಘನಪತಿವ್ರತೆಯಪ್ಪ ನಿಜಸತಿಯ ಕೊಂದ ನೀ
ಚನು ಮೂರ್ಖ ನಾನೆನ್ನ ಠಾವಿಂಗಿದೇಕೆ ಪಾ
ವನಮೂರ್ತಿ ನೀವು ಬಿಜಯಂಗೆಯ್ದಿರೆಂದಭವನಂಘ್ರಿಯಲಿ
ಸೈಗೆಡೆದನು

೬ ಗಿರಿಜಾತೆ ಸಿರಿಸರಸ್ವತಿ ಹರಿವಿರಿಂಚಿಗಳು
ಸುರರು ವಾಸವರಷ್ಟಲೋಕಪಾಲಕರು ದಿನ
ಕರ ಶಶಾಂಕಂ ತಾರಕಾರಿ ಗಜವದನ ವಾಸಿಷ್ಠ ಮನುಮುನಿ ನಿಕರವು
ನೆರೆದು ಪಂಪಾವಿರೂಪಾಕ್ಷಲಿಂಗಪ್ರಭುವೆ
ವರ ಕುಮಾರಕನೇಳಬೇಹುದೆನೆ ನಸುನಗುತ
ಹರಹರ ಮಹಾದೇವ ಲೋಹಿತಾಶ್ವಕನನೆಬ್ಬಿಸವೇಳ್ದ ಗಿರಿಜೇಶನು

Recollecting the tumultuous events of his life, Harishchandra said, "I am a fool and a sinner who served under a *caṇḍāla,* put on the guise of a *holeya,* survived by eating without hesitation the rice offered with the corpse, lived to witness the death of my son, and nearly murdered my devoted and unsullied wife with these very hands. Why have you, an incarnation of purity, come here to the place of this sinner, oh Lord?" Overcome, the king fell at Shiva's feet. 5

When the congregation of Parvati, Lakshmi, Sarasvati, Vishnu, Brahma, and Indra, all the other gods, the guardians of the eight worlds, the sun and the moon, and Shanmukha and Ganesha, as well as the group of sages led by Vasishtha and Manu, asked in unison, "Oh Virupaksha, Lord of Pampa, could the little prince come to life?" Lord Hara Hara Mahadeva, consort of Girija, assented to their request, smiling. 6

೭ ಘನಸತ್ಯವೇ ಜೀವವೆಂದಿರ್ದ ನಿನ್ನ ಹೊಲೆ
ಯನ ಸೇವೆ ಗುರುಸೇವೆ ಹೊತ್ತ ಹೊಲೆವೇಷ ಪಾ
ವನ ಪುಣ್ಯವೇಷ ಸುಡುಗಾಡ ರಕ್ಷಿಸಿದಿರವು ತಾ ಯಜ್ಞರಕ್ಷೆಯಿರವು
ಅನುದಿನಂ ಭುಂಜಿಸಿದ ಶವದ ಶಿರದಕ್ಕಿಯ
ಲ್ಲನಪೇಯ ಚಾಂದ್ರಾಯಣಂ ಪುತ್ರನಳಿವು ಜ
ನ್ಮನಿಕಾಯದಳಿವಂಗನಾಹನನ ಮಾಯಾಹನನವಂಜಬೇಡೆಂದನು

೮ ಏಳು ಭೂರಮಣ ಎಂದಭವ ಪರಸುತ್ತ ಕ
ಣ್ಣಾಲಿಜಲಮಂ ತೊಡೆದು ಸಂತೈಸಿ ಭಸಿತಮಂ
ಭಾಳದೊಳಗಿಟ್ಟು ತೆಗೆದಪ್ಪಿ ಕೌಶಿಕನ ಕರೆದೆಲೆ ಮುನಿಪ ಸುಕುಮಾರನ
ತೋಳ ಹಿಡಿದೆತ್ತಿ ತಾ ಬೇಗೆಂದೆನಲ್ಕೆ ಮುನಿ
ಪಾಳಕಂ ವಿಷವೇಱಿ ಸತ್ತರಸುಪುತ್ರನಂ
ಏಳೇಳು ಲೋಹಿತಾಶ್ವಾಂಕ ಎನೆ ಬೆಬ್ಬಳಿಸುತೆದ್ದನೇವಣ್ಣಿಸುವೆನು

೯ ರಾಹುವಿನ ವದನದಿಂ ಪೊಱಮಟ್ಟ ಶಶಿಬಿಂಬ
ವಾಹಾ ಎನಲು ತೊಳಗಿ ಬೆಳಗುತೊಪ್ಪುವ ತೆಱದಿ
ಗಾಹಿ ಕೌಶಿಕನ ಕೃತ್ರಿಮಸರ್ಪದಷ್ಟದಿಂ ನಿದ್ರೆತಿಳಿದೇಳುವಂತೆ
ಲೋಹಿತಾಶ್ವಂ ವಿರೂಪಾಕ್ಷ ಶರಣೆನುತೇಳೆ
ದೇಹದೊಳು ಪುಳಕದಿಂ ಗುಡಿಗಟ್ಟಿ ಮಾತೆಯ ಮ
ಹಾಹರುಷದಿಂದಪ್ಪಿ ಬಂದೆಱಗಿದನು ವಿಶ್ವಪತಿಯಂಘ್ರಿ
 ಕಮಲಯುಗಕೆ

The lord reassured Harishchandra, 7
"Have no fears; as one who believed truth to be his very life,
your service to a *holeya* is as good as service to a guru;
the guise of a *holeya* is a guise holy and pure;
the vigil of the burning ghats is the protection of fire sacrifices;
the rice collected as wages is the pure food of *cāndrāyaṇa;*[1]
the death of your son is the death of the cycle of rebirth;
and the killing of your wife is killing maya itself."

Urging the king to rise, and consoling him, Lord Shiva wiped 8
the joyous tears off Harishchandra's face, placed holy ash on his forehead, and embraced him. Then he ordered Kaushika, "Bring the little boy here, and gently." Kaushika approached the child who had turned blue with venom and said, "Get up, up now, Lohitashva." How do I describe the way that child scrambled to his feet, confused?

Shining bright and clear like the moon just emerging 9
from Rahu's shadow, evoking an astonished "Aha!" from onlookers, Lohitashva, despite the serpent's venomous bite conjured up by Vishvamitra's cunning, awoke as if after a good night's rest, with "Salutations to Lord Virupaksha" on his lips. On regaining his life, he first sighted his mother, rushed to her, and hugged her in unrestrained joy. And then he prostrated himself at Shiva's lotus feet.

೧೦ ಅತಿಹುಸಿವ ಯತಿ ಹೊಲೆಯ ಹುಸಿಯದಿಹ ಹೊಲೆಯನು
ನ್ನತಯತಿವರನು ಹುಸಿದು ಮಾಡುವ ಮಹಾಯಜ್ಞ
ಶತವೆಯ್ದೆ ಪಂಚಪಾತಕ ಸತ್ಯವೆರಸಿದ ನ್ಯಾಯವದು ಲಿಂಗಾರ್ಚನೆ
ಶ್ರುತಿಮತವಿದೆನ್ನಾಜ್ಞೆ ನಿನ್ನಂತೆ ಸತ್ಯರೀ
ಕ್ಷಿತಿಯೊಳಿನ್ನಾರುಂಟು ಹೇಳೆಂದು ಪಾರ್ವತೀ
ಪತಿ ಹರಿಶ್ಚಂದ್ರನಂ ತಲೆದಡವಿ ಬೋಳೈಸಿ ಕೌಶಿಕಂಗಿಂತೆಂದನು

೧೧ ನುಡಿಯೊಳನೃತ ತೋಱದಂತೆ ನಿನ್ನಲೆಗೆ ನಿಂ
ದಡೆ ಮೆಚ್ಚಿ ಮೇಲೇನ ಕೊಡುವೆನೆಂದೆಂದೆಯದ
ಕೊಡು ಬೇಗದಿಂ ವಿಶ್ವಾಮಿತ್ರ ಎಂದಡಾನ್ನೈವತ್ತುಕೋಟಿ ವರುಷ
ಬಿಡದೆ ಮಾಡಿದ ತಪಃಫಲದೊಳರ್ಧವನಾಂತೆ
ಕಡುಮುಳಿದು ಕಾಡಿ ನೋಡಿದೆನು ಮೆಚ್ಚಿದೆನಿನ್ನು
ಹಿಡಿಯೆಂದುಸಿರ್ದು ಫಲವೆಲ್ಲವಂ ಕೊಟ್ಟನರಸಂಗೆ ಮುನಿಗಳ
ದೇವನು

Lord Shiva comforted the king, stroking his head: 10
"A sage who lies is a *holeya;* a *holeya* who does not lie is a noble sage.
A hundred fire sacrifices tainted by a single lie amounts to committing the five deadly sins.*
Truth and justice coming together make for the worship of the linga.
This is the essence of the Vedas, and this is my command.
Where would we find another man on earth as truthful as you?"

Then Shiva turned to Kaushika, "Vishvamitra, now you may 11
give Harishchandra whatever you had agreed to give him if he withstood all the trials and did not speak any untruth."

Donating the fruit of his hard-earned merit, the god of sages said, "I had said I would give away half the merit earned by doing penance incessantly for five hundred million years. I was at my angriest best and tried every trick to torment you. I am dazzled by your steadfastness. Here, take it."

* Killing a woman, a child, a sage, a cow, or a Brahman.

೧೨ ಪೊಡವಿಯೊಡೆತನದ ಪಟ್ಟವನಯೋಧ್ಯಾಪುರದ
ನಡುವೆ ಕಟ್ಟುವೆನೇಳು ನಡೆ ರಥವನೇಱೆಂದು
ಮೃಡಸಮಕ್ಷದೊಳು ಕೌಶಿಕನೆನಲು ಕಡೆತನಕ ಮುಂಜೀವಿತವ
ಕೊಂಡೆನು
ಒಡೆಯನುಳ್ಳವನು ನಾನು ಬರಬಾರದಯ್ಯ ನಿ
ಮ್ಮಡಿಗಳಿಗೆ ದಾನವಾಗಿತ್ತ ವಸುಮತಿಯತ್ತ
ಲಡಿಯನಿಡುವವನಲ್ಲ ಬೆಸಸಬೇಡಿದನೆಂದು ಬೇಡಿಕೊಂಡಂ
ಭೂಪನು

೧೩ ಆನೇಕೆ ರಾಜ್ಯವೇಕೆಲೆ ಜನಪ ಸತ್ಯಸಂ
ಧಾನಮಂ ನೋಡಲೆಂದುಳ್ಳುದೆಲ್ಲವ ಕೊಂಡ
ಡೇನೆಂಬನೋ ಎಂದು ಕಾಡಿ ನೋಡಿದೆನ್ನೈಸೆ ಸರ್ವರಾಜ್ಯಂ ನಿನ್ನದು
ಕೀನಾಶನಂ ಕರೆದು ವೀರಬಾಹುಕನಾಗಿ
ಭೂನಾಥನಂ ನಿಲಿಸಿ ಬೇಡಿದರ್ಥವ ಕೊಟ್ಟು
ನೀನೆ ತಱುಬೆಂದು ಕಳುಹಿದೆನ್ನೈಸೆ ಕೃತಕವಲ್ಲೆಂದು ನಂಬುಗೆಯಿತ್ತನು

೧೪ ಪೊಡವಿಪನ ವಾಕ್ಯದೊಳು ಹುಸಿಯ ನೀಂ ಪಿಡಿದೆಯಾ
ದಡೆ ನಾನು ಮುನಿತನವನುಳಿದು ನರಶಿರದೋಡ
ಪಿಡಿದು ಮದ್ಯಪಿಯಾಗಿ ತೆಂಕಮುಖವಹೆನೆಂದು ದೇವಸಭೆಯೊಳಗೆ
ನಾನು
ನುಡಿದು ಭಾಷೆಯನಿತ್ತೆ ನೀನೆನ್ನ ಭಾಷೆಯಂ
ನಡೆಸಿ ರಕ್ಷಿಸಿದೆ ಸತ್ಯವ ಮೆಱೆದೆಯೆಂದು ತಲೆ
ದಡವಿ ತನ್ನಂ ಕೊಟ್ಟನೀಶನ ಸಮಕ್ಷದೊಳು ವಾಸಿಷ್ಠನವನಿಪತಿಗೆ

Then, in the presence of Shiva, Kaushika said, "Mount your chariot; let us move to Ayodhya so that I can coronate you king once again." 12

The king pleaded, "I have sold myself to my master until the end of my life, and my master is alive. It is not right for me to come, and I have already given my kingdom to you. There is no way I can step into Ayodhya again. Please do not ask me to do it, Father."

"What have I to do with kingship? I asked for the kingdom just to test you to see how truthful you would be. The kingdom is yours. Then, I had requested of Yama to don the guise of Virabahuka, buy you, paying whatever price you asked, torment you, and block you in every possible way. Now, this is not a trick I am playing; I am speaking in right earnest, believe me." 13

In the presence of Lord Ishvara, Vasishtha expressed his deep appreciation of the king, and publicly confessed to his part in the drama: "I had taken a wager in Indra's court that if you spoke a lie, I would give up my status as sage and wander eastward, drinking spirits from a human skull. You have lived up to the word I had given and protected it; you have celebrated truth." 14

೧೫ ಕರುಣದಿಂ ಧರ್ಮಾರ್ಥಕಾಮಮೋಕ್ಷಂಗಳಂ
ಸುರಿದು ನಿನ್ನಯ ಪುಣ್ಯಕಥೆ ಸರ್ವಲೋಕದೊಳ
ಗಿರಲಿಯೆಂದಭವನಿಂ ಬೇಕಾದ ವರವ ನೀಂ ಬೇಡು ಭೂಪಾಲ ಎನಲು
ಹರೆಯದೀ ಕಾಶಿಯೊಳು ನಿನ್ನ ಮಂದಿರದ ಮೇ
ಲೆರಡುಯೋಜನದೊಳೆನ್ನಯ ಕೀರ್ತಿಪುರ ಹೇಮ
ವಿರಚಿತದೊಳಿರಬೇಹುದೆಂದು ಬೇಡಿದಡದಂ ಕೊಟ್ಟನಂದಗಜೇಶನು

೧೬ ದಾರಿಯೊಳು ದಾವಾಗ್ನಿಯಾಗಿಯಗ್ನಿ ದ್ವಿಜಾ
ಕಾರದಿಂ ಕಳುಹಿ ನಿನ್ನರಸಿಯಂ ಮಾಱುಗೊಂ
ಡಾರಣ್ಯದೊಳು ಸರ್ಪನಾಗಿ ನಿನ್ನ ಬಳನಂ ಕೊಂದು ಭೂಪನ ಪುತ್ರನ
ಚೋರರೂಪಿಂ ಕದ್ದು ಸತಿಯ ಮೇಲಿಟ್ಟು ನಿ
ಷ್ಕಾರಣಂ ನಿಗ್ರಹಶತಂ ಮಾಡಿ ನಿನ್ನನುವ
ನಾರೈದು ಬಳಲಿಸಿದೆನಪರಾಧಿಯಾನೆಂದು ಕೌಶಿಕಂ ಕೈಮುಗಿದನು

೧೭ ನಡೆಯಲಱಿಯದೆ ಪರುಷದವನಿಪನ ಕಯ್ಯಲೊಡೆ
ಹಡೆದ ಲೋಹದ ಬಂಟನಂತಾದೆನೆರಡನೆಯ
ಮೃಡನೆನಿಪ ನೀಂ ಮುನಿದೆಯಾಗಿ ರವಿಕುಲ ಶುದ್ಧವಾಯ್ತು
ಜಗದೊಳಗೆ ಕೀರ್ತಿ
ಕುಡಿವರಿದುದಜಹರಿಗಳಾದ್ಯಂತಮಂ ಕಾಣ
ಹಡೆಯರೀಶ್ವರನ ನಿಜಮಂ ಕಂಡು ಕೈವಲ್ಯ
ದೊಡೆಯನಾದೆಂ ನಿಮ್ಮ ಕರುಣದಿಂದೆಂದರಸನಾ ಮುನಿಗೆ ಕೈ
ಮುಗಿದನು

Lord Shiva, out of his boundless kindness, granted the four 15
great ideals that fulfill human existence—righteousness, wealth, pleasure, and liberation—in abundance and blessed Harishchandra: "May the sacred story of your life live long in this world! Now, ask for a boon of your choice."

"I would like to have a city of gold, to be named Kirtipura, built within two leagues of your temple." The consort of Girija granted the boon that very moment.

Then Kaushika said with folded hands, "I am guilty of 16
tormenting you by raising a bush fire, sending Agni in the form of a Brahman to buy your wife, stinging your son in the form of a serpent in the forest, killing the little prince of Kashi by conjuring up marauding robbers and laying the blame on your wife, and creating a hundred hurdles to tire you and test you. I beg you to forgive me."

"Ignorant, I was but a servant made of base metal in the 17
hands of a king who possesses the philosopher's stone that turns base metal into gold. You are known the world over as the Second Shiva. Because of your rage, the Sun clan has been purified; its fame has spread everywhere. It is because of your kindness that we are blessed with the live presence of Lord Ishvara, who has brought us liberation." Harishchandra spoke with his hands folded in reverence.

೧೮ ಎರಡಱ ಮನೋಮಲಿನ ಹೋಯಿತ್ತು ಕರಿಗೊಂಡು
ಹುರುಡು ಮುರುಟಿತ್ತು ಮುನಿಸನುಗೆಟ್ಟುದುಗ್ರ ಮ
ತ್ಸರ ಬಚ್ಚೆಯಾಯ್ತಿನ್ನು ಮರಳಿ ರಾಜ್ಯಕ್ಕೆ ಪಟ್ಟವನು ಕಟ್ಟುವೊಡೆ ನಾವು
ಪುರಕೊಯ್ಯಲೇಕೆ ಸಪ್ತದ್ವೀಪಮಂ ಸಲಹು
ವರಸು ತಾನೆಂಬಾಗಳಿದ್ದುದೇ ಪುರವೆಂದು
ಹರಸಿ ಪಟ್ಟವನು ಕಟ್ಟಿದನು ಪಂಪಾವಿರೂಪಾಕ್ಷನಾ ಭೂಮಿಪತಿಗೆ

೧೯ ಲೀಲಾಸನದ ಮೇಲೆ ಭೂಪ ಭೂಪನ ತೊಡೆಯ
ಮೇಲೆ ನಿಜವನಿತೆ ವನಿತೆಯ ತೊಡೆಯ ಮೇಲೆ ನಿಜ
ಬಾಲಕಂ ಬಾಲಕನ ಕೆಲದಲುತ್ತಮಮಂತ್ರಿ ಮುಖ್ಯರೆನೆ ತುಱುಗಿ ಕವಿದು
ಮೂಲೋಕ ಹರಸಿ ಜಯಜಯಯೆನುತ ಶೋಕಾನು
ಕೂಲದಾಶೀರ್ವಾದಮಂ ಮಾಡಿ ನವಪುಷ್ಪ
ಮಾಲೆಗಳನಿಕ್ಕಿ ಮಂತ್ರಾಕ್ಷತೆಗಳಂ ತಳಿದರಖಿಳ ಮನುಗಳು ಮುನಿಗಳು

Virupaksha of Pampa said to the king, "The two sages are cleansed of the defilement within; their anger has abated; the wager has been settled, and fierce rivalry has been rendered futile. In order to recoronate you, why should we move to Ayodhya? When you are the emperor of the seven islands, your kingdom is where you are." The lord crowned Harishchandra king again, with his blessings. 18

On the throne sat the king, on his lap sat his wife, in her lap sat the little prince, next to the prince sat the illustrious minister, and they were surrounded by revered sages and Manus, ancient elders of the human race. All the three worlds sang their praises, offered them renewed blessings after their trials and tribulations, garlanded them with fresh flowers of the season, and blessed them with sanctified rice. 19

೨೦ ಹರಸಿ ಹಾರೈಸಿ ತೂಪಿಱಿದು ಜಯಸೇಸೆಯಂ
ಗಿರಿಜಾತೆ ವೀರಸೇಸೆಯ ರುದ್ರ ಕನ್ನಿಕೆಯ
ರರಿದಪ್ಪ ನಿತ್ಯಸೇಸೆಯನಮರವನಿತೆಯರು ಬಾಲಮಂಗಳಸೇಸೆಯ
ಸಿರಿಸರಸ್ವತಿಯರೊಲವಿಂ ಸತ್ಯಸೇಸೆಯಂ
ಪಿರಿಯರುಂಧತಿ ರಾಜ್ಯಸೇಸೆಯ ದಿಗಂಗನೆಯ
ರಿರದೆ ಸಂತೋಷಸೇಸೆಯ ನಿಖಿಳಸತಿಯರಿಕ್ಕಿದರಂದು ಭೂಮಿಪತಿಗೆ

೨೧ ಗಿರಿಸುತೆಯನಾಲಿಂಗಿಸುವ ಭುಜದೊಳಪ್ಪಿ ಮುರ
ಹರನ ಕಣ್ಣಿಟ್ಟ ಪದಮಂ ಶಿರದ ಮೇಲಿಟ್ಟು
ವರವೀವ ಕೈಯಿಂದ ಮೈದಡವಿ ಸಕಲವೇದಂಗಳಂ ಪಡೆದ ಬಾಯಿಂ
ಹರಸಿ ಮೂಜಗದ ಪುಣ್ಯಂ ಬಳಸಿದಕ್ಷಿಯಿಂ
ಕರುಣದಿಂ ನೋಡಿ ನಾನಾ ಗಣೇಶ್ವರರು ಮ
ತ್ಸರಿಸುವ ಪಸಾಯತಂಗೊಟ್ಟು ಭೂಭುಜನನುಪಚರಿಸಿದಂ
    ಪುರಮಥನನು

That day, the king of the earth was sanctified 20
with blessings, hearty wishes, and prayers to keep the evil
eye at bay:
the mark of victory was placed on his forehead by Parvati,
Mountain's daughter,
the mark of valor by Rudrakannikas,* immortality by
celestial women,
tender auspiciousness by the loving deity Sarasvati,
truth by Arundhati, epitome of wifely devotion,
regality by women guarding the eight directions,
and the mark of joy by other women in the gathering.

Shiva, Destroyer of Three Cities, warmly feted the king, 21
embracing him with arms that hugged Parvati, placing on
his head the foot worshiped by Vishnu with his very eyes,
drawing him close with the hands that gave boons, bless-
ing him with his tongue that had received all the Vedas, and
showering kindness through his eyes that were the repos-
itory of the spiritual merit of all the three worlds. Then
the Lord pampered him with gifts that could make even the
gods envious.

* Unmarried women who wait on Parvati.

೨೨ ಕ್ಷಿಪ್ರದಿಂದಂ ನೃಪನನೊಡಗೊಂಡಯೋಧ್ಯಾಪು
ರಪ್ರವೇಶವನು ಮಾಡಿಸಿ ಬಪ್ಪುದೆಂದು ಸಕ
ಲಪ್ರಮಥರಂ ಹರಿವಿರಿಂಚಿವಾಸವಮುಖ್ಯ ಸುರನಿಕರ
ಮನುಮುನಿಗಳು
ಅಪ್ರತಿಮನುಗ್ರನುದ್ದಂಡನತಿಬಳದರ್ಪ
ಕಪ್ರಹರಕನು ಪಂಪಾವಿರೂಪಾಕ್ಷಲಿಂ
ಗಪ್ರಭು ವಿಲಾಸದಿಂ ಕಳುಹಿ ತಾಂ ನಡೆಗೊಂಡನಂದು ಕೈಲಾಸಗಿರಿಗೆ

೨೩ ಇಳೆಯ ವಳೆಯಂ ಮುಳುಗೆ ತುಳಿದ ದಳಭಾರದಿಂ
ದೊಳುಗಗನದಗಲಮಂ ಬಗಿವ ನಾನಾ ತಳೆಯ
ಬಳಗದಿಂದೊಳಗೆ ದೆಸೆದೆಸೆಯ ವೀಥಿಯ ಮುಸುಕಿ ತಳತಳಿಪ
ಶಸ್ತ್ರಚಯದಿಂ
ಜಳಧಿಜಳ ತುಳುಕೆ ಮೊಳಗುವ ಭೇರಿ ನಿಸ್ಸಾಳ
ಕುಳದಿಂ ವಿಲಾಸವಡೆದೈತರುತಿಪ್ಪ ಭೂ
ತಳಪತಿಯನಿದಿರ್ಗೊಂಬ ಪುರಜನದ ಪರಿಜನದ
ಸಂಭ್ರಮವನೇವೊಗಳ್ವೆನು

೨೪ ಶಶಿಯ ಬರವಂ ಬಯಸುವಂಬುನಿಧಿಯಂತೆ ಸಂ
ತಸದಿಂದ ಕಳಸಕನ್ನಡಿವಿಡಿದ ಸತಿಯರಿ
ರ್ದೆಸೆಗಳಲಿ ಕೈಗೆಯ್ದು ಕೈಕೊಂಡು ಕವಿವ ನಾನಾ ಗಜಪದಾತಿಗಳಲಿ
ಮಸಗಿ ಮಂಡಳಿಸಿ ತುಱುಗಿದ ರಥದ ಕೂಡೆ ಮಾ
ಮಸಕದಿಂ ಕುಣಿವ ಕುದುರೆಗಳ ಬಳಗದಿ ಭೂಮಿ
ಬೆಸಲಾದುದೆಂಬಂತೆ ಪರಿಜನದ ತಿಂತಿಣಿಯೊಳಿದಿರ್ಗೊಂಡರ
ವನಿಪನನು

The unexcelled, the mighty, the eminent, the slayer of all those drunk on power, Lord Virupaksha of Pampa, immensely pleased, gave a command to all the elders, mighty gods Brahma and Vishnu and Indra, and the group of sages led by Manu: "All of you must accompany King Harishchandra to Ayodhya." Then the supreme lord left for his abode on Mount Kailasa. 22

Accompanied by an ocean of armies vast enough to drown the earth, 23
countless white royal umbrellas unfurled across the skies,
a slew of sleek, shining arms and weaponry dispersed in all directions,
and the combined sound of horns and drums causing the sea to swell and flow,
Harishchandra entered the city of Ayodhya.
How do I describe the unparalleled jubilance
and festivity of his citizens, gathered to greet their king?

As the ocean expectantly awaits the moon, 24
exquisite women waited on the king with their ceremonial pots and mirrors;
as armies, from foot soldiers to elephant riders, gathered,
as chariots came together in a glorious formation,
as cavalry put on display their star horses,
and masses of people gathered to welcome their king,
there was such ceaseless motion,
as if the Earth-maiden were writhing in labor!

೨೫ ಅನುನಯದಿ ವನಜವನಮಂ ದಿನಪ ಪೊಗುವಂತೆ
ವನಮಂ ವಸಂತ ಪೊಗುವಂತಯೋಧ್ಯಾಪುರವ
ನಿನಕುಲಹರಿಶ್ಚಂದ್ರ ಭೂವರಂ ಪೊಗಲು ಜಯಯೆಂಬ ಪಾಡುವ
ಪರಸುವ
ಜನಕಭಯವೀಯುತ್ತ ಪರಿಪರಿಯ ತೋರಣದ
ಘನದ ಬಿನ್ನಣಕೆ ತಲೆದೂಗುತ್ತ ಬಿಡದೆ ಮನೆ
ಮನೆಯ ಗುಡಿಗಳ ನೋಡಿ ನಗುತ್ತ ನಲಿಯುತ್ತ ತನ್ನರಮನೆಗೆ
ನಡೆತಂದನು

೨೬ ಮಡದಿಯರ ಮಂಗಳಾರತಿಗೆ ಭೂಸುರರೊಲಿದು
ಕೊಡುವ ಮಂತ್ರಾಕ್ಷತೆಗೆ ಕವಿಗಳಾಶೀರ್ವಾದ
ದಡಕಕ್ಕೆ ಪುಣ್ಯಪಾಠಕರ ಕೈವಾರಕ್ಕೆ ಗಾಯಕರ ಗೀತತತಿಗೆ
ಕಡೆಗೆ ಲೆಂಕರು ನಿವಾಳಿಸುವ ರಚನಾವಳಿಗೆ
ಯಡಿಗಡಿಗೆ ದನಿಗೊಡುವ ಶುಭವಾದ್ಯ ಜನದ ಮುಂ
ಗುಡಿಯ ಹರಕೆಗೆ ಮನಂಗೊಡುತ ಭೂಪಾಲಕಂ
ಅರಮನೆಯನೊಳಪೊಕ್ಕನು

As gently as the sun enters the lotus grove, 25
or spring arrives in the forest,
Harishchandra, born to the Ina dynasty,
entered Ayodhya, reassuring people
who hailed him, wished him well, and blessed him,
appreciating the beauty of the festivities,
attentive to and smiling at every household.
He approached his palace exultant,
enjoying every moment of it.

Taking cognizance of every detail— 26
the auspicious *ārati* of women,
the blessings of sanctified rice by Brahmans,
the plenitude of poets' declamations,
the praises sung by Veda reciters,
the compositions presented by singing groups,
the benediction of servants warding off the evil eye,
the welcoming melody of moving *nādasvara,**
and the good wishes of flag carriers—
the preserver of the earth,
Harishchandra entered the palace with great joy.

* A trumpet-like instrument played on ceremonial occasions.

೨೭ ಜನಪತಿಯ ಕೈವಿಡಿದು ಮನೆವೊಕ್ಕನತಿಮುದದಿ
ಘನವೆನಿಪ ಧರ್ಮಾರ್ಥಕಾಮಮೋಕ್ಷವನೀವ
ಮುನಿಪಿತಾಮಹನು ಮುನಿರಾಜಾಧಿರಾಜನು ಮುನೀಶ್ವರನು
    ಮುನಿಮುಖ್ಯನು
ಮುನಿವರನು ಮುನಿಪುಂಗವನು ಮುನೀಂದ್ರನು ಸರ್ವ
ಮುನಿವರೇಣ್ಯನು ಮುನಿಶ್ರೇಷ್ಠನು ಮುನೀಶನುಱೆ
ಮುನಿಗಳಾದಿತ್ಯನು ಮುನಿಸ್ತುತ್ಯನೆನಿಪ ವಿಶ್ವಾಮಿತ್ರಮುನಿನಾಥನು

೨೮ ಅರಸ ನೀವಿರಿಸಿಹೋದುದಱೊಳೇನುಂ ಕುಂದ
ದರೆಯಾಗದಳಿತುಳುಕದನುಗೆಡದೆ ಕೇಳಖಿಳ
ಕರಿಗಳಿವೆ ತುರಗವಿವೆ ಭಂಡಾರವಿವೆ ಕೊಠಾರಂಗಳಿವೆ ಹಲವಂಗದ
ಅರಮನೆಗಳಿವೆ ಸತಿಪ್ರತತಿಯಿವೆ ಸಿವುಡಿಯಿವೆ
ಕರಣವಿದೆ ಮುದ್ರೆಯಿದೆ ಕೀಲಾರವಿದೆ ಸರ್ವ
ಪರಿವಾರವಿದೆ ನೋಡಿಕೊಳ್ಳೆನುತ್ತೊಪ್ಪಿಸಿದ ಮುನಿನಾಥನವನಿಪತಿಗೆ

Ushering the king into the palace, 27
Vishvamitra, master of sages too, entered,
he who could grant the four great ideals of human life,
the great father of sages, the mighty king of sages,
the Lord Ishvara among sages, the leader of sages,
the best of sages, the holiest of sages,
the Indra among sages, the most illustrious of sages,
the most eminent of sages, the lord of sages,
the sun among sages, and the most revered of sages.

Vishvamitra handed over charge of the kingdom to 28
Harishchandra:
"Hear me, Your Majesty. Everything is as you left it,
intact;
nothing diminished, damaged, disfigured, or destroyed.
All the elephants are there, all the horses,
the treasury, the storehouses,
the palace with its many wings, the harem of women,
the accounts and audit books, and here are the stamps and
seals,
the cowsheds, and the entire staff at your service."

೨೯ ಏನೇನನೊಪ್ಪುಗೊಳಬೇಕಾದುದೆಲ್ಲವಂ
ತಾನೊಪ್ಪುಗೊಂಡು ಮುದದಿಂದ ನಡೆದಾ ಮಹಾ
ಸ್ಥಾನರಂಗದ ಸಿಂಹವಿಷ್ಟರವನೇಱಿ ಮಣಿಮಯಮಲಗನಂಡು
ಗೊಂಡು
ದಾನಧರ್ಮಂಗಳಂ ಮಾಡಿ ಕಾಣಿಕೆಗೊಡುವ
ನಾನಾ ಜನಕ್ಕಭಯವಿತ್ತು ಮುರಹರ ಕಮಲ
ಸೂನು ವಾಸವಮುಖ್ಯದೇವರ್ಗೆ ನಮಿಸಿ ಕಳುಹಿದನು
ನಿಜಲೋಕಗಳಿಗೆ

೩೦ ಪಾಲಿಸಿದೆ ರಕ್ಷಿಸಿದೆಯೆನ್ನ ನೀನೆಂದು ಭೂ
ಪಾಲಕಂ ಕೈಮುಗಿದು ಕೌಶಿಕಪ್ರಮುಖಮುನಿ
ಜಾಲಮಂ ಕಳುಹಿ ಬಳಿಕುಡುಗೊಱೆಯ ಕೊಟ್ಟನಂದವರಿವರ್
ತಾಮೆನ್ನದೆ
ಚೋಳ ಮಾಳವ ಮಗಧ ಗುರ್ಜರ ಕಳಿಂಗ ನೇ
ಪಾಳ ಬರ್ಬರ ಲಾಳ ಕೊಂಕಣದ ತುಳುವ ಮಲೆ
ಯಾಳ ಸೌರಾಷ್ಟ್ರಕ ಕರೂಷ ಕಾಶ್ಮೀರ ಹಮ್ಮೀರದ ಧರಾಧಿಪರನು

Taking complete charge of everything, the king approached the imposing hall with a tremendous sense of jubilation and occupied the throne, decked out with a stone-studded sword, donating generously, receiving gifts from people, and, in turn, reassuring them of his support, honoring the high and mighty Brahma, Vishnu, Indra, and others suitably, and bidding them all a befitting farewell. 29

Humbly folding his hands, he bade farewell to the community of sages headed by Kaushika: "You preserved us; you protected us. I am ever grateful to you." Then, making no distinctions, he offered presents to every one of the kings who were present—the king of Chola, Malava, Magadha, Gurjara, Kalinga, Nepala, Barbara, Lala, Konkana, Tuluva, Maleyala, Saurashtraka, Karusha, Kashmira, and Hammira. 30

೩೧ ಹರನ ಸಭೆಯೊಳಗೆ ಮುರಹರನ ಸಭೆಯೊಳಗೆ ವಾ
ಗ್ವರನ ಸಭೆಯೊಳಗೆ ಪವಿಧರನ ಸಭೆಯೊಳಗೆ ದಿನ
ಕರನ ಸಭೆಯೊಳಗೆ ಭಾಸುರಶಿಖಿಯ ಸಭೆಯೊಳಗೆ ಶಶಿಯೊಂದು
    ಸಭೆಯ ನಡುವೆ
ಪರಮ ಮುನಿಸಭೆಯೊಳಗೆ ವರನೃಪರ ಸಭೆಯೊಳಗೆ
ಧರಣಿಪನ ಕಥನವೇ ಕಥನ ಮಾತೇ ಮಾತು
ಪರವಿಲ್ಲ ಬೇಱನ್ಯವಾರ್ತೆಗಳು ಹುಗಲಿಲ್ಲವೆಂಬಾಗಳೇವೊಗಳ್ವೆನು

೩೨ ಧರೆಯೊಳು ಹರಿಶ್ಚಂದ್ರಚಾರಿತ್ರಮಂ ಕೇಳ್ದ
ನರರೇಳುಜನ್ಮದಿಂ ಮಾಡಿರ್ದ ಪಾತಕವು
ತರಣಿಯುದಯದ ಮುಂದೆ ನಿಂದ ತಿಮಿರದ ತೆಱದೆ
    ಹರೆಯುತಿಹುದೇಕೆಂದೊಡೆ
ಹರನೆಂಬುದೇ ಸತ್ಯ ಸತ್ಯವೆಂಬುದು ಹರನು
ಎರಡಿಲ್ಲವೆಂದು ಶ್ರುತಿ ಸಾಱುತಿರಲಾ ವಾಕ್ಯ
ವರರೆ ನಿರುತವ ಮಾಡಿ ಮೂಜಗಕೆ ತೋಱಿದ ಹರಿಶ್ಚಂದ್ರಕಥೆಗೇಳ್ದಡೆ

In the court of Hara, in the court of Murahara,[*] in the court of Vagvara,[†] in the court of Pavidhara,[‡] in the court of Dinakara,[§] in the court of Shitakara,[**] in the court of the supreme saints, and in the court of the most eminent kings, there was but one story on every lip—the story of Harishchandra. The living legend of Harishchandra was recounted over and over, with people going over every event of his life again and again. They could not stop talking about the saga of his life. 31

On this earth, those who listen to the story of Harishchandra will be cleansed of sins from their past seven lives, just as darkness is dispelled in the wake of sunrise; for, as the Vedas declare, Hara is Truth and Truth Hara, and they are but one. *Arare*![††] Marvelous indeed is the story of Harishchandra that exemplifies what the Vedas have enunciated and brings home this eternal truth to all the three worlds![‡‡] 32

---

* Vishnu.
† Brahma.
‡ Indra.
§ The Sun.
** The Moon.
†† An exclamation of amazement.
‡‡ Heaven, Earth, and the Netherworld.

೩೩ ಅನೃತವಱಿಯದ ಹೊಲೆಯನಂ ನೆನೆಯೆ ಪುಣ್ಯವೆಂ
ದೆನೆ ಸೂರ್ಯಕುಲಜ ಕಲಿ ದಾನಿ ಸತ್ಯಂ ವಸಿ
ಷ್ಠನ ಶಿಷ್ಯನಧಿಕಶೈವಂ ಕಾಶಿಯೊಳ್ ಮೆಱೆದ ವೇದಪ್ರಮಾಣಪುರುಷ
ಘನನೃಪ ಹರಿಶ್ಚಂದ್ರನೆಂದಡಾತನ ಪೊಗಳ್ದು
ಜನ ಬದುಕಬೇಕೆಂದು ಕಾವ್ಯಮುಖದಿಂ ಪೇಳ್ದ
ನನಪೇಕ್ಷೆಯಿಂದ ಕವಿ ರಾಘವಾಂಕಂ ಮಹಾಲಿಂಗಭಕ್ತರ ಭಕ್ತನು

If it is sacred to think of even a *holeya* who does not lie, 33
how infinitely more sacred it is to sing the praises of the mighty, valiant, munificent, and truthful King Harishchandra, a disciple of revered Vasishtha, an extraordinary Shaiva born to the Sun dynasty, and one who lived an exemplary life in Kashi as enjoined by the Vedas! Raghavanka, a devotee of devotees of Mahalinga,* has narrated this story in the poetic mode, not for personal gain, but just so that people can recite this paean to King Harishchandra and live a good life.

* The great linga.

NOTES TO THE TRANSLATION

Chapter 1

1 The first chapter represents a *pīṭhikā,* or introduction to the text, a convention in both Sanskrit and Kannada classical poetry. The *pīṭhikā* typically contains an invocation to God, a paean to the king and patron, a homage to literary forebears, a description of the poet's lineage, a detailed account of the text and its significance and accomplishments, the title and story line, followed by an elaborate description of features such as the ocean, the city, and the central characters.

2 In a fight with the demon Tarakasura, Shiva destroys not only the demon but also his three sons, along with the three cities they had built.

3 A king in the Hampi region and an ardent Shiva devotee who is believed to have ascended to Shiva's abode, Kailasa, along with his kingdom.

4 The submarine fire is said to devour the waters of the ocean, causing it to emit vapors as rain and snow.

Chapter 2

1 Lord Kubera's nine gems: pearl, ruby, topaz, diamond, emerald, lapis lazuli, sapphire, coral, and hessonite.

2 Mountains were once winged; they would fly from place to place, landing at will. As people were harassed by them, Indra sought to clip their wings. Mount Mainaka (son of Mount Himalaya) escaped and hid himself in the ocean. According to one version of the legend, Indra pursued him even there and finally clipped his wings.

3 When Indra took on the guise of her husband and seduced Ahalya, Gautama's wife, the sage cursed Indra so that his body would be marked by a thousand vaginas—euphemistically referred to as eyes—to indicate his debauchery.

4 The rivalry between Vasishtha (a Brahmarshi, a sage who had attained the highest divine knowledge) and Vishvamitra (a Rajarshi, a Kshatriya king who had attained sagehood through intense austerities) begins when Vishvamitra desires to possess

Vasishtha's celestial cow Nandini to provide for his needs. When Vasishtha declines, Vishvamitra wages a war against him, only to lose it when faced with Nandini's might. He vows to avenge his loss by attaining the status of a Brahmarshi and does not rest until Vasishtha himself declares him to be one.

Chapter 3

1 Shankara is another name of Lord Shiva. When Vishnu and Brahma sought the beginning and end of a huge Shiva linga, Brahma, who could not locate the beginning, sent word to Shiva through the *kēdage* plant that he had in fact found it. The all-knowing Shiva detected the lie and cursed Brahma, that he would never be worshiped, and the *kēdage*—for bearing false witness—that it would never be used for the worship of Shiva.

2 This word could refer either to the blessings of revered seekers or to the revered entourage of Vasanta. The former flows better in the present context.

3 Verses 42 and 43 are built around *ślēṣe,* the use of polysemous words, as indicated by the transliterated Indic words.

4 Refers to the auspicious practice of drawing aesthetic designs in the front yard of a dwelling.

5 In Hindu art and poetry, these birds represent constancy and conjugal affection; after offending a sage the *cakravāka* was doomed forever to nocturnal separation from its mate.

6 A bird commonly portrayed in poetry as subsisting on moon beams.

7 The nine moods evoked by classical art and literature: erotic, humorous, pathetic, terrible, heroic, fearful, odious, wondrous, and peaceful.

Chapter 4

1 The four orders of women mentioned in the Kama Sutra.

2 Shiva destroyed love god Madana with fire from his third eye; hence another name for the love god is Atanu, meaning "the bodiless."

3 Presumably a term referring to a potential client, based on the Sanskrit word *bhujanga,* paramour of a prostitute.

4 This is a particularly obscure verse in which the meaning of every sense unit is not very clear; the overall import is that the younger woman is being exhorted to fall in line by an older woman in the trade.

5 The older woman is recounting a series of taboos imposed on a chaste woman that take the form of proverbs, and urging the young courtesan to ignore them and collect her fees from the customers.

6 The relationship between the first three and the next three lines in this verse seems rather tenuous.

7 The Kannada term *bēḷi* in the original points toward *beḷḷi,* "silver," as well as *bēḍida,* "demanded." Both meanings have been woven into the translation in the last sentence.

8 To save the world from the powerful venom *kālakūṭa,* Shiva swallowed it. His throat turned blue, and thus he has the name *nīlakantha,* or the blue-throated.

9 Seeing one's face in ghee when one awakens is believed to be an auspicious custom.

Chapter 5

1 The mark on the moon's surface is considered to be a flaw.

2 The polysemic words in this verse—*hara,* etc.—are used as similes to indicate the low birth yet high accomplishments of the hunter tribes.

3 The thousand-hooded serpent, after doing hard penance, received from Brahma the boon of bearing the weight of the earth.

4 In his second avatar, Lord Vishnu took form as a tortoise to hold aloft the sinking Mount Mandara used by gods and demons for churning the ocean of milk.

5 This refers to the destruction of the three cities built by Tarakasura and his sons.

6 This verse exploits the polysemy of the words *śiva, śikhi, śuka,* etc., to celebrate the rich diversity of animal and plant life in the forest.

7 Another instance of polysemy in which the different meanings of the words *kauśika, arjuna,* and *vṛndāraka* are deployed to describe the raw energy and immensity of the forest.

8 A type of hunting in which a particular kind of music is used to mesmerize the animals so that they become easy to hunt.

9 Goddess Durga, a fierce form of Shiva's wife, killed the insolent demon Mahishasura, who rode (or in some versions actually was) a buffalo.

10 The eight kinds of hunting employed different techniques, such as using cloth, flags, tranquilizers, and hypnotic calls, jumping down from above to attack, and trapping the feet of smaller animals using wet gum.

11 Mythical animal; could also refer to the tiger.
12 The eight kinds of accomplishments that can be achieved through the pursuit of yoga.
13 Consecrated offerings given to a deity and received as blessings by a devotee.
14 The mountains Hemakuta, Matanga, and Malyavanta are located in the Hampi region.
15 The implicit claim here is that conducting the rites for the dead at the feet of Shiva is superior to performing them in Gaya, considered the most holy place to perform the ancestral rites.
16 The four elements plus the sky.
17 While traditionally Brahma, Vishnu, and Shiva are described, respectively, as creator, preserver, and destroyer, here all three epithets are used with reference to Shiva.
18 A proverb. In doing one's duty to the king for no wages, there was a possibility that one's work would be recognized and rewarded, occasionally leading to a job in the king's capital.

Chapter 6

1 Goddess Durga's fierce form, appeased with animal sacrifice.
2 Vishnu was reborn as a wild boar in order to vanquish the demon Hiranyaksha, who had submerged the earth at the bottom of the ocean.
3 In his desire to be vanquished at the hands of Shiva, this demon assumed the form of an elephant and terrorized Brahmans who were worshiping the linga. Shiva emerged from the linga, killed the demon, and skinned the elephant, whose hide he wore ever after.
4 The paronomastic word play in this verse creates a delightful semantic pattern of paradoxes by exploiting the contrast between the primary meaning (the first in the pair) and the secondary meaning (the second in the pair) of each of the italicized Indic words.
5 I accept the variant *nirjana,* "without people, no one" (Ramanujayyangar 1909), in the place of *nirjara,* "without disease." There is no evident link between the first part of the verse and the second. But it is possible to read a parallel between them and argue that Harishchandra wants to prove his truthfulness, not so much to Vasishtha, who is supportive of him, but to Vishvamitra, who is hostile to him.

Chapter 7

1 Vasishtha is not present at the time to protect Harishchandra.

2 Literally "persons without names," in the sense that even uttering the names of these "low-caste" women would be a defilement.

3 The text is ambivalent in its description of the low-caste women. Sometimes they are portrayed as irresistible in their beauty and youth, at other times as an aberration, reflecting the jaundiced perspective of the upper-caste gaze: at once attracted to their sensuous bodies and repulsed by their caste origins.

4 Bali was a virtuous and mighty demon king who donated all he had to Vamana, an avatar of Lord Vishnu. Dadhichi was a great devotee of Shiva known to have given up his life to allow the gods to make weapons from his bones to defeat the demons. Shibi, a king renowned for his liberal beliefs and selflessness, saved fire god Agni, who had taken the form of a dove, from Indra, who was chasing him as a hawk, by offering up his own flesh.

Chapter 8

1 Vishvamitra, taking advantage of the accursed King Kalmashapada—who was doomed to cannibalism—used him to cause the death of all the hundred sons of Vasishtha.

2 The implication is that Vasishtha, being the guru to the Sun dynasty, is supposed to be obliged to the king.

3 The last of the four world cycles.

Chapter 9

1 The exact meaning of this elegant phrase is not clear, but it seems to denote that the people of Ayodhya are holding onto their hope with whatever strength is left in them.

2 Here there is a play on words in the original text, with *uttara* signifying both "north" and "answer," and *dakṣiṇa,* both "south" and the gift money given to Brahmans. Harishchandra leaves the south to move northward to answer the demand of Vishvamitra that he pay back his gift money within the stipulated time limit.

3 The goddess of death. "Mari" has several other meanings, all of which are negative, including the plague, evil, and an insignificant demigod. The poet could have meant any of these.

Chapter 10

1 The descendants of the famous sage Bhṛgu, who had cursed even fire to be all-consuming without letup, were killed by Kritavirya, the son of Vishvavasu.

2 The status of being a fierce god is conferred on the devotee by Shiva when he takes the devotee in his current, bodily form to Kailasa.

3 Yet another instance in which the different semantic possibilities of the words are exploited for wordplay.

Chapter 11

1 Kashi and Hampi were religious centers ruled not by kings but by Lord Vishvanatha and Virupaksha, respectively.

2 Pepper is a spice used by upper caste people, while *jōḷa*, a type of millet similar to pepper in its round shape and size, is used by lower-caste people. Harishchandra feels that even though he has lost his kingdom, he is still a Kshatriya; hence the comparison with moldy pepper, which is argued to be superior to the common millet.

3 There is a play on the meanings of the word *kāla* in this verse. In Sanskrit, *kāla* can refer to the god of death, Yama. In Kannada *kāla* refers to the leg as well as time. When Virabahu places his heavy legs on Harishchandra's shoulders, the king feels as though he is carrying a Kulagiri mountain, one of the seven major Indian mountains. Here is yet another instance of paronomasia, with the word *kula,* which refers both to a major mountain and to caste. According to Kurtakoti (1995), a third meaning of *kāla,* time, would suggest that it is not so much the weight of the *anāmika's* legs that oppresses the king as the weight of humiliation—the reversal of roles between a Kshatriya and a *holeya* in changed times and the consequent burden of history.

4 Harishchandra seems to think that his disguise as a *holeya* is a blessing, as it would keep him from defilement through the touch of people who have turned *holeya* on account of lying.

5 The cow was considered so holy in Hindu religious practices that its urine and dung were used to cleanse and purify all forms of defilement.

Chapter 12

1 While the rest of the text is written in the six-line *ṣaṭpadi* meter,

here the poet shifts to *mandānila ragaḷe,* a gentle, free flowing verse form, to express the lamentations of a bereaved mother in an unstructured and unbroken stream of emotion.

2 To challenge themselves, sportsmen often took vows that they would achieve impressive levels in their performance, and had the vows inscribed in stone.

3 The text is ambiguous here. I read *ōvida huṇṇa* as "ripe/healed wound," which captures Harishchandra's plight of having to suffer not merely the injury but also the insult.

4 King Chitravarma, who steals the royal horse of Harishchandra during a holy sacrifice, is supported by his friend Takshaka, the king of snakes, in the netherworld. Lohitashva successfully vanquishes Takshaka and retrieves the sacrificial horse.

Chapter 13

1 Shiva's body is made of eight elements: earth, water, sky, fire, air, sun, moon, and the performer of sacrifices.

2 In the hierarchy of sins, Harishchandra puts caste defilement at the top; thus he seems to think that even killing one's wife is a lesser sin.

3 Vishnu, who sought to acquire the Sudarshana discus to vanquish the demons troubling the gods, worshiped Shiva by offering a lotus while chanting every one of his thousand names. To test his devotion, Shiva hid the last lotus so that Vishnu was one lotus short. Undaunted, Vishnu offered his own lotus eye in worship. A pleased Shiva granted him the boon of the discus and restored the eye.

Chapter 14

1 The practice of varying the amount of food consumed, depending on the waxing and waning of the moon.

GLOSSARY

anāmika Literally "a person without name" or "nameless," but here "unnamable" in the sense that even uttering the name is taboo

ārati The ritual waving of the lamp during worship or royal occasions

ayya A respectful form of address for a superior, especially in a feudal context

ayyo An exclamation of shock, despair or sorrow.

bahusuvarṇa sacrifice A fire ritual in which the performer grants supplicants as much gold as they ask for

bhēruṇḍa A terrifying imaginary two-headed bird

BLUE-THROATED SHIVA To save the world from the powerful venom *kālakūṭa,* Shiva swallows it; his throat turns blue, and thus he is called *nīlakantha,* or the blue-throated one

cakōra A partridge commonly portrayed in poetry as subsisting on moonbeams

cakravāka Bird that represents constancy and conjugal affection; the birds which are always together during the day, are doomed to separation in the night.

caṇḍāla A man of the lowest caste who disposes of corpses

CHANDRAMATI Harishchandra's wife and queen

DEVENDRA Another name for Indra

GIRIJA Shiva's wife; also called Uma and Parvati

HAMPI A town in northern Karnataka; Hampi was an important Shaiva religious center in the medieval period

HARI Lord Vishnu

HEMAKUTA A hill near Hampi

hole Defilement, filth

holati An "untouchable" or "low-caste" woman

holeya An "untouchable" or "low-caste" man

ISHANA Guardian of the northeastern direction

ISHVARA See Mrida

KAUSHIKA See Vishvamitra

kula Refers to one's family, lineage, clan, or caste, depending on the context; often merely descriptive, it can be pejorative: for example, Vasishtha derides Vishvamitra using the proverb, "Your tongue speaks your caste"

LOHITASHVA Son of Harishchandra and Chandramati

MADANA One of the many names of the god of love, husband of the goddess of sexual desire, who uses his bow and arrow made of flowers to make people lovesick; his other names include Manmatha, Manasija, Ratipati, and Kama

MAHADEVA See Mrida

MARI An evil force; goddess of death, plague; a terrifying entity

MARUTA God of the winds

MRIDA One of the many names of Shiva; others include Ardhanarishvara, Ishvara, Mahadeva, Sadashiva, Sangameshvara, Shankara, Vishvanatha, and Vishveshvara

NAKSHATRAKA A disciple of Vishvamitra, sent to collect the gold that Harishchandra owed the sage

NIRUTI Guardian of the skies

PAMPAPATI A form of Shiva associated with Hampi; husband of Pampambike; also known as Virupaksha

PAMPAMBIKE Consort of Pampapati

PARVATI See Girija

prasāda Consecrated offerings to god partaken of after worship, in the spirit of a blessing

RAHU A demon who seizes the sun and the moon and swallows them, thus obscuring them and causing eclipses

raṅgōli Ritual designs made from rice flour

rasa Aesthetic essence

RUDRA Shiva in fearsome form

SADASHIVA See Mrida

SATYAKIRTI Harishchandra's minister

SHANKARA See Mrida

śarabhā A mythical beast eight times as strong as the lion

tāḷi A pendant worn by a woman as a mark of wifehood

tambūla Scented betel leaf and nut, used in various situations: as a gesture of respect to god, king, or guest; in formalizing a verbal agreement; as a mark of a connoisseur; used also to enhance an erotic experience

TUNGABHADRA A confluence of the rivers Tunga and Bhadra that flows in the northwestern part of the Kannada region

UMA See Girija

VARUNA God of the rains

VASANTA The spring season

VASISHTHA A venerable sage; guru of the Ikshvaku clan to which Harishchandra belongs

VIRABAHU Also referred to as Virabahuka; the lord of death, Yama, disguised as the master of the burning ghat

VIRUPAKSHA Shiva with "misformed eyes"; associated with the hilly region of Hemakuta near Hampi

VISHVAMITRA A powerful sage who puts Harishchandra through various trials in order to spite his rival Vasishtha; also known by the name Kaushika, son of King Kushika

VISHVESHVARA Another name for Shiva, associated with Kashi

YAMA God of death; also known by the name Kala

BIBLIOGRAPHY

Editions and Translations

Ramanujayyangar, M. A. 1909. *Harishchandra Kavyam*. Mysuru: G. T. A. Printing Press.

Venkannaiah, T. S. and A. R. Krishna Shastri, eds. 1931. *Harishchandra Kavya Sangraha*. Mysuru: Mysore University.

Basavaradhya, N. and S. Basappa, eds. 1955. *Harishchandra Kavyam*. Reprint, Bengaluru: Sumukha Publishing House, 2007.

Nagesha Shastri, Y. and Venkateshaiah, eds. 1957. *Harishchandra Kavyam*. Bengaluru: Department of Kannada and Culture.

Rai, Vivek. 2004. *Raghavankana Samagra Kavya*. Hampi: Kannada University.

Vidyashankar, S. 2004. *Raghavankana Samagra Kritigalu*. Bengaluru: Priyadarshini Prakashana.

Narasimha Murthy, K. 1999. *Medieval Indian Literature: An Anthology*, vol. 2. Edited by K. Ayyappa Paniker. New Delhi: Sahitya Akedemi, pp. 716–720.

Prahlad Rao, C. H. 1969. *An Anthology of Indian Literatures*. Edited by K. Santanam. Mumbai: Bharatiya Vidya Bhavan, pp. 315–316.

Other Sources

Ambedkar, B. R. 1916. "Castes in India: Their Mechanism, Genesis and Development." Paper presented to the Anthropology Seminar, Columbia University, New York.

Amur, G. S. 2006. "Udghatana bhashana." In *Harishchandra Charitra: Samskrutika Mukhamukhi*, ed. Amaresha Nugadoni. Hampi: Kannada Vishvavidyalaya, pp. 15–27.

Balmer, Josephine. 2013. *Piecing Together the Fragments: Translating Classical Verse, Creating Contemporary Poetry*. Oxford: Oxford University Press.

Benjamin, Walter. 1923. "The Task of the Translator." Reprinted in *The Translation Studies Reader*, ed. L. Venuti. London: Routledge, 2000.

Chikkananjesha. 1954. *Raghavanka Chaaritra*. Edited by S. S. Malavada. Dharwad: Murughamatha. First published in 1650.

Gandhi, Mahatma. 1948. *Autobiography: The Story of My Experiments with Truth.* New York: Public Affairs Press. Reprint, New York: Dover Publications, 1983.

Geertsema, Johan. 2008. "Between Homage and Critique: Coetzee, Translation and the Classic." In *Translation and the Classic: Identity as Change in the History of Culture,* ed. Alexandra Lianeri and Vanda Zajko. Oxford: Oxford University Press, 2008.

Krishnarao, A. N. 2011. "Harishchandra Kavyam." In *Collected Works of A. N. Krishnarao: Literary Criticism,* vol. 4. Bengaluru: Department of Kannada and Culture, pp. 147–184.

Kurtakoti, Keertinatha. 1995. *Kannada Sahitya Sangati.* Hampi: Kannada Vishvavidyalaya.

Marathe, Ramakrishna. 1994. *Uttara karnatakada Vritti Rangabhumi.* Bengaluru: Ila Prakashana.

Mendelsohn, Daniel. 2008. *How Beautiful It Is and How Easily It Can Be Broken.* New York: HarperCollins.

Mugali, R. S. 1963. "Raghavanka." In *Kannada Sahityada Itihasa.* New Delhi: Sahitya Akedemi, pp. 96–103.

———. 1997. "Shatpadi." In *Pracheena Kannada Sahitya Roopagalu.* Dharwad: Samaja Pustakalaya, pp. 183–224.

Nagaraj, D. R. 2003. "Critical Tensions in the History of Kannada Literary Culture." In *Literary Cultures in History: Reconstructions from South Asia,* ed. Sheldon Pollock. New Delhi: Oxford University Press, pp. 323–382.

Narasimhachar, P. T. (PuTiNa). 1998. "Harishchandra on the Path of Truth (Satyayana Harishchandra)." In *A Complete Collection of Musical-Poetic Plays.* Bengaluru: Pu Thi Na Trust, pp. 774–788 (foreword).

Nayaka, G. H. 2002. *Harishchandra Kavya: Odu, Vimarshye.* Ankola: Shri Raghavendra Prakashana.

———. 2006. "Harishchandra Charitra." In *Harishchandra Charitra: Samskrutika Mukhamukhi,* ed. Amaresha Nugadoni. Hampi: Kannada Vishvavidyalaya, pp. 219–234.

Nugadoni, Amaresha, ed. 2006. *Harishchandra Charitra: Samskrutika Mukhamukhi.* Hampi: Kannada Vishvavidyalaya.

Ortega y Gassset, José. 1937. "The Misery and the Splendour of Translation." Reprinted in *The Translation Studies Reader,* ed. L. Venuti. London: Routledge, 2000.

Pollock, Sheldon. 2006. *The Language of the Gods in the World of Men:*

Sanskrit, Culture, and Power in Pre-modern India. Ranikhet: Permanent Black.

Puttappa, K. V. 2003. "Harishchandra Kavya." In *Kuvempu Samagra Gadya*, vol. 1. Hampi: Kannada University, pp. 124–149.

Puttaiah, B. M. 2006. In *Harishchandra Charitra: Samskrutika Mukhamukhi*, ed. Amaresha Nugadoni. Hampi: Kannada Vishvavidyalaya.

Ranganna, S. V. 1958. "Raghavankana Shaili." In *Shaili*, vol. 2. Bengaluru: S. R. Shivaram, pp. 191–210.

Sathaye, Adheesh. 2009. "Why Did Harishchandra Matter in Early Medieval India? Fact and Folklore in the Sanskrit Puranas." *Journal of Hindu Studies* 2: 131–159.

Shivaprakash, H. S. 2006. "Harihara Raghavankana hallugalanneke murida?" In *Harishchandra Charitra: Samskrutika Mukhamukhi*, ed. Amaresha Nugadoni. Hampi: Kannada Vishvavidyalaya, pp. 57–60.

Shivarudrappa, G. S. 1967. *Parisheelana*. Mysuru: Usha Sahitya Male.

Sitaramaiyya, V., ed. 1976. *Raghavanka*. Bengaluru: Sapna Book House.

Sorokin, Pitirim A. 1954. *The Ways and Power of Love: Types, Factors and Techniques of Moral Transformation*. Philadelphia: Templeton Foundation Press.

Suryanarayana, L. A. 1988. *Raghavanka: Ondu Adhyayana*. Bengaluru: Kannada Sahitya Parishat.

Tarikere, Rahamat. 2006. "Raghavankana kavyatatva: Kelavu tippanigalu." In *Harishchandra Charitra: Samskrutika Mukhamukhi*, ed. Amaresha Nugadoni. Hampi: Kannada Vishvavidyalaya, pp. 198–212.

Vimala, N. V. 1992. *Harishchandrana Katheya Belavanige*. Bengaluru: Kannada Sahitya Parishat.

INDEX

Adishesha, 47, 267
Agastya, 45, 255
Agni, 35, 37, 67, 203, 259, 455, 621n4; appears as Brahman, 479, 483, 599
Ahalya, 617n3
Airavata, 27, 37, 43, 89, 143
Aitareya Brāhmaṇa, xxviin18
Ajigarta, 57
Amaravati, 35, 41, 43, 45
Ambarisha, 469n
Ambedkar, B. R., xx
Ambika, 259
Andhakasura, 35
Andhasura, 27
Andhra Pradesh, ix
Arjuna, 211
Aruna, 187
Arundhati, 39, 603
Atri, 45, 255
Ayodhya, 483, 601; attacked, 81, 121; brothels in, xxi, 151–177; as capital, xi, 31, 149, 511; described, 31–35; Harishchandra in, xv, 75, 149, 179, 187, 385; Harishchandra leaves, 399, 419; Harishchandra returns to, 587, 605, 607; king of, 35, 555; people of, 125, 389, 391, 393, 399, 403, 407, 417, 621n1; Vishvamitra given, 369; Vishvamitra takes Harishchandra to, 385–393, 597

Balarama, 267
Bali, 321, 621n4
Bana, 15
Banasura, 35n
Basavanna, xvi, xviii, xxviiin20
Bengal, 261n
Bhagiratha, 45
Bhallata, 15
Bharadvaja, 45, 255
Bharati, 31
Bharavi, 15
Bhoja, 15
Bhṛgu, 45, 439, 622n1
Brahma, 11n, 35, 63, 357, 467, 589, 591, 605, 611, 613n, 619n3, 620n17; lotus-born, 315, 365; stature of, 459; sword of, 267; Vani and, 3; Vasishtha as son of, xxviiin22, 347; Vishnu and, 245, 257, 497, 618n1; Virinchi, 11
Brahmans, 51n, 79, 449, 513, 559, 620n3; blessings of, 125, 543, 607; gifts to, 261, 357, 621n2; killed or sacrificed, xviii, 501, 565, 595n; Raghavanka as Shaiva, viii, xxviin6; sages or Brahmarshis, xix, xxviiin22, 67, 347, 617–618n4; women, 181

Chamarasa, xxviin14
Chandramati: act of truth of, xv, 455; in cremation ground, 551–561; enters fire, 453, 455, 457; enters woods with retinue, 91; goddesses compared to, 39; Harishchandra almost executes, 577–585, 591, 623n2;

Harishchandra demands *tāḷi* from, 553; Harishchandra encouraged or advised by, 309, 371, 477; in *HK* vs. Sanskrit, xxviiin23; Kashi prince and, 569–577; lament of, xii, 533–547; leaves Ayodhya, 415; misery of, 395, 419, 421, 423, 433, 435, 513, 517, 521, 523, 555; sold, 475, 477, 479, 483, 599; son of, 39, 309, 429, 455, 517, 521, 523, 529, 531, 553, 555 (*see also* Lohitashva); son's death announced to, 525; Virupaksha worshiped by, 261; in Vishvamitra's grove, 295, 297, 303, 305, 337, 349; as wife, xxi, xxviiin23, 453, 461

Chikkananjesha, ix, xxviin7

Dadhichi, 45, 321, 621n4

Daksha, 27, 471

Devaraja, King, vii–viii

Dēvībhāgavatapurāṇa, xvii

Dhruva, 451

Durga, 33, 229, 281, 619n9, 620n1

Durvasa, 469

Gajasura, 27, 281

Ganesha, 301, 459, 591

Ganga, 39, 135, 141, 243, 257, 297, 331; greatness of, 457–461; Harishchandra bathes in or drinks from, 461, 463, 511; Satyakirti bathes in, 509; in Shiva's crown, 11, 467, 585; Tungabhadra and, xv, 47

Gautama, 45, 617n3

Gaya, xv, 257, 620n15

Gayatri, 39, 539

Girija. *See* Parvati

Halaga, xxvin4

Halayudha, 15

Hammira, 611

Hampe. *See* Hampi

Hampi, vii, 3, 193n, 617n3; Ambika or Pampambike as goddess of, 9, 259; as cultural or religious center, xv, xxvin1, 622n1; Gaya compared to, xv; Hemakuta or other mountains near, 379, 620n14; Kashi compared to, xv, 381, 622n1; poets of, viii, 13, 15; Raghavanka's birthplace, viii, 25, 29, 99; sacred grove in, xxxi; Vasishtha and Harishchandra visit, xv, 255; Virupaksha as god of, viii, xv, xvi–xvii, 3, 5, 7, 11, 17, 29, 381, 522n1

Hara, 343, 509, 591; as exclamation, 529, 587; Harishchandra and, xxiii, 613; hunters like, 197; "is Truth," xvii, 613; name of, 359. *See also* Shiva

Harihara (poet), viii–ix, xvi–xvii, xxviin14, 13n; as Harishvara, 13, 17

Hariścandra Cāritra, vii. See also *Hariścandra Kāvyam*

Hariścandra Kāvyam: caste in, viii, xix–xxiv, xxxi; dedicated to Virupaksha, xv, 17; editions of, xxix; film or theater versions of, vii, xxv–xxvin2, xxvin4, xxviin10; gender in, viii, xx, xxxi; innovations of, x, xix; Kannada scholarship on, xxiii–xxiv; meters of, xii–xiv, xxviin14, xxix;

popularity of, vii; Raghavanka's composition of, viii–ix; religious elements in, xvii; spatialization of, xiv–xv; structure of, xi; summary of, xi, 19; theology of, viii, xvii

Harishchandra, 181, 191, 429, 581, 621n1, 623n4; appeals to, 125; army or chieftains of, 41, 87, 187, 195, 205, 371, 397, 609; in Ayodhya (*see under* Ayodhya); boar chased by, 283, 287–291, 309, 311, 313, 319; bathes in Ganga, 461, 463; Brahmans and, 261; in brothel, 151, 159; *caṇḍālas* or *holatis* and, xix–xxiii, xxx, 315–335, 343–347, 351–357, 363, 365, 395, 409, 487–495, 499–501, 507, 557, 583, 591, 622n4, 623n2; Chandramati and (*see under* Chandramati); as cremation ground watchman, 503–509, 513, 549; debt or debt collector and, 375, 377, 379, 411–415, 419, 423, 435, 437, 471, 473, 475, 481, 483, 485, 497, 557, 621n2; dream of, 305–309; film or theater versions of story of, vii–viii, xxvin3; in forest, 85–121, 149, 237, 239, 253, 399, 437 (*see also* Harishchandra: hunts); in forest fire, 437–457; Gandhi and, viii, xxvin3; gods compared to, 35; in Hampi area, xv, 255–263; hunts, 81, 203, 205, 221–229, 233–237, 253, 265; in Kashi (*see under* Kashi); as king, x, 3, 41, 71, 79; kingdom given by (*see under* Vishvamitra); as liar, xvii–xix, xxviin18, 55–57; lord of the earth, xi, 19, 47, 59, 71, 83, 89, 103, 119, 125, 149, 283, 309, 315, 319, 325, 419, 423, 425, 479, 535; lord of the seven seas, 41, 421, 503; merits of hearing story of, 613, 615; minister of, 85, 109, 145, 147, 149, 203, 295, 297, 301, 303, 305, 309, 333, 369, 371, 373, 393, 395, 415, 419, 423, 433, 437, 447, 449, 457, 461, 485, 511, 557, 601 (*see also* Satyakirti); restoration to throne, 587, 601–609; sacrifice performed by, 73, 75, 375; Sanskrit story of (*see under* Sanskrit); sells himself, 485–495; sells wife and son, 479, 481, 557; Shiva and, xxiii, 19, 589, 591, 593, 599; as Shiva or Virupaksha devotee, xi, xvii, xxiii, xxxi, 111, 113, 117, 191, 259, 261, 263, 299, 499, 507, 511, 615; son of, x, xviii, 55, 57, 85, 91, 109, 203, 295, 297, 299, 305, 309, 363, 369, 373, 393, 395, 415, 419, 421, 423, 427, 429, 433, 435, 437, 445, 457, 483, 499, 501, 513, 515, 529, 535, 553, 555, 557, 561, 563, 565, 583, 591, 593 (*see also* Lohitashva); summer palace of, 109; titles of, 203; trials of, xi, 19, 65, 73, 589, 595, 599; Trishanku as father of, 365, 555; truthfulness of, vii, xi–xii, xvii–xix, xxviin18, 3, 19, 47, 49–57, 79, 81, 493, 501, 583, 620n5; valor or virtues of, 31, 37, 41, 307; Vasishtha and (*see under* Vasishtha); Vasishtha and Vishvamitra argue over, 3, 19, 47–69, 79; in Vasishtha's

hermitage, xxxi, 239–253, 265; Virabahu and, xxii, xxviiin25, xxx, 499–501, 622n3; as Vishnu devotee, xvii; Vishvamitra and (*see under* Vishvamitra); in Vishvamitra's grove, xv, 291–311, 315, 339; Vishvamitra's merit gained by, 63, 595; water sports of, 111–115
Hemakuta, xv, 193, 245, 379, 620n14
Hinduism, xvii, xxiii, xxviiin22, 618n5, 622n5
Hiranyaksha, 281, 620n2

Indra, 47, 79, 117, 189, 547, 565, 609, 613n, 617n2; Ahalya and, 617n3; capital of (*see* Amaravati); court or kingdom of, xi, 3, 19, 43–51, 61, 69, 211, 597, 613; Devendra, 49, 61, 63, 339; diamond weapon of, 127; elephant of (*see* Airavata); frightened, 61; Harishchandra and, 37, 605, 611; king of gods or lord of heaven, 3, 43, 203, 589; palace of, 143; Pavidhara, 613; penance of, 257; pleasures or wealth of, 35, 343, 447; praising Ganga brings title of, 459; Shibi and, 621n4; Virupaksha and, 259, 591

Jahnu, 45
Jaimini, 45
Jalandhara, 27
Jamadagni, 45
Jambha, 51, 467
Jambukesha, 245

Kala Bhairava, 189
Kalidasa, 15
Kalika, 27
Kalinga, 261
Kama, 83, 119, 167, 469. *See also* Madana
Kamakshi, 259
Kama Sutra, 618n1
Kanakadasa, xxviin14
Kannada, vii–viii, x, xii–xix, xxiii–xxiv, xxvinn4–5, xxviin14, xxviiin25, 15n, 33n, 617n1, 619n7, 622n3; folk tradition in, xiv, xviii–xix; meters or poetry in, xii–xiv
Kashi, 513, 563; described, 27, 463–471; Hampi compared to, xv, 257, 381, 622n1; Harishchandra in, 381, 437, 447, 463–471, 557; king of, 475, 571, 575, 622n1; prince of, 569–577, 599; Śiva as lord of, 507, 509, 585, 622n1
Keshiraja, 15
Kubera, 35, 37, 203, 617n1; capital of, 151
Kumaravyasa, xxviin14

Lakka, xxvin4
Lakshmi, 31, 39, 245, 591. *See also* Shri
Lakshmisha, xxviin14
Laladesha, 31, 511
Lohitashva, 39, 513, 525, 593, 623n4; cobra bites, 519, 559, 599; collects wood, 515, 517; in forest fire, 451, 453, 455; life restored, 583; sold, 479. *See also* Harishchandra: son of

Madana, 31, 243; arrows of, 93, 109,

111, 131, 139, 161, 183; Atanu, 161, 618; Rati and, 3; slayer of, 7, 27, 29, 95, 113, 209, 337, 365, 465, 467, 537, 618n2. *See also* Kama
Madhurapura, 35
Madiraja, viii, 13
Mahabharata, xvi
Mahadeva (god). *See under* Shiva
Mahadeva (poet), viii, 11, 13, 15
Malhana, 15
Mārkaṇḍeyapurāṇa, xvii, xx, 259
Maruta, 37, 203, 239, 259
Mayura, 15
Meru, Mt., 31, 43, 53, 303, 387

Nairuti, 35
Nakshatraka, 411, 437, 471, 473, 481. *See also* Harishchandra: debt or debt collector and
Nandi, 467
Nandini, xxviiin22, 618n4
Narada, 45, 61, 63, 469
Narmada, 35n
Nepala, 611
Niruti, 37, 203

Odisha, 261n
Oduva Giriya, xxvin4
Orugal, ix

Pampa (poet), xvi
Pampa (river), 245. *See also* Virupaksha: Pampa as abode of
Pampakshetra, 27
Pampambike, 9, 257, 259
Pampapura, viii
Pandavas, 35, 211
Parashara, 247
Parvata, 469, 589
Parvati, 33n, 259, 301n, 589, 591, 603; Girija, 7, 27, 301, 507, 585, 589, 591, 599; Uma, 11; Vishalakshi, 257
Patala Ganga, 257
Paulastya, 45
Punyakoti, xviii, xxviin20

Raghavanka, vii, xxviin14, 13n, 615, 622n4; challenges critics, 15, 21, 27; contemporary views of, xxiii–xxiv; Hampi's poet, 29, 99; innovations of, x, xii, xiv–xvi, xx, xxviin18; life of, viii–ix, xxviin7; Pandita, xvi, 17, 27; on plagiarism, 25; Raghava, 29; Shaiva or Virashaiva, ix, xvi–xvii, xxviin6, 29, 615; works by, ix
Rahu, 31, 137, 145, 423, 519, 537, 593
Ramarasa Virupaksha, xxvin4
Rambha, 43, 45, 143, 319
Ranganatha, xxvii
Rati, 3, 39, 143, 159, 167, 539
Ravana, 35
Rohini, 39
Romaja, 45
Rudra Pratapa, King, ix
Rudrakannikas, 603

Śaivakṛtipañcaka, ix
Sanaka, 45
Sanandana, 45
Sandhya, 129, 139
Sanskrit, 11n, 15n, 17n; 618n3; epics, xvi; Harishchandra story in, x, xv, xvii–xix, xxviinn18, xxviin21, xxvii–xxviiin23; meters or poetry in, xii, xiv, xxx, 617n1; puranas,

xvii, xix, xxviin21; Raghavanka's knowledge of, xvi; rejection of, xvi; wordplay with Kannada and, xxviiin25, 622n3
Sarasvati, 9, 245, 539, 591, 603
Satyakirti, 39, 449, 455, 509, 581. *See also* Harishchandra: minister of
Saurashtraka, 611
Savitri, 539
Shachi, 43, 45
Shaibya, xxviiin23. *See also* Chandramati
Shaivas, viii–ix, xv–xvii, xxvin1, xxviin6, 449, 615; scriptures of, 63, 301. *See also* Virashaivas
Shakti, 257
Shankaraprabhu (poet), viii, 11
Shanmukha, 301, 589, 591
Shibi, 321, 621n4
Shiva, ix, 43, 111, 115, 185, 187, 203, 245, 261n, 353, 477, 571, 619n8, 620n15, 623n1; Abhavan or Antakari, 117; appeals to, 123, 327, 351, 383, 445, 451, 541, 547, 581; Ardhanarishvara, 9; blessings or grace from, 255, 293, 457, 587, 599; consort of, 7, 539, 589, 619n9 (*see also* Parvati); demons killed by, 281, 617n2, 620n3; devotees of or devotion to, viii, xv, xvii, 13, 15, 7, 19, 39, 125, 467, 499, 501, 3n, 587, 617n3, 621n4, 622n2; ıga and, 11; Hara (*see* Hara); shchandra meets, xxiii, 579, 89, 591, 593, 595, 599, arishchandra saved by, xv, shchandra's devotion to (*see under* Harishchandra); Harishchandra's truthfulness known by, 51, 53; Isha, 117; Ishvara, 21, 485, 589, 597, 599, 609; Kashi temples of, 463–471; Kudala Sangama Deva, xviii; linga of, 7, 13, 59, 63, 191, 257, 263, 265, 463, 469, 471, 497, 545, 595, 615, 618n1, 620, 620n3; love god (Kama, Madana) and, 5, 7, 29, 113, 257, 289, 365, 618n2; Mahadeva, 13, 297, 301, 359, 445, 457, 529, 585, 591; moon-crested, 5, 7, 11, 47, 137, 437, 579; Mrida, 5, 447; names of, 301, 359, 373, 435, 457, 531, 585, 623n3; oaths on, 47, 67, 455; Pampapati, 3, 7, 547; Pashupati, 249; poets or poetry praising, 15, 25; Raghavanka and (*see under* Raghavanka); Rudra, 35, 189, 257, 259, 439, 507; Sadashiva, 301; Sangameshvara, 7; Shankara, 27, 93, 435, 618n1; supreme or ultimate god, xxiii, 11, 557, 620n17; three eyes of, 69, 337, 349, 618n2; Vedas and (see under Vedas); Virupaksha (see Virupaksha); Vishvanatha, xi, xv, 19, 463, 465, 467, 585, 622n1; Vishvapati, 563; worship, 185, 263, 295, 299, 357, 379, 437, 467, 511, 513, 545, 618n1, 623n3; writes fate, 537
Shri, 3, 9, 539. *See also* Lakshmi
Shrimati, 469
Shuka, 45
Shunashsepha, xvii, 57
Somanatha, ix, 245

Suruchi, 451
Svaha, 3

Takshaka, 565, 623n4
Tarakasura, 617n2, 619n5
Taramati, xxviiin23. *See also* Chandramati
Trisandhya, 539
Trishanku, 365, 415, 485, 555, 561
Tulunadu, 87n
Tuluva, 87, 611
Tungabhadra, viii, xv, 47, 247, 255, 261
Turagavadanas, 45

Udayagiri, 187, 189, 435, 579
Udbhatayya, 15
Uma. *See* Parvati
Upamanyu, 27
Upanishads, 245, 295
Uragendrapura, 35
Uttanapada, 451

Vanga, 261
Vani, 3, 39
Varanasi, xv, 379, 511. *See also* Kashi
Varuna, x, xviii, xxviin18, 37, 55, 57, 129, 203
Vasishtha, 77, 345, 365, 589, 591; Brahman sage or Brahmarshi, xix, xxviiin22, 617n4; Brahma's son, xxviiin22, 347; Chandramati thinks of, 581; compared to Shiva, 71, 241, 243, 247, 249, 319, 489; grove of, xv, xxxi, 71, 249; in Hampi region, xv, 255, 257, 259; Harishchandra and, xi, xv, xviii, 19, 47–67, 620–621n5, 620n1; as Harishchandra's guru, 75, 247, 251, 253, 265, 319, 343, 507, 615, 621n2; in Indra's court, 3, 19, 47–71; Vishvamitra's rivalry with, x–xi, xix, xxviiin22, 19, 43, 49, 51, 61, 73, 79, 81, 347, 617–618n4, 621n1; wager by, 59, 383, 385, 597
Vayu, 35
Vedas, 5, 31, 59, 63, 75, 249, 295, 355, 459, 607, 615; Harishchandra in, x, xvii–xix, 55; Madiraja as master of, 13; Raghavanka's study of, 15; rituals of, 77; Satyakirti's knowledge of, 39, 449; Shiva or Virupaksha and, 5, 7, 245, 595, 603, 613
Virabahu (Virubahuka), xxii, xxx, 487–505, 509, 511, 551, 577, 597, 622; puts legs on Harishchandra, xxviiin25, 499–501, 622n3
Virashaivas, ix, xvi, xviii, xxi–xxii, xxvin6, 622
Vīrēśacarite, ix
Virupaksha, xv, 9; appeals to, 3, 5, 7, 11; in Hampi (see Hampi: Virupaksha as god of); Harishchandra and, xv–xvii, xxxi, 193, 253, 255, 259, 261, 263, 265, 601; names of, 435; Pampa as abode of, 245, 589, 591, 601, 605; Pampambike and, 261; Raghavanka as devotee of, viii, xvi, 15, 17; revives Lohitashva, 591, 593; supreme god, 589, 605; temple, image, or linga of, 259, 261, 263, 265; Vedas and, 5, 245; Vishveshvara and, 381, 622n1
Vishnu, 3, 61n, 209, 245, 257, 497, 605, 611, 613n; Hari, 11, 23, 197; Harishchandra as

devotee of, xvii; incarnations of, 619n4, 620n2, 621n4; Shiva or Virupaksha and, 3, 467, 585, 589, 591, 603, 618n1, 620n17, 623n3; worship, 135,

Vishvamitra, xviii, 3, 121, 211, 383, 425, 455, 513, 565n, 581; angry, 47, 49, 57, 67, 69, 253, 303, 313, 337, 341, 349, 351, 429; argues with Harishchandra, 337–367; argues with Vasishtha in Indra's court, 3, 19, 47–69; Brahmarshi status attained by, xxviiin22, 617–618n4; Chandramati prays for, 455, 581; Chandramati tormented by, 551, 569, 571; compared to Shiva, 275, 337, 371, 381, 409, 599; conjures up boar, 265, 275, 309, 311; conjures up forest fire, 437; conjures up *holatis*, xx, 313, 315; conjures up snake, 593; conjures up wild animals, 81; grove or hermitage of, 71, 79, 81, 253, 303, 335, 337, 361; Harishchandra gives kingdom to, 359, 361, 367–371, 383, 393, 397, 399, 401, 411; Harishchandra gives gold to, 77, 79, 497, 621n2; Harishchandra tormented by, xi, 19, 65, 73, 79, 253, 413, 433, 555, 583, 595; at Harishchandra's sacrifice, 77; Kaushika, 69, 71, 73, 77, 253, 265, 07, 309, 311, 323, 335, 371, 373, 5, 395, 399, 409, 423, 431, 451, 487, 493, 539, 549, 569, 593, 97, 599, 611, 626; Kshatriya Rajarshi, xix, xxviiin22, ; returns kingdom, 609; Vasishtha's rivalry with (*see under* Vasishtha); wager by, 63, 595

Warangal, ix

Yama, 37, 143, 203, 267, 447, 513, 547n, 622n3; city of, 35; Java, 547; minions of, 245, 339; as Virabahuka, 487, 597

ABOUT THE BOOK

Murty Classical Library of India volumes are designed by Rathna Ramanathan and Guglielmo Rossi. Informed by the history of the Indic book and drawing inspiration from polyphonic classical music, the series design is based on the idea of "unity in diversity," celebrating the individuality of each language while bringing them together within a cohesive visual identity.

The Kannada text of this book is set in the Murty Kannada typeface, commissioned by Harvard University Press and designed by John Hudson and Fiona Ross. The design takes inspiration from a range of sources—the crisp, open counters of the eighteenth-century types of the renowned Basel Mission Press; the styling of ligatures in the 1930s Kannada types offered by the Gujarat Type Foundry; and the dynamic stroke angles of unattributed types found in a twentieth-century Kannada Reader. Murty Kannada avoids the extreme high-contrast style of earlier designs and adheres to contemporary patterns of Kannada stroke modulation to ensure good readability for all sizes.

The English text is set in Antwerp, designed by Henrik Kubel from A2-TYPE and chosen for its versatility and balance with the Indic typography. The design is a free-spirited amalgamation and interpretation of the archives of type at the Museum Plantin-Moretus in Antwerp.

All the fonts commissioned for the Murty Classical Library of India will be made available, free of charge, for non-commercial use. For more information about the typography and design of the series, please visit *http://www.hup.harvard.edu/mcli.*

Printed on acid-free paper by Maple Press, York, Pennsylvania.